WEBSTER'S NEW WORLD™
575+ Spanish Verbs

by Elsa Pittman

Wiley Publishing, Inc.

For general information on our other products and services or to obtain technical support please contact our Customer Care Department within the U.S. at 800-762-2974, outside the U.S. at 317-572-3993 or fax 317-572-4002.

Wiley also publishes its books in a variety of electronic formats. Some content that appears in print may not be available in electronic books.

ISBN 0-7645-4157-9

Manufactured in the United States of America

10 9 8 7 6 5 4 3 2 1

ACKNOWLEDGMENTS

My deepest thanks to Roxane Cerda, who first suggested the need for this text and who trusted me with the completion of it. I also want to thank Suzy Thompson for her excellent editing and suggestions; to Elizabeth Kuball and Ben Nussbaum for their invaluable editing skills; to Amanda Harbin for her formatting of the charts; to my technical editor, Cody Serra, for her great suggestions, comments and critical research; to the people of the Wiley & Sons Production Department. And, last but not least, to my family for all their help in every stage of this process, for their encouragement, support and prayers.

Thanks to all and God bless you.

Elsa Pittman

DEDICATION

In memory of my mother, Olga, who gave me the desire for learning.

TABLE OF CONTENTS

INTRODUCTION

In Spanish, as in English, you can communicate a thought or idea with precision by learning how to use a verb in any mood (indicative, subjunctive, or imperative) and tense (past, present, future, or conditional). This book will help you to communicate with ease and confidence in Spanish by providing a quick and easy reference to the 575 most frequently used Spanish verbs and their idiomatic expressions. These verbs are fully conjugated with examples and Spanish idioms in a simple-to-read format. The verbs are presented in alphabetical order by the infinitive. The straightforward examples illustrate how the moods and tenses are used in different situations. The English translations of the examples help you understand the usage of the Spanish verbs. This book is divided into five easily identifiable sections: a verb usage review, verb charts with 575 fully conjugated verbs, an appendix of 1,500 additional verbs, an appendix of irregular verb forms, and an index of English and Spanish verbs.

VERB USAGE REVIEW

This section gives you a complete review of Spanish verbs, helping you understand the moods, tenses, and irregular conjugations of these verbs. Although the verb charts give you the complete conjugation of a Spanish verb, here you will learn how and when to use the different moods and tenses. Understanding how Spanish verbs and their usages differ from English verbs is important.

The first topic, subject pronouns, introduces you to the Spanish subject pronouns and their corresponding English subject pronouns. In Spanish, each subject pronoun has its own verb ending that indicates who is the subject of the sentence, and the time (present, past, or future). The verb charts are arranged by subject pronoun, mood, and tense.

In the section on the basics of verbs, you will be able to identify the principal parts of a Spanish verb (the stem and the infinitive endings), the moods, and the classification of the Spanish verbs (regular and irregular). You will learn about the formation of the Spanish present participle of a verb, which is used in the formation of the present and past-progressive tenses. Also, you will learn about the formation of the Spanish past participle of a verb, which is used in compound tenses. This section shows you how Spanish participles correspond to the English participles.

The section on Spanish tenses shows how the seven simple tenses and the seven compound tenses (or perfect tenses, *los tiempos perfectos*) in Spanish relate to the simple and compound English tenses. Table 2 (page 10) and Table 3 (page 13) will help you identify very quickly the right mood and tense to use in Spanish when translating from English. Table 2 shows the seven simple tenses in Spanish — five tenses in the indicative mood and two tenses in the subjunctive mood. Table 3 shows the seven Spanish compound tenses — five tenses in the indicative mood and two tenses in the Subjunctive mood. These tables show the corresponding English tenses. In Table 3, you can also see the indicative compound tense *pretérito perfecto* (preterit perfect), which is no longer used in the spoken word. However, it is presented in the verb charts in a gray shaded area because sometimes writers like to use this antiquated form of the language.

The indicative mood *(el modo indicativo)* is the first of the three moods presented. The indicative mood refers to real and definite facts that are stated or questioned in the past, present, or future. The five simple Spanish tenses of the indicative are presented first: *presente* (present), *pretérito* (preterit), *imperfecto de indicativo* (imperfect indicative), *futuro* (future), and the *condicional* or *potencial* (conditional). (**Note:** The imperfect indicative is not a tense in English. Please see the tense *imperfecto de indicativo* in Table 2 for its equivalence to English.) The formation of each tense is discussed thoroughly with charts and examples that illustrate the verbs' tenses. There is also a discusssion of all the different irregularities of the verbs in each tense. After the five simple tenses of indicative are presented, the formation of the five compound or perfect tenses of indicative are presented. You will learn how to form compound tenses by using the auxiliary verb *haber* (equivalent to "to have") plus the past participle of the given verb. In Table 3 you can see the verb *haber* conjugated in all tenses plus the past participle of the example verb being used.

The subjunctive mood *(el modo subjuntivo)* is the second mood presented. In English, it is used after *if* or *wish*, when the statement is contrary to reality. The subjunctive mood reflects the speaker's feelings or views of events or situations. If the speaker views the event as hypothetical, unreal, or uncertain, then the subjunctive mood is used. If the speaker doubts, hopes, desires, or wishes something for other people, then the subjunctive is used. Many English-speaking people find learning the Spanish subjunctive mood difficult, but it will not be difficult once you learn to identify the "trigger verbs" that indicate its use. These trigger verbs are presented with examples showing how they are used. In Spanish, the subjunctive mood has two tenses in the simple tenses *(presente* and *imperfecto de subjuntivo)* and two tenses in the compound tenses *(presente perfecto* and *pluscuamperfecto de subjuntivo)*. These are the tenses that are actually in use in the spoken and written Spanish. Table 2 and Table 3 show the equivalent constructions of these tenses in English. The subjunctive mood is used more often in Spanish than it is in English.

The imperative mood *(el modo imperativo)* is the third and final mood. As its name indicates, it is the mood of the verb that expresses a command, request, suggestion, or exhortation. The formal and informal forms of Spanish commands are presented with illustrative examples.

The progressive tenses, present and past, are presented next. You will learn how these tenses are formed in Spanish. The present progressive describes an action that is happening at this moment. The past progressive describes an action that was happening in the past when another action took place. Examples are given to illustrate their use.

The Verb Usage Review ends with the use of reflexive verbs, special-construction verbs, infinitives, and passive voice. Reflexive verbs are very common in Spanish. Most of the Spanish verbs can be made reflexive when the action of the verb falls back on the subject. You will also learn that some Spanish verbs have special conjugations or construction, such as *gustar* ("to like") and *faltar* ("to be lacking"). You will learn about the formation of the passive voice.

VERB CHARTS

The Verb Charts section has 575 fully conjugated verbs (pages 65) in alphabetical order, by their infinitive (see the sample verb chart in this section for an explanation of the different parts of the chart and what they mean). It shows the impersonal forms of the verb: infinitive *(inifinitivo)*, present participle *(gerundio)*, and past participle *(participio pasado)*. The verb charts show the Spanish verb's different meanings or translations into English. Furthermore, if the verb presented on the page has a reflexive form that is commonly used in the spoken language, the verb has a note before the examples that explains the reflexive use. On the other hand, if the verb is conjugated as a reflexive verb, it is identified with the suffix -*se* at the end of its infinitive form. However, the verb *dormir* ("to sleep") and its reflexive form, *dormirse* ("to fall asleep"), are conjugated in two different charts because the verb is frequently used both ways.

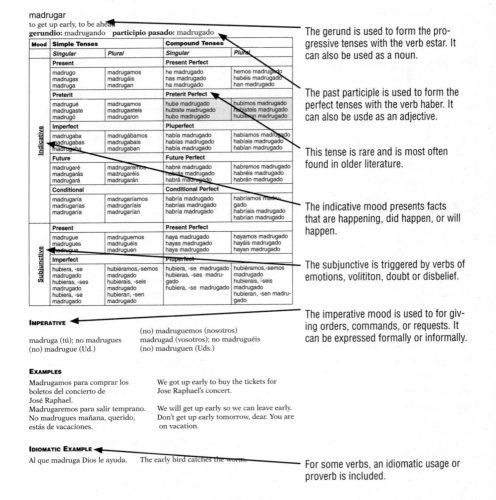

madrugar
to get up early, to be ahead
gerundio: madrugando **participio pasado:** madrugado

Mood	Simple Tenses		Compound Tenses	
	Singular	*Plural*	*Singular*	*Plural*
	Present		**Present Perfect**	
	madrugo	madrugamos	he madrugado	hemos madrugado
	madrugas	madrugáis	has madrugado	habéis madrugado
	madruga	madrugan	ha madrugado	han madrugado
	Preterit		**Preterit Perfect**	
	madrugué	madrugamos	hube madrugado	hubimos madrugado
	madrugaste	madrugasteis	hubiste madrugado	hubisteis madrugado
	madrugó	madrugaron	hubo madrugado	hubieron madrugado
Indicative	**Imperfect**		**Pluperfect**	
	madrugaba	madrugábamos	había madrugado	habíamos madrugado
	madrugabas	madrugabais	habías madrugado	habíais madrugado
	madrugaba	madrugaban	había madrugado	habían madrugado
	Future		**Future Perfect**	
	madrugaré	madrugaremos	habré madrugado	habremos madrugado
	madrugarás	madrugaréis	habrás madrugado	habréis madrugado
	madrugará	madrugarán	habrá madrugado	habrán madrugado
	Conditional		**Conditional Perfect**	
	madrugaría	madrugaríamos	habría madrugado	habríamos madrugado
	madrugarías	madrugaríais	habrías madrugado	habríais madrugado
	madrugaría	madrugarían	habría madrugado	habrían madrugado
Subjunctive	**Present**		**Present Perfect**	
	madrugue	madruguemos	haya madrugado	hayamos madrugado
	madrugues	madruguéis	hayas madrugado	hayáis madrugado
	madrugue	madruguen	haya madrugado	hayan madrugado
	Imperfect		**Pluperfect**	
	hubiera, -se madrugado	hubiéramos,-semos madrugado	hubiera, -se madrugado	hubiéramos,-semos madrugado
	hubieras, -ses madrugado	hubierais, -seis madrugado	hubieras, -ses madrugado	hubierais, -seis madrugado
	hubiera, -se madrugado	hubieran, -sen madrugado	hubiera, -se madrugado	hubieran, -sen madrugado

The gerund is used to form the progressive tenses with the verb estar. It can also be used as a noun.

The past participle is used to form the perfect tenses with the verb haber. It can also be usde as an adjective.

This tense is rare and is most often found in older literature.

The indicative mood presents facts that are happening, did happen, or will happen.

The subjunctive is triggered by verbs of emotions, volititon, doubt or disbelief.

IMPERATIVE

madruga (tú); no madrugues
(no) madrugue (Ud.)

(no) madruguemos (nosotros)
madrugad (vosotros); no madruguéis
(no) madruguen (Uds.)

The imperative mood is used to for giving orders, commands, or requests. It can be expressed formally or informally.

EXAMPLES

Madrugamos para comprar los boletos del concierto de José Raphael. — We got up early to buy the tickets for Jose Raphael's concert.
Madrugaremos para salir temprano. — We will get up early so we can leave early.
No madrugues mañana, querido, estás de vacaciones. — Don't get up early tomorrow, dear. You are on vacation.

IDIOMATIC EXAMPLE

Al que madruga Dios le ayuda. The early bird catches the worm.

For some verbs, an idiomatic usage or proverb is included.

In the verb charts, you will see the alternate form of the imperfect and pluperfect subjunctive that has endings in *-se*. In most cases (but not always), either form — the *-ra* or the *-se* — can be used. The *-ra* forms are used more frequently in Hispanic America, whereas the *-se* forms are used more frequently in some areas in Spain. All verb charts end with sentence examples of the verbs' usage in several tenses (many in the subjunctive and imperfect tenses) along with the English translation. If a verb has idiomatic usages, sentence or phrase examples are also given.

APPENDIX OF ADDITIONAL VERBS

The Appendix of Additional Verbs (page 653), contains 1,500 Spanish verbs with a quick reference to a fully conjugated verb in the verb charts, which has an equivalent conjugation. For example, the Spanish verb *intentar* ("to attempt") will refer to *presentar* ("to present"), because it has an equivalent conjugation and ends in the same last three letters. In this way, you will learn many other verbs instead of being referred to the same pattern verb over and over again.

APPENDIX OF IRREGULAR VERB FORMS

The Appendix of Irregular Verb Forms (page 695) helps you locate the infinitive or original form of a verb, to which the irregular verb form belongs. It also presents the spelling and orthographical changes that some verbs undergo in order to keep the original sound of the verb. It will direct you to the fully conjugated verb where the tense and mood of the verb can be easily identified. For example, *hago* will point you to *hacer*.

ENGLISH-SPANISH VERBS INDEX

This index (page 705) lists in alphabetic order the English verbs with their Spanish translation. The reference to the fully conjugated verb or equivalent verb is also given. You can use this index to identify the Spanish verb that best expresses what you want to say.

Your journey in learning Spanish will pay dividends well beyond the classroom. I have found that practicing every day is the best way to learn a foreign language. I suggest that you pick a verb each day and learn its meaning and conjugation. You will be surprised at the way your complete knowledge of Spanish will increase. I earnestly hope that this book will make your journey easier and more enjoyable.

Good luck. *Buena suerte.*

Elsa Pittman

VERB USAGE REVIEW

This section presents the conjugations of Spanish verbs in an easy-to-understand format. It will help you learn how the tenses are formed and how they relate to English tenses. It will also help you understand why some changes are necessary in the conjugations of certain Spanish regular verbs, and why other changes have to be memorized. I encourage you to read this section first. It will give you a strong foundation on the conjugation of the different types of Spanish verbs, making the conjugations in the verb charts more logical and easier to learn. In order to conjugate a verb, you need to know the subject pronouns, so I will start with a review of these.

Subject Pronouns

A **noun** is a word used to name a person, thing, place, quality, or idea. For example: Shirley plays volleyball. The French restaurant is an excellent restaurant. A **subject pronoun** takes the place of a subject noun in order to avoid the repetition of the noun. For example: She plays basketball. It has a great atmosphere.

Before you can use verbs, you need to know the subject pronouns because subject pronouns always signal how to conjugate a verb (for example: I play, she plays). In Spanish, the subject pronouns are singular or plural and feminine or masculine, and they identify a person, an object, or an idea.

Subject pronouns are not used in Spanish as frequently as in English because the Spanish verb ending indicates who or what the subject is. However, understanding which subject pronoun is needed (whether or not you choose to use it) enables you to correctly conjugate a verb in any of the different Spanish tenses. In Spanish, the verb ending must agree with the subject. Table 1 shows the Spanish subject pronouns and their corresponding English subject pronouns.

Table 1: **Spanish Subject Pronouns and Their Corresponding English Subject Pronouns**

	Singular		Plural	
	Spanish	*English*	*Spanish*	*English*
1st person	yo	I	nosotros nosotras	we (masculine) we (feminine)
2nd person	tú	you (familiar)	vosotros vosotras	you (familiar, masculine) you (familiar, feminine)
3rd person	usted (Ud.) él ella	you (formal) he she	ustedes (Uds.) ellos ellas	you they (masculine) they (feminine)

The English subject pronoun "it" does not have an equivalent subject pronoun in Spanish. All nouns, in Spanish, have a gender, either masculine or feminine; therefore, "it" is translated either as *él* or *ella*.

Note the following information about the Spanish subject pronouns:

- There is a formal singular "you" *(usted,* abbreviated as *Ud.)* and an informal singular "you" *(tú). Tú* is the form used when addressing a relative, a friend, or an acquaintance. *Ud.* is the form used when addressing a person less known or higher in rank or authority.
- There is a formal plural "you" *(ustedes,* abbreviated as *Uds.)* and an informal plural "you" *(vosotros).* The informal plural "you" has a masculine form *(vosotros)* and a feminine form *(vosotras).* If the group you are talking to contains one or more males, you must use the masculine form, *vosotros.* This form is mainly used in Spain and is seldom used in Latin American countries.
- There is a plural masculine "they" *(ellos)* and a plural feminine "they" *(ellas).* If the group you are talking about contains one or more males, you must use the masculine form, *ellos.*
- There is a masculine "we" *(nosotros)* and a feminine "we" *(nosotras).* If the group you are in contains one or more males, you must use the masculine form, *nosotros.*

The Basics on Verbs

The verb is the main element of speech and expresses existence (to be), action (to work), feeling (to laugh), occurrence (to go), or process (to build). It is the part of the sentence that commands, emphasizes, declares, or denies something. It is also the part of the sentence that changes the most. In Spanish, the verb has to agree with the subject in number (singular, plural), in time (present, past, future), and in mood (indicative, subjunctive, and imperative). The time of the verb, or the tense, tells when the action takes place, but the mood of the verb tells us about the attitude or disposition of the speaker, which can be considered as real (indicative), doubtful or wished for (subjunctive), or an order (imperative).

In English, the infinitive form of a verb is expressed by the preposition "to" plus the verb. For example: "to talk" or "to see." In Spanish, verbs have a stem (or root) and an infinitive ending — for example: *amar* ("to love"), in which *am* is the stem and *ar* is the infinitive ending. There are three infinitive endings in Spanish *-ar, -er,* and *-ir.* According to the endings, all verbs belong to one of these three categories. These categories are also called first, second, and third conjugations. The infinitive endings are:

-ar	first conjugation	*amar* (to love)
-er	second conjugation	*comer* (to eat)
-ir	third conjugation	*vivir* (to live)

Each conjugation has its own set of endings that are added to the stem and vary according to the person, the tense, and the mood. The ending of a conjugated form of a verb alone tells you when the action takes place, who is doing the action, and what the mood of the speaker is. When looking up a verb in the dictionary, you will always find it listed under its infinitive form.

As in English, Spanish verbs are classified as either regular or irregular. For a **regular** verb, the stem does not change, and it follows a certain pattern or model of conjugation that corresponds to each infinitive ending (*-ar, -er,* and *-ir*). Fortunately, most Spanish verbs are regular and usually end in *-ar.* **Irregular** verbs, on the other hand, undergo changes in the stem when conjugated. Sometimes, irregular verbs may also have changes in their endings — that is, their conjugations do not follow the model that corresponds to their infinitive form. In general, minor spelling changes do not make a verb irregular. These kinds of changes may be necessary in order to keep the original sound of the infinitive verb. For example, many times you must add an accent to keep the sound of the original stressed syllable of the infinitive. When the irregularity is in the stem, a verb is considered a true irregular. Some verbs are irregular in only some tenses.

The three basic verb forms that do not change to agree with the noun or pronoun are called the **non-personal forms** *(formas no personales):*

- The infinitive *(infinitivo): amar* (to love), *comer* (to eat), *vivir* (to live)
- The present participle *(gerundio): amando* (loving), *comiendo* (eating), *viviendo* (living)
- The past participle *(participio pasado): amado* (loved), *corrido* (ran), *vivido* (lived)

PARTICIPLES

In English, participles are verb forms that are used with the auxiliary verbs **be** and **have** to make the progressive and perfect tenses and the passive verb forms.

The **present participle** ends in **-ing** (watching, reading), and it is used with a form of **to be** to form the present and past progressive tenses. For example:

> I am <u>watching</u> TV.
> She was <u>reading</u> the newspaper.

The past participle is used to form the compound or perfect tenses and, for many verbs, ends in **-ed** (studied, walked). Other past participles have a different form: **spoken** from speak, **seen** from see. For example:

> She has <u>walked</u> to school many times.
> They had <u>seen</u> that movie already.

Spanish Present Participle

In Spanish, the **present participle** (which is the *-ing* form in English) is called *el gerundio,* and it is used to form the present and past-progressive tenses. To form the present participle, add the following endings to the stem, or root, of the verb:

> *-ar* verbs: ***-ando***
> *-er* and *-ir* verbs: ***-iendo***

Examples:

> ***caminar:***   camin- ***ando***   *Ella está <u>caminando</u>.*   She is <u>walking</u>.

| *correr:* | *corr- **iendo*** | *Él estuvo <u>corriendo</u> aquí ayer.* | He was <u>running</u> here yesterday. |
| *abrir:* | *abr- **iendo*** | *Ellos están <u>abriendo</u> los regalos.* | They are <u>opening</u> the gifts. |

Some Spanish verbs have irregular present participles. The following list shows common irregular present participles.

creer	creyendo†	**decir**	diciendo
dormir	durmiendo	**ir**	yendo
leer	leyendo†	**pedir**	pidiendo
poder	pudiendo	**servir**	sirviendo
venir	viniendo	**traer**	trayendo†
oír	oyendo†		

†Note: The *-i* of *-iendo* becomes **y** between vowels.

In English, the *-ing* form of the verb is called a gerund when it is used as a noun or as the subject of a sentence. Usually, but not always, the English gerund is translated into Spanish as an infinitive. The definitive article **el** (the) may or may not precede the Spanish infinitive verb.

(El) Caminar es bueno para la salud.   Walking is good for your health.

Spanish Past Participle

In Spanish, as in English, the **past participle** is used to form the compound, or perfect, tenses. It is also used to form the passive voice with *ser* (to be), and also it is used as an adjective. If the past participle is used as an adjective, it must agree in gender and number with the noun it modifies. In Spanish, the past participle is formed by adding the following endings to the stem of the verb:

> *-ar* verbs: ***-ado***
> *-er* and *-ir* verbs: ***-ido***

Examples:

***habl**ar:*	*habl- **ado***	*Ellos han <u>habl**ado**</u> todo el día.*	They have <u>spoken</u> all day.
correr:	*corr- **ido***	*Él había <u>corrido</u> en el maratón.*	He had <u>run</u> in the marathon.
vivir:	*viv- **ido***	*Ella ha <u>viv**ido**</u> en París.*	She has <u>lived</u> in Paris.

The following sentences use the past participles as adjectives:

La niña <u>adoptada</u> es de Panamá.   The <u>adopted</u> girl is from Panama.
Los niños <u>adoptados</u> son de Panamá. The <u>adopted</u> boys are from Panama.

Some Spanish verbs have irregular past participles — that is, instead of the regular *-ado* and *-ido* endings, they have the irregular endings: *-to, -so* and *-cho*. The following list shows common verbs with irregular past participles.

-to		*-so*		*-cho*	
abrir	abierto	imprimir impreso		decir	dicho
cubrir	cubierto			deshacer	deshecho
escribir	escrito			hacer	hecho
freír	frito				
morir	muerto				
poner	puesto				
resolver	resuelto				
romper	roto				
ver	visto				
volver	vuelto				

Here are sentences showing the use of the irregular past participles:

> *escribir* (to write)
> *Olga ha **escrito** el informe.*　　　　Olga has <u>written</u> the report.

> *hacer* (to make, to do)
> *El estudiante había **hecho** la tarea.*　The student had <u>done</u> the homework.

Some Spanish verbs have one past participle that is used in the perfect tenses and a different one that is used as an adjective. When the past participle is used as an adjective, it has to agree in gender and number with the subject. The following list shows common verbs with two past participles.

Infinitive Verb	*Past Participle*	*Past Participle as an Adjective*
completar	completado	completo
despertar	despertado	despierto
limpiar	limpiado	limpio
llenar	llenado	lleno
vaciar	vaciado	vacío

Examples using the past participle as perfect tense and as an adjective:

> *limpiar* (to clean)
> *Berta ha **limpiado** las ventanas.*　　Bertha has <u>cleaned</u> the windows.
> *Las ventanas están **limpias**.*　　　　The windows are <u>clean.</u>

> *despertar* (to wake up)
> *El joven había **despertado** a los vecinos.* The young man had <u>awakened</u> the neighbors.
> *Los vecinos están **despiertos**.*　　　　The neighbors are <u>awake.</u>

The Spanish Tenses

Spanish has seven simple tenses and seven compound tenses. A simple tense uses one conjugated verb (for example, "I talk," *Yo hablo*). The compound tenses are based on the seven simple tenses and require the use of an auxiliary, or helping, verb. For example, "I <u>have</u> spoken" *(Yo <u>he</u> hablado)*. In Spanish, the compound tenses use the conjugations of the verb *haber* as an auxiliary verb (equivalent to "to have," the auxiliary verb in English), in their constructions.

Table 2 and Table 3 show the tenses in Spanish and their equivalents in English. The examples show how the tenses in each language relate to each other. Note that the Spanish simple *presente, pretérito,* and *imperfecto* of indicative have two English equivalent tenses when translated.

Table 2:   The Seven Simple Tenses

Spanish		English		
Presente de Indicativo	yo hablo tú hablas Ud., él, ella habla nosotros(as) habla-mos vosotros(as) habláis Uds., ellos, ellas hablan	*Present Indicative*	I talk you talk he/she/it talks we talk you talk they talk	I am talking you are talking he/she/it is talking we are talking you are talking they are talking
Pretérito	yo hablé tú hablaste Ud., él, ella habló nosotros(as) habla-mos vosotros(as) hablas-teis Uds., ellos, ellas hablaron	*Preterit*	I talked you talked he/she/it talked we talked you talked they talked	I did talk you did talk he/she/it did talk we did talk you did talk they did talk
Imperfecto de Indicativo	yo hablaba tú hablabas Ud., él, ella hablaba nosotros(as) hablá-bamos vosotros(as) habla-bais Uds., ellos, ellas hablaban	*Equivalent to: Imperfect Indicative*	I was talking you were talking he/she/it was talking we were talking you were talking they were talking	I used to talk you used to talk he/she/it used to talk we used to talk you used to talk they used to talk

	Spanish		English
Futuro de Indicativo	yo hablaré tú hablarás Ud., él, ella hablará nosotros(as) habla-remos vosotros(as) habla-réis Uds., ellos, ellas hablarán	**Future**	I will talk you will talk he/she/it will talk we will talk you will talk they will talk
Condi-cional o Potencial Simple	yo hablaría tú hablarías Ud., él, ella hablaría nosotros(as) habla-ríamos vosotros(as) habla-ríais Uds., ellos, ellas hablarían	**Conditional**	I would talk you would talk he /she/it would talk we would talk you would talk they would talk
Presente de Sub-juntivo	yo hable tú hables Ud., él, ella hable nosotros(as) hable-mos vosotros(as) habléis Uds., ellos, ellas hablen	**Equivalent Subjunctive Construc-tion**	that I may talk that you may talk that he/she/it may talk that we may talk that you may talk that they may talk
Imperfecto de Sub-juntivo*	yo hablara (-se) tú hablaras (-ses) Ud., él, ella hablara (-se) nosotros(as) hablá-ramos (-semos) vosotros(as) habla-rais (-seis) Uds., ellos, ellas hablaran (-sen)	**Equivalent Subjunctive Construc-tion**	that I might talk that you might talk that he/she/it might talk that we might talk that you might talk that they might talk

* to agree with

Note: The Spanish imperfect subjunctive *(imperfecto de subjuntivo)* has two different constructions, or forms: the *-ra* ending form and the *-se* ending form. The *-ra* ending form *(hablara, hablaras, hablara,* and so on) is presented in the table, while the *-se* form is listed at the end of the conjugation. The *-se* ending form is used less often than the *-ra* ending form. You can find the study of the formation of these forms in the "Imperfect Subjunctive" section (page 47).

In English, the auxiliary verb "have" is added to the past participle of the main verb to form the compound tenses. For example:

They **have** seen the movie.
She **has** played cards.

In Spanish, as in English, an auxiliary verb is added to the past participle of the main verb to form the compound tenses. This auxiliary verb is *haber*, which is conjugated in the simple tense. For example:

*Ella **ha** comido.*	She **has** eaten.
*Ellos **habían** hecho la tarea.*	They **had** done their homework.

In Spanish, *haber* is used only as an auxiliary or helping verb. Although *haber* is translated into English as "to have," *haber* does not have the meaning of possession. It is referring to "to have" only when used as the auxiliary verb. *Haber* is a very irregular verb, and its conjugation is presented in Table 3 for the formation of the compound tenses. See page 373 for its complete conjugation and idiomatic examples.

Table 3:   The Seven Compound Tenses

Spanish		English	
Presente Perfecto de Indicativo	yo he hablado tú has hablado Ud., él, ella ha hablado nosotros(as) hemos hablado vosotros(as) habéis hablado Uds., ellos, ellas han hablado	*Present Perfect Indicative*	I have talked you have talked he/she/it has talked we have talked you have talked they have talked
Pretérito Perfecto	yo hube hablado tú hubiste hablado Ud., él, ella hubo hablado nosotros(as) hubimos hablado vosotros(as) hubisteis hablado Uds., ellos, ellas hubieron hablado	*Preterit Perfect*	I had talked you had talked he/she/it had talked we had talked you had talked they had talked
Pluscuamperfecto de Indicativo	yo había hablado tú habías hablado Ud., él, ella había hablado nosotros(as) habíamos hablado vosotros(as) habíais hablado Uds., ellos, ellas habían hablado	*Equivalent Construction to: Pluperfect Indicative or Past Perfect*	I had talked you had talked he/she/it had talked we had talked you had talked they had talked
Futuro Perfecto	yo habré hablado tú habrás hablado Ud., él, ella habrá hablado nosotros(as) habremos hablado nosotros(as) habréis hablado Uds., ellos, ellas habrán hablado	*Future Perfect*	I will have talked you will have talked he/she/it will have talked we will have talked you will have talked they will have talked
Condicional Perfecto or Potencial Compuesto	yo habría hablado tú habrías hablado Ud., él, ella habría hablado nosotros(as) habríamos hablado vosotros(as) habríais hablado Uds., ellos, ellas habrían hablado	*Conditional Perfect*	I would have talked you would have talked he /she/it would have talked we would have talked you would have talked they would have talked
Presente Perfecto de Subjuntivo	yo haya hablado tú hayas hablado Ud., él, ella haya hablado nosotros(as) hayamos hablado vosotros(as) hayáis hablado Uds., ellos, ellas hayan hablado	*Equivalent Construction to: Past Subjunctive*	that I may have talked that you may have talked that he/she/it may have talked that we may have talked that you may have talked that they may have talked
Pluscuamperfecto de Subjuntivo	yo hubiera (-se) hablado tú hubieras (-ses) hablado Ud., él, ella hubiera (-se) hablado nosotros(as) hubiéramos (-semos) hablado vosotros(as) hubierais (-seis) hablado Uds., ellos, ellas hubieran (-sen) hablado	*Equivalent Construction to: Past Perfect Subjunctive*	that I might have talked that you might have talked that he/she/it might have talked that we might have talked that you might have talked that they might have talked

Some notes about the moods and perfect tenses:

- In English, the subjunctive mood is used after "if" or "wish" when the statement is contrary to reality. The subjunctive mood is not used as widely as it is in Spanish.
- In Spanish, the preterit perfect of indicative *(pretérito perfecto de indicative)* is no longer used in the spoken word. The pluperfect indicative *(pluscuamperfecto de indicativo)* is used instead. Also, the present-perfect and future-perfect subjunctive are used more often in the written language than in the spoken word.
- The pluperfect indicative *(pluscuamperfecto de subjuntivo)*, which has the equivalent construction past-perfect subjunctive in English, has also two different constructions' endings, the *-ra* ending form and the *-se* ending form. The *-ra* ending form *(hubiera, hubieras, hubiera,* and so on) is presented in the table, while the *-se* form *(hubiese, hubieses, hubiese,* and so on) is listed at the end of the conjugation. The *-se* ending form is used less often than the *-ra* ending form. You can find the study of the formation of these forms in the "Past Perfect (or Pluperfect) Subjunctive" section (page 49).

The Indicative Mood

The indicative mood states real facts indicating something that happened, is happening, or will happen. It is the mood that we use the most. For example:

> I am thirsty.
> He worked all night long.
> She will go to the party.

In Spanish, as in English, the indicative tense states real facts in the past, present, or future. For example:

> *Tengo sed.*   I am thirsty.
> *Él trabajó toda la noche.*   He worked all night long.
> *Ella irá a la fiesta.*   She will go to the party.

In Spanish, the five simple tenses of the indicative mood are *presente* (present), *pretérito* (preterit), *imperfecto* (English imperfect indicative construction), *futuro* (future), and *condicional* (conditional).

SIMPLE PRESENT TENSE OF INDICATIVE

The Spanish present tense expresses:

- Habits or habitual activities:

Yo siempre apago las luces antes de acostarme.	I always turn off the lights before I go to bed
Ud. bebe café todas las mañanas.	You drink coffee every morning.
Nosotros abrimos la tienda todos los días.	We open the store every day.

- The English simple present and the present progressive tenses:

José toma un refresco.	José drinks a soda *or* José is drinking a soda.
Cristina lee un libro.	Cristina reads a book *or* Cristina is reading a book.
Vosotros escribís las cartas.	You write the letters *or* You are writing the letters.

- An action in the future if another word in the sentence expresses future time:

Llegamos mañana.	We will arrive tomorrow.
Venden la casa este verano.	They will sell the house this summer.
¿Vamos al baile esta noche?	Are we going to the dance tonight?

- An action that began in the past but continues into the present. This is done with an idiomatic use of the present tense of the verb *hacer* (**hace + expression of time + *que* + verb in the present tense**):

¿Cuánto (tiempo) hace que trabaja en este proyecto?	How long have you been working on this project?
Hace cinco meses que trabajo en este proyecto.	I have been working on this project for five months.

- Or, if no specific amount of time is given:

Hace poco tiempo que trabajo en este proyecto.	I have not been working on this project too long.

- ***Hace* + expression of time** may also appear at the end of the sentence; in this case, *que* is omitted:

Trabajo en este proyecto hace cinco meses.	I have been working on this project for five months.

- An action that began in the past but continues into the present. This is done with the construction **present tense of the main verb + *desde hace* + expression of time:**

Trabajo en este proyecto desde hace cinco meses.	I have been working on this project for five months.
¿Desde cuándo estudias español?	How long have you been studying Spanish?
Estudio español desde hace dos años.	I have been studying Spanish for two years.

- Probability in the present with the construction ***deber de* + infinitive:**

Deben de ser las dos.	It is probably two o'clock.

- "Almost" or "nearly," using the expression **por poco.** Note that English uses the past tense to express the same idea:

    Por poco tengo un accidente.   I nearly had an accident.
    Por poco me gano la lotería.   I almost won the lottery.

Present Tense of Regular Verbs

Regular verbs follow a certain pattern, or model, of conjugation that corresponds to each infinitive ending: *-ar, -er,* and *-ir.* The present tense endings are listed in the chart below.

Subject Pronoun	-ar	-er	-ir
yo	-o	-o	-o
tú	-as	-es	-es
Ud., él, ella	-a	-e	-e
nosotros(as)	-amos	-emos	-imos
vosotros(as)	-áis	-éis	-ís
Uds., ellos, ellas	-an	-en	-en

For example:

hablar:	*hablo, hablas, habla, hablamos, habláis, hablan.*
comer:	*como, comes, come, comemos, coméis, comen.*
vivir:	*vivo, vives, vive, vivimos, vivís, viven.*

Here are sentences of regular verbs conjugated in the present tense:

Tú hablas español.	You speak Spanish.
Él come mucho.	He eats a lot.
Vosotros vivís en Miami.	You live in Miami.

Note the following about the present tense of regular verbs:

- All verb conjugations in the first person singular (*yo*) end in **-o.**
- All verbs in the second person plural *(vosotros[as])* carry a written accent on the **-á, -é,** and **-í,** respectively.
- *-Er* and *-ir* verbs have the same endings except for the *nosotros(as)* and *vosotros(as)* persons, which substitute an **i** for the **e.**

Present Tense of Regular Verbs with Spell-Changes

In Spanish, some regular verbs undergo a change only in the first person singular *(yo).* Sometimes it is necessary to add a letter, or change a letter, in order to keep the original sound of the verb. At times, an accent mark is added to different conjugations of a verb. These changes do not make the verbs irregular. These changes can be summarized in four categories:

- Changes in the first person singular *(yo)* by adding a *-g-* or *-ig-* before the ending *-o*
- Changes in the first person singular *(yo)* that are unique to the verb
- Changes in the first person singular *(yo)* to keep the original sound of the verb
- Addition of accent marks to verbs ending in *-iar* and *-uar*

1. Changes in the first person singular *(yo)* by adding a *-g-* or *-ig-* before the ending *-o*. The chart below shows sample verbs and their changes:

Infinitive verb form	hacer (to do, to make)	poner (to put, to place)	salir (to go out, to leave)	satisfacer (to satisfy)	valer (to be worth)	traer (to bring)
yo form	ha**g**o	pon**g**o	sal**g**o	satisfa**g**o	val**g**o	tra**ig**o

The following verbs undergo the same spelling changes as those in the chart above:

> Verbs like *hacer: deshacer* (to undo), *rehacer* (to redo)

> Verbs like *poner: componer* (to compose, to fix), *disponer* (to dispose), *imponer* (to impose), *oponer* (to oppose), *proponer* (to propose), *reponerse* (to get well), *suponer* (to suppose, to guess)

> Verbs like *traer: atraer* (to attract), *caer* (to fall), *contraer* (to contract), *distraer* (to distract), *extraer* (to extract), *recaer* (to fall again, to relapse), *sustraer* (to subtract)

Here are examples of these verbs in sentences:

Salgo *el lunes para París.*	I leave on Monday for Paris.
Hago *la tarea porque tengo tiempo ahora.*	I am doing the homework now because I have time.
*Me **distraigo** cuando compongo poesías.*	I get distracted when I compose poems.

2. Changes in the first person singular *(yo)* that are unique to the verb:

The verbs *dar, saber,* and *caber* undergo changes only in the first person singular *(yo):*

Infinitive verb form	dar (to give)	saber (to know, to know how)	caber (to fit into, to be contained)
yo form	doy	sé	quepo

For example:

*Yo les **doy** regalos a mis hermanas.*	I give presents to my sisters.
***Sé** que tengo que estudiar duro.*	I know that I have to study hard.
*No **quepo** en este auto.*	I do not fit in this car.

3. Changes in the first person singular *(yo)* to keep the original sound of the verb:

The verbs in the chart below undergo spelling changes only in the *yo* form and only to conform to the rules of Spanish pronunciation.

Verbs Ending In	Change	In Front Of	Example: Yo form
-ger or -gir	g → j	o, a	coger → yo co**j**o (I take)
			dirigir → yo diri**j**o (I lead)
-guir	ʉ	o, a	distinguir → yo distin**go** (I distinguish)
Vowel + -cer or -cir	c → zc	o, a	conocer → yo cono**zco** (I know)
			traducir → yo tradu**zco** (I translate)
Consonant + -cer	c → z	o, a	vencer → yo ven**zo** (I conquer)

In the chart above, verbs ending in *-ger* and *-gir* have a soft sound before *e* and *i*, but have a hard sound before *a*, *o*, and *u*. Thus, in order to keep a soft sound before the verbs ending *o* or *a*, the *g* changes to a *j*.

On the other hand, verbs ending in *-guir* have to eliminate the *u* before *o* and *a* in order to keep a hard *g* sound. There is no need to eliminate the *u* before *e* and *i* in these types of verbs.

The following verbs undergo the same spelling changes as the models in the chart above:

- Verbs like *coger: acoger* (to welcome, to shelter), *encoger* (to shrink), *escoger* (to chose), *recoger* (to pick up), *colegir* (to collect)
- Verbs like *distinguir: conseguir* (to obtain, to attain), *perseguir* (to pursue, to chase)
- Verbs like *conocer: agradecer* (to thank), *aparecer* (to appear), *crecer* (to grow), *desaparecer* (to disappear), *complacer* (to please), *desconocer* (to be ignorant of), *merecer* (to deserve), *obedecer* (to obey), *ofrecer* (to offer), *parecer* (to seem), *pertenecer* (to belong), *reconocer* (to recognize)
- Verbs like *vencer: convencer* (to convince)

Here are examples of these verbs in sentences:

¿Quién dirige este proyecto?	Who directs this project?
Yo lo dirijo pero no consigo los planos.	I direct it, but I can't find the blueprints.
Dra. Marquís, ¿conoce al ingeniero Martínez?	Dr. Marquís, do you know the engineer Martínez?
Lo conozco muy bien. Siempre le ofrezco mi ayuda.	I know him very well. I always offer him my help.

4. Addition of accent marks to verbs ending in *-iar* and *-uar*

Verbs ending in *-iar* and *-uar* stress the *i* (*í*) or the *u* (*ú*) in all forms except *nosotros(as)* and *vosotros(as)* as listed in italics in the chart below. The chart below shows sample verbs and their changes:

Enviar (to send)	Continuar (to continue)
envío	continúo
envías	continúas
envía	continúa
enviamos	continuamos
enviáis	continuáis
envían	continúan

The following verbs undergo the same spelling changes as the models in the chart above:

> Verbs like *enviar: confiar en* (to rely on), *espiar* (to spy), *fiarse de* (to trust), *guiar* (to guide), *resfriarse* (to catch a cold), *variar* (to vary)
> Verbs like *continuar: actuar* (to act), *graduar(se)* (to graduate)

Here are examples of these verbs in sentences:

> *Linda **envía** los reportes.*   Linda sends the reports.
> *Marcos y Juan **continúan***   Mark and John continue studying at the
> *estudiando en la universidad.* university.
> *Ellos se **gradúan** en mayo.*   They will graduate in May.

Present Tense of Irregular Verbs

In Spanish, irregular verbs are verbs that have changes to the stem in their conjugation. However, irregular verbs may also have changes in their endings—that is, their conjugations do not follow the model that corresponds to their infinitive form. Irregular verbs can be:

- Verbs irregular in all their persons or forms
- Verbs irregular in all forms except in the *nosotros(as)* and *vosotros(as)* forms
- Verbs irregular in the stem only
- Verbs irregular in categories not listed above

1. Verbs irregular in all their persons or forms:

As you see in the chart below, *ser* (to be) and *ir* (to go) are irregular in all persons. Their different forms don't look like the original verb. They form the backbone of the Spanish language.

Ser (to be)	Ir (to go)
soy	voy
eres	vas
es	va
somos	vamos
sois	vais
son	van

The verb *ser* is also used to form the passive voice. The verb *ir* is also used to express future time with the expression ***ir + a + infinitive*** (English equivalent: "to be going to").

Here are examples of these verbs in sentences:

—¿*Quién* **es** *él?*   Who is he?
—**Es** *mi jefe.*   He is my boss.

—**Es** *peruano, ¿verdad?*   He is Peruvian, isn't he?
—*Sí. Y* **es** *muy inteli-*   Yes. And, he is very intelligent and nice.
    gente y amable.

—¿*Adónde* **va***?*   Where is he going?
—**Va** *a la oficina.*   He is going to the office.

—¿*Qué hora* **es***?*   What time is it?
—**Son** *las 12:00.*   It is 12:00.

— ¿*Cuándo* **van** *a ir al Perú?*   When are you going to Peru?
—**Vamos** *en el verano.*   We are going in the summer.

—¿*Por qué* **vas a** *levantarte*   Why are you going to get up early?
    temprano?
—*Porque* **voy a** *trabajar.*   Because I am going to work.

2. Verbs irregular in all forms except in the *nosotros(as)* and *vosotros(as)* forms:

As you see in the chart below, the verbs are irregular in all persons, except the *nosotros(as)* and *vosotros(as)* forms, which are listed in italics.

Decir (to say, to tell)	Estar (to be)	Tener (to have)	Venir (to come)	Oir (to hear)	Construir* (to build)
digo	estoy	tengo	vengo	oigo	construyo
dices	estás	tienes	vienes	oyes	construyes
dice	está	tiene	viene	oye	construye
decimos	*estamos*	*tenemos*	*venimos*	*oímos*	*construimos*
decís	*estáis*	*tenéis*	*venís*	*oís*	*construís*
dicen	están	tienen	vienen	oyen	construyen

* Verbs ending in -*uir* (except -*guir*) change the *i* of the infinitive ending to a *y* before the vowels *o, e,* and *a.* Thus, in the present tense, the *i* becomes a *y* before the endings -*o,* -*es,* -*e,* and -*en.* In the first and second person plural, the -*i* does not change. The changes in these verbs are due to the *three vowels rule.* The three vowels rule states that when the vowel **-i-** is between two other vowels, it changes to a **-y-** between the vowels.

The following verbs undergo the same spelling changes as the models in the chart above:

    Verbs like *decir: bendecir* (to bless), *maldecir* (to curse), *predecir* (to predict)
    Verbs like *tener: contener* (to contain), *detener* (to detain), *mantener* (to maintain), *obtener* (to obtain), *retener* (to retain)
    Verbs like *venir: convenir* (to be profitable, to agree)

Verbs like *construir*: *destruir* (to destroy), *distribuir* (to distribute), *huir* (to escape, to flee), *instruir* (to instruct, to teach), *obstruir* (to block)

Here are examples of these verbs in sentences:

—¿***Dicen*** *Uds. siempre la verdad?*	Do you always tell the truth?
—*No, no siempre* ***decimos*** *la verdad.*	No. We do not always tell the truth.
—¿*Quién* ***está*** *en Puerto Rico?*	Who is in Puerto Rico?
—*Magali* ***está*** *allá y* ***viene*** *mañana.*	Magali is there and is coming tomorrow.
—¿***Tienes*** *mucho que hacer?*	Do you have a lot to do?
—*No, no* ***tengo*** *mucho que hacer.*	No, I don't have a lot to do.
—¿***Vienen*** *tus primos a visitarlos?*	Are your cousins coming to visit you?
—*No, no* ***vienen****.*	No. They are not coming.
—¿***Oyen*** *Uds. el ruido del carro?*	Do you hear the car's noise?
—*Sí. Lo* ***oímos****.*	Yes, we hear it.
—*Los pájaros* ***construyen*** *sus nidos en la primavera.*	The birds build their nests in spring.

3. Verbs irregular in the stem only:

These kinds of verbs have regular endings like other *-ar, -er,* and *-ir* verbs. But, the stressed vowel *e, o,* or *u* of the stem (closest to the infinitive endings) changes according to the three different cases below. The changes occur in all forms except *nosotros(as)* and *vosotros(as)* which are listed in italics in the chart below.

A.) e → ie

-ar	-er	-ir
Cerrar (to close)	**Encender (to light, to turn on)**	**Sentir (to feel)**
cierro	enciendo	siento
cierras	enciendes	sientes
cierra	enciende	siente
cerramos	*encendemos*	*sentimos*
cerráis	*encendéis*	*sentís*
cierran	encienden	sienten

The following verbs undergo the same spelling changes as the models in the chart above:

Verbs like *cerrar*: *apretar* (to tighten, to squeeze), *comenzar* (to begin), *despertar(se)* (to wake up), *empezar* (to begin), *pensar* (to think, to plan), *recomendar* (to recommend), *sentar*(se) (to sit down) and *nevar* (to snow) which is conjugated only in the third person singular

Verbs like *encender: entender* (to understand), *perder* (to lose)
Verbs like *sentir: advertir* (to warn), *consentir* (to consent, to pamper),
divertir(se) (to amuse, amuse oneself), *mentir* (to lie), *preferir* (to prefer)

Here are examples of these verbs in sentences:

Él cierra el cuarto, **enciende** *las luces, se* **sienta** *y* **comienza** *a estudiar.*
He closes the room, turns on the lights, sits down, and starts studying.

Me **siento** *porque no me* **siento** *bien.*
I sit down because I don't feel good.

B.) e → i

The verbs that have this type of change are *-ir* verbs.

Pedir (to ask, to request)
pido
pides
pide
pedimos
pedís
piden

The following verbs undergo the same spelling changes as the model in the chart above:

Verbs like *pedir: competir* (to compete), *conseguir* (to obtain, to get), *despedir(se)* (to fire, to say goodbye), *elegir* (to choose), *medir* (to measure), *repetir* (to repeat), *reír(se)* (to laugh), *seguir* (to follow, to continue), *servir* (to serve), *sonreír(se)* (to smile), *vestir(se)* (to dress, to get dressed)

Note that *reír(se)* and *sonreír(se)* (e → i) have an accented *í* in all forms: *(son)río, (son)ríes, (son)ríe, (son)reímos, sonreís, (son)ríen.*

Here are examples of these verbs in sentences:

Los meseros siempre **sirven** *lo que* **pido**.
The waiters always serve what I order.

Los niños **sonríen** *mientras se* **visten**.
The children smile while they get dressed.

C.) o → ue

The verbs in the chart below change *o* to *ue*

-ar	-er	-ir
Acordar (to agree)	**Volver** (to return)	**Dormir** (to sleep)
acuerdo	vuelvo	duermo
acuerdas	vuelves	duermes
acuerda	vuelve	duerme
acordamos	volvemos	dormimos
acordáis	volvéis	dormís
acuerdan	vuelven	duermen

The following verbs undergo the same spelling changes as those in the chart above:

> Verbs like *acordar*: *acordarse* (to remember), *acostar(se)* (to go to bed), *almorzar* (to have lunch), *contar* (to count, to tell), mostrar (to show), *probar(se)* (to try, to taste, try on), *recordar* (to remember), *volar* (to fly)
> Verbs like *volver*: *mover* (to move), *poder* (can, to be able), *resolver* (to solve, to decide on), *soñar* (to dream), *llover* (to rain) which is conjugated only in the third person singular.
> Verbs like *dormir*: *dormirse* (to fall asleep), *morir* (to die)

Note that *jugar* (to play a sport/game), is the only verb that changes the *u* to *ue*. Its forms are: *juego, juegas, juega, jugamos, jugáis, juegan*. See Verb Chart 331 for the complete conjugation.

Here are examples of these verbs in sentences:

> *Ellos **vuelven** temprano del cine.*   They come back early from the movies.
>
> *¿**Puede** demostrar los ejercicios de nuevo?*   Can you demonstrate the exercises again?
>
> *No **recuerdo** cómo se **resuelven**.*   I do not remember how to solve them.
>
> *Los estudiantes **juegan** al fútbol en el estadio.*   The students play soccer in the stadium.

4. Verbs irregular in categories not listed above:

These verbs include *errar, haber* (used only as an auxiliary verb to form the compound tenses), and *oler*.

Errar (to err, to miss)	Haber (to have)	Oler (to smell)
yerro	he	huelo
yerras	has	hueles
yerra	ha	huele
erramos	hemos	olemos
erráis	habéis	oléis
yerran	han	huelen

Here are examples of these verbs in sentences:

> *El juez casi nunca **yerra** en sus veredictos.*   The judge almost never fails in his verdicts.

Los lagos **huelen** mal debido a la contaminación.	The lakes smell bad due to pollution.

Haber is an auxiliary verb used to form the compound tenses. The word *hay* is the impersonal (irregular present tense) form of *haber* and is equivalent to the English "there is" or "there are."

Hay una tormenta de nieve.	There is a snowstorm.
Hay 25 personas en el auditorio.	There are 25 people in the auditorium.

SIMPLE PAST TENSES OF THE INDICATIVE

In English, there is one simple past tense. Its form is the same in all persons or subjects, and generally it ends in -ed. However, there are verbs that are irregular and the endings are different.

Spanish has two simple past tenses: the preterit and the imperfect. The simple preterit-*pretérito* expresses completed actions in the past, whereas the imperfect-*imperfecto* is used to express events going on in the past without any reference to when they began or ended. Refer to Table 2 The Seven Simple Tenses (Page 10), to see how the two Spanish simple past tenses relate to the English simple past tense.

Preterit

The preterit indicates actions that started in the past and ended in the past. Words such as *ayer* (yesterday), *anoche* (last night), and *anteayer* (the day before yesterday) and expressions such as *el mes pasado* (last month), *la semana pasada* (last week) indicate the use of the preterit.

Below are examples:

Ellos cenaron anoche aquí.	They had dinner here last night.
Vimos una película la semana pasada.	We saw a movie last week.

Regular Verbs in the Preterit Tense

In Spanish, regular verbs in the preterit tense-*pertérito* follow a certain pattern, or model, of conjugation that corresponds to each infinitive ending (-*ar*, -*er*, and -*ir*). Verbs with (-*er*) and (-*ir*) endings share the same endings in the preterit. The chart below shows the endings of regular verbs in preterit tense.

Subject Pronoun	-ar Verbs	-er and -ir Verbs
yo	-é	-í
tú	-aste	-iste
Ud., él, ella	-ó	-ió
nosotros(as)	-amos	-imos
vosotros(as)	-asteis	-isteis
Uds., ellos, ellas	-aron	-ieron

For example:

> *cantar* (to sing): *canté, cantaste, cantó, cantamos, cantasteis, cantaron.*
> *aprender* (to learn): *aprendí, aprendiste, aprendió, aprendimos, aprendisteis,*
> *aprendieron.*
> *asistir* (to attend): *asistí, asististe, asistió, asistimos, asististeis, asistieron.*

Here are examples of these verbs in sentences:

Andrea **cantó** *anoche.*	Andrea sang last night.
Los estudiantes **aprendieron** *la lección.*	The students learned the lesson.
Ellos **asistieron** *a la clase ayer.*	They attended the class yesterday.
Sofía y yo **escuchamos** *jazz toda la noche.*	Sophia and I listened to jazz music all night.
Salimos *tarde de la casa esta mañana.*	We left home late this morning.

Note the following about the preterit tense:

- The first person singular *(yo)* carries an accent: *é* for *-ar* verbs and *í* for *-er* and *-ir* verbs. In addition, all conjugations carry an accent *(-ó)* on the third person singular *(Ud., él,* and *ella).*
- The *-ar* and *-ir* verbs have the same conjugation in the first person plural, *nosotros(as),* as in the present tense. The meaning of the sentence is clarified by the use of expressions of time, such as *ayer* (yesterday), *el año pasado* (last year), *la semana pasada* (last week), or *hace un rato* (a little while ago).

The Preterit of stem-changing verbs

The *-ir* stem-changing verbs in the present tense changed the stem *e → ie, e → i,* or *o → ue;* now in the preterit tense, they undergo the change *e → i* and *o → u.* This change is only in the *nosotros(as)* and *vosotros(as)* forms as listed in italics in the chart below. All the other forms are regular. The chart below illustrates these changes.

If *e → ie,* Now *e → i*	If *e → i,* Now *e → i*	If *o → ue,* Now *o → u*
Sentir **(to feel)**	**Pedir** **(to ask, to request)**	**Dormir (to sleep)**
sentí	pedí	dormí
sentiste	pediste	dormiste
sintió	*pidió*	*durmió*
sentimos	pedimos	dormimos
sentisteis	pedisteis	dormisteis
sintieron	pidieron	durmieron

The following verbs undergo the same spelling changes as those in the chart above:

Verbs like *sentir*: *advertir* (to warn), *consentir* (to consent, to pamper), *divertir(se)* (to amuse, to amuse oneself), *mentir* (to lie), *preferir* (to prefer)
Verbs like *pedir*: *competir* (to compete), *despedir(se)* (to fire, to say goodbye), *elegir* (to choose), *medir* (to measure), *reír(se)** (to laugh), *seguir* (to follow, to continue), *servir* (to serve), *sonreír(se)** (to smile), *teñir* (to dye), *vestir(se)* (to dress, to get dressed)
Verbs like *dormir*: *dormir(se)* (to fall asleep), *morir* (to die)

Note: *Reír(se)* and *sonreír(se)* lose one -e- in the third person singular and plural forms: *(son)reí, (son)reíste, (son)<u>ri</u>ó, (son)reímos, (son)reísteis, (son)<u>rie</u>ron*.

Here are examples of these verbs in sentences:

*Moe y Mizuki se **sintieron** mejor.*	Moe and Mizuki felt better.
*Ellas **durmieron** toda la noche.*	They slept through the night.
*Reyna **pidió** un sándwich de pavo.*	Reyna ordered a turkey sandwich.

The Preterit of spell-changing verbs

When the preterit endings are added to certain verbs, some spelling changes are necessary in order to conform to the rules of Spanish pronunciation.

The verbs in the chart below undergo spelling changes only in the *yo* form and only to conform to the rules of Spanish pronunciation.

Ending	-car (c → qué)	-gar (g → gué)	-guar (gu → güe)	-zar (z → cé)
verb	buscar (to look for, to seek)	pagar (to pay)	apaciguar (to pacify, to soothe)	almorzar (to have lunch)
yo	busqué	pagué	apacigüé	almorcé

The following verbs undergo the same spelling changes as those in the chart above:

Verbs like *buscar*: *acercar* (to bring near), *colocar* (to put, to place), *explicar* (to explain), *indicar* (to indicate), *pescar* (to fish)

Verbs like *pagar*: *albergar* (to lodge), *cargar* (to load, to carry), *jugar* (to play sport/game), *llegar* (to arrive), *negar* (to deny), *regar* (to water, to irrigate)

Verbs like *apaciguar*: *averiguar* (to find out)
Verbs like *almorzar*: *comenzar* (to begin, to start), *cruzar* (to cross), *empezar* (to begin, to start), *forzar* (to force), *tropezar* (to stumble)

Here are examples of these verbs in sentences:

***Busqué** el libro y no lo encontré.*	I looked for the book but I didn't find it.
***Pagué** todas las cuentas del mes.*	I paid all the bills for the month.
***Apacigüé** al niño con un dulce.*	I calmed the baby with a candy.
***Almorcé** con mis colegas ayer.*	I had lunch with my colleagues yesterday.

The Preterit of Verbs Ending in -uir

The verbs in the chart below undergo spelling changes but solely in the third person singular and third person plural forms. These verbs end in *-uir* or have a stem that ends in one of the vowels (*a, o, e*). The changes in these types of verbs are a result of the "three vowels" rule.*

Subject Pronoun	Constr**ui**r (to build, to construct)	L**ee**r (to read)	C**ae**r (to fall, to tumble)
Ud., él, ella	construyó	leyó	cayó
Uds., ellos, ellas	construyeron	leyeron	cayeron

The following verbs undergo the same spelling changes as those in the chart above:

> Verbs like *construir: destruir* (to destroy), *distribuir* (to distribute), *huir* (to escape, to flee), *instruir* (to instruct, to teach), *obstruir* (to block), *oír* (to listen)
> Verbs like *leer: creer* (to believe, to think), *poseer* (to possess), *proveer* (to provide)
> Verbs like *caer: recaer* (to relapse, to fall again)

Here are examples of these verbs in sentences:

> *Finalmente,* **construyeron** *el puente.* Finally, they built the bridge.
> *Jaime* **leyó** *todos los libros de Henry.* Jaime read all of Henry's books.
> *Memi se* **cayó** *en el piso.* Memi fell on the floor.

* The three vowels rule states that when the vowel **-i-** is between two other vowels, it changes to a **-y-** between the vowels.

Irregular Verbs in the Preterit Tense

The following verbs are irregular in the preterit tense:

Ser and *Ir*

The verbs *ser* (to be) and *ir* (to go) are irregular in all persons and, amazingly, have the same preterit forms. Only from the context of the sentence you can tell which is which.

In the preterit, *ser* and *ir* are conjugated as follows:

fui	fuimos
fuiste	fuisteis
fue	fueron

Here are examples of these verbs in sentences:

Ser:

> *Mis hijos fueron buenos niños.* My children were good kids.
> *El doctor González fue un gran doctor.* Dr. Gonzalez was a great doctor.

Ir:

> *Ellos fueron a la escuela Alegría.* They went to the school Alegría.
> *Él fue a una fiesta el sábado por* He went to a party Saturday night.

la noche.

Dar and Ver

The verbs *dar* (to give) and *ver* (to see) have the same endings as the *-er* and *-ir* regular verbs but without the accents.

Dar	Ver
di	vi
diste	viste
dio	vio
dimos	vimos
disteis	visteis
dieron	vieron

Here are examples of these verbs in sentences:

El presidente dio una charla muy interesante.	The president gave a very interesting speech.
Vosotros visteis una película hace dos días.	You saw a movie two days ago.

Irregular verbs with different endings

The verbs in the chart below undergo different changes. Their stems and endings are different in the preterit tense. The common endings for these irregular verbs are *-e, -iste, -o, -imos, -isteis,* and *-ieron.* These new endings must be added to the new stems as illustrated in the chart below.

Infinitive Verb	Original stem	New stem in the preterit	Endings -e,-iste, -o, -imos, -isteis, -ieron
andar (to walk)	and-	anduv-	anduve, anduviste, anduvo, anduvimos, anduvisteis, anduvieron
estar (to be)	est-	estuv-	estuve, estuviste, estuvo, estuvimos, estuvisteis, estuvieron
tener (to have)	ten-	tuv-	tuve, tuviste, tuvo, tuvimos, tuvisteis, tuvieron
caber (to fit into, to be contained)	cab-	cup-	cupe, cupiste, cupo, cupimos, cupisteis, cupieron
saber (to know, to know how)	sab-	sup-	supe, supiste, supo, supimos, supisteis, supieron
poner (to put, to place)	pon-	pus-	puse, pusiste, puso, pusimos, pusisteis, pusieron
querer (to want, to wish)	quer-	quis-	quise, quisiste, quiso, quisimos, quisisteis, quisieron
poder (can, to be able to)	pod-	pud-	pude, pudiste, pudo, pudimos, pudisteis, pudieron
decir (to say, to tell)	dec-	dij- *	dije, dijiste, dijo, dijimos, dijisteis, di<u>jeron</u>
traducir (to translate)	traduc-	traduj- *	traduje, tradujiste, tradujo, tradujimos, tradujisteis, tradu<u>jeron</u>
traer (to bring)	tra-	traj- *	traje, trajiste, trajo, trajimos, trajisteis, tra<u>jeron</u>
venir (to come)	ven-	vin-	vine, viniste, vino, vinimos, vinisteis, vinieron
hacer (to do, to make)	hac-	hic- (*hiz-* before *o*)	hice, hiciste, hizo, hicimos, hicisteis, hicieron
haber ** (to have)	hab-	hub-	hube, hubiste, hubo, hubimos, hubisteis, hubieron

*Verbs like *decir, traducir,* and *traer* lose the *i* in *-ieron* before the *j*, resulting in a *-jeron* form in the third person plural (*Uds., ellos, ellas*).

** *Haber* is the auxiliary verb for the compound tenses. The preterit of *hay* (there is, there are) is *hubo* (there was, there were).

The following verbs undergo the same spelling changes as those in the chart above:

> Verbs ending in *-decir*: *bendecir* (to bless), *contradecir* (to contradict)
> Verbs ending in *-ucir*: *conducir* (to lead, to drive), *producir* (to produce), *reducir* (to reduce)
> Verbs ending in *-raer*: *atraer* (to attract), *contraer* (to contract)

Here are examples of these verbs in sentences:

Tuvimos mucho que hacer y no *pudimos* ir a la fiesta.	We had lots to do and couldn't go to the party.
Ellos *tradujeron* el libro e *hicieron* los dibujos.	They translated the book and made the drawings.
Ellas *trajeron* al culpable y él *dijo* la verdad.	They brought the guilty person, and he told the truth.
Yo *traje* el traje azul.	I brought the blue dress.
El vino *vino* malo.	The wine came spoiled.
Hizo buen tiempo ayer.	It was nice yesterday.
Hubo una tormenta de nieve anoche.	There was a blizzard last night.

Imperfect

This tense is used to narrate or describe persons, places, events, weather, repeated actions, habits, and time in the past. It is a tense that is parallel to the preterit; thus, it expresses what was happening when another action was taking place but without indication as to its beginning or end. Sometimes, if the speaker sees the past action as an ongoing process, the imperfect tense is used. If the speaker sees the event or action as completed, the preterit is used. Time expressions like *siempre* (always), *a menudo* (often), *generalmente* (generally), *habitualmente* (habitually), and *todos los días* (every day) indicate the use of the imperfect tense. It is commonly translated into English as "used to do," "was doing," or "were doing."

The endings that are added to the stem of the verb to form the imperfect are listed in the chart below:

Subject Pronoun	-ar	-er and -ir
yo	-aba	-ía
tú	-abas	-ías
Ud., él, ella	-aba	-ía
nosotros(as)	-ábamos	-íamos
vosotros(as)	-abais	-íais
Uds., ellos, ellas	-aban	-ían

For example:

> *saltar* (to jump): *saltaba, saltabas, saltaba, saltábamos, saltabais, saltaban.*
> *leer* (to read): *leía, leías, leía, leíamos, leíais, leían.*
> *salir* (to leave): *salía, salías, salía, salíamos, salíais, salían.*

Note the following about the imperfect tense:

- The first person singular *(yo)* and third person singular *(Ud., él, ella)* forms have the same endings for all verbs.
- With *-ar* verbs, only the *nosotros(as)* form has a written accent.
- *-er* and *-ir* verbs add the same endings to their stems in the imperfect and all have a written accent.

Although this tense is called *imperfecto,* only three verbs are irregular in this tense: *ir, ser,* and *ver* as listed in the chart below.

Subject Pronoun	Ser (to be)	Ir (to go)	Ver (to see)
yo	era	iba	veía
tú	eras	ibas	veías
Ud., él, ella	era	iba	veía
nosotros(as)	éramos	íbamos	veíamos
vosotros(as)	erais	ibais	veíais
Uds., ellos, ellas	eran	iban	veían

Here are examples of these verbs in sentences:

Nosotros **éramos** *felices cuando* **íbamos** *a la playa.*	We were happy when we used to go to the beach.
Veíamos *las olas romperse.*	We watched the waves break.
Mientras **jugábamos** *en la arena, nuestro padre* **leía.**	While we were playing in the sand, our father was reading.
Hacía *mucho calor y* **tomábamos** *jugo de sandía.*	It was very hot, and we drank watermelon juice.
Mientras **nadaba, recordaba** *los viejos tiempos.*	While I was swimming, I remembered the good old days.
Vosotros **erais** *muy románticos cuando* **erais** *jóvenes.*	You used to be very romantic when you were young.

Note the following rules on the use of the imperfect of the indicative:

- The imperfect (never the preterit) forms of *ser* (**era** or **eran**) are used to tell what time it was in the past.

Eran *las cuatro cuando llegamos.*	It was four o'clock when we arrived.
Era *la una cuando salimos a almorzar.*	It was one o'clock when we went to have lunch.

>*Era un lunes cuando me*   It was Monday when he asked me
>*pidió que nos casáramos.*   to marry him.

- The imperfect of *hay* is **había** (there was, there were).

  >*Siempre **había** mucha gente*   There were always a lot of people
  >*en la playa.*   at the beach.

- In Spanish, the expression ***deber de*** (in the imperfect) + **infinitive** may be used to express probability in past time.

  >***Debían*** *de ser las tres*   It was probably three o'clock when they left.
  >*cuando se fueron.*

Contrast of the Preterit and the Imperfect Tenses of the Verbs *Saber, Conocer, Querer,* and *Poder*

In Spanish, some verbs that express a mental or emotional state (such as *saber, conocer, querer* and *poder*) take on a different meaning when used in the preterit tense or imperfect tense. The chart below shows the difference in meanings in the past tenses.

Verb	Preterit	Imperfect
Saber (to know)	Supe la verdad ayer. I <u>learned</u> the truth yesterday.	Sabía la verdad. I <u>knew</u> the truth.
Conocer (to be aquainted with)	Conocí a tu hermana el sábado pasado. I <u>met</u> your sister last Saturday.	Conocía a tu hermana. I knew (I <u>was acquainted with</u>) your sister.
Querer (to want)	No quisimos quedarnos. We <u>refused</u> to stay.	No queríamos quedarnos, pero nos quedamos de todos modos. We <u>didn't want</u> to stay, but we did so anyway.
Poder (to be able)	No pudo llegar a tiempo. He didn't <u>manage</u> to arrive on time.	No podía llegar a tiempo. He <u>couldn't arrive</u> on time. (It was impossible for him to be on time.)

SIMPLE FUTURE TENSE OF INDICATIVE

In Spanish, the future tense expresses:

- An action or a state of being that will take place in the future:

  >*Ellas **pedirán** la cuenta.*   They will request the bill.
  >*Ellos le **preguntarán** a la profesora.*   They will ask the teacher.
  >***Seremos** doctores cuando*   We will be doctors when we graduate.
  >*nos graduemos.*

- Conjecture regarding the present:

  >*¿A qué hora **iremos**?*   I wonder what time we will be going.

  >*¿Cómo **estará** Rafael?*   I wonder how Rafael is doing.

- Conjecture regarding the future:

  >*¿**Llegará** tarde el avión?*   Will the airplane arrive late?

  >*Probablemente **iré** a Costa Rica.*   I will probably go to Costa Rica.

Formation of the Future Tense

In Spanish, the regular future tense is formed by adding the endings -*é*, -*ás*, -*á*, -*emos*, -*éis*, and -*án* to the infinitive of the verb. These endings are the same for -*ar*, -*er*, and -*ir* verbs as listed in the chart below:

Subject Pronoun	Preguntar (to ask question)	Ser (to be)	Pedir (to ask, to request)
yo	preguntar**é**	ser**é**	pedir**é**
tú	preguntar**ás**	ser**ás**	pedir**ás**
Ud., él, ella	preguntar**á**	ser**á**	pedir**á**
nosotros(as)	preguntar**emos**	ser**emos**	pedir**emos**
vosotros(as)	preguntar**éis**	ser**éis**	pedir**éis**
Uds., ellos, ellas	preguntar**án**	ser**án**	pedir**án**

Here are examples of these verbs in sentences:

¿Le **preguntarás** a la profesora?	Will you ask the teacher?
Seremos los primeros en llegar.	We will be the first ones to arrive.
Ellas **pedirán** la cuenta.	They will request the bill.

Irregularities in the Future Tense

Some verbs do not follow the regular formation of the future tense. Although the endings -*é*, -*ás*, -*á*, -*emos*, -*éis*, and -*án* remain the same, the infinitive of the verb undergoes a spelling change. It becomes the stem.

Verbs that substitute the vowel of the infinitive ending (-*er* or -*ir*) for a *d* (becoming -*dr*) before adding the future endings

The verbs in the chart below, with their examples, show the changes they undergo in the formation of the future tense.

Infinitive Verb	Original stem	New stem in the future	Endings -é, -ás, -á, -emos, -éis, -án
poner (to put, to place)	pon-	pondr-	pondré, pondrás, pondrá, pondremos, pondréis, pondrán
salir (to leave)	sal-	saldr-	saldré, saldrás, saldrá, saldremos, saldréis, saldrán
tener (to have)	ten-	tendr-	tendré, tendrás, tendrá, tendremos, tendréis, tendrán
valer (to be worth)	val-	valdr-	valdré, valdrás, valdrá, valdremos, valdréis, valdrán
venir (to come)	ven-	vendr-	vendré, vendrás, vendrá, vendremos, vendréis, vendrán

The following verbs undergo the changes explained in the chart above: *poner(se)* (to set, to put on), *componer* (to compose), *posponer* (to postpone), *contener* (to contain), *detener* (to detain, to stop), *entretener* (to entertain), *obtener* (to obtain), *convenir* (to be profitable, to agree), and *devenir* (to come about).

Here are examples of these verbs in sentences:

*Yo **pondré** la mesa.*	I **will set** the table.
***Saldremos** para Madrid el domingo.*	We **will leave** for Madrid on Sunday.
***Tendrán** la cena lista más tarde.*	They **will have** dinner ready later.
*¿**Valdrá** la pena ver la película?*	I wonder if seeing the movie **is worth** it.
*¿**Vendréis** a la fiesta el viernes?*	**Are** you **coming** to the party on Friday?

Verbs that lose the *-e-* from the infinitive ending before adding the future endings

The verbs in the chart below show the changes that the verbs undergo in the formation of the future tense:

Infinitive Verb	Original stem	New stem in the future	Endings -é,- ás, -á, -emos, -éis, -án
caber (to fit in to)	cab-	cabr-	cabré, cabrás, cabrá, cabremos, cabréis, cabrán
poder (to be able to)	pod-	podr-	podré, podrás, podrá, podremos, podréis, podrán
querer (to want)	quer-	querr-	querré, querrás, querrá, querremos, querréis, querrán
saber (to know)	sab-	sabr-	sabré, sabrás, sabrá, sabremos, sabréis, sabrán
haber (as the auxiliary verb to have)	hab-	habr-	habré, habrás, habrá, habremos, habréis, habrán

Here are examples of these verbs in sentences:

*El bebé **cabrá** en la cuna.*	The baby will fit in the crib.
*¿**Podrás** hacer la llamada?*	Will you be able to make the call?
*Él **querrá** tener todo listo.*	He will want to have everything ready.
***Sabremos** las noticias pronto.*	We will know the news soon.

Haber is only used as an auxiliary verb. To study the uses of *haber,* see the discussion on the perfect tenses.

Verbs that lose the *-ce-* or *-ci-* from the stem

The verbs in the chart below show the changes that the verbs undergo in the formation of the future tense:

Infinitive Verb	Original stem	New stem in the future	Endings -é, -ás, -á, -emos, -éis, -án
de<u>cir</u> (to say, to tell)	dec-	dir-	diré, dirás, dirá, diremos, diréis, dirán
ha<u>cer</u> (to make, to do)	hac-	har-	haré, harás, hará, haremos, haréis, harán
satisfa<u>cer</u> (to satisfy)	satisfac-	satisfar-	satisfaré, satisfarás, satisfará, satisfaremos, satisfaréis, satisfarán

Here are examples of these verbs in sentences:

*El locutor **dirá** la verdad.* — The announcer **will tell** the truth.
*Gerardo **hará** las máscaras.* — Gerald **will make** the masks.
***Satisfaremos** a nuestros clientes.* — We **will satisfy** our customers.

Note that some compound verbs of *decir* have the same irregularities—except for *bendecir* (to bless), *maldecir* (to curse), and *predecir* (to predict, to forecast) which are regular in the future tense.

Compound verbs of *hacer*—*deshacer* (to undo) and *rehacer* (to redo)— also undergo the changes explained above.

The future of *hay* ("there is" or "there are," from the verb *haber*) is *habrá* (there will be).

Example:
***Habrá** un partido de béisbol el dos de mayo.* — There will be a baseball game on May second.

Future Tense with the construction *ir* + *a* + infinitive

In Spanish, the construction ***ir*** + ***a*** + **infinitive** also expresses the future. It is equivalent to the English "be going to + infinitive." It is commonly used in the spoken language.

The verb *ir* must be conjugated in the present tense: *voy, vas, va, vamos, vais, van.*

Here are examples of future construction:

***Vamos a partir** la torta a las nueve.* — We are going to cut the cake at nine o'clock. We will cut the cake at nine o'clock.
*Rita **va a ver** al doctor el jueves.* — Rita is going to see the doctor on Thursday. Rita will see the doctor on Thursday

Note the following about the future tense:

- If there is an expression of time indicating a future action, the simple present tense is used in place of the future tense:

Llegan mañana por la <u>mañana</u>. — They will arrive tomorrow morning.
(In this case, the regular future tense can also be used: *Llegarán mañana por la mañana.*)

¿Preparo la cena?	Shall [Should] I prepare dinner?

- If a conditional clause (an "if" clause) is stated in the present tense, the future tense may be used in the main sentence:

*Si me pagan, **compraré** la flauta.*	If they pay me, I will buy the flute.
o	or
***Compraré** la flauta si me pagan.*	I will buy the flute if they pay me.

SIMPLE CONDITIONAL TENSE OF INDICATIVE

The conditional tense, as its name indicates, expresses a condition or an action that will take place if another action happens before it. In English it is expressed by **"would" + verb infinitive.** For example: I would play if my friends were here.

In Spanish the conditional tense-*el tiempo condicional* is used in a similar way. It is used to:

- Describe actions that, in the past, were perceived as occurring in the future:

*Miguel dijo que **llegaría** a tiempo.*	Miguel said he would arrive on time.
*Sabíamos que **vendería** la mercancía.*	We knew he would sell the merchandise.

- Express courtesy:

*¿Qué les **gustaría** comer?*	What would you like to eat?
*¿Me **podría** ayudar, por favor?*	Would [Could] you help me, please?

- Express probability or conjecture in the past. The verbs most commonly used to express probability with the conditional are *estar, haber, ser,* and *tener:*

***Estaría** mal porque se fue.*	She probably was feeling bad because she left.
***Tendrían** frío cuando se arroparon.*	They probably were cold when they covered themselves.

- Express actions that depend on something else to be possible:

***Tomaríamos** el tren si tuviéramos tiempo.*	We would take the train if we had time.
***Compraría** un auto pero no tengo dinero.*	I would buy a car but I don't have money.

Formation of the Conditional Tense

The conditional tense of regular verbs is formed by adding the endings *-ía, -ías, -ía, -íamos, -íais,* and *-ían* to the <u>infinitive form</u> of the verb. These endings are the same for all three verb conjugations *-ar, -er,* and *-ir,* as listed in the chart below.

Subject Pronoun	Estar (to be)	Ver (to see)	Ir (to go)
yo	estaría	vería	iría
tú	estarías	verías	irías
Ud., él, ella	estaría	vería	iría
nosotros(as)	estaríamos	veríamos	iríamos
vosotros(as)	estaríais	veríais	iríais
Uds., ellos, ellas	estarían	verían	irían

Here are examples of these verbs in sentences:

*Juan dijo que **estaría** esperándonos.*	Juan said he would be waiting for us.
*Sabía que **iría**.*	I knew she (he, I) would go.
***Verían** la televisión si tuvieran tiempo.*	They would watch TV if they had the time.

Irregularities in the Conditional Tense

The same verbs that are irregular in the future tense are irregular in the conditional tense. The same future tense irregular stems are used for the formation of the conditional tense. In this case, the conditional endings are added to the modified stems of the verbs.

The verbs in the chart below show the changes that the verbs undergo in the formation of the conditional tense:

Infinitive Verb	Original stem	New stem in the conditional	Endings -ía, -ías, -ía, -íamos, -íais, -ían
poder (to be able to)	pod-	podr-	podría, podrías, podría, podríamos, podríais, podrían
poner (to put, to place)	pon-	pondr-	pondría, pondrías, pondría, pondríamos, pondríais, pondrían
salir (to leave)	sal-	saldr-	saldría, saldrías, saldría, saldríamos, saldríais, saldrían
tener (to have)	ten-	tendr-	tendría, tendrías, tendría, tendríamos, tendríais, tendrían
valer (to be worth)	val-	valdr-	valdría, valdrías, valdría, valdríamos, valdríais, valdrían
venir (to come)	ven-	vendr-	vendría, vendrías, vendría, vendríamos, vendríais, vendrían
caber (to fit in to)	cab-	cabr-	cabría, cabrías, cabría, cabríamos, cabríais, cabrían
saber (to know)	sab-	sabr-	sabría, sabrías, sabría, sabríamos, sabríais, sabrían
querer (to want)	quer-	querr-	querría, querrías, querría, querríamos, querríais, querrían
decir (to say, to tell)	dec-	dir-	diría, dirías, diría, diríamos, diríais, dirían
hacer (to make, to do)	hac-	har-	haría, harías, haría, haríamos, haríais, harían
satisfacer (to satisfy)	satisfac-	satisfar-	satisfaría, satisfarías, satisfaría, satisfaríamos, satisfaríais, satisfarían
haber (as the auxiliary verb to have)	hab-	habr-	habría, habrías, habría, habríamos, habríais, habrían

Here are examples of these verbs in sentences:

*Ella no **pondría** su dinero en ese bolso.*	She wouldn't put her money in that purse.
***Saldríamos** pero está lloviendo.*	We would leave, but it is raining.
***Tendría** cinco años cuando la vi.*	She was probably five years old when I last saw her.
*¿**Vendríais** si os envío los boletos?*	Would you come if I send you the tickets?
*El paquete **cabría** si fuese más pequeño.*	The package would fit if it were smaller.

Note the following about the conditional tense:

- The endings of the conditional tense are the same endings for the imperfect tense of *-er* and *-ir* verbs, but in the conditional tense these endings are added to the infinitive of the verb.
- The conditional tense is commonly used in subordinate (dependent) clauses when the main verb (the verb in the independent clause) is a verb of communication (*decir*, *hablar*, and so on) in one of the past tenses:

*Liz dijo que **decoraría** el cuarto.*	Liz said she would decorate the bedroom.

- The conditional of *hay* ("there is" or "there are," from the verb *haber*) is *habría* (there would be):

***Habría** un director pero no hicieron las elecciones.*	There would be a director but they didn't have the elections.

- When the English expression "would" means "used to," the imperfect tense is used rather than the conditional:

*Cuando íbamos a la playa, **hacíamos** castillos de arena.*	When we went to the beach, we used to make sand castles.

- The verbs that are formed from the same root verb such as *obtener* from *tener* and *componer* from *poner,* have the same irregularities in their conjugations as the original verb. See the examples below:

***Obtendrían** mejores resultados si usaran la computadora.*	They would have better results if they would use the computer.
*Nelson **compondría** el techo si tuviera el equipo.*	Nelson would repair the roof if he had the tools.

COMPOUND (PERFECT) TENSES OF THE INDICATIVE

In English, the compound tenses are also called perfect tenses. The word "perfect" refers to an action or state of being that is completed at the time of speaking or writing. The perfect tenses are based on the simple tenses, and they require the use of the auxiliary verb **to have** plus the past participle of the main verb. For example: They **have seen** the movie.

In Spanish, as in English, the compound tenses are called perfect tenses-*los tiempos perfectos*. *Los tiempos perfectos* are formed with the conjugation of the axiliary verb **haber** (equivalent to the English auxiliary verb **to have**) and the past participle-*participio pasado* of the main verb. The five Spanish perfect tenses of the indicative mood are *presente perfecto*-present perfect, *pretérito perfecto*-preterit perfect, *pluscuamperfecto de indicativo*-equivalent to the past perfect (also called pluperfect indicative), *futuro perfecto*-future perfect, and *condicional perfecto*-conditional perfect. See Table 3, The Seven Compound Tenses (Page 13), for a correlation of the Spanish and English perfect tenses. See The Spanish Past Participle section (Page 8) for the explanation on forming Spanish past participles and irregular past participles.

Present Perfect Indicative

The present perfect of indicative-*presente perfecto del indicativo* is a tense that expresses an action that took place immediately before the present tense, at no specific time, or an action that started in the past and continues into the present. It is similar to the English present perfect tense in that it is formed with the present tense-*presente* of the auxiliary verb *haber* (English equivalent "to have" as an auxiliary verb) plus the past participle-*participio pasado* of the main verb.

The chart below shows examples of the formation of the present perfect tense. The auxiliary verb *haber* is in the present tense. The past participles of the verbs *hablar*, *comer*, and *ir* are given.

Subject Pronouns	Haber (to have) have, has	Hablar (to talk) talked	Comer (to eat) eaten	Ir (to go) gone
yo	he			
tú	has			
Ud., él, ella	ha	hablado	comido	ido
nosotros(as)	hemos			
vosotros(as)	habéis			
Uds., ellos, ellas	han			

Here are examples of these verbs in dialog:

¿**Habéis hablado** *con María hoy?*
Sí, pero no hablamos mucho.

Have you talked to María today?
Yes, but we didn't talk very much.

¿**Has comido** *en el restaurante*
La Fuente?
No, no **he comido** *allí.*

Have you eaten in the restaurant,
La Fuente?
No, I have not eaten there.

¿**Han ido** *ya a la exhibición*
de Alfredo?

Have you already gone to Alfredo's
exhibition?

Sí **hemos ido**, *pero Sergio no* **ha
ido** *todavía.*

Yes, we have gone, but Sergio hasn't
gone yet.

In the perfect tenses of Spanish, unlike in English, you cannot place any word between the auxiliary verb *haber* and the past participle. In the examples above, the adverbs *ya* (already) and *todavía* (yet) and the negative *no* (not) are placed either before *haber* or after the past participle, but not in between.

Preterit Perfect Indicative

The preterit perfect of indicative-*pretérito perfecto del indicativo* is equivalent to the English past perfect "had done (something)". It denotes an action that was completed in the past before some definitive time in the past. In Spanish, it is formed with the past tense-*pasado* of *haber* and the past participle-*participio pasado* of the main verb. The *pretérito perfecto del indicativo* is no longer used in the spoken and written word, and it is not presented here. Instead, the pluperfect of indicative-*pluscuamperfecto del indicativo* is used now in Spanish. See Table 3, The Seven Compound Tenses (Page 13), for the complete construction of this tense.

Pluperfect or Past Perfect Indicative

The pluperfect of indicative-*pluscuamperfecto del indicativo* is used to express an action that took place immediately before another action in the past. The English equivalent is "had done." In Spanish, the pluperfect-*pluscuamperfecto del indicativo* is formed by combining the imperfect tense-*imperfecto del indicativo* of the auxiliary verb *haber* plus the past participle-*participio pasado* of the main verb.

The chart below shows examples of the formation of the pluperfect of indicative-*pluscuamperfecto del indicativo*. The auxiliary verb *haber* is in the imperfect tense. The past participles of the verbs *solicitar, hacer* and *salir* are given.

Subject Pronoun	Haber (to have) had	Solicitar (to request) requested	Hacer (to make, to do) done	Salir (to leave) left
yo	había			
tú	habías			
Ud., él, ella	había	solicitado	hecho	salido
nosotros(as)	habíamos			
vosotros(as)	habíais			
Uds., ellos, ellas	habían			

Here are examples of these verbs in sentences:

*Ya **había solicitado** el pasaporte cuando el cónsul llegó.*
I had already requested the passport, when the consul arrived.

***Habíamos hecho** el cheque cuando el empleado nos atendió.*
We had written the check when the employee helped us.

*Ana María **había salido** para el aeropuerto cuando cancelaron el vuelo.*
Ana María had already left for the airport when the flight was canceled.

Future Perfect Indicative

The future perfect tense of indicative-*el futuro perfecto del indicativo* is used to express an action or event that will be completed in the future before another action or event takes place. The English equivalent is "shall have done" or "will have done." In Spanish, the future perfect-*futuro perfecto* is formed by combining the future tense-*futuro* of the auxiliary verb *haber* plus the past participle-*participio pasado* of the main verb.

The chart below shows examples of the formation of the future perfect of indicative-*futuro perfecto del indicativo*. The auxiliary verb *haber* is in the future tense. The past participles of the verbs *dar, cocer,* and *escribir* are given.

Subject Pronoun	Haber (to have) shall (will) have	Dar un paseo (to take a walk) taken	Cocer (to cook) cooked	Escribir (to write) written
yo	habré			
tú	habrás			
Ud., él, ella	habrá			
nosotros(as)	habremos	dado	cocido	escrito
vosotros(as)	habréis			
Uds., ellos, ellas	habrán			

Here are examples of these verbs in sentences:

Inés **habrá dado** un paseo antes de que vengan sus amigos.
Inez will have taken a walk before her friends come.

Yo **habré cocido** el estofado antes de que lleguen los invitados.
I will have cooked the stew before the guests arrive.

Habremos escrito las preguntas antes de que los estudiantes entren.
We will have written the questions before the students come inside.

In Spanish, the future perfect is also used to indicate doubts or conjectures in the past. The examples below illustrate doubts or conjectures with the future tense:

¿**Habrá**n escrito *los profesores las cartas?*
Will the teachers have written the letters?

¿**Habrá pasado** la tormenta?
Will the storm have passed?

In English, the future perfect is seldom used in informal speaking or writing.

The Conditional Perfect

The conditional perfect- *el condicional perfecto* is used to express an action or event that would have been completed in the past if something had not interrupted the action or outcome of the first event. The English equivalent is "would have done." In Spanish, the conditional perfect- *condicional perfecto* is formed by combining the conditional tense- *condicional* of the auxiliary verb *haber* plus the past participle-*participio pasado* of the main verb.

The chart below shows examples of the formation of the conditional perfect of indicative- *condicional perfecto del indicativo*. The auxiliary verb *haber* is in the conditional tense. The past participles of the verbs *comprar, traer,* and *decir* are given.

Subject Pronoun	Haber (to have) would have	Comprar (to buy) bought	Traer (to bring) brought	Decir (to tell, to say) told
yo	habría			
tú	habrías			
Ud., él, ella	habría	comprado	traído	dicho
nosotros(as)	habríamos			
vosotros(as)	habríais			
Uds., ellos, ellas	habrían			

Here are examples of these verbs in sentences:

*Vosotros **habríais comprado** el chalet si no fuera por el precio tan alto.*
You would have bought the chalet if it weren't for the high price.

*Yo **habría traído** los disfraces, pero los olvidé.*
I would have brought the costumes, but I forgot them.

*Ángela **habría dicho** la verdad, pero no lo hizo.*
Ángela would have told the truth, but she didn't.

The Subjunctive Mood

Unlike the indicative mood, which expresses reality or definite facts, the subjunctive mood- *el modo subjuntivo* expresses events which have not yet been realized. It is used to express a wish or condition that the speaker views as doubtful, uncertain, hypothetical, or hopeful. In English, it is expressed after **if** or **wish** when the statement is contrary to reality. For example:

If she were here, we would go to the movies. (She is not here.)
I wish he were a football player. (He is not a football player.)

The Spanish subjunctive mood- *el modo subjuntivo* has two simple tenses and two compound tenses that are used in the spoken word. The two simple tenses are *presente de subjuntivo*- present subjunctive, and *imperfecto de subjuntivo*- imperfect subjunctive. The two perfect subjunctive tenses are *presente perfecto de subjuntivo*- present perfect subjunctive, and the *pluscuamperfecto de subjuntivo*- past perfect subjunctive. See Table 2, The Seven Simple Tenses (Page 10) and Table 3, The Seven Compound Tenses (Page 13) for a quick correlation between the Spanish subjunctive tenses and their English equivalent constructions.

Spanish also has a simple future subjunctive and a future perfect subjunctive. They are not discussed here because they are no longer used in the spoken word.

In Spanish, the verbs in the different tenses of the subjunctive mood have their own conjugational endings as you will see later in the formation of the different subjunctive tenses.

How to Use the Subjunctive

The subjunctive- *el subjuntivo* is most frequently used in a subordinate or a dependent clause because it expresses the mood of the speaker for a desirable outcome on something or somebody else. The main clause will have a verb that announces or "triggers" the use of the subjunctive in the subordinate clause. The tense of the verb in the main clause indicates the tense of the subjunctive verb in the subordinate clause. Also, the subject of the main clause is different from the subject of the dependent clause. The conjunction *que* (that) is used to join the main clause to the subordinate clause.

Verbs that are listed below announce or "trigger" the use of the subjunctive:

- Verbs of emotion or volition: *alegrarse de* (to be glad), *apenar(se)* (to sadden), *dar pena* (to feel sorry), *decir* (to tell someone to do something), *desear* (to wish, to want), *esperar* (to hope), *gustar* (to like, to be pleasing), *insistir* (to insist), *necesitar* (to need), *lamentar* (to be sorry, to regret), *pedir* (to request), *preocuparse* (to worry), *querer* (to want, to wish), *sentir* (to regret, to be sorry), *sorprender(se)* (to be surprised), *suplicar* (to beg), and *temer* (to fear).
- Verbs of doubt, disbelief, or denial: *dudar* (to doubt), *negar* (to deny), and expressions like *es dudoso* (it is doubtful) or *no es cierto* (it is not true, it is not certain)

Simple Present Subjunctive

The simple present subjunctive- *el presente de subjuntivo* of regular verbs is formed by dropping the *-o* from the *yo* form of the present indicative and adding the following endings:

> *-ar* verbs add: *-e, -es, -e, -emos, -éis, -en*
> *-er* and *-ir* verbs add: *-a, -as, -a, -amos, -áis, -an*

The chart below shows examples of the formation of the present subjunctive for the *-ar, -er,* and *-ir* verbs. The subjunctive endings for the *-er* and *-ir* verbs are the same.

Subject Pronoun	-ar Trabajar (to work)	-er Correr (to run)	-ir Recibir (to receive)
present indicative - drop the *-o* in the *yo* form	trabaj**o**	corr**o**	recib**o**
yo	trabaj**e**	corr**a**	recib**a**
tú	trabaj**es**	corr**as**	recib**as**
Ud., él, ella	trabaj**e**	corr**a**	recib**a**
nosotros(as)	trabaj**emos**	corr**amos**	recib**amos**
vosotros(as)	trabaj**éis**	corr**áis**	recib**áis**
Uds., ellos, ellas	trabaj**en**	corr**an**	recib**an**

Note that the subjunctive endings are the same for the first person singular *yo* and for the third person singular *Ud., él,* and *ella.* The use of the personal pronoun in the subordinate clause clarifies its subject.

In the examples below, the "trigger" verb in the main clause has been underlined and the verb in the subjunctive has been bolded. The "trigger" verb in the present indicative tense indicates the use of the present subjunctive in the subordinate clause. Note that the subject of the main clause is different from the subject of the subordinate clause, and both clauses are then joined by the conjunction *que* (that).

Mi jefe <u>quiere</u> **que** yo **trabaje** el fin de semana.	My boss wants me to work on the weekend.
Ellos <u>desean</u> **que corramos** en el maratón.	They want us to run in the marathon.
Nosotros <u>dudamos</u> **que recibáis** el premio.	We doubt that you will get the prize.

In the examples below, the subjunctive is not used because only one subject appears. This requires the use of the infinitive of the second verb, even though a "trigger" verb is present:

Mi jefe quiere **trabajar** el fin de semana.	My boss wants to work on the weekend.
Ellos desean **correr** en el maratón.	They want to run in the marathon.
Nosotros dudamos **recibir** el premio.	We doubt we will get the prize.

Note: If the verb in the main clause is in the present, future, or present perfect of indicative, the present subjunctive is used in the subordinate clause.

Irregularities in the Present Subjunctive

Verbs with irregularities in the *yo* form of the present tense of indicative will have the same irregularities in the present subjunctive. The *-o* of the present tense of indicative will be dropped and the corresponding subjunctive endings are added, as illustrated in the chart below.

Infinitive Verb	Yo Form Present Indicative	Present Subjunctive
hacer	hago	haga, hagas, haga, hagamos, hagáis, hagan
decir	digo	diga, digas, diga, digamos, digáis, digan
poner	pongo	ponga, pongas, ponga, pongamos, pongáis, pongan
salir	salgo	salga, salgas, salga, salgamos, salgáis, salgan
satisfacer	satisfago	satisfaga, satisfagas, satisfaga, satisfagamos, satisfagáis, satisfagan
valer	valgo	valga, valgas, valga, valgamos, valgáis, valgan
traer	traigo	traiga, traigas, traiga, traigamos, traigáis, traigan
caber	quepo	quepa, quepas, quepa, quepamos, quepáis, quepan
ver	veo	vea, veas, vea, veamos, veáis, vean

In the examples below, the "trigger" verb in the main clause has been underlined and the verb in the subjunctive has been bolded:

Mi profesora <u>quiere</u> que yo **haga** *la tarea en casa.*	My teacher wants me to do my homework at home.
Sus padres <u>esperan</u> que ella **salga** *bien en los exámenes.*	Her parents hope that she gets good grades in her tests.
Me <u>alegro (de)</u> que **digan** *la verdad.*	I am glad that you tell the truth.

The following chart shows another class of verb irregularities in the *yo* form of the present tense of the indicative. Verbs ending in *-ger, -gir, -guir, -cer,* and *-cir* will have changes due to the phonetic pronunciation of these verbs. The subjunctive endings are added to the stem of the *yo* form as shown in the chart below:

Verbs Ending In:	Change To	In Front of	Example Subjunctive Endings
-ger *-gir*	*g → j*	*o, a*	coger → yo co**jo** → co**ja**, co**jas**, co**ja**, co**jamos**, co**jáis**, co**jan** dirigir → yo diri**jo** → diri**ja**, diri**jas**, diri**ja**, diri**jamos**, diri**jáis**, diri**jan**
-guir	ʉ	*o, a*	distinguir → yo distin**go** → distin**ga**, distin**gas**, distin**ga**, distin**gamos**, distin**gáis**, distin**gan**
Vowel + *-cer* or *-cir*	*c → zc*	*o, a*	conocer → yo cono**zco** → cono**zca**, cono**zcas**, cono**zca**, cono**zcamos**, cono**zcáis**, cono**zcan** traducir → yo tradu**zco** → tradu**zca**, tradu**zcas**, tradu**zca**, tradu**zcamos**, tradu**zcáis**, tradu**zcan**
Consonant + *-cer*	*c → z*	*o, a*	vencer → yo ven**zo** → ven**za**, ven**zas**, ven**za**, ven**zamos**, ven**záis**, ven**zan**

Here are examples of these verbs in sentences:

El director me <u>aconseja</u> que **dirija** *el grupo musical.*	The director advises me to lead the musical ensemble.
Él <u>necesita</u> que yo **traduzca** *la letra de la música.*	He needs me to translate the lyrics of the song.
<u>Deseo</u> que **conozcas** *a mis padres.*	I want you to meet my parents.

The following chart shows the formation of the present subjunctive for the verbs ending in *-car, -gar, -guar, -zar,* and *-urir*. The verbs will have changes due to the phonetic pronunciation. These changes take place in the subjunctive because the subjunctive endings begin with *e* for *-ar* verbs and *a* for *-er* and *-ir* verbs. The subjunctive endings are added to the stem of the *yo* form of the preterit indicative tense to maintain the correct pronunciation as shown in the chart below:

Infinitive Verb	Form	Verb	Subjunctive Endings
colocar	*c → que*	coloqu-	-e, -es, -e, -emos, -éis, -en
pagar	*g → gue*	pagu-	-e, -es, -e, -emos, -éis, -en
apaciguar	*gu → gü*	apacigü-	-e, -es, -e, -emos, -éis, -en
cruzar	*z → c*	cruc-	-e, -es, -e, -emos, -éis, -en
construir	*i → y*	construy-	-a, -as, -a, -amos, -áis, -an

Here are examples of these verbs in sentences:

El arquitecto _manda_ que
coloquemos las columnas requeridas.

El mesero os _ruega_ que **paguéis**
la cuenta.

La firma _recomienda_ que Ud.
construya el parque.

The architect orders that we put in
the required columns.

The waiter asks that you pay the
bill.

The company recommends that you
build the park.

Subjunctive Forms of Stem-Changing Verbs

The stem-changing verbs ending in -ar, and -er follow the same pattern as in the
present indicative. The -ir stem-changing verbs follow the same pattern as in the
present indicative—except for the _nosotros(as)_ and _vosotros(as)_ forms, which
change the unstressed e to i and the o to u. The corresponding subjunctive endings
are added to these stems. The chart below shows model verbs with their changes,
and the _nosotros(as)_ and _vosotros(as)_ forms of -ir verbs are underlined:

Infinitive Verbs	Yo Form Present Indicative	Present Subjunctive
cerrar e → ie	cierre	cierre, cierres, cierre, cerremos, cerréis, cierren
volver o → ue	vuelve	vuelva, vuelvas, vuelva, volvamos, volváis, vuelvan
sentir e → ie	siente	sienta, sientas, sienta, sintamos, sintáis, sientan
pedir e → i	pide	pida, pidas, pida, pidamos, pidáis, pidan
dormir o → ue	duerme	duerma, duermas, duerma, durmamos, durmáis, duerman

Here are examples of these verbs in sentences:

Insistimos que **cierren** la autoescuela
los domingos.

Espero que **volváis** pronto.

No _permiten_ que **pidamos**
contribuciones.

Nos _quedaremos_ aquí hasta que
se **duerma** el bebé.

We insist that they close the driving
school on Sundays.

I hope that you come back soon.

They do not allow us to ask for
contributions.

We will stay here until the baby goes
to sleep.

Subjunctive Forms of Irregular Verbs

The following verbs are irregular in their stems, but their endings have the corresponding subjunctive endings as shown in the chart below:

dar	dé, des, dé, demos, deis, den
estar	esté, estés, esté, estemos, estéis, estén
saber	sepa, sepas, sepa, sepamos, sepáis, sepan
ser	sea, seas, sea, seamos, seáis, sean
ir	vaya, vayas, vaya, vayamos, vayáis, vayan
haber *	haya, hayas, haya, hayamos, hayáis, hayan

* The subjunctive of *hay* (impersonal form of *haber*) is *haya*.

Here are examples of these verbs in sentences:

*Nos <u>piden</u> que **estemos** a tiempo.*	They ask that we be on time.
*Te <u>aconsejamos</u> que **seas** buen estudiante.*	We advise you to be a good student.
*Ella <u>prefiere</u> que **vayamos** en tren.*	She prefers that we go by train.
*<u>Esperamos</u> que **haya** buen tiempo.*	We hope there will be good weather.

Subjunctive after Impersonal Expressions

Impersonal expressions are expressions with no specific subject. Expressions such as: it is doubtful that- *es dudoso que*, it is important that- *es importante que*, it is a pity that- *es una lástima que*, are impersonal expressions. In Spanish, the subjunctive is used after impersonal expressions when they communicate feelings, hypothetical or unreal situations, doubt, or uncertainty. The impersonal expressions listed in the left column of the chart below require the use of the subjunctive. The expressions listed on the right column of the chart below require the use of the indicative tense because they express certainty or a real outcome.

Impersonal expressions that require the Subjunctive	Impersonal expressions that require the Indicative
Conviene que (it is advisable that)	*Es cierto que* (it is certain that, it is true that)
Es difícil que (it is unlikely that)	*Es evidente que* (it is evident that)
Es dudoso que (it is doubtful, it is unlikely that)	*Es obvio que* (it is obvious that)
Es importante que (it is important that)	*Es verdad que* (it is true that)
Es (una) lástima que (it is a pity that)	*Es seguro que* (it is sure that, it is certain that)
Es necesario que (it is necessary that)	*Está claro que* (it is clear that)
Es preciso que (it is necessary that)	*Parece que* (it seems that)
Es (im)posible que (it is [im]possible that)	*Resulta que* (it is unlikely that)
Es probable que (it is probable that)	
Es mejor que (it is better that)	
Más vale que (it is better that)	
Ojalá (que) (if only …! or I hope that)	

Here are examples in sentences of impersonal expressions requiring the subjunctive:

*<u>Es dudoso que</u> el puente se **caiga**.*	It is unlikely that the bridge will fall.
*¡<u>Ojalá que</u> el equipo **gane**!*	I hope that the team wins.

Conviene que te **prepares** *para el examen final.* It is advisable that you get
ready for your final exam.

Here are examples of impersonal expressions in sentences requiring the indicative:

Es evidente que Ana Laura baila
maravillosamente.
Es seguro que votaremos en las
próximas elecciones.

It is evident that Ana Laura dances
exquisitely.
It is certain that we will vote in the
next election.

Note: The subjunctive is always used after verbs or expressions of doubt, disbelief,
or denial which express uncertainty. On the other hand, if these verbs are expressing certainty or expressing no doubt, they are followed by a verb in the infinitive
form. Both cases are shown below:

Dudamos que **lleguen** *mañana.* We doubt they will come tomorrow.
Es dudoso que él **quiera** *ir.* It's doubtful that he wants to go.
No dudamos que llegan mañana. We don't doubt they will come tomorrow.
Es cierto que llegan mañana. It is certain they will come tomorrow.

IMPERFECT SUBJUNCTIVE

The same rules that apply to the use of the present subjunctive also apply to the
imperfect subjunctive- *imperfecto de subjuntivo*. The tense of the verb in the main
clause determines the tense of the verb in the subordinate clause. If the trigger
verb in the main clause or an impersonal expression is in the preterit, imperfect,
past perfect, or conditional, the imperfect subjunctive is used in the subordinate
clause. For example:

Él me pidió que **comprara** *los boletos.* He asked me to buy the tickets.

The "trigger" verb *pedir* (to ask, to request) is in the past tense, so the verb *comprar*- to buy, in the subordinate clause, is in the imperfect subjunctive.

The endings for the imperfect subjunctive are the same for regular and irregular
verbs and for the three conjugations -*ar*, -*er*, and -*ir*. The imperfect subjunctive is
formed by taking away the -*ron* ending from the preterit of the third person plural
(*Uds., ellos, ellas*) and adding the following endings to the stem:

-*ra*, -*ras*, -*ra*, -*ramos*,- *rais*, -*ran*

The chart below shows the imperfect subjunctive endings for -*ar*, -*er*, and -*ir* verbs.
The third person plural preterit for estudiar-estudiaron, leer-leyeron: and seguir-
siguieron are the examples in the chart below:

	Subject Pronouns	*-ar*	*-er*	*-ir*
	yo	estudia**ra**	leye**ra**	siguie**ra**
	tú	estudia**ras**	leye**ras**	siguie**ras**
	Ud., él, ella	estudia**ra**	leye**ra**	siguie**ra**
que	nosotros(as)	estudiá**ramos**	leyé**ramos**	siguié**ramos**
	vosotros(as)	estudia**rais**	leye**rais**	siguie**rais**
	Uds., ellos, ellas	estudia**ran**	leye**ran**	siguie**ran**

Another set of endings can be also used in the formation of the imperfect subjunctive: -se, -ses, -se, -semos, -seis, or -sen. Although there is no difference in the use of these two sets of endings, the -ra endings are used more often in the spoken word. The chart below shows the -se endings with -ar, -er, and -ir verbs:

	Subject Pronouns	-ar	-er	-ir
	yo	estudia**se**	leye**se**	siguie**se**
que	tú	estudia**ses**	leye**ses**	siguie**ses**
	Ud., él, ella	estudia**se**	leye**se**	siguie**se**
	nosotros(as)	estudiá**semos**	leyé**semos**	siguié**semos**
	vosotros(as)	estudia**seis**	leye**seis**	siguie**seis**
	Uds., ellos, ellas	estudia**sen**	leye**sen**	siguie**sen**

Note that due to the rules of pronunciation, only the *nosotros* forms have an accent on the vowels (*a* and *e*) before the endings. Also, the *yo* form and the *Ud., él,* and *ella* forms share the same ending; thus, it is often necessary to use the subject pronouns to clarify the subject.

Here are examples in sentences of verbs with the -ra form and the -se form of the imperfect subjunctive:

Su padre <u>quería</u> que ella **estudiara** medicina.	Her father wanted her to study medicine.
Alicia les <u>sugirió</u> que **siguieran** estudiando.	Alicia suggested to them that they keep on studying.
<u>Era necesario</u> que el doctor **leyese** las últimas investigaciones.	It was necessary that the doctor read the latest research.
<u>Queríamos</u> que **durmieses** más.	We wanted you to sleep longer.

PERFECT SUBJUNCTIVE TENSES

In Spanish, the two perfect tenses of subjunctive— *presente perfecto* and *pasado perfecto del subjuntivo*— require the use of the auxiliary verb *haber* plus the past participle of the main verb.

Present Perfect Subjunctive

The present perfect subjunctive- *presente perfecto del subjuntivo* is used to indicate that the action of the subordinate clause happens before the action of the main clause. It is used in the same way as the present subjunctive.

The present perfect subjunctive is formed by combining the present subjunctive of *haber* plus the past participle of the main verb. The chart below shows the formation of the present perfect subjunctive:

Subject Pronouns	Present Subjunctive of *Haber*	Past Participle of the Main Verb (hablar- to talk)
yo	haya	
tú	hayas	hablado
Ud., él, ella	haya	
nosotros(as)	hayamos	
vosotros(as)	hayáis	
Uds., ellos, ellas	hayan	

Here are examples of these verbs in sentences:

Dudo que **hayan hablado** *con el rey.* — I doubt that they have talked to the king.

Nos gusta que **haya tomado** *un crucero.* — We are glad that you have taken a cruise.

Esperamos que **hayan construido** *el puente.* — We hope that they have built the bridge.

The present perfect subjunctive is also used in conditional clauses using *cuando* (when):

Avísame, por favor, cuando **hayas terminado** *el informe.* — Please let me know when you have finished the report.

Cuando **hayáis visto** *la película, hablaremos sobre ella.* — When you have seen the movie, we will talk about it.

¡Ojalá **hayan atrapado** *al criminal!* — I hope they have caught the criminal!

Past Perfect (or Pluperfect) Subjunctive

The past perfect subjunctive- *pluscuamperfecto del subjuntivo*, also known as pluperfect subjunctive, is used to indicate an action that was already completed before the action of the main clause which took place in the past. The "trigger" verb or impersonal expression in the main clause has to be in the preterit, imperfect, or conditional tense. The pluperfect subjunctive is formed by combining the imperfect subjunctive of *haber* (*hubiera* or *hubiese* form) plus the past participle of the main verb. The chart below shows the formation of the pluperfect subjunctive:

Subject Pronouns	Pluperfect Subjunctive of *Haber*	Past Participle of the Verb (romper - to break)
yo	hubiera *or* hubiese	
tú	hubieras *or* hubieses	roto
Ud., él, ella	hubiera *or* hubiese	
nosotros(as)	hubiéramos *or* hubiésemos	
vosotros(as)	hubierais *or* hubieseis	
Uds., ellos, ellas	hubieran *or* hubiesen	

Here are examples of verbs used in sentences:

Dudaban que vosotros **hubierais roto** *las ventanas.*
They doubted that you had broken the windows.

No creían que las jugadoras **hubiesen jugado** *sin un contrato.*
They did not believe that the players would have played without a contract.

Note: The use of *¡Ojalá (que) . . . !* plus the pluperfect subjunctive is used very often in the spoken language. This expression indicates a situation that is contrary to reality in the past.

Here are examples of this common expression using the pluperfect subjunctive:

¡Ojalá (que) **hubiese ganado** *mi equipo favorito!*
I wish that my favorite team had won. (In reality, the team lost.)

¡Ojalá (que) **hubiese hecho** *sol cuando escalamos la montaña!*
We wish it had been sunny when we went mountain climbing! (In reality, it was raining.)

When the pluperfect subjunctive is used in a conditional "if"- *si* clause, it expresses hypothetical ideas or ideas that are contrary to reality in the past. In this case, the conditional perfect is used in the second clause. See the sentence examples below:

Si hubiésemos trabajado eficientemente en ese proyecto, ya habríamos terminado.
If we had worked efficiently in that project, we would have already finished.

Si hubiera estudiado más, habría pasado el examen.
If I had studied more, I would have passed the test.

The Imperative Mood

The imperative mood- *el modo imperativo* is used for giving orders or commands, or to request that something be done or not be done. Unlike the indicative and the subjunctive moods, the imperative mood does not have multiple tenses, and it is always in the present tense. In English, the subject is always the pronoun "you" which is rarely expressed. In Spanish, the imperative mood can be expressed formally or informally. It can also be singular or plural. There is also a command form for the we- *nosotros* form. It is equivalent to the English command expressions **let's..., or let's not...** Each of these cases is presented below.

The imperative command expressed formally has two forms: *Ud.* (you singular) and *Uds.* (you plural):

Limpie *(Ud.) su cuarto.*
Clean your room! (formal, singular)

Limpien *(Uds.) el salón.*
Clean the classroom! (formal, plural)

The imperative command expressed informally (also known as "familiar") has two forms: *Tú* (you familiar, singular) and *vosotros* (you familiar, plural):

Limpia *(tú) tu cuarto.*
Clean your room! (familiar, singular)

Limpiad *(vosotros) el salón.*
Clean the classroom! (familiar, plural)

Note: The *vosotros* command form is used mainly in Spain and is rarely used in Latin America. Latin Americans commonly use the *Uds.* command form in its place.

The imperative command form for the *nosotros* person has also two command forms which are equivalent to the English command expressions **let's..., or let's not...**

Bailemos.	Let's dance.
*No **bailemos**.*	Let's not dance.
o	or
***¡Vamos** a bailar* (nosotros)!	Let's dance!
¡No vamos a bailar (nosotros)!	Let's not dance!

In Spanish, you have to consider the person or persons whom you are addressing before using a command. If you are addressing a friend, use the *tú* form. If addressing an older person or a person with whom you are not acquainted, or is higher in rank, use the *Ud.* form. If addressing a group, use the *Uds.* form. If you are included in the group, use the *nosotros* form. Although subject pronouns are rarely used when giving a command, they can be placed after the verb for emphasis. Along with that, the polite expression *por favor-* please placed either before or after the command, is usually used because it softens the tone of the command. You hear this polite expression in the spoken word.

FORMAL COMMAND FORMS

The affirmative commands for *Ud.* and *Uds.* are formed by dropping the *-o* of the first person singular of the present indicative and adding the following endings to the stem:

-ar verbs add:	**-e** (singular) or **-en** (plural)
-er and *-ir* verbs add:	**-a** (singular) or **-an** (plural)

The negative command for *Ud.* and *Uds.* are formed by simply placing *no* before the affirmative command.

The chart below shows the formation of the affirmative and negative commands of *Ud.* and *Uds.*:

Infinitive/ Present Indicative *Yo* Form	Affirmative *Ud.* Command	Negative *Ud.* Command	Affirmative *Uds.* Command	Negative *Uds.* Command
caminar yo camino	camine	no camine	caminen	no caminen
leer yo leo	lea	no lea	lean	no lean
consumir yo consumo	consuma	no consuma	consuman	no consuman

Here are examples of these verbs in sentences:

Camine *(Ud.) por la acera.*	Walk on the sidewalk! (formal, singular)
No **camine** *(Ud.) tan rápido.*	Do not walk so fast! (formal, singular)
Caminen *(Uds.) a los perros.*	Walk the dogs! (formal, plural)
No **caminen** *(Uds.) en la calle.*	Do not walk in the street! (formal, plural)
Lea *(Ud.) el libro.*	Read the book! (formal, singular)

Verbs with irregularities or changes in the yo form of the present indicative, also have the same changes in the command form. In addition, in the imperative mood, verbs that end in -car will change the **c** to **qu** to keep the hard sound of the c. Verbs that end in -zar will change the **z** to **c** to keep the soft sound of the **c** before **e**. Verbs that end in -gar will add **u** before the **e** to keep the hard sound of the **g**. All these changes are necessary in order to keep the original pronunciation of the verbs.

The chart below shows stem-changing verbs and also verbs ending in *-car, -zar,* and *-gar* with their changes:

Infinitive/Present Indicative *Yo* Form	Affirmative *Ud.* Command	Negative *Ud.* Command	Affirmative *Uds.* Command	Negative *Uds.* Command
mostrar yo m**ue**str**o**	m**ue**stre	no m**ue**stre	m**ue**str**en**	no m**ue**str**en**
hacer yo ha**g**o	ha**g**a	no ha**g**a	ha**g**an	no ha**g**an
conducir yo condu**zc**o	condu**zc**a	no condu**zc**a	condu**zc**an	no condu**zc**an
buscar yo bus**c**o	bus**que**	no bus**que**	bus**quen**	no bus**quen**
comenzar yo comien**z**o	comien**ce**	no comien**ce**	comien**cen**	no comien**cen**
pagar yo pa**g**o	pa**gue**	no pa**gue**	pa**guen**	no pa**guen**

Here are examples of these verbs in sentences:

Muestre *(Ud.) el video.*	Show the video! (formal, singular)
Haga *(Ud.) la tarea.*	Do the homework! (formal, singular)
No **conduzcan** *(Uds.) tan rápido.*	Do not drive so fast! (formal, plural)
Comiencen *(Uds.) pronto.*	Start soon! (formal, plural)
Paguen *(Uds.) las cuentas.*	Pay the bills! (formal, plural)

There are a few verbs that are irregular in the *Ud.* and *Uds.* commands that do not follow any rules. The chart below shows these verbs with their irregular command forms:

Infinitive/Present Indicative *Yo* Form	Affirmative *Ud.* Command	Negative *Ud.* Command	Affirmative *Uds.* Command	Negative *Uds.* Command
dar yo doy	dé	no dé	den	no den
estar yo estoy	esté	no esté	estén	no estén
saber yo sé	sepa	no sepa	sepan	no sepan
ser yo soy	sea	no sea	sean	no sean

Here are examples of these verbs in sentences:

*No le **den** (Uds.) problemas a sus maestros.*
Do not give your teachers problems. (formal, plural)

*¡**Esté** (Ud.) a tiempo en clase!*
Be on time to class! (formal, singular)

***Sepan** (Uds.) la verdad.*
May you know the truth. (formal, plural)

*¡**Sea** (Ud.) buena persona!*
Be a good person! (formal, singular)

INFORMAL COMMAND FORMS

There are two informal command forms, the singular *tú* and the plural *vosotros*, which is used mainly in Spain. The construction of the negative command for the *tú* form is different from the affirmative. Also, the construction of the negative command for the *vosotros* form is different from the affirmative.

Affirmative Tú Commands

The affirmative form of the *tú* command is the same as the present indicative of the third person singular (*él, ella,* or *Ud.*). Verbs with irregularities or changes in the present indicative form of the third person singular have the same changes in the affirmative *tú* command form. The chart below shows the affirmative command by using the third person present indicative of the regular verbs and verbs with changes in the third person singular:

Infinitive Verb	Present Indicative *Él, Ella,* or *Ud.* Form	Affirmative *Tú* Command
most**rar**	muestra	muestra (tú)
le**er**	lee	lee (tú)
condu**cir**	conduce	conduce (tú)
bus**car**	busca	busca (tú)
comenzar	comienza	comienza (tú)
pagar	paga	paga (tú)

Here are examples of these verbs in sentences:

¡Muestra (tú) el video!	Show the video!
¡Lee (tú) todo lo que puedas!	Read all you can read!
¡Comienza (tú) a trabajar!	Start to work!
¡Busca las llaves!	Find the keys!
¡Paga (tú) la cuenta!	Pay the bill!

The verbs in the chart below have irregular affirmative *tú* command forms:

Verb	decir	hacer	ir	poner	salir	ser	tener	venir
Affirmative Tú Command	di	haz	ve	pon	sal	sé	ten	ven

Here are examples of these verbs in sentences:

Pon *(tú) la mesa.*	Set the table!
Sal (tú) de la habitación.	Get out of the room!
¡**Ten** (tú) mucho cuidado!	Be very careful!

Negative *Tú* Commands

The negative *tú* command is formed by simply adding *-s* to the negative *(Ud.)* command form as show in the chart below:

Infinitive Verb	Negative Ud. Command	Negative Tú Command
most**rar**	no muestre	no muestr**es**
ha**cer**	no haga	no hag**as**
condu**cir**	no conduzca	no conduzc**as**
bus**car**	no busque	no bus**ques**
comen**zar**	no comience	no comien**ces**
pa**gar**	no pague	no pag**ues**

Here are examples of these verbs in sentences:

¡No muestres tu informe!	Do not show your report!
¡No hagas la tarea en la playa!	Do not do homework at the beach!
¡No conduzcas (tú) por la acera!	Do not drive on the sidewalk!
¡No busques las llaves! Yo las tengo.	Do not look for the keys! I have them.
¡No comiences (tú) todavía el proyecto!	Do not start the project yet!
¡No pagues (tú) la cuenta! ¡Que la pague Pedro!	Do not pay the bill! Let Pedro pay it!

The verb *ir* (to go) has an irregular affirmative *tú* command form, *ve*, and also an irregular *negative tú* form, *no vayas*. The sentences below illustrate the use of the commands:

Ve *al supermercado, por favor.*	Go to the grocery store, please.
No vayas *al supermercado.*	Don't go to the grocery store.

Note: The verbs *ir* and *ver* have the same affirmative command: *ve*. For example:

> **Ve** *la película primero y luego*   See the movie first
> **ve** *al supermercado*.   and then go to the grocery store.

Affirmative and Negative Vosotros Commands

The *vosotros* command is used mainly in Spain. The affirmative command is created by using the infinitive of the verb and substituting the final *-r* with a *-d*. There are no stem or spelling changes in this command because the infinitive form of the verb is used.

On the other hand, the negative form of this command is formed with the present subjunctive of the second person plural *(vosotros)*. Verbs with irregularities or changes in the second person plural of the present subjunctive have the same changes in the negative *vosotros* command. The endings for the present subjunctive *vosotros* form are **-éis** (*-ar*) and **-áis** (*-er* and *-ir*).

The chart below shows the formation of the affirmative and negative *vosotros* commands:

Infinitive Verb	Affirmative *Vosotros* Command	Negative *Vosotros* Command
estudiar	estudia**d** (vosotros)	no estudi**éis**
beber	bebe**d** (vosotros)	no beb**áis**
salir	sali**d** (vosotros)	no salg**áis**

Here are examples of the commands in sentences:

> *¡**Estudiad** mucho!*   Study a lot!
> **No bebáis** *cerveza.*   Don't drink beer.
> **No salgáis** tarde por la noche.   Don't go out late at night.

NOSOTROS *COMMAND*

The *nosotros* command uses the *nosotros* present subjunctive forms. The English command expressions **let's... or let's not...** are equivalent to the *nosotros* command in the affirmative or negative. For example:

> ***Usemos*** *la computadora.*   Let's use the computer.
> ***Abramos*** *las ventanas.*   Let's open the windows.
> ***Bebamos*** *café.*   Let's drink coffee.

To form the negative command just place *no* before the present subjunctive *nosotros* forms. For example:

> ***No usemos*** *la computadora.*   Let's not use the computer.
> ***No abramos*** *las ventanas.*   Let's not open the windows.
> ***No bebamos*** *café.*   Let's not drink coffee.

The English *let's* can also be expressed by using *vamos a* + infinitive verb, to form the affirmative *nosotros* command:

Vamos a usar la *computadora.*	Let's use the computer.
Vamos a beber *café.*	Let's drink coffee

The expression *vamos a* + infinitive verb comes from the conjugation of *ir* in the present tense. Since this expression is also used to form the future tense, the sentences above may also mean that the action will take place in the future:

Vamos a usar la *computadora.*	We are going to use the computer.
Vamos a beber *café.*	We are going to drink coffee.

On the other hand, the negative forms can have only one meaning:

No vamos a usar la *computadora.*	We are not going to use the computer.
No vamos a beber *café.*	We are not going to drink coffee.

The expression *vamos a* is commonly used in the spoken word instead of *vayamos a (nosotros)*. The *no vayamos a* is used to form the negative command of *Let's not....* For example:

Vamos a la *fiesta.*	Let's go to the party.
No vayamos a la *fiesta.*	Let's not go to the party.

Both ways of forming the *nosotros* command are commonly used.

The Progressive Tenses

The progressive tenses, present progressive- *el presente progresivo,* and past progressive- *el pasado progresivo,* express actions that are in progress at the moment or that were in progress at a particular moment in the past. For example: The telephone **is ringing**, expresses an action that is happening right now- this action is expressed in the present progressive tense. The telephone **was ringing** at one o'clock in the morning, expresses an action that was in progress in the past at a definite time- this action is in the past progressive tense.

In English, the progressive tenses are formed with **to be + -ing** form of the main verb. The -ing form in English corresponds to the Spanish *-ndo* ending, which is the present participle of a verb. In Spanish, the progressive tenses are used in the same way as they are in English. They are formed with *estar + participio presente* (also known as *gerundio*) of the main verb. For a review of the formation of Spanish present participles, see the section Participles (Page 7).

PRESENT PROGRESSIVE

The present progressive- *el presente progresivo* describes an action that is happening at this moment. It does not describe a habitual or permanent action. In Spanish, the present progressive is formed with the present indicative tense- *presente del indicativo* of *estar + participio presente (gerundio)* of the main verb. The *gerundio* takes the endings -***ando*** (*-ar* verbs) and -***iendo*** (*-er* and *-ir* verbs). The chart below shows the conjugation of *estar* in the present indicative and the present participle of the verb *estudiar*-to study:

Subject Pronouns	Present Tense of *Estar*	*Gerundio* of Main Verb
yo	estoy	estudiando
tú	estás	
Ud., él, ella	está	
nosotros(as)	estamos	
vosotros(as)	estáis	
Uds., ellos, ellas	están	

Here are examples of the present progressive tense in sentences:

¿Qué estás estudiando?	What are you studying?
Estoy estudiando filosofía.	I am studying philosophy.
Estamos envolviendo los regalos.	We are wrapping the gifts.
Los niños están durmiendo.	The children are sleeping.

Note: In English, the present progressive is also used to express a future action. In Spanish, the present indicative is used instead.

PAST PROGRESSIVE

The past progressive- *el pasado progresivo* describes an action in the past that was in progress at a particular moment in the past, and it is now completed. In Spanish, *el pasado progresivo* is formed with the imperfect indicative tense- *el imperfecto de indicativo* of estar + *participio presente (gerundio)* of the main verb. The *gerundio* takes the endings -*ando* (-*ar* verbs) and -*iendo* (-*er* and -*ir* verbs). For a review of the formation of Spanish Present Participles, see the section Participles (Page 7).

The chart below shows the conjugation of *estar* in the imperfect indicative and the present participle of the verb *leer*-to read:

Subject Pronouns	Imperfect of *Estar*	*Gerundio* of Main Verb
yo	estaba	leyendo
tú	estabas	
Ud., él, ella	estaba	
nosotros(as)	estábamos	
vosotros(as)	estabais	
Uds., ellos, ellas	estaban	

Here are examples of the past progressive tense in sentences:

¿Qué estaban leyendo ellos?	What were they reading?
Estaban leyendo una revista.	They were reading a magazine.
Ellos estaban abriendo los regalos cuando llegamos.	They were opening the presents when we arrived.

Note: Sometimes *ir,* instead of *estar,* is used with the present participles to form the progressive tenses. In this case, it conveys the idea of *keeping on...* or *gradually* as shown in the examples below:

Ella va jugando en el auto.	She keeps right on playing in the car.
Nosotros íbamos cantando.	We kept right on singing.
El paciente va mejorando.	The patient is gradually getting better.

Also, the verbs *seguir, andar,* and *continuar* are sometimes used as helping verbs with the present participle as shown in the example below:

*Ella **siguió hablando**.*   She continued talking.

Reflexive Verbs

A reflexive verb is a verb where the action falls on the subject of the sentence. In English, the reflexive construction is formed by adding "myself," "yourself," "herself," and so on to the sentence. For example: I cut myself.

In Spanish, a reflexive verb- *verbo reflexivo* is identified by the reflexive pronoun -*se* at the end of the infinitive form. For example: *bañarse*- to take a bath or *acostarse*- to lie down. When a reflexive verb is conjugated, the verb is placed after the reflexive pronoun. Many verbs are made reflexive with the help of a reflexive pronoun. The reflexive verbs are conjugated just like any other verb, but the reflexive pronouns precede the conjugated verb. The chart below shows the subject pronouns with their corresponding Spanish reflexive pronouns and English reflexive pronouns:

Subject Pronouns	Spanish Reflexive Pronouns	English Reflexive Pronouns
yo	me	myself
tú	te	yourself
Ud., él, ella	se	yourself, himself, herself
Uds., ellos, ellas		yourselves, themselves
nosotros	nos	ourselves
vosotros	os	yourselves

Note: The third person singular and the third person plural have the same *se* reflexive pronoun.

Here are examples of the use of reflexive pronouns:

*Yo **me visto**.*   I dress **myself**.
*Tú **te vistes**.*   You dress **yourself**.
*Él **se viste**.*   He dresses **himself**.
*Ella **se viste**.*   She dresses **herself**.
*Ud. **se viste**.*   You dress **yourself**.
*Nosotros **nos vestimos**.* We dress **ourselves**.
*Vosotros **os vestís**.*   You dress **yourselves**.
*Uds. **se visten**.*   You dress **yourselves**.
*Ellos(as) **se visten**.* They dress **themselves**.

The Spanish reflexive pronouns may be positioned in a sentence in different ways:

- Before a conjugated verb
  Se lavó las manos.   She washed her hands.

- After a present participle- *gerundio* or before the conjugation of the verb *estar*

Él estaba afeitándose.	He was shaving himself.
Él se estaba afeitando.	He was shaving himself.

When the reflexive pronoun is attached to a present participle, an accent must be added to the last vowel of the stem in order to conform to the rules of pronunciation.

- After an infinitive verb or before the main verb

*Quiero <u>cortar**me**</u> el pelo.*	I want to get a hair cut.
***Me** quiero cortar el pelo.*	I want to get a hair cut.
*Roberto va a afeitar**se**.*	Roberto is going to shave (himself).
*Roberto **se** va a afeitar.*	Roberto is going to shave (himself).

- At the end of the verb in an affirmative command or before the verb in a negative command

*Levánta**te***	Get up!
***No te** levantes.*	Don't get up!

- Note: In the command form *nosotros*, the final *-s* is omitted and *-nos* is added:

*Levanté**monos**.*	Let's get up!
***No nos** levantemos.*	Let's not get up!

- Note: In the command form *vosotros*, the final *-d* is omitted and *-os* is added:

*¡Desperta**d** a los niños!*	Wake up the children!
*¡Desperta**os**!*	Wake up!
*¡**No os** despertéis!*	Don't wake up!

- Before a direct object pronoun

***Me** cepillé <u>los dientes</u>.*	I brushed <u>my teeth</u>.
***Me** <u>los</u> cepillé.*	I brushed <u>them</u>.
*No **me** <u>los</u> cepillé.*	I didn't brush <u>them</u>.

The following guidelines apply to the use of Spanish reflexive use:

- Generally, subject pronouns are not used when using a reflexive pronoun because the reflexive pronouns identify who does the action.
  *(Yo) **Me** estaba bañando cuando María llamó.* I was bathing when Maria called.
- The reflexive pronouns are never attached to a past participle.

***Nos** <u>hemos bañado</u>.*	We have bathed.
*No **nos** <u>hemos bañado</u>.*	We have not bathed.

- In a reflexive construction, since the reflexive pronoun identifies who does the action, possession is understood; thus, the definitive article is used rather than the possessive adjective as it is used in English.

*Nancy se lava **el** pelo.*	Nancy washes **her** hair.
*Las niñas se cepillaron **los** dientes.*	The girls brushed **their** teeth.

There are two "true" reflexive verbs *abstenerse*- to abstain and *quejarse*- to complain. They are called "true" reflexive verbs because they do not have a non-reflexive usage.

The following list contains commonly used reflexive verbs:

abrazarse (to hug each other)
bañarse (to bathe)
besarse (to kiss)
desayunarse (to eat breakfast)
despertarse (to wake up)
divertirse (to have fun)
lavarse (to wash oneself)

peinarse (to comb one's hair)
preocuparse (to be concerned)
quedarse (to stay, to remain)
quejarse (to complain)
sentarse (to sit down)
sentirse (to feel)
vestirse (to get dressed)

The following chart shows verbs that have a slightly different meaning when used non-reflexively.

When used reflexively	When used non-reflexively
abonarse (to subscribe)	*abonar* (to pay, to fertilize)
acordarse de (to remember)	*acordar* (to agree upon)
acostarse (to go to bed)	*acostar* (to put to bed)
alegrarse (to be glad, to rejoice)	*alegrar* (to cheer up)
asustarse (to be frightened, to get scared)	*asustar* (to frighten)
burlarse (to make fun of)	*burlar* (to deceive, to mock)
casarse (to get married)	*casar* (to marry)
conducirse (to behave)	*conducir* (to drive)
decidirse (to make up one's mind)	*decidir* (to decide)
despedirse (to say goodbye)	*despedir* (to dismiss, to fire)
detenerse a (to stop)	*detener* (to detain)
dirigirse a (to address)	*dirigir* (to direct)
dormirse (to fall asleep)	*dormir* (to sleep)
encontrarse (to be located, to meet)	*encontrar* (to find)
hacerse (to be)	*hacer* (to make)
irse (to leave)	*ir* (to go)
levantarse (to get up)	*levantar* (to lift)
llamarse (to be named)	*llamar* (to call)
llevarse (to take away)	*llevar* (to carry, to take)
marcharse (to go away)	*marchar* (to march)
negarse (to refuse)	*negar* (to deny)
pararse (to stand up, to stop)	*parar* (to stop)
parecerse (to look like)	*parecer* (to seem, to appear)
ponerse (to wear, to put on, to become)	*poner* (to place, to put)
probarse (to try on)	*probar* (to taste)
quitarse (to take off something)	*quitar* (to take away)
volverse (to become, turn around)	*volver* (to return)

Verbs with Special Construction - *Gustar* and *Faltar*

In Spanish, there are some verbs that have a very particular construction such as *gustar*- to like, *doler*- to hurt or to ache, and *faltar*- to lack.

The verb "to like"- *gustar* when translated into Spanish has a special construction. For example:

> *Me gusta el café.*   I like coffee.

Literally translated, the Spanish sentence reads: Coffee is pleasing to me.

In this type of construction, the subject of the English sentence (I) becomes the indirect object of the Spanish sentence. The English direct object (coffee) becomes the subject of the Spanish sentence. The verb *gustar* precedes the subject in the Spanish construction. See the pattern below for this type of construction:

> English: subject + like + direct object
> Spanish: indirect object + gustar + subject
> For example: *Me gusta la comida mejicana.*   I like Mexican food.

There are two commonly used forms of *gustar*:

1.) If the subject is singular or if *gustar* is followed by another verb in the infinitive, the first person singular *gusta* is used. For example:

> *Me gusta mi carro.*   I like my car.
> *Me gusta ver la televisión.*   I like to watch television.

2.) If the subject is in plural, the third person plural *gustan* is used. For example:

> *Me gustan los deportes.*   I like sports.
> *Me gustan los gatos.*   I like cats.

The following chart shows the Spanish indirect object pronouns with their related subject pronouns, and the two conjugations of *gustar* in the present indicative tense:

Subject Pronouns	Spanish Indirect Object Pronouns	Gustar
yo	me	
tú	te	
Ud., él, ella	le	gusta or gustan
nosotros	nos	
vosotros	os	
Uds., ellos, ellas	les	

Note: The subject pronouns are **never used** in this construction. See page 372 for a complete conjugation of *gustar* in all tenses.

Below are examples of *gustar* in different tenses:

Nos *gustan las naranjas.*	We like oranges.
*¿***Les** *gusta la papaya?*	Do you like papaya?
Me *gustaba jugar con mis muñecas.*	I used to like to play with dolls.
Le *gustaban las películas de terror.*	She liked horror movies.

In the examples above, the indirect object pronouns *le* could be referring to *Ud.*, *él*, or *ella* and *les* could be referring to *Uds.*, *ellos*, or *ellas*. In order to clarify or emphasize who is the indirect object person, you must use the following construction with the appropriate indirect subject pronoun before the conjugation of *gustar*:

A + prepositional pronoun or noun + indirect object pronoun + *gustar* (any tense) + subject

For example:

*¿***A Ud.** *le gusta el helado?*	Do you like ice cream?
A Marco *le gustan los juegos de video.*	Mark likes video games.
A ti *te gustan los deportes.*	You like sports.

The verbs *doler-* to hurt or to ache, and *faltar-* to be lacking or to be needed, use the same construction as *gustar*, as shown in the examples below:

A Ben le duelen los pies.	Ben's feet hurt.
A Marina le faltan dos blusas.	Marina is missing two blouses.

Infinitives

In Spanish, the construction **conjugated verb + infinitive** of another verb, serves to complete a new thought or action. Some verbs are followed directly by the infinitive verb, while other verbs require a preposition such as *a, con, de, en,* or *por*. You must learn the verbs that require a preposition because there is no rule for using the prepositions with the verbs.

Here are examples of verbs that do not require a preposition:

Me **gusta jugar** *tenis.*	I like to play tennis.
Necesitamos hacer *el informe.*	We need to do the report.
Logramos escalar *la montaña.*	We succeeded in climbing the mountain.

Here are examples of verbs that require a preposition:

Daniel y Susan nos **invitaron a cenar.**	Daniel and Susan invited us for dinner.
Los **amenazamos con llamar** *a la policía.*	We threatened to call the police.
Nos **cansamos de esperar** *a Carmen.*	We got tired of waiting for Carmen.

Passive Voice

The active voice is the most commonly used voice in everyday conversation. It indicates that the subject is doing the action, as in the following example:

> The cashier paid the bill.

The cashier is the subject doing the action of "paying". The object, the bill, receives the action of the verb. On the other hand, in the passive voice, the subject does not perform the action of the verb; rather, the subject receives the action as in the following example:

> The bill was paid by the cashier.

In the passive voice, the object of the active voice becomes the subject, and the subject becomes the "agent" or object of the passive action. The verb "to be" is used in all tenses to form the passive voice. Generally, the passive voice is not used in everyday conversation, but it is used in writing.

Here are a couple more examples of passive voice in English. For comparison purposes, the same sentence is also written in the active voice:

> Active: The boy broke the vase.
> Passive: The vase was broken by the boy.

> Active: Some great musicians made this album!
> Passive: This album was made by some great musicians!

In Spanish, the passive voice- *la voz pasiva* is formed in the same way as it is in English, with the verb *ser*- to be + the past participle of the main verb. Also, the passive voice can be formed with the *se* pronoun. This construction is used when the subject of the passive sentence is not a person or it is not specified. In general, it is better to use the active voice rather than the passive voice. The passive voice is mainly used when trying to deemphasize the doer of the action such as in broadcasting.

PASSIVE VOICE WITH SER

In this construction, *la voz pasiva*- the passive voice is formed in the following manner:

> subject + *ser* + past participle of the main verb + *por* + agent

Ser can be in any tense, as long as it matches the tense of the main verb in the active voice. The past participle acts as an adjective; therefore, it has to agree in gender and number with the subject of the sentence. The preposition *por* (by) precedes the new agent in the sentence. Here are examples:

1. Active voice (verb in present tense):
   El salvavidas usa el silbato.   The lifeguard uses the whistle.
   Passive voice (conjugation of *ser* in present tense):
   El silbato es usado por el salvavidas.   The whistle is used by the lifeguard.

2. Active voice (verb in past tense):

El cajero pagó la cuenta.	The cashier paid the bill.

Passive voice (conjugation of *ser* in past tense):

La cuenta fue pagada por el cajero.	The bill was paid by the cashier

3. Active voice (verb in imperfect tense):

Las ciclistas recibían las botellas de agua.	The bikers received the bottles of water

Passive voice (conjugation of *ser* in imperfect tense):

Las botellas de agua eran recibidas por las ciclistas.	The bottles of water were received by the bikers.

In Spanish, when a sentence is changed from active to passive voice (or vice versa), the past participles agree with the new subject, as shown in the examples above. In the first example of passive voice, the past participle *usado* is masculine and singular, agreeing with *silbato*, which is also masculine and singular. In the third example, the past participle *recibidas* is plural and feminine, agreeing with *las botellas*, which is also plural and feminine.

PASSIVE VOICE WITH SE

This passive voice form is used more frequently in conversation. It is used when the subject is not a person or when the subject is not specifically identified. This construction is equivalent to the English "to be + past participle":

(subject) + *se* + third person singular or third person plural (to agree with the subject) of the main verb + thing (subject of sentence)

Below are examples in sentences:

*La biblioteca **se abre** a las nueve.*	The library opens at nine o'clock.
*Las bibliotecas **se abren** a las nueve.*	The libraries open at nine o'clock.
*El escritorio **se vende** por mil pesetas.*	The desk is sold for 1,000 pesetas.
*Los escritorios **se venden** por mil pesetas.*	The desks are sold for 1,000 pesetas.

Below are examples with subjects not identified:

***Se dice** que la artista no es buena.*	It is said that the artist is not good.
***Se dicen** muchas cosas de la artista.*	Many things are said of the artist.

Note: In the colloquial Spanish the third person of the verb is often used without the *se* as in the examples below:

***Dicen** que la artista no es buena.*	It is said that the artist is not good.
***Dicen** muchas cosas de la artista.*	Many things are said of the artist.

abandonar

to leave, to abandon, to quit

Gerundio: abandonando   **Participio pasado:** abandonado

Mood	Simple Tenses		Compound Tenses	
	Singular	*Plural*	*Singular*	*Plural*
Indicative	**Present**		**Present Perfect**	
	abandono abandonas abandona	abandonamos abandonáis abandonan	he abandonado has abandonado ha abandonado	hemos abandonado habéis abandonado han abandonado
	Preterit		**Preterit Perfect**	
	abandoné abandonaste abandonó	abandonamos abandonasteis abandonaron	hube abandonado hubiste abandonado hubo abandonado	hubimos abandonado hubisteis abandonado hubieron abandonado
	Imperfect		**Pluperfect**	
	abandonaba abandonabas abandonaba	abandonábamos abandonabais abandonaban	había abandonado habías abandonado había abandonado	habíamos abandonado habíais abandonado habían abandonado
	Future		**Future Perfect**	
	abandonaré abandonarás abandonará	abandonaremos abandonaréis abandonarán	habré abandonado habrás abandonado habrá abandonado	habremos abandonado habréis abandonado habrán abandonado
	Conditional		**Conditional Perfect**	
	abandonaría abandonarías abandonaría	abandonaríamos abandonaríais abandonarían	habría abandonado habrías abandonado habría abandonado	habríamos abandonado habríais abandonado habrían abandonado
Subjunctive	**Present**		**Present Perfect**	
	abandone abandones abandone	abandonemos abandonéis abandonen	haya abandonado hayas abandonado haya abandonado	hayamos abandonado hayáis abandonado hayan abandonado
	Imperfect		**Pluperfect**	
	abandonara, -se abandonaras, -ses abandonara, -se	abandonáramos, -semos abandonarais, -seis abandonaran, -sen	hubiera, -se abandonado hubieras, -ses abandonado hubiera, -se abandonado	hubiéramos,-semos abandonado hubierais, -seis abandonado hubieran, -sen abandonado

IMPERATIVE

abandona (tú); no abandones
(no) abandone (Ud.)

(no) abandonemos (nosotros)
abandonad (vosotros); no abandonéis
(no) abandonen (Uds.)

EXAMPLES

Él abandonaría todo por el amor de ella.
He would leave everything for her love.

¡No abandonéis a vuestras mascotas!
Don't abandon your pets!

¡Después de tres años, Juan y Miguel han abandonado sus estudios!
After three years, Juan and Miguel have abandoned their careers!

Habían abandonado el proyecto pero lo empezaron de nuevo.
They had quit the project, but they restarted it again.

abarcar

to embrace, to encompass

Gerundio: abarcando   **Participio pasado:** abarcado

Mood	Simple Tenses		Compound Tenses	
	Singular	*Plural*	*Singular*	*Plural*
Indicative	**Present**		**Present Perfect**	
	abarco abarcas abarca	abarcamos abarcáis abarcan	he abarcado has abarcado ha abarcado	hemos abarcado habéis abarcado han abarcado
	Preterit		**Preterit Perfect**	
	abarqué abarcaste abarcó	abarcamos abarcasteis abarcaron	hube abarcado hubiste abarcado hubo abarcado	hubimos abarcado hubisteis abarcado hubieron abarcado
	Imperfect		**Pluperfect**	
	abarcaba abarcabas abarcaba	abarcábamos abarcabais abarcaban	había abarcado habías abarcado había abarcado	habíamos abarcado habíais abarcado habían abarcado
	Future		**Future Perfect**	
	abarcaré abarcarás abarcará	abarcaremos abarcaréis abarcarán	habré abarcado habrás abarcado habrá abarcado	habremos abarcado habréis abarcado habrán abarcado
	Conditional		**Conditional Perfect**	
	abarcaría abarcarías abarcaría	abarcaríamos abarcaríais abarcarían	habría abarcado habrías abarcado habría abarcado	habríamos abarcado habríais abarcado habrían abarcado
Subjunctive	**Present**		**Present Perfect**	
	abarque abarques abarque	abarquemos abarquéis abarquen	haya abarcado hayas abarcado haya abarcado	hayamos abarcado hayáis abarcado hayan abarcado
	Imperfect		**Pluperfect**	
	abarcara, -se abarcaras, -ses abarcara, -ses	abarcáramos, -semos abarcarais, -seis abarcaran, -sen	hubiera, -se abarcado hubieras, -ses abarcado hubiera, -se abarcado	hubiéramos,-semos abarcado hubierais, -seis abarcado hubieran, -sen abarcado

IMPERATIVE

abarca (tú); no abarques
(no) abarque (Ud.)

(no) abarquemos (nosotros)
abarcad (vosotros); no abarquéis
(no) abarquen(Uds.)

EXAMPLES

El niñito abarcó con sus bracitos a la mamá.

The little boy embraced his mother with his little arms.

La conferencia abarcó varios aspectos.

The lecture encompassed several topics.

El gerente ha abarcado diferentes temas en su plática.

The manager has covered different subjects in his speech.

IDIOMATIC EXAMPLE

Quien mucho abarca poco aprieta.

One should not bite off more than one can chew.

abastecer

to supply, to replenish, to furnish with

Gerundio: abasteciendo   **Participio pasado:** abastecido

Mood	Simple Tenses		Compound Tenses	
	Singular	*Plural*	*Singular*	*Plural*
Indicative	**Present**		**Present Perfect**	
	abastezco	abastecemos	he abastecido	hemos abastecido
	abasteces	abastecéis	has abastecido	habéis abastecido
	abastece	abastecen	ha abastecido	han abastecido
	Preterit		**Preterit Perfect**	
	abastecí	abastecimos	hube abastecido	hubimos abastecido
	abasteciste	abastecisteis	hubiste abastecido	hubisteis abastecido
	abasteció	abastecieron	hubo abastecido	hubieron abastecido
	Imperfect		**Pluperfect**	
	abastecía	abastecíamos	había abastecido	habíamos abastecido
	abastecías	abastecíais	habías abastecido	habíais abastecido
	abastecía	abastecían	había abastecido	habían abastecido
	Future		**Future Perfect**	
	abasteceré	abasteceremos	habré abastecido	habremos abastecido
	abastecerás	abasteceréis	habrás abastecido	habréis abastecido
	abastecerá	abastecerán	habrá abastecido	habrán abastecido
	Conditional		**Conditional Perfect**	
	abastecería	abasteceríamos	habría abastecido	habríamos abastecido
	abastecerías	abasteceríais	habrías abastecido	habríais abastecido
	abastecería	abastecerían	habría abastecido	habrían abastecido
Subjunctive	**Present**		**Present Perfect**	
	abastezca	abastezcamos	haya abastecido	hayamos abastecido
	abastezcas	abastezcáis	hayas abastecido	hayáis abastecido
	abastezca	abastezcan	haya abastecido	hayan abastecido
	Imperfect		**Pluperfect**	
	abasteciera, -se	abasteciéramos, -semos	hubiera, -se abastecido	hubiéramos,-semos abastecido
	abastecieras, -ses	abastecierais, -seis	hubieras, -ses abastecido	hubierais, -seis abastecido
	abasteciera, -se	abastecieran, -sen	hubiera, -se abastecido	hubieran, -sen abastecido

IMPERATIVE

abastece (tú); no abastezcas
(no) abastezca (Ud.)

(no) abastezcamos (nosotros)
abasteced (vosotros); no abastezcáis
(no) abastezcan (Uds.)

EXAMPLES

Hemos abastecido la tienda con todo tipo de víveres.
We have replenished the store with all types of provisions.

Abastecieron la escuela con nuevos libros.
They supplied the school with new books.

Los voluntarios están abasteciendo el asilo de huérfanos con camas.
The volunteers are furnishing the orphanage with beds.

Abastecí mi despensa con más alimentos.
I replenished the pantry with more food.

abatir

to knock (cut) down, to overthrow, to be discouraged

Gerundio: abatiendo **Participio pasado:** abatido

Mood	Simple Tenses		Compound Tenses	
	Singular	*Plural*	*Singular*	*Plural*
Indicative	**Present**		**Present Perfect**	
	abato abates abate	abatimos abatís abaten	he abatido has abatido ha abatido	hemos abatido habéis abatido han abatido
	Preterit		**Preterit Perfect**	
	abatí abatiste abatió	abatimos abatisteis abatieron	hube abatido hubiste abatido hubo abatido	hubimos abatido hubisteis abatido hubieron abatido
	Imperfect		**Pluperfect**	
	abatía abatías abatía	abatíamos abatíais abatían	había abatido habías abatido había abatido	habíamos abatido habíais abatido habían abatido
	Future		**Future Perfect**	
	abatiré abatirás abatirá	abatiremos abatiréis abatirán	habré abatido habrás abatido habrá abatido	habremos abatido habréis abatido habrán abatido
	Conditional		**Conditional Perfect**	
	abatiría abatirías abatiría	abatiríamos abatiríais abatirían	habría abatido habrías abatido habría abatido	habríamos abatido habríais abatido habrían abatido
Subjunctive	**Present**		**Present Perfect**	
	abata abatas abata	abatamos abatáis abatan	haya abatido hayas abatido haya abatido	hayamos abatido hayáis abatido hayan abatido
	Imperfect		**Pluperfect**	
	abatiera, -se abatieras, -ses abatiera, -se	abatiéramos, -semos abatierais, -seis abatieran, -sen	hubiera, -se abatido hubieras, -ses abatido hubiera, -se abatido	hubiéramos, -semos abatido hubierais, -seis abatido hubieran, -sen abatido

IMPERATIVE

abate (tú); no abatas

(no) abata (Ud.)

(no) abatamos (nosotros)

abatid (vosotros); no abatáis

(no) abatan (Uds.)

EXAMPLES

Los protestantes están abatiendo al gobierno.

The protesters are overthrowing the government.

La granizada abatió los árboles.

The hailstorm cut down the trees.

El niño está abatido por la enfermedad.

The little boy is discouraged because of his illness.

Están abatiendo los árboles de los bosques.

They are cutting down the trees of the forests.

abonar

to pay, to stand as security, to fertilize

Gerundio: abonando   **Participio pasado:** abonado

Mood	Simple Tenses		Compound Tenses	
	Singular	*Plural*	*Singular*	*Plural*
Indicative	**Present**		**Present Perfect**	
	abono	abonamos	he abonado	hemos abonado
	abonas	abonáis	has abonado	habéis abonado
	abona	abonan	ha abonado	han abonado
	Preterit		**Preterit Perfect**	
	aboné	abonamos	hube abonado	hubimos abonado
	abonaste	abonasteis	hubiste abonado	hubisteis abonado
	abonó	abonaron	hubo abonado	hubieron abonado
	Imperfect		**Pluperfect**	
	abonaba	abonábamos	había abonado	habíamos abonado
	abonabas	abonabais	habías abonado	habíais abonado
	abonaba	abonaban	había abonado	habían abonado
	Future		**Future Perfect**	
	abonaré	abonaremos	habré abonado	habremos abonado
	abonaras	abonaréis	habrás abonado	habréis abonado
	abonará	abonarán	habrá abonado	habrán abonado
	Conditional		**Conditional Perfect**	
	abonaría	abonaríamos	habría abonado	habríamos abonado
	abonarías	abonaríais	habrías abonado	habríais abonado
	abonaría	abonarían	habría abonado	habrían abonado
Subjunctive	**Present**		**Present Perfect**	
	abone	abonemos	haya abonado	hayamos abonado
	abones	abonéis	hayas abonado	hayáis abonado
	abone	abonen	haya abonado	hayan abonado
	Imperfect		**Pluperfect**	
	abonara, -se	abonáramos, -semos	hubiera, -se abonado	hubiéramos,-semos abonado
	abonaras, -ses	abonarais, -seis	hubieras, -ses abonado	hubierais, -seis abonado
	abonara, -se	abonaran, -sen	hubiera, -se abonado	hubieran, -sen abonado

IMPERATIVE

abona (tú); no abones

(no) abone (Ud.)

(no) abonemos (nosotros)

abonad (vosotros); no abonéis

(no) abonen (Uds.)

Note: As a reflexive verb, *abonarse* (to subscribe) uses the reflexive pronouns *me, te, se, nos, os, se*. Example 4 shows the reflexive use.

EXAMPLES

El inquilino no abona nada a su cuenta.

El campesino siempre ha abonado la tierra antes de la primavera.

Hubiese abonado más dinero pero no tengo.

El estudiante se abonó a la revista.

The renter doesn't pay anything toward his bill.

The farmer has always fertilized the land before spring.

I would have paid more money, but I don't have it.

The student subscribed to the magazine.

abrazar

to embrace, to hug, to clamp

Gerundio: abrazando **Participio pasado:** abrazado

Mood	Simple Tenses		Compound Tenses	
	Singular	*Plural*	*Singular*	*Plural*
Indicative	**Present**		**Present Perfect**	
	abrazo	abrazamos	he abrazado	hemos abrazado
	abrazas	abrazáis	has abrazado	habéis abrazado
	abraza	abrazan	ha abrazado	han abrazado
	Preterit		**Preterit Perfect**	
	abracé	abrazamos	hube abrazado	hubimos abrazado
	abrazaste	abrazasteis	hubiste abrazado	hubisteis abrazado
	abrazó	abrazaron	hubo abrazado	hubieron abrazado
	Imperfect		**Pluperfect**	
	abrazaba	abrazábamos	había abrazado	habíamos abrazado
	abrazabas	abrazabais	habías abrazado	habíais abrazado
	abrazaba	abrazaban	había abrazado	habían abrazado
	Future		**Future Perfect**	
	abrazaré	abrazaremos	habré abrazado	habremos abrazado
	abrazarás	abrazaréis	habrás abrazado	habréis abrazado
	abrazará	abrazarán	habrá abrazado	habrán abrazado
	Conditional		**Conditional Perfect**	
	abrazaría	abrazaríamos	habría abrazado	habríamos abrazado
	abrazarías	abrazaríais	habrías abrazado	habríais abrazado
	abrazaría	abrazarían	habría abrazado	habrían abrazado
Subjunctive	**Present**		**Present Perfect**	
	abrace	abracemos	haya abrazado	hayamos abrazado
	abraces	abracéis	hayas abrazado	hayáis abrazado
	abrace	abracen	haya abrazado	hayan abrazado
	Imperfect		**Pluperfect**	
	abrazara, -se	abrazáramos, -semos	hubiera, -se abrazado	hubiéramos, -semos abrazado
	abrazaras, -ses	abrazarais, -seis	hubieras, -ses abrazado	hubierais, -seis abrazado
	abrazara, -se	abrazaran, -sen	hubiera, -se abrazado	hubieran, -sen abrazado

IMPERATIVE

abraza (tú); no abraces
(no) abrace (Ud.)

(no) abracemos (nosotros)
abrazad (vosotros); no abracéis
(no) abracen (Uds.)

Note: As a reflexive verb, *abrazarse* (to hug each other) uses the reflexive pronouns *me, te, se, nos, os, se*. Example 4 shows the reflexive use.

EXAMPLES

La abrazaré cuando la vea.
El actor estaba abrazando a la bella actriz.
¡No lo abraces!
La pareja se abrazó.

I will give her a hug when I see her.
The actor was embracing the pretty actress.
Don't hug him!
The couple embraced each other.

abrir
to open
Gerundio: abriendo   **Participio pasado:** abierto

Mood	Simple Tenses		Compound Tenses	
	Singular	*Plural*	*Singular*	*Plural*
	Present		**Present Perfect**	
	abro	abrimos	he abierto	hemos abierto
	abres	abrís	has abierto	habéis abierto
	abre	abren	ha abierto	han abierto
	Preterit		**Preterit Perfect**	
	abrí	abrimos	hube abierto	hubimos abierto
	abriste	abristeis	hubiste abierto	hubisteis abierto
	abrió	abrieron	hubo abierto	hubieron abierto
Indicative	**Imperfect**		**Pluperfect**	
	abría	abríamos	había abierto	habíamos abierto
	abrías	abríais	habías abierto	habíais abierto
	abría	abrían	había abierto	habían abierto
	Future		**Future Perfect**	
	abriré	abriremos	habré abierto	habremos abierto
	abrirás	abriréis	habrás abierto	habréis abierto
	abrirá	abrirán	habrá abierto	habrán abierto
	Conditional		**Conditional Perfect**	
	abriría	abriríamos	habría abierto	habríamos abierto
	abrirías	abriríais	habrías abierto	habríais abierto
	abriría	abrirían	habría abierto	habrían abierto
Subjunctive	**Present**		**Present Perfect**	
	abra	abramos	haya abierto	hayamos abierto
	abras	abráis	hayas abierto	hayáis abierto
	abra	abran	haya abierto	hayan abierto
	Imperfect		**Pluperfect**	
	abriera, -se	abriéramos, -semos	hubiera, -se abierto	hubiéramos, -semos abierto
	abrieras, -ses	abrierais, -seis	hubieras, -ses abierto	hubierais, -seis abierto
	abriera, -se	abrieran, -sen	hubiera, -se abierto	hubieran, -sen abierto

IMPERATIVE

abre (tú); no abras
(no) abra (Ud.)

(no) abramos (nosotros)
abrid (vosotros); no abráis
(no) abran (Uds.)

Note: This verb has an irregular past participle, *abierto*.

EXAMPLES

El banco se abre a las nueve.
Los niños han abierto todos los regalos.
¡No lo abra!
La profesora dijo que abriéramos los libros.

The bank opens at nine.
The children have opened all the gifts.
Don't open it!
The teacher said to open the books.

abstenerse

to abstain, to deprive oneself

Gerundio: absteniéndose   **Participio pasado:** abstenido

Mood	Simple Tenses		Compound Tenses	
	Singular	*Plural*	*Singular*	*Plural*
Indicative	**Present**		**Present Perfect**	
	me abstengo te abstienes se abstiene	nos abstenemos os abstenéis se abstienen	me he abstenido te has abstenido se ha abstenido	nos hemos abstenido os habéis abstenido se han abstenido
	Preterit		**Preterit Perfect**	
	me abstuve te abstuviste se abstuvo	nos abstuvimos os abstuvisteis se abstuvieron	me hube abstenido te hubiste abstenido se hubo abstenido	nos hubimos abstenido os hubisteis abstenido se hubieron abstenido
	Imperfect		**Pluperfect**	
	me abstenía te abstenías se abstenía	nos absteníamos os absteníais se abstenían	me había abstenido te habías abstenido se había abstenido	nos habíamos abstenido os habíais abstenido se habían abstenido
	Future		**Future Perfect**	
	me abstendré te abstendrás se abstendrá	nos abstendremos os abstendréis se abstendrán	me habré abstenido te habrás abstenido se habrá abstenido	nos habremos abstenido os habréis abstenido se habrán abstenido
	Conditional		**Conditional Perfect**	
	me abstendría te abstendrías se abstendría	nos abstendríamos os abstendríais se abstendrían	me habría abstenido te habrías abstenido se habría abstenido	nos habríamos abstenido os habríais abstenido se habrían abstenido
Subjunctive	**Present**		**Present Perfect**	
	me abstenga te abstengas se abstenga	nos abstengamos os abstengáis se abstengan	me haya abstenido te hayas abstenido se haya abstenido	nos hayamos abstenido os hayáis abstenido se hayan abstenido
	Imperfect		**Pluperfect**	
	me abstuviera, -se te abstuvieras, -ses se abstuviera, -se	nos abstuviéramos, -semos os abstuvierais, -seis se abstuvieran, -sen	me hubiera, -se abstenido te hubieras, -ses abstenido se hubiera, -se abstenido	nos hubiéramos, -semos abstenido os hubierais, -seis abstenido se hubieran, -sen abstenido

IMPERATIVE

	abstengámonos (nosotros); no nos absten- gamos
abstente (tú); no te abstengas	absteneos (vosotros); no os abstengáis
absténgase (Ud.); no se abstenga	absténganse (Uds.); no se abstengan

EXAMPLES

El senador se abstuvo de votar.	The Senator abstained himself from voting.
Yo me abstuve de votar en las elecciones pasadas.	I abstained myself from voting in the last elections.
Los vegetarianos se abstienen de comer carne.	Vegetarians abstain themselves from eating meat.
Nos hemos abstenido de comer helado porque estamos a dieta.	We have deprived ourselves of eating ice cream because we are on a diet.

aburrirse

to be bored, to grow tired, to grow weary

Gerundio: aburriéndose   **Participio pasado:** aburrido

Mood	Simple Tenses		Compound Tenses	
	Singular	*Plural*	*Singular*	*Plural*
Indicative	**Present**		**Present Perfect**	
	me aburro te aburres se aburre	nos aburrimos os aburrís se aburren	me he aburrido te has aburrido se ha aburrido	nos hemos aburrido os habéis aburrido se han aburrido
	Preterit		**Preterit Perfect**	
	me aburrí te aburriste se aburrió	nos aburrimos os aburristeis se aburrieron	me hube aburrido te hubiste aburrido se hubo aburrido	nos hubimos aburrido os hubisteis aburrido se hubieron aburrido
	Imperfect		**Pluperfect**	
	me aburría te aburrías se aburría	nos aburríamos os aburríais se aburrían	me había aburrido te habías aburrido se había aburrido	nos habíamos aburrido os habíais aburrido se habían aburrido
	Future		**Future Perfect**	
	me aburriré te aburrirás se aburrirá	nos aburriremos os aburriréis se aburrirán	me habré aburrido te habrás aburrido se habrá aburrido	nos habremos aburrido os habréis aburrido se habrán aburrido
	Conditional		**Conditional Perfect**	
	me aburriría te aburrirías se aburriría	nos aburriríamos os aburriríais se aburrirían	me habría aburrido te habrías aburrido se habría aburrido	nos habríamos aburrido os habríais aburrido se habrían aburrido
Subjunctive	**Present**		**Present Perfect**	
	me aburra te aburras se aburra	nos aburramos os aburráis se aburran	me haya aburrido te hayas aburrido se haya aburrido	nos hayamos aburrido os hayáis aburrido se hayan aburrido
	Imperfect		**Pluperfect**	
	me aburriera, -se te aburrieras, -ses se aburriera, -se	nos aburriéramos, -semos os aburrierais, -seis se aburrieran, -sen	me hubiera, -se aburrido te hubieras, -ses aburrido se hubiera, -se aburrido	nos hubiéramos, -semos aburrido os hubierais, -seis aburrido se hubieran, -sen aburrido

IMPERATIVE

aburrámonos (nosotros); no nos aburramos

abúrrete (tú); no te aburras

aburríos (vosotros); no os aburráis

abúrrase (Ud.); no se aburra

abúrranse (Uds.); no se aburran

Note: As a nonreflexive verb, *aburrir* (to bore) is shown in Examples 3 and 4.

EXAMPLES

Me aburrí tanto en el concierto que me dormí.

I got so bored in the concert that I fell asleep.

Los muchachos se aburrían de nada.

The youngsters were bored easily.

Las novelas de misterio no me aburren.

Mystery novels don't bore me.

Los invitados estaban tan aburridos que se fueron temprano.

The guests were so bored that they left early.

acabar

to complete, to end, to finish

Gerundio: acabando   **Participio pasado:** acabado

Mood	Simple Tenses		Compound Tenses	
Modo	*Singular*	*Plural*	*Singular*	*Plural*
Indicative	**Present**		**Present Perfect**	
	acabo / acabas / acaba	acabamos / acabáis / acaban	he acabado / has acabado / ha acabado	hemos acabado / habéis acabado / han acabado
	Preterit		**Preterit Perfect**	
	acabé / acabaste / acabó	acabamos / acabasteis / acabaron	hube acabado / hubiste acabado / hubo acabado	hubimos acabado / hubisteis acabado / hubieron acabado
	Imperfect		**Pluperfect**	
	acababa / acababas / acababa	acabábamos / acababais / acababan	había acabado / habías acabado / había acabado	habíamos acabado / habíais acabado / habían acabado
	Future		**Future Perfect**	
	acabaré / acabarás / acabará	acabaremos / acabaréis / acabarán	habré acabado / habrás acabado / habrá acabado	habremos acabado / habréis acabado / habrán acabado
	Conditional		**Conditional Perfect**	
	acabaría / acabarías / acabaría	acabaríamos / acabaríais / acabarían	habría acabado / habrías acabado / habría acabado	habríamos acabado / habríais acabado / habrían acabado
Subjunctive	**Present**		**Present Perfect**	
	acabe / acabes / acabe	acabemos / acabéis / acaben	haya acabado / hayas acabado / haya acabado	hayamos acabado / hayáis acabado / hayan acabado
	Imperfect		**Pluperfect**	
	acabara, -se / acabaras, -ses / acabara, -se	acabáramos, -semos / acabarais, -seis / acabaran, -sen	hubiera, -se acabado / hubieras, -ses acabado / hubiera, -se acabado	hubiéramos, -semos acabado / hubierais, -seis acabado / hubieran, -sen acabado

IMPERATIVE

acaba (tú); no acabes
(no) acabe (Ud.)

(no) acabemos (nosotros)
acabad (vosotros); no acabéis
(no) acaben (Uds.)

Note: As a reflexive verb, *acabarse* (to be over) uses the reflexive pronouns *me, te, se, nos, os, se.* Example 4 shows the reflexive use.

EXAMPLES

Los bomberos acaban de extinguir el fuego.

The firefighters just finished extinguishing the fire.

Cuando acabe de usar la computadora, te la devuelvo.

When I finish using the computer, I will return it to you.

¿Has acabado de leer el libro?

Have you finished reading the book?

Se acabó la fiesta.

The party is finished.

IDIOMATIC EXAMPLE

¡Ya se acabó!

That's it! It's all over!

acariciar

to caress, to treat tenderly
Gerundio: acariciando   **Participio pasado:** acariciado

Mood	Simple Tenses		Compound Tenses	
	Singular	*Plural*	*Singular*	*Plural*
Indicative	**Present**		**Present Perfect**	
	acaricio	acariciamos	he acariciado	hemos acariciado
	acaricias	acariciáis	has acariciado	habéis acariciado
	acaricia	acarician	ha acariciado	han acariciado
	Preterit		**Preterit Perfect**	
	acaricié	acariciamos	hube acariciado	hubimos acariciado
	acariciaste	acariciasteis	hubiste acariciado	hubisteis acariciado
	acarició	acariciaron	hubo acariciado	hubieron acariciado
	Imperfect		**Pluperfect**	
	acariciaba	acariciábamos	había acariciado	habíamos acariciado
	acariciabas	acariciabais	habías acariciado	habíais acariciado
	acariciaba	acariciaban	había acariciado	habían acariciado
	Future		**Future Perfect**	
	acariciaré	acariciaremos	habré acariciado	habremos acariciado
	acariciarás	acariciaréis	habrás acariciado	habréis acariciado
	acariciará	acariciarán	habrá acariciado	habrán acariciado
	Conditional		**Conditional Perfect**	
	acariciaría	acariciaríamos	habría acariciado	habríamos acariciado
	acariciarías	acariciaríais	habrías acariciado	habríais acariciado
	acariciaría	acariciarían	habría acariciado	habrían acariciado
Subjunctive	**Present**		**Present Perfect**	
	acaricie	acariciemos	haya acariciado	hayamos acariciado
	acaricies	acariciéis	hayas acariciado	hayáis acariciado
	acaricie	acaricien	haya acariciado	hayan acariciado
	Imperfect		**Pluperfect**	
	acariciara, -se	acariciáramos, -semos	hubiera, -se acariciado	hubiéramos,-semos acariciado
	acariciaras, -ses	acariciarais, -seis	hubieras, -ses acariciado	hubierais, -seis acariciado
	acariciara, -se	acariciaran, -sen	hubiera, -se acariciado	hubieran, -sen acariciado

IMPERATIVE

acaricia (tú); no acaricies
(no) acaricie (Ud.)

(no) acariciemos (nosotros)
acariciad (vosotros); no acariciéis
(no) acaricien (Uds.)

EXAMPLES

La madre acarició a su bebé muy tiernamente.
The mother caressed her baby very tenderly.

Mi esposa acaricia su collar nuevo de diamantes.
My wife caresses her new diamond necklace.

Las olas del mar están acariciando la playa constantemente.
The ocean waves are caressing the beach constantly.

El viento acariciaba mi cara cuando corría.
The wind was caressing my face when I was running.

aceptar

to accept, to honor
Gerundio: aceptando   **Participio pasado:** aceptado

Mood	Simple Tenses		Compound Tenses	
	Singular	*Plural*	*Singular*	*Plural*
Indicative	**Present**		**Present Perfect**	
	acepto	aceptamos	he aceptado	hemos aceptado
	aceptas	aceptáis	has aceptado	habéis aceptado
	acepta	aceptan	ha aceptado	han aceptado
	Preterit		**Preterit Perfect**	
	acepté	aceptamos	hube aceptado	hubimos aceptado
	aceptaste	aceptasteis	hubiste aceptado	hubisteis aceptado
	aceptó	aceptaron	hubo aceptado	hubieron aceptado
	Imperfect		**Pluperfect**	
	aceptaba	aceptábamos	había aceptado	habíamos aceptado
	aceptabas	aceptabais	habías aceptado	habíais aceptado
	aceptaba	aceptaban	había aceptado	habían aceptado
	Future		**Future Perfect**	
	aceptaré	aceptaremos	habré aceptado	habremos aceptado
	aceptarás	aceptaréis	habrás aceptado	habréis aceptado
	aceptará	aceptarán	habrá aceptado	habrán aceptado
	Conditional		**Conditional Perfect**	
	aceptaría	aceptaríamos	habría aceptado	habríamos aceptado
	aceptarías	aceptaríais	habrías aceptado	habríais aceptado
	aceptaría	aceptarían	habría aceptado	habrían aceptado
Subjunctive	**Present**		**Present Perfect**	
	acepte	aceptemos	haya aceptado	hayamos aceptado
	aceptes	aceptéis	hayas aceptado	hayáis aceptado
	acepte	acepten	haya aceptado	hayan aceptado
	Imperfect		**Pluperfect**	
	aceptara, -se	aceptáramos, -semos	hubiera, -se aceptado	hubiéramos, -semos aceptado
	aceptaras, -ses	aceptarais, -seis	hubieras, -ses aceptado	hubierais, -seis aceptado
	aceptara, -se	aceptaran, -sen	hubiera, -se aceptado	hubieran, -sen aceptado

IMPERATIVE

acepta (tú); no aceptes
(no) acepte (Ud.)

(no) aceptemos (nosotros)
aceptad (vosotros); no aceptéis
(no) acepten (Uds.)

EXAMPLES

Los aficionados aceptaron que su equipo favorito perdió.

The fans accepted that their favorite team lost.

El ministro aceptará la nueva posición.

The minister will accept the new position.

Los empleados hubieran aceptado el contrato pero no confiaban en el líder.

The employees would have accepted the contract, but they did not trust the leader.

Ella aceptaría el dinero pero no está segura.

She would accept the money, but she is not sure.

acercarse

to draw near, to approach
Gerundio: acercándose   **Participio pasado:** acercado

Mood	Simple Tenses		Compound Tenses	
	Singular	*Plural*	*Singular*	*Plural*
Indicative	**Present**		**Present Perfect**	
	me acerco te acercas se acerca	nos acercamos os acercáis se acercan	me he acercado te has acercado se ha acercado	nos hemos acercado os habéis acercado se han acercado
	Preterit		**Preterit Perfect**	
	me acerqué te acercaste se acercó	nos acercamos os acercasteis se acercaron	me hube acercado te hubiste acercado se hubo acercado	nos hubimos acercado os hubisteis acercado se hubieron acercado
	Imperfect		**Pluperfect**	
	me acercaba te acercabas se acercaba	nos acercábamos os acercabais se acercaban	me había acercado te habías acercado se había acercado	nos habíamos acercado os habíais acercado se habían acercado
	Future		**Future Perfect**	
	me acercaré te acercarás se acercará	nos acercaremos os acercaréis se acercarán	me habré acercado te habrás acercado se habrá acercado	nos habremos acercado os habréis acercado se habrán acercado
	Conditional		**Conditional Perfect**	
	me acercaría te acercarías se acercaría	nos acercaríamos os acercaríais se acercarían	me habría acercado te habrías acercado se habría acercado	nos habríamos acercado os habríais acercado se habrían acercado
Subjunctive	**Present**		**Present Perfect**	
	me acerque te acerques se acerque	nos acerquemos os acerquéis se acerquen	me haya acercado te hayas acercado se haya acercado	nos hayamos acercado os hayáis acercado se hayan acercado
	Imperfect		**Pluperfect**	
	me acercara, -se te acercaras, -ses se acercara, -se	nos acercáramos, -semos os acercarais, -seis se acercaran, -sen	me hubiera, -se acercado te hubieras, -ses acercado se hubiera, -se acercado	nos hubiéramos, -semos acercado os hubierais, -seis acercado se hubieran, -sen acercado

IMPERATIVE

acerquémonos (nosotros); no nos acerquemos

acércate (tú); no te acerques

acérquese (Ud.); no se acerque

acercaos (vosotros); no os acerquéis

acérquense (Uds.); no se acerquen

Note: As a nonreflexive verb, *acercar* (to bring closer) is shown in Example 5.

EXAMPLES

El novio se acercó a su novia y la abrazó.

Compraré los regalos cuando la Navidad se acerque.

Me hubiese acercado al precipicio pero me dio miedo.

Cuando el artista se acerque, tú le hablas.

No acerquen tanto el carro a la cochera, por favor.

The groom approached his bride and gave her a hug.

I will buy the gifts when Christmas draws closer.

I would have gotten closer to the cliff but I was afraid.

When the artist gets closer, you talk to him.

Don't bring the car so close to the garage, please.

acertar

to hit upon, to do something right, to guess right

Gerundio: acertando   **Participio pasado:** acertado

Mood	Simple Tenses		Compound Tenses	
	Singular	*Plural*	*Singular*	*Plural*
Indicative	**Present**		**Present Perfect**	
	acierto	acertamos	he acertado	hemos acertado
	aciertas	acertáis	has acertado	habéis acertado
	acierta	aciertan	ha acertado	han acertado
	Preterit		**Preterit Perfect**	
	acerté	acertamos	hube acertado	hubimos acertado
	acertaste	acertasteis	hubiste acertado	hubisteis acertado
	acertó	acertaron	hubo acertado	hubieron acertado
	Imperfect		**Pluperfect**	
	acertaba	acertábamos	había acertado	habíamos acertado
	acertabas	acertabais	habías acertado	habíais acertado
	acertaba	acertaban	había acertado	habían acertado
	Future		**Future Perfect**	
	acertaré	acertaremos	habré acertado	habremos acertado
	acertarás	acertaréis	habrás acertado	habréis acertado
	acertará	acertarán	habrá acertado	habrán acertado
	Conditional		**Conditional Perfect**	
	acertaría	acertaremos	habría acertado	habríamos acertado
	acertarías	acertaréis	habrías acertado	habríais acertado
	acertaría	acertarán	habría acertado	habrían acertado
Subjunctive	**Present**		**Present Perfect**	
	acierte	acertemos	haya acertado	hayamos acertado
	aciertes	acertéis	hayas acertado	hayáis acertado
	acierte	acierten	haya acertado	hayan acertado
	Imperfect		**Pluperfect**	
	acertara, -se	acertáramos, -semos	hubiera, -se acertado	hubiéramos,-semos acertado
	acertaras, -ses	acertarais, -seis	hubieras, -ses acertado	
	acertara, -se	acertaran, -sen	hubiera, -se acertado	hubierais, -seis acertado
				hubieran, -sen acertado

IMPERATIVE

acierta (tú); no aciertes

(no) acierte (Ud.)

(no) acertemos (nosotros)

acertad (vosotros); no acertéis

(no) acierten (Uds.)

EXAMPLES

El bateador acertaba en todos los partidos.

Si yo acertase en las apuestas, ya sería rico.

El concursante acertó todas las preguntas.

Siempre acierto las palabras del crucigrama.

The batter hit in all the games.

If I would hit my bets, I would be rich.

The contestant hit all the right answers.

I always guess correctly the words in the crossword puzzle.

aclarar
to explain, to clarify, to make clear, to rinse, to clear
Gerundio: aclarando **Participio pasado:** aclarado

Mood	Simple Tenses		Compound Tenses	
	Singular	*Plural*	*Singular*	*Plural*
Indicative	**Present**		**Present Perfect**	
	aclaro	aclaramos	he aclarado	hemos aclarado
	aclaras	aclaráis	has aclarado	habéis aclarado
	aclara	aclaran	ha aclarado	han aclarado
	Preterit		**Preterit Perfect**	
	aclaré	aclaramos	hube aclarado	hubimos aclarado
	aclaraste	aclarasteis	hubiste aclarado	hubisteis aclarado
	aclaró	aclararon	hubo aclarado	hubieron aclarado
	Imperfect		**Pluperfect**	
	aclaraba	aclarábamos	había aclarado	habíamos aclarado
	aclarabas	aclarabais	habías aclarado	habíais aclarado
	aclaraba	aclaraban	había aclarado	habían aclarado
	Future		**Future Perfect**	
	aclararé	aclararemos	habré aclarado	habremos aclarado
	aclararás	aclararéis	habrás aclarado	habréis aclarado
	aclarará	aclararán	habrá aclarado	habrán aclarado
	Conditional		**Conditional Perfect**	
	aclararía	aclararíamos	habría aclarado	habríamos aclarado
	aclararías	aclararíais	habrías aclarado	habríais aclarado
	aclararía	aclararían	habría aclarado	habrían aclarado
Subjunctive	**Present**		**Present Perfect**	
	aclare	aclaremos	haya aclarado	hayamos aclarado
	aclares	aclaréis	hayas aclarado	hayáis aclarado
	aclare	aclaren	haya aclarado	hayan aclarado
	Imperfect		**Pluperfect**	
	aclarara, -se	acláraramos, -semos	hubiera, -se aclarado	hubiéramos, -semos aclarado
	aclararas, -ses	aclararais, -seis	hubieras, -ses aclarado	hubierais, -seis aclarado
	aclarara, -se	aclararan, -sen	hubiera, -se aclarado	hubieran, -sen aclarado

IMPERATIVE

aclara (tú); no aclares
(no) aclare (Ud.)

(no) aclaremos (nosotros)
aclarad (vosotros); no aclaréis
(no) aclaren (Uds.)

EXAMPLES

Los estudiantes siempre aclaran sus dudas con sus profesores.
The students always clarify their questions with their teachers.

El día ha aclarado, ya podemos salir.
The day has cleared, we can go out now.

Aclararemos las preguntas después que hayamos aclarado los conceptos.
We will clarify the questions after we have clarified the concepts.

¿Está todo aclarado?
Is everything clear?

acomodar

to accommodate, to arrange, to employ
Gerundio: acomodando   **Participio pasado:** acomodado

Mood	Simple Tenses		Compound Tenses	
	Singular	*Plural*	*Singular*	*Plural*
Indicative	**Present**		**Present Perfect**	
	acomodo	acomodamos	he acomodado	hemos acomodado
	acomodas	acomodáis	has acomodado	habéis acomodado
	acomoda	acomodan	ha acomodado	han acomodado
	Preterit		**Preterit Perfect**	
	acomodé	acomodamos	hube acomodado	hubimos acomodado
	acomodaste	acomodasteis	hubiste acomodado	hubisteis acomodado
	acomodó	acomodaron	hubo acomodado	hubieron acomodado
	Imperfect		**Pluperfect**	
	acomodaba	acomodábamos	había acomodado	habíamos acomodado
	acomodabas	acomodabais	habías acomodado	habíais acomodado
	acomodaba	acomodaban	había acomodado	habían acomodado
	Future		**Future Perfect**	
	acomodaré	acomodaremos	habré acomodado	habremos acomodado
	acomodarás	acomodaréis	habrás acomodado	habréis acomodado
	acomodará	acomodarán	habrá acomodado	habrán acomodado
	Conditional		**Conditional Perfect**	
	acomodaría	acomodaríamos	habría acomodado	habríamos acomodado
	acomodarías	acomodaríais	habrías acomodado	habríais acomodado
	acomodaría	acomodarían	habría acomodado	habrían acomodado
Subjunctive	**Present**		**Present Perfect**	
	acomode	acomodemos	haya acomodado	hayamos acomodado
	acomodes	acomodéis	hayas acomodado	hayáis acomodado
	acomode	acomoden	haya acomodado	hayan acomodado
	Imperfect		**Pluperfect**	
	acomodara, -se	acomodáramos, -semos	hubiera, -se acomodado	hubiéramos,-semos acomodado
	acomodaras, -ses	acomodarais, -seis	hubieras, -ses acomodado	hubierais, -seis acomodado
	acomodara, -se	acomodaran, -sen	hubiera, -se acomodado	hubieran, -sen acomodado

IMPERATIVE

acomoda (tú); no acomodes
(no) acomode (Ud.)

(no) acomodemos (nosotros)
acomodad (vosotros); no acomodéis
(no) acomoden (Uds.)

EXAMPLES

Marianela acomoda su cuarto todo el tiempo.	Marianela arranges her room all the time.
La familia acomodó a sus huéspedes cómodamente.	The family accommodated its guests comfortably.
Lo acomodaron de carnicero en el abasto.	They placed him as a butcher at the grocery store.
Acomodemos los libros del estante.	Let's arrange the books on the bookshelf.

acompañar

to accompany, to escort, to keep company
Gerundio: acompañando   **Participio pasado:** acompañado

Mood	Simple Tenses		Compound Tenses	
	Singular	*Plural*	*Singular*	*Plural*
Indicative	**Present**		**Present Perfect**	
	acompaño	acompañamos	he acompañado	hemos acompañado
	acompañas	acompañáis	has acompañado	habéis acompañado
	acompaña	acompañan	ha acompañado	han acompañado
	Preterit		**Preterit Perfect**	
	acompañé	acompañamos	hube acompañado	hubimos acompañado
	acompañaste	acompañasteis	hubiste acompañado	hubisteis acompañado
	acompañó	acompañaron	hubo acompañado	hubieron acompañado
	Imperfect		**Pluperfect**	
	acompañaba	acompañábamos	había acompañado	habíamos acompañado
	acompañabas	acompañabais	habías acompañado	habíais acompañado
	acompañaba	acompañaban	había acompañado	habían acompañado
	Future		**Future Perfect**	
	acompañaré	acompañaremos	habré acompañado	habremos acompañado
	acompañarás	acompañaréis	habrás acompañado	habréis acompañado
	acompañará	acompañarán	habrá acompañado	habrán acompañado
	Conditional		**Conditional Perfect**	
	acompañaría	acompañaríamos	habría acompañado	habríamos acompañado
	acompañarías	acompañaríais	habrías acompañado	habríais acompañado
	acompañaría	acompañarían	habría acompañado	habrían acompañado
Subjunctive	**Present**		**Present Perfect**	
	acompañe	acompañemos	haya acompañado	hayamos acompañado
	acompañes	acompañéis	hayas acompañado	hayáis acompañado
	acompañe	acompañen	haya acompañado	hayan acompañado
	Imperfect		**Pluperfect**	
	acompañara, -se	acompañáramos, -semos	hubiera, -se acompañado	hubiéramos, -semos acompañado
	acompañaras, -ses	acompañarais, -seis	hubieras, -ses acompañado	hubierais, -seis acompañado
	acompañara, -se	acompañaran, -sen	hubiera, -se acompañado	hubieran, -sen acompañado

IMPERATIVE

acompaña (tú); no acompañes
(no) acompañe (Ud.)

(no) acompañemos (nosotros)
acompañad (vosotros); no acompañéis
(no) acompañen (Uds.)

EXAMPLES

El papá acompaña siempre a su hijo al juego de fútbol.
The father always accompanies his son to the soccer game.

El fotógrafo acompañará al gobernador en sus jornadas.
The photographer will accompany the governor in his daily work.

Lo acompañaría pero todavía tengo mucho que hacer.
I would accompany him but I still have a lot to do

La hemos acompañado a la iglesia por mucho tiempo.
We have accompanied her to church for a long time.

aconsejar

to advise, to counsel

Gerundio: aconsejando **Participio pasado:** aconsejado

Mood	Simple Tenses		Compound Tenses	
	Singular	*Plural*	*Singular*	*Plural*
Indicative	**Present**		**Present Perfect**	
	aconsejo aconsejas aconseja	aconsejamos aconsejáis aconsejan	he aconsejado has aconsejado ha aconsejado	hemos aconsejado habéis aconsejado han aconsejado
	Preterit		**Preterit Perfect**	
	aconsejé aconsejaste aconsejó	aconsejamos aconsejasteis aconsejaron	hube aconsejado hubiste aconsejado hubo aconsejado	hubimos aconsejado hubisteis aconsejado hubieron aconsejado
	Imperfect		**Pluperfect**	
	aconsejaba aconsejabas aconsejaba	aconsejábamos aconsejabais aconsejaban	había aconsejado habías aconsejado había aconsejado	habíamos aconsejado habíais aconsejado habían aconsejado
	Future		**Future Perfect**	
	aconsejaré aconsejarás aconsejará	aconsejaremos aconsejaréis aconsejarán	habré aconsejado habrás aconsejado habrá aconsejado	habremos aconsejado habréis aconsejado habrán aconsejado
	Conditional		**Conditional Perfect**	
	aconsejaría aconsejarías aconsejaría	aconsejaríamos aconsejaríais aconsejarían	habría aconsejado habrías aconsejado habría aconsejado	habríamos aconsejado habríais aconsejado habrían aconsejado
Subjunctive	**Present**		**Present Perfect**	
	aconseje aconsejes aconseje	aconsejemos aconsejéis aconsejen	haya aconsejado hayas aconsejado haya aconsejado	hayamos aconsejado hayáis aconsejado hayan aconsejado
	Imperfect		**Pluperfect**	
	aconsejara, -se aconsejaras, -ses aconsejara, -se	aconsejáramos, -semos aconsejarais, -seis aconsejaran, -sen	hubiera, -se aconsejado hubieras, -ses aconsejado hubiera, -se aconsejado	hubiéramos, -semos aconsejado hubierais, -seis aconsejado hubieran, -sen aconsejado

IMPERATIVE

aconseja (tú); no aconsejes
(no) aconseje (Ud.)

(no) aconsejemos (nosotros)
aconsejad (vosotros); no aconsejéis
(no) aconsejen (Uds.)

EXAMPLES

El departamento de producción no aconsejaba la compra de nuevos equipos.

El doctor le aconsejó que hiciera ejercicios.

La consejera aconseja a los jóvenes no consumir drogas.

La habría aconsejado que vendiera las acciones.

The production department did not advise buying the new equipment.

The doctor advised her to exercise.

The counselor advises the young people not to use drugs.

I would have advised her to sell the shares.

acordar

to agree (upon)

Gerundio: acordando   **Participio pasado:** acordado

Mood	Simple Tenses		Compound Tenses	
	Singular	*Plural*	*Singular*	*Plural*
Indicative	**Present**		**Present Perfect**	
	acuerdo acuerdas acuerda	acordamos acordáis acuerdan	he acordado has acordado ha acordado	hemos acordado habéis acordado han acordado
	Preterit		**Preterit Perfect**	
	acordé acordaste acordó	acordamos acordasteis acordaron	hube acordado hubiste acordado hubo acordado	hubimos acordado hubisteis acordado hubieron acordado
	Imperfect		**Pluperfect**	
	acordaba acordabas acordaba	acordábamos acordabais acordaban	había acordado habías acordado había acordado	habíamos acordado habíais acordado habían acordado
	Future		**Future Perfect**	
	acordaré acordarás acordará	acordaremos acordaréis acordarán	habré acordado habrás acordado habrá acordado	habremos acordado habréis acordado habrán acordado
	Conditional		**Conditional Perfect**	
	acordaría acordarías acordaría	acordaríamos acordaríais acordarían	habría acordado habrías acordado habría acordado	habríamos acordado habríais acordado habrían acordado
Subjunctive	**Present**		**Present Perfect**	
	acuerde acuerdes acuerde	acordemos acordéis acuerden	haya acordado hayas acordado haya acordado	hayamos acordado hayáis acordado hayan acordado
	Imperfect		**Pluperfect**	
	acordara, -se acordaras, -ses acordara, -se	acordáramos, -semos acordarais, -seis acordaran, -sen	hubiera, -se acordado hubieras, -ses acordado hubiera, -se acordado	hubiéramos, -semos acordado hubierais, -seis acordado hubieran, -sen acordado

IMPERATIVE

acuerda (tú); no acuerdes

(no) acuerde (Ud.)

(no) acordemos (nosotros)

acordad (vosotros); no acordéis

(no) acuerden (Uds.)

EXAMPLES

El gerente y el empleado acordaron abrir la tienda temprano.

The manager and the employee agreed to open the store early.

La secretaria había acordado escribir los informes.

The secretary had agreed to write the reports.

Ellos han acordado celebrar la boda en domingo.

They have agreed to celebrate the wedding on a Sunday.

No acuerdes en nada hasta que leamos el contrato.

Don't agree on anything until we read the contract.

acordarse
to remember
Gerundio: acordándose　　**Participio pasado:** acordado

Mood	Simple Tenses		Compound Tenses	
	Singular	**Plural**	**Singular**	**Plural**
Indicative	**Present**		**Present Perfect**	
	me acuerdo te acuerdas se acuerda	nos acordamos os acordáis se acuerdan	me he acordado te has acordado se ha acordado	nos hemos acordado os habéis acordado se han acordado
	Preterit		**Preterit Perfect**	
	me acordé te acordaste se acordó	nos acordamos os acordasteis se acordaron	me hube acordado te hubiste acordado se hubo acordado	nos hubimos acordado os hubisteis acordado se hubieron acordado
	Imperfect		**Pluperfect**	
	me acordaba te acordabas se acordaba	nos acordábamos os acordabais se acordaban	me había acordado te habías acordado se había acordado	nos habíamos acordado os habíais acordado se habían acordado
	Future		**Future Perfect**	
	me acordaré te acordarás se acordará	nos acordaremos os acordaréis se acordarán	me habré acordado te habrás acordado se habrá acordado	nos habremos acordado os habréis acordado se habrán acordado
	Conditional		**Conditional Perfect**	
	me acordaría te acordarías se acordaría	nos acordaríamos os acordaríais se acordarían	me habría acordado te habrías acordado se habría acordado	nos habríamos acordado os habríais acordado se habrían acordado
Subjunctive	**Present**		**Present Perfect**	
	me acuerde te acuerdes se acuerde	nos acordemos os acordéis se acuerden	me haya acordado te hayas acordado se haya acordado	nos hayamos acordado os hayáis acordado se hayan acordado
	Imperfect		**Pluperfect**	
	me acordara, -se te acordaras, -ses se acordara, -se	nos acordáramos, -semos os acordarais, -seis se acordaran, -sen	me hubiera, -se acordado te hubieras, -ses acordado se hubiera, -se acordado	nos hubiéramos, -semos acordado os hubierais, -seis acor- dado se hubieran, -sen acor- dado

IMPERATIVE

acuérdate (tú); no te acuerdes
acuérdese (Ud.); no se acuerde

acordémonos (nosotros); no nos acordemos
acordaos (vosotros); no os acordéis
acuérdense (Uds.); no se acuerden

EXAMPLES

Es necesario que nos acordemos de nuestros viejos amigos.

It is necessary to remember our old friends.

Me acordaré de su cumpleaños si escribo una notita.

I will remember her birthday if I write myself a note.

Acuérdate de devolver los libros a la biblioteca.

Remember to return the books to the library.

¿No te acordaste de lo que te pedí?

Didn't you remember what I asked you?

acostarse

to go to bed, to lie down

Gerundio: acostándose   **Participio pasado:** acostado

Mood	Simple Tenses		Compound Tenses	
	Singular	*Plural*	*Singular*	*Plural*
Indicative	**Present**		**Present Perfect**	
	me acuesto te acuestas se acuesta	nos acostamos os acostáis se acuestan	me he acostado te has acostado se ha acostado	nos hemos acostado os habéis acostado se han acostado
	Preterit		**Preterit Perfect**	
	me acosté te acostaste se acostó	nos acostamos os acostasteis se acostaron	me hube acostado te hubiste acostado se hubo acostado	nos hubimos acostado os hubisteis acostado se hubieron acostado
	Imperfect		**Pluperfect**	
	me acostaba te acostabas se acostaba	nos acostábamos os acostabais se acostaban	me había acostado te habías acostado se había acostado	nos habíamos acostado os habíais acostado se habían acostado
	Future		**Future Perfect**	
	me acostaré te acostarás se acostará	nos acostaremos os acostaréis se acostarán	me habré acostado te habrás acostado se habrá acostado	nos habremos acostado os habréis acostado se habrán acostado
	Conditional		**Conditional Perfect**	
	me acostaría te acostarías se acostaría	nos acostaríamos os acostaríais se acostarían	me habría acostado te habrías acostado se habría acostado	nos habríamos acostado os habríais acostado se habrían acostado
Subjunctive	**Present**		**Present Perfect**	
	me acueste te acuestes se acueste	nos acostemos os acostéis se acuesten	me haya acostado te hayas acostado se haya acostado	nos hayamos acostado os hayáis acostado se hayan acostado
	Imperfect		**Pluperfect**	
	me acostara, -se te acostaras, -ses se acostara, -se	nos acostáramos, -semos os acostarais, -seis se acostaran, -sen	me hubiera, -se acostado te hubieras, -ses acostado se hubiera, -se acostado	nos hubiéramos, -semos acostado os hubierais, -seis acostado se hubieran, -sen acostado

IMPERATIVE

acuéstate (tú); no te acuestes

acuéstese (Ud.); no se acueste

acostémonos (nosotros); no nos acostemos

acostaos (vosotros); no os acostéis

acuéstense (Uds.); no se acuesten

Note: As a nonreflexive verb, *acostar* (to put to bed) is shown in Example 4.

EXAMPLES

Nos acostaremos temprano para salir temprano.

We will go to bed early so we can leave early.

¡Mi papá quiere que me acueste a las diez!

My father wants me to go to bed at ten o'clock!

Si no te acuestas ya, no jugaremos juegos de video mañana.

If you don't go to bed now, we won't play video games tomorrow.

La mamá acostó a su niña en la cuna.

The mother put her little girl in the crib.

acostumbrar

to be accustomed, to be in the habit of
Gerundio: acostumbrando   **Participio pasado:** acostumbrado

Mood	Simple Tenses		Compound Tenses	
	Singular	*Plural*	*Singular*	*Plural*
Indicative	**Present**		**Present Perfect**	
	acostumbro acostumbras acostumbra	acostumbramos acostumbráis acostumbran	he acostumbrado has acostumbrado ha acostumbrado	hemos acostumbrado habéis acostumbrado han acostumbrado
	Preterit		**Preterit Perfect**	
	acostumbré acostumbraste acostumbró	acostumbramos acostumbrasteis acostumbraron	hube acostumbrado hubiste acostumbrado hubo acostumbrado	hubimos acostumbrado hubisteis acostumbrado hubieron acostumbrado
	Imperfect		**Pluperfect**	
	acostumbraba acostumbrabas acostumbraba	acostumbrábamos acostumbrabais acostumbraban	había acostumbrado habías acostumbrado había acostumbrado	habíamos acostumbrado habíais acostumbrado habían acostumbrado
	Future		**Future Perfect**	
	acostumbraré acostumbrarás acostumbrará	acostumbraremos acostumbraréis acostumbrarán	habré acostumbrado habrás acostumbrado habrá acostumbrado	habremos acostumbrado habréis acostumbrado habrán acostumbrado
	Conditional		**Conditional Perfect**	
	acostumbraría acostumbrarías acostumbraría	acostumbraríamos acostumbraríais acostumbrarían	habría acostumbrado habrías acostumbrado habría acostumbrado	habríamos acostumbrado habríais acostumbrado habrían acostumbrado
Subjunctive	**Present**		**Present Perfect**	
	acostumbre acostumbres acostumbre	acostumbremos acostumbréis acostumbren	haya acostumbrado hayas acostumbrado haya acostumbrado	hayamos acostumbrado hayáis acostumbrado hayan acostumbrado
	Imperfect		**Pluperfect**	
	acostumbrara, -se acostumbraras, -ses acostumbrara, -se	acostumbráramos, -semos acostumbrarais, -seis acostumbraran, -sen	hubiera, -se acostumbrado hubieras, -ses acostum- brado hubiera, -se acostum- brado	hubiéramos,-semos acos- tumbrado hubierais, -seis acostum- brado hubieran, -sen acostum- brado

IMPERATIVE

acostumbra (tú); no acostumbres
(no) acostumbre (Ud.)

(no) acostumbremos (nosotros)
acostumbrad (vosotros); no acostumbréis
(no) acostumbren (Uds.)

Note: As a reflexive verb, *acostumbrarse* (to get used to, be in the habit of) is shown in Example 3.

EXAMPLES

Josefina acostumbró a sus hijos a dar las gracias.

Josephine taught her children to be in the habit of saying thanks.

No acostumbro a decir mentiras.

I am not in the habit of telling lies.

Es bueno acostumbrar*se* a lavarse los dientes tres veces al día.

It is good to be in the habit of brushing your teeth three times a day.

Él estaba acostumbrado a levantarse temprano.

He was used to getting up early.

actuar

to act, to behave, to work, to perform

Gerundio: actuando   **Participio pasado:** actuado

Mood	Simple Tenses		Compound Tenses	
	Singular	*Plural*	*Singular*	*Plural*
Indicative	**Present**		**Present Perfect**	
	actúo	actuamos	he actuado	hemos actuado
	actúas	actuáis	has actuado	habéis actuado
	actúa	actúan	ha actuado	han actuado
	Preterit		**Preterit Perfect**	
	actué	actuamos	hube actuado	hubimos actuado
	actuaste	actuasteis	hubiste actuado	hubisteis actuado
	actuó	actuaron	hubo actuado	hubieron actuado
	Imperfect		**Pluperfect**	
	actuaba	actuábamos	había actuado	habíamos actuado
	actuabas	actuabais	habías actuado	habíais actuado
	actuaba	actuaban	había actuado	habían actuado
	Future		**Future Perfect**	
	actuaré	actuaremos	habré actuado	habremos actuado
	actuarás	actuareis	habrás actuado	habréis actuado
	actuará	actuarán	habrá actuado	habrán actuado
	Conditional		**Conditional Perfect**	
	actuaría	actuaríamos	habría actuado	habríamos actuado
	actuarías	actuaríais	habrías actuado	habríais actuado
	actuaría	actuarían	habría actuado	habrían actuado
Subjunctive	**Present**		**Present Perfect**	
	actúe	actuemos	haya actuado	hayamos actuado
	actúes	actuéis	hayas actuado	hayáis actuado
	actúe	actúen	haya actuado	hayan actuado
	Imperfect		**Pluperfect**	
	actuara, -se	actuáramos, -semos	hubiera, -se actuado	hubiéramos,-semos actuado
	actuaras, -ses	actuarais, -seis	hubieras, -ses actuado	hubierais, -seis actuado
	actuara, -se	actuaran, -sen	hubiera, -se actuado	hubieran, -sen actuado

IMPERATIVE

actúa (tú); no actúes

(no) actúe (Ud.)

(no) actuemos (nosotros)

actuad (vosotros); no actuéis

(no) actúen (Uds.)

EXAMPLES

Los nuevos actores actúan fenomenalmente.	The new actors act remarkably.
Manuel actúa como un niñito.	Manuel acts like a baby.
Ana está actuando en la obra teatral La Garibalda.	Ana is acting in the theater presentation La Garibalda.
Los actores han actuado muy bien.	The actors have acted very well.

acudir

to attend, to be present, to go, to come to the rescue

Gerundio: acudiendo   **Participio pasado:** acudido

Mood	Simple Tenses		Compound Tenses	
	Singular	*Plural*	*Singular*	*Plural*
Indicative	**Present**		**Present Perfect**	
	acudo	acudimos	he acudido	hemos acudido
	acudes	acudís	has acudido	habéis acudido
	acude	acuden	ha acudido	han acudido
	Preterit		**Preterit Perfect**	
	acudí	acudimos	hube acudido	hubimos acudido
	acudiste	acudisteis	hubiste acudido	hubisteis acudido
	acudió	acudieron	hubo acudido	hubieron acudido
	Imperfect		**Pluperfect**	
	acudía	acudíamos	había acudido	habíamos acudido
	acudías	acudíais	habías acudido	habíais acudido
	acudía	acudían	había acudido	habían acudido
	Future		**Future Perfect**	
	acudiré	acudiremos	habré acudido	habremos acudido
	acudirás	acudiréis	habrás acudido	habréis acudido
	acudirá	acudirán	habrá acudido	habrán acudido
	Conditional		**Conditional Perfect**	
	acudiría	acudiríamos	habría acudido	habríamos acudido
	acudirías	acudiríais	habrías acudido	habríais acudido
	acudiría	acudirían	habría acudido	habrían acudido
Subjunctive	**Present**		**Present Perfect**	
	acuda	acudamos	haya acudido	hayamos acudido
	acudas	acudáis	hayas acudido	hayáis acudido
	acuda	acudan	haya acudido	hayan acudido
	Imperfect		**Pluperfect**	
	acudiera, -se	acudiéramos, -semos	hubiera, -se acudido	hubiéramos,-semos acudido
	acudieras, -ses	acudierais, -seis	hubieras, -ses acudido	
	acudiera, -se	acudieran, -sen	hubiera, -se acudido	hubierais, -seis acudido
				hubieran, -sen acudido

IMPERATIVE

acude (tú); no acudas
(no) acuda (Ud.)

(no) acudamos (nosotros)
acudid (vosotros); no acudáis
(no) acudan (Uds.)

EXAMPLES

Los concejales acudieron a la reunión.
Ellos acudieron al médico por ayuda.
Los bomberos siempre acuden al rescate de las víctimas.
Acudimos a la cita ayer.

The councilmen attended the meeting.
They went to the doctor for help.
The firefighters always come to the rescue of the victims.
We went to the meeting yesterday.

acusar

to accuse

Gerundio: acusando   **Participio pasado:** acusado

Mood	Simple Tenses		Compound Tenses	
	Singular	*Plural*	*Singular*	*Plural*
Indicative	**Present**		**Present Perfect**	
	acuso acusas acusa	acusamos acusáis acusan	he acusado has acusado ha acusado	hemos acusado habéis acusado han acusado
	Preterit		**Preterit Perfect**	
	acusé acusaste acusó	acusamos acusasteis acusaron	hube acusado hubiste acusado hubo acusado	hubimos acusado hubisteis acusado hubieron acusado
	Imperfect		**Pluperfect**	
	acusaba acusabas acusaba	acusábamos acusabais acusaban	había acusado habías acusado había acusado	habíamos acusado habíais acusado habían acusado
	Future		**Future Perfect**	
	acusaré acusarás acusará	acusaremos acusaréis acusarán	habré acusado habrás acusado habrá acusado	habremos acusado habréis acusado habrán acusado
	Conditional		**Conditional Perfect**	
	acusaría acusarías acusaría	acusaríamos acusaríais acusarían	habría acusado habrías acusado habría acusado	habríamos acusado habríais acusado habrían acusado
Subjunctive	**Present**		**Present Perfect**	
	acuse acuses acuse	acusemos acuséis acusen	haya acusado hayas acusado haya acusado	hayamos acusado hayáis acusado hayan acusado
	Imperfect		**Pluperfect**	
	acusara, -se acusaras, -ses acusara, -se	acusáramos, -semos acusarais, -seis acusaran, -sen	hubiera, -se acusado hubieras, -ses acusado hubiera, -se acusado	hubiéramos,-semos acusado hubierais, -seis acusado hubieran, -sen acusado

IMPERATIVE

acusa (tú); no acuses

(no) acuse (Ud.)

(no) acusemos (nosotros)

acusad (vosotros); no acuséis

(no) acusen (Uds.)

EXAMPLES

Lo acusaron de robar el banco.

La están acusando de haber robado las joyas.

Se robaron unas pinturas en el museo y acusan al guardia.

Han acusado al joven sin pruebas.

They accused him of robbing the bank.

They are accusing her of stealing the jewelry.

Some paintings were stolen from the museum and they accused the guard.

They have accused the young man without proof.

adelantarse
to go ahead, to go forward
Gerundio: adelantándose   **Participio pasado:** adelantado

Mood	Simple Tenses		Compound Tenses	
	Singular	*Plural*	*Singular*	*Plural*
Indicative	**Present**		**Present Perfect**	
	me adelanto te adelantas se adelanta	nos adelantamos os adelantáis se adelantan	me he adelantado te has adelantado se ha adelantado	nos hemos adelantado os habéis adelantado se han adelantado
	Preterit		**Preterit Perfect**	
	me adelanté te adelantaste se adelantó	nos adelantamos os adelantasteis se adelantaron	me hube adelantado te hubiste adelantado se hubo adelantado	nos hubimos adelantado os hubisteis adelantado se hubieron adelantado
	Imperfect		**Pluperfect**	
	me adelantaba te adelantabas se adelantaba	nos adelantábamos os adelantabais se adelantaban	me había adelantado te habías adelantado se había adelantado	nos habíamos adelantado os habíais adelantado se habían adelantado
	Future		**Future Perfect**	
	me adelantaré te adelantarás se adelantará	nos adelantaremos os adelantaréis se adelantarán	me habré adelantado te habrás adelantado se habrá adelantado	nos habremos adelantado os habréis adelantado se habrán adelantado
	Conditional		**Conditional Perfect**	
	me adelantaría te adelantarías se adelantaría	nos adelantaríamos os adelantaréis se adelantarán	me habría adelantado te habrías adelantado se habría adelantado	nos habríamos adelantado os habríais adelantado se habrían adelantado
Subjunctive	**Present**		**Present Perfect**	
	me adelante te adelantes se adelante	nos adelantemos os adelantéis se adelanten	me haya adelantado te hayas adelantado se haya adelantado	nos hayamos adelantado os hayáis adelantado se hayan adelantado
	Imperfect		**Pluperfect**	
	me adelantara, -se te adelantaras, -ses se adelantara, -se	nos adelantáramos, -semos os adelantaseis, -seis se adelantaran, -sen	me hubiera, -se adelantado te hubieras, -ses ade- lantado se hubiera, -se adelantado	nos hubiéramos, -semos adelantado os hubierais, -seis ade- lantado se hubieran, -sen ade- lantado

IMPERATIVE

adelántate (tú); no te adelantes
adelántese (Ud.); no se adelante

adelantémonos (nosotros); no nos adelan-
temos
adelantaos (vosotros); no os adelantéis
adelántense (Uds.); no se adelanten

Note: As a nonreflexive verb, *adelantar* (to move forward) is shown in Examples 4 and 5.

EXAMPLES

Estudiaré más fuerte para adelantarme en mis estudios.

I will study harder to get ahead in my career.

Si trabajamos horas extras, nos adelantaremos en el trabajo.

If we work extra hours, we will be ahead in the work.

Adelántate tú primero.

Go ahead first.

En el otoño adelantan la hora.

In the fall season, the time is moved forward one hour.

Quisiera que adelantaras más en tus investigaciones.

I wish you would make more progress in your research.

adelgazar

to make thin, to get slim/ slender, to lose weight
Gerundio: adelgazando   **Participio pasado:** adelgazado

Mood	Simple Tenses		Compound Tenses	
	Singular	*Plural*	*Singular*	*Plural*
Indicative	**Present**		**Present Perfect**	
	adelgazo	adelgazamos	he adelgazado	hemos adelgazado
	adelgazas	adelgazáis	has adelgazado	habéis adelgazado
	adelgaza	adelgazan	ha adelgazado	han adelgazado
	Preterit		**Preterit Perfect**	
	adelgacé	adelgazamos	hube adelgazado	hubimos adelgazado
	adelgazaste	adelgazasteis	hubiste adelgazado	hubisteis adelgazado
	adelgazó	adelgazaron	hubo adelgazado	hubieron adelgazado
	Imperfect		**Pluperfect**	
	adelgazaba	adelgazábamos	había adelgazado	habíamos adelgazado
	adelgazabas	adelgazabais	habías adelgazado	habíais adelgazado
	adelgazaba	adelgazaban	había adelgazado	habían adelgazado
	Future		**Future Perfect**	
	adelgazaré	adelgazaremos	habré adelgazado	habremos adelgazado
	adelgazarás	adelgazaréis	habrás adelgazado	habréis adelgazado
	adelgazará	adelgazarán	habrá adelgazado	habrán adelgazado
	Conditional		**Conditional Perfect**	
	adelgazaría	adelgazaríamos	habría adelgazado	habríamos adelgazado
	adelgazarías	adelgazaríais	habrías adelgazado	habríais adelgazado
	adelgazaría	adelgazarían	habría adelgazado	habrían adelgazado
Subjunctive	**Present**		**Present Perfect**	
	adelgace	adelgacemos	haya adelgazado	hayamos adelgazado
	adelgaces	adelgacéis	hayas adelgazado	hayáis adelgazado
	adelgace	adelgacen	haya adelgazado	hayan adelgazado
	Imperfect		**Pluperfect**	
	adelgazara, -se	adelgazáramos, -semos	hubiera, -se adelgazado	hubiéramos,-semos adelgazado
	adelgazaras, -ses	adelgazarais, -seis	hubieras, -ses adelgazado	hubierais, -seis adelgazado
	adelgazara, -se	adelgazaran, -sen	hubiera, -se adelgazado	hubieran, -sen adelgazado

IMPERATIVE

adelgaza (tú); no adelgaces
(no) adelgace (Ud.)

(no) adelgacemos (nosotros)
adelgazad (vosotros); no adelgacéis
(no) adelgacen (Uds.)

EXAMPLES

¡No adelgaces más! Ya te ves bien.
Adelgacemos la salsa, está muy espesa.
Si hubiera adelgazado podría ponerse ese vestido.
Es mejor adelgazar poco a poco.

Don't lose more weight! You look great.
Let's thin down the sauce, it is too thick.
If you had gotten thin, you could wear that dress.
It is better to lose weight little by little.

adivinar

to guess, to foretell, to read someone's mind

Gerundio: adivinando   **Participio pasado:** adivinado

Mood	Simple Tenses		Compound Tenses	
	Singular	*Plural*	*Singular*	*Plural*
Indicative	**Present**		**Present Perfect**	
	adivino adivinas adivina	adivinamos adivináis adivinan	he adivinado has adivinado ha adivinado	hemos adivinado habéis adivinado han adivinado
	Preterit		**Preterit Perfect**	
	adiviné adivinaste adivinó	adivinamos adivinasteis adivinaron	hube adivinado hubiste adivinado hubo adivinado	hubimos adivinado hubisteis adivinado hubieron adivinado
	Imperfect		**Pluperfect**	
	adivinaba adivinabas adivinaba	adivinábamos adivinabais adivinaban	había adivinado habías adivinado había adivinado	habíamos adivinado habíais adivinado habían adivinado
	Future		**Future Perfect**	
	adivinaré adivinarás adivinará	adivinaremos adivinaréis adivinarán	habré adivinado habrás adivinado habrá adivinado	habremos adivinado habréis adivinado habrán adivinado
	Conditional		**Conditional Perfect**	
	adivinaría adivinarías adivinaría	adivinaríamos adivinaríais adivinarían	habría adivinado habrías adivinado habría adivinado	habríamos adivinado habríais adivinado habrían adivinado
Subjunctive	**Present**		**Present Perfect**	
	adivine adivines adivine	adivinemos adivinéis adivinen	haya adivinado hayas adivinado haya adivinado	hayamos adivinado hayáis adivinado hayan adivinado
	Imperfect		**Pluperfect**	
	adivinara, -se adivinaras, -ses adivinara, -se	adivináramos, -semos adivinarais, -seis adivinaran, -sen	hubiera, -se adivinado hubieras, -ses adivinado hubiera, -se adivinado	hubiéramos,-semos adivinado hubierais, -seis adivinado hubieran, -sen adivinado

IMPERATIVE

adivina (tú); no adivines
(no) adivine (Ud.)

(no) adivinemos (nosotros)
adivinad (vosotros); no adivinéis
(no) adivinen (Uds.)

EXAMPLES

¡Adivina qué…!

Guess what…!

La profetiza de la feria adivinó mi futuro.

The fair fortuneteller foretold my future.

Ellos estaban adivinando las respuestas de los problemas de física.

They were guessing the answers to the physics problems.

Si adivinara el futuro, sería rica.

If I could foretell the future, I would be rich.

admirar
to admire, to amaze, to be surprised or amazed
Gerundio: admirando   **Participio pasado:** admirado

Mood	Simple Tenses		Compound Tenses	
	Singular	*Plural*	*Singular*	*Plural*
Indicative	**Present**		**Present Perfect**	
	admiro admiras admira	admiramos admiráis admiran	he admirado has admirado ha admirado	hemos admirado habéis admirado han admirado
	Preterit		**Preterit Perfect**	
	admiré admiraste admiró	admiramos admirasteis admiraron	hube admirado hubiste admirado hubo admirado	hubimos admirado hubisteis admirado hubieron admirado
	Imperfect		**Pluperfect**	
	admiraba admirabas admiraba	admirábamos admirabais admiraban	había admirado habías admirado había admirado	habíamos admirado habíais admirado habían admirado
	Future		**Future Perfect**	
	admiraré admirarás admirará	admiraremos admirareis admirarán	habré admirado habrás admirado habrá admirado	habremos admirado habréis admirado habrán admirado
	Conditional		**Conditional Perfect**	
	admiraría admirarías admiraría	admiraríamos admiraríais admirarían	habría admirado habrías admirado habría admirado	habríamos admirado habríais admirado habrían admirado
Subjunctive	**Present**		**Present Perfect**	
	admire admires admire	admiremos admiréis admiren	haya admirado hayas admirado haya admirado	hayamos admirado hayáis admirado hayan admirado
	Imperfect		**Pluperfect**	
	admirara, -se admiraras, -ses admirara, -se	admiráramos, -semos admirarais, -seis admiraran, -sen	hubiera, -se admirado hubieras, -ses admirado hubiera, -se admirado	hubiéramos,-semos admirado hubierais, -seis admirado hubieran, -sen admirado

IMPERATIVE

admira (tú); no admires
(no) admire (Ud.)

(no) admiremos (nosotros)
admirad (vosotros); no admiréis
(no) admiren (Uds.)

EXAMPLES

Admiramos la Catedral de Burgos cuando fuimos a España.

We admired the Burgos' Cathedral when we went to Spain.

Siempre hemos admirado una persona sincera.

We have always admired a sincere person.

Los artistas siempre quieren que la gente los admire.

Artists always want people to admire them.

Hemos estado admirando las nuevas pinturas del museo.

We have been admiring the new paintings of the museum.

admitir

to admit, to grant, to permit

Gerundio: admitiendo   **Participio pasado:** admitido

Mood	Simple Tenses		Compound Tenses	
	Singular	*Plural*	*Singular*	*Plural*
Indicative	**Present**		**Present Perfect**	
	admito	admitimos	he admitido	hemos admitido
	admites	admitís	has admitido	habéis admitido
	admite	admiten	ha admitido	han admitido
	Preterit		**Preterit Perfect**	
	admití	admitimos	hube admitido	hubimos admitido
	admitiste	admitisteis	hubiste admitido	hubisteis admitido
	admitió	admitieron	hubo admitido	hubieron admitido
	Imperfect		**Pluperfect**	
	admitía	admitíamos	había admitido	habíamos admitido
	admitías	admitíais	habías admitido	habíais admitido
	admitía	admitían	había admitido	habían admitido
	Future		**Future Perfect**	
	admitiré	admitiremos	habré admitido	habremos admitido
	admitirás	admitiréis	habrás admitido	habréis admitido
	admitirá	admitirán	habrá admitido	habrán admitido
	Conditional		**Conditional Perfect**	
	admitiría	admitiríamos	habría admitido	habríamos admitido
	admitirías	admitiríais	habrías admitido	habríais admitido
	admitiría	admitirían	habría admitido	habrían admitido
Subjunctive	**Present**		**Present Perfect**	
	admita	admitamos	haya admitido	hayamos admitido
	admitas	admitáis	hayas admitido	hayáis admitido
	admita	admitan	haya admitido	hayan admitido
	Imperfect		**Pluperfect**	
	admitiera, -se	admitiéramos, -semos	hubiera, -se admitido	hubiéramos,-semos admitido
	admitieras, -ses	admitiérais, -seis	hubieras, -ses admitido	hubierais, -seis admitido
	admitiera, -se	admitieran, -sen	hubiera, -se admitido	hubieran, -sen admitido

IMPERATIVE

admite (tú); no admitas
(no) admita (Ud.)

(no) admitamos (nosotros)
admitid (vosotros); no admitáis
(no) admitan (Uds.)

EXAMPLES

No se admiten animales en este restaurante.

Animals are not admitted in this restaurant.

La universidad ha admitido a esos estudiantes.

The university has granted admission to those students.

El ladrón admitió su culpa.

The thief admitted his guilt.

Aunque ella admita su inocencia, no le creerán.

Even if she admits her innocence, they will not believe her.

adoptar

to adopt

Gerundio: adoptando   **Participio pasado:** adoptado

Mood	Simple Tenses		Compound Tenses	
	Singular	*Plural*	*Singular*	*Plural*
Indicative	**Present**		**Present Perfect**	
	adopto adoptas adopta	adoptamos adoptáis adoptan	he adoptado has adoptado ha adoptado	hemos adoptado habéis adoptado han adoptado
	Preterit		**Preterit Perfect**	
	adopté adoptaste adoptó	adoptamos adoptasteis adoptaron	hube adoptado hubiste adoptado hubo adoptado	hubimos adoptado hubisteis adoptado hubieron adoptado
	Imperfect		**Pluperfect**	
	adoptaba adoptabas adoptaba	adoptábamos adoptabais adoptaban	había adoptado habías adoptado había adoptado	habíamos adoptado habíais adoptado habían adoptado
	Future		**Future Perfect**	
	adoptaré adoptarás adoptará	adoptaremos adoptaréis adoptarán	habré adoptado habrás adoptado habrá adoptado	habremos adoptado habréis adoptado habrán adoptado
	Conditional		**Conditional Perfect**	
	adoptaría adoptarías adoptaría	adoptaríamos adoptaríais adoptarían	habría adoptado habrías adoptado habría adoptado	habríamos adoptado habríais adoptado habrían adoptado
Subjunctive	**Present**		**Present Perfect**	
	adopte adoptes adopte	adoptemos adoptéis adopten	haya adoptado hayas adoptado haya adoptado	hayamos adoptado hayáis adoptado hayan adoptado
	Imperfect		**Pluperfect**	
	adoptara, -se adoptaras, -ses adoptara, -se	adoptáramos, -semos adoptarais, -seis adoptaran, -sen	hubiera, -se adoptado hubieras, -ses adoptado hubiera, -se adoptado	hubiéramos,-semos adoptado hubierais, -seis adoptado hubieran, -sen adoptado

IMPERATIVE

adopta (tú); no adoptes

(no) adopte (Ud.)

(no) adoptemos (nosotros)

adoptad (vosotros); no adoptéis

(no) adopten (Uds.)

EXAMPLES

La pareja adoptó dos niñas.

La compañía está adoptando nuevas disposiciones.

Si los países hubiesen adoptado leyes de protección a los océanos, hoy estarían menos contaminados.

Han adoptado unas nuevas normas en la oficina.

The couple adopted two girls.

The company is adopting new regulations.

If the countries had adopted laws to protect the oceans, they would be less contaminated.

The have adopted new norms at the office.

adorar

to adore, to worship, to idolize

Gerundio: adorando **Participio pasado:** adorado

Mood	Simple Tenses		Compound Tenses	
	Singular	*Plural*	*Singular*	*Plural*
Indicative	**Present**		**Present Perfect**	
	adoro	adoramos	he adorado	hemos adorado
	adoras	adoráis	has adorado	habéis adorado
	adora	adoran	ha adorado	han adorado
	Preterit		**Preterit Perfect**	
	adoré	adoramos	hube adorado	hubimos adorado
	adoraste	adorasteis	hubiste adorado	hubisteis adorado
	adoró	adoraron	hubo adorado	hubieron adorado
	Imperfect		**Pluperfect**	
	adoraba	adorábamos	había adorado	habíamos adorado
	adorabas	adorabais	habías adorado	habíais adorado
	adoraba	adoraban	había adorado	habían adorado
	Future		**Future Perfect**	
	adoraré	adoraremos	habré adorado	habremos adorado
	adorarás	adoraréis	habrás adorado	habréis adorado
	adorará	adorarán	habrá adorado	habrán adorado
	Conditional		**Conditional Perfect**	
	adoraría	adoraríamos	habría adorado	habríamos adorado
	adorarías	adoraríais	habrías adorado	habríais adorado
	adoraría	adorarían	habría adorado	habrían adorado
Subjunctive	**Present**		**Present Perfect**	
	adore	adoremos	haya adorado	hayamos adorado
	adores	adoréis	hayas adorado	hayáis adorado
	adore	adoren	haya adorado	hayan adorado
	Imperfect		**Pluperfect**	
	adorara, -se	adoráramos, -semos	hubiera, -se adorado	hubiéramos,-semos adorado
	adoraras, -ses	adorarais, -seis	hubieras, -ses adorado	hubierais, -seis adorado
	adorara, -se	adoraran, -sen	hubiera, -se adorado	hubieran, -sen adorado

IMPERATIVE

adora (tú); no adores
(no) adore (Ud.)

(no) adoremos (nosotros)
adorad (vosotros); no adoréis
(no) adoren (Uds.)

EXAMPLES

Los jóvenes adoran a sus artistas favoritos.
The young people adore their favorite artists.

Él ha adorado a su novia desde el primer día que la vio.
He has adored his girlfriend since the first time he saw her.

En Europa adoran el fútbol.
In Europe, soccer is adored.

Ella adoraba la música clásica.
She used to adore classical music.

adquirir

to acquire, to obtain, to get

Gerundio: adquiriendo **Participio pasado:** adquirido

Mood	Simple Tenses		Compound Tenses	
	Singular	*Plural*	*Singular*	*Plural*
Indicative	**Present**		**Present Perfect**	
	adquiero	adquirimos	he adquirido	hemos adquirido
	adquieres	adquirís	has adquirido	habéis adquirido
	adquiere	adquieren	ha adquirido	han adquirido
	Preterit		**Preterit Perfect**	
	adquirí	adquirimos	hube adquirido	hubimos adquirido
	adquiriste	adquiristeis	hubiste adquirido	hubisteis adquirido
	adquirió	adquirieron	hubo adquirido	hubieron adquirido
	Imperfect		**Pluperfect**	
	adquiría	adquiríamos	había adquirido	habíamos adquirido
	adquirías	adquiríais	habías adquirido	habíais adquirido
	adquiría	adquirían	había adquirido	habían adquirido
	Future		**Future Perfect**	
	adquiriré	adquiriremos	habré adquirido	habremos adquirido
	adquirirás	adquiriréis	habrás adquirido	habréis adquirido
	adquirirá	adquirirán	habrá adquirido	habrán adquirido
	Conditional		**Conditional Perfect**	
	adquiriría	adquiriríamos	habría adquirido	habríamos adquirido
	adquirirías	adquiriríais	habrías adquirido	habríais adquirido
	adquiriría	adquirirían	habría adquirido	habrían adquirido
Subjunctive	**Present**		**Present Perfect**	
	adquiera	adquiramos	haya adquirido	hayamos adquirido
	adquieras	adquiráis	hayas adquirido	hayáis adquirido
	adquiera	adquieran	haya adquirido	hayan adquirido
	Imperfect		**Pluperfect**	
	adquiriera, -se	adquiriéramos, -semos	hubiera, -se adquirido	hubiéramos,-semos adquirido
	adquirieras, -ses	adquirierais, -seis	hubieras, -ses adquirido	hubierais, -seis adquirido
	adquiriera, -se	adquirieran, -sen	hubiera, -se adquirido	hubieran, -sen adquirido

IMPERATIVE

adquiere (tú); no adquieras

(no) adquiera (Ud.)

(no) adquiramos (nosotros)

adquirid (vosotros); no adquiráis

(no) adquieran (Uds.)

EXAMPLES

Ella adquiriría ese carro pero cuesta mucho dinero.

She would get that car, but it costs too much money.

El pasante ha adquirido mucha experiencia durante el entrenamiento.

The assistant has acquired a lot of experience during the training.

Su negocio adquirió varias computadoras.

Her business acquired several computers.

Si adquiero más experiencia, me pagarán mejor.

If I get more experience, they will pay me better.

advertir

to give warning, to inform, to observe

Gerundio: advirtiendo   **Participio pasado:** advertido

Mood	Simple Tenses		Compound Tenses	
	Singular	*Plural*	*Singular*	*Plural*
Indicative	**Present**		**Present Perfect**	
	advierto	advertimos	he advertido	hemos advertido
	adviertes	advertís	has advertido	habéis advertido
	advierte	advierten	ha advertido	han advertido
	Preterit		**Preterit Perfect**	
	advertí	advertimos	hube advertido	hubimos advertido
	advertiste	advertisteis	hubiste advertido	hubisteis advertido
	advirtió	advirtieron	hubo advertido	hubieron advertido
	Imperfect		**Pluperfect**	
	advertía	advertíamos	había advertido	habíamos advertido
	advertías	advertíais	habías advertido	habíais advertido
	advertía	advertían	había advertido	habían advertido
	Future		**Future Perfect**	
	advertiré	advertiremos	habré advertido	habremos advertido
	advertirás	advertiréis	habrás advertido	habréis advertido
	advertirá	advertirán	habrá advertido	habrán advertido
	Conditional		**Conditional Perfect**	
	advertiría	advertiríamos	habría advertido	habríamos advertido
	advertirías	advertiríais	habrías advertido	habríais advertido
	advertiría	advertirían	habría advertido	habrían advertido
Subjunctive	**Present**		**Present Perfect**	
	advierta	advirtamos	haya advertido	hayamos advertido
	adviertas	advirtáis	hayas advertido	hayáis advertido
	advierta	adviertan	haya advertido	hayan advertido
	Imperfect		**Pluperfect**	
	advirtiera, -se	advirtiéramos, -semos	hubiera, -se advertido	hubiéramos,-semos advertido
	advirtieras, -ses	advirtierais, -seis	hubieras, -ses advertido	
	advirtiera, -se	advirtieran, -sen	hubiera, -se advertido	hubierais, -seis advertido
				hubieran, -sen advertido

IMPERATIVE

advierte (tú); no adviertas

(no) advierta (Ud.)

(no) advirtamos (nosotros)

advertid (vosotros); no advirtáis

(no) adviertan (Uds.)

EXAMPLES

Adviértele a Gerardo de la reunión.

Inform Gerald of the meeting.

No le adviertas a Yleana de la fiesta. Es una sorpresa.

Do not warn Yleana of the party. It is a surprise.

Después que les hayamos advertido, nos iremos.

After we have warned them, we will leave.

Me advirtieron que la película era mala.

They warned me that the movie was bad.

afeitarse
to shave oneself
Gerundio: afeitándose   **Participio pasado:** afeitado

Mood	Simple Tenses		Compound Tenses	
	Singular	*Plural*	*Singular*	*Plural*
Indicative	**Present**		**Present Perfect**	
	me afeito te afeitas se afeita	nos afeitamos os afeitáis se afeitan	me he afeitado te has afeitado se ha afeitado	nos hemos afeitado os habéis afeitado se han afeitado
	Preterit		**Preterit Perfect**	
	me afeité te afeitaste se afeitó	nos afeitamos os afeitasteis se afeitaron	me hube afeitado te hubiste afeitado se hubo afeitado	nos hubimos afeitado os hubisteis afeitado se hubieron afeitado
	Imperfect		**Pluperfect**	
	me afeitaba te afeitabas se afeitaba	nos afeitábamos os afeitabais se afeitaban	me había afeitado te habías afeitado se había afeitado	nos habíamos afeitado os habíais afeitado se habían afeitado
	Future		**Future Perfect**	
	me afeitaré te afeitarás se afeitará	nos afeitaremos os afeitaréis se afeitarán	me habré afeitado te habrás afeitado se habrá afeitado	nos habremos afeitado os habréis afeitado se habrán afeitado
	Conditional		**Conditional Perfect**	
	me afeitaría te afeitarías se afeitaría	nos afeitaríamos os afeitaríais se afeitarían	me habría afeitado te habrías afeitado se habría afeitado	nos habríamos afeitado os habríais afeitado se habrían afeitado
Subjunctive	**Present**		**Present Perfect**	
	me afeite te afeites se afeite	nos afeitemos os afeitéis se afeiten	me haya afeitado te hayas afeitado se haya afeitado	nos hayamos afeitado os hayáis afeitado se hayan afeitado
	Imperfect		**Pluperfect**	
	me afeitara, -se te afeitaras, -ses se afeitara, -se	nos afeitáramos, -semos os afeitarais, -seis se afeitaran, -sen	me hubiera, -se afeitado te hubieras, -ses afeitado se hubiera, -se afeitado	nos hubiéramos, -semos afeitado os hubierais, -seis afeitado se hubieran, -sen afeitado

IMPERATIVE

afeitémonos (nosotros); no nos afeitemos

aféitate (tú); no te afeites

afeitaos (vosotros); no os afeitéis

aféitese (Ud.); no se afeite

aféitense (Uds.); no se afeiten

Note: As a nonreflexive verb, *afeitar* (to shave someone else) is shown in Examples 4 and 5.

EXAMPLES

Francisco estaba afeitándose cuando Beto lo llamó.

Frank was shaving when Beto called him.

Mis amigos se afeitan todos los días.

My friends shave themselves every day.

Ellas se han afeitado las piernas por muchos años.

They (females) have shaved their legs for many years.

Los muchachos están afeitando al perro ahora.

The boys are shaving the dog now.

Los miembros del equipo siempre afeitan las cabezas de los novatos.

The team members always shave the rookies' heads.

agarrar

to grasp, to seize, to grab, to catch

Gerundio: agarrando   **Participio pasado:** agarrado

Mood	Simple Tenses		Compound Tenses	
	Singular	*Plural*	*Singular*	*Plural*
Indicative	**Present**		**Present Perfect**	
	agarro	agarramos	he agarrado	hemos agarrado
	agarras	agarráis	has agarrado	habéis agarrado
	agarra	agarran	ha agarrado	han agarrado
	Preterit		**Preterit Perfect**	
	agarré	agarramos	hube agarrado	hubimos agarrado
	agarraste	agarrasteis	hubiste agarrado	hubisteis agarrado
	agarró	agarraron	hubo agarrado	hubieron agarrado
	Imperfect		**Pluperfect**	
	agarraba	agarrábamos	había agarrado	habíamos agarrado
	agarrabas	agarrabais	habías agarrado	habíais agarrado
	agarraba	agarraban	había agarrado	habían agarrado
	Future		**Future Perfect**	
	agarraré	agarraremos	habré agarrado	habremos agarrado
	agarrarás	agarraréis	habrás agarrado	habréis agarrado
	agarrará	agarrarán	habrá agarrado	habrán agarrado
	Conditional		**Conditional Perfect**	
	agarraría	agarraríamos	habría agarrado	habríamos agarrado
	agarrarías	agarraríais	habrías agarrado	habríais agarrado
	agarraría	agarrarían	habría agarrado	habrían agarrado
Subjunctive	**Present**		**Present Perfect**	
	agarre	agarremos	haya agarrado	hayamos agarrado
	agarres	agarréis	hayas agarrado	hayáis agarrado
	agarre	agarren	haya agarrado	hayan agarrado
	Imperfect		**Pluperfect**	
	agarrara, -se	agarráramos, -semos	hubiera, -se agarrado	hubiéramos,-semos agarrado
	agarraras, -ses	agarrarais, -seis	hubieras, -ses agarrado	
	agarrara, -se	agarraran, -sen	hubiera, -se agarrado	hubierais, -seis agarrado
				hubieran, -sen agarrado

IMPERATIVE

agarra (tú); no agarres
(no) agarre (Ud.)

(no) agarremos (nosotros)
agarrad (vosotros); no agarréis
(no) agarren (Uds.)

EXAMPLES

Hubiesen agarrado al culpable pero llegaron tarde.

They would have caught the guilty one but they got there late.

Los estudiantes no agarraban la idea.

The students did not grasp the idea.

¡No lo agarres! Te puedes quemar.

Don't grab it! It is hot.

El niñito agarró la pelota.

The little boy caught the ball.

agitar
to agitate, to shake, to wave, to stir

Gerundio: agitando   **Participio pasado:** agitado

Mood	Simple Tenses		Compound Tenses	
	Singular	*Plural*	*Singular*	*Plural*
Indicative	**Present**		**Present Perfect**	
	agito	agitamos	he agitado	hemos agitado
	agitas	agitáis	has agitado	habéis agitado
	agita	agitan	ha agitado	han agitado
	Preterit		**Preterit Perfect**	
	agité	agitamos	hube agitado	hubimos agitado
	agitaste	agitasteis	hubiste agitado	hubisteis agitado
	agitó	agitaron	hubo agitado	hubieron agitado
	Imperfect		**Pluperfect**	
	agitaba	agitábamos	había agitado	habíamos agitado
	agitabas	agitabais	habías agitado	habíais agitado
	agitaba	agitaban	había agitado	habían agitado
	Future		**Future Perfect**	
	agitaré	agitaremos	habré agitado	habremos agitado
	agitarás	agitaréis	habrás agitado	habréis agitado
	agitará	agitarán	habrá agitado	habrán agitado
	Conditional		**Conditional Perfect**	
	agitaría	agitaríamos	habría agitado	habríamos agitado
	agitarías	agitaríais	habrías agitado	habríais agitado
	agitaría	agitarían	habría agitado	habrían agitado
Subjunctive	**Present**		**Present Perfect**	
	agite	agitemos	haya agitado	hayamos agitado
	agites	agitéis	hayas agitado	hayáis agitado
	agite	agiten	haya agitado	hayan agitado
	Imperfect		**Pluperfect**	
	agitara, -se	agitáramos, -semos	hubiera, -se agitado	hubiéramos,-semos agitado
	agitaras, -ses	agitarais, -seis	hubieras, -ses agitado	hubierais, -seis agitado
	agitara, -se	agitaran, -sen	hubiera, -se agitado	hubieran, -sen agitado

IMPERATIVE

agita (tú); no agites
(no) agite (Ud.)

(no) agitemos (nosotros)
agitad (vosotros); no agitéis
(no) agiten (Uds.)

EXAMPLES

Los astronautas agitaron la bandera en la luna.

The astronauts waved the flag on the moon.

Las olas agitaban el barco violentamente.

The waves were shaking the ship violently.

¡No agiten la solución! Puede explotar.

Don't agitate the solution! It can explode.

IDIOMATIC EXAMPLE

¡No te agites!

Don't get agitated!

agotar

to exhaust, to use up

Gerundio: agotando   **Participio pasado:** agotado

Mood	Simple Tenses		Compound Tenses	
	Singular	*Plural*	*Singular*	*Plural*
Indicative	**Present**		**Present Perfect**	
	agoto	agotamos	he agotado	hemos agotado
	agotas	agotáis	has agotado	habéis agotado
	agota	agotan	ha agotado	han agotado
	Preterit		**Preterit Perfect**	
	agoté	agotamos	hube agotado	hubimos agotado
	agotaste	agotasteis	hubiste agotado	hubisteis agotado
	agotó	agotaron	hubo agotado	hubieron agotado
	Imperfect		**Pluperfect**	
	agotaba	agotábamos	había agotado	habíamos agotado
	agotabas	agotabais	habías agotado	habíais agotado
	agotaba	agotaban	había agotado	habían agotado
	Future		**Future Perfect**	
	agotaré	agotaremos	habré agotado	habremos agotado
	agotarás	agotaréis	habrás agotado	habréis agotado
	agotará	agotarán	habrá agotado	habrán agotado
	Conditional		**Conditional Perfect**	
	agotaría	agotaríamos	habría agotado	habríamos agotado
	agotarías	agotaríais	habrías agotado	habríais agotado
	agotaría	agotarían	habría agotado	habrían agotado
Subjunctive	**Present**		**Present Perfect**	
	agote	agotemos	haya agotado	hayamos agotado
	agotes	agotéis	hayas agotado	hayáis agotado
	agote	agoten	haya agotado	hayan agotado
	Imperfect		**Pluperfect**	
	agotara, -se	agotáramos, -semos	hubiera, -se agotado	hubiéramos,-semos agotado
	agotaras, -ses	agotarais, -seis	hubieras, -ses agotado	hubierais, -seis agotado
	agotara, -se	agotaran, -sen	hubiera, -se agotado	hubieran, -sen agotado

IMPERATIVE

agota (tú); no agotes
(no) agote (Ud.)

(no) agotemos (nosotros)
agotad (vosotros); no agotéis
(no) agoten (Uds.)

EXAMPLES

Los doctores agotaron todos los recursos para salvarle la vida.

The doctors exhausted all their resources to save his life.

No agotemos nuestros recursos naturales.

Don't exhaust the natural resources.

Todo el petróleo se habrá agotado para el año 2050.

All oil will be used up by the year 2050.

Estoy muy agotada.

I am very exhausted.

agradecer

to thank, to be thankful for

Gerundio: agradeciendo   **Participio pasado:** agradecido

Mood	Simple Tenses		Compound Tenses	
	Singular	*Plural*	*Singular*	*Plural*
Indicative	**Present**		**Present Perfect**	
	agradezco	agradecemos	he agradecido	hemos agradecido
	agradeces	agradecéis	has agradecido	habéis agradecido
	agradece	agradecen	ha agradecido	han agradecido
	Preterit		**Preterit Perfect**	
	agradecí	agradecimos	hube agradecido	hubimos agradecido
	agradeciste	agradecisteis	hubiste agradecido	hubisteis agradecido
	agradeció	agradecieron	hubo agradecido	hubieron agradecido
	Imperfect		**Pluperfect**	
	agradecía	agradecíamos	había agradecido	habíamos agradecido
	agradecías	agradecíais	habías agradecido	habíais agradecido
	agradecía	agradecían	había agradecido	habían agradecido
	Future		**Future Perfect**	
	agradeceré	agradeceremos	habré agradecido	habremos agradecido
	agradecerás	agradeceréis	habrás agradecido	habréis agradecido
	agradecerá	agradecerán	habrá agradecido	habrán agradecido
	Conditional		**Conditional Perfect**	
	agradecería	agradeceríamos	habría agradecido	habríamos agradecido
	agradecerías	agradeceríais	habrías agradecido	habríais agradecido
	agradecería	agradecerían	habría agradecido	habrían agradecido
Subjunctive	**Present**		**Present Perfect**	
	agradezca	agradezcamos	haya agradecido	hayamos agradecido
	agradezcas	agradezcáis	hayas agradecido	hayáis agradecido
	agradezca	agradezcan	haya agradecido	hayan agradecido
	Imperfect		**Pluperfect**	
	agradeciera, -se	agradeciéramos, -semos	hubiera, -se agradecido	hubiéramos,-semos agradecido
	agradecieras, -ses		hubieras, -ses agradecido	
	agradeciera, -se	agradecierais, -seis	hubiera, -se agradecido	hubierais, -seis agradecido
		agradecieran, -sen		hubieran, -sen agradecido

IMPERATIVE

agradece (tú); no agradezcas

(no) agradezca (Ud.)

(no) agradezcamos (nosotros)

agradeced (vosotros); no agradezcáis

(no) agradezcan (Uds.)

EXAMPLES

Agradezco tu ayuda.

Los sobrevivientes agradecieron la ayuda que se les dio.

Te agradecería que vinieras a ayudarme.

Ojalá Alberto haya agradecido a sus profesores por las cartas de recomendación.

I am thankful for your help.

The survivors were thankful for all the help they received.

I would appreciate it if you could come and help me.

I hope Albert has thanked his teachers for the recommendation letters.

agrandar

to enlarge, to make larger, to increase

Gerundio: agrandando   **Participio pasado:** agrandado

Mood	Simple Tenses		Compound Tenses	
	Singular	*Plural*	*Singular*	*Plural*
Indicative	**Present**		**Present Perfect**	
	agrando	agrandamos	he agrandado	hemos agrandado
	agrandas	agrandáis	has agrandado	habéis agrandado
	agranda	agrandan	ha agrandado	han agrandado
	Preterit		**Preterit Perfect**	
	agrandé	agrandamos	hube agrandado	hubimos agrandado
	agrandaste	agrandasteis	hubiste agrandado	hubisteis agrandado
	agrandó	agrandaron	hubo agrandado	hubieron agrandado
	Imperfect		**Pluperfect**	
	agrandaba	agrandábamos	había agrandado	habíamos agrandado
	agrandabas	agrandabais	habías agrandado	habíais agrandado
	agrandaba	agrandaban	había agrandado	habían agrandado
	Future		**Future Perfect**	
	agrandaré	agrandaremos	habré agrandado	habremos agrandado
	agrandarás	agrandaréis	habrás agrandado	habréis agrandado
	agrandará	agrandarán	habrá agrandado	habrán agrandado
	Conditional		**Conditional Perfect**	
	agrandaría	agrandaríamos	habría agrandado	habríamos agrandado
	agrandarías	agrandaríais	habrías agrandado	habríais agrandado
	agrandaría	agrandarían	habría agrandado	habrían agrandado
Subjunctive	**Present**		**Present Perfect**	
	agrande	agrandemos	haya agrandado	hayamos agrandado
	agrandes	agrandéis	hayas agrandado	hayáis agrandado
	agrande	agranden	haya agrandado	hayan agrandado
	Imperfect		**Pluperfect**	
	agrandara, -se	agrandáramos, -semos	hubiera, -se agrandado	hubiéramos,-semos agrandado
	agrandaras, -ses	agrandarais, -seis	hubieras, -ses agrandado	
	agrandara, -se	agrandaran, -sen	hubiera, -se agrandado	hubierais, -seis agrandado
				hubieran, -sen agrandado

IMPERATIVE

agranda (tú); no agrandes
(no) agrande (Ud.)

(no) agrandemos (nosotros)
agrandad (vosotros); no agrandéis
(no) agranden (Uds.)

EXAMPLES

El diseñador ha agrandado sus tiendas.

The designer has increased the size of his stores.

Apenas habíamos agrandado el cuarto cuando el niño llegó.

We had just enlarged the room when the little boy arrived.

Esperamos que el jardinero haya agrandado nuestro jardín.

We hope the gardener has increased the size of our garden.

Si tuviera dinero, agrandaría la oficina.

If I had the money, I would enlarge the office.

agregar

to add, to collect, to aggregate

Gerundio: agregando   **Participio pasado:** agregado

Mood	Simple Tenses		Compound Tenses	
	Singular	*Plural*	*Singular*	*Plural*
Indicative	**Present**		**Present Perfect**	
	agrego	agregamos	he agregado	hemos agregado
	agregas	agregáis	has agregado	habéis agregado
	agrega	agregan	ha agregado	han agregado
	Preterit		**Preterit Perfect**	
	agregué	agregamos	hube agregado	hubimos agregado
	agregaste	agregasteis	hubiste agregado	hubisteis agregado
	agregó	agregaron	hubo agregado	hubieron agregado
	Imperfect		**Pluperfect**	
	agregaba	agregábamos	había agregado	habíamos agregado
	agregabas	agregabais	habías agregado	habíais agregado
	agregaba	agregaban	había agregado	habían agregado
	Future		**Future Perfect**	
	agregaré	agregaremos	habré agregado	habremos agregado
	agregarás	agregaréis	habrás agregado	habréis agregado
	agregará	agregarán	habrá agregado	habrán agregado
	Conditional		**Conditional Perfect**	
	agregaría	agregaríamos	habría agregado	habríamos agregado
	agregarías	agregaríais	habrías agregado	habríais agregado
	agregaría	agregarían	habría agregado	habrían agregado
Subjunctive	**Present**		**Present Perfect**	
	agregue	agreguemos	haya agregado	hayamos agregado
	agregues	agreguéis	hayas agregado	hayáis agregado
	agregue	agreguen	haya agregado	hayan agregado
	Imperfect		**Pluperfect**	
	agregara, -se	agregáramos, -semos	hubiera, -se agregado	hubiéramos,-semos agregado
	agregaras, -ses	agregarais, -seis	hubieras, -ses agregado	hubierais, -seis agregado
	agregara, -se	agregaran, -sen	hubiera, -se agregado	hubieran, -sen agregado

IMPERATIVE

agrega (tú); no agregues

(no) agregue (Ud.)

(no) agreguemos (nosotros)

agregad (vosotros); no agreguéis

(no) agreguen (Uds.)

EXAMPLES

No le agregues sal a la salsa, por favor.

Do not add salt to the salsa, please.

El dúo agregó un baterista a la banda.

The duet added a drummer to the band.

Le habíamos agregado aceite al motor cuando se nos apagó.

We had just added oil to the motor when it died.

El millonario ha agregado un nuevo cuadro a su colección.

The millionaire has added a new painting to his collection.

aguardar
to wait for, to expect
Gerundio: aguardando   **Participio pasado:** aguardado

Mood	Simple Tenses		Compound Tenses	
	Singular	*Plural*	*Singular*	*Plural*
Indicative	**Present**		**Present Perfect**	
	aguardo	aguardamos	he aguardado	hemos aguardado
	aguardas	aguardáis	has aguardado	habéis aguardado
	aguarda	aguardan	ha aguardado	han aguardado
	Preterit		**Preterit Perfect**	
	aguardé	aguardamos	hube aguardado	hubimos aguardado
	aguardaste	aguardasteis	hubiste aguardado	hubisteis aguardado
	aguardó	aguardaron	hubo aguardado	hubieron aguardado
	Imperfect		**Pluperfect**	
	aguardaba	aguardábamos	había aguardado	habíamos aguardado
	aguardabas	aguardabais	habías aguardado	habíais aguardado
	aguardaba	aguardaban	había aguardado	habían aguardado
	Future		**Future Perfect**	
	aguardaré	aguardaremos	habré aguardado	habremos aguardado
	aguardarás	aguardaréis	habrás aguardado	habréis aguardado
	aguardará	aguardarán	habrá aguardado	habrán aguardado
	Conditional		**Conditional Perfect**	
	aguardaría	aguardaríamos	habría aguardado	habríamos aguardado
	aguardarías	aguardaríais	habrías aguardado	habríais aguardado
	aguardaría	aguardarían	habría aguardado	habrían aguardado
Subjunctive	**Present**		**Present Perfect**	
	aguarde	aguardemos	haya aguardado	hayamos aguardado
	aguardes	aguardéis	hayas aguardado	hayáis aguardado
	aguarde	aguarden	haya aguardado	hayan aguardado
	Imperfect		**Pluperfect**	
	aguardara, -se	aguardáramos, -semos	hubiera, -se aguardado	hubiéramos,-semos aguardado
	aguardaras, -ses	aguardarais, -seis	hubieras, -ses aguardado	hubierais, -seis aguardado
	aguardara, -se	aguardaran, -sen	hubiera, -se aguardado	hubieran, -sen aguardado

IMPERATIVE

aguarda (tú); no aguardes
(no) aguarde (Ud.)

(no) aguardemos (nosotros)
aguardad (vosotros); no aguardéis
(no) aguarden (Uds.)

EXAMPLES

Las mujeres aguardaban ansiosas en el andén.

The women were waiting anxiously at the train platform.

Estábamos aguardando a mis padres cuando el espectáculo empezó.

We were waiting for my parents when the show started.

Habríamos aguardado más, pero estábamos muy cansados.

We could have waited more but we were very tired.

Los niños aguardaron pacientemente por su mamá.

The children waited patiently for their mother.

ahorrar

to save (money, time), to spare

Gerundio: ahorrando   **Participio pasado:** ahorrado

Mood	Simple Tenses		Compound Tenses	
	Singular	*Plural*	*Singular*	*Plural*
Indicative	**Present**		**Present Perfect**	
	ahorro	ahorramos	he ahorrado	hemos ahorrado
	ahorras	ahorráis	has ahorrado	habéis ahorrado
	ahorra	ahorran	ha ahorrado	han ahorrado
	Preterit		**Preterit Perfect**	
	ahorré	ahorramos	hube ahorrado	hubimos ahorrado
	ahorraste	ahorrasteis	hubiste ahorrado	hubisteis ahorrado
	ahorró	ahorraron	hubo ahorrado	hubieron ahorrado
	Imperfect		**Pluperfect**	
	ahorraba	ahorrábamos	había ahorrado	habíamos ahorrado
	ahorrabas	ahorrabais	habías ahorrado	habíais ahorrado
	ahorraba	ahorraban	había ahorrado	habían ahorrado
	Future		**Future Perfect**	
	ahorraré	ahorraremos	habré ahorrado	habremos ahorrado
	ahorrarás	ahorraréis	habrás ahorrado	habréis ahorrado
	ahorrará	ahorrarán	habrá ahorrado	habrán ahorrado
	Conditional		**Conditional Perfect**	
	ahorraría	ahorraríamos	habría ahorrado	habríamos ahorrado
	ahorrarías	ahorraríais	habrías ahorrado	habríais ahorrado
	ahorraría	ahorrarían	habría ahorrado	habrían ahorrado
Subjunctive	**Present**		**Present Perfect**	
	ahorre	ahorremos	haya ahorrado	hayamos ahorrado
	ahorres	ahorréis	hayas ahorrado	hayáis ahorrado
	ahorre	ahorren	haya ahorrado	hayan ahorrado
	Imperfect		**Pluperfect**	
	ahorrara, -se	ahorráramos, -semos	hubiera, -se ahorrado	hubiéramos,-semos ahorrado
	ahorraras, -ses	ahorrarais, -seis	hubieras, -ses ahorrado	hubierais, -seis ahorrado
	ahorrara, -se	ahorraran, -sen	hubiera, -se ahorrado	hubieran, -sen ahorrado

IMPERATIVE

ahorra (tú); no ahorres

(no) ahorre (Ud.)

(no) ahorremos (nosotros)

ahorrad (vosotros); no ahorréis

(no) ahorren (Uds.)

EXAMPLES

Hemos estado ahorrando desde que nos casamos.

We have been saving since we got married.

Estamos ahorrando para ir a Australia.

We are saving so we can go to Australia.

Nos ahorramos muchos dolores de cabeza tomando el tren.

We spare lots of headaches by riding the train.

Me ahorré tiempo viajando por avión.

I saved time by traveling by plane.

alcanzar

to reach, to catch up, to attain

Gerundio: alcanzando   **Participio pasado:** alcanzado

Mood	Simple Tenses		Compound Tenses	
	Singular	*Plural*	*Singular*	*Plural*
Indicative	**Present**		**Present Perfect**	
	alcanzo alcanzas alcanza	alcanzamos alcanzáis alcanzan	he alcanzado has alcanzado ha alcanzado	hemos alcanzado habéis alcanzado han alcanzado
	Preterit		**Preterit Perfect**	
	alcancé alcanzaste alcanzó	alcanzamos alcanzasteis alcanzaron	hube alcanzado hubiste alcanzado hubo alcanzado	hubimos alcanzado hubisteis alcanzado hubieron alcanzado
	Imperfect		**Pluperfect**	
	alcanzaba alcanzabas alcanzaba	alcanzábamos alcanzabais alcanzaban	había alcanzado habías alcanzado había alcanzado	habíamos alcanzado habíais alcanzado habían alcanzado
	Future		**Future Perfect**	
	alcanzaré alcanzarás alcanzará	alcanzaremos alcanzaréis alcanzarán	habré alcanzado habrás alcanzado habrá alcanzado	habremos alcanzado habréis alcanzado habrán alcanzado
	Conditional		**Conditional Perfect**	
	alcanzaría alcanzarías alcanzaría	alcanzaríamos alcanzaríais alcanzarían	habría alcanzado habrías alcanzado habría alcanzado	habríamos alcanzado habríais alcanzado habrían alcanzado
Subjunctive	**Present**		**Present Perfect**	
	alcance alcances alcance	alcancemos alcancéis alcancen	haya alcanzado hayas alcanzado haya alcanzado	hayamos alcanzado hayáis alcanzado hayan alcanzado
	Imperfect		**Pluperfect**	
	alcanzara, -se alcanzaras, -ses alcanzara, -se	alcanzáramos, -semos alcanzarais, -seis alcanzaran, -sen	hubiera, -se alcanzado hubieras, -ses alcanzado hubiera, -se alcanzado	hubiéramos,-semos alcanzado hubierais, -seis alcanzado hubieran, -sen alcanzado

IMPERATIVE

alcanza (tú); no alcances
(no) alcance (Ud.)

(no) alcancemos (nosotros)
alcanzad (vosotros); no alcancéis
(no) alcancen (Uds.)

EXAMPLES

Todos habíamos alcanzado la cima cuando comenzó a llover.
We had reached the top when it started to rain.

Él habría alcanzado su meta pero le faltó tiempo.
He would have attained his goal but he ran out of time.

Lo alcancé a los diez minutos.
I caught up with him after 10 minutes.

No podía alcanzarlos a ellos.
I couldn't reach them.

alegrarse

to be or feel glad (happy), to rejoice

Gerundio: alegrándose   **Participio pasado:** alegrado

Mood	Simple Tenses		Compound Tenses	
	Singular	*Plural*	*Singular*	*Plural*
Indicative	**Present**		**Present Perfect**	
	me alegro te alegras se alegra	nos alegramos os alegráis se alegran	me he alegrado te has alegrado se ha alegrado	nos hemos alegrado os habéis alegrado se han alegrado
	Preterit		**Preterit Perfect**	
	me alegré te alegraste se alegró	nos alegramos os alegrasteis se alegraron	me hube alegrado te hubiste alegrado se hubo alegrado	nos hubimos alegrado os hubisteis alegrado se hubieron alegrado
	Imperfect		**Pluperfect**	
	me alegraba te alegrabas se alegraba	nos alegrábamos os alegrabais se alegraban	me había alegrado te habías alegrado se había alegrado	nos habíamos alegrado os habíais alegrado se habían alegrado
	Future		**Future Perfect**	
	me alegraré te alegrarás se alegrará	nos alegraremos os alegraréis se alegrarán	me habré alegrado te habrás alegrado se habrá alegrado	nos habremos alegrado os habréis alegrado se habrán alegrado
	Conditional		**Conditional Perfect**	
	me alegraría te alegrarías se alegraría	nos alegraríamos os alegraríais se alegrarían	me habría alegrado te habrías alegrado se habría alegrado	nos habríamos alegrado os habríais alegrado se habrían alegrado
Subjunctive	**Present**		**Present Perfect**	
	me alegre te alegres se alegre	nos alegremos os alegréis se alegren	me haya alegrado te hayas alegrado se haya alegrado	nos hayamos alegrado os hayáis alegrado se hayan alegrado
	Imperfect		**Pluperfect**	
	me alegrara, -se te alegraras, -ses se alegrara, -se	nos alegráramos, -semos os alegrarais, -seis se alegraran, -sen	me hubiera, -se alegrado te hubieras, -ses alegrado se hubiera, -se alegrado	nos hubiéramos, -semos alegrado os hubierais, -seis alegrado se hubieran, -sen alegrado

IMPERATIVE

alégrate (tú); no te alegres

alégrese (Ud.); no se alegre.

alegrémonos (nosotros); no nos alegremos

alegraos (vosotros); no os alegréis

alégrense (Uds.); no se alegren.

Note: As a nonreflexive verb, *alegrar* (to make someone happy) is shown in Example 4.

EXAMPLES

Me alegré cuando supe de tu ascenso.

I was happy when I heard of your promotion.

Nos alegramos de verte.

We are happy to see you.

¿Te hubiese alegrado reunirte con tu familia de nuevo?

Would you have been glad to get together with your family again?

El payaso alegró a los niños.

The clown made the children happy.

almacenar

to store, to accumulate

Gerundio: almacenando   **Participio pasado:** almacenado

Mood	Simple Tenses		Compound Tenses	
	Singular	*Plural*	*Singular*	*Plural*
Indicative	**Present**		**Present Perfect**	
	almaceno	almacenamos	he almacenado	hemos almacenado
	almacenas	almacenáis	has almacenado	habéis almacenado
	almacena	almacenan	ha almacenado	han almacenado
	Preterit		**Preterit Perfect**	
	almacené	almacenamos	hube almacenado	hubimos almacenado
	almacenaste	almacenasteis	hubiste almacenado	hubisteis almacenado
	almacenó	almacenaron	hubo almacenado	hubieron almacenado
	Imperfect		**Pluperfect**	
	almacenaba	almacenábamos	había almacenado	habíamos almacenado
	almacenabas	almacenabais	habías almacenado	habíais almacenado
	almacenaba	almacenaban	había almacenado	habían almacenado
	Future		**Future Perfect**	
	almacenaré	almacenaremos	habré almacenado	habremos almacenado
	almacenarás	almacenaréis	habrás almacenado	habréis almacenado
	almacenará	almacenarán	habrá almacenado	habrán almacenado
	Conditional		**Conditional Perfect**	
	almacenaría	almacenaríamos	habría almacenado	habríamos almacenado
	almacenarías	almacenaríais	habrías almacenado	habríais almacenado
	almacenaría	almacenarían	habría almacenado	habrían almacenado
Subjunctive	**Present**		**Present Perfect**	
	almacene	almacenemos	haya almacenado	hayamos almacenado
	almacenes	almacenéis	hayas almacenado	hayáis almacenado
	almacene	almacenen	haya almacenado	hayan almacenado
	Imperfect		**Pluperfect**	
	almacenara, -se	almacenáramos, -semos	hubiera, -se almacenado	hubiéramos,-semos almacenado
	almacenaras, -ses	almacenarais, -seis	hubieras, -ses almacenado	hubierais, -seis almacenado
	almacenara, -se	almacenaran, -sen	hubiera, -se almacenado	hubieran, -sen almacenado

IMPERATIVE

almacena (tú); no almacenes
(no) almacene (Ud.)

(no) almacenemos (nosotros)
almacenad (vosotros); no almacenéis
(no) almacenen (Uds.)

EXAMPLES

El almacenista almacenó muchas latas de sopa.

The warehouse owner stored lots of canned soup.

Las computadoras de hoy almacenan más información que antes.

Today's computers store more information than before.

Habríamos almacenado más agua pero no teníamos espacio.

We would have stored more water but we didn't have enough room.

Almacenaron toda la mercancía en el cuarto.

They stored all the merchandise in the room.

almorzar
to eat lunch, to have lunch
Gerundio: almorzando   **Participio pasado:** almorzado

Mood	Simple Tenses		Compound Tenses	
	Singular	*Plural*	*Singular*	*Plural*
Indicative	**Present**		**Present Perfect**	
	almuerzo	almorzamos	he almorzado	hemos almorzado
	almuerzas	almorzáis	has almorzado	habéis almorzado
	almuerza	almuerzan	ha almorzado	han almorzado
	Preterit		**Preterit Perfect**	
	almorcé	almorzamos	hube almorzado	hubimos almorzado
	almorzaste	almorzasteis	hubiste almorzado	hubisteis almorzado
	almorzó	almorzaron	hubo almorzado	hubieron almorzado
	Imperfect		**Pluperfect**	
	almorzaba	almorzábamos	había almorzado	habíamos almorzado
	almorzabas	almorzabais	habías almorzado	habíais almorzado
	almorzaba	almorzaban	había almorzado	habían almorzado
	Future		**Future Perfect**	
	almorzaré	almorzaremos	habré almorzado	habremos almorzado
	almorzarás	almorzaréis	habrás almorzado	habréis almorzado
	almorzará	almorzarán	habrá almorzado	habrán almorzado
	Conditional		**Conditional Perfect**	
	almorzaría	almorzaríamos	habría almorzado	habríamos almorzado
	almorzarías	almorzaríais	habrías almorzado	habríais almorzado
	almorzaría	almorzarían	habría almorzado	habrían almorzado
Subjunctive	**Present**		**Present Perfect**	
	almuerce	almorcemos	haya almorzado	hayamos almorzado
	almuerces	almorcéis	hayas almorzado	hayáis almorzado
	almuerce	almuercen	haya almorzado	hayan almorzado
	Imperfect		**Pluperfect**	
	almorzara, -se	almorzáramos, -semos	hubiera, -se almorzado	hubiéramos,-semos almorzado
	almorzaras, -ses	almorzarais, -seis	hubieras, -ses almorzado	hubierais, -seis almorzado
	almorzara, -se	almorzaran, -sen	hubiera, -se almorzado	hubieran, -sen almorzado

IMPERATIVE

almuerza (tú); no almuerces
(no) almuerce (Ud.)

(no) almorcemos (nosotros)
almorzad (vosotros); no almorcéis
(no) almuercen (Uds.)

EXAMPLES

Ellas almorzarán en la playa.
They will have lunch at the beach.

Los estudiantes siempre han almorzado a las doce.
The students have always had lunch at twelve.

Ellos quieren que almorcemos con ellos.
They like for us to have lunch with them.

Hubiéramos almorzado afuera si no hubiera llovido.
We would have had lunch outside if it had not rained.

alquilar

to rent, to hire

Gerundio: alquilando **Participio pasado:** alquilado

Mood	Simple Tenses		Compound Tenses	
	Singular	*Plural*	*Singular*	*Plural*
Indicative	**Present**		**Present Perfect**	
	alquilo	alquilamos	he alquilado	hemos alquilado
	alquilas	alquiláis	has alquilado	habéis alquilado
	alquila	alquilan	ha alquilado	han alquilado
	Preterit		**Preterit Perfect**	
	alquilé	alquilamos	hube alquilado	hubimos alquilado
	alquilaste	alquilasteis	hubiste alquilado	hubisteis alquilado
	alquiló	alquilaron	hubo alquilado	hubieron alquilado
	Imperfect		**Pluperfect**	
	alquilaba	alquilábamos	había alquilado	habíamos alquilado
	alquilabas	alquilabais	habías alquilado	habíais alquilado
	alquilaba	alquilaban	había alquilado	habían alquilado
	Future		**Future Perfect**	
	alquilaré	alquilaremos	habré alquilado	habremos alquilado
	alquilarás	alquilaréis	habrás alquilado	habréis alquilado
	alquilará	alquilarán	habrá alquilado	habrán alquilado
	Conditional		**Conditional Perfect**	
	alquilaría	alquilaríamos	habría alquilado	habríamos alquilado
	alquilarías	alquilaríais	habrías alquilado	habríais alquilado
	alquilaría	alquilarían	habría alquilado	habrían alquilado
Subjunctive	**Present**		**Present Perfect**	
	alquile	alquilemos	haya alquilado	hayamos alquilado
	alquiles	alquiléis	hayas alquilado	hayáis alquilado
	alquile	alquilen	haya alquilado	hayan alquilado
	Imperfect		**Pluperfect**	
	alquilara, -se	alquiláramos, -semos	hubiera, -se alquilado	hubiéramos,-semos alquilado
	alquilaras, -ses	alquilarais, -seis	hubieras, -ses alquilado	hubierais, -seis alquilado
	alquilara,-se	alquilaran, -sen	hubiera, -se alquilado	hubieran, -sen alquilado

IMPERATIVE

alquila (tú); no alquiles
(no) alquile (Ud.)

(no) alquilemos (nosotros)
alquilad (vosotros); no alquiléis
(no) alquilen (Uds.)

EXAMPLES

Insistimos en que alquilen el apartamento.
Alquilaría esa casa, pero es muy cara.

Esa oficina se alquila.
Hemos alquilado el carro por tres años.

We insist that they rent the apartment.
I would rent that house, but it is too expensive.

That office is for rent.
We have leased the car for three years.

alzar
to lift, to pick up, to raise, to rise
Gerundio: alzando   **Participio pasado:** alzado

Mood	Simple Tenses		Compound Tenses	
	Singular	*Plural*	*Singular*	*Plural*
Indicative	**Present**		**Present Perfect**	
	alzo	alzamos	he alzado	hemos alzado
	alzas	alzáis	has alzado	habéis alzado
	alza	alzan	ha alzado	han alzado
	Preterit		**Preterit Perfect**	
	alcé	alzamos	hube alzado	hubimos alzado
	alzaste	alzasteis	hubiste alzado	hubisteis alzado
	alzó	alzaron	hubo alzado	hubieron alzado
	Imperfect		**Pluperfect**	
	alzaba	alzábamos	había alzado	habíamos alzado
	alzabas	alzabais	habías alzado	habíais alzado
	alzaba	alzaban	había alzado	habían alzado
	Future		**Future Perfect**	
	alzaré	alzaremos	habré alzado	habremos alzado
	alzarás	alzaréis	habrás alzado	habréis alzado
	alzará	alzarán	habrá alzado	habrán alzado
	Conditional		**Conditional Perfect**	
	alzaría	alzaríamos	habría alzado	habríamos alzado
	alzarías	alzaríais	habrías alzado	habríais alzado
	alzaría	alzarían	habría alzado	habrían alzado
Subjunctive	**Present**		**Present Perfect**	
	alce	alcemos	haya alzado	hayamos alzado
	alces	alcéis	hayas alzado	hayáis alzado
	alce	alcen	haya alzado	hayan alzado
	Imperfect		**Pluperfect**	
	alzara, -se	alzáramos, -semos	hubiera, -se alzado	hubiéramos,-semos alzado
	alzaras, -ses	alzarais, -seis	hubieras, -ses alzado	hubierais, -seis alzado
	alzara, -se	alzaran, -sen	hubiera, -se alzado	hubieran, -sen alzado

IMPERATIVE

alza (tú); no alces

(no) alce (Ud.)

(no) alcemos (nosotros)

alzad (vosotros); no alcéis

(no) alcen (Uds.)

EXAMPLES

Si el padre hubiese alzado al niño, las hormigas no lo habrían picado.

If the father had lifted his son, the ants wouldn't have bitten him.

¡Alcemos la basura para no contaminar nuestras ciudades!

We should pick up the trash so as not to contaminate our cities!

Los niños desobedientes les alzan la voz a los padres.

The disobedient children raise their voices to their parents.

Alza el periódico, por favor.

Pick up the newspaper, please.

amanecer

to dawn, to break the day, to wake up
Gerundio: amaneciendo   **Participio pasado:** amanecido

Mood	Simple Tenses		Compound Tenses	
	Singular	*Plural*	*Singular*	*Plural*
Indicative	**Present**		**Present Perfect**	
	amanezco	amanecemos	he amanecido	hemos amanecido
	amaneces	amanecéis	has amanecido	habéis amanecido
	amanece	amanecen	ha amanecido	han amanecido
	Preterit		**Preterit Perfect**	
	amanecí	amanecimos	hube amanecido	hubimos amanecido
	amaneciste	amanecisteis	hubiste amanecido	hubisteis amanecido
	amaneció	amanecieron	hubo amanecido	hubieron amanecido
	Imperfect		**Pluperfect**	
	amanecía	amanecíamos	había amanecido	habíamos amanecido
	amanecías	amanecíais	habías amanecido	habíais amanecido
	amanecía	amanecían	había amanecido	habían amanecido
	Future		**Future Perfect**	
	amaneceré	amaneceremos	habré amanecido	habremos amanecido
	amanecerás	amaneceréis	habrás amanecido	habréis amanecido
	amanecerá	amanecerán	habrá amanecido	habrán amanecido
	Conditional		**Conditional Perfect**	
	amanecería	amaneceríamos	habría amanecido	habríamos amanecido
	amanecerías	amaneceríais	habrías amanecido	habríais amanecido
	amanecería	amanecerían	habría amanecido	habrían amanecido
Subjunctive	**Present**		**Present Perfect**	
	amanezca	amanezcamos	haya amanecido	hayamos amanecido
	amanezcas	amanezcáis	hayas amanecido	hayáis amanecido
	amanezca	amanezcan	haya amanecido	hayan amanecido
	Imperfect		**Pluperfect**	
	amaneciera, -se	amaneciéramos, -semos	hubiera, -se amanecido	hubiéramos,-semos amanecido
	amanecieras, -ses	amanecierais, -seis	hubieras, -ses amanecido	hubierais, -seis amanecido
	amaneciera, -se	amanecieran, -sen	hubiera, -se amanecido	hubieran, -sen amanecido

IMPERATIVE

amanece (tú); no amanezcas
(no) amanezca (Ud.)

(no) amanezcamos (nosotros)
amaneced (vosotros); no amanezcáis
(no) amanezcan (Uds.)

EXAMPLES

Habría amanecido mejor si hubiese tomado la medicina anoche.

I would have been better today if I had taken the medicine last night.

¿Amanece ella contenta todos los días?

Does she wake up happy everyday?

Amanecerá y veremos.

Tomorrow another day dawns, and we will see.

¿Cómo amaneciste?

How are you doing this morning?

amar

to love

Gerundio: amando   **Participio pasado:** amado

Mood	Simple Tenses		Compound Tenses	
	Singular	*Plural*	*Singular*	*Plural*
Indicative	**Present**		**Present Perfect**	
	amo	amamos	he amado	hemos amado
	amas	amáis	has amado	habéis amado
	ama	aman	ha amado	han amado
	Preterit		**Preterit Perfect**	
	amé	amamos	hube amado	hubimos amado
	amaste	amasteis	hubiste amado	hubisteis amado
	amó	amaron	hubo amado	hubieron amado
	Imperfect		**Pluperfect**	
	amaba	amábamos	había amado	habíamos amado
	amabas	amabais	habías amado	habíais amado
	amaba	amaban	había amado	habían amado
	Future		**Future Perfect**	
	amaré	amaremos	habré amado	habremos amado
	amarás	amaréis	habrás amado	habréis amado
	amará	amarán	habrá amado	habrán amado
	Conditional		**Conditional Perfect**	
	amaría	amaríamos	habría amado	habríamos amado
	amarías	amaríais	habrías amado	habríais amado
	amaría	amarían	habría amado	habrían amado
Subjunctive	**Present**		**Present Perfect**	
	ame	amemos	haya amado	hayamos amado
	ames	améis	hayas amado	hayáis amado
	ame	amen	haya amado	hayan amado
	Imperfect		**Pluperfect**	
	amara, -se	amáramos, -semos	hubiera, -se amado	hubiéramos,-semos amado
	amaras, -ses	amarais, -seis	hubieras, -ses amado	
	amara, -se	amaran, -sen	hubiera, -se amado	hubierais, -seis amado
				hubieran, -sen amado

IMPERATIVE

	(no) amemos (nosotros)
ama (tú); no ames	amad (vosotros); no améis
(no) ame (Ud.)	(no) amen (Uds.)

EXAMPLES

Los abuelos amaban a sus nietos.	The grandparents loved their grandchildren.
Dudaban que él la amara.	They doubted that he loved her.
Olga prometió que amaría a su esposo toda su vida.	Olga promised that she would love her husband all her life.
¡Amémonos los unos a los otros!	Let's love each other!

amenazar
to threaten

Gerundio: amenazando   **Participio pasado:** amenazado

Mood	Simple Tenses		Compound Tenses	
	Singular	*Plural*	*Singular*	*Plural*
Indicative	**Present**		**Present Perfect**	
	amenazo	amenazamos	he amenazado	hemos amenazado
	amenazas	amenazáis	has amenazado	habéis amenazado
	amenaza	amenazan	ha amenazado	han amenazado
	Preterit		**Preterit Perfect**	
	amenacé	amenazamos	hube amenazado	hubimos amenazado
	amenazaste	amenazasteis	hubiste amenazado	hubisteis amenazado
	amenazó	amenazaron	hubo amenazado	hubieron amenazado
	Imperfect		**Pluperfect**	
	amenazaba	amenazábamos	había amenazado	habíamos amenazado
	amenazabas	amenazabais	habías amenazado	habíais amenazado
	amenazaba	amenazaban	había amenazado	habían amenazado
	Future		**Future Perfect**	
	amenazaré	amenazaremos	habré amenazado	habremos amenazado
	amenazarás	amenazaréis	habrás amenazado	habréis amenazado
	amenazará	amenazarán	habrá amenazado	habrán amenazado
	Conditional		**Conditional Perfect**	
	amenazaría	amenazaríamos	habría amenazado	habríamos amenazado
	amenazarías	amenazaríais	habrías amenazado	habríais amenazado
	amenazaría	amenazarían	habría amenazado	habrían amenazado
Subjunctive	**Present**		**Present Perfect**	
	amenace	amenacemos	haya amenazado	hayamos amenazado
	amenaces	amenacéis	hayas amenazado	hayáis amenazado
	amenace	amenacen	haya amenazado	hayan amenazado
	Imperfect		**Pluperfect**	
	amenazara, -se	amenazáramos, -semos	hubiera, -se amenazado	hubiéramos,-semos amenazado
	amenazaras, -ses	amenazarais, -seis	hubieras, -ses amenazado	hubierais, -seis amenazado
	amenazara, -se	amenazaran, -sen	hubiera, -se amenazado	hubieran, -sen amenazado

IMPERATIVE

amenaza (tú); no amenaces
(no) amenace (Ud.)

(no) amenacemos (nosotros)
amenazad (vosotros); no amenacéis
(no) amenacen (Uds.)

EXAMPLES

Ella amenazó con denunciarlo.
¡No amenacen Uds. en vano!
Amenaza llover.
El dictador amenazó con atacar.

She threatened to report him.
Don't threaten in vain!
It is threatening to rain.
The dictator threatened to attack.

andar

to walk, to go, to amble

Gerundio: andando **Participio pasado:** andado

Mood	Simple Tenses		Compound Tenses	
	Singular	*Plural*	*Singular*	*Plural*
Indicative	**Present**		**Present Perfect**	
	ando	andamos	he andado	hemos andado
	andas	andáis	has andado	habéis andado
	anda	andan	ha andado	han andado
	Preterit		**Preterit Perfect**	
	anduve	anduvimos	hube andado	hubimos andado
	anduviste	anduvisteis	hubiste andado	hubisteis andado
	anduvo	anduvieron	hubo andado	hubieron andado
	Imperfect		**Pluperfect**	
	andaba	andábamos	había andado	habíamos andado
	andabas	andabais	habías andado	habíais andado
	andaba	andaban	había andado	habían andado
	Future		**Future Perfect**	
	andaré	andaremos	habré andado	habremos andado
	andarás	andaréis	habrás andado	habréis andado
	andará	andarán	habrá andado	habrán andado
	Conditional		**Conditional Perfect**	
	andaría	andaríamos	habría andado	habríamos andado
	andarías	andaríais	habrías andado	habríais andado
	andaría	andarían	habría andado	habrían andado
Subjunctive	**Present**		**Present Perfect**	
	ande	andemos	haya andado	hayamos andado
	andes	andéis	hayas andado	hayáis andado
	ande	anden	haya andado	hayan andado
	Imperfect		**Pluperfect**	
	anduviera, -se	anduviéramos, -semos	hubiera, -se andado	hubiéramos,-semos andado
	anduvieras, -ses	anduvierais, -seis	hubieras, -ses andado	hubierais, -seis andado
	anduviera, -se	anduvieran, -sen	hubiera, -se andado	hubieran, -sen andado

IMPERATIVE

anda (tú); no andes
(no) ande (Ud.)

(no) andemos (nosotros)
andad (vosotros); no andéis
(no) anden (Uds.)

EXAMPLES

Hemos andado todo el día.
¿Cómo andan?
¡No andes por las calles oscuras!

We have walked all day long.
How are you (doing)? (Slang)
Don't walk on dark streets!

IDIOMATIC EXAMPLES

Dime con quien andas y te diré quién eres.
Andarse por las ramas.

A man is known by the company he keeps.
To beat around the bush.

anochecer

to grow or get dark, to fall the night

Gerundio: anocheciendo   **Participio pasado:** anochecido

Mood	Simple Tenses		Compound Tenses	
	Singular	*Plural*	*Singular*	*Plural*
Indicative	**Present**		**Present Perfect**	
	anochezco	anochecemos	he anochecido	hemos anochecido
	anocheces	anochecéis	has anochecido	habéis anochecido
	anochece	anochecen	ha anochecido	han anochecido
	Preterit		**Preterit Perfect**	
	anochecí	anochecimos	hube anochecido	hubimos anochecido
	anocheciste	anochecisteis	hubiste anochecido	hubisteis anochecido
	anocheció	anochecieron	hubo anochecido	hubieron anochecido
	Imperfect		**Pluperfect**	
	anochecía	anochecíamos	había anochecido	habíamos anochecido
	anochecías	anochecíais	habías anochecido	habíais anochecido
	anochecía	anochecían	había anochecido	habían anochecido
	Future		**Future Perfect**	
	anocheceré	anocheceremos	habré anochecido	habremos anochecido
	anochecerás	anocheceréis	habrás anochecido	habréis anochecido
	anochecerá	anochecerán	habrá anochecido	habrán anochecido
	Conditional		**Conditional Perfect**	
	anochecería	anocheceríamos	habría anochecido	habríamos anochecido
	anochecerías	anocheceríais	habrías anochecido	habríais anochecido
	anochecería	anochecerían	habría anochecido	habrían anochecido
Subjunctive	**Present**		**Present Perfect**	
	anochezca	anochezcamos	haya anochecido	hayamos anochecido
	anochezcas	anochezcáis	hayas anochecido	hayáis anochecido
	anochezca	anochezcan	haya anochecido	hayan anochecido
	Imperfect		**Pluperfect**	
	anocheciera,-se	anocheciéramos,	hubiera, -se anochecido	hubiéramos,-semos ano-checido
	anochecieras, -ses	-semos	hubieras, -ses anochecido	
	anocheciera, -se	anochecierais, -seis	hubiera, -se anochecido	hubierais, -seis anoche-cido
		anochecieran, -sen		hubieran, -sen anochecido

IMPERATIVE

	(no) anochezcamos (nosotros)
anochece (tú); no anochezcas	anocheced (vosotros); no anochezcáis
(no) anochezca (Ud.)	(no) anochezcan (Uds.)

EXAMPLES

Anochece temprano en el invierno.	It gets dark early in winter.
Anochecía cuando llegamos a Lima.	It was getting dark when we arrived in Lima.
La joven pareja quería que anocheciese rápido.	The young couple wanted night to come quickly.
Me gustaría que anocheciera pronto.	I wished it would get dark soon.

anunciar

to announce

Gerundio: anunciando   **Participio pasado:** anunciado

Mood	Simple Tenses		Compound Tenses	
	Singular	*Plural*	*Singular*	*Plural*
Indicative	**Present**		**Present Perfect**	
	anuncio	anunciamos	he anunciado	hemos anunciado
	anuncias	anunciáis	has anunciado	habéis anunciado
	anuncia	anuncian	ha anunciado	han anunciado
	Preterit		**Preterit Perfect**	
	anuncié	anunciamos	hube anunciado	hubimos anunciado
	anunciaste	anunciasteis	hubiste anunciado	hubisteis anunciado
	anunció	anunciaron	hubo anunciado	hubieron anunciado
	Imperfect		**Pluperfect**	
	anunciaba	anunciábamos	había anunciado	habíamos anunciado
	anunciabas	anunciabais	habías anunciado	habíais anunciado
	anunciaba	anunciaban	había anunciado	habían anunciado
	Future		**Future Perfect**	
	anunciaré	anunciaremos	habré anunciado	habremos anunciado
	anunciarás	anunciaréis	habrás anunciado	habréis anunciado
	anunciará	anunciarán	habrá anunciado	habrán anunciado
	Conditional		**Conditional Perfect**	
	anunciaría	anunciaríamos	habría anunciado	habríamos anunciado
	anunciarías	anunciaríais	habrías anunciado	habríais anunciado
	anunciaría	anunciarían	habría anunciado	habrían anunciado
Subjunctive	**Present**		**Present Perfect**	
	anuncie	anunciemos	haya anunciado	hayamos anunciado
	anuncies	anunciéis	hayas anunciado	hayáis anunciado
	anuncie	anuncien	haya anunciado	hayan anunciado
	Imperfect		**Pluperfect**	
	anunciara, -se	anunciáramos, -semos	hubiera, -se anunciado	hubiéramos,-semos anunciado
	anunciaras, -ses	anunciarais, -seis	hubieras, -ses anunciado	hubierais, -seis anunciado
	anunciara, -se	anunciaran, -sen	hubiera, -se anunciado	hubieran, -sen anunciado

IMPERATIVE

anuncia (tú); no anuncies
(no) anuncie (Ud.)

(no) anunciemos (nosotros)
anunciad (vosotros); no anunciéis
(no) anuncien (Uds.)

EXAMPLES

¡Están anunciando la salida del vuelo 575!
They are announcing the departure of flight 575!

Mis padres quieren que anunciemos el compromiso pronto.
My parents want us to announce the engagement soon.

Han anunciado unas gangas muy buenas.
They have announced a very good sale.

Me alegro de que hayan anunciado la fecha de la boda.
I am glad you have announced the date of the wedding.

añadir
to add

Gerundio: añadiendo   **Participio pasado:** añadido

Mood	Simple Tenses		Compound Tenses	
	Singular	*Plural*	*Singular*	*Plural*
Indicative	**Present**		**Present Perfect**	
	añado	añadimos	he añadido	hemos añadido
	añades	añadís	has añadido	habéis añadido
	añade	añaden	ha añadido	han añadido
	Preterit		**Preterit Perfect**	
	añadí	añadimos	hube añadido	hubimos añadido
	añadiste	añadisteis	hubiste añadido	hubisteis añadido
	añadió	añadieron	hubo añadido	hubieron añadido
	Imperfect		**Pluperfect**	
	añadía	añadíamos	había añadido	habíamos añadido
	añadías	añadíais	habías añadido	habíais añadido
	añadía	añadían	había añadido	habían añadido
	Future		**Future Perfect**	
	añadiré	añadiremos	habré añadido	habremos añadido
	añadirás	añadiréis	habrás añadido	habréis añadido
	añadirá	añadirán	habrá añadido	habrán añadido
	Conditional		**Conditional Perfect**	
	añadiría	añadiríamos	habría añadido	habríamos añadido
	añadirías	añadiríais	habrías añadido	habríais añadido
	añadiría	añadirían	habría añadido	habrían añadido
Subjunctive	**Present**		**Present Perfect**	
	añada	añadamos	haya añadido	hayamos añadido
	añadas	añadáis	hayas añadido	hayáis añadido
	añada	añadan	haya añadido	hayan añadido
	Imperfect		**Pluperfect**	
	añadiera, -se	añadiéramos, -semos	hubiera, -se añadido	hubiéramos,-semos añadido
	añadieras, -ses	añadierais, -seis	hubieras, -ses añadido	
	añadiera, -se	añadieran, -sen	hubiera, -se añadido	hubierais, -seis añadido
				hubieran, -sen añadido

IMPERATIVE

añade (tú); no añadas

(no) añada (Ud.)

(no) añadamos (nosotros)

añadid (vosotros); no añadáis

(no) añadan (Uds.)

EXAMPLES

Añade el azúcar primero y luego la mantequilla.

Add the sugar first and then the butter.

Le añadiremos aceite al motor cuando lo necesite.

We will add oil to the car when it needs it.

Estamos añadiéndole más agua a la limonada, ¿está bien?

We are adding more water to the lemonade, is this OK?

Ella le añadirá un broche al vestido.

She will add a brooch to the dress.

apagar
to put out (fire), to turn off, to extinguish
Gerundio: apagando   **Participio pasado:** apagado

Mood	Simple Tenses		Compound Tenses	
	Singular	*Plural*	*Singular*	*Plural*
Indicative	**Present**		**Present Perfect**	
	apago	apagamos	he apagado	hemos apagado
	apagas	apagáis	has apagado	habéis apagado
	apaga	apagan	ha apagado	han apagado
	Preterit		**Preterit Perfect**	
	apagué	apagamos	hube apagado	hubimos apagado
	apagaste	apagasteis	hubiste apagado	hubisteis apagado
	apagó	apagaron	hubo apagado	hubieron apagado
	Imperfect		**Pluperfect**	
	apagaba	apagábamos	había apagado	habíamos apagado
	apagabas	apagabais	habías apagado	habíais apagado
	apagaba	apagaban	había apagado	habían apagado
	Future		**Future Perfect**	
	apagaré	apagaremos	habré apagado	habremos apagado
	apagarás	apagaréis	habrás apagado	habréis apagado
	apagará	apagarán	habrá apagado	habrán apagado
	Conditional		**Conditional Perfect**	
	apagaría	apagaríamos	habría apagado	habríamos apagado
	apagarías	apagaríais	habrías apagado	habríais apagado
	apagaría	apagarían	habría apagado	habrían apagado
Subjunctive	**Present**		**Present Perfect**	
	apague	apaguemos	haya apagado	hayamos apagado
	apagues	apaguéis	hayas apagado	hayáis apagado
	apague	apaguen	haya apagado	hayan apagado
	Imperfect		**Pluperfect**	
	apagara, -se	apagáramos, -semos	hubiera, -se apagado	hubiéramos,-semos apagado
	apagaras, -ses	apagarais, -seis	hubieras, -ses apagado	hubierais, -seis apagado
	apagara, -se	apagaran, -sen	hubiera, -se apagado	hubieran, -sen apagado

IMPERATIVE

apaga (tú); no apagues
(no) apague (Ud.)

(no) apaguemos (nosotros)
apagad (vosotros); no apaguéis
(no) apaguen (Uds.)

EXAMPLES

Ellos ya habían apagado el televisor cuando llegamos.
¡Apagad el incendio, por favor!
¡Nunca apaguéis las llamas del amor!
¿Habremos apagado las luces?

They had already turned off the television when we arrived.
Put out the fire, please!
Never put out the flames of love!
Have we turned off the lights?

aparecer

to appear, to show up, to turn up

Gerundio: apareciendo   **Participio pasado:** aparecido

Mood	Simple Tenses		Compound Tenses	
	Singular	*Plural*	*Singular*	*Plural*
Indicative	**Present**		**Present Perfect**	
	aparezco	aparecemos	he aparecido	hemos aparecido
	apareces	aparecéis	has aparecido	habéis aparecido
	aparece	aparecen	ha aparecido	han aparecido
	Preterit		**Preterit Perfect**	
	aparecí	aparecimos	hube aparecido	hubimos aparecido
	apareciste	aparecisteis	hubiste aparecido	hubisteis aparecido
	apareció	aparecieron	hubo aparecido	hubieron aparecido
	Imperfect		**Pluperfect**	
	aparecía	aparecíamos	había aparecido	habíamos aparecido
	aparecías	aparecíais	habías aparecido	habíais aparecido
	aparecía	aparecían	había aparecido	habían aparecido
	Future		**Future Perfect**	
	apareceré	apareceremos	habré aparecido	habremos aparecido
	aparecerás	apareceréis	habrás aparecido	habréis aparecido
	aparecerá	aparecerán	habrá aparecido	habrán aparecido
	Conditional		**Conditional Perfect**	
	aparecería	apareceríamos	habría aparecido	habríamos aparecido
	aparecerías	apareceríais	habrías aparecido	habríais aparecido
	aparecería	aparecerían	habría aparecido	habrían aparecido
Subjunctive	**Present**		**Present Perfect**	
	aparezca	aparezcamos	haya aparecido	hayamos aparecido
	aparezcas	aparezcáis	hayas aparecido	hayáis aparecido
	aparezca	aparezcan	haya aparecido	hayan aparecido
	Imperfect		**Pluperfect**	
	apareciera, -se	apareciéramos, -semos	hubiera, -se aparecido	hubiéramos,-semos aparecido
	aparecieras, -ses	aparecierais, -seis	hubieras, -ses aparecido	
	apareciera, -se	aparecieran, -sen	hubiera, -se aparecido	hubierais, -seis aparecido
				hubieran, -sen aparecido

IMPERATIVE

aparece (tú); no aparezcas
(no) aparezca (Ud.)

(no) aparezcamos (nosotros)
apareced (vosotros); no aparezcáis
(no) aparezcan (Uds.)

EXAMPLES

Aparecieron cuando menos los esperaban.

They appeared when they were least expected.

Están apareciendo muchos virus en la computadora.

Many viruses are appearing in the computer.

¡Ojalá que aparezcan las joyas!

I wish the jewels would appear!

El libro habría aparecido antes, pero lo tenían escondido.

The book would have appeared before but they had hidden it.

apoderarse

to appropriate, to take possession

Gerundio: apoderándose **Participio pasado:** apoderado

Mood	Simple Tenses		Compound Tenses	
	Singular	*Plural*	*Singular*	*Plural*
Indicative	**Present**		**Present Perfect**	
	me apodero te apoderas se apodera	nos apoderamos os apoderáis se apoderan	me he apoderado te has apoderado se ha apoderado	nos hemos apoderado os habéis apoderado se han apoderado
	Preterit		**Preterit Perfect**	
	me apoderé te apoderaste se apoderó	nos apoderamos os apoderasteis se apoderaron	me hube apoderado te hubiste apoderado se hubo apoderado	nos hubimos apoderado os hubisteis apoderado se hubieron apoderado
	Imperfect		**Pluperfect**	
	me apoderaba te apoderabas se apoderaba	nos apoderábamos os apoderabais se apoderaban	me había apoderado te habías apoderado se había apoderado	nos habíamos apoderado os habíais apoderado se habían apoderado
	Future		**Future Perfect**	
	me apoderaré te apoderarás se apoderará	nos apoderaremos os apoderareis se apoderarán	me habré apoderado te habrás apoderado se habrá apoderado	nos habremos apoderado os habréis apoderado se habrán apoderado
	Conditional		**Conditional Perfect**	
	me apoderaría te apoderarías se apoderaría	nos apoderaríamos os apoderaríais se apoderarían	me habría apoderado te habrías apoderado se habría apoderado	nos habríamos apoderado os habríais apoderado se habrían apoderado
Subjunctive	**Present**		**Present Perfect**	
	me apodere te apoderes se apodere	nos apoderemos os apoderéis se apoderen	me haya apoderado te hayas apoderado se haya apoderado	nos hayamos apoderado os hayáis apoderado se hayan apoderado
	Imperfect		**Pluperfect**	
	me apoderara, -se te apoderaras, -ses se apoderara, -se	nos apoderáramos, -semos os apoderarais, -seis se apoderaran, -sen	me hubiera, -se apoderado te hubieras, -ses apoderado se hubiera, -se apoderado	nos hubiéramos, -semos apoderado os hubierais, -seis apoderado se hubieran, -sen apoderado

IMPERATIVE

apodérate (tú); no te apoderes

apodérese (Ud.); no se apodere

apoderémonos (nosotros); no nos apoderemos

apoderaos (vosotros); no os apoderéis

apodérense (Uds.); no se apoderen

EXAMPLES

Ellas se apoderaron de la fortuna de su abuelo.

They took possession of their grandfather's fortune.

El maleante se hubiera apoderado de las joyas si no fuese por el guardia que lo vio.

The thief would have taken possession of the jewelry if it weren't for the guard who saw him.

El nuevo dictador se apoderó del país.

The new dictator took possession of the country.

Si me apoderara de ese manuscrito, lo mejoraría con unas ideas contemporáneas.

If I took possession of that script, I would improve it with some contemporary ideas.

apoyar
to rest, to lean, to support, to help
Gerundio: apoyando   **Participio pasado:** apoyado

Mood	Simple Tenses		Compound Tenses	
	Singular	*Plural*	*Singular*	*Plural*
Indicative	**Present**		**Present Perfect**	
	apoyo	apoyamos	he apoyado	hemos apoyado
	apoyas	apoyáis	has apoyado	habéis apoyado
	apoya	apoyan	ha apoyado	han apoyado
	Preterit		**Preterit Perfect**	
	apoyé	apoyamos	hube apoyado	hubimos apoyado
	apoyaste	apoyasteis	hubiste apoyado	hubisteis apoyado
	apoyó	apoyaron	hubo apoyado	hubieron apoyado
	Imperfect		**Pluperfect**	
	apoyaba	apoyábamos	había apoyado	habíamos apoyado
	apoyabas	apoyabais	habías apoyado	habíais apoyado
	apoyaba	apoyaban	había apoyado	habían apoyado
	Future		**Future Perfect**	
	apoyaré	apoyaremos	habré apoyado	habremos apoyado
	apoyarás	apoyaréis	habrás apoyado	habréis apoyado
	apoyará	apoyarán	habrá apoyado	habrán apoyado
	Conditional		**Conditional Perfect**	
	apoyaría	apoyaríamos	habría apoyado	habríamos apoyado
	apoyarías	apoyaríais	habrías apoyado	habríais apoyado
	apoyaría	apoyarían	habría apoyado	habrían apoyado
Subjunctive	**Present**		**Present Perfect**	
	apoye	apoyemos	haya apoyado	hayamos apoyado
	apoyes	apoyéis	hayas apoyado	hayáis apoyado
	apoye	apoyen	haya apoyado	hayan apoyado
	Imperfect		**Pluperfect**	
	apoyara, -se	apoyáramos, -semos	hubiera, -se apoyado	hubiéramos,-semos apoyado
	apoyaras, -ses	apoyarais, -seis	hubieras, -ses apoyado	hubierais, -seis apoyado
	apoyara, -se	apoyaran, -sen	hubiera, -se apoyado	hubieran, -sen apoyado

IMPERATIVE

	(no) apoyemos (nosotros)
apoya (tú); no apoyes	apoyad (vosotros); no apoyéis
(no) apoye (Ud.)	(no) apoyen (Uds.)

Note: As a reflexive verb, *apoyarse* (to lean or to rely on someone/ something) uses the reflexive pronouns *me, te, se, nos, os, se.* Example 4 shows the reflexive use.

EXAMPLES

¡Apoyemos al candidato!	Support the candidate!
Apoyaremos al presidente hasta el final.	We will support the president until the end.
Yo lo apoyaría, pero no lo conozco bien.	I would give him my support but I do not know him very well.
Ella <u>se</u> apoyó en sus amigas durante su luto.	She leaned on her friends during her time of grief.

apreciar

to appreciate, to value, to (hold in) esteem

Gerundio: apreciando **Participio pasado:** apreciado

Mood	Simple Tenses		Compound Tenses	
	Singular	*Plural*	*Singular*	*Plural*
Indicative	**Present**		**Present Perfect**	
	aprecio	apreciamos	he apreciado	hemos apreciado
	aprecias	apreciáis	has apreciado	habéis apreciado
	aprecia	aprecian	ha apreciado	han apreciado
	Preterit		**Preterit Perfect**	
	aprecié	apreciamos	hube apreciado	hubimos apreciado
	apreciaste	apreciasteis	hubiste apreciado	hubisteis apreciado
	apreció	apreciaron	hubo apreciado	hubieron apreciado
	Imperfect		**Pluperfect**	
	apreciaba	apreciábamos	había apreciado	habíamos apreciado
	apreciabas	apreciabais	habías apreciado	habíais apreciado
	apreciaba	apreciaban	había apreciado	habían apreciado
	Future		**Future Perfect**	
	apreciaré	apreciaremos	habré apreciado	habremos apreciado
	apreciarás	apreciaréis	habrás apreciado	habréis apreciado
	apreciará	apreciarán	habrá apreciado	habrán apreciado
	Conditional		**Conditional Perfect**	
	apreciaría	apreciaríamos	habría apreciado	habríamos apreciado
	apreciarías	apreciaríais	habrías apreciado	habríais apreciado
	apreciaría	apreciarían	habría apreciado	habrían apreciado
Subjunctive	**Present**		**Present Perfect**	
	aprecie	apreciemos	haya apreciado	hayamos apreciado
	aprecies	apreciéis	hayas apreciado	hayáis apreciado
	aprecie	aprecien	haya apreciado	hayan apreciado
	Imperfect		**Pluperfect**	
	apreciara, -se	apreciáramos, -semos	hubiera, -se apreciado	hubiéramos,-semos apreciado
	apreciaras, -ses	apreciarais, -seis	hubieras, -ses apreciado	hubierais, -seis apreciado
	apreciara, -se	apreciaran, -sen	hubiera, -se apreciado	hubieran, -sen apreciado

IMPERATIVE

aprecia (tú); no aprecies
(no) aprecie (Ud.)

(no) apreciemos (nosotros)
apreciad (vosotros); no apreciéis
(no) aprecien (Uds.)

EXAMPLES

Nore apreció toda la ayuda que se le dio.
Los apreciamos mucho a ellos.
Siempre apreciaré los consejos de Alberto.
¿Habrán apreciado el cuadro?

Nore appreciated all the help she received.
We hold them in great esteem.
I will always value Albert's advice.
I wonder if they have really appreciated the painting.

aprender
to learn

Gerundio: aprendiendo   **Participio pasado:** aprendido

Mood	Simple Tenses		Compound Tenses	
	Singular	*Plural*	*Singular*	*Plural*
Indicative	**Present**		**Present Perfect**	
	aprendo	aprendemos	he aprendido	hemos aprendido
	aprendes	aprendéis	has aprendido	habéis aprendido
	aprende	aprenden	ha aprendido	han aprendido
	Preterit		**Preterit Perfect**	
	aprendí	aprendimos	hube aprendido	hubimos aprendido
	aprendiste	aprendisteis	hubiste aprendido	hubisteis aprendido
	aprendió	aprendieron	hubo aprendido	hubieron aprendido
	Imperfect		**Pluperfect**	
	aprendía	aprendíamos	había aprendido	habíamos aprendido
	aprendías	aprendíais	habías aprendido	habíais aprendido
	aprendía	aprendían	había aprendido	habían aprendido
	Future		**Future Perfect**	
	aprenderé	aprenderemos	habré aprendido	habremos aprendido
	aprenderás	aprenderéis	habrás aprendido	habréis aprendido
	aprenderá	aprenderán	habrá aprendido	habrán aprendido
	Conditional		**Conditional Perfect**	
	aprendería	aprenderíamos	habría aprendido	habríamos aprendido
	aprenderías	aprenderíais	habrías aprendido	habríais aprendido
	aprendería	aprenderían	habría aprendido	habrían aprendido
Subjunctive	**Present**		**Present Perfect**	
	aprenda	aprendamos	haya aprendido	hayamos aprendido
	aprendas	aprendáis	hayas aprendido	hayáis aprendido
	aprenda	aprendan	haya aprendido	hayan aprendido
	Imperfect		**Pluperfect**	
	aprendiera, -se	aprendiéramos, -semos	hubiera, -se aprendido	hubiéramos,-semos aprendido
	aprendieras, -ses	aprendierais, -seis	hubieras, -ses aprendido	hubierais, -seis aprendido
	aprendiera, -se	aprendieran, -sen	hubiera, -se aprendido	hubieran, -sen aprendido

IMPERATIVE

aprende (tú); no aprendas
(no) aprenda (Ud.)

(no) aprendamos (nosotros)
aprended (vosotros); no aprendáis
(no) aprendan (Uds.)

EXAMPLES

Ellas aprendieron francés cuando tenían cinco años.

They learned French when they were five years old.

Mami está aprendiendo a cocinar comida mejicana.

Mami is learning to cook Mexican food.

Mis padres quieren que aprenda español bien.

My parents want me to learn to speak Spanish well.

Aprenderían más, si estudiaran más.

They would learn more if they studied more.

IDIOMATIC EXAMPLE

Aprender de memoria.

To learn by heart.

apresurarse

to hurry, to hasten, to rush

Gerundio: apresurándose   **Participio pasado:** apresurado

Mood	Simple Tenses		Compound Tenses	
	Singular	*Plural*	*Singular*	*Plural*
Indicative	**Present**		**Present Perfect**	
	me apresuro te apresuras se apresura	nos apresuramos os apresuráis se apresuran	me he apresurado te has apresurado se ha apresurado	nos hemos apresurado os habéis apresurado se han apresurado
	Preterit		**Preterit Perfect**	
	me apresuré te apresuraste se apresuró	nos apresuramos os apresurasteis se apresuraron	me hube apresurado te hubiste apresurado se hubo apresurado	nos hubimos apresurado os hubisteis apresurado se hubieron apresurado
	Imperfect		**Pluperfect**	
	me apresuraba te apresurabas se apresuraba	nos apresurábamos os apresurabais se apresuraban	me había apresurado te habías apresurado se había apresurado	nos habíamos apresurado os habíais apresurado se habían apresurado
	Future		**Future Perfect**	
	me apresuraré te apresurarás se apresurará	nos apresuraremos os apresuraréis se apresurarán	me habré apresurado te habrás apresurado se habrá apresurado	nos habremos apresurado os habréis apresurado se habrán apresurado
	Conditional		**Conditional Perfect**	
	me apresuraría te apresurarías se apresuraría	nos apresuraríamos os apresuraríais se apresurarían	me habría apresurado te habrías apresurado se habría apresurado	nos habríamos apresurado os habríais apresurado se habrían apresurado
Subjunctive	**Present**		**Present Perfect**	
	me apresure te apresures se apresure	nos apresuremos os apresuréis se apresuren	me haya apresurado te hayas apresurado se haya apresurado	nos hayamos apresurado os hayáis apresurado se hayan apresurado
	Imperfect		**Pluperfect**	
	me apresurara, -se te apresuraras, -ses se apresurara, -se	nos apresuráramos, -semos os apresurarais, -seis se apresuraran, -sen	me hubiera, -se apresurado te hubieras, -ses apresurado se hubiera, -se apresurado	nos hubiéramos, -semos apresurado os hubierais, -seis apresurado se hubieran, -sen apresurado

IMPERATIVE

apresúrate (tú); no te apresures

apresúrese (Ud.); no se apresure

apresurémonos (nosotros); no nos apresuremos

apresuraos (vosotros); no os apresuréis

apresúrense (Uds.); no se apresuren

Note: As a nonreflexive verb, *apresurar* (to hurry) is shown in Example 4.

EXAMPLES

¡Apresúrense que vamos tarde!

Hurry up! We are late!

Me apresuraría un poquito, pero quiero hacer un buen trabajo.

I would rush a little but I want to do a good job.

Nos habríamos apresurado, pero la lluvia nos detuvo.

We would have hurried but the rain stopped us.

Apresuremos al taxista porque no tenemos mucho tiempo.

Let's hurry the taxi driver because we do not have very much time.

aprobar

to approve of, to ratify, to pass a test

Gerundio: aprobando   **Participio pasado:** aprobado

Mood	Simple Tenses		Compound Tenses	
	Singular	*Plural*	*Singular*	*Plural*
Indicative	**Present**		**Present Perfect**	
	apruebo	aprobamos	he aprobado	hemos aprobado
	apruebas	aprobáis	has aprobado	habéis aprobado
	aprueba	aprueban	ha aprobado	han aprobado
	Preterit		**Preterit Perfect**	
	aprobé	aprobamos	hube aprobado	hubimos aprobado
	aprobaste	aprobasteis	hubiste aprobado	hubisteis aprobado
	aprobó	aprobaron	hubo aprobado	hubieron aprobado
	Imperfect		**Pluperfect**	
	aprobaba	aprobábamos	había aprobado	habíamos aprobado
	aprobabas	aprobabais	habías aprobado	habíais aprobado
	aprobaba	aprobaban	había aprobado	habían aprobado
	Future		**Future Perfect**	
	aprobaré	aprobaremos	habré aprobado	habremos aprobado
	aprobarás	aprobaréis	habrás aprobado	habréis aprobado
	aprobará	aprobarán	habrá aprobado	habrán aprobado
	Conditional		**Conditional Perfect**	
	aprobaría	aprobaríamos	habría aprobado	habríamos aprobado
	aprobarías	aprobaríais	habrías aprobado	habríais aprobado
	aprobaría	aprobarían	habría aprobado	habrían aprobado
Subjunctive	**Present**		**Present Perfect**	
	apruebe	aprobemos	haya aprobado	hayamos aprobado
	apruebes	aprobéis	hayas aprobado	hayáis aprobado
	apruebe	aprueben	haya aprobado	hayan aprobado
	Imperfect		**Pluperfect**	
	aprobara, -se	aprobáramos, -semos	hubiera, -se aprobado	hubiéramos,-semos aprobado
	aprobaras, -ses	aprobarais, -seis	hubieras, -ses aprobado	hubierais, -seis aprobado
	aprobara, -se	aprobaran, -sen	hubiera, -se aprobado	hubieran, -sen aprobado

IMPERATIVE

aprueba (tú); no apruebes

(no) apruebe (Ud.)

(no) aprobemos (nosotros)

aprobad (vosotros); no aprobéis

(no) aprueben (Uds.)

EXAMPLES

El nuevo Congreso ha aprobado las nuevas leyes.

The new Congress has approved the new laws.

Si aprobamos los exámenes iremos a Canaima.

If we pass the tests, we will go to Canaima.

Hubiésemos aprobado el proyecto, pero no teníamos dinero.

We would have approved the project, but we did not have the money.

Aprobarían el préstamo si ganáramos más dinero.

They would approve the loan if we made more money.

aprovecharse
to take advantage of, to make use of
Gerundio: aprovechándose   **Participio pasado:** aprovechado

Mood	Simple Tenses		Compound Tenses	
	Singular	*Plural*	*Singular*	*Plural*
Indicative	**Present**		**Present Perfect**	
	me aprovecho te aprovechas se aprovecha	nos aprovechamos os aprovecháis se aprovechan	me he aprovechado te has aprovechado se ha aprovechado	nos hemos aprovechado os habéis aprovechado se han aprovechado
	Preterit		**Preterit Perfect**	
	me aproveché te aprovechaste se aprovechó	nos aprovechamos os aprovechasteis se aprovecharon	me hube aprovechado te hubiste aprovechado se hubo aprovechado	nos hubimos aprovechado os hubisteis aprovechado se hubieron aprovechado
	Imperfect		**Pluperfect**	
	me aprovechaba te aprovechabas se aprovechaba	nos aprovechábamos os aprovechabais se aprovechaban	me había aprovechado te habías aprovechado se había aprovechado	nos habíamos aprovechado os habíais aprovechado se habían aprovechado
	Future		**Future Perfect**	
	me aprovecharé te aprovecharás se aprovechará	nos aprovecharemos os aprovecharéis se aprovecharán	me habré aprovechado te habrás aprovechado se habrá aprovechado	nos habremos aprovechado os habréis aprovechado se habrán aprovechado
	Conditional		**Conditional Perfect**	
	me aprovecharía te aprovecharías se aprovecharía	nos aprovecharíamos os aprovecharíais se aprovecharían	me habría aprovechado te habrías aprovechado se habría aprovechado	nos habríamos aprovechado os habríais aprovechado se habrían aprovechado
Subjunctive	**Present**		**Present Perfect**	
	me aproveche te aproveches se aproveche	nos aprovechemos os aprovechéis se aprovechen	me haya aprovechado te hayas aprovechado se haya aprovechado	nos hayamos aprovechado os hayáis aprovechado se hayan aprovechado
	Imperfect		**Pluperfect**	
	me aprovechara, -se te aprovecharas, -ses se aprovechara, -se	nos aprovecháramos, -semos os aprovecharais, -seis se aprovecharan, -sen	me hubiera, -se aprovechado te hubieras, -ses aprovechado se hubiera, -se aprovechado	nos hubiéramos, -semos aprovechado os hubierais, -seis aprovechado se hubieran, -sen aprovechado

IMPERATIVE

aprovéchate (tú); no te aproveches

aprovéchese (Ud.); no se aproveche

aprovechémonos (nosotros); no nos
aprovechemos

aprovechaos (vosotros); no os aprovechéis

aprovéchense (Uds.); no se aprovechen

Note: As a nonreflexive verb, *aprovechar* (to take advantage, to use profitably) is shown in Examples 3 and 4.

EXAMPLES

Creían que nos habíamos aprovechado de ellos.

Ellas están aprovechándose de las gangas de las tiendas.

Aprovecharé su viaje de negocios para tomarme unas vacaciones.

Aprovechemos el buen clima y vayamos a la playa.

They believed we had taken advantage of them.

They are taking advantage of the bargains at the stores.

I will take advantage of his business trip to have a vacation.

Let's take advantage of the good weather, and go to the beach.

IDIOMATIC EXAMPLE

Aprovecha gaviota, que no hay otra.

Here is your chance!

apurarse

to hurry, to worry, to get anxious, to finish up

Gerundio: apurándose   **Participio pasado:** apurado

Mood	Simple Tenses		Compound Tenses	
	Singular	*Plural*	*Singular*	*Plural*
Indicative	**Present**		**Present Perfect**	
	me apuro te apuras se apura	nos apuramos os apuráis se apuran	me he apurado te has apurado se ha apurado	nos hemos apurado os habéis apurado se han apurado
	Preterit		**Preterit Perfect**	
	me apuré te apuraste se apuró	nos apuramos os apurasteis se apuraron	me hube apurado te hubiste apurado se hubo apurado	nos hubimos apurado os hubisteis apurado se hubieron apurado
	Imperfect		**Pluperfect**	
	me apuraba te apurabas se apuraba	nos apurábamos os apurabais se apuraban	me había apurado te habías apurado se había apurado	nos habíamos apurado os habíais apurado se habían apurado
	Future		**Future Perfect**	
	me apuraré te apurarás se apurará	nos apuraremos os apuraréis se apurarán	me habré apurado te habrás apurado se habrá apurado	nos habremos apurado os habréis apurado se habrán apurado
	Conditional		**Conditional Perfect**	
	me apuraría te apurarías se apuraría	nos apuraríamos os apuraríais se apurarían	me habría apurado te habrías apurado se habría apurado	nos habríamos apurado os habríais apurado se habrían apurado
Subjunctive	**Present**		**Present Perfect**	
	me apure te apures se apure	nos apuremos os apuréis se apuren	me haya apurado te hayas apurado se haya apurado	nos hayamos apurado os hayáis apurado se hayan apurado
	Imperfect		**Pluperfect**	
	me apurara, -se te apuraras, -ses se apurara, -se	nos apuráramos, -semos os apurarais, -seis se apuraran, -sen	me hubiera, -se apurado te hubieras, -ses apurado se hubiera, -se apurado	nos hubiéramos, -semos apurado os hubierais, -seis apurado se hubieran, -sen apurado

IMPERATIVE

apúrate (tú); no te apures

apúrese (Ud.); no se apure

apurémonos (nosotros); no nos apuremos

apuraos (vosotros); no os apuréis

apúrense (Uds.); no se apuren

Note: As a nonreflexive verb, *apurar* (to hurry up) is shown in Example 4.

EXAMPLES

Nos apuraremos para llegar a tiempo al show.

We will hurry up so we can be on time for the show.

Ellas se hubieran apurado, pero el auto se descompuso.

They would have hurried, but the car broke down.

¡Apúrate, ya tenemos que irnos!

Finish up! We have to go!

El director apuró a los músicos a que comenzaran.

The director hurried the musicians to begin.

arrancar
to pull up, to snatch, to start, to set off
Gerundio: arrancando **Participio pasado:** arrancado

Mood	Simple Tenses		Compound Tenses	
	Singular	*Plural*	*Singular*	*Plural*
Indicative	**Present**		**Present Perfect**	
	arranco	arrancamos	he arrancado	hemos arrancado
	arrancas	arrancáis	has arrancado	habéis arrancado
	arranca	arrancan	ha arrancado	han arrancado
	Preterit		**Preterit Perfect**	
	arranqué	arrancamos	hube arrancado	hubimos arrancado
	arrancaste	arrancasteis	hubiste arrancado	hubisteis arrancado
	arrancó	arrancaron	hubo arrancado	hubieron arrancado
	Imperfect		**Pluperfect**	
	arrancaba	arrancábamos	había arrancado	habíamos arrancado
	arrancabas	arrancabais	habías arrancado	habíais arrancado
	arrancaba	arrancaban	había arrancado	habían arrancado
	Future		**Future Perfect**	
	arrancaré	arrancaremos	habré arrancado	habremos arrancado
	arrancarás	arrancaréis	habrás arrancado	habréis arrancado
	arrancará	arrancarán	habrá arrancado	habrán arrancado
	Conditional		**Conditional Perfect**	
	arrancaría	arrancaríamos	habría arrancado	habríamos arrancado
	arrancarías	arrancaríais	habrías arrancado	habríais arrancado
	arrancaría	arrancarían	habría arrancado	habrían arrancado
Subjunctive	**Present**		**Present Perfect**	
	arranque	arranquemos	haya arrancado	hayamos arrancado
	arranques	arranquéis	hayas arrancado	hayáis arrancado
	arranque	arranquen	haya arrancado	hayan arrancado
	Imperfect		**Pluperfect**	
	arrancara, -se	arrancáramos, -semos	hubiera, -se arrancado	hubiéramos,-semos arrancado
	arrancaras, -ses	arrancarais, -seis	hubieras, -ses arrancado	hubierais, -seis arrancado
	arrancara, -se	arrancaran, -sen	hubiera, -se arrancado	hubieran, -sen arrancado

IMPERATIVE

	(no) arranquemos (nosotros)
arranca (tú); no arranques	arrancad (vosotros); no arranquéis
(no) arranque (Ud.)	(no) arranquen (Uds.)

EXAMPLES

El ratero le arrancó la cartera al turista.	The pickpocket snatched the wallet from the tourist.
El tornado arrancaba los árboles de raíz.	The tornado was uprooting the trees.
Ya habíamos arrancado el motor cuando vimos el humo.	We had just started the motor when we saw the smoke.
Arrancamos la hierba mala del césped.	We pulled the weeds out of the lawn.

arreglar

to arrange, to put in order, to fix, to adjust

Gerundio: arreglando   **Participio pasado:** arreglado

Mood	Simple Tenses		Compound Tenses	
	Singular	*Plural*	*Singular*	*Plural*
Indicative	**Present**		**Present Perfect**	
	arreglo arreglas arregla	arreglamos arregláis arreglan	he arreglado has arreglado ha arreglado	hemos arreglado habéis arreglado han arreglado
	Preterit		**Preterit Perfect**	
	arreglé arreglaste arregló	arreglamos arreglasteis arreglaron	hube arreglado hubiste arreglado hubo arreglado	hubimos arreglado hubisteis arreglado hubieron arreglado
	Imperfect		**Pluperfect**	
	arreglaba arreglabas arreglaba	arreglábamos arreglabais arreglaban	había arreglado habías arreglado había arreglado	habíamos arreglado habíais arreglado habían arreglado
	Future		**Future Perfect**	
	arreglaré arreglarás arreglará	arreglaremos arreglaréis arreglarán	habré arreglado habrás arreglado habrá arreglado	habremos arreglado habréis arreglado habrán arreglado
	Conditional		**Conditional Perfect**	
	arreglaría arreglarías arreglaría	arreglaríamos arreglaríais arreglarían	habría arreglado habrías arreglado habría arreglado	habríamos arreglado habríais arreglado habrían arreglado
Subjunctive	**Present**		**Present Perfect**	
	arregle arregles arregle	arreglemos arregléis arreglen	haya arreglado hayas arreglado haya arreglado	hayamos arreglado hayáis arreglado hayan arreglado
	Imperfect		**Pluperfect**	
	arreglara, -se arreglaras, -ses arreglara, -se	arregláramos, -semos arreglarais, -seis arreglaran, -sen	hubiera, -se arreglado hubieras, -ses arreglado hubiera, -se arreglado	hubiéramos,-semos arreglado hubierais, -seis arreglado hubieran, -sen arreglado

IMPERATIVE

arregla (tú); no arregles
(no) arregle (Ud.)

(no) arreglemos (nosotros)
arreglad (vosotros); no arregléis
(no) arreglen (Uds.)

EXAMPLES

Ana arreglaba su alcoba cuando llegaron sus amigas.

Ana was arranging her room when her friends arrived.

¡Arrégleme el coche, por favor!

Please, fix my car!

Lo habían arreglado cuando se descompuso de nuevo.

They had just fixed it when it broke again.

Ella estaba arreglando la computadora cuando se fue la electricidad.

She was fixing the computer when the electricity went out.

arrendar

to rent, to lease

Gerundio: arrendando   **Participio pasado:** arrendado

Mood	Simple Tenses		Compound Tenses	
	Singular	*Plural*	*Singular*	*Plural*
Indicative	**Present**		**Present Perfect**	
	arriendo	arrendamos	he arrendado	hemos arrendado
	arriendas	arrendáis	has arrendado	habéis arrendado
	arrienda	arriendan	ha arrendado	han arrendado
	Preterit		**Preterit Perfect**	
	arrendé	arrendamos	hube arrendado	hubimos arrendado
	arrendaste	arrendasteis	hubiste arrendado	hubisteis arrendado
	arrendó	arrendaron	hubo arrendado	hubieron arrendado
	Imperfect		**Pluperfect**	
	arrendaba	arrendábamos	había arrendado	habíamos arrendado
	arrendabas	arrendabais	habías arrendado	habíais arrendado
	arrendaba	arrendaban	había arrendado	habían arrendado
	Future		**Future Perfect**	
	arrendaré	arrendaremos	habré arrendado	habremos arrendado
	arrendarás	arrendaréis	habrás arrendado	habréis arrendado
	arrendará	arrendarán	habrá arrendado	habrán arrendado
	Conditional		**Conditional Perfect**	
	arrendaría	arrendaríamos	habría arrendado	habríamos arrendado
	arrendarías	arrendaríais	habrías arrendado	habríais arrendado
	arrendaría	arrendarían	habría arrendado	habrían arrendado
Subjunctive	**Present**		**Present Perfect**	
	arriende	arrendemos	haya arrendado	hayamos arrendado
	arriendes	arrendéis	hayas arrendado	hayáis arrendado
	arriende	arrienden	haya arrendado	hayan arrendado
	Imperfect		**Pluperfect**	
	arrendara, -se	arrendáramos, -semos	hubiera, -se arrendado	hubiéramos,-semos arrendado
	arrendaras, -ses	arrendarais, -seis	hubieras, -ses arrendado	hubierais, -seis arrendado
	arrendara, -se	arrendaran, -sen	hubiera, -se arrendado	hubieran, -sen arrendado

IMPERATIVE

arrienda (tú); no arriendes

(no) arriende (Ud.)

(no) arrendemos (nosotros)

arrendad (vosotros); no arrendéis

(no) arrienden (Uds.)

EXAMPLES

El hostelero estaba arrendando otros apartamentos.

The landlord was renting other apartments.

Mi padre arrienda oficinas en su edificio.

My father leases offices in his building.

Arrendaríamos un departamento aquí pero están muy caros.

We would rent an apartment here, but they are too expensive.

Dudo que arrienden un estudio en París.

I doubt they will rent a studio in Paris.

arrepentirse
to repent, to regret

Gerundio: arrepintiéndose   **Participio pasado:** arrepentido

Mood	Simple Tenses		Compound Tenses	
	Singular	*Plural*	*Singular*	*Plural*
Indicative	**Present**		**Present Perfect**	
	me arrepiento te arrepientes se arrepiente	nos arrepentimos os arrepentís se arrepienten	me he arrepentido te has arrepentido se ha arrepentido	nos hemos arrepentido os habéis arrepentido se han arrepentido
	Preterit		**Preterit Perfect**	
	me arrepentí te arrepentiste se arrepintió	nos arrepentimos os arrepentisteis se arrepintieron	me hube arrepentido te hubiste arrepentido se hubo arrepentido	nos hubimos arrepentido os hubisteis arrepentido se hubieron arrepentido
	Imperfect		**Pluperfect**	
	me arrepentía te arrepentías se arrepentía	nos arrepentíamos os arrepentíais se arrepentían	me había arrepentido te habías arrepentido se había arrepentido	nos habíamos arrepentido os habíais arrepentido se habían arrepentido
	Future		**Future Perfect**	
	me arrepentiré te arrepentirás se arrepentirá	nos arrepentiremos os arrepentiréis se arrepentirán	me habré arrepentido te habrás arrepentido se habrá arrepentido	nos habremos arrepentido os habréis arrepentido se habrán arrepentido
	Conditional		**Conditional Perfect**	
	me arrepentiría te arrepentirías se arrepentiría	nos arrepentiríamos os arrepentiríais se arrepentirían	me habría arrepentido te habrías arrepentido se habría arrepentido	nos habríamos arrepentido os habríais arrepentido se habrían arrepentido
Subjunctive	**Present**		**Present Perfect**	
	me arrepienta te arrepientas se arrepienta	nos arrepintamos os arrepintáis se arrepientan	me haya arrepentido te hayas arrepentido se haya arrepentido	nos hayamos arrepentido os hayáis arrepentido se hayan arrepentido
	Imperfect		**Pluperfect**	
	me arrepintiera, -se te arrepintieras, -ses se arrepintiera, -se	nos arrepintiéramos, -semos os arrepintierais, -seis se arrepintieran, -sen	me hubiera, -se arrepentido te hubieras, -ses arrepentido se hubiera, -se arrepentido	nos hubiéramos, -semos arrepentido os hubierais, -seis arrepentido se hubieran, -sen arrepentido

IMPERATIVE

arrepiéntete (tú); no te arrepientas
arrepiéntase (Ud.); no se arrepienta

arrepintámonos (nosotros); no nos arrepintamos
arrepentíos (vosotros); no os arrepintáis
arrepiéntanse (Uds.); no se arrepientan

EXAMPLES

El acusado se arrepintió del mal que había hecho.

The accused repented of the bad actions he had done.

Esperamos que él se haya arrepentido de todos sus pecados.

We hope that he had repented of all his sins.

Nos arrepentimos de quedarnos hasta tarde anoche.

We regretted staying out so late last night.

Los asistentes estaban arrepintiéndose de haber ido a la conferencia.

The audience was regretting attending the lecture.

arrojar

to fling, to throw, to hurl

Gerundio: arrojando   **Participio pasado:** arrojado

Mood	Simple Tenses		Compound Tenses	
	Singular	*Plural*	*Singular*	*Plural*
Indicative	**Present**		**Present Perfect**	
	arrojo	arrojamos	he arrojado	hemos arrojado
	arrojas	arrojáis	has arrojado	habéis arrojado
	arroja	arrojan	ha arrojado	han arrojado
	Preterit		**Preterit Perfect**	
	arrojé	arrojamos	hube arrojado	hubimos arrojado
	arrojaste	arrojasteis	hubiste arrojado	hubisteis arrojado
	arrojó	arrojaron	hubo arrojado	hubieron arrojado
	Imperfect		**Pluperfect**	
	arrojaba	arrojábamos	había arrojado	habíamos arrojado
	arrojabas	arrojabais	habías arrojado	habíais arrojado
	arrojaba	arrojaban	había arrojado	habían arrojado
	Future		**Future Perfect**	
	arrojaré	arrojaremos	habré arrojado	habremos arrojado
	arrojarás	arrojaréis	habrás arrojado	habréis arrojado
	arrojará	arrojarán	habrá arrojado	habrán arrojado
	Conditional		**Conditional Perfect**	
	arrojaría	arrojaríamos	habría arrojado	habríamos arrojado
	arrojarías	arrojaríais	habrías arrojado	habríais arrojado
	arrojaría	arrojarían	habría arrojado	habrían arrojado
Subjunctive	**Present**		**Present Perfect**	
	arroje	arrojemos	haya arrojado	hayamos arrojado
	arrojes	arrojéis	hayas arrojado	hayáis arrojado
	arroje	arrojen	haya arrojado	hayan arrojado
	Imperfect		**Pluperfect**	
	arrojara, -se	arrojáramos, -semos	hubiera, -se arrojado	hubiéramos,-semos arrojado
	arrojaras, -ses	arrojarais, -seis	hubieras, -ses arrojado	hubierais, -seis arrojado
	arrojara, -se	arrojaran, -sen	hubiera, -se arrojado	hubieran, -sen arrojado

IMPERATIVE

arroja (tú); no arrojes

(no) arroje (Ud.)

(no) arrojemos (nosotros)

arrojad (vosotros); no arrojéis

(no) arrojen (Uds.)

EXAMPLES

¡No arrojéis las anclas todavía!

Don't throw the anchors yet!

Se están arrojando muchos desperdicios a los ríos.

They are throwing a lot of waste into the rivers.

El lanzador hubiera arrojado la pelota más lejos pero la luz lo cegó.

The baseball player would have flung the ball farther, but the light blinded him.

Ella se arrojó a la cama llorando.

She threw herself on the bed crying.

asear
to clean, to tidy

Gerundio: aseando   **Participio pasado:** aseado

Mood	Simple Tenses		Compound Tenses	
	Singular	Plural	Singular	Plural
Indicative	**Present**		**Present Perfect**	
	aseo	aseamos	he aseado	hemos aseado
	aseas	aseáis	has aseado	habéis aseado
	asea	asean	ha aseado	han aseado
	Preterit		**Preterit Perfect**	
	aseé	aseamos	hube aseado	hubimos aseado
	aseaste	aseasteis	hubiste aseado	hubisteis aseado
	aseó	asearon	hubo aseado	hubieron aseado
	Imperfect		**Pluperfect**	
	aseaba	aseábamos	había aseado	habíamos aseado
	aseabas	aseabais	habías aseado	habíais aseado
	aseaba	aseaban	había aseado	habían aseado
	Future		**Future Perfect**	
	asearé	asearemos	habré aseado	habremos aseado
	asearás	asearéis	habrás aseado	habréis aseado
	aseará	asearán	habrá aseado	habrán aseado
	Conditional		**Conditional Perfect**	
	asearía	asearíamos	habría aseado	habríamos aseado
	asearías	asearíais	habrías aseado	habríais aseado
	asearía	asearían	habría aseado	habrían aseado
Subjunctive	**Present**		**Present Perfect**	
	asee	aseemos	haya aseado	hayamos aseado
	asees	aseéis	hayas aseado	hayáis aseado
	asee	aseen	haya aseado	hayan aseado
	Imperfect		**Pluperfect**	
	aseara, -se	aseáramos, -semos	hubiera, -se aseado	hubiéramos,-semos aseado
	asearas, -ses	asearais, -seis	hubieras, -ses aseado	
	aseara, -se	asearan, -sen	hubiera, -se aseado	hubierais, -seis aseado
				hubieran, -sen aseado

IMPERATIVE

asea (tú); no asees

(no) asee (Ud.)

(no) aseemos (nosotros)

asead (vosotros); no aseéis

(no) aseen (Uds.)

Note: As a reflexive verb, *asearse* (to tidy up oneself) uses the reflexive pronouns *me, te, se, nos, os, se.* Examples 3 and 4 show the reflexive use.

EXAMPLES

Si te vas, asearemos la casa.

La abuelita estaba aseando a los nietos.

Los jugadores se asearon después del partido.

Nos aseamos después de hacer ejercicios.

If you go, we will clean the house.

The grandmother was cleaning up the grandchildren.

The players clean themselves up after the game.

We cleaned ourselves after exercising.

asegurar

to secure, to insure, to assure, to assert

Gerundio: asegurando **Participio pasado:** asegurado

Mode	Simple Tenses		Compound Tenses	
	Singular	*Plural*	*Singular*	*Plural*
Indicative	**Present**		**Present Perfect**	
	aseguro	aseguramos	he asegurado	hemos asegurado
	aseguras	aseguráis	has asegurado	habéis asegurado
	asegura	aseguran	ha asegurado	han asegurado
	Preterit		**Preterit Perfect**	
	aseguré	aseguramos	hube asegurado	hubimos asegurado
	aseguraste	asegurasteis	hubiste asegurado	hubisteis asegurado
	aseguró	aseguraron	hubo asegurado	hubieron asegurado
	Imperfect		**Pluperfect**	
	aseguraba	asegurábamos	había asegurado	habíamos asegurado
	asegurabas	asegurabais	habías asegurado	habíais asegurado
	aseguraba	aseguraban	había asegurado	habían asegurado
	Future		**Future Perfect**	
	aseguraré	aseguraremos	habré asegurado	habremos asegurado
	asegurarás	aseguraréis	habrás asegurado	habréis asegurado
	asegurará	asegurarán	habrá asegurado	habrán asegurado
	Conditional		**Conditional Perfect**	
	aseguraría	aseguraríamos	habría asegurado	habríamos asegurado
	asegurarías	aseguraríais	habrías asegurado	habríais asegurado
	aseguraría	asegurarían	habría asegurado	habrían asegurado
Subjunctive	**Present**		**Present Perfect**	
	asegure	aseguremos	haya asegurado	hayamos asegurado
	asegures	aseguréis	hayas asegurado	hayáis asegurado
	asegure	aseguren	haya asegurado	hayan asegurado
	Imperfect		**Pluperfect**	
	asegurara, -se	aseguráramos, -semos	hubiera, -se asegurado	hubiéramos,-semos asegurado
	aseguraras, -ses	asegurarais, -seis	hubieras, -ses asegurado	
	asegurara, -se	aseguraran, -sen	hubiera, -se asegurado	hubierais, -seis asegurado
				hubieran, -sen asegurado

IMPERATIVE

asegura (tú); no asegures

(no) asegure (Ud.)

(no) aseguremos (nosotros)

asegurad (vosotros); no aseguréis

(no) aseguren (Uds.)

Note: As a reflexive verb, *asegurarse* (to make sure, to reassure oneself) uses the reflexive pronouns *me, te, se, nos, os, se*. Examples 3 and 4 show the reflexive use.

EXAMPLES

La señora aseguró el cuadro en la pared.

Él habría asegurado el carro, pero la prima era muy alta.

¡Asegúrese de llegar a tiempo!

¿Te aseguraste que la puerta está cerrada?

The lady secured the painting on the wall.

He would have insured his car, but the premium was too high.

Make sure you arrive on time!

Did you make sure that the door is locked?

asignar

to give, to apportion, to assign

Gerundio: asignando   **Participio pasado:** asignado

Mood	Simple Tenses		Compound Tenses	
	Singular	*Plural*	*Singular*	*Plural*
Indicative	**Present**		**Present Perfect**	
	asigno	asignamos	he asignado	hemos asignado
	asignas	asignáis	has asignado	habéis asignado
	asigna	asignan	ha asignado	han asignado
	Preterit		**Preterit Perfect**	
	asigné	asignamos	hube asignado	hubimos asignado
	asignaste	asignasteis	hubiste asignado	hubisteis asignado
	asignó	asignaron	hubo asignado	hubieron asignado
	Imperfect		**Pluperfect**	
	asignaba	asignábamos	había asignado	habíamos asignado
	asignabas	asignabais	habías asignado	habíais asignado
	asignaba	asignaban	había asignado	habían asignado
	Future		**Future Perfect**	
	asignaré	asignaremos	habré asignado	habremos asignado
	asignarás	asignaréis	habrás asignado	habréis asignado
	asignará	asignarán	habrá asignado	habrán asignado
	Conditional		**Conditional Perfect**	
	asignaría	asignaríamos	habría asignado	habríamos asignado
	asignarías	asignaríais	habrías asignado	habríais asignado
	asignaría	asignarían	habría asignado	habrían asignado
Subjunctive	**Present**		**Present Perfect**	
	asigne	asignemos	haya asignado	hayamos asignado
	asignes	asignéis	hayas asignado	hayáis asignado
	asigne	asignen	haya asignado	hayan asignado
	Imperfect		**Pluperfect**	
	asignara, -se	asignáramos, -semos	hubiera, -se asignado	hubiéramos,-semos asignado
	asignaras, -ses	asignarais, -seis	hubieras, -ses asignado	
	asignara, -se	asignaran, -sen	hubiera, -se asignado	hubierais, -seis asignado
				hubieran, -sen asignado

IMPERATIVE

asigna (tú); no asignes
(no) asigne (Ud.)

(no) asignemos (nosotros)
asignad (vosotros); no asignéis
(no) asignen (Uds.)

EXAMPLES

La profesora asignó mucha tarea.

The teacher assigned a lot of homework.

En su nuevo trabajo le han asignado el puesto de directora ejecutiva.

In her new job, they have given her the position of chief executive.

Le están asignando acciones preferidas también.

They are also assigning her with the preferred stocks.

Le asignaron un sueldo bastante generoso.

They gave her a very generous salary.

asistir
to assist, to attend, to help
Gerundio: asistiendo **Participio pasado:** asistido

Mood	Simple Tenses		Compound Tenses	
	Singular	*Plural*	*Singular*	*Plural*
Indicative	**Present**		**Present Perfect**	
	asisto	asistimos	he asistido	hemos asistido
	asistes	asistís	has asistido	habéis asistido
	asiste	asisten	ha asistido	han asistido
	Preterit		**Preterit Perfect**	
	asistí	asistimos	hube asistido	hubimos asistido
	asististe	asististeis	hubiste asistido	hubisteis asistido
	asistió	asistieron	hubo asistido	hubieron asistido
	Imperfect		**Pluperfect**	
	asistía	asistíamos	había asistido	habíamos asistido
	asistías	asistíais	habías asistido	habíais asistido
	asistía	asistían	había asistido	habían asistido
	Future		**Future Perfect**	
	asistiré	asistiremos	habré asistido	habremos asistido
	asistirás	asistiréis	habrás asistido	habréis asistido
	asistirá	asistirán	habrá asistido	habrán asistido
	Conditional		**Conditional Perfect**	
	asistiría	asistiríamos	habría asistido	habríamos asistido
	asistirías	asistiríais	habrías asistido	habríais asistido
	asistiría	asistirían	habría asistido	habrían asistido
Subjunctive	**Present**		**Present Perfect**	
	asista	asistamos	haya asistido	hayamos asistido
	asistas	asistáis	hayas asistido	hayáis asistido
	asista	asistan	haya asistido	hayan asistido
	Imperfect		**Pluperfect**	
	asistiera, -se	asistiéramos, -semos	hubiera, -se asistido	hubiéramos,-semos asistido
	asistieras, -ses	asistierais, -seis	hubieras, -ses asistido	hubierais, -seis asistido
	asistiera, -se	asistieran, -sen	hubiera, -se asistido	hubieran, -sen asistido

IMPERATIVE

asiste (tú); no asistas
(no) asista (Ud.)

(no) asistamos (nosotros)
asistid (vosotros); no asistáis
(no) asistan (Uds.)

EXAMPLES

Hemos asistido a varios conciertos en esta ciudad.

We have attended several concerts in this city.

Si ella asiste a clases hoy, le pediré el libro.

If she attends classes today, I will ask her for the book.

Los doctores asistieron a los náufragos.

The doctors assisted the shipwrecked people.

Silvia ha estado asistiendo a las clases de yoga.

Sylvia has been attending yoga classes.

asustarse

to be scared, to be frightened

Gerundio: asustándose **Participio pasado:** asustado

Mood	Simple Tenses		Compound Tenses	
	Singular	*Plural*	*Singular*	*Plural*
Indicative	**Present**		**Present Perfect**	
	me asusto te asustas se asusta	nos asustamos os asustáis se asustan	me he asustado te has asustado se ha asustado	nos hemos asustado os habéis asustado se han asustado
	Preterit		**Preterit Perfect**	
	me asusté te asustaste se asustó	nos asustamos os asustasteis se asustaron	me hube asustado te hubiste asustado se hubo asustado	nos hubimos asustado os hubisteis asustado se hubieron asustado
	Imperfect		**Pluperfect**	
	me asustaba te asustabas se asustaba	nos asustábamos os asustabais se asustaban	me había asustado te habías asustado se había asustado	nos habíamos asustado os habíais asustado se habían asustado
	Future		**Future Perfect**	
	me asustaré te asustarás se asustará	nos asustaremos os asustaréis se asustarán	me habré asustado te habrás asustado se habrá asustado	nos habremos asustado os habréis asustado se habrán asustado
	Conditional		**Conditional Perfect**	
	me asustaría te asustarías se asustaría	nos asustaríamos os asustaríais se asustarían	me habría asustado te habrías asustado se habría asustado	nos habríamos asustado os habríais asustado se habrían asustado
Subjunctive	**Present**		**Present Perfect**	
	me asuste te asustes se asuste	nos asustemos os asustéis se asusten	me haya asustado te hayas asustado se haya asustado	nos hayamos asustado os hayáis asustado se hayan asustado
	Imperfect		**Pluperfect**	
	me asustara, -se te asustaras, -ses se asustara, -se	nos asustáramos, -semos os asustarais, -seis se asustaran, -sen	me hubiera, -se asustado te hubieras, -ses asustado se hubiera, -se asustado	nos hubiéramos, -semos asustado os hubierais, -seis asus- tado se hubieran, -sen asus- tado

IMPERATIVE

	asustémonos (nosotros); no nos asustemos
asústate (tú); no te asustes	asustaos (vosotros); no os asustéis
asústese (Ud.); no se asuste	asústense (Uds.); no se asusten

Note: As a nonreflexive verb, *asustar* (to frighten, to scare) is shown in Examples 3 and 4.

EXAMPLES

El niño se asustó cuando vio al perro.	The boy was scared when he saw the dog.
Nos hemos asustado por nada. Era el gato maullando.	We have gotten scared for nothing. It was the cat howling.
Yo asusto a mi hermanita cuando estamos jugando.	I scare my little sister when we are playing.
Ya la había asustado cuando mi mamá me vio.	I had already frightened her when my mom saw me.

atacar

to attack, to assult, to contradict

Gerundio: atacando   **Participio pasado:** atacado

Mood	Simple Tenses		Compound Tenses	
	Singular	*Plural*	*Singular*	*Plural*
Indicative	**Present**		**Present Perfect**	
	ataco	atacamos	he atacado	hemos atacado
	atacas	atacáis	has atacado	habéis atacado
	ataca	atacan	ha atacado	han atacado
	Preterit		**Preterit Perfect**	
	ataqué	atacamos	hube atacado	hubimos atacado
	atacaste	atacasteis	hubiste atacado	hubisteis atacado
	atacó	atacaron	hubo atacado	hubieron atacado
	Imperfect		**Pluperfect**	
	atacaba	atacábamos	había atacado	habíamos atacado
	atacabas	atacabais	habías atacado	habíais atacado
	atacaba	atacaban	había atacado	habían atacado
	Future		**Future Perfect**	
	atacaré	atacaremos	habré atacado	habremos atacado
	atacarás	atacaréis	habrás atacado	habréis atacado
	atacará	atacarán	habrá atacado	habrán atacado
	Conditional		**Conditional Perfect**	
	atacaría	atacaríamos	habría atacado	habríamos atacado
	atacarías	atacaríais	habrías atacado	habríais atacado
	atacaría	atacarían	habría atacado	habrían atacado
Subjunctive	**Present**		**Present Perfect**	
	ataque	ataquemos	haya atacado	hayamos atacado
	ataques	ataquéis	hayas atacado	hayáis atacado
	ataque	ataquen	haya atacado	hayan atacado
	Imperfect		**Pluperfect**	
	atacara, -se	atacáramos, -semos	hubiera, -se atacado	hubiéramos,-semos atacado
	atacaras, -ses	atacarais, -seis	hubieras, -ses atacado	
	atacara, -se	atacaran, -sen	hubiera, -se atacado	hubierais, -seis atacado
				hubieran, -sen atacado

IMPERATIVE

ataca (tú); no ataques

(no) ataque (Ud.)

(no) ataquemos (nosotros)

atacad (vosotros); no ataquéis

(no) ataquen (Uds.)

EXAMPLES

Los soldados atacaban la ciudad cuando llegaron los refuerzos.

The soldiers were attacking the city when help arrived.

Es importante que no ataquemos a los animales.

It is important that we do not attack the animals.

Los jugadores se atacan muy reciamente en el fútbol americano.

In football, the players attack each other very strongly.

atender

to wait on, to care for, to pay attention

Gerundio: atendiendo   **Participio pasado:** atendido

Mood	Simple Tenses		Compound Tenses	
	Singular	*Plural*	*Singular*	*Plural*
Indicative	**Present**		**Present Perfect**	
	atiendo	atendemos	he atendido	hemos atendido
	atiendes	atendéis	has atendido	habéis atendido
	atiende	atienden	ha atendido	han atendido
	Preterit		**Preterit Perfect**	
	atendí	atendimos	hube atendido	hubimos atendido
	atendiste	atendisteis	hubiste atendido	hubisteis atendido
	atendió	atendieron	hubo atendido	hubieron atendido
	Imperfect		**Pluperfect**	
	atendía	atendíamos	había atendido	habíamos atendido
	atendías	atendíais	habías atendido	habíais atendido
	atendía	atendían	había atendido	habían atendido
	Future		**Future Perfect**	
	atenderé	atenderemos	habré atendido	habremos atendido
	atenderás	atenderéis	habrás atendido	habréis atendido
	atenderá	atenderán	habrá atendido	habrán atendido
	Conditional		**Conditional Perfect**	
	atendería	atenderíamos	habría atendido	habríamos atendido
	atenderías	atenderíais	habrías atendido	habríais atendido
	atendería	atenderían	habría atendido	habrían atendido
Subjunctive	**Present**		**Present Perfect**	
	atienda	atendamos	haya atendido	hayamos atendido
	atiendas	atendáis	hayas atendido	hayáis atendido
	atienda	atiendan	haya atendido	hayan atendido
	Imperfect		**Pluperfect**	
	atendiera, -se	atendiéramos, -semos	hubiera, -se atendido	hubiéramos,-semos atendido
	atendieras, -ses	atendierais, -seis	hubieras, -ses atendido	hubierais, -seis atendido
	atendiera, -se	atendieran, -sen	hubiera, -se atendido	hubieran, -sen atendido

IMPERATIVE

atiende (tú); no atiendas
(no) atienda (Ud.)

(no) atendamos (nosotros)
atended (vosotros); no atendáis
(no) atiendan (Uds.)

EXAMPLES

La nueva dependienta atiende a los clientes bien.

The new sales woman attends the clients well.

Nos atendieron con mucha cortesía.

They waited on us courteously.

Me estaba atendiendo cuando el teléfono repicó.

She was waiting on me when the phone rang.

He atendido a los invitados por varias horas.

I have attended the guests for several hours.

atraer

to attract, to allure, to charm

Gerundio: atrayendo   **Participio pasado:** atraído

Mood	Simple Tenses		Compound Tenses	
	Singular	*Plural*	*Singular*	*Plural*
Indicative	**Present**		**Present Perfect**	
	atraigo	atraemos	he atraído	hemos atraído
	atraes	atraéis	has atraído	habéis atraído
	atrae	atraen	ha atraído	han atraído
	Preterit		**Preterit Perfect**	
	atraje	atrajimos	hube atraído	hubimos atraído
	atrajiste	atrajisteis	hubiste atraído	hubisteis atraído
	atrajo	atrajeron	hubo atraído	hubieron atraído
	Imperfect		**Pluperfect**	
	atraía	atraíamos	había atraído	habíamos atraído
	atraías	atraíais	habías atraído	habíais atraído
	atraía	atraían	había atraído	habían atraído
	Future		**Future Perfect**	
	atraeré	atraeremos	habré atraído	habremos atraído
	atraerás	atraeréis	habrás atraído	habréis atraído
	atraerá	atraerán	habrá atraído	habrán atraído
	Conditional		**Conditional Perfect**	
	atraería	atraeríamos	habría atraído	habríamos atraído
	atraerías	atraeríais	habrías atraído	habríais atraído
	atraería	atraerían	habría atraído	habrían atraído
Subjunctive	**Present**		**Present Perfect**	
	atraiga	atraigamos	haya atraído	hayamos atraído
	atraigas	atraigáis	hayas atraído	hayáis atraído
	atraiga	atraigan	haya atraído	hayan atraído
	Imperfect		**Pluperfect**	
	atrajera, -se	atrajéramos, -semos	hubiera, -se atraído	hubiéramos,-semos atraído
	atrajeras, -ses	atrajerais, -seis	hubieras, -ses atraído	hubierais, -seis atraído
	atrajera, -se	atrajeran, -sen	hubiera, -se atraído	hubieran, -sen atraído

IMPERATIVE

atrae (tú); no atraigas

(no) atraiga (Ud.)

(no) atraigamos (nosotros)

atraed (vosotros); no atraigáis

(no) atraigan (Uds.)

EXAMPLES

Las flores atraen a los pájaros con su néctar.	The flowers attract the birds with their nectar.
Los hombres guapos siempre han atraído a las mujeres.	The handsome men have always attracted women.
El imán atrae a las limaduras de hierro.	The magnet attracts the iron filings.

atravesar

to cross, to pierce, to run through, to block

Gerundio: atravesando   **Participio pasado:** atravesado

Mood	Simple Tenses		Compound Tenses	
	Singular	*Plural*	*Singular*	*Plural*
Indicative	**Present**		**Present Perfect**	
	atravieso atraviesas atraviesa	atravesamos atravesáis atraviesan	he atravesado has atravesado ha atravesado	hemos atravesado habéis atravesado han atravesado
	Preterit		**Preterit Perfect**	
	atravesé atravesaste atravesó	atravesamos atravesasteis atravesaron	hube atravesado hubiste atravesado hubo atravesado	hubimos atravesado hubisteis atravesado hubieron atravesado
	Imperfect		**Pluperfect**	
	atravesaba atravesabas atravesaba	atravesábamos atravesabais atravesaban	había atravesado habías atravesado había atravesado	habíamos atravesado habíais atravesado habían atravesado
	Future		**Future Perfect**	
	atravesaré atravesarás atravesará	atravesaremos atravesaréis atravesarán	habré atravesado habrás atravesado habrá atravesado	habremos atravesado habréis atravesado habrán atravesado
	Conditional		**Conditional Perfect**	
	atravesaría atravesarías atravesaría	atravesaríamos atravesaríais atravesarían	habría atravesado habrías atravesado habría atravesado	habríamos atravesado habríais atravesado habrían atravesado
Subjunctive	**Present**		**Present Perfect**	
	atraviese atravieses atraviese	atravesemos atraveséis atraviesen	haya atravesado hayas atravesado haya atravesado	hayamos atravesado hayáis atravesado hayan atravesado
	Imperfect		**Pluperfect**	
	atravesara, -se atravesaras, -ses atravesara, -se	atravesáramos, -semos atravesarais, -seis atravesaran, -sen	hubiera, -se atravesado hubieras, -ses atravesado hubiera, -se atravesado	hubiéramos,-semos atravesado hubierais, -seis atravesado hubieran, -sen atravesado

IMPERATIVE

atraviesa (tú); no atravieses
(no) atraviese (Ud.)

(no) atravesemos (nosotros)
atravesad (vosotros); no atraveséis
(no) atraviesen (Uds.)

EXAMPLES

Se me atravesó un carro con el semáforo en rojo y tuvimos un accidente.

A car ran through the red light, and we had an accident.

¡No atravieses la calle sin mirar hacia los lados!

Don't cross the street without looking to the sides first!

A esa velocidad, si se le hubiese atravesado un animal, lo habría matado.

At that speed, if an animal had run through, he would have killed it.

¡La bala ha atravesado la pared!

The bullet has pierced the wall!

atreverse
to dare, to venture
Gerundio: atreviéndose   **Participio pasado:** atrevido

Mood	Simple Tenses		Compound Tenses	
	Singular	*Plural*	*Singular*	*Plural*
Indicative	**Present**		**Present Perfect**	
	me atrevo te atreves se atreve	nos atrevemos os atrevéis se atreven	me he atrevido te has atrevido se ha atrevido	nos hemos atrevido os habéis atrevido se han atrevido
	Preterit		**Preterit Perfect**	
	me atreví te atreviste se atrevió	nos atrevimos os atrevisteis se atrevieron	me hube atrevido te hubiste atrevido se hubo atrevido	nos hubimos atrevido os hubisteis atrevido se hubieron atrevido
	Imperfect		**Pluperfect**	
	me atrevía te atrevías se atrevía	nos atrevíamos os atrevíais se atrevían	me había atrevido te habías atrevido se había atrevido	nos habíamos atrevido os habíais atrevido se habían atrevido
	Future		**Future Perfect**	
	me atreveré te atreverás se atreverá	nos atreveremos os atreveréis se atreverán	me habré atrevido te habrás atrevido se habrá atrevido	nos habremos atrevido os habréis atrevido se habrán atrevido
	Conditional		**Conditional Perfect**	
	me atrevería te atreverías se atrevería	nos atreveríamos os atreveríais se atreverían	me habría atrevido te habrías atrevido se habría atrevido	nos habríamos atrevido os habríais atrevido se habrían atrevido
Subjunctive	**Present**		**Present Perfect**	
	me atreva te atrevas se atreva	nos atrevamos os atreváis se atrevan	me haya atrevido te hayas atrevido se haya atrevido	nos hayamos atrevido os hayáis atrevido se hayan atrevido
	Imperfect		**Pluperfect**	
	me atreviera, -se te atrevieras, -ses se atreviera, -se	nos atreviéramos, -semos os atrevierais, -seis se atrevieran, -sen	me hubiera, -se atrevido te hubieras, -ses atrevido se hubiera, -se atrevido	nos hubiéramos, -semos atrevido os hubierais, -seis atrevido se hubieran, -sen atrevido

IMPERATIVE

atrévete (tú); no te atrevas
atrévase (Ud.); no se atreva

atrevámonos (nosotros); no nos atrevamos
atreveos (vosotros); no os atreváis
atrévanse (Uds.); no se atrevan

EXAMPLES

¡No te atrevas a decir eso!
Los astronautas se atrevieron a ir a la luna.
Cristóbal Colón se atrevió a navegar el océano Atlántico.

Don't you dare say that!
The astronauts dared to go to the moon.
Christopher Columbus ventured to navigate the Atlantic Ocean.

avergonzarse

to be embarrassed, to be ashamed

Gerundio: avergonzándose   **Participio pasado:** avergonzado

Mood	Simple Tenses		Compound Tenses	
	Singular	*Plural*	*Singular*	*Plural*
Indicative	**Present**		**Present Perfect**	
	me avergüenzo te avergüenzas se avergüenza	nos avergonzamos os avergonzáis se avergüenzan	me he avergonzado te has avergonzado se ha avergonzado	nos hemos avergonzado os habéis avergonzado se han avergonzado
	Preterit		**Preterit Perfect**	
	me avergoncé te avergonzaste se avergonzó	nos avergonzamos os avergonzasteis se avergonzaron	me hube avergonzado te hubiste avergonzado se hubo avergonzado	nos hubimos avergonzado os hubisteis avergonzado se hubieron avergonzado
	Imperfect		**Pluperfect**	
	me avergonzaba te avergonzabas se avergonzaba	nos avergonzábamos os avergonzabais se avergonzaban	me había avergonzado te habías avergonzado se había avergonzado	nos habíamos avergonzado os habíais avergonzado se habían avergonzado
	Future		**Future Perfect**	
	me avergonzaré te avergonzarás se avergonzará	nos avergonzaremos os avergonzaréis se avergonzarán	me habré avergonzado te habrás avergonzado se habrá avergonzado	nos habremos avergonzado os habréis avergonzado se habrán avergonzado
	Conditional		**Conditional Perfect**	
	me avergonzaría te avergonzarías se avergonzaría	nos avergonzaríamos os avergonzaríais se avergonzarían	me habría avergonzado te habrías avergonzado se habría avergonzado	nos habríamos avergonzado os habríais avergonzado se habrían avergonzado
Subjunctive	**Present**		**Present Perfect**	
	me avergüence te avergüences se avergüence	nos avergoncemos os avergoncéis se avergüencen	me haya avergonzado te hayas avergonzado se haya avergonzado	nos hayamos avergonzado os hayáis avergonzado se hayan avergonzado
	Imperfect		**Pluperfect**	
	me avergonzara, -se te avergonzaras, -ses se avergonzara, -se	nos avergonzáramos, -semos os avergonzarais, -seis se avergonzaran, -sen	me hubiera, -se avergon- zado te hubieras, -ses aver- gonzado se hubiera, -se avergon- zado	nos hubiéramos, -semos avergonzado os hubierais, -seis aver- gonzado se hubieran, -sen aver- gonzado

IMPERATIVE

avergüénzate (tú); no te avergüences

avergüéncese (Ud.); no se avergüence

avergoncémonos (nosotros); no nos aver-
goncemos

avergonzaos (vosotros); no os avergoncéis

avergüéncense (Uds.); no se avergüencen

Note: As a nonreflexive verb, *avergonzar* (to embarrass, to shame) is shown in Example 4.

EXAMPLES

¿No se avergüenza de lo que ha hecho?

Me avergonzaría que el jefe me viera vestida así.

No te avergüences de ser pobre.

Los padres estaban avergonzados de la conducta del hijo.

Aren't you ashamed of what you have done?

I would be embarrassed if my boss saw me dressed like this.

Don't be ashamed of being poor.

The parents were embarrassed of their son's behavior.

averiguar
to find out, to investigate
Gerundio: averiguando   **Participio pasado:** averiguado

Mood	Simple Tenses		Compound Tenses	
	Singular	*Plural*	*Singular*	*Plural*
Indicative	**Present**		**Present Perfect**	
	averiguo	averiguamos	he averiguado	hemos averiguado
	averiguas	averiguáis	has averiguado	habéis averiguado
	averigua	averiguan	ha averiguado	han averiguado
	Preterit		**Preterit Perfect**	
	averigüé	averiguamos	hube averiguado	hubimos averiguado
	averiguaste	averiguasteis	hubiste averiguado	hubisteis averiguado
	averiguó	averiguaron	hubo averiguado	hubieron averiguado
	Imperfect		**Pluperfect**	
	averiguaba	averiguábamos	había averiguado	habíamos averiguado
	averiguabas	averiguabais	habías averiguado	habíais averiguado
	averiguaba	averiguaban	había averiguado	habían averiguado
	Future		**Future Perfect**	
	averiguaré	averiguaremos	habré averiguado	habremos averiguado
	averiguarás	averiguaréis	habrás averiguado	habréis averiguado
	averiguará	averiguarán	habrá averiguado	habrán averiguado
	Conditional		**Conditional Perfect**	
	averiguaría	averiguaríamos	habría averiguado	habríamos averiguado
	averiguarías	averiguaríais	habrías averiguado	habríais averiguado
	averiguaría	averiguarían	habría averiguado	habrían averiguado
Subjunctive	**Present**		**Present Perfect**	
	averigüe	averigüemos	haya averiguado	hayamos averiguado
	averigües	averigüéis	hayas averiguado	hayáis averiguado
	averigüe	averigüen	haya averiguado	hayan averiguado
	Imperfect		**Pluperfect**	
	averiguara, -se	averiguáramos, -semos	hubiera, -se averiguado	hubiéramos,-semos averiguado
	averiguaras, -ses	averiguarais, -seis	hubieras, -ses averiguado	hubierais, -seis averiguado
	averiguara, -se	averiguaran, -sen	hubiera, -se averiguado	hubieran, -sen averiguado

IMPERATIVE

averigua (tú); no averigües
(no) averigüe (Ud.)

(no) averigüemos (nosotros)
averiguad (vosotros); no averigüéis
(no) averigüen (Uds.)

EXAMPLES

Averiguaremos la verdad.
We will find out the truth.

El detective está averiguando los detalles de las denuncias.
The detective is investigating the accusations.

El dentista ha averiguado la dirección del paciente.
The dentist has found the patient's address.

¡Averigüemos lo que pasó!
Let's find out what happened!

avisar

to inform, to advise, to warn

Gerundio: avisando **Participio pasado:** avisado

Mood	Simple Tenses		Compound Tenses	
	Singular	*Plural*	*Singular*	*Plural*
Indicative	**Present**		**Present Perfect**	
	aviso	avisamos	he avisado	hemos avisado
	avisas	avisáis	has avisado	habéis avisado
	avisa	avisan	ha avisado	han avisado
	Preterit		**Preterit Perfect**	
	avisé	avisamos	hube avisado	hubimos avisado
	avisaste	avisasteis	hubiste avisado	hubisteis avisado
	avisó	avisaron	hubo avisado	hubieron avisado
	Imperfect		**Pluperfect**	
	avisaba	avisábamos	había avisado	habíamos avisado
	avisabas	avisabais	habías avisado	habíais avisado
	avisaba	avisaban	había avisado	habían avisado
	Future		**Future Perfect**	
	avisaré	avisaremos	habré avisado	habremos avisado
	avisarás	avisaréis	habrás avisado	habréis avisado
	avisará	avisarán	habrá avisado	habrán avisado
	Conditional		**Conditional Perfect**	
	avisaría	avisaríamos	habría avisado	habríamos avisado
	avisarías	avisaríais	habrías avisado	habríais avisado
	avisaría	avisarían	habría avisado	habrían avisado
Subjunctive	**Present**		**Present Perfect**	
	avise	avisemos	haya avisado	hayamos avisado
	avises	aviséis	hayas avisado	hayáis avisado
	avise	avisen	haya avisado	hayan avisado
	Imperfect		**Pluperfect**	
	avisara, -se	avisáramos, -semos	hubiera, -se avisado	hubiéramos,-semos avisado
	avisaras, -ses	avisarais, -seis	hubieras, -ses avisado	hubierais, -seis avisado
	avisara, -se	avisaran, -sen	hubiera, -se avisado	hubieran, -sen avisado

IMPERATIVE

avisa (tú); no avises
(no) avise (Ud.)

(no) avisemos (nosotros)
avisad (vosotros); no aviséis
(no) avisen (Uds.)

EXAMPLES

Me avisarán mañana si van a venir.

They will inform me tomorrow if they are coming.

Nos avisaron de las tormentas esta noche.

They warned us of storms tonight.

Mis padres quieren que les avise cuando voy a llegar tarde.

My parents want me to inform them when I am coming late.

ayudar

to help, to aid, to assist

Gerundio: ayudando   **Participio pasado:** ayudado

Mood	Simple Tenses		Compound Tenses	
	Singular	*Plural*	*Singular*	*Plural*
Indicative	**Present**		**Present Perfect**	
	ayudo	ayudamos	he ayudado	hemos ayudado
	ayudas	ayudáis	has ayudado	habéis ayudado
	ayuda	ayudan	ha ayudado	han ayudado
	Preterit		**Preterit Perfect**	
	ayudé	ayudamos	hube ayudado	hubimos ayudado
	ayudaste	ayudasteis	hubiste ayudado	hubisteis ayudado
	ayudó	ayudaron	hubo ayudado	hubieron ayudado
	Imperfect		**Pluperfect**	
	ayudaba	ayudábamos	había ayudado	habíamos ayudado
	ayudabas	ayudabais	habías ayudado	habíais ayudado
	ayudaba	ayudaban	había ayudado	habían ayudado
	Future		**Future Perfect**	
	ayudaré	ayudaremos	habré ayudado	habremos ayudado
	ayudarás	ayudaréis	habrás ayudado	habréis ayudado
	ayudará	ayudarán	habrá ayudado	habrán ayudado
	Conditional		**Conditional Perfect**	
	ayudaría	ayudaríamos	habría ayudado	habríamos ayudado
	ayudarías	ayudaríais	habrías ayudado	habríais ayudado
	ayudaría	ayudarían	habría ayudado	habrían ayudado
Subjunctive	**Present**		**Present Perfect**	
	ayude	ayudemos	haya ayudado	hayamos ayudado
	ayudes	ayudéis	hayas ayudado	hayáis ayudado
	ayude	ayuden	haya ayudado	hayan ayudado
	Imperfect		**Pluperfect**	
	ayudara, -se	ayudáramos, -semos	hubiera, -se ayudado	hubiéramos,-semos ayudado
	ayudaras, -ses	ayudarais, -seis	hubieras, -ses ayudado	hubierais, -seis ayudado
	ayudara, -se	ayudaran, -sen	hubiera, -se ayudado	hubieran, -sen ayudado

IMPERATIVE

ayuda (tú); no ayudes

(no) ayude (Ud.)

(no) ayudemos (nosotros)

ayudad (vosotros); no ayudéis

(no) ayuden (Uds.)

EXAMPLES

La música clásica ayuda a relajarse.

En el refugio la ayudaron muchas personas.

Le hubiese ayudado a pintar, pero no necesitó mi ayuda.

¡Ayudémonos los unos a los otros!

Classical music helps to relax.

In the shelter, many people helped her.

I would have helped him to paint, but he didn't need my help.

Let us help each other.

bailar
to dance

Gerundio: bailando **Participio pasado:** bailado

Mood	Simple Tenses		Compound Tenses	
	Singular	*Plural*	*Singular*	*Plural*
Indicative	**Present**		**Present Perfect**	
	bailo	bailamos	he bailado	hemos bailado
	bailas	bailáis	has bailado	habéis bailado
	baila	bailan	ha bailado	han bailado
	Preterit		**Preterit Perfect**	
	bailé	bailamos	hube bailado	hubimos bailado
	bailaste	bailasteis	hubiste bailado	hubisteis bailado
	bailó	bailaron	hubo bailado	hubieron bailado
	Imperfect		**Pluperfect**	
	bailaba	bailábamos	había bailado	habíamos bailado
	bailabas	bailabais	habías bailado	habíais bailado
	bailaba	bailaban	había bailado	habían bailado
	Future		**Future Perfect**	
	bailaré	bailaremos	habré bailado	habremos bailado
	bailarás	bailaréis	habrás bailado	habréis bailado
	bailará	bailarán	habrá bailado	habrán bailado
	Conditional		**Conditional Perfect**	
	bailaría	bailaríamos	habría bailado	habríamos bailado
	bailarías	bailaríais	habrías bailado	habríais bailado
	bailaría	bailarían	habría bailado	habrían bailado
Subjunctive	**Present**		**Present Perfect**	
	baile	bailemos	haya bailado	hayamos bailado
	bailes	bailéis	hayas bailado	hayáis bailado
	baile	bailen	haya bailado	hayan bailado
	Imperfect		**Pluperfect**	
	bailara, -se	bailáramos, -semos	hubiera, -se bailado	hubiéramos, -semos bailado
	bailaras, -ses	bailarais, -seis	hubieras, -ses bailado	hubierais, -seis bailado
	bailara, -se	bailaran, -sen	hubiera, -se bailado	hubieran, -sen bailado

IMPERATIVE

baila (tú); no bailes
(no) baile (Ud.)

(no) bailemos (nosotros)
bailad (vosotros); no bailéis
(no) bailen (Uds.)

EXAMPLES

La bailarina bailaba como un ángel.	The ballerina was dancing like an angel.
Las danzas afrocubanas se bailan con mucha energía.	The Afro-Cuban dances are danced with a lot of energy.
Daniela y Virginia han bailado flamenco por muchos años.	Daniela and Virginia have danced the Flamenco for many years.
El bailar alegra los corazones.	Dancing makes your hearts happy.

bajar

to get down, to lower, to descend

Gerundio: bajando **Participio pasado:** bajado

Mood	Simple Tenses		Compound Tenses	
	Singular	*Plural*	*Singular*	*Plural*
Indicative	**Present**		**Present Perfect**	
	bajo	bajamos	he bajado	hemos bajado
	bajas	bajáis	has bajado	habéis bajado
	baja	bajan	ha bajado	han bajado
	Preterit		**Preterit Perfect**	
	bajé	bajamos	hube bajado	hubimos bajado
	bajaste	bajasteis	hubiste bajado	hubisteis bajado
	bajó	bajaron	hubo bajado	hubieron bajado
	Imperfect		**Pluperfect**	
	bajaba	bajábamos	había bajado	habíamos bajado
	bajabas	bajabais	habías bajado	habíais bajado
	bajaba	bajaban	había bajado	habían bajado
	Future		**Future Perfect**	
	bajaré	bajaremos	habré bajado	habremos bajado
	bajarás	bajaréis	habrás bajado	habréis bajado
	bajará	bajarán	habrá bajado	habrán bajado
	Conditional		**Conditional Perfect**	
	bajaría	bajaríamos	habría bajado	habríamos bajado
	bajarías	bajaríais	habrías bajado	habríais bajado
	bajaría	bajarían	habría bajado	habrían bajado
Subjunctive	**Present**		**Present Perfect**	
	baje	bajemos	haya bajado	hayamos bajado
	bajes	bajéis	hayas bajado	hayáis bajado
	baje	bajen	haya bajado	hayan bajado
	Imperfect		**Pluperfect**	
	bajara, -se	bajáramos, -semos	hubiera, -se bajado	hubiéramos, -semos bajado
	bajaras, -ses	bajarais, -seis	hubieras, -ses bajado	hubierais, -seis bajado
	bajara, -se	bajaran, -sen	hubiera, -se bajado	hubieran, -sen bajado

IMPERATIVE

baja (tú); no bajes

(no) baje (Ud.)

(no) bajemos (nosotros)

bajad (vosotros); no bajéis

(no) bajen (Uds.)

EXAMPLES

Los bomberos bajaron al gato del tejado.

¡No bajéis las notas!

El precio de la gasolina hubiese bajado si las refinerías hubiesen producido más.

The firemen got the cat down from the roof.

Do not lower your grades!

The oil prices would have come down if the refineries would have produced more.

balancear

to balance, to sway, to swing

Gerundio: balanceando   **Participio pasado:** balanceado

Mood	Simple Tenses		Compound Tenses	
	Singular	*Plural*	*Singular*	*Plural*
Indicative	**Present**		**Present Perfect**	
	balanceo	balanceamos	he balanceado	hemos balanceado
	balanceas	balanceáis	has balanceado	habéis balanceado
	balancea	balancean	ha balanceado	han balanceado
	Preterit		**Preterit Perfect**	
	balanceé	balanceamos	hube balanceado	hubimos balanceado
	balanceaste	balanceasteis	hubiste balanceado	hubisteis balanceado
	balanceó	balancearon	hubo balanceado	hubieron balanceado
	Imperfect		**Pluperfect**	
	balanceaba	balanceábamos	había balanceado	habíamos balanceado
	balanceabas	balanceabais	habías balanceado	habíais balanceado
	balanceaba	balanceaban	había balanceado	habían balanceado
	Future		**Future Perfect**	
	balancearé	balancearemos	habré balanceado	habremos balanceado
	balancearás	balancearéis	habrás balanceado	habréis balanceado
	balanceará	balancearán	habrá balanceado	habrán balanceado
	Conditional		**Conditional Perfect**	
	balancearía	balancearíamos	habría balanceado	habríamos balanceado
	balancearías	balancearíais	habrías balanceado	habríais balanceado
	balancearía	balancearían	habría balanceado	habrían balanceado
Subjunctive	**Present**		**Present Perfect**	
	balancee	balanceemos	haya balanceado	hayamos balanceado
	balancees	balanceéis	hayas balanceado	hayáis balanceado
	balancee	balanceen	haya balanceado	hayan balanceado
	Imperfect		**Pluperfect**	
	balanceara, -se	balanceáramos, -semos	hubiera, -se balanceado	hubiéramos, -semos balanceado
	balancearas, -ses	balancearais, -seis	hubieras, -ses balanceado	hubierais, -seis balanceado
	balanceara, -se	balancearan, -sen	hubiera, -se balanceado	hubieran, -sen balanceado

IMPERATIVE

balancea (tú); no balancees

(no) balancee (Ud.)

(no) balanceemos (nosotros)

balancead (vosotros); no balanceéis

(no) balanceen (Uds.)

Note: As a reflexive verb, *balancearse* (to balance oneself) is shown in Example 3.

EXAMPLES

El banco balancea las cuentas al final del mes.

The bank balances the accounts at the end of the month.

Balancearía mi cuenta corriente ahora, pero no tengo la calculadora.

I would balance my checking account now but I do not have a calculator.

Estaban balanceándose en el columpio con mucha alegría.

They were swinging on the swing with much joy.

bañarse

to take a bath, to bathe oneself

Gerundio: bañándose   **Participio pasado:** bañado

Mood	Simple Tenses		Compound Tenses	
	Singular	*Plural*	*Singular*	*Plural*
Indicative	**Present**		**Present Perfect**	
	me baño te bañas se baña	nos bañamos os bañáis se bañan	me he bañado te has bañado se ha bañado	nos hemos bañado os habéis bañado se han bañado
	Preterit		**Preterit Perfect**	
	me bañé te bañaste se bañó	nos bañamos os bañasteis se bañaron	me hube bañado te hubiste bañado se hubo bañado	nos hubimos bañado os hubisteis bañado se hubieron bañado
	Imperfect		**Pluperfect**	
	me bañaba te bañabas se bañaba	nos bañábamos os bañabais se bañaban	me había bañado te habías bañado se había bañado	nos habíamos bañado os habíais bañado se habían bañado
	Future		**Future Perfect**	
	me bañaré te bañarás se bañará	nos bañaremos os bañaréis se bañarán	me habré bañado te habrás bañado se habrá bañado	nos habremos bañado os habréis bañado se habrán bañado
	Conditional		**Conditional Perfect**	
	me bañaría te bañarías se bañaría	nos bañaríamos os bañaríais se bañarían	me habría bañado te habrías bañado se habría bañado	nos habríamos bañado os habríais bañado se habrían bañado
Subjunctive	**Present**		**Present Perfect**	
	me bañe te bañes se bañe	nos bañemos os bañéis se bañen	me haya bañado te hayas bañado se haya bañado	nos hayamos bañado os hayáis bañado se hayan bañado
	Imperfect		**Pluperfect**	
	me bañara, -se te bañaras, -ses se bañara, -se	nos bañáramos, -semos os bañarais, -seis se bañaran, -sen	me hubiera, -se bañado te hubieras, -ses bañado se hubiera, -se bañado	nos hubiéramos, -semos bañado os hubierais, -seis bañado se hubieran, -sen bañado

IMPERATIVE

báñate (tú); no te bañes
báñese (Ud.); no se bañe

bañémonos (nosotros); no nos bañemos
bañaos (vosotros); no os bañéis
báñense (Uds.); no se bañen

Note: As a nonreflexive verb, *bañar* (to bathe someone) is shown in Example 4.

EXAMPLES

Me baño después de hacer ejercicios.	I take a bath after I exercise.
Nos bañaríamos ahora, pero el agua está muy fría.	We would bathe now but the water is very cold.
Dudamos que Jaime se haya bañado en la semana.	We doubt that Jamie had bathed in a week.
La nena baña a su muñeca.	The girl bathes her doll.

barrer

to sweep, to sweep away

Gerundio: barriendo   **Participio pasado:** barrido

Mood	Simple Tenses		Compound Tenses	
	Singular	*Plural*	*Singular*	*Plural*
Indicative	**Present**		**Present Perfect**	
	barro	barremos	he barrido	hemos barrido
	barres	barréis	has barrido	habéis barrido
	barre	barren	ha barrido	han barrido
	Preterit		**Preterit Perfect**	
	barrí	barrimos	hube barrido	hubimos barrido
	barriste	barristeis	hubiste barrido	hubisteis barrido
	barrió	barrieron	hubo barrido	hubieron barrido
	Imperfect		**Pluperfect**	
	barría	barríamos	había barrido	habíamos barrido
	barrías	barríais	habías barrido	habíais barrido
	barría	barrían	había barrido	habían barrido
	Future		**Future Perfect**	
	barreré	barreremos	habré barrido	habremos barrido
	barrerás	barreréis	habrás barrido	habréis barrido
	barrerá	barrerán	habrá barrido	habrán barrido
	Conditional		**Conditional Perfect**	
	barrería	barreríamos	habría barrido	habríamos barrido
	barrerías	barreríais	habrías barrido	habríais barrido
	barrería	barrerían	habría barrido	habrían barrido
Subjunctive	**Present**		**Present Perfect**	
	barra	barramos	haya barrido	hayamos barrido
	barras	barráis	hayas barrido	hayáis barrido
	barra	barran	haya barrido	hayan barrido
	Imperfect		**Pluperfect**	
	barriera, -se	barriéramos, -semos	hubiera, -se barrido	hubiéramos, -semos barrido
	barrieras, -ses	barrierais, -seis	hubieras, -ses barrido	hubierais, -seis barrido
	barriera, -se	barrieran, -sen	hubiera, -se barrido	hubieran, -sen barrido

IMPERATIVE

barre (tú); no barras
(no) barra (Ud.)

(no) barramos (nosotros)
barred (vosotros); no barráis
(no) barran (Uds.)

EXAMPLES

El viento ha barrido las calles.
Las lluvias barrieron el llano.
Él barrerá el patio cuando tenga tiempo.
Los muchachos están barriendo el piso.

The wind has swept through the streets.
The rain swept down the plain.
He will sweep the patio when he has time.
The young men are sweeping the floor.

batallar

to fight, to battle, to struggle, to argue

Gerundio: batallando   **Participio pasado:** batallado

Mood	Simple Tenses		Compound Tenses	
	Singular	*Plural*	*Singular*	*Plural*
Indicative	**Present**		**Present Perfect**	
	batallo batallas batalla	batallamos batalláis batallan	he batallado has batallado ha batallado	hemos batallado habéis batallado han batallado
	Preterit		**Preterit Perfect**	
	batallé batallaste batalló	batallamos batallasteis batallaron	hube batallado hubiste batallado hubo batallado	hubimos batallado hubisteis batallado hubieron batallado
	Imperfect		**Pluperfect**	
	batallaba batallabas batallaba	batallábamos batallabais batallaban	había batallado habías batallado había batallado	habíamos batallado habíais batallado habían batallado
	Future		**Future Perfect**	
	batallaré batallarás batallará	batallaremos batallaréis batallarán	habré batallado habrás batallado habrá batallado	habremos batallado habréis batallado habrán batallado
	Conditional		**Conditional Perfect**	
	batallaría batallarías batallaría	batallaríamos batallaríais batallarían	habría batallado habrías batallado habría batallado	habríamos batallado habríais batallado habrían batallado
Subjunctive	**Present**		**Present Perfect**	
	batalle batalles batalle	batallemos batalléis batallen	haya batallado hayas batallado haya batallado	hayamos batallado hayáis batallado hayan batallado
	Imperfect		**Pluperfect**	
	batallara, -se batallaras, -ses batallara, -se	batalláramos, -semos batallarais, -seis batallaran, -sen	hubiera, -se batallado hubieras, -ses batallado hubiera, -se batallado	hubiéramos, -semos batallado hubierais, -seis batallado hubieran, -sen batallado

IMPERATIVE

batalla (tú); no batalles
(no) batalle (Ud.)

(no) batallemos (nosotros)
batallad (vosotros); no batalléis
(no) batallen (Uds.)

EXAMPLES

Pedro batalló para obtener buenas notas.

Peter struggled to get good grades.

Esperamos que no hayan batallado tanto para firmar el contrato.

We hope they didn't have to struggle much to have the contract signed.

Él batallaba para encontrar sus cosas puesto que no veía bien.

He struggled to find his belongings because he could not see very well.

bautizar

to baptize, to christen

Gerundio: bautizando **Participio pasado:** bautizado

Mood	Simple Tenses		Compound Tenses	
	Singular	*Plural*	*Singular*	*Plural*
Indicative	**Present**		**Present Perfect**	
	bautizo bautizas bautiza	bautizamos bautizáis bautizan	he bautizado has bautizado ha bautizado	hemos bautizado habéis bautizado han bautizado
	Preterit		**Preterit Perfect**	
	bauticé bautizaste bautizó	bautizamos bautizasteis bautizaron	hube bautizado hubiste bautizado hubo bautizado	hubimos bautizado hubisteis bautizado hubieron bautizado
	Imperfect		**Pluperfect**	
	bautizaba bautizabas bautizaba	bautizábamos bautizabais bautizaban	había bautizado habías bautizado había bautizado	habíamos bautizado habíais bautizado habían bautizado
	Future		**Future Perfect**	
	bautizaré bautizarás bautizará	bautizaremos bautizaréis bautizarán	habré bautizado habrás bautizado habrá bautizado	habremos bautizado habréis bautizado habrán bautizado
	Conditional		**Conditional Perfect**	
	bautizaría bautizarías bautizaría	bautizaríamos bautizaríais bautizarían	habría bautizado habrías bautizado habría bautizado	habríamos bautizado habríais bautizado habrían bautizado
Subjunctive	**Present**		**Present Perfect**	
	bautice bautices bautice	bauticemos bauticéis bauticen	haya bautizado hayas bautizado haya bautizado	hayamos bautizado hayáis bautizado hayan bautizado
	Imperfect		**Pluperfect**	
	bautizara, -se bautizaras, -ses bautizara, -se	bautizáramos, -semos bautizarais, -seis bautizaran, -sen	hubiera, -se bautizado hubieras, -ses bautizado hubiera, -se bautizado	hubiéramos, -semos bautizado hubierais, -seis bautizado hubieran, -sen bautizado

IMPERATIVE

bautiza (tú); no bautices
(no) bautice (Ud.)

(no) bauticemos (nosotros)
bautizad (vosotros); no bauticéis
(no) bauticen (Uds.)

EXAMPLES

Lo bautizaríamos con el nombre Chance.

We would baptize him with the name Chance.

El cura la bautizará si sus padres asisten al bautizo.

The priest will baptize her if her parents attend the baptism.

Los abuelos desean que bauticen al bebé en Madrid.

The grandparents want the baby to be baptized in Madrid.

Bautizaron al niño cuando tenía ocho años.

They baptized the boy when he was eight years old.

beber
to drink
Gerundio: bebiendo   **Participio pasado:** bebido

Mood	Simple Tenses		Compound Tenses	
	Singular	*Plural*	*Singular*	*Plural*
	Present		**Present Perfect**	
	bebo	bebemos	he bebido	hemos bebido
	bebes	bebéis	has bebido	habéis bebido
	bebe	beben	ha bebido	han bebido
	Preterit		**Preterit Perfect**	
	bebí	bebimos	hube bebido	hubimos bebido
	bebiste	bebisteis	hubiste bebido	hubisteis bebido
	bebió	bebieron	hubo bebido	hubieron bebido
Indicative	**Imperfect**		**Pluperfect**	
	bebía	bebíamos	había bebido	habíamos bebido
	bebías	bebíais	habías bebido	habíais bebido
	bebía	bebían	había bebido	habían bebido
	Future		**Future Perfect**	
	beberé	beberemos	habré bebido	habremos bebido
	beberás	beberéis	habrás bebido	habréis bebido
	beberá	beberán	habrá bebido	habrán bebido
	Conditional		**Conditional Perfect**	
	bebería	beberíamos	habría bebido	habríamos bebido
	beberías	beberíais	habrías bebido	habríais bebido
	bebería	beberían	habría bebido	habrían bebido
Subjunctive	**Present**		**Present Perfect**	
	beba	bebamos	haya bebido	hayamos bebido
	bebas	bebáis	hayas bebido	hayáis bebido
	beba	beban	haya bebido	hayan bebido
	Imperfect		**Pluperfect**	
	bebiera, -se	bebiéramos, -semos	hubiera, -se bebido	hubiéramos,-semos bebido
	bebieras, -ses	bebierais, -seis	hubieras, -ses bebido	
	bebiera, -se	bebieran, -sen	hubiera, -se bebido	hubierais, -seis bebido
				hubieran, -sen bebido

IMPERATIVE

bebe (tú); no bebas
(no) beba (Ud.)

(no) bebamos (nosotros)
bebed (vosotros); no bebáis
(no) beban (Uds.)

EXAMPLES

Los jóvenes estaban bebiendo mucho.

The young men were drinking too much.

Yo he bebido sangría española.

I have drunk Spanish sangria

Hubiésemos bebido té chino, pero se les acabó.

We were going to drink Chinese tea, but they ran out of it.

Bebieron hasta que se cansaron.

They drank until they could drink no more.

IDIOMATIC EXPRESSION

Él bebía como una cuba.

He used to drink like a fish.

becar

to award or grant a scholarship or fellowship
Gerundio: becando   **Participio pasado:** becado

Mood	Simple Tenses		Compound Tenses	
	Singular	*Plural*	*Singular*	*Plural*
Indicative	**Present**		**Present Perfect**	
	beco	becamos	he becado	hemos becado
	becas	becáis	has becado	habéis becado
	beca	becan	ha becado	han becado
	Preterit		**Preterit Perfect**	
	bequé	becamos	hube becado	hubimos becado
	becaste	becasteis	hubiste becado	hubisteis becado
	becó	becaron	hubo becado	hubieron becado
	Imperfect		**Pluperfect**	
	becaba	becábamos	había becado	habíamos becado
	becabas	becabais	habías becado	habíais becado
	becaba	becaban	había becado	habían becado
	Future		**Future Perfect**	
	becaré	becaremos	habré becado	habremos becado
	becarás	becaréis	habrás becado	habréis becado
	becará	becarán	habrá becado	habrán becado
	Conditional		**Conditional Perfect**	
	becaría	becaríamos	habría becado	habríamos becado
	becarías	becaríais	habrías becado	habríais becado
	becaría	becarían	habría becado	habrían becado
Subjunctive	**Present**		**Present Perfect**	
	beque	bequemos	haya becado	hayamos becado
	beques	bequéis	hayas becado	hayáis becado
	beque	bequen	haya becado	hayan becado
	Imperfect		**Pluperfect**	
	becara, -se	becáramos, -semos	hubiera, -se becado	hubiéramos,-semos becado
	becaras, -ses	becarais, -seis	hubieras, -ses becado	
	becara, -se	becaran, -sen	hubiera, -se becado	hubierais, -seis becado
				hubieran, -sen becado

IMPERATIVE

beca (tú); no beques
(no) beque (Ud.)

(no) bequemos (nosotros)
becad (vosotros); no bequéis
(no) bequen (Uds.)

EXAMPLES

El gobierno está becando a muchos estudiantes.
Él ha sido becado por su compañía.
La universidad la becó para estudiar Astrofísica.

The government is giving scholarships to many students.
His company has awarded him a scholarship.
The University granted her a scholarship to study Astrophysics.

bendecir

to bless, to consecrate

Gerundio: bendiciendo   **Participio pasado:** bendecido

Mood	Simple Tenses		Compound Tenses	
	Singular	*Plural*	*Singular*	*Plural*
Indicative	**Present**		**Present Perfect**	
	bendigo	bendecimos	he bendecido	hemos bendecido
	bendices	bendecís	has bendecido	habéis bendecido
	bendice	bendicen	ha bendecido	han bendecido
	Preterit		**Preterit Perfect**	
	bendije	bendijimos	hube bendecido	hubimos bendecido
	bendijiste	bendijisteis	hubiste bendecido	hubisteis bendecido
	bendijo	bendijeron	hubo bendecido	hubieron bendecido
	Imperfect		**Pluperfect**	
	bendecía	bendecíamos	había bendecido	habíamos bendecido
	bendecías	bendecíais	habías bendecido	habíais bendecido
	bendecía	bendecían	había bendecido	habían bendecido
	Future		**Future Perfect**	
	bendeciré	bendeciremos	habré bendecido	habremos bendecido
	bendecirás	bendeciréis	habrás bendecido	habréis bendecido
	bendecirá	bendecirán	habrá bendecido	habrán bendecido
	Conditional		**Conditional Perfect**	
	bendeciría	bendeciríamos	habría bendecido	habríamos bendecido
	bendecirías	bendeciríais	habrías bendecido	habríais bendecido
	bendeciría	bendecirían	habría bendecido	habrían bendecido
Subjunctive	**Present**		**Present Perfect**	
	bendiga	bendigamos	haya bendecido	hayamos bendecido
	bendigas	bendigáis	hayas bendecido	hayáis bendecido
	bendiga	bendigan	haya bendecido	hayan bendecido
	Imperfect		**Pluperfect**	
	bendijera, -se	bendijéramos, -semos	hubiera, -se bendecido	hubiéramos, -semos bendecido
	bendijeras, -ses	bendijerais, -seis	hubieras, -ses bendecido	hubierais, -seis bendecido
	bendijera, -se	bendijeran, -sen	hubiera, -se bendecido	hubieran, -sen bendecido

IMPERATIVE

	(no) bendigamos (nosotros)
bendice (tú); no bendigas	bendecid (vosotros); no bendigáis
(no) bendiga (Ud.)	(no) bendigan (Uds.)

Note: There is an irregular past participle form, *bendito,* that is used as an adjective only. See Example 4.

EXAMPLES

Los padres bendicen a sus hijos todos los días.	The parents bless their children every day.
El cura bendecirá a los feligreses después de la misa.	The priest will bless the congregation after the mass.
Esperamos que la beata haya bendecido las cruces.	We hope the lay sister had blessed the crosses.
¡Bendita seas!	Be blessed!

besar

to kiss, to touch lightly

Gerundio: besando   **Participio pasado:** besado

Mood	Simple Tenses		Compound Tenses	
	Singular	*Plural*	*Singular*	*Plural*
Indicative	**Present**		**Present Perfect**	
	beso besas besa	besamos besáis besan	he besado has besado ha besado	hemos besado habéis besado han besado
	Preterit		**Preterit Perfect**	
	besé besaste besó	besamos besasteis besaron	hube besado hubiste besado hubo besado	hubimos besado hubisteis besado hubieron besado
	Imperfect		**Pluperfect**	
	besaba besabas besaba	besábamos besabais besaban	había besado habías besado había besado	habíamos besado habíais besado habían besado
	Future		**Future Perfect**	
	besaré besarás besará	besaremos besaréis besarán	habré besado habrás besado habrá besado	habremos besado habréis besado habrán besado
	Conditional		**Conditional Perfect**	
	besaría besarías besaría	besaríamos besaríais besarían	habría besado habrías besado habría besado	habríamos besado habríais besado habrían besado
Subjunctive	**Present**		**Present Perfect**	
	bese beses bese	besemos beséis besen	haya besado hayas besado haya besado	hayamos besado hayáis besado hayan besado
	Imperfect		**Pluperfect**	
	besara, -se besaras, -ses besara, -se	besáramos, -semos besarais, -seis besaran, -sen	hubiera, -se besado hubieras, -ses besado hubiera, -se besado	hubiéramos, -semos besado hubierais, -seis besado hubieran, -sen besado

IMPERATIVE

besa (tú); no beses

(no) bese (Ud.)

(no) besemos (nosotros)

besad (vosotros); no beséis

(no) besen (Uds.)

Note: As a reflexive verb, *besarse* (to kiss each other) uses the reflexive pronouns *me, te, se, nos, os, se.* Example 4 shows the reflexive use.

EXAMPLES

El joven quería que la muchacha lo besara.

Te beso si cierras los ojos.

Si besas a la rana, se convertirá en un príncipe.

Los enamorados se besaban debajo de la luz de la luna.

The young man wanted the girl to kiss him.

I will kiss you if you close your eyes.

If you kiss the toad, it may turn into a prince.

The lovers were kissing under the light of the moon.

bloquear

to block, to obstruct, to block an account

Gerundio: bloqueando   **Participio pasado:** bloqueado

Mood	Simple Tenses		Compound Tenses	
	Singular	*Plural*	*Singular*	*Plural*
Indicative	**Present**		**Present Perfect**	
	bloqueo	bloqueamos	he bloqueado	hemos bloqueado
	bloqueas	bloqueáis	has bloqueado	habéis bloqueado
	bloquea	bloquean	ha bloqueado	han bloqueado
	Preterit		**Preterit Perfect**	
	bloqueé	bloqueamos	hube bloqueado	hubimos bloqueado
	bloqueaste	bloqueasteis	hubiste bloqueado	hubisteis bloqueado
	bloqueó	bloquearon	hubo bloqueado	hubieron bloqueado
	Imperfect		**Pluperfect**	
	bloqueaba	bloqueábamos	había bloqueado	habíamos bloqueado
	bloqueabas	bloqueabais	habías bloqueado	habíais bloqueado
	bloqueaba	bloqueaban	había bloqueado	habían bloqueado
	Future		**Future Perfect**	
	bloquearé	bloquearemos	habré bloqueado	habremos bloqueado
	bloquearás	bloquearéis	habrás bloqueado	habréis bloqueado
	bloqueará	bloquearán	habrá bloqueado	habrán bloqueado
	Conditional		**Conditional Perfect**	
	bloquearía	bloquearíamos	habría bloqueado	habríamos bloqueado
	bloquearías	bloquearíais	habrías bloqueado	habríais bloqueado
	bloquearía	bloquearían	habría bloqueado	habrían bloqueado
Subjunctive	**Present**		**Present Perfect**	
	bloquee	bloqueemos	haya bloqueado	hayamos bloqueado
	bloquees	bloqueéis	hayas bloqueado	hayáis bloqueado
	bloquee	bloqueen	haya bloqueado	hayan bloqueado
	Imperfect		**Pluperfect**	
	bloqueara, -se	bloqueáramos, -semos	hubiera, -se bloqueado	hubiéramos, -semos bloqueado
	bloquearas, -ses	bloquearais, -seis	hubieras, -ses bloqueado	hubierais, -seis bloqueado
	bloqueara, -se	bloquearan, -sen	hubiera, -se bloqueado	hubieran, -sen bloqueado

IMPERATIVE

bloquea (tú); no bloquees
(no) bloquee (Ud.)

(no) bloqueemos (nosotros)
bloquead (vosotros); no bloqueéis
(no) bloqueen (Uds.)

EXAMPLES

Los secuestradores bloquearon el camino con sus carros blindados.
The kidnappers blocked the road with their armored cars.

El biombo bloqueaba a la actriz.
The screen was blocking the actress.

Las cortinas habían bloqueado la luz solar y la planta murió.
The curtains had blocked the light, and the plant died.

Las admiradoras estaban bloqueando al famoso cantante y no lo dejaron salir.
The fans were blocking the famous singer from leaving.

borrar

to erase, to rub out, to scratch out, to delete

Gerundio: borrando   **Participio pasado:** borrado

Mood	Simple Tenses		Compound Tenses	
	Singular	*Plural*	*Singular*	*Plural*
Indicative	**Present**		**Present Perfect**	
	borro borras borra	borramos borráis borran	he borrado has borrado ha borrado	hemos borrado habéis borrado han borrado
	Preterit		**Preterit Perfect**	
	borré borraste borró	borramos borrasteis borraron	hube borrado hubiste borrado hubo borrado	hubimos borrado hubisteis borrado hubieron borrado
	Imperfect		**Pluperfect**	
	borraba borrabas borraba	borrábamos borrabais borraban	había borrado habías borrado había borrado	habíamos borrado habíais borrado habían borrado
	Future		**Future Perfect**	
	borraré borrarás borrará	borraremos borraréis borrarán	habré borrado habrás borrado habrá borrado	habremos borrado habréis borrado habrán borrado
	Conditional		**Conditional Perfect**	
	borraría borrarías borraría	borraríamos borraríais borrarían	habría borrado habrías borrado habría borrado	habríamos borrado habríais borrado habrían borrado
Subjunctive	**Present**		**Present Perfect**	
	borre borres borre	borremos borréis borren	haya borrado hayas borrado haya borrado	hayamos borrado hayáis borrado hayan borrado
	Imperfect		**Pluperfect**	
	borrara, -se borraras, -ses borrara, -se	borráramos, -semos borrarais, -seis borraran, -sen	hubiera, -se borrado hubieras, -ses borrado hubiera, -se borrado	hubiéramos,- semos borrado hubierais, -seis borrado hubieran, -sen borrado

IMPERATIVE

borra (tú); no borres
(no) borre (Ud.)

(no) borremos (nosotros)
borrad (vosotros); no borréis
(no) borren (Uds.)

EXAMPLES

¡No borren el pizarrón todavía, por favor!   Don't erase the board yet, please!
El virus borró la memoria de la computadora.   The virus erased the memory of the computer.
Si pudiera, él borraría su pasado.   If he could, he would erase his past.

IDIOMATIC EXAMPLE

¡Borrón y cuenta nueva!   Forget, and start fresh!

bostezar

to yawn

Gerundio: bostezando   **Participio pasado:** bostezado

Mood	Simple Tenses		Compound Tenses	
	Singular	*Plural*	*Singular*	*Plural*
	Present		**Present Perfect**	
	bostezo	bostezamos	he bostezado	hemos bostezado
	bostezas	bostezáis	has bostezado	habéis bostezado
	bosteza	bostezan	ha bostezado	han bostezado
	Preterit		**Preterit Perfect**	
	bostecé	bostezamos	hube bostezado	hubimos bostezado
	bostezaste	bostezasteis	hubiste bostezado	hubisteis bostezado
	bostezó	bostezaron	hubo bostezado	hubieron bostezado
Indicative	**Imperfect**		**Pluperfect**	
	bostezaba	bostezábamos	había bostezado	habíamos bostezado
	bostezabas	bostezabais	habías bostezado	habíais bostezado
	bostezaba	bostezaban	había bostezado	habían bostezado
	Future		**Future Perfect**	
	bostezaré	bostezaremos	habré bostezado	habremos bostezado
	bostezarás	bostezaréis	habrás bostezado	habréis bostezado
	bostezará	bostezarán	habrá bostezado	habrán bostezado
	Conditional		**Conditional Perfect**	
	bostezaría	bostezaríamos	habría bostezado	habríamos bostezado
	bostezarías	bostezaríais	habrías bostezado	habríais bostezado
	bostezaría	bostezarían	habría bostezado	habrían bostezado
Subjunctive	**Present**		**Present Perfect**	
	bostece	bostecemos	haya bostezado	hayamos bostezado
	bosteces	bostecéis	hayas bostezado	hayáis bostezado
	bostece	bostecen	haya bostezado	hayan bostezado
	Imperfect		**Pluperfect**	
	bostezara, -se	bostezáramos, -semos	hubiera, -se bostezado	hubiéramos, -semos bostezado
	bostezaras, -ses	bostezarais, -seis	hubieras, -ses bostezado	
	bostezara, -se	bostezaran, -sen	hubiera, -se bostezado	hubierais, -seis bostezado
				hubieran, -sen bostezado

IMPERATIVE

bosteza (tú); no bosteces
(no) bostece (Ud.)

(no) bostecemos (nosotros)
bostezad (vosotros); no bostecéis
(no) bostecen (Uds.)

EXAMPLES

¡Él ha bostezado como cincuenta veces! Debe estar aburrido.

He has yawned about fifty times! He must be bored.

Ellos habrían bostezado durante la charla, pero su educación no se los permitió.

They would have yawned during the lecture but their manners did not let them do it.

El bostezo es contagioso. Si ella bosteza, yo bostezo.

Yawning is contagious. If she yawns, I yawn too.

botar

to throw away, to cast off, to fire

Gerundio: botando   **Participio pasado:** botado

Mood	Simple Tenses		Compound Tenses	
	Singular	*Plural*	*Singular*	*Plural*
Indicative	**Present**		**Present Perfect**	
	boto	botamos	he botado	hemos botado
	botas	botáis	has botado	habéis botado
	bota	botan	ha botado	han botado
	Preterit		**Preterit Perfect**	
	boté	botamos	hube botado	hubimos botado
	botaste	botasteis	hubiste botado	hubisteis botado
	botó	botaron	hubo botado	hubieron botado
	Imperfect		**Pluperfect**	
	botaba	botábamos	había botado	habíamos botado
	botabas	botabais	habías botado	habíais botado
	botaba	botaban	había botado	habían botado
	Future		**Future Perfect**	
	botaré	botaremos	habré botado	habremos botado
	botarás	botaréis	habrás botado	habréis botado
	botará	botarán	habrá botado	habrán botado
	Conditional		**Conditional Perfect**	
	botaría	botaríamos	habría botado	habríamos botado
	botarías	botaríais	habrías botado	habríais botado
	botaría	botarían	habría botado	habrían botado
Subjunctive	**Present**		**Present Perfect**	
	bote	botemos	haya botado	hayamos botado
	botes	botéis	hayas botado	hayáis botado
	bote	boten	haya botado	hayan botado
	Imperfect		**Pluperfect**	
	botara, -se	botáramos, -semos	hubiera, -se botado	hubiéramos, -semos botado
	botaras, -ses	botarais, -seis	hubieras, -ses botado	hubierais, -seis botado
	botara, -se	botaran, -sen	hubiera, -se botado	hubieran, -sen botado

IMPERATIVE

bota (tú); no botes

(no) bote (Ud.)

(no) botemos (nosotros)

botad (vosotros); no botéis

(no) boten (Uds.)

EXAMPLES

Los excursionistas cuidadosos botan la basura en el basurero.

The conscientious hikers throw the trash in the trashcans.

¡No boten los desperdicios en la calle!

Don't throw the trash on the streets.

Lo han botado del trabajo sin previo aviso.

They have fired him without warning.

Es necesario que ellos boten toda su ropa vieja.

It is necessary that they throw away all their old clothes.

brillar

to shine, to sparkle, to glitter

Gerundio: brillando   **Participio pasado:** brillado

Mode	Simple Tenses		Compound Tenses	
	Singular	*Plural*	*Singular*	*Plural*
Indicative	**Present**		**Present Perfect**	
	brillo	brillamos	he brillado	hemos brillado
	brillas	brilláis	has brillado	habéis brillado
	brilla	brillan	ha brillado	han brillado
	Preterit		**Preterit Perfect**	
	brillé	brillamos	hube brillado	hubimos brillado
	brillaste	brillasteis	hubiste brillado	hubisteis brillado
	brilló	brillaron	hubo brillado	hubieron brillado
	Imperfect		**Pluperfect**	
	brillaba	brillábamos	había brillado	habíamos brillado
	brillabas	brillabais	habías brillado	habíais brillado
	brillaba	brillaban	había brillado	habían brillado
	Future		**Future Perfect**	
	brillaré	brillaremos	habré brillado	habremos brillado
	brillarás	brillaréis	habrás brillado	habréis brillado
	brillará	brillarán	habrá brillado	habrán brillado
	Conditional		**Conditional Perfect**	
	brillaría	brillaríamos	habría brillado	habríamos brillado
	brillarías	brillaríais	habrías brillado	habríais brillado
	brillaría	brillarían	habría brillado	habrían brillado
Subjunctive	**Present**		**Present Perfect**	
	brille	brillemos	haya brillado	hayamos brillado
	brilles	brilléis	hayas brillado	hayáis brillado
	brille	brillen	haya brillado	hayan brillado
	Imperfect		**Pluperfect**	
	brillara, -se	brilláramos, -semos	hubiera, -se brillado	hubiéramos, -semos brillado
	brillaras, -ses	brillarais, -seis	hubieras, -ses brillado	hubierais, -seis brillado
	brillara, -se	brillaran, -sen	hubiera, -se brillado	hubieran, -sen brillado

IMPERATIVE

brilla (tú); no brilles
(no) brille (Ud.)

(no) brillemos (nosotros)
brillad (vosotros); no brilléis
(no) brillen (Uds.)

EXAMPLES

El sol ha brillado por billones de años.

Los carros brillaban después de pulidos.

Las patinadoras sobre hielo brillaban como las estrellas.

The sun has shone for billion of years.

The cars were shining after being polished.

The ice skaters were shining like stars.

IDIOMATIC EXAMPLE

No todo lo que brilla es oro.

Not all that glitters is gold.

brincar

to skip, to jump, to bounce
Gerundio: brincando   **Participio pasado:** brincado

Mood	Simple Tenses		Compound Tenses	
	Singular	*Plural*	*Singular*	*Plural*
Indicative	**Present**		**Present Perfect**	
	brinco brincas brinca	brincamos brincáis brincan	he brincado has brincado ha brincado	hemos brincado habéis brincado han brincado
	Preterit		**Preterit Perfect**	
	brinqué brincaste brincó	brincamos brincasteis brincaron	hube brincado hubiste brincado hubo brincado	hubimos brincado hubisteis brincado hubieron brincado
	Imperfect		**Pluperfect**	
	brincaba brincabas brincaba	brincábamos brincabais brincaban	había brincado habías brincado había brincado	habíamos brincado habíais brincado habían brincado
	Future		**Future Perfect**	
	brincaré brincarás brincará	brincaremos brincaréis brincarán	habré brincado habrás brincado habrá brincado	habremos brincado habréis brincado habrán brincado
	Conditional		**Conditional Perfect**	
	brincaría brincarías brincaría	brincaríamos brincaríais brincarían	habría brincado habrías brincado habría brincado	habríamos brincado habríais brincado habrían brincado
Subjunctive	**Present**		**Present Perfect**	
	brinque brinques brinque	brinquemos brinquéis brinquen	haya brincado hayas brincado haya brincado	hayamos brincado hayáis brincado hayan brincado
	Imperfect		**Pluperfect**	
	brincara, -se brincaras, -ses brincara, -se	brincáramos, -semos brincarais, -seis brincaran, -sen	hubiera, -se brincado hubieras, -ses brincado hubiera, -se brincado	hubiéramos, -semos brincado hubierais, -seis brincado hubieran, -sen brincado

IMPERATIVE

brinca (tú); no brinques
(no) brinque (Ud.)

(no) brinquemos (nosotros)
brincad (vosotros); no brinquéis
(no) brinquen (Uds.)

EXAMPLES

Las muchachas estaban brincando en la cama.
Yo brinqué la cerca y me caí.
El gato brincó por las cercas.
¡No brinques tanto, muchacho!

The girls were jumping on the bed.
I jumped the fence and fell down.
The cat skipped through the fences.
Don't jump so much, boy!

brindar

to offer, to toast, to invite

Gerundio: brindando   **Participio pasado:** brindado

Mood	Simple Tenses		Compound Tenses	
	Singular	*Plural*	*Singular*	*Plural*
Indicative	**Present**		**Present Perfect**	
	brindo	brindamos	he brindado	hemos brindado
	brindas	brindáis	has brindado	habéis brindado
	brinda	brindan	ha brindado	han brindado
	Preterit		**Preterit Perfect**	
	brindé	brindamos	hube brindado	hubimos brindado
	brindaste	brindasteis	hubiste brindado	hubisteis brindado
	brindó	brindaron	hubo brindado	hubieron brindado
	Imperfect		**Pluperfect**	
	brindaba	brindábamos	había brindado	habíamos brindado
	brindabas	brindabais	habías brindado	habíais brindado
	brindaba	brindaban	había brindado	habían brindado
	Future		**Future Perfect**	
	brindaré	brindaremos	habré brindado	habremos brindado
	brindarás	brindaréis	habrás brindado	habréis brindado
	brindará	brindarán	habrá brindado	habrán brindado
	Conditional		**Conditional Perfect**	
	brindaría	brindaríamos	habría brindado	habríamos brindado
	brindarías	brindaríais	habrías brindado	habríais brindado
	brindaría	brindarían	habría brindado	habrían brindado
Subjunctive	**Present**		**Present Perfect**	
	brinde	brindemos	haya brindado	hayamos brindado
	brindes	brindéis	hayas brindado	hayáis brindado
	brinde	brinden	haya brindado	hayan brindado
	Imperfect		**Pluperfect**	
	brindara, -se	brindáramos, -semos	hubiera, -se brindado	hubiéramos, -semos brindado
	brindaras, -ses	brindarais, -seis	hubieras, -ses brindado	hubierais, -seis brindado
	brindara, -se	brindaran, -sen	hubiera, -se brindado	hubieran, -sen brindado

IMPERATIVE

	(no) brindemos (nosotros)
brinda (tú); no brindes	brindad (vosotros); no brindéis
(no) brinde (Ud.)	(no) brinden (Uds.)

Note: As a reflexive verb, *brindarse* (to volunteer, to offer) uses the reflexive pronouns *me, te, se, nos, os, se.* Example 4 shows the reflexive use.

EXAMPLES

Ella les brindó la casa a sus amigos.	She offered the house to her friends to stay.
Los invitados brindan por la felicidad de los novios.	The guests toast to the happiness of the newlyweds.
¡Brindemos por el nuevo ascenso!	Let us toast the new promotion!
Ellos se brindaron a traer los refrescos.	They offered to bring the sodas.

broncearse

to get a tan, to bronze, to tan

Gerundio: bronceándose   **Participio pasado:** bronceado

Mood	Simple Tenses		Compound Tenses	
	Singular	*Plural*	*Singular*	*Plural*
Indicative	**Present**		**Present Perfect**	
	me bronceo te bronceas se broncea	nos bronceamos os bronceáis se broncean	me he bronceado te has bronceado se ha bronceado	nos hemos bronceado os habéis bronceado se han bronceado
	Preterit		**Preterit Perfect**	
	me bronceé te bronceaste se bronceó	nos bronceamos os bronceasteis se broncearon	me hube bronceado te hubiste bronceado se hubo bronceado	nos hubimos bronceado os hubisteis bronceado se hubieron bronceado
	Imperfect		**Pluperfect**	
	me bronceaba te bronceabas se bronceaba	nos bronceábamos os bronceabais se bronceaban	me había bronceado te habías bronceado se había bronceado	nos habíamos bronceado os habíais bronceado se habían bronceado
	Future		**Future Perfect**	
	me broncearé te broncearás se bronceará	nos broncearemos os broncearéis se broncearán	me habré bronceado te habrás bronceado se habrá bronceado	nos habremos bronceado os habréis bronceado se habrán bronceado
	Conditional		**Conditional Perfect**	
	me broncearía te broncearías se broncearía	nos broncearíamos os broncearíais se broncearían	me habría bronceado te habrías bronceado se habría bronceado	nos habríamos bronceado os habríais bronceado se habrían bronceado
Subjunctive	**Present**		**Present Perfect**	
	me broncee te broncees se broncee	nos bronceemos os bronceéis se bronceen	me haya bronceado te hayas bronceado se haya bronceado	nos hayamos bronceado os hayáis bronceado se hayan bronceado
	Imperfect		**Pluperfect**	
	me bronceara, -se te broncearas, -ses se bronceara, -se	nos bronceáramos, -semos os broncearais, -seis se broncearan, -sen	me hubiera, -se bron- ceado te hubieras, -ses bron- ceado se hubiera, -se bronceado	nos hubiéramos, -semos bronceado os hubierais, -seis bron- ceado se hubieran, -sen bron- ceado

IMPERATIVE

broncéate (tú); no te broncees
broncéese (Ud.); no se broncee

bronceémonos (nosotros); no nos bron-
ceemos
bronceaos (vosotros); no os bronceéis
broncéense (Uds.); no se bronceen

EXAMPLES

No es bueno para la salud broncearse frecuentemente.

It is not healthy to tan often.

El salvavidas se broncea más que la secretaria.

The lifeguard tans more than the secretary.

Nos hubiésemos bronceado más, pero se
nubló.

We would have tanned more, but it got
cloudy.

burlarse

to ridicule, to make fun of, to evade

Gerundio: burlándose   **Participio pasado:** burlado

Mood	Simple Tenses		Compound Tenses	
	Singular	*Plural*	*Singular*	*Plural*
Indicative	**Present**		**Present Perfect**	
	me burlo te burlas se burla	nos burlamos os burláis se burlan	me he burlado te has burlado se ha burlado	nos hemos burlado os habéis burlado se han burlado
	Preterit		**Preterit Perfect**	
	me burlé te burlaste se burló	nos burlamos os burlasteis se burlaron	me hube burlado te hubiste burlado se hubo burlado	nos hubimos burlado os hubisteis burlado se hubieron burlado
	Imperfect		**Pluperfect**	
	me burlaba te burlabas se burlaba	nos burlábamos os burlabais se burlaban	me había burlado te habías burlado se había burlado	nos habíamos burlado os habíais burlado se habían burlado
	Future		**Future Perfect**	
	me burlaré te burlarás se burlará	nos burlaremos os burlaréis se burlarán	me habré burlado te habrás burlado se habrá burlado	nos habremos burlado os habréis burlado se habrán burlado
	Conditional		**Conditional Perfect**	
	me burlaría te burlarías se burlaría	nos burlaríamos os burlaríais se burlarían	me habría burlado te habrías burlado se habría burlado	nos habríamos burlado os habríais burlado se habrían burlado
Subjunctive	**Present**		**Present Perfect**	
	me burle te burles se burle	nos burlemos os burléis se burlen	me haya burlado te hayas burlado se haya burlado	nos hayamos burlado os hayáis burlado se hayan burlado
	Imperfect		**Pluperfect**	
	me burlara, -se te burlaras, -ses se burlara, -se	nos burláramos, -semos os burlarais, -seis se burlaran, -sen	me hubiera, -se burlado te hubieras, -ses burlado se hubiera, -se burlado	nos hubiéramos, -semos burlado os hubierais, -seis burlado se hubieran, -sen burlado

IMPERATIVE

búrlate (tú); no te burles
búrlese (Ud.); no se burle

burlémonos (nosotros); no nos burlemos
burlaos (vosotros); no os burléis
búrlense (Uds.); no se burlen

EXAMPLES

El cómico se burló de los políticos.	The comedian made fun of the politician.
¡No te burles de tu hermana, Daniel!	Don't make fun of your sister, Daniel!
Yo me burlo de mis propios errores.	I make fun of my own mistakes.
Ya se había burlado de la ley muchas veces.	He had already evaded the law many times.

buscar

to seek, to look for

Gerundio: buscando   **Participio pasado:** buscado

Mood	Simple Tenses		Compound Tenses	
	Singular	*Plural*	*Singular*	*Plural*
Indicative	**Present**		**Present Perfect**	
	busco	buscamos	he buscado	hemos buscado
	buscas	buscáis	has buscado	habéis buscado
	busca	buscan	ha buscado	han buscado
	Preterit		**Preterit Perfect**	
	busqué	buscamos	hube buscado	hubimos buscado
	buscaste	buscasteis	hubiste buscado	hubisteis buscado
	buscó	buscaron	hubo buscado	hubieron buscado
	Imperfect		**Pluperfect**	
	buscaba	buscábamos	había buscado	habíamos buscado
	buscabas	buscabais	habías buscado	habíais buscado
	buscaba	buscaban	había buscado	habían buscado
	Future		**Future Perfect**	
	buscaré	buscaremos	habré buscado	habremos buscado
	buscarás	buscaréis	habrás buscado	habréis buscado
	buscará	buscarán	habrá buscado	habrán buscado
	Conditional		**Conditional Perfect**	
	buscaría	buscaríamos	habría buscado	habríamos buscado
	buscarías	buscaríais	habrías buscado	habríais buscado
	buscaría	buscarían	habría buscado	habrían buscado
Subjunctive	**Present**		**Present Perfect**	
	busque	busquemos	haya buscado	hayamos buscado
	busques	busquéis	hayas buscado	hayáis buscado
	busque	busquen	haya buscado	hayan buscado
	Imperfect		**Pluperfect**	
	buscara, -se	buscáramos, -semos	hubiera, -se buscado	hubiéramos, -semos buscado
	buscaras, -ses	buscarais, -seis	hubieras, -ses buscado	hubierais, -seis buscado
	buscara, -se	buscaran, -sen	hubiera, -se buscado	hubieran, -sen buscado

IMPERATIVE

busca (tú); no busques

(no) busque (Ud.)

(no) busquemos (nosotros)

buscad (vosotros); no busquéis

(no) busquen (Uds.)

EXAMPLES

Ella estaba buscando su anillo de perlas.

She was looking for her pearl ring.

Hubiésemos buscado el libro, pero no tuvimos tiempo.

We would have looked for the book, but we didn't have time.

Los padres estaban buscando a la niña perdida.

The parents were looking for their lost girl.

cabalgar

to ride (a horse)

Gerundio: cabalgando   **Participio pasado:** cabalgado

Mood	Simple Tenses		Compound Tenses	
	Singular	*Plural*	*Singular*	*Plural*
Indicative	**Present**		**Present Perfect**	
	cabalgo cabalgas cabalga	cabalgamos cabalgáis cabalgan	he cabalgado has cabalgado ha cabalgado	hemos cabalgado habéis cabalgado han cabalgado
	Preterit		**Preterit Perfect**	
	cabalgué cabalgaste cabalgó	cabalgamos cabalgasteis cabalgaron	hube cabalgado hubiste cabalgado hubo cabalgado	hubimos cabalgado hubisteis cabalgado hubieron cabalgado
	Imperfect		**Pluperfect**	
	cabalgaba cabalgabas cabalgaba	cabalgábamos cabalgabais cabalgaban	había cabalgado habías cabalgado había cabalgado	habíamos cabalgado habíais cabalgado habían cabalgado
	Future		**Future Perfect**	
	cabalgaré cabalgarás cabalgará	cabalgaremos cabalgaréis cabalgarán	habré cabalgado habrás cabalgado habrá cabalgado	habremos cabalgado habréis cabalgado habrán cabalgado
	Conditional		**Conditional Perfect**	
	cabalgaría cabalgarías cabalgaría	cabalgaríamos cabalgaríais cabalgarían	habría cabalgado habrías cabalgado habría cabalgado	habríamos cabalgado habríais cabalgado habrían cabalgado
Subjunctive	**Present**		**Present Perfect**	
	cabalgue cabalgues cabalgue	cabalguemos cabalguéis cabalguen	haya cabalgado hayas cabalgado haya cabalgado	hayamos cabalgado hayáis cabalgado hayan cabalgado
	Imperfect		**Pluperfect**	
	cabalgara, -se cabalgaras, -ses cabalgara, -se	cabalgáramos, -semos cabalgarais, -seis cabalgaran, -sen	hubiera, -se cabalgado hubieras, -ses cabalgado hubiera, -se cabalgado	hubiéramos, -semos cabalgado hubierais, -seis cabalgado hubieran, -sen cabalgado

IMPERATIVE

cabalga (tú); no cabalgues
(no) cabalgue (Ud.)

(no) cabalguemos (nosotros)
cabalgad (vosotros); no cabalguéis
(no) cabalguen (Uds.)

EXAMPLES

Las damas cabalgaban en los desfiles.

The ladies used to ride horses in the parades.

Susana siempre cabalga con su suegro.

Susan always rides horses with her father-in-law.

Lidia está cabalgando desde los cinco años de edad.

Lydia has been riding horses since she was five years old.

Si el niño cabalgara en los hombros de su papá, no estaría tan cansado.

If the little boy were riding on his father's shoulders, he wouldn't be so tired.

caber
to fit into

Gerundio: cabiendo **Participio pasado:** cabido

Mood	Simple Tenses		Compound Tenses	
	Singular	*Plural*	*Singular*	*Plural*
Indicative	**Present**		**Present Perfect**	
	quepo	cabemos	he cabido	hemos cabido
	cabes	cabéis	has cabido	habéis cabido
	cabe	caben	ha cabido	han cabido
	Preterit		**Preterit Perfect**	
	cupe	cupimos	hube cabido	hubimos cabido
	cupiste	cupisteis	hubiste cabido	hubisteis cabido
	cupo	cupieron	hubo cabido	hubieron cabido
	Imperfect		**Pluperfect**	
	cabía	cabíamos	había cabido	habíamos cabido
	cabías	cabíais	habías cabido	habíais cabido
	cabía	cabían	había cabido	habían cabido
	Future		**Future Perfect**	
	cabré	cabremos	habré cabido	habremos cabido
	cabrás	cabréis	habrás cabido	habréis cabido
	cabrá	cabrán	habrá cabido	habrán cabido
	Conditional		**Conditional Perfect**	
	cabría	cabríamos	habría cabido	habríamos cabido
	cabrías	cabríais	habrías cabido	habríais cabido
	cabría	cabrían	habría cabido	habrían cabido
Subjunctive	**Present**		**Present Perfect**	
	quepa	quepamos	haya cabido	hayamos cabido
	quepas	quepáis	hayas cabido	hayáis cabido
	quepa	quepan	haya cabido	hayan cabido
	Imperfect		**Pluperfect**	
	cupiera, -se	cupiéramos, -semos	hubiera, -se cabido	hubiéramos, -semos cabido
	cupieras, -ses	cupierais, -seis	hubieras, -ses cabido	hubierais, -seis cabido
	cupiera, -se	cupieran, -sen	hubiera, -se cabido	hubieran, -sen cabido

IMPERATIVE

cabe (tú); no quepas
(no) quepa (Ud.)

(no) quepamos (nosotros)
cabed (vosotros); no quepáis
(no) quepan (Uds.)

EXAMPLES

Esos libros no caben en la mochila.
Si quepo en este vestido, iré a la fiesta.
Todos cupimos en este auto antes, ¿por qué no cabemos ahora?
El televisor no cupo en el armario.

Those books don't fit in the backpack.
If I fit into this dress, I will go to the party.
We all fit into this car before, why not now?

The television did not fit in the entertainment center.

caer

to fall, to drop
Gerundio: cayendo **Participio pasado:** caído

Mood	Simple Tenses		Compound Tenses	
	Singular	*Plural*	*Singular*	*Plural*
	Present		**Present Perfect**	
	caigo	caemos	he caído	hemos caído
	caes	caéis	has caído	habéis caído
	cae	caen	ha caído	han caído
	Preterit		**Preterit Perfect**	
	caí	caímos	hube caído	hubimos caído
	caíste	caísteis	hubiste caído	hubisteis caído
	cayó	cayeron	hubo caído	hubieron caído
Indicative	**Imperfect**		**Pluperfect**	
	caía	caíamos	había caído	habíamos caído
	caías	caíais	habías caído	habíais caído
	caía	caían	había caído	habían caído
	Future		**Future Perfect**	
	caeré	caeremos	habré caído	habremos caído
	caerás	caeréis	habrás caído	habréis caído
	caerá	caerán	habrá caído	habrán caído
	Conditional		**Conditional Perfect**	
	caería	caeríamos	habría caído	habríamos caído
	caerías	caeríais	habrías caído	habríais caído
	caería	caerían	habría caído	habrían caído
Subjunctive	**Present**		**Present Perfect**	
	caiga	caigamos	haya caído	hayamos caído
	caigas	caigáis	hayas caído	hayáis caído
	caiga	caigan	haya caído	hayan caído
	Imperfect		**Pluperfect**	
	cayera, -se	cayéramos, -semos	hubiera, -se caído	hubiéramos, -semos caído
	cayeras, -ses	cayerais, -seis	hubieras, -ses caído	hubierais, -seis caído
	cayera, -se	cayeran, -sen	hubiera, -se caído	hubieran, -sen caído

IMPERATIVE

cae (tú); no caigas	(no) caigamos (nosotros)
(no) caiga (Ud.)	caed (vosotros); no caigáis
	(no) caigan (Uds.)

Note: As a reflexive verb, *caerse* (to fall oneself, to tumble) uses the reflexive pronouns *me, te, se, nos, os, se.* Examples 4 and 5 show the reflexive use.

EXAMPLES

El soldado cayó en las manos del enemigo.	The soldier fell into the enemy's hands.
¿En qué día cae el 23?	On what day does the 23rd fall?
Los leones han caído en la trampa.	The lions have fallen into the trap.
Me hubiese caído sino hubiera sido por la pared.	I would have fallen if it hadn't been for the wall.
La viejita se cae constantemente.	The old lady falls down constantly.

IDIOMATIC EXAMPLES

Ese joven me cae muy pesado.	I find that young man very unpleasant.
No caímos en cuenta que nos mintió.	We did not realize that he lied to us.

calentar

to heat up, to warm

Gerundio: calentando   **Participio pasado:** calentado

Mood	Simple Tenses		Compound Tenses	
	Singular	*Plural*	*Singular*	*Plural*
Indicative	**Present**		**Present Perfect**	
	caliento	calentamos	he calentado	hemos calentado
	calientas	calentáis	has calentado	habéis calentado
	calienta	calientan	ha calentado	han calentado
	Preterit		**Preterit Perfect**	
	calenté	calentamos	hube calentado	hubimos calentado
	calentaste	calentasteis	hubiste calentado	hubisteis calentado
	calentó	calentaron	hubo calentado	hubieron calentado
	Imperfect		**Pluperfect**	
	calentaba	calentábamos	había calentado	habíamos calentado
	calentabas	calentabais	habías calentado	habíais calentado
	calentaba	calentaban	había calentado	habían calentado
	Future		**Future Perfect**	
	calentaré	calentaremos	habré calentado	habremos calentado
	calentarás	calentaréis	habrás calentado	habréis calentado
	calentará	calentarán	habrá calentado	habrán calentado
	Conditional		**Conditional Perfect**	
	calentaría	calentaríamos	habría calentado	habríamos calentado
	calentarías	calentaríais	habrías calentado	habríais calentado
	calentaría	calentarían	habría calentado	habrían calentado
Subjunctive	**Present**		**Present Perfect**	
	caliente	calentemos	haya calentado	hayamos calentado
	calientes	calentéis	hayas calentado	hayáis calentado
	caliente	calienten	haya calentado	hayan calentado
	Imperfect		**Pluperfect**	
	calentara, -se	calentáramos, -semos	hubiera, -se calentado	hubiéramos,-semos calentado
	calentaras, -ses	calentarais, -seis	hubieras, -ses calentado	
	calentara, -se	calentaran, -sen	hubiera, -se calentado	hubierais, -seis calentado
				hubieran, -sen calentado

IMPERATIVE

	(no) calentemos (nosotros)
calienta (tú); no calientes	calentad (vosotros); no calentéis
(no) caliente (Ud.)	(no) calienten (Uds.)

EXAMPLES

¡Deja que los hombres calienten su comida!	Let the men warm up their food!
Las enfermeras están calentando cobijas para los heridos.	The nurses are warming up blankets for the wounded men.
Hemos calentado el agua para bañarnos.	We have warmed up the water to take a bath.
¡No calienten mucho el té!	Don't warm up the tea too much!

IDIOMATIC EXAMPLE

Ella se ha calentado el casco buscando la respuesta del problema.	She has racked her brain looking for the answer to the problem.

calificar

to qualify, to grade, to judge, to rate

Gerundio: calificando **Participio pasado:** calificado

Mood	Simple Tenses		Compound Tenses	
	Singular	*Plural*	*Singular*	*Plural*
Indicative	**Present**		**Present Perfect**	
	calífico	calificamos	he calificado	hemos calificado
	calificas	calificáis	has calificado	habéis calificado
	califica	califican	ha calificado	han calificado
	Preterit		**Preterit Perfect**	
	califiqué	calificamos	hube calificado	hubimos calificado
	calificaste	calificasteis	hubiste calificado	hubisteis calificado
	calificó	calificaron	hubo calificado	hubieron calificado
	Imperfect		**Pluperfect**	
	calificaba	calificábamos	había calificado	habíamos calificado
	calificabas	calificabais	habías calificado	habíais calificado
	calificaba	calificaban	había calificado	habían calificado
	Future		**Future Perfect**	
	calificaré	calificaremos	habré calificado	habremos calificado
	calificarás	calificaréis	habrás calificado	habréis calificado
	calificará	calificarán	habrá calificado	habrán calificado
	Conditional		**Conditional Perfect**	
	calificaría	calificaríamos	habría calificado	habríamos calificado
	calificarías	calificaríais	habrías calificado	habríais calificado
	calificaría	calificarían	habría calificado	habrían calificado
Subjunctive	**Present**		**Present Perfect**	
	califique	califiquemos	haya calificado	hayamos calificado
	califiques	califiquéis	hayas calificado	hayáis calificado
	califique	califiquen	haya calificado	hayan calificado
	Imperfect		**Pluperfect**	
	calificara, -se	calificáramos, -semos	hubiera, -se calificado	hubiéramos, -semos calificado
	calificaras, -ses	calificarais, -seis	hubieras, -ses calificado	hubierais, -seis calificado
	calificara, -se	calificaran, -sen	hubiera, -se calificado	hubieran, -sen calificado

IMPERATIVE

califica (tú); no califiques
(no) califique (Ud.)

(no) califiquemos (nosotros)
calificad (vosotros); no califiquéis
(no) califiquen (Uds.)

EXAMPLES

Ella calificó para el equipo de natación.
She qualified to be on the swimming team.

La profesora ya había calificado todas las pruebas.
The teacher had already graded all the tests.

El jurado calificaba a las concursantes con cuidado.
The jury was judging the contestants carefully.

No califiques a las muchachas por su belleza solamente.
Don't judge the young women only for their beauty.

callarse

to be quiet, to keep silence, to conceal

Gerundio: callándose **Participio pasado:** callado

Mood	Simple Tenses		Compound Tenses	
	Singular	*Plural*	*Singular*	*Plural*
Indicative	**Present**		**Present Perfect**	
	me callo	nos callamos	me he callado	nos hemos callado
	te callas	os calláis	te has callado	os habéis callado
	se calla	se callan	se ha callado	se han callado
	Preterit		**Preterit Perfect**	
	me callé	nos callamos	me hube callado	nos hubimos callado
	te callaste	os callasteis	te hubiste callado	os hubisteis callado
	se calló	se callaron	se hubo callado	se hubieron callado
	Imperfect		**Pluperfect**	
	me callaba	nos callábamos	me había callado	nos habíamos callado
	te callabas	os callabais	te habías callado	os habíais callado
	se callaba	se callaban	se había callado	se habían callado
	Future		**Future Perfect**	
	me callaré	nos callaremos	me habré callado	nos habremos callado
	te callarás	os callaréis	te habrás callado	os habréis callado
	se callará	se callarán	se habrá callado	se habrán callado
	Conditional		**Conditional Perfect**	
	me callaría	nos callaríamos	me habría callado	nos habríamos callado
	te callarías	os callaríais	te habrías callado	os habríais callado
	se callaría	se callarían	se habría callado	se habrían callado
Subjunctive	**Present**		**Present Perfect**	
	me calle	nos callemos	me haya callado	nos hayamos callado
	te calles	os calléis	te hayas callado	os hayáis callado
	se calle	se callen	se haya callado	se hayan callado
	Imperfect		**Pluperfect**	
	me callara, -se	nos calláramos, -semos	me hubiera, -se callado	nos hubiéramos, -semos callado
	te callaras, -ses	os callarais, -seis	te hubieras, -ses callado	os hubierais, -seis callado
	se callara, -se	se callaran, -sen	se hubiera, -se callado	se hubieran, -sen callado

IMPERATIVE

cállate (tú); no te calles

cállese (Ud.); no se calle

callémonos (nosotros); no nos callemos

callaos (vosotros); no os calléis

cállense (Uds.); no se callen

Note: As a nonreflexive verb, *callar* (to keep quiet, to silence, to conceal) is shown in Examples 4 and 5.

EXAMPLES

La profesora les dijo a los estudiantes que se callaran.

The teacher told the students to be quiet.

La clase se calló cuando el director entró.

The class quieted down when the principal entered.

¡Cállate ahora mismo!

Be quiet right now!

¡No te calles la verdad!

Do not conceal the truth!

El pobre carpintero estaba callado mientras lo acusaban.

The humble carpenter was silent while they were accusing him.

IDIOMATIC EXAMPLES

Quien calla, otorga.

One who is silent gives consent.

Más vale callar que lamentar.

It is better to be silent than sorry.

calmar

to calm, to soothe, to calm down
Gerundio: calmando   **Participio pasado:** calmado

Mood	Simple Tenses		Compound Tenses	
	Singular	*Plural*	*Singular*	*Plural*
Indicative	**Present**		**Present Perfect**	
	calmo	calmamos	he calmado	hemos calmado
	calmas	calmáis	has calmado	habéis calmado
	calma	calman	ha calmado	han calmado
	Preterit		**Preterit Perfect**	
	calmé	calmamos	hube calmado	hubimos calmado
	calmaste	calmasteis	hubiste calmado	hubisteis calmado
	calmó	calmaron	hubo calmado	hubieron calmado
	Imperfect		**Pluperfect**	
	calmaba	calmábamos	había calmado	habíamos calmado
	calmabas	calmabais	habías calmado	habíais calmado
	calmaba	calmaban	había calmado	habían calmado
	Future		**Future Perfect**	
	calmaré	calmaremos	habré calmado	habremos calmado
	calmarás	calmaréis	habrás calmado	habréis calmado
	calmará	calmarán	habrá calmado	habrán calmado
	Conditional		**Conditional Perfect**	
	calmaría	calmaríamos	habría calmado	habríamos calmado
	calmarías	calmaríais	habrías calmado	habríais calmado
	calmaría	calmarían	habría calmado	habrían calmado
Subjunctive	**Present**		**Present Perfect**	
	calme	calmemos	haya calmado	hayamos calmado
	calmes	calméis	hayas calmado	hayáis calmado
	calme	calmen	haya calmado	hayan calmado
	Imperfect		**Pluperfect**	
	calmara, -se	calmáramos, -semos	hubiera, -se calmado	hubiéramos, -semos calmado
	calmaras, -ses	calmarais, -seis	hubieras, -ses calmado	hubierais, -seis calmado
	calmara, -se	calmaran, -sen	hubiera, -se calmado	hubieran, -sen calmado

IMPERATIVE

calma (tú); no calmes

(no) calme (Ud.)

(no) calmemos (nosotros)

calmad (vosotros); no calméis

(no) calmen (Uds.)

Note: As a reflexive verb, *calmarse* (to calm oneself, to become calm) uses the reflexive pronouns *me, te, se, nos, os, se.* Examples 4 and 5 show the reflexive use.

EXAMPLES

Una taza de té verde nos calma después de un largo viaje.

A cup of green tea calms us after a long trip.

Calmemos a los niños para que se duerman.

Let's calm down the children so they go to sleep.

Calma a los padres, por favor.

Calm down the parents, please

La multitud se habría calmado si el líder le hubiese hablado.

The crowd would have calmed down if the leader would have spoken to them.

Para calmarme tuve que respirar hondo tres veces.

To calm myself down, I had to breathe deeply three times.

calzar

to put shoes or boots, to shoe, to wear a certain size

Gerundio: calzando   **Participio pasado:** calzado

Mood	Simple Tenses		Compound Tenses	
	Singular	*Plural*	*Singular*	*Plural*
Indicative	**Present**		**Present Perfect**	
	calzo	calzamos	he calzado	hemos calzado
	calzas	calzáis	has calzado	habéis calzado
	calza	calzan	ha calzado	han calzado
	Preterit		**Preterit Perfect**	
	calcé	calzamos	hube calzado	hubimos calzado
	calzaste	calzasteis	hubiste calzado	hubisteis calzado
	calzó	calzaron	hubo calzado	hubieron calzado
	Imperfect		**Pluperfect**	
	calzaba	calzábamos	había calzado	habíamos calzado
	calzabas	calzabais	habías calzado	habíais calzado
	calzaba	calzaban	había calzado	habían calzado
	Future		**Future Perfect**	
	calzaré	calzaremos	habré calzado	habremos calzado
	calzarás	calzaréis	habrás calzado	habréis calzado
	calzará	calzarán	habrá calzado	habrán calzado
	Conditional		**Conditional Perfect**	
	calzaría	calzaríamos	habría calzado	habríamos calzado
	calzarías	calzaríais	habrías calzado	habríais calzado
	calzaría	calzarían	habría calzado	habrían calzado
Subjunctive	**Present**		**Present Perfect**	
	calce	calcemos	haya calzado	hayamos calzado
	calces	calcéis	hayas calzado	hayáis calzado
	calce	calcen	haya calzado	hayan calzado
	Imperfect		**Pluperfect**	
	calzara, -se	calzáramos, -semos	hubiera, -se calzado	hubiéramos, -semos calzado
	calzaras, -ses	calzarais, -seis	hubieras, -ses calzado	
	calzara, -se	calzaran, -sen	hubiera, -se calzado	hubierais, -seis calzado
				hubieran, -sen calzado

IMPERATIVE

calza (tú); no calces

(no) calce (Ud.)

(no) calcemos (nosotros)

calzad (vosotros); no calcéis

(no) calcen (Uds.)

EXAMPLES

Ella calza treinta y siete.

Her shoe size is seven.

Después que hayamos calzado a las tropas con botas, nos iremos a marchar.

Once we have fitted the troops with boots, we will march.

Calzaron a los caballos con herraduras nuevas.

The horses were shoed with new horseshoes.

El jovencito ya calzaba el mismo número que el papá.

The teen was already wearing the same shoe size as his father.

caminar

to walk, to go, to travel

Gerundio: caminando **Participio pasado:** caminado

Mood	Simple Tenses		Compound Tenses	
	Singular	*Plural*	*Singular*	*Plural*
Indicative	**Present**		**Present Perfect**	
	camino caminas camina	caminamos camináis caminan	he caminado has caminado ha caminado	hemos caminado habéis caminado han caminado
	Preterit		**Preterit Perfect**	
	caminé caminaste caminó	caminamos caminasteis caminaron	hube caminado hubiste caminado hubo caminado	hubimos caminado hubisteis caminado hubieron caminado
	Imperfect		**Pluperfect**	
	caminaba caminabas caminaba	caminábamos caminabais caminaban	había caminado habías caminado había caminado	habíamos caminado habíais caminado habían caminado
	Future		**Future Perfect**	
	caminaré caminarás caminará	caminaremos caminaréis caminarán	habré caminado habrás caminado habrá caminado	habremos caminado habréis caminado habrán caminado
	Conditional		**Conditional Perfect**	
	caminaría caminarías caminaría	caminaríamos caminaríais caminarían	habría caminado habrías caminado habría caminado	habríamos caminado habríais caminado habrían caminado
Subjunctive	**Present**		**Present Perfect**	
	camine camines camine	caminemos caminéis caminen	haya caminado hayas caminado haya caminado	hayamos caminado hayáis caminado hayan caminado
	Imperfect		**Pluperfect**	
	caminara, -se caminaras, -ses caminara, -se	camináramos, -semos caminarais, -seis caminaran, -sen	hubiera, -se caminado hubieras, -ses caminado hubiera, -se caminado	hubiéramos, -semos caminado hubierais, -seis caminado hubieran, -sen caminado

IMPERATIVE

camina (tú); no camines
(no) camine (Ud.)

(no) caminemos (nosotros)
caminad (vosotros); no caminéis
(no) caminen (Uds.)

EXAMPLES

Los turistas caminaron sin parar.
Los alpinistas estaban caminando por senderos peligrosos.
El caminar es bueno para la salud.
Ella tendría más energía si caminara con más frecuencia.

The tourist walked without stopping.
The mountain climbers were walking through treacherous trails.
Walking is good for your health.
She would have more energy if she walked more often.

cancelar

to cancel, to annul, to pay off

Gerundio: cancelando   **Participio pasado:** cancelado

Mood	Simple Tenses		Compound Tenses	
	Singular	*Plural*	*Singular*	*Plural*
Indicative	**Present**		**Present Perfect**	
	cancelo	cancelamos	he cancelado	hemos cancelado
	cancelas	canceláis	has cancelado	habéis cancelado
	cancela	cancelan	ha cancelado	han cancelado
	Preterit		**Preterit Perfect**	
	cancelé	cancelamos	hube cancelado	hubimos cancelado
	cancelaste	cancelasteis	hubiste cancelado	hubisteis cancelado
	canceló	cancelaron	hubo cancelado	hubieron cancelado
	Imperfect		**Pluperfect**	
	cancelaba	cancelábamos	había cancelado	habíamos cancelado
	cancelabas	cancelabais	habías cancelado	habíais cancelado
	cancelaba	cancelaban	había cancelado	habían cancelado
	Future		**Future Perfect**	
	cancelaré	cancelaremos	habré cancelado	habremos cancelado
	cancelarás	cancelaréis	habrás cancelado	habréis cancelado
	cancelará	cancelarán	habrá cancelado	habrán cancelado
	Conditional		**Conditional Perfect**	
	cancelaría	cancelaríamos	habría cancelado	habríamos cancelado
	cancelarías	cancelaríais	habrías cancelado	habríais cancelado
	cancelaría	cancelarían	habría cancelado	habrían cancelado
Subjunctive	**Present**		**Present Perfect**	
	cancele	cancelemos	haya cancelado	hayamos cancelado
	canceles	canceléis	hayas cancelado	hayáis cancelado
	cancele	cancelen	haya cancelado	hayan cancelado
	Imperfect		**Pluperfect**	
	cancelara, -se	canceláramos, -semos	hubiera, -se cancelado	hubiéramos, -semos cancelado
	cancelaras, -ses	cancelarais, -seis	hubieras, -ses cancelado	hubierais, -seis cancelado
	cancelara, -se	cancelaran, -sen	hubiera, -se cancelado	hubieran, -sen cancelado

IMPERATIVE

cancela (tú); no canceles
(no) cancele (Ud.)

(no) cancelemos (nosotros)
cancelad (vosotros); no canceléis
(no) cancelen (Uds.)

EXAMPLES

Juanes canceló el concierto del sábado.
Ellos han cancelado todas las cuentas.
Cancelaron el vuelo a Bogotá.
Mis hermanas me pidieron que no cancelara mi viaje.

Juanes canceled his Saturday's concert.
They have paid off all their bills.
The flight to Bogota was canceled.
My sisters asked me not to cancel my trip.

cansarse

to become tired or weary

Gerundio: cansándose   **Participio pasado:** cansado

Mood	Simple Tenses		Compound Tenses	
	Singular	*Plural*	*Singular*	*Plural*
Indicative	**Present**		**Present Perfect**	
	me canso te cansas se cansa	nos cansamos os cansáis se cansan	me he cansado te has cansado se ha cansado	nos hemos cansado os habéis cansado se han cansado
	Preterit		**Preterit Perfect**	
	me cansé te cansaste se cansó	nos cansamos os cansasteis se cansaron	me hube cansado te hubiste cansado se hubo cansado	nos hubimos cansado os hubisteis cansado se hubieron cansado
	Imperfect		**Pluperfect**	
	me cansaba te cansabas se cansaba	nos cansábamos os cansabais se cansaban	me había cansado te habías cansado se había cansado	nos habíamos cansado os habíais cansado se habían cansado
	Future		**Future Perfect**	
	me cansaré te cansarás se cansará	nos cansaremos os cansaréis se cansarán	me habré cansado te habrás cansado se habrá cansado	nos habremos cansado os habréis cansado se habrán cansado
	Conditional		**Conditional Perfect**	
	me cansaría te cansarías se cansaría	nos cansaríamos os cansaríais se cansarían	me habría cansado te habrías cansado se habría cansado	nos habríamos cansado os habríais cansado se habrían cansado
Subjunctive	**Present**		**Present Perfect**	
	me canse te canses se canse	nos cansemos os canséis se cansen	me haya cansado te hayas cansado se haya cansado	nos hayamos cansado os hayáis cansado se hayan cansado
	Imperfect		**Pluperfect**	
	me cansara, -se te cansaras, -ses se cansara, -se	nos cansáramos, -semos os cansarais, -seis se cansaran, -sen	me hubiera, -se cansado te hubieras, -ses cansado se hubiera, -se cansado	nos hubiéramos, -semos cansado os hubierais, -seis cansado se hubieran, -sen cansado

IMPERATIVE

cánsate (tú); no te canses

cánsese (Ud.); no se canse

cansémonos (nosotros); no nos cansemos

cansaos (vosotros); no os canséis

cánsense (Uds.); no se cansen

Note: As a nonreflexive verb, *cansar* (to tire) is shown in Examples 4 and 5.

EXAMPLES

Ella se cansó de esperarlo.

She got tired of waiting for him.

Me alegro de que Julia no se haya cansado de ayudarme.

I am glad Julia didn't get tired of waiting for me.

Me cansé de decirle que yo sin ella de pena muero.

I got tired of telling her that without her I would die of sorrow.

Él está cansado y casado.

He is tired and married.

Las actividades del campamento cansaron a los niños.

The camp activities made the children tired.

cantar

to sing

Gerundio: cantando   **Participio pasado:** cantado

Mood	Simple Tenses		Compound Tenses	
	Singular	*Plural*	*Singular*	*Plural*
Indicative	**Present**		**Present Perfect**	
	canto	cantamos	he cantado	hemos cantado
	cantas	cantáis	has cantado	habéis cantado
	canta	cantan	ha cantado	han cantado
	Preterit		**Preterit Perfect**	
	canté	cantamos	hube cantado	hubimos cantado
	cantaste	cantasteis	hubiste cantado	hubisteis cantado
	cantó	cantaron	hubo cantado	hubieron cantado
	Imperfect		**Pluperfect**	
	cantaba	cantábamos	había cantado	habíamos cantado
	cantabas	cantabais	habías cantado	habíais cantado
	cantaba	cantaban	había cantado	habían cantado
	Future		**Future Perfect**	
	cantaré	cantaremos	habré cantado	habremos cantado
	cantarás	cantaréis	habrás cantado	habréis cantado
	cantará	cantarán	habrá cantado	habrán cantado
	Conditional		**Conditional Perfect**	
	cantaría	cantaríamos	habría cantado	habríamos cantado
	cantarías	cantaríais	habrías cantado	habríais cantado
	cantaría	cantarían	habría cantado	habrían cantado
Subjunctive	**Present**		**Present Perfect**	
	cante	cantemos	haya cantado	hayamos cantado
	cantes	cantéis	hayas cantado	hayáis cantado
	cante	canten	haya cantado	hayan cantado
	Imperfect		**Pluperfect**	
	cantara, -se	cantáramos, -semos	hubiera, -se cantado	hubiéramos, -semos cantado
	cantaras, -ses	cantarais, -seis	hubieras, -ses cantado	hubierais, -seis cantado
	cantara, -se	cantaran, -sen	hubiera, -se cantado	hubieran, -sen cantado

IMPERATIVE

canta (tú); no cantes
no) cante (Ud.)

(no) cantemos (nosotros)
cantad (vosotros); no cantéis
(no) canten (Uds.)

EXAMPLES

Jodee cantaba cuando era niña.

Jodee used to sing when she was a little girl.

Rodolfo canta como un canario.

Rodolfo sings like a canary.

Ana hubiese cantado el himno nacional, pero se enfermó.

Anna would have sung the national anthem, but she got sick.

¡Cantemos con alegría!

Let's sing with joy!

cargar
to load, to burden, to carry, to charge
Gerundio: cargando **Participio pasado:** cargado

Mood	Simple Tenses		Compound Tenses	
	Singular	*Plural*	*Singular*	*Plural*
Indicative	**Present**		**Present Perfect**	
	cargo	cargamos	he cargado	hemos cargado
	cargas	cargáis	has cargado	habéis cargado
	carga	cargan	ha cargado	han cargado
	Preterit		**Preterit Perfect**	
	cargué	cargamos	hube cargado	hubimos cargado
	cargaste	cargasteis	hubiste cargado	hubisteis cargado
	cargó	cargaron	hubo cargado	hubieron cargado
	Imperfect		**Pluperfect**	
	cargaba	cargábamos	había cargado	habíamos cargado
	cargabas	cargabais	habías cargado	habíais cargado
	cargaba	cargaban	había cargado	habían cargado
	Future		**Future Perfect**	
	cargaré	cargaremos	habré cargado	habremos cargado
	cargarás	cargaréis	habrás cargado	habréis cargado
	cargará	cargarán	habrá cargado	habrán cargado
	Conditional		**Conditional Perfect**	
	cargaría	cargaríamos	habría cargado	habríamos cargado
	cargarías	cargaríais	habrías cargado	habríais cargado
	cargaría	cargarían	habría cargado	habrían cargado
Subjunctive	**Present**		**Present Perfect**	
	cargue	carguemos	haya cargado	hayamos cargado
	cargues	carguéis	hayas cargado	hayáis cargado
	cargue	carguen	haya cargado	hayan cargado
	Imperfect		**Pluperfect**	
	cargara, -se	cargáramos, -semos	hubiera, -se cargado	hubiéramos, -semos cargado
	cargaras, -ses	cargarais, -seis	hubieras, -ses cargado	hubierais, -seis cargado
	cargara, -se	cargaran, -sen	hubiera, -se cargado	hubieran, -sen cargado

IMPERATIVE

carga (tú); no cargues
(no) cargue (Ud.)

(no) carguemos (nosotros)
cargad (vosotros); no carguéis
(no) carguen (Uds.)

EXAMPLES

Los estudiantes cargaron sus carros con todas sus cosas.

¡Norma, no cargues con ese peso!

El nieto cargó la batería del auto de su abuela.

Ella siempre ha cargado con los problemas de su familia.

The students loaded their cars with all their belongings.

Norma, don't carry that load!

The grandson charged his grandmother's car's battery.

She has always been burdened with her family problems.

casarse
to get married
Gerundio: casándose   **Participio pasado:** casado

Mood	Simple Tenses		Compound Tenses	
	Singular	*Plural*	*Singular*	*Plural*
Indicative	**Present**		**Present Perfect**	
	me caso te casas se casa	nos casamos os casáis se casan	me he casado te has casado se ha casado	nos hemos casado os habéis casado se han casado
	Preterit		**Preterit Perfect**	
	me casé te casaste se casó	nos casamos os casasteis se casaron	me hube casado te hubiste casado se hubo casado	nos hubimos casado os hubisteis casado se hubieron casado
	Imperfect		**Pluperfect**	
	me casaba te casabas se casaba	nos casábamos os casabais se casaban	me había casado te habías casado se había casado	nos habíamos casado os habíais casado se habían casado
	Future		**Future Perfect**	
	me casaré te casarás se casará	nos casaremos os casaréis se casarán	me habré casado te habrás casado se habrá casado	nos habremos casado os habréis casado se habrán casado
	Conditional		**Conditional Perfect**	
	me casaría te casarías se casaría	nos casaríamos os casaríais se casarían	me habría casado te habrías casado se habría casado	nos habríamos casado os habríais casado se habrían casado
Subjunctive	**Present**		**Present Perfect**	
	me case te cases se case	nos casemos os caséis se casen	me haya casado te hayas casado se haya casado	nos hayamos casado os hayáis casado se hayan casado
	Imperfect		**Pluperfect**	
	me casara, -se te casaras, -ses se casara, -se	nos casáramos, -semos os casarais, -seis se casaran, -sen	me hubiera, -se casado te hubieras, -ses casado se hubiera, -se casado	nos hubiéramos, -semos casado os hubierais, -seis casado se hubieran, -sen casado

IMPERATIVE

	casémonos; no nos casemos
cásate; no te cases	casaos; no os caséis
cásese; no se case	cásense; no se casen

Note: As a nonreflexive verb, *casar* (to marry) is shown in Examples 4 and 5.

EXAMPLES

Juan se casó con Miranda.	John married Miranda.
Te recomiendo que te cases pronto	I recommend that you get married soon!
¡Casémonos, mi amor!	Let's get married, my love!
El cura casó a la pareja en su casa.	The priest married the couple in their house.
El juez de paz ha casado a las tres hermanas.	The justice of the peace has married the three sisters.

IDIOMATIC EXAMPLE

¡Antes que te cases, mira lo que haces!	Before you get married, look at what you are doing.

castigar

to punish, to chastise
Gerundio: castigando **Participio pasado:** castigado

Mood	Simple Tenses		Compound Tenses	
	Singular	*Plural*	*Singular*	*Plural*
Indicative	**Present**		**Present Perfect**	
	castigo	castigamos	he castigado	hemos castigado
	castigas	castigáis	has castigado	habéis castigado
	castiga	castigan	ha castigado	han castigado
	Preterit		**Preterit Perfect**	
	castigué	castigamos	hube castigado	hubimos castigado
	castigaste	castigasteis	hubiste castigado	hubisteis castigado
	castigó	castigaron	hubo castigado	hubieron castigado
	Imperfect		**Pluperfect**	
	castigaba	castigábamos	había castigado	habíamos castigado
	castigabas	castigabais	habías castigado	habíais castigado
	castigaba	castigaban	había castigado	habían castigado
	Future		**Future Perfect**	
	castigaré	castigaremos	habré castigado	habremos castigado
	castigarás	castigaréis	habrás castigado	habréis castigado
	castigará	castigarán	habrá castigado	habrán castigado
	Conditional		**Conditional Perfect**	
	castigaría	castigaríamos	habría castigado	habríamos castigado
	castigarías	castigaríais	habrías castigado	habríais castigado
	castigaría	castigarían	habría castigado	habrían castigado
Subjunctive	**Present**		**Present Perfect**	
	castigue	castiguemos	haya castigado	hayamos castigado
	castigues	castiguéis	hayas castigado	hayáis castigado
	castigue	castiguen	haya castigado	hayan castigado
	Imperfect		**Pluperfect**	
	castigara, -se	castigáramos, -semos	hubiera, -se castigado	hubiéramos, -semos castigado
	castigaras, -ses	castigarais, -seis	hubieras, -ses castigado	hubierais, -seis castigado
	castigara, -se	castigaran, -sen	hubiera, -se castigado	hubieran, -sen castigado

IMPERATIVE

castiga (tú); no castigues
(no) castigue (Ud.)

(no) castiguemos (nosotros)
castigad (vosotros); no castiguéis
(no) castiguen (Uds.)

EXAMPLES

La corte castigó a los criminales.
The court punished the criminals.

¡Castiguemos a los culpables!
Let's punish the guilty ones!

El padre habría castigado al niño, pero la mamá lo defendió.
The father would have punished the boy, but his mother defended him.

Si los delincuentes fuesen castigados fuertemente, no cometerían tantos delitos.
If the offenders were punished hard, they wouldn't commit so many offenses.

cazar
to hunt, to chase, to track down
Gerundio: cazando   **Participio pasado:** cazado

Mood	Simple Tenses		Compound Tenses	
	Singular	*Plural*	*Singular*	*Plural*
Indicative	**Present**		**Present Perfect**	
	cazo	cazamos	he cazado	hemos cazado
	cazas	cazáis	has cazado	habéis cazado
	caza	cazan	ha cazado	han cazado
	Preterit		**Preterit Perfect**	
	cacé	cazamos	hube cazado	hubimos cazado
	cazaste	cazasteis	hubiste cazado	hubisteis cazado
	cazó	cazaron	hubo cazado	hubieron cazado
	Imperfect		**Pluperfect**	
	cazaba	cazábamos	había cazado	habíamos cazado
	cazabas	cazabais	habías cazado	habíais cazado
	cazaba	cazaban	había cazado	habían cazado
	Future		**Future Perfect**	
	cazaré	cazaremos	habré cazado	habremos cazado
	cazarás	cazaréis	habrás cazado	habréis cazado
	cazará	cazarán	habrá cazado	habrán cazado
	Conditional		**Conditional Perfect**	
	cazaría	cazaríamos	habría cazado	habríamos cazado
	cazarías	cazaríais	habrías cazado	habríais cazado
	cazaría	cazarían	habría cazado	habrían cazado
Subjunctive	**Present**		**Present Perfect**	
	cace	cacemos	haya cazado	hayamos cazado
	caces	cacéis	hayas cazado	hayáis cazado
	cace	cacen	haya cazado	hayan cazado
	Imperfect		**Pluperfect**	
	cazara, -se	cazáramos, -semos	hubiera, -se cazado	hubiéramos, -semos cazado
	cazaras, -ses	cazarais, -seis	hubieras, -ses cazado	
	cazara, -se	cazaran, -sen	hubiera, -se cazado	hubierais, -seis cazado
				hubieran, -sen cazado

IMPERATIVE

caza (tú); no caces
(no) cace (Ud.)

(no) cacemos (nosotros)
cazad (vosotros); no cacéis
(no) cacen (Uds.)

EXAMPLES

Los cazadores estaban cazando venados.
The hunters were hunting deer.

Nosotros cazaríamos, pero no nos gusta matar animales.
We would hunt, but we do not like to kill animals.

Los policías han cazado al ladrón.
The policemen have tracked down the thief.

¡No cacéis a los leopardos!
Don't hunt the leopards!

IDIOMATIC EXAMPLE

Lo cazaron con las manos en la masa.
They caught him in the act.

celebrar

to celebrate

Gerundio: celebrando   **Participio pasado:** celebrado

Mood	Simple Tenses		Compound Tenses	
	Singular	*Plural*	*Singular*	*Plural*
Indicative	**Present**		**Present Perfect**	
	celebro	celebramos	he celebrado	hemos celebrado
	celebras	celebráis	has celebrado	habéis celebrado
	celebra	celebran	ha celebrado	han celebrado
	Preterit		**Preterit Perfect**	
	celebré	celebramos	hube celebrado	hubimos celebrado
	celebraste	celebrasteis	hubiste celebrado	hubisteis celebrado
	celebró	celebraron	hubo celebrado	hubieron celebrado
	Imperfect		**Pluperfect**	
	celebraba	celebrábamos	había celebrado	habíamos celebrado
	celebrabas	celebrabais	habías celebrado	habíais celebrado
	celebraba	celebraban	había celebrado	habían celebrado
	Future		**Future Perfect**	
	celebraré	celebraremos	habré celebrado	habremos celebrado
	celebrarás	celebraréis	habrás celebrado	habréis celebrado
	celebrará	celebrarán	habrá celebrado	habrán celebrado
	Conditional		**Conditional Perfect**	
	celebraría	celebraríamos	habría celebrado	habríamos celebrado
	celebrarías	celebraríais	habrías celebrado	habríais celebrado
	celebraría	celebrarían	habría celebrado	habrían celebrado
Subjunctive	**Present**		**Present Perfect**	
	celebre	celebremos	haya celebrado	hayamos celebrado
	celebres	celebréis	hayas celebrado	hayáis celebrado
	celebre	celebren	haya celebrado	hayan celebrado
	Imperfect		**Pluperfect**	
	celebrara, -se	celebráramos, -semos	hubiera, -se celebrado	hubiéramos, -semos celebrado
	celebraras, -ses	celebrarais, -seis	hubieras, -ses celebrado	hubierais, -seis celebrado
	celebrara, -se	celebraran, -sen	hubiera, -se celebrado	hubieran, -sen celebrado

IMPERATIVE

celebra (tú); no celebres

(no) celebre (Ud.)

(no) celebremos (nosotros)

celebrad (vosotros); no celebréis

(no) celebren (Uds.)

EXAMPLES

Celebraremos la boda el 26 de julio.

¡Celebremos cada día! ¡Es bonito estar vivo!

Los abuelos estaban celebrando su aniversario de boda con un viaje a Europa.

Sus hijos no querían que celebraran el aniversario viajando.

We will celebrate the wedding on July 26.

Let's celebrate everyday! It is great to be alive!

The grandparents were celebrating their wedding anniversary with a trip to Europe.

Their children didn't want them to celebrate their anniversary traveling.

cenar
to eat dinner
Gerundio: cenando   **Participio pasado:** cenado

Mood	Simple Tenses		Compound Tenses	
	Singular	*Plural*	*Singular*	*Plural*
	Present		**Present Perfect**	
	ceno	cenamos	he cenado	hemos cenado
	cenas	cenáis	has cenado	habéis cenado
	cena	cenan	ha cenado	han cenado
	Preterit		**Preterit Perfect**	
	cené	cenamos	hube cenado	hubimos cenado
	cenaste	cenasteis	hubiste cenado	hubisteis cenado
	cenó	cenaron	hubo cenado	hubieron cenado
Indicative	**Imperfect**		**Pluperfect**	
	cenaba	cenábamos	había cenado	habíamos cenado
	cenabas	cenabais	habías cenado	habíais cenado
	cenaba	cenaban	había cenado	habían cenado
	Future		**Future Perfect**	
	cenaré	cenaremos	habré cenado	habremos cenado
	cenarás	cenaréis	habrás cenado	habréis cenado
	cenará	cenarán	habrá cenado	habrán cenado
	Conditional		**Conditional Perfect**	
	cenaría	cenaríamos	habría cenado	habríamos cenado
	cenarías	cenaríais	habrías cenado	habríais cenado
	cenaría	cenarían	habría cenado	habrían cenado
Subjunctive	**Present**		**Present Perfect**	
	cene	cenemos	haya cenado	hayamos cenado
	cenes	cenéis	hayas cenado	hayáis cenado
	cene	cenen	haya cenado	hayan cenado
	Imperfect		**Pluperfect**	
	cenara, -se	cenáramos, -semos	hubiera, -se cenado	hubiéramos, -semos cenado
	cenaras, -ses	cenarais, -seis	hubieras, -ses cenado	hubierais, -seis cenado
	cenara, -se	cenaran, -sen	hubiera, -se cenado	hubieran, -sen cenado

IMPERATIVE

	(no) cenemos (nosotros)
cena (tú); no cenes	cenad (vosotros); no cenéis
(no) cene (Ud.)	(no) cenen (Uds.)

EXAMPLES

Los Ortega siempre cenan temprano.	The Ortegas always eat dinner early.
Los invitados ya habían cenado cuando empezó el baile.	The guests had already had dinner when the dance started
Después que hayas cenado, limpia los platos.	After you have dinner, you can wash the dishes.
¡Cenad con vuestros amigos!	Have dinner with your friends!

cepillarse
to brush oneself
Gerundio: cepillándose   **Participio pasado:** cepillado

Mood	Simple Tenses		Compound Tenses	
	Singular	*Plural*	*Singular*	*Plural*
Indicative	**Present**		**Present Perfect**	
	me cepillo te cepillas se cepilla	nos cepillamos os cepilláis se cepillan	me he cepillado te has cepillado se ha cepillado	nos hemos cepillado os habéis cepillado se han cepillado
	Preterit		**Preterit Perfect**	
	me cepillé te cepillaste se cepilló	nos cepillamos os cepillasteis se cepillaron	me hube cepillado te hubiste cepillado se hubo cepillado	nos hubimos cepillado os hubisteis cepillado se hubieron cepillado
	Imperfect		**Pluperfect**	
	me cepillaba te cepillabas se cepillaba	nos cepillábamos os cepillabais se cepillaban	me había cepillado te habías cepillado se había cepillado	nos habíamos cepillado os habíais cepillado se habían cepillado
	Future		**Future Perfect**	
	me cepillaré te cepillarás se cepillará	nos cepillaremos os cepillaréis se cepillarán	me habré cepillado te habrás cepillado se habrá cepillado	nos habremos cepillado os habréis cepillado se habrán cepillado
	Conditional		**Conditional Perfect**	
	me cepillaría te cepillarías se cepillaría	nos cepillaríamos os cepillaríais se cepillarían	me habría cepillado te habrías cepillado se habría cepillado	nos habríamos cepillado os habríais cepillado se habrían cepillado
Subjunctive	**Present**		**Present Perfect**	
	me cepille te cepilles se cepille	nos cepillemos os cepilléis se cepillen	me haya cepillado te hayas cepillado se haya cepillado	nos hayamos cepillado os hayáis cepillado se hayan cepillado
	Imperfect		**Pluperfect**	
	me cepillara, -se te cepillaras, -ses se cepillara, -se	nos cepilláramos, -semos os cepillarais, -seis se cepillaran, -sen	me hubiera, -se cepillado te hubieras, -ses cepillado se hubiera, -se cepillado	nos hubiéramos, -semos cepillado os hubierais, -seis cepillado se hubieran, -sen cepillado

IMPERATIVE

cepíllate (tú); no te cepilles
cepíllese (Ud.); no se cepille

cepillémonos (nosotros); no nos cepillemos
cepillaos (vosotros); no os cepilléis
cepíllense (Uds.); no se cepillen

Note: As a nonreflexive verb, *cepillar* (to brush) is shown in Examples 4 and 5.

EXAMPLES

Cepíllate los dientes tres veces al día.
Ellos se cepillaban los dientes cuando el teléfono repicó.
Ella se había cepillado el pelo cuando el novio llegó.
La niñera cepillaba el pelo de la niña cuando los padres llegaron.
El entrenador estaba cepillándole las crines al caballo

Brush your teeth three times a day.
They were brushing their teeth when the telephone rang.
She had brushed her hair when her boyfriend arrived.
The baby sitter was brushing the girl's hair when her parents came home.
The horse trainer was brushing the horse's mane.

cerrar

to close, to shut, to heal
Gerundio: cerrando   **Participio pasado:** cerrado

Mood	Simple Tenses		Compound Tenses	
	Singular	*Plural*	*Singular*	*Plural*
Indicative	**Present**		**Present Perfect**	
	cierro	cerramos	he cerrado	hemos cerrado
	cierras	cerráis	has cerrado	habéis cerrado
	cierra	cierran	ha cerrado	han cerrado
	Preterit		**Preterit Perfect**	
	cerré	cerramos	hube cerrado	hubimos cerrado
	cerraste	cerrasteis	hubiste cerrado	hubisteis cerrado
	cerró	cerraron	hubo cerrado	hubieron cerrado
	Imperfect		**Pluperfect**	
	cerraba	cerrábamos	había cerrado	habíamos cerrado
	cerrabas	cerrabais	habías cerrado	habíais cerrado
	cerraba	cerraban	había cerrado	habían cerrado
	Future		**Future Perfect**	
	cerraré	cerraremos	habré cerrado	habremos cerrado
	cerrarás	cerraréis	habrás cerrado	habréis cerrado
	cerrará	cerrarán	habrá cerrado	habrán cerrado
	Conditional		**Conditional Perfect**	
	cerraría	cerraríamos	habría cerrado	habríamos cerrado
	cerrarías	cerraríais	habrías cerrado	habríais cerrado
	cerraría	cerrarían	habría cerrado	habrían cerrado
Subjunctive	**Present**		**Present Perfect**	
	cierre	cerremos	haya cerrado	hayamos cerrado
	cierres	cerréis	hayas cerrado	hayáis cerrado
	cierre	cierren	haya cerrado	hayan cerrado
	Imperfect		**Pluperfect**	
	cerrara, -se	cerráramos, -semos	hubiera, -se cerrado	hubiéramos, -semos cerrado
	cerraras, -ses	cerrarais, -seis	hubieras, -ses cerrado	hubierais, -seis cerrado
	cerrara, -se	cerraran, -sen	hubiera, -se cerrado	hubieran, -sen cerrado

IMPERATIVE

	(no) cerremos (nosotros)
cierra (tú); no cierres	cerrad (vosotros); no cerréis
(no) cierre (Ud.)	(no) cierren (Uds.)

Note: As a reflexive verb, *cerrarse* (to close itself, oneself) uses the reflexive pronouns *me, te, se, nos, os, se.* Examples 4 and 5 show the reflexive use.

EXAMPLES

Cerrarán el teatro durante el invierno.	They will close the theater during the winter.
Hubieran cerrado temprano pero tenían muchos clientes.	They would have closed early, but they had many customers.
Cierren la puerta cuando salgan.	Close the door when you leave.
La herida se cerró muy bien.	The wound healed very well.
¡No te cierres a las posibilidades de ese trabajo!	Don't close yourself to the possibility of that job!

charlar

to chat, to converse

Gerundio: charlando **Participio pasado:** charlado

Mood	Simple Tenses		Compound Tenses	
	Singular	*Plural*	*Singular*	*Plural*
Indicative	**Present**		**Present Perfect**	
	charlo	charlamos	he charlado	hemos charlado
	charlas	charláis	has charlado	habéis charlado
	charla	charlan	ha charlado	han charlado
	Preterit		**Preterit Perfect**	
	charlé	charlamos	hube charlado	hubimos charlado
	charlaste	charlasteis	hubiste charlado	hubisteis charlado
	charló	charlaron	hubo charlado	hubieron charlado
	Imperfect		**Pluperfect**	
	charlaba	charlábamos	había charlado	habíamos charlado
	charlabas	charlabais	habías charlado	habíais charlado
	charlaba	charlaban	había charlado	habían charlado
	Future		**Future Perfect**	
	charlaré	charlaremos	habré charlado	habremos charlado
	charlarás	charlaréis	habrás charlado	habréis charlado
	charlará	charlarán	habrá charlado	habrán charlado
	Conditional		**Conditional Perfect**	
	charlaría	charlaríamos	habría charlado	habríamos charlado
	charlarías	charlaríais	habrías charlado	habríais charlado
	charlaría	charlarían	habría charlado	habrían charlado
Subjunctive	**Present**		**Present Perfect**	
	charle	charlemos	haya charlado	hayamos charlado
	charles	charléis	hayas charlado	hayáis charlado
	charle	charlen	haya charlado	hayan charlado
	Imperfect		**Pluperfect**	
	charlara, -se	charláramos, -semos	hubiera, -se charlado	hubiéramos, -semos charlado
	charlaras, -ses	charlarais, -seis	hubieras, -ses charlado	hubierais, -seis charlado
	charlara, -se	charlaran, -sen	hubiera, -se charlado	hubieran, -sen charlado

IMPERATIVE

charla (tú); no charles
(no) charle (Ud.)

(no) charlemos (nosotros)
charlad (vosotros); no charléis
(no) charlen (Uds.)

EXAMPLES

El vendedor charló con el cliente hasta que consiguió la venta.

The salesman chatted with the client until he made the sale.

Alfredo charla con sus hermanos en el Internet hasta la media noche.

Alfred chats with his brothers in the internet until midnight.

Las estudiantes estaban charlando cuando la profesora entró.

The students were chatting when the teacher came in.

Si charlaras menos por teléfono, te rendiría más el trabajo.

If you would talk less on the phone, your work would be more productive.

chocar

to collide, to crash, to clash, to hit, to run into

Gerundio: chocando   **Participio pasado:** chocado

Mood	Simple Tenses		Compound Tenses	
	Singular	*Plural*	*Singular*	*Plural*
Indicative	**Present**		**Present Perfect**	
	choco	chocamos	he chocado	hemos chocado
	chocas	chocáis	has chocado	habéis chocado
	choca	chocan	ha chocado	han chocado
	Preterit		**Preterit Perfect**	
	choqué	chocamos	hube chocado	hubimos chocado
	chocaste	chocasteis	hubiste chocado	hubisteis chocado
	chocó	chocaron	hubo chocado	hubieron chocado
	Imperfect		**Pluperfect**	
	chocaba	chocábamos	había chocado	habíamos chocado
	chocabas	chocabais	habías chocado	habíais chocado
	chocaba	chocaban	había chocado	habían chocado
	Future		**Future Perfect**	
	chocaré	chocaremos	habré chocado	habremos chocado
	chocarás	chocaréis	habrás chocado	habréis chocado
	chocará	chocarán	habrá chocado	habrán chocado
	Conditional		**Conditional Perfect**	
	chocaría	chocaríamos	habría chocado	habríamos chocado
	chocarías	chocaríais	habrías chocado	habríais chocado
	chocaría	chocarían	habría chocado	habrían chocado
Subjunctive	**Present**		**Present Perfect**	
	choque	choquemos	haya chocado	hayamos chocado
	choques	choquéis	hayas chocado	hayáis chocado
	choque	choquen	haya chocado	hayan chocado
	Imperfect		**Pluperfect**	
	chocara, -se	chocáramos, -semos	hubiera, -se chocado	hubiéramos, -semos chocado
	chocaras, -ses	chocarais, -seis	hubieras, -ses chocado	hubierais, -seis chocado
	chocara, -se	chocaran, -sen	hubiera, -se chocado	hubieran, -sen chocado

IMPERATIVE

	(no) choquemos (nosotros)
choca (tú); no choques	chocad (vosotros); no choquéis
(no) choque (Ud.)	(no) choquen (Uds.)

EXAMPLES

Los dos carros chocaron en la intersección.	The two cars collided in the intersection.
Él hubiese chocado contra la pared, pero frenó a tiempo.	He would have crashed into the wall, but he stopped on time.
Ella ha chocado con su jefe por sus ideas.	She has clashed with her boss because of her ideas.
¡Acabo de comprar mi auto y ya lo choqué!	I just bought my car and I already had a crash!
Siempre chocamos en el banco.	We always run into each other at the bank.

IDIOMATIC EXAMPLES

¡Me choca ese señor!	That man irritates (annoys) me!
¡Chócala!	Let's shake hands!

citar
to make an appointment, to quote, to summon
Gerundio: citando   **Participio pasado:** citado

Mood	Simple Tenses		Compound Tenses	
	Singular	*Plural*	*Singular*	*Plural*
Indicative	**Present**		**Present Perfect**	
	cito	citamos	he citado	hemos citado
	citas	citáis	has citado	habéis citado
	cita	citan	ha citado	han citado
	Preterit		**Preterit Perfect**	
	cité	citamos	hube citado	hubimos citado
	citaste	citasteis	hubiste citado	hubisteis citado
	citó	citaron	hubo citado	hubieron citado
	Imperfect		**Pluperfect**	
	citaba	citábamos	había citado	habíamos citado
	citabas	citabais	habías citado	habíais citado
	citaba	citaban	había citado	habían citado
	Future		**Future Perfect**	
	citaré	citaremos	habré citado	habremos citado
	citarás	citaréis	habrás citado	habréis citado
	citará	citarán	habrá citado	habrán citado
	Conditional		**Conditional Perfect**	
	citaría	citaríamos	habría citado	habríamos citado
	citarías	citaríais	habrías citado	habríais citado
	citaría	citarían	habría citado	habrían citado
Subjunctive	**Present**		**Present Perfect**	
	cite	citemos	haya citado	hayamos citado
	cites	citéis	hayas citado	hayáis citado
	cite	citen	haya citado	hayan citado
	Imperfect		**Pluperfect**	
	citara, -se	citáramos, -semos	hubiera, -se citado	hubiéramos, -semos citado
	citaras, -ses	citarais, -seis	hubieras, -ses citado	
	citara, -se	citaran, -sen	hubiera, -se citado	hubierais, -seis citado
				hubieran, -sen citado

IMPERATIVE

cita (tú); no cites
(no) cite (Ud.)

(no) citemos (nosotros)
citad (vosotros); no citéis
(no) citen (Uds.)

EXAMPLES

El jurado la citó para las once.

Cito a mis estudiantes para discutir sus notas.

Citaremos al abogado para consultarlo.

Ese autor siempre citaba filósofos famosos.

The jury summoned her at eleven o'clock.

I make an appointment with my students to discuss their grades.

We will make an appointment with the lawyer to see him.

That author always quoted famous philosophers.

cobrar

to collect, to charge, to recuperate

Gerundio: cobrando   **Participio pasado:** cobrado

Mood	Simple Tenses		Compound Tenses	
	Singular	*Plural*	*Singular*	*Plural*
Indicative	**Present**		**Present Perfect**	
	cobro	cobramos	he cobrado	hemos cobrado
	cobras	cobráis	has cobrado	habéis cobrado
	cobra	cobran	ha cobrado	han cobrado
	Preterit		**Preterit Perfect**	
	cobré	cobramos	hube cobrado	hubimos cobrado
	cobraste	cobrasteis	hubiste cobrado	hubisteis cobrado
	cobró	cobraron	hubo cobrado	hubieron cobrado
	Imperfect		**Pluperfect**	
	cobraba	cobrábamos	había cobrado	habíamos cobrado
	cobrabas	cobrabais	habías cobrado	habíais cobrado
	cobraba	cobraban	había cobrado	habían cobrado
	Future		**Future Perfect**	
	cobraré	cobraremos	habré cobrado	habremos cobrado
	cobrarás	cobraréis	habrás cobrado	habréis cobrado
	cobrará	cobrarán	habrá cobrado	habrán cobrado
	Conditional		**Conditional Perfect**	
	cobraría	cobraríamos	habría cobrado	habríamos cobrado
	cobrarías	cobraríais	habrías cobrado	habríais cobrado
	cobraría	cobrarían	habría cobrado	habrían cobrado
Subjunctive	**Present**		**Present Perfect**	
	cobre	cobremos	haya cobrado	hayamos cobrado
	cobres	cobréis	hayas cobrado	hayáis cobrado
	cobre	cobren	haya cobrado	hayan cobrado
	Imperfect		**Pluperfect**	
	cobrara, -se	cobráramos, -semos	hubiera, -se cobrado	hubiéramos, -semos cobrado
	cobraras, -ses	cobrarais, -seis	hubieras, -ses cobrado	hubierais, -seis cobrado
	cobrara, -se	cobraran, -sen	hubiera, -se cobrado	hubieran, -sen cobrado

IMPERATIVE

cobra (tú); no cobres
(no) cobre (Ud.)

(no) cobremos (nosotros)
cobrad (vosotros); no cobréis
(no) cobren (Uds.)

EXAMPLES

Los bancos cobran el interés acumulado al comienzo del mes.

The banks collect the accrued interest at the beginning of the month.

Los cobradores cobraron los recibos.

The bill collectors collected the bills.

La compañía de seguros siempre está cobrando primas altas.

The insurance company is always collecting high premiums.

Le hubiésemos cobrado por todos los servicios, pero tienen muy poco dinero.

We would have charged for all the services, but they did not have enough money.

cocinar

to cook

Gerundio: cocinando　　**Participio pasado:** cocinado

Mood	Simple Tenses		Compound Tenses	
	Singular	*Plural*	*Singular*	*Plural*
Indicative	**Present**		**Present Perfect**	
	cocino	cocinamos	he cocinado	hemos cocinado
	cocinas	cocináis	has cocinado	habéis cocinado
	cocina	cocinan	ha cocinado	han cocinado
	Preterit		**Preterit Perfect**	
	cociné	cocinamos	hube cocinado	hubimos cocinado
	cocinaste	cocinasteis	hubiste cocinado	hubisteis cocinado
	cocinó	cocinaron	hubo cocinado	hubieron cocinado
	Imperfect		**Pluperfect**	
	cocinaba	cocinábamos	había cocinado	habíamos cocinado
	cocinabas	cocinabais	habías cocinado	habíais cocinado
	cocinaba	cocinaban	había cocinado	habían cocinado
	Future		**Future Perfect**	
	cocinaré	cocinaremos	habré cocinado	habremos cocinado
	cocinarás	cocinaréis	habrás cocinado	habréis cocinado
	cocinará	cocinarán	habrá cocinado	habrán cocinado
	Conditional		**Conditional Perfect**	
	cocinaría	cocinaríamos	habría cocinado	habríamos cocinado
	cocinarías	cocinaríais	habrías cocinado	habríais cocinado
	cocinaría	cocinarían	habría cocinado	habrían cocinado
Subjunctive	**Present**		**Present Perfect**	
	cocine	cocinemos	haya cocinado	hayamos cocinado
	cocines	cocinéis	hayas cocinado	hayáis cocinado
	cocine	cocinen	haya cocinado	hayan cocinado
	Imperfect		**Pluperfect**	
	cocinara, -se	cocináramos, -semos	hubiera, -se cocinado	hubiéramos, -semos cocinado
	cocinaras, -ses	cocinarais, -seis	hubieras, -ses cocinado	
	cocinara, -se	cocinaran, -sen	hubiera, -se cocinado	hubierais, -seis cocinado
				hubieran, -sen cocinado

IMPERATIVE

cocina (tú); no cocines　　　　(no) cocinemos (nosotros)

(no) cocine (Ud.)　　　　　　cocinad (vosotros); no cocinéis

　　　　　　　　　　　　　(no) cocinen (Uds.)

EXAMPLES

Mi abuelita ha cocinado tamales para Navidad.　My grandma has cooked tamales for Christmas.

La cocinera nos cocinaba todo lo que queríamos.　The cook cooked every thing we wanted.

Mi papá estaba cocinando cuando se le derramó la olla.　My father was cooking when the pan spilled over.

¡Ojalá que mi mamá cocine mi plato favorito!　I hope my mom has cooked my favorite dish.

coger

to catch, to seize, to take
Gerundio: cogiendo   **Participio pasado:** cogido

Mood	Simple Tenses		Compound Tenses	
	Singular	*Plural*	*Singular*	*Plural*
Indicative	**Present**		**Present Perfect**	
	cojo	cogemos	he cogido	hemos cogido
	coges	cogéis	has cogido	habéis cogido
	coge	cogen	ha cogido	han cogido
	Preterit		**Preterit Perfect**	
	cogí	cogimos	hube cogido	hubimos cogido
	cogiste	cogisteis	hubiste cogido	hubisteis cogido
	cogió	cogieron	hubo cogido	hubieron cogido
	Imperfect		**Pluperfect**	
	cogía	cogíamos	había cogido	habíamos cogido
	cogías	cogíais	habías cogido	habíais cogido
	cogía	cogían	había cogido	habían cogido
	Future		**Future Perfect**	
	cogeré	cogeremos	habré cogido	habremos cogido
	cogerás	cogeréis	habrás cogido	habréis cogido
	cogerá	cogerán	habrá cogido	habrán cogido
	Conditional		**Conditional Perfect**	
	cogería	cogeríamos	habría cogido	habríamos cogido
	cogerías	cogeríais	habrías cogido	habríais cogido
	cogería	cogerían	habría cogido	habrían cogido
Subjunctive	**Present**		**Present Perfect**	
	coja	cojamos	haya cogido	hayamos cogido
	cojas	cojáis	hayas cogido	hayáis cogido
	coja	cojan	haya cogido	hayan cogido
	Imperfect		**Pluperfect**	
	cogiera, -se	cogiéramos, -semos	hubiera, -se cogido	hubiéramos, -semos cogido
	cogieras, -ses	cogierais, -seis	hubieras, -ses cogido	hubierais, -seis cogido
	cogiera, -se	cogieran, -sen	hubiera, -se cogido	hubieran, -sen cogido

IMPERATIVE

coge (tú); no cojas
(no) coja (Ud.)

(no) cojamos (nosotros)
coged (vosotros); no cojáis
(no) cojan (Uds.)

EXAMPLES

El pelotero cogió la pelota con su guante de béisbol.

The baseball player caught the ball with his glove.

Los adolescentes han cogido el afiche de su cantante favorito.

The teenagers have taken the poster of their favorite singer.

La policía cogerá al ladrón cuando salga del edificio.

The police will seize the thief when he leaves the building.

¡No cojas lo que no es tuyo!

Don't take what is not yours!

colgar

to hang up, to suspend

Gerundio: colgando   **Participio pasado:** colgado

Mood	Simple Tenses		Compound Tenses	
	Singular	*Plural*	*Singular*	*Plural*
Indicative	**Present**		**Present Perfect**	
	cuelgo	colgamos	he colgado	hemos colgado
	cuelgas	colgáis	has colgado	habéis colgado
	cuelga	cuelgan	ha colgado	han colgado
	Preterit		**Preterit Perfect**	
	colgué	colgamos	hube colgado	hubimos colgado
	colgaste	colgasteis	hubiste colgado	hubisteis colgado
	colgó	colgaron	hubo colgado	hubieron colgado
	Imperfect		**Pluperfect**	
	colgaba	colgábamos	había colgado	habíamos colgado
	colgabas	colgabais	habías colgado	habíais colgado
	colgaba	colgaban	había colgado	habían colgado
	Future		**Future Perfect**	
	colgaré	colgaremos	habré colgado	habremos colgado
	colgarás	colgaréis	habrás colgado	habréis colgado
	colgará	colgarán	habrá colgado	habrán colgado
	Conditional		**Conditional Perfect**	
	colgaría	colgaríamos	habría colgado	habríamos colgado
	colgarías	colgaríais	habrías colgado	habríais colgado
	colgaría	colgarían	habría colgado	habrían colgado
Subjunctive	**Present**		**Present Perfect**	
	cuelgue	colguemos	haya colgado	hayamos colgado
	cuelgues	colguéis	hayas colgado	hayáis colgado
	cuelgue	cuelguen	haya colgado	hayan colgado
	Imperfect		**Pluperfect**	
	colgara, -se	colgáramos, -semos	hubiera, -se colgado	hubiéramos, -semos colgado
	colgaras, -ses	colgarais, -seis	hubieras, -ses colgado	hubierais, -seis colgado
	colgara, -se	colgaran, -sen	hubiera, -se colgado	hubieran, -sen colgado

IMPERATIVE

cuelga (tú); no cuelgues

(no) cuelgue (Ud.)

(no) colguemos (nosotros)

colgad (vosotros); no colguéis

(no) cuelguen (Uds.)

EXAMPLES

Marcos siempre cuelga su ropa.	Mark always hangs up his clothing.
Los pescadores hubieran colgado la red, pero hacía mucho viento.	The fishermen would have hung up the net, but it was too windy.
Colgaré los cuadros esta tarde.	I will hang up the pictures this afternoon.
¡No cuelgues, por favor!	Don't hang up the telephone, please!

IDIOMATIC EXAMPLE

¡Le colgaron el muerto!   They passed the buck to him!

colocar

to put, to place, to situate

Gerundio: colocando **Participio pasado:** colocado

Mood	Simple Tenses		Compound Tenses	
	Singular	*Plural*	*Singular*	*Plural*
Indicative	**Present**		**Present Perfect**	
	coloco colocas coloca	colocamos colocáis colocan	he colocado has colocado ha colocado	hemos colocado habéis colocado han colocado
	Preterit		**Preterit Perfect**	
	coloqué colocaste colocó	colocamos colocasteis colocaron	hube colocado hubiste colocado hubo colocado	hubimos colocado hubisteis colocado hubieron colocado
	Imperfect		**Pluperfect**	
	colocaba colocabas colocaba	colocábamos colocabais colocaban	había colocado habías colocado había colocado	habíamos colocado habíais colocado habían colocado
	Future		**Future Perfect**	
	colocaré colocarás colocará	colocaremos colocaréis colocarán	habré colocado habrás colocado habrá colocado	habremos colocado habréis colocado habrán colocado
	Conditional		**Conditional Perfect**	
	colocaría colocarías colocaría	colocaríamos colocaríais colocarían	habría colocado habrías colocado habría colocado	habríamos colocado habríais colocado habrían colocado
Subjunctive	**Present**		**Present Perfect**	
	coloque coloques coloque	coloquemos coloquéis coloquen	haya colocado hayas colocado haya colocado	hayamos colocado hayáis colocado hayan colocado
	Imperfect		**Pluperfect**	
	colocara, -se colocaras, -ses colocara, -se	colocáramos, -semos colocarais, -seis colocaran, -sen	hubiera, -se colocado hubieras, -ses colocado hubiera, -se colocado	hubiéramos, -semos colocado hubierais, -seis colocado hubieran, -sen colocado

IMPERATIVE

coloca (tú); no coloques
(no) coloque (Ud.)

(no) coloquemos (nosotros)
colocad (vosotros); no coloquéis
(no) coloquen (Uds.)

EXAMPLES

Coloqué esta pintura aquí porque se ve mejor.

I put this painting here because it looks better.

La hubieran colocado de decoradora pero ella no quiso.

They would have placed her as a decorator, but she didn't want to be a decorator.

El soldado colocaba los cañones cautelosamente.

The soldier was placing the cannons cautiously.

colorear

to color, to tint

Gerundio: coloreando **Participio pasado:** coloreado

Mood	Simple Tenses		Compound Tenses	
	Singular	*Plural*	*Singular*	*Plural*
Indicative	**Present**		**Present Perfect**	
	coloreo	coloreamos	he coloreado	hemos coloreado
	coloreas	coloreáis	has coloreado	habéis coloreado
	colorea	colorean	ha coloreado	han coloreado
	Preterit		**Preterit Perfect**	
	coloreé	coloreamos	hube coloreado	hubimos coloreado
	coloreaste	coloreasteis	hubiste coloreado	hubisteis coloreado
	coloreó	colorearon	hubo coloreado	hubieron coloreado
	Imperfect		**Pluperfect**	
	coloreaba	coloreábamos	había coloreado	habíamos coloreado
	coloreabas	coloreabais	habías coloreado	habíais coloreado
	coloreaba	coloreaban	había coloreado	habían coloreado
	Future		**Future Perfect**	
	colorearé	colorearemos	habré coloreado	habremos coloreado
	colorearás	colorearéis	habrás coloreado	habréis coloreado
	coloreará	colorearán	habrá coloreado	habrán coloreado
	Conditional		**Conditional Perfect**	
	colorearía	colorearíamos	habría coloreado	habríamos coloreado
	colorearías	colorearíais	habrías coloreado	habríais coloreado
	colorearía	colorearían	habría coloreado	habrían coloreado
Subjunctive	**Present**		**Present Perfect**	
	coloree	coloreemos	haya coloreado	hayamos coloreado
	colorees	coloreéis	hayas coloreado	hayáis coloreado
	coloree	coloreen	haya coloreado	hayan coloreado
	Imperfect		**Pluperfect**	
	coloreara, -se	coloreáramos, -semos	hubiera, -se coloreado	hubiéramos, -semos coloreado
	colorearas, -ses	colorearais, -seis	hubieras, -ses coloreado	
	coloreara, -se	colorearan, -sen	hubiera, -se coloreado	hubierais, -seis coloreado
				hubieran, -sen coloreado

IMPERATIVE

colorea (tú); no colorees

(no) coloree (Ud.)

(no) coloreemos (nosotros)

coloread (vosotros); no coloreéis

(no) coloreen (Uds.)

EXAMPLES

¡No colorees con grafito las paredes de la escuela!

El arquitecto ha coloreado los diseños.

Ya se colorean las manzanas.

El niño coloreó las paredes.

Don't color the school walls with graffiti!

The architect has colored the designs.

The apples are getting their ripened color.

The little boy colored the walls.

comenzar

to begin, to commence, to start

Gerundio: comenzando   **Participio :** comenzado

Mood	Simple Tenses		Compound Tenses	
	Singular	*Plural*	*Singular*	*Plural*
Indicative	**Present**		**Present Perfect**	
	comienzo	comenzamos	he comenzado	hemos comenzado
	comienzas	comenzáis	has comenzado	habéis comenzado
	comienza	comienzan	ha comenzado	han comenzado
	Preterit		**Preterit Perfect**	
	comencé	comenzamos	hube comenzado	hubimos comenzado
	comenzaste	comenzasteis	hubiste comenzado	hubisteis comenzado
	comenzó	comenzaron	hubo comenzado	hubieron comenzado
	Imperfect		**Pluperfect**	
	comenzaba	comenzábamos	había comenzado	habíamos comenzado
	comenzabas	comenzabais	habías comenzado	habíais comenzado
	comenzaba	comenzaban	había comenzado	habían comenzado
	Future		**Future Perfect**	
	comenzaré	comenzaremos	habré comenzado	habremos comenzado
	comenzarás	comenzareis	habrás comenzado	habréis comenzado
	comenzará	comenzarán	habrá comenzado	habrán comenzado
	Conditional		**Conditional Perfect**	
	comenzaría	comenzaríamos	habría comenzado	habríamos comenzado
	comenzarías	comenzaríais	habrías comenzado	habríais comenzado
	comenzaría	comenzarían	habría comenzado	habrían comenzado
Subjunctive	**Present**		**Present Perfect**	
	comience	comencemos	haya comenzado	hayamos comenzado
	comiences	comencéis	hayas comenzado	hayáis comenzado
	comience	comiencen	haya comenzado	hayan comenzado
	Imperfect		**Pluperfect**	
	comenzara, -se	comenzáramos, -semos	hubiera, -se comenzado	hubiéramos, -semos comenzado
	comenzaras, -ses		hubieras, -ses comenzado	
	comenzara, -se	comenzarais, -seis	hubiera, -se comenzado	hubierais, -seis comenzado
		comenzaran, -sen		hubieran, -sen comenzado

IMPERATIVE

comienza (tú); no comiences
(no) comience (Ud.)

(no) comencemos (nosotros)
comenzad (vosotros); no comencéis
(no) comiencen (Uds.)

EXAMPLES

¡Comienza una nueva vida ahora!
En nuestro estado han comenzado las lluvias.
El nuevo programa comenzará pronto.
No comiencen a pelear de nuevo.

Start a new life now!
In our state, the rains have begun.

The new program will start soon.
Don't start fighting again!

comer

to eat

Gerundio: comiendo   **Participio pasado:** comido

Mood	Simple Tenses		Compound Tenses	
	Singular	*Plural*	*Singular*	*Plural*
Indicative	**Present**		**Present Perfect**	
	como	comemos	he comido	hemos comido
	comes	coméis	has comido	habéis comido
	come	comen	ha comido	han comido
	Preterit		**Preterit Perfect**	
	comí	comimos	hube comido	hubimos comido
	comiste	comisteis	hubiste comido	hubisteis comido
	comió	comieron	hubo comido	hubieron comido
	Imperfect		**Pluperfect**	
	comía	comíamos	había comido	habíamos comido
	comías	comíais	habías comido	habíais comido
	comía	comían	había comido	habían comido
	Future		**Future Perfect**	
	comeré	comeremos	habré comido	habremos comido
	comerás	comeréis	habrás comido	habréis comido
	comerá	comerán	habrá comido	habrán comido
	Conditional		**Conditional Perfect**	
	comería	comeríamos	habría comido	habríamos comido
	comerías	comeríais	habrías comido	habríais comido
	comería	comerían	habría comido	habrían comido
Subjunctive	**Present**		**Present Perfect**	
	coma	comamos	haya comido	hayamos comido
	comas	comáis	hayas comido	hayáis comido
	coma	coman	haya comido	hayan comido
	Imperfect		**Pluperfect**	
	comiera, -se	comiéramos, -semos	hubiera, -se comido	hubiéramos,-semos comido
	comieras, -ses	comierais, -seis	hubieras, -ses comido	hubierais, -seis comido
	comiera, -se	comieran, -sen	hubiera, -se comido	hubieran, -sen comido

IMPERATIVE

come (tú); no comas
(no) coma (Ud.)

(no) comamos (nosotros)
comed (vosotros); no comáis
(no) coman (Uds.)

EXAMPLES

El enfermo estaba comiendo muy despacio.   The sick man was eating very slowly.

Cuando era niña, comía muchas frutas frescas.   When I was a little girl, I used to eat lots of fresh fruits.

Hay que comer sentado.   One has to eat sitting down.

No coman tarde.   Don't eat late!

compadecerse

to sympathize with, to feel sorry (for)

Gerundio: compadeciéndose   **Participio pasado:** compadecido

Mood	Simple Tenses		Compound Tenses	
	Singular	*Plural*	*Singular*	*Plural*
Indicative	**Present**		**Present Perfect**	
	me compadezco te compadeces se compadece	nos compadecemos os compadecéis se compadecen	me he compadecido te has compadecido se ha compadecido	nos hemos compadecido os habéis compadecido se han compadecido
	Preterit		**Preterit Perfect**	
	me compadecí te compadeciste se compadeció	nos compadecimos os compadecisteis se compadecieron	me hube compadecido te hubiste compadecido se hubo compadecido	nos hubimos compadecido os hubisteis compadecido se hubieron compadecido
	Imperfect		**Pluperfect**	
	me compadecía te compadecías se compadecía	nos compadecíamos os compadecíais se compadecían	me había compadecido te habías compadecido se había compadecido	nos habíamos compadecido os habíais compadecido se habían compadecido
	Future		**Future Perfect**	
	me compadeceré te compadecerás se compadecerá	nos compadeceremos os compadeceréis se compadecerán	me habré compadecido te habrás compadecido se habrá compadecido	nos habremos compadecido os habréis compadecido se habrán compadecido
	Conditional		**Conditional Perfect**	
	me compadecería te compadecerías se compadecería	nos compadeceríamos os compadeceríais se compadecerían	me habría compadecido te habrías compadecido se habría compadecido	nos habríamos compadecido os habríais compadecido se habrían compadecido
Subjunctive	**Present**		**Present Perfect**	
	me compadezca te compadezcas se compadezca	nos compadezcamos os compadezcáis se compadezcan	me haya compadecido te hayas compadecido se haya compadecido	nos hayamos compadecido os hayáis compadecido se hayan compadecido
	Imperfect		**Pluperfect**	
	me compadeciera, -se te compadecieras, -ses se compadeciera, -se	nos compadeciéramos, -semos os compadecierais, -seis se compadecieran, -sen	me hubiera, -se compadecido te hubieras, -ses compadecido se hubiera, -se compadecido	nos hubiéramos, -semos compadecido os hubierais, -seis compadecido se hubieran, -sen compadecido

IMPERATIVE

compadécete (tú); no te compadezcas

compadézcase (Ud.); no se compadezca

compadezcámonos (nosotros); no nos compadezcamos

compadeceos (vosotros); no os compadezcáis

compadézcanse (Uds.); no se compadezcan

EXAMPLES

La Madre Teresa se compadeció de los pobres de Calcuta.

Mother Theresa felt sorry for the poor in Calcutta.

¡Compadézcase de las personas sin hogar!

Sympathize with the people without a home!

El jurado se hubiera compadecido de ella si hubiese mostrado remordimientos.

The jury would have felt sorry for her if she had shown remorse.

compartir

to share, to divide

Gerundio: compartiendo   **Participio pasado:** compartido

Mood	Simple Tenses		Compound Tenses	
	Singular	*Plural*	*Singular*	*Plural*
Indicative	**Present**		**Present Perfect**	
	comparto compartes comparte	compartimos compartís comparten	he compartido has compartido ha compartido	hemos compartido habéis compartido han compartido
	Preterit		**Preterit Perfect**	
	compartí compartiste compartió	compartimos compartisteis compartieron	hube compartido hubiste compartido hubo compartido	hubimos compartido hubisteis compartido hubieron compartido
	Imperfect		**Pluperfect**	
	compartía compartías compartía	compartíamos compartíais compartían	había compartido habías compartido había compartido	habíamos compartido habíais compartido habían compartido
	Future		**Future Perfect**	
	compartiré compartirás compartirá	compartiremos compartiréis compartirán	habré compartido habrás compartido habrá compartido	habremos compartido habréis compartido habrán compartido
	Conditional		**Conditional Perfect**	
	compartiría compartirías compartiría	compartiríamos compartiríais compartirían	habría compartido habrías compartido habría compartido	habríamos compartido habríais compartido habrían compartido
Subjunctive	**Present**		**Present Perfect**	
	comparta compartas comparta	compartamos compartáis compartan	haya compartido hayas compartido haya compartido	hayamos compartido hayáis compartido hayan compartido
	Imperfect		**Pluperfect**	
	compartiera, -se compartieras, -ses compartiera, -se	compartiéramos, -semos compartierais, -seis compartieran, -sen	hubiera, -se compartido hubieras, -ses compartido hubiera, -se compartido	hubiéramos, -semos compartido hubierais, -seis compartido hubieran, -sen compartido

IMPERATIVE

comparte (tú); no compartas
(no) comparta (Ud.)

(no) compartamos (nosotros)
compartid (vosotros); no compartáis
(no) compartan (Uds.)

EXAMPLES

Era necesario que compartiera el helado con mis hermanos.

It was necessary that I share the ice cream with my brothers.

Si compartimos más, tendremos más.

If we share more, we will have more.

Ellos compartieron la herencia entre todos.

They divided the inheritance between themselves.

Los trabajadores estaban compartiendo su dinero con los pobres.

The workers were sharing their money with the poor.

competir

to compete, to contest

Gerundio: compitiendo   **Participio pasado:** competido

Mood	Simple Tenses		Compound Tenses	
	Singular	*Plural*	*Singular*	*Plural*
	Present		**Present Perfect**	
	compito	competimos	he competido	hemos competido
	compites	competís	has competido	habéis competido
	compite	compiten	ha competido	han competido
	Preterit		**Preterit Perfect**	
	competí	competimos	hube competido	hubimos competido
	competiste	competisteis	hubiste competido	hubisteis competido
	compitió	compitieron	hubo competido	hubieron competido
Indicative	**Imperfect**		**Pluperfect**	
	competía	competíamos	había competido	habíamos competido
	competías	competíais	habías competido	habíais competido
	competía	competían	había competido	habían competido
	Future		**Future Perfect**	
	competiré	competiremos	habré competido	habremos competido
	competirás	competiréis	habrás competido	habréis competido
	competirá	competirán	habrá competido	habrán competido
	Conditional		**Conditional Perfect**	
	competiría	competiríamos	habría competido	habríamos competido
	competirías	competiríais	habrías competido	habríais competido
	competiría	competirían	habría competido	habrían competido
Subjunctive	**Present**		**Present Perfect**	
	compita	compitamos	haya competido	hayamos competido
	compitas	compitáis	hayas competido	hayáis competido
	compita	compitan	haya competido	hayan competido
	Imperfect		**Pluperfect**	
	compitiera, -se	compitiéramos, -semos	hubiera, -se competido	hubiéramos, -semos competido
	compitieras, -ses		hubieras, -ses competido	
	compitiera, -se	compitierais, -seis compitieran, -sen	hubiera, -se competido	hubierais, -seis competido hubieran, -sen competido

IMPERATIVE

compite (tú); no compitas
(no) compita (Ud.)

(no) compitamos (nosotros)
competid (vosotros); no compitáis
(no) compitan (Uds.)

EXAMPLES

Sus padres querían que ellas compitieran en las competencias nacionales.

Their parents wanted them to compete in the national competitions.

¿Tú compites mañana?

Are you competing tomorrow?

Aunque no hayas competido antes, hazlo ahora.

Even though you have not competed before, do it now.

Ese cantante ha competido dos veces en el concurso.

That singer has competed twice in the contest.

componer

to compose, to fix

Gerundio: componiendo   **Participio pasado:** compuesto

Mood	Simple Tenses		Compound Tenses	
	Singular	*Plural*	*Singular*	*Plural*
Indicative	**Present**		**Present Perfect**	
	compongo	componemos	he compuesto	hemos compuesto
	compones	componéis	has compuesto	habéis compuesto
	compone	componen	ha compuesto	han compuesto
	Preterit		**Preterit Perfect**	
	compuse	compusimos	hube compuesto	hubimos compuesto
	compusiste	compusisteis	hubiste compuesto	hubisteis compuesto
	compuso	compusieron	hubo compuesto	hubieron compuesto
	Imperfect		**Pluperfect**	
	componía	componíamos	había compuesto	habíamos compuesto
	componías	componíais	habías compuesto	habíais compuesto
	componía	componían	había compuesto	habían compuesto
	Future		**Future Perfect**	
	compondré	compondremos	habré compuesto	habremos compuesto
	compondrás	compondréis	habrás compuesto	habréis compuesto
	compondrá	compondrán	habrá compuesto	habrán compuesto
	Conditional		**Conditional Perfect**	
	compondría	compondríamos	habría compuesto	habríamos compuesto
	compondrías	compondríais	habrías compuesto	habríais compuesto
	compondría	compondrían	habría compuesto	habrían compuesto
Subjunctive	**Present**		**Present Perfect**	
	componga	compongamos	haya compuesto	hayamos compuesto
	compongas	compongáis	hayas compuesto	hayáis compuesto
	componga	compongan	haya compuesto	hayan compuesto
	Imperfect		**Pluperfect**	
	compusiera, -se	compusiéramos, -semos	hubiera, -se compuesto	hubiéramos, -semos compuesto
	compusieras, -ses		hubieras, -ses compuesto	
	compusiera, -se	compusierais, -seis	hubiera, -se compuesto	hubierais, -seis compuesto
		compusieran, -sen		hubieran, -sen compuesto

IMPERATIVE

compón (tú); no compongas

(no) componga (Ud.)

(no) compongamos (nosotros)

componed (vosotros); no compongáis

(no) compongan (Uds.)

Note: This verb has an irregular past participle, *compuesto*.

EXAMPLES

La escritora compuso un poema muy bello.   The writer composed a beautiful poem.

El mecánico ha compuesto el auto.   The mechanic has fixed the car.

Necesitamos que compongan el refrigerador.   We need the refrigerator to be fixed.

¡Compón mi pelo, por favor!   Fix my hair, please!

comprar

to buy

Gerundio: comprando **Participio pasado:** comprado

Mood	Simple Tenses		Compound Tenses	
	Singular	*Plural*	*Singular*	*Plural*
Indicative	**Present**		**Present Perfect**	
	compro compras compra	compramos compráis compran	he comprado has comprado ha comprado	hemos comprado habéis comprado han comprado
	Preterit		**Preterit Perfect**	
	compré compraste compró	compramos comprasteis compraron	hube comprado hubiste comprado hubo comprado	hubimos comprado hubisteis comprado hubieron comprado
	Imperfect		**Pluperfect**	
	compraba comprabas compraba	comprábamos comprabais compraban	había comprado habías comprado había comprado	habíamos comprado habíais comprado habían comprado
	Future		**Future Perfect**	
	compraré comprarás comprará	compraremos compraréis comprarán	habré comprado habrás comprado habrá comprado	habremos comprado habréis comprado habrán comprado
	Conditional		**Conditional Perfect**	
	compraría comprarías compraría	compraríamos compraríais comprarían	habría comprado habrías comprado habría comprado	habríamos comprado habríais comprado habrían comprado
Subjunctive	**Present**		**Present Perfect**	
	compre compres compre	compremos compréis compren	haya comprado hayas comprado haya comprado	hayamos comprado hayáis comprado hayan comprado
	Imperfect		**Pluperfect**	
	comprara, -se compraras, -ses comprara, -se	compráramos, -semos comprarais, -seis compraran, -sen	hubiera, -se comprado hubieras, -ses comprado hubiera, -se comprado	hubiéramos, -semos comprado hubierais, -seis comprado hubieran, -sen comprado

IMPERATIVE

compra (tú); no compres
(no) compre (Ud.)

(no) compremos (nosotros)
comprad (vosotros); no compréis
(no) compren (Uds.)

EXAMPLES

Hemos comprado los libros.

We have bought the books.

Estaban comprando las revistas cuando los vimos.

They were buying the magazines when we saw them.

¿Cuándo vas a comprar el vestido?

When are you going to buy the dress?

Compraría los boletos pero no estoy segura si vamos a ir.

I would buy the tickets, but I am not sure we are going.

comprender

to comprehend, to understand

Gerundio: comprendiendo   **Participio pasado:** comprendido

Mood	Simple Tenses		Compound Tenses	
	Singular	*Plural*	*Singular*	*Plural*
Indicative	**Present**		**Present Perfect**	
	comprendo comprendes comprende	comprendemos comprendéis comprenden	he comprendido has comprendido ha comprendido	hemos comprendido habéis comprendido han comprendido
	Preterit		**Preterit Perfect**	
	comprendí comprendiste comprendió	comprendimos comprendisteis comprendieron	hube comprendido hubiste comprendido hubo comprendido	hubimos comprendido hubisteis comprendido hubieron comprendido
	Imperfect		**Pluperfect**	
	comprendía comprendías comprendía	comprendíamos comprendíais comprendían	había comprendido habías comprendido había comprendido	habíamos comprendido habíais comprendido habían comprendido
	Future		**Future Perfect**	
	comprenderé comprenderás comprenderá	comprenderemos comprenderéis comprenderán	habré comprendido habrás comprendido habrá comprendido	habremos comprendido habréis comprendido habrán comprendido
	Conditional		**Conditional Perfect**	
	comprendería comprenderías comprendería	comprenderíamos comprenderíais comprenderían	habría comprendido habrías comprendido habría comprendido	habríamos comprendido habríais comprendido habrían comprendido
Subjunctive	**Present**		**Present Perfect**	
	comprenda comprendas comprenda	comprendamos comprendáis comprendan	haya comprendido hayas comprendido haya comprendido	hayamos comprendido hayáis comprendido hayan comprendido
	Imperfect		**Pluperfect**	
	comprendiera, -se comprendieras, -ses comprendiera, -se	comprendiéramos, -semos comprendierais, -seis comprendieran, -sen	hubiera, -se comprendido hubieras, -ses comprendido hubiera, -se comprendido	hubiéramos, -semos comprendido hubierais, -seis comprendido hubieran, -sen comprendido

IMPERATIVECO

	(no) comprendamos (nosotros)
comprende (tú); no comprendas	comprended (vosotros); no comprendáis
(no) comprenda (Ud.)	(no) comprendan (Uds.)

Note: As a reflexive verb, *comprenderse* (to understand each other) is shown in Example 4.

EXAMPLES

Ellos comprenderían el tema si la profesora diese más ejemplos.	They would understand the lesson if the teacher would give more examples.
Profesor, ya he comprendido lo que me quería decir.	Professor, I have understood what you told me.
Apenas estaba comprendiendo cálculos, cuando el timbre sonó.	I was just understanding calculus when the bell rang.
Ellos <u>se</u> comprenden muy bien.	They understand each other very well.

comprometerse

to compromise (oneself), to promise

Gerundio: comprometiéndose   **Participio pasado:** comprometido

Mood	Simple Tenses		Compound Tenses	
	Singular	*Plural*	*Singular*	*Plural*
Indicative	**Present**		**Present Perfect**	
	me comprometo te comprometes se compromete	nos comprometemos os comprometéis se comprometen	me he comprometido te has comprometido se ha comprometido	nos hemos comprometido os habéis comprometido se han comprometido
	Preterit		**Preterit Perfect**	
	me comprometí te comprometiste se comprometió	nos comprometimos os comprometisteis se comprometieron	me hube comprometido te hubiste comprometido se hubo comprometido	nos hubimos comprometido os hubisteis comprometido se hubieron comprometido
	Imperfect		**Pluperfect**	
	me comprometía te comprometías se comprometía	nos comprometíamos os comprometíais se comprometían	me había comprometido te habías comprometido se había comprometido	nos habíamos comprometido os habíais comprometido se habían comprometido
	Future		**Future Perfect**	
	me comprometeré te comprometerás se comprometerá	nos comprometeremos os comprometeréis se comprometerán	me habré comprometido te habrás comprometido se habrá comprometido	nos habremos comprometido os habréis comprometido se habrán comprometido
	Conditional		**Conditional Perfect**	
	me comprometería te comprometerías se comprometería	nos comprometerí- amos os comprometeríais se comprometerían	me habría comprometido te habrías comprometido se habría comprometido	nos habríamos comprometido os habríais comprometido se habrían comprometido
Subjunctive	**Present**		**Present Perfect**	
	me comprometa te comprometas se comprometa	nos comprometamos os comprometáis se comprometan	me haya comprometido te hayas comprometido se haya comprometido	nos hayamos comprometido os hayáis comprometido se hayan comprometido
	Imperfect		**Pluperfect**	
	me comprometiera, -se te comprometieras, -ses se comprometiera, -se	nos comprometiéra- mos, -semos os comprometierais, -seis se comprometieran, -sen	me hubiera, -se compro- metido te hubieras, -ses compro- metido se hubiera, -se compro- metido	nos hubiéramos, -semos comprometido os hubierais, -seis comprometido se hubieran, -sen comprometido

IMPERATIVE

comprométete (tú); no te comprometas

comprométase (Ud.); no se comprometa

comprometámonos (nosotros); no nos comprometamos

comprometeos (vosotros); no os comprometáis

comprométanse (Uds.); no se comprometan

EXAMPLES

No se comprometan si no van a cumplir su palabra.

Don't commit yourself if you cannot keep your promise.

Ella se comprometió a ayudarnos.

She promised to help us.

Jaime y Rebeca se comprometerán el sábado.

Jaime and Rebecca will get engaged on Saturday.

concluir

to finish, to conclude, to end

Gerundio: concluyendo   **Participio pasado:** concluido

Mood	Simple Tenses		Compound Tenses	
	Singular	*Plural*	*Singular*	*Plural*
Indicative	**Present**		**Present Perfect**	
	concluyo	concluimos	he concluido	hemos concluido
	concluyes	concluís	has concluido	habéis concluido
	concluye	concluyen	ha concluido	han concluido
	Preterit		**Preterit Perfect**	
	concluí	concluimos	hube concluido	hubimos concluido
	concluiste	concluisteis	hubiste concluido	hubisteis concluido
	concluyó	concluyeron	hubo concluido	hubieron concluido
	Imperfect		**Pluperfect**	
	concluía	concluíamos	había concluido	habíamos concluido
	concluías	concluíais	habías concluido	habíais concluido
	concluía	concluían	había concluido	habían concluido
	Future		**Future Perfect**	
	concluiré	concluiremos	habré concluido	habremos concluido
	concluirás	concluiréis	habrás concluido	habréis concluido
	concluirá	concluirán	habrá concluido	habrán concluido
	Conditional		**Conditional Perfect**	
	concluiría	concluiríamos	habría concluido	habríamos concluido
	concluirías	concluiríais	habrías concluido	habríais concluido
	concluiría	concluirían	habría concluido	habrían concluido
Subjunctive	**Present**		**Present Perfect**	
	concluya	concluyamos	haya concluido	hayamos concluido
	concluyas	concluyáis	hayas concluido	hayáis concluido
	concluya	concluyan	haya concluido	hayan concluido
	Imperfect		**Pluperfect**	
	concluyera, -se	concluyéramos, -semos	hubiera, -se concluido	hubiéramos, -semos concluido
	concluyeras, -ses		hubieras, -ses concluido	
	concluyera, -se	concluyerais, -seis concluyeran, -sen	hubiera, -se concluido	hubierais, -seis concluido hubieran, -sen concluido

IMPERATIVE

concluye (tú); no concluyas

(no) concluya (Ud.)

(no) concluyamos (nosotros)

concluid (vosotros); no concluyáis

(no) concluyan (Uds.)

EXAMPLES

¿A qué hora concluyó la reunión?

Habríamos concluido más temprano, pero había mucho por discutir.

Todos querían que la conferencia concluyera a las seis.

At what time did the meeting finish?

We would have concluded earlier but there was a lot to discuss.

Everybody wanted the lecture to finish by six o'clock.

conducir

to drive, to lead

Gerundio: conduciendo   **Participio pasado:** conducido

Mood	Simple Tenses		Compound Tenses	
	Singular	*Plural*	*Singular*	*Plural*
Indicative	**Present**		**Present Perfect**	
	conduzco	conducimos	he conducido	hemos conducido
	conduces	conducís	has conducido	habéis conducido
	conduce	conducen	ha conducido	han conducido
	Preterit		**Preterit Perfect**	
	conduje	condujimos	hube conducido	hubimos conducido
	condujiste	condujisteis	hubiste conducido	hubisteis conducido
	condujo	condujeron	hubo conducido	hubieron conducido
	Imperfect		**Pluperfect**	
	conducía	conducíamos	había conducido	habíamos conducido
	conducías	conducíais	habías conducido	habíais conducido
	conducía	conducían	había conducido	habían conducido
	Future		**Future Perfect**	
	conduciré	conduciremos	habré conducido	habremos conducido
	conducirás	conduciréis	habrás conducido	habréis conducido
	conducirá	conducirán	habrá conducido	habrán conducido
	Conditional		**Conditional Perfect**	
	conduciría	conduciríamos	habría conducido	habríamos conducido
	conducirías	conduciríais	habrías conducido	habríais conducido
	conduciría	conducirían	habría conducido	habrían conducido
Subjunctive	**Present**		**Present Perfect**	
	conduzca	conduzcamos	haya conducido	hayamos conducido
	conduzcas	conduzcáis	hayas conducido	hayáis conducido
	conduzca	conduzcan	haya conducido	hayan conducido
	Imperfect		**Pluperfect**	
	condujera, -se	condujéramos, -semos	hubiera, -se conducido	hubiéramos, -semos conducido
	condujeras, ses	condujerais, -seis	hubieras, -ses conducido	hubierais, -seis conducido
	condujera, -se	condujeran, -sen	hubiera, -se conducido	hubieran, -sen conducido

IMPERATIVE

conduce (tú); no conduzcas	(no) conduzcamos (nosotros)
(no) conduzca (Ud.)	conducid (vosotros); no conduzcáis
	(no) conduzcan (Uds.)

EXAMPLES

Es necesario que conduzcamos más despacio en las autopistas.	It is necessary that we drive slower on the highways.
Si el guía hubiese conducido al grupo con cuidado, no habrían tenido el accidente.	If the guide had led the group carefully, they wouldn't have had the accident.
Conduzcan con cuidado en las zonas escolares.	Drive carefully in school zones.
El joven condujo como un loco.	The young man drove like a madman.

confesar
to confess, to acknowledge
Gerundio: confesando   **Participio pasado:** confesado

Mood	Simple Tenses		Compound Tenses	
	Singular	*Plural*	*Singular*	*Plural*
Indicative	**Present**		**Present Perfect**	
	confieso	confesamos	he confesado	hemos confesado
	confiesas	confesáis	has confesado	habéis confesado
	confiesa	confiesan	ha confesado	han confesado
	Preterit		**Preterit Perfect**	
	confesé	confesamos	hube confesado	hubimos confesado
	confesaste	confesasteis	hubiste confesado	hubisteis confesado
	confesó	confesaron	hubo confesado	hubieron confesado
	Imperfect		**Pluperfect**	
	confesaba	confesábamos	había confesado	habíamos confesado
	confesabas	confesabais	habías confesado	habíais confesado
	confesaba	confesaban	había confesado	habían confesado
	Future		**Future Perfect**	
	confesaré	confesaremos	habré confesado	habremos confesado
	confesarás	confesaréis	habrás confesado	habréis confesado
	confesará	confesarán	habrá confesado	habrán confesado
	Conditional		**Conditional Perfect**	
	confesaría	confesaríamos	habría confesado	habríamos confesado
	confesarías	confesaríais	habrías confesado	habríais confesado
	confesaría	confesarían	habría confesado	habrían confesado
Subjunctive	**Present**		**Present Perfect**	
	confiese	confesemos	haya confesado	hayamos confesado
	confieses	confeséis	hayas confesado	hayáis confesado
	confiese	confiesen	haya confesado	hayan confesado
	Imperfect		**Pluperfect**	
	confesara, -se	confesáramos, -semos	hubiera, -se confesado	hubiéramos, -semos confesado
	confesaras, ses	confesarais, -seis	hubieras, -ses confesado	hubierais, -seis confesado
	confesara, -se	confesaran, -sen	hubiera, -se confesado	hubieran, -sen confesado

IMPERATIVE

	(no) confesemos (nosotros)
confiesa (tú); no confieses	confesad (vosotros); no confeséis
(no) confiese (Ud.)	(no) confiesen (Uds.)

Note: As a reflexive verb, *confesarse* (to make a confession, to confess one's sins) uses the reflexive pronouns *me, te, se, nos, os, se.* Example 4 shows the reflexive use.

EXAMPLES

El inquilino ha confesado que tiene mascotas en su apartamento.	The tenant has confessed that he has pets in his apartment.
El gerente confesaría el delito si el administrador confesase también.	The manager would confess his crime if the administrator would confess too.
El ladrón habría confesado aunque no se lo pidiesen.	The thief would have confessed even if they didn't ask him.
Ellos <u>se</u> confiesan todos los domingos.	They confess their sins every Sunday.

confiarse

to trust, to entrust, have faith or confidence
Gerundio: confiándose   **Participio pasado:** confiado

Mood	Simple Tenses		Compound Tenses	
	Singular	*Plural*	*Singular*	*Plural*
Indicative	**Present**		**Present Perfect**	
	me confío te confías se confía	nos confiamos os confiáis se confían	me he confiado te has confiado se ha confiado	nos hemos confiado os habéis confiado se han confiado
	Preterit		**Preterit Perfect**	
	me confié te confiaste se confió	nos confiamos os confiasteis se confiaron	me hube confiado te hubiste confiado se hubo confiado	nos hubimos confiado os hubisteis confiado se hubieron confiado
	Imperfect		**Pluperfect**	
	me confiaba te confiabas se confiaba	nos confiábamos os confiabais se confiaban	me había confiado te habías confiado se había confiado	nos habíamos confiado os habíais confiado se habían confiado
	Future		**Future Perfect**	
	me confiaré te confiarás se confiará	nos confiaremos os confiaréis se confiarán	me habré confiado te habrás confiado se habrá confiado	nos habremos confiado os habréis confiado se habrán confiado
	Conditional		**Conditional Perfect**	
	me confiaría te confiarías se confiaría	nos confiaríamos os confiaríais se confiarían	me habría confiado te habrías confiado se habría confiado	nos habríamos confiado os habríais confiado se habrían confiado
Subjunctive	**Present**		**Present Perfect**	
	me confíe te confíes se confíe	nos confiemos os confiéis se confíen	me haya confiado te hayas confiado se haya confiado	nos hayamos confiado os hayáis confiado se hayan confiado
	Imperfect		**Pluperfect**	
	me confiara, -se te confiaras, -ses se confiara, -se	nos confiáramos, -semos os confiarais, -seis se confiaran, -sen	me hubiera, -se confiado te hubieras, -ses confiado se hubiera, -se confiado	nos hubiéramos, -semos confiado os hubierais, -seis con- fiado se hubieran, -sen confiado

IMPERATIVE

	confiémonos (nosotros); no nos confiemos
confíate (tú); no te confíes	confiaos (vosotros); no os confiéis
confíese (Ud.); no se confíe	confíense (Uds.); no se confíen

Note: As a nonreflexive verb, *confiar* (to trust, to have faith or confidence) is shown in Examples 3 and 4.

EXAMPLES

Yo les digo a mis hijos que no se confíen de personas extrañas.	I tell my children not to trust strangers.
Felipe se confió en sus buenas calificaciones y no estudió para los finales.	Philip relied on his good grades and did not study for the final exams.
Confía en ti mismo.	Trust in yourself.
Si confiara en ella, le daría mi clave.	If I trusted her, I would give her my password.

confundirse

to mix up, to mistake, to be confused

Gerundio: confundiéndose   **Participio pasado:** confundido

Mood	Simple Tenses		Compound Tenses	
	Singular	*Plural*	*Singular*	*Plural*
Indicative	**Present**		**Present Perfect**	
	me confundo te confundes se confunde	nos confundimos os confundís se confunden	me he confundido te has confundido se ha confundido	nos hemos confundido os habéis confundido se han confundido
	Preterit		**Preterit Perfect**	
	me confundí te confundiste se confundió	nos confundimos os confundisteis se confundieron	me hube confundido te hubiste confundido se hubo confundido	nos hubimos confundido os hubisteis confundido se hubieron confundido
	Imperfect		**Pluperfect**	
	me confundía te confundías se confundía	nos confundíamos os confundíais se confundían	me había confundido te habías confundido se había confundido	nos habíamos confundido os habíais confundido se habían confundido
	Future		**Future Perfect**	
	me confundiré te confundirás se confundirá	nos confundiremos os confundiréis se confundirán	me habré confundido te habrás confundido se habrá confundido	nos habremos confundido os habréis confundido se habrán confundido
	Conditional		**Conditional Perfect**	
	me confundiría te confundirías se confundiría	nos confundiríamos os confundiríais se confundirían	me habría confundido te habrías confundido se habría confundido	nos habríamos confun- dido os habríais confundido se habrían confundido
Subjunctive	**Present**		**Present Perfect**	
	me confunda te confundas se confunda	nos confundamos os confundáis se confundan	me haya confundido te hayas confundido se haya confundido	nos hayamos confundido os hayáis confundido se hayan confundido
	Imperfect		**Pluperfect**	
	me confundiera, -se te confundieras, -ses se confundiera, -se	nos confundiéramos, -semos os confundierais, -seis se confundieran, -sen	me hubiera, -se confun- dido te hubieras, -ses con- fundido se hubiera, -se confundido	nos hubiéramos, -semos confundido os hubierais, -seis con- fundido se hubieran, -sen con- fundido

IMPERATIVE

confúndete (tú); no te confundas

confúndase (Ud.); no se confunda

confundámonos (nosotros); no nos confundamos

confundíos (vosotros); no os confundáis

confúndanse (Uds.); no se confundan

Note: As a nonreflexive verb, *confundir* (to mix up, to mistake) is shown in Examples 3 and 4.

EXAMPLES

El estudiante se confundió explicando el problema.	The student got confused while explaining the problem.
Nos habíamos confundido y casi nos perdíamos.	We got confused, and we almost got lost.
A Natalie la confundieron con Patricia.	Natalie was mistaken for Patricia.
Me confunden todos estos problemas.	All these problems confuse me.

conjugar

to conjugate (gramm.), to join, to put together

Gerundio: conjugando   **Participio pasado:** conjugado

Mood	Simple Tenses		Compound Tenses	
	Singular	*Plural*	*Singular*	*Plural*
Indicative	**Present**		**Present Perfect**	
	conjugo	conjugamos	he conjugado	hemos conjugado
	conjugas	conjugáis	has conjugado	habéis conjugado
	conjuga	conjugan	ha conjugado	han conjugado
	Preterit		**Preterit Perfect**	
	conjugué	conjugamos	hube conjugado	hubimos conjugado
	conjugaste	conjugasteis	hubiste conjugado	hubisteis conjugado
	conjugó	conjugaron	hubo conjugado	hubieron conjugado
	Imperfect		**Pluperfect**	
	conjugaba	conjugábamos	había conjugado	habíamos conjugado
	conjugabas	conjugabais	habías conjugado	habíais conjugado
	conjugaba	conjugaban	había conjugado	habían conjugado
	Future		**Future Perfect**	
	conjugaré	conjugaremos	habré conjugado	habremos conjugado
	conjugarás	conjugaréis	habrás conjugado	habréis conjugado
	conjugará	conjugarán	habrá conjugado	habrán conjugado
	Conditional		**Conditional Perfect**	
	conjugaría	conjugaríamos	habría conjugado	habríamos conjugado
	conjugarías	conjugaríais	habrías conjugado	habríais conjugado
	conjugaría	conjugarían	habría conjugado	habrían conjugado
Subjunctive	**Present**		**Present Perfect**	
	conjugue	conjuguemos	haya conjugado	hayamos conjugado
	conjugues	conjuguéis	hayas conjugado	hayáis conjugado
	conjugue	conjuguen	haya conjugado	hayan conjugado
	Imperfect		**Pluperfect**	
	conjugara, -se	conjugáramos, -semos	hubiera, -se conjugado	hubiéramos, -semos conjugado
	conjugaras, -ses	conjugarais, -seis	hubieras, -ses conjugado	hubierais, -seis conjugado
	conjugara, -se	conjugaran, -sen	hubiera, -se conjugado	hubieran, -sen conjugado

IMPERATIVE

	(no) conjuguemos (nosotros)
conjuga (tú); no conjugues	conjugad (vosotros); no conjuguéis
(no) conjugue (Ud.)	(no) conjuguen (Uds.)

EXAMPLES

Los estudiantes estaban conjugando los verbos defectivos muy bien.

The students were conjugating the defective verbs very well.

Ella conjugó los verbos perfectamente y se ganó un trofeo.

She conjugated the verbs perfectly, and won a trophy.

Los médicos han conjugado varias posibilidades para esa operación.

The doctors have put together several possibilities for that surgery.

conocer
to know, to be acquainted with
Gerundio: conociendo　　**Participio pasado:** conocido

Mood	Simple Tenses		Compound Tenses	
	Singular	*Plural*	*Singular*	*Plural*
Indicative	**Present**		**Present Perfect**	
	conozco	conocemos	he conocido	hemos conocido
	conoces	conocéis	has conocido	habéis conocido
	conoce	conocen	ha conocido	han conocido
	Preterit		**Preterit Perfect**	
	conocí	conocimos	hube conocido	hubimos conocido
	conociste	conocisteis	hubiste conocido	hubisteis conocido
	conoció	conocieron	hubo conocido	hubieron conocido
	Imperfect		**Pluperfect**	
	conocía	conocíamos	había conocido	habíamos conocido
	conocías	conocían	habías conocido	habíais conocido
	conocía	conocías	había conocido	habían conocido
	Future		**Future Perfect**	
	conoceré	conoceremos	habré conocido	habremos conocido
	conocerás	conoceréis	habrás conocido	habréis conocido
	conocerá	conocerán	habrá conocido	habrán conocido
	Conditional		**Conditional Perfect**	
	conocería	conoceríamos	habría conocido	habríamos conocido
	conocerías	conoceríais	habrías conocido	habríais conocido
	conocería	conocerían	habría conocido	habrían conocido
Subjunctive	**Present**		**Present Perfect**	
	conozca	conozcamos	haya conocido	hayamos conocido
	conozcas	conozcáis	hayas conocido	hayáis conocido
	conozca	conozcan	haya conocido	hayan conocido
	Imperfect		**Pluperfect**	
	conociera, -se	conociéramos, -semos	hubiera, -se conocido	hubiéramos, -semos conocido
	conocieras, -ses	conocierais, -seis	hubieras, -ses conocido	hubierais, -seis conocido
	conociera, -se	conocieran, -sen	hubiera, -se conocido	hubieran, -sen conocido

IMPERATIVE

conoce (tú); no conozcas
(no) conozca (Ud.)

(no) conozcamos (nosotros)
conoced (vosotros); no conozcáis
(no) conozcan (Uds.)

EXAMPLES

Los profesores conocen a sus estudiantes.
Ellos se conocían desde niños.

The teachers know their students.
They knew each other since they were children.

¡Conozcan a sus vecinos!
Aunque los hubiera conocido, no los habría reconocido.

Get to know your neighbors!
Even if I had met them, I would have not recognized them.

conseguir

to get, to obtain, to succeed

Gerundio: consiguiendo   **Participio pasado:** conseguido

Mood	Simple Tenses		Compound Tenses	
	Singular	*Plural*	*Singular*	*Plural*
Indicative	**Present**		**Present Perfect**	
	consigo consigues consigue	conseguimos conseguís consiguen	he conseguido has conseguido ha conseguido	hemos conseguido habéis conseguido han conseguido
	Preterit		**Preterit Perfect**	
	conseguí conseguiste consiguió	conseguimos conseguisteis consiguieron	hube conseguido hubiste conseguido hubo conseguido	hubimos conseguido hubisteis conseguido hubieron conseguido
	Imperfect		**Pluperfect**	
	conseguía conseguías conseguía	conseguíamos conseguíais conseguían	había conseguido habías conseguido había conseguido	habíamos conseguido habíais conseguido habían conseguido
	Future		**Future Perfect**	
	conseguiré conseguirás conseguirá	conseguiremos conseguiréis conseguirán	habré conseguido habrás conseguido habrá conseguido	habremos conseguido habréis conseguido habrán conseguido
	Conditional		**Conditional Perfect**	
	conseguiría conseguirías conseguiría	conseguiríamos conseguiríais conseguirían	habría conseguido habrías conseguido habría conseguido	habríamos conseguido habríais conseguido habrían conseguido
Subjunctive	**Present**		**Present Perfect**	
	consiga consigas consiga	consigamos consigáis consigan	haya conseguido hayas conseguido haya conseguido	hayamos conseguido hayáis conseguido hayan conseguido
	Imperfect		**Pluperfect**	
	consiguiera, -se consiguieras, -ses consiguiera, -se	consiguiéramos, -semos consiguierais, -seis consiguieran, -sen	hubiera, -se conseguido hubieras, -ses conseguido hubiera, -se conseguido	hubiéramos, -semos conseguido hubierais, -seis conseguido hubieran, -sen conseguido

IMPERATIVE

consigue (tú); no consigas (no) consiga (Ud.)	(no) consigamos (nosotros) conseguid (vosotros); no consigáis (no) consigan (Uds.)

EXAMPLES

Inés consigue lo que se propone.	Inez gets whatever she sets her mind to.
Nosotros conseguiremos nuestras metas si trabajamos duro.	We will obtain our goals if we work hard.
Ella ha conseguido graduarse de abogada.	She has succeeded in becoming a lawyer.

consentir

to consent, to agree, to pamper
Gerundio: consintiendo   **Participio pasado:** consentido

Mood	Simple Tenses		Compound Tenses	
	Singular	*Plural*	*Singular*	*Plural*
Indicative	**Present**		**Present Perfect**	
	consiento consientes consiente	consentimos consentís consienten	he consentido has consentido ha consentido	hemos consentido habéis consentido han consentido
	Preterit		**Preterit Perfect**	
	consentí consentiste consintió	consentimos consentisteis consintieron	hube consentido hubiste consentido hubo consentido	hubimos consentido hubisteis consentido hubieron consentido
	Imperfect		**Pluperfect**	
	consentía consentías consentía	consentíamos consentíais consentían	había consentido habías consentido había consentido	habíamos consentido habíais consentido habían consentido
	Future		**Future Perfect**	
	consentiré consentirás consentirá	consentiremos consentiréis consentirán	habré consentido habrás consentido habrá consentido	habremos consentido habréis consentido habrán consentido
	Conditional		**Conditional Perfect**	
	consentiría consentirías consentiría	consentiríamos consentiríais consentirían	habría consentido habrías consentido habría consentido	habríamos consentido habríais consentido habrían consentido
Subjunctive	**Present**		**Present Perfect**	
	consienta consientas consienta	consintamos consintáis consientan	haya consentido hayas consentido haya consentido	hayamos consentido hayáis consentido hayan consentido
	Imperfect		**Pluperfect**	
	consintiera, -se consintieras, -ses consintiera, -se	consintiéramos, -semos consintierais, -seis consintieran, -sen	hubiera, -se consentido hubieras, -ses consentido hubiera, -se consentido	hubiéramos, -semos consentido hubierais, -seis consen- tido hubieran, -sen consentido

IMPERATIVE

consiente (tú); no consientas
(no) consienta (Ud.)

(no) consintamos (nosotros)
consentid (vosotros); no consintáis
(no) consientan (Uds.)

EXAMPLES

El propietario y el inquilino consintieron en una fecha para el pago del alquiler.

The landlord and the tenant agreed to a date for the rent payment.

Mis abuelos me consintieron mucho cuando era niño.

My grandparents pampered me a lot when I was a little boy.

Si consentimos a los niños demasiado, los malcriamos.

If we pamper the children too much, we spoil them.

No consientas firmar ese contrato.

Don't agree to sign that contract.

construir

to construct, to build

Gerundio: construyendo   **Participio pasado:** construido

Mood	Simple Tenses		Compound Tenses	
	Singular	*Plural*	*Singular*	*Plural*
Indicative	**Present**		**Present Perfect**	
	construyo	construimos	he construido	hemos construido
	construyes	construís	has construido	habéis construido
	construye	construyen	ha construido	han construido
	Preterit		**Preterit Perfect**	
	construí	construimos	hube construido	hubimos construido
	construiste	construisteis	hubiste construido	hubisteis construido
	construyó	construyeron	hubo construido	hubieron construido
	Imperfect		**Pluperfect**	
	construía	construíamos	había construido	habíamos construido
	construías	construíais	habías construido	habíais construido
	construía	construían	había construido	habían construido
	Future		**Future Perfect**	
	construiré	construiremos	habré construido	habremos construido
	construirás	construiréis	habrás construido	habréis construido
	construirá	construirán	habrá construido	habrán construido
	Conditional		**Conditional Perfect**	
	construiría	construiríamos	habría construido	habríamos construido
	construirías	construiríais	habrías construido	habríais construido
	construiría	construirían	habría construido	habrían construido
Subjunctive	**Present**		**Present Perfect**	
	construya	construyamos	haya construido	hayamos construido
	construyas	construyáis	hayas construido	hayáis construido
	construya	construyan	haya construido	hayan construido
	Imperfect		**Pluperfect**	
	construyera, -se	construyéramos, -semos	hubiera, -se construido	hubiéramos, -semos construido
	construyeras, -ses		hubieras, -ses construido	
	construyera, -se	construyerais, -seis construyeran, -sen	hubiera, -se construido	hubierais, -seis construido hubieran, -sen construido

IMPERATIVE

construye (tú); no construyas
(no) construya (Ud.)

(no) construyamos (nosotros)
construid (vosotros); no construyáis
(no) construyan (Uds.)

EXAMPLES

El puente Golden Gate fue construido en 1937.

The Golden Gate Bridge was built in 1937.

Los estudiantes están construyendo un futuro mejor para ellos.

The students are building a better future for themselves.

¿Habrá construido la casa el constructor?

I wonder if the builder has built the house yet.

contar
to tell, to count

Gerundio: contando   **Participio pasado:** contado

Mood	Simple Tenses		Compound Tenses	
	Singular	*Plural*	*Singular*	*Plural*
	Present		**Present Perfect**	
	cuento	contamos	he contado	hemos contado
	cuentas	contáis	has contado	habéis contado
	cuenta	cuentan	ha contado	han contado
	Preterit		**Preterit Perfect**	
	conté	contamos	hube contado	hubimos contado
	contaste	contasteis	hubiste contado	hubisteis contado
	contó	contaron	hubo contado	hubieron contado
Indicative	**Imperfect**		**Pluperfect**	
	contaba	contábamos	había contado	habíamos contado
	contabas	contabais	habías contado	habíais contado
	contaba	contaban	había contado	habían contado
	Future		**Future Perfect**	
	contaré	contaremos	habré contado	habremos contado
	contarás	contaréis	habrás contado	habréis contado
	contará	contarán	habrá contado	habrán contado
	Conditional		**Conditional Perfect**	
	contaría	contaríamos	habría contado	habríamos contado
	contarías	contaríais	habrías contado	habríais contado
	contaría	contarían	habría contado	habrían contado
Subjunctive	**Present**		**Present Perfect**	
	cuente	contemos	haya contado	hayamos contado
	cuentes	contéis	hayas contado	hayáis contado
	cuente	cuenten	haya contado	hayan contado
	Imperfect		**Pluperfect**	
	contara, -se	contáramos, -semos	hubiera, -se contado	hubiéramos, -semos contado
	contaras, -ses	contarais, -seis	hubieras, -ses contado	hubierais, -seis contado
	contara, -se	contaran, -sen	hubiera, -se contado	hubieran, -sen contado

IMPERATIVE

cuenta (tú); no cuentes

(no) cuente (Ud.)

(no) contemos (nosotros)

contad (vosotros); no contéis

(no) cuenten (Uds.)

EXAMPLES

El mesero siempre cuenta sus propinas.
The waiter always counts his money.

La abuelita les contaba relatos de su época.
The grandmother used to tell them stories of her time.

¡La azafata había contado los pasajeros tres veces!
The flight attendant had counted the passengers three times!

¡Cuenten conmigo! Los ayudaré a mudarse.
Count on me! I will help you move.

contener

to contain, to hold,

Gerundio: conteniendo **Participio pasado:** contenido

Mood	Simple Tenses		Compound Tenses	
	Singular	Plural	Singular	Plural
Indicative	**Present**		**Present Perfect**	
	contengo	contenemos	he contenido	hemos contenido
	contienes	contenéis	has contenido	habéis contenido
	contiene	contienen	ha contenido	han contenido
	Preterit		**Preterit Perfect**	
	contuve	contuvimos	hube contenido	hubimos contenido
	contuviste	contuvisteis	hubiste contenido	hubisteis contenido
	contuvo	contuvieron	hubo contenido	hubieron contenido
	Imperfect		**Pluperfect**	
	contenía	conteníamos	había contenido	habíamos contenido
	contenías	conteníais	habías contenido	habíais contenido
	contenía	contenían	había contenido	habían contenido
	Future		**Future Perfect**	
	contendré	contendremos	habré contenido	habremos contenido
	contendrás	contendréis	habrás contenido	habréis contenido
	contendrá	contendrán	habrá contenido	habrán contenido
	Conditional		**Conditional Perfect**	
	contendría	contendríamos	habría contenido	habríamos contenido
	contendrías	contendríais	habrías contenido	habríais contenido
	contendría	contendrían	habría contenido	habrían contenido
Subjunctive	**Present**		**Present Perfect**	
	contenga	contengamos	haya contenido	hayamos contenido
	contengas	contengáis	hayas contenido	hayáis contenido
	contenga	contengan	haya contenido	hayan contenido
	Imperfect		**Pluperfect**	
	contuviera, -se	contuviéramos, -semos	hubiera, -se contenido	hubiéramos, -semos contenido
	contuvieras, -ses		hubieras, -ses contenido	
	contuviera, -se	contuvierais, -seis	hubiera, -se contenido	hubierais, -seis contenido
		contuvieran, -sen		hubieran, -sen contenido

IMPERATIVE

	(no) contengamos (nosotros)
contén (tú); no contengas	contened (vosotros); no contengáis
(no) contenga (Ud.)	(no) contengan (Uds.)

Note: As a reflexive verb, *contenerse* (to hold oneself back) uses the reflexive pronouns *me, te, se, nos, os, se.* Examples 3 and 4 show the reflexive use.

EXAMPLES

Esa botella contiene un litro.	That bottle contains one liter.
Los bomberos han contenido el incendio a tiempo.	The firefighters have contained the fire just in time.
Ella <u>se</u> contuvo de decirle la verdad.	She held herself back from telling him the truth.
Habría llorado, si no <u>me</u> hubiese contenido.	I would have cried if I hadn't held myself back.

contestar

to answer, to reply

Gerundio: contestando   **Participio pasado:** contestado

Mood	Simple Tenses		Compound Tenses	
	Singular	*Plural*	*Singular*	*Plural*
Indicative	**Present**		**Present Perfect**	
	contesto	contestamos	he contestado	hemos contestado
	contestas	contestáis	has contestado	habéis contestado
	contesta	contestan	ha contestado	han contestado
	Preterit		**Preterit Perfect**	
	contesté	contestamos	hube contestado	hubimos contestado
	contestaste	contestasteis	hubiste contestado	hubisteis contestado
	contestó	contestaron	hubo contestado	hubieron contestado
	Imperfect		**Pluperfect**	
	contestaba	contestábamos	había contestado	habíamos contestado
	contestabas	contestabais	habías contestado	habíais contestado
	contestaba	contestaban	había contestado	habían contestado
	Future		**Future Perfect**	
	contestaré	contestaremos	habré contestado	habremos contestado
	contestarás	contestaréis	habrás contestado	habréis contestado
	contestará	contestarán	habrá contestado	habrán contestado
	Conditional		**Conditional Perfect**	
	contestaría	contestaríamos	habría contestado	habríamos contestado
	contestarías	contestaríais	habrías contestado	habríais contestado
	contestaría	contestarían	habría contestado	habrían contestado
Subjunctive	**Present**		**Present Perfect**	
	conteste	contestemos	haya contestado	hayamos contestado
	contestes	contestéis	hayas contestado	hayáis contestado
	conteste	contesten	haya contestado	hayan contestado
	Imperfect		**Pluperfect**	
	contestara, -se	contestáramos, -semos	hubiera, -se contestado	hubiéramos, -semos contestado
	contestaras, -ses		hubieras, -ses contestado	
	contestara, -se	contestarais, -seis contestaran, -sen	hubiera, -se contestado	hubierais, -seis contestado hubieran, -sen contestado

IMPERATIVE

contesta (tú); no contestes

(no) conteste (Ud.)

(no) contestemos (nosotros)

contestad (vosotros); no contestéis

(no) contesten (Uds.)

EXAMPLES

La concursante contestó las cien preguntas correctamente.

The contestant answered the one hundred questions correctly.

Ella habría contestado la carta pero se le perdió.

She would have answered the letter, but she lost it.

Es una lástima que no contestara esa carta.

It is a pity she didn't reply to that letter.

continuar
to continue

Gerundio: continuando   **Participio pasado:** continuado

Mood	Simple Tenses		Compound Tenses	
	Singular	*Plural*	*Singular*	*Plural*
Indicative	**Present**		**Present Perfect**	
	continúo continúas continúa	continuamos continuáis continúan	he continuado has continuado ha continuado	hemos continuado habéis continuado han continuado
	Preterit		**Preterit Perfect**	
	continué continuaste continuó	continuamos continuasteis continuaron	hube continuado hubiste continuado hubo continuado	hubimos continuado hubisteis continuado hubieron continuado
	Imperfect		**Pluperfect**	
	continuaba continuabas continuaba	continuábamos continuabais continuaban	había continuado habías continuado había continuado	habíamos continuado habíais continuado habían continuado
	Future		**Future Perfect**	
	continuaré continuarás continuará	continuaremos continuaréis continuarán	habré continuado habrás continuado habrá continuado	habremos continuado habréis continuado habrán continuado
	Conditional		**Conditional Perfect**	
	continuaría continuarías continuaría	continuaríamos continuaríais continuarían	habría continuado habrías continuado habría continuado	habríamos continuado habríais continuado habrían continuado
Subjunctive	**Present**		**Present Perfect**	
	continúe continúes continúe	continuemos continuéis continúen	haya continuado hayas continuado haya continuado	hayamos continuado hayáis continuado hayan continuado
	Imperfect		**Pluperfect**	
	continuara, -se continuaras, -ses continuara, se	continuáramos, -semos continuarais, -seis continuaran, -sen	hubiera, -se continuado hubieras, -ses continuado hubiera, -se continuado	hubiéramos, -semos continuado hubierais, -seis continuado hubieran, -sen continuado

IMPERATIVE

continúa (tú); no continúes
(no) continué (Ud.)

(no) continuemos (nosotros)
continuad (vosotros); no continuéis
(no) continúen (Uds.)

EXAMPLES

¡Continúa haciendo la tarea!

Continue doing your homework!

¿Has continuado ayudando en el refugio para adolescentes?

Have you continued helping at the shelter for teenagers?

Hubiésemos continuado hacia Japón, pero la tormenta nos desvió.

We would have continued to Japan, but the storm moved us off course.

contradecir

to contradict, to oppose, to contradict oneself

Gerundio: contradiciendo   **Participio pasado:** contradicho

Mood	Simple Tenses		Compound Tenses	
	Singular	*Plural*	*Singular*	*Plural*
Indicative	**Present**		**Present Perfect**	
	contradigo	contradecimos	he contradicho	hemos contradicho
	contradices	contradecís	has contradicho	habéis contradicho
	contradice	contradicen	ha contradicho	han contradicho
	Preterit		**Preterit Perfect**	
	contradije	contradijimos	hube contradicho	hubimos contradicho
	contradijiste	contradijisteis	hubiste contradicho	hubisteis contradicho
	contradijo	contradijeron	hubo contradicho	hubieron contradicho
	Imperfect		**Pluperfect**	
	contradecía	contradecíamos	había contradicho	habíamos contradicho
	contradecías	contradecíais	habías contradicho	habíais contradicho
	contradecía	contradecían	había contradicho	habían contradicho
	Future		**Future Perfect**	
	contradeciré	contradeciremos	habré contradicho	habremos contradicho
	contradecirás	contradeciréis	habrás contradicho	habréis contradicho
	contradecirá	contradecirán	habrá contradicho	habrán contradicho
	Conditional		**Conditional Perfect**	
	contradeciría	contradeciríamos	habría contradicho	habríamos contradicho
	contradecirías	contradeciríais	habrías contradicho	habríais contradicho
	contradeciría	contradecirían	habría contradicho	habrían contradicho
Subjunctive	**Present**		**Present Perfect**	
	contradiga	contradigamos	haya contradicho	hayamos contradicho
	contradigas	contradigáis	hayas contradicho	hayáis contradicho
	contradiga	contradigan	haya contradicho	hayan contradicho
	Imperfect		**Pluperfect**	
	contradijera, -se	contradijéramos, -semos	hubiera, -se contradicho	hubiéramos, -semos contradicho
	contradijeras, -ses		hubieras, -ses contradicho	hubierais, -seis contradicho
	contradijera, -se	contradijerais, -seis	hubiera, -se contradicho	hubieran, -sen contradicho
		contradijeran, -sen		

IMPERATIVE

	(no) contradigamos (nosotros)
contradice (tú); no contradigas	contradecid (vosotros); no contradigáis
(no) contradiga (Ud.)	(no) contradigan (Uds.)

Note: The simple future and conditional tenses of *contradecir* are also conjugated as the future and conditional tenses of the verb *decir* (see Verb Chart 180). Although, the usage is determined by country or regional preferences, the regular conjugation as shown above is used currently. This verb also has an irregular past participle, *contradicho*.

EXAMPLES

No le hubiese contradicho, pero yo tenía la razón.	I wouldn't have contradicted him, but I was right.
¿Por qué me contradices todo lo que digo?	Why do you contradict everything I say?
El culpable se contradijo en su testimonio.	The guilty man contradicted himself in his testimony.
El abogado la contradecirá en todo lo que pueda.	The lawyer will contradict her in everything he can.

contribuir
to contribute
Gerundio: contribuyendo   **Participio pasado:** contribuido

Mood	Simple Tenses		Compound Tenses	
	Singular	*Plural*	*Singular*	*Plural*
Indicative	**Present**		**Present Perfect**	
	contribuyo	contribuimos	he contribuido	hemos contribuido
	contribuyes	contribuís	has contribuido	habéis contribuido
	contribuye	contribuyen	ha contribuido	han contribuido
	Preterit		**Preterit Perfect**	
	contribuí	contribuimos	hube contribuido	hubimos contribuido
	contribuiste	contribuisteis	hubiste contribuido	hubisteis contribuido
	contribuyó	contribuyeron	hubo contribuido	hubieron contribuido
	Imperfect		**Pluperfect**	
	contribuía	contribuíamos	había contribuido	habíamos contribuido
	contribuías	contribuíais	habías contribuido	habíais contribuido
	contribuía	contribuían	había contribuido	habían contribuido
	Future		**Future Perfect**	
	contribuiré	contribuiremos	habré contribuido	habremos contribuido
	contribuirás	contribuiréis	habrás contribuido	habréis contribuido
	contribuirá	contribuirán	habrá contribuido	habrán contribuido
	Conditional		**Conditional Perfect**	
	contribuiría	contribuiríamos	habría contribuido	habríamos contribuido
	contribuirías	contribuiríais	habrías contribuido	habríais contribuido
	contribuiría	contribuirían	habría contribuido	habrían contribuido
Subjunctive	**Present**		**Present Perfect**	
	contribuya	contribuyamos	haya contribuido	hayamos contribuido
	contribuyas	contribuyáis	hayas contribuido	hayáis contribuido
	contribuya	contribuyan	haya contribuido	hayan contribuido
	Imperfect		**Pluperfect**	
	contribuyera, -se	contribuyéramos, -semos	hubiera, -se contribuido	hubiéramos, -semos contribuido
	contribuyeras, -ses		hubieras, -ses contribuido	hubierais, -seis contribuido
	contribuyera, -se	contribuyerais, -seis	hubiera, -se contribuido	hubieran, -sen contribuido
		contribuyeran, -sen		

IMPERATIVE

contribuye (tú); no contribuyas
(no) contribuya (Ud.)

(no) contribuyamos (nosotros)
contribuid (vosotros); no contribuyáis
(no) contribuyan (Uds.)

EXAMPLES

Es mejor que él contribuya con su tiempo.
It is better that he contribute with his time.
Yo estoy contribuyendo con cien mil pesetas.
I am contributing with one hundred thousand pesetas.
¿Con cuánto habías contribuido tú?
How much money had you contributed?
Mi abuelito contribuyó mucho en mi vida.
My grandfather contributed much to my life.

convencer

to convince, to become convinced
Gerundio: convenciendo **Participio pasado:** convencido

Mood	Simple Tenses		Compound Tenses	
	Singular	*Plural*	*Singular*	*Plural*
Indicative	**Present**		**Present Perfect**	
	convenzo	convencemos	he convencido	hemos convencido
	convences	convencéis	has convencido	habéis convencido
	convence	convencen	ha convencido	han convencido
	Preterit		**Preterit Perfect**	
	convencí	convencimos	hube convencido	hubimos convencido
	convenciste	convencisteis	hubiste convencido	hubisteis convencido
	convenció	convercieron	hubo convencido	hubieron convencido
	Imperfect		**Pluperfect**	
	convencía	convencíamos	había convencido	habíamos convencido
	convencías	convencíais	habías convencido	habíais convencido
	convencía	convencían	había convencido	habían convencido
	Future		**Future Perfect**	
	convenceré	convenceremos	habré convencido	habremos convencido
	convencerás	convenceréis	habrás convencido	habréis convencido
	convencerá	convencerán	habrá convencido	habrán convencido
	Conditional		**Conditional Perfect**	
	convencería	convenceríamos	habría convencido	habríamos convencido
	convencerías	convenceríais	habrías convencido	habríais convencido
	convencería	convencerían	habría convencido	habrían convencido
Subjunctive	**Present**		**Present Perfect**	
	convenza	convenzamos	haya convencido	hayamos convencido
	convenzas	convenzáis	hayas convencido	hayáis convencido
	convenza	convenzan	haya convencido	hayan convencido
	Imperfect		**Pluperfect**	
	convenciera, -se	convenciéramos, -semos	hubiera, -se convencido	hubiéramos, -semos convencido
	convencieras, -ses		hubieras, -ses convencido	
	convenciera, -se	convencierais, -seis	hubiera, -se convencido	hubierais, -seis convencido
		convencieran, -sen		hubieran, -sen convencido

IMPERATIVE

	(no) convenzamos (nosotros)
convence (tú); no convenzas	convenced (vosotros); no convenzáis
(no) convenza (Ud.)	(no) convenzan (Uds.)

EXAMPLES

Ellas están convenciendo al papá de que las deje ir a la fiesta.
They are convincing their father to let them go to the party.

Ya habían convencido al papá cuando la mamá dijo que no.
They had already convinced him when the mother said no.

Ella estaba convencida de que él nunca la invitaría a salir con él.
She was convinced he would never ask her out.

Ellos no convencieron al profesor que cancelara la clase.
They did not convince the professor to cancel class.

convenir

to be advisable, to be convenient, to agree

Gerundio: conviniendo   **Participio pasado:** convenido

Mood	Simple Tenses		Compound Tenses	
	Singular	*Plural*	*Singular*	*Plural*
Indicative	**Present**		**Present Perfect**	
	convengo convienes conviene	convenimos convenís convienen	he convenido has convenido ha convenido	hemos convenido habéis convenido han convenido
	Preterit		**Preterit Perfect**	
	convine conviniste convino	convenimos convinisteis convinieron	hube convenido hubiste convenido hubo convenido	hubimos convenido hubisteis convenido hubieron convenido
	Imperfect		**Pluperfect**	
	convenía convenías convenía	conveníamos conveníais convenían	había convenido habías convenido había convenido	habíamos convenido habíais convenido habían convenido
	Future		**Future Perfect**	
	convendré convendrás convendrá	convendremos convendréis convendrán	habré convenido habrás convenido habrá convenido	habremos convenido habréis convenido habrán convenido
	Conditional		**Conditional Perfect**	
	convendría convendrías convendría	convendríamos convendríais convendrían	habría convenido habrías convenido habría convenido	habríamos convenido habríais convenido habrían convenido
Subjunctive	**Present**		**Present Perfect**	
	convenga convengas convenga	convengamos convengáis convengan	haya convenido hayas convenido haya convenido	hayamos convenido hayáis convenido hayan convenido
	Imperfect		**Pluperfect**	
	conviniera, -se convinieras, -ses conviniera, -se	conviniéramos, -semos convinierais, -seis convinieran, -sen	hubiera, -se convenido hubieras, -ses convenido hubiera, -se convenido	hubiéramos, -semos convenido hubierais, -seis convenido hubieran, -sen convenido

IMPERATIVE

convén (tú); no convengas
(no) convenga (Ud.)

(no) convengamos (nosotros)
convenid (vosotros); no convengáis
(no) convengan (Uds.)

EXAMPLES

Conviene comprar el carro en lugar de alquilarlo.	It is advisable to buy the car instead of renting it.
Hemos convenido en ir con ellos a Inglaterra.	We have agreed to go with them to England.
Le convendría aceptar ese trabajo.	It would be convenient for her to accept that job.

convertir

to convert, to change, to turn into

Gerundio: convirtiendo   **Participio pasado:** convertido

Mood	Simple Tenses		Compound Tenses	
	Singular	*Plural*	*Singular*	*Plural*
Indicative	**Present**		**Present Perfect**	
	convierto	convertimos	he convertido	hemos convertido
	conviertes	convertís	has convertido	habéis convertido
	convierte	convierten	ha convertido	han convertido
	Preterit		**Preterit Perfect**	
	convertí	convertimos	hube convertido	hubimos convertido
	convertiste	convertisteis	hubiste convertido	hubisteis convertido
	convirtió	convirtieron	hubo convertido	hubieron convertido
	Imperfect		**Pluperfect**	
	convertía	convertíamos	había convertido	habíamos convertido
	convertías	convertíais	habías convertido	habíais convertido
	convertía	convertían	había convertido	habían convertido
	Future		**Future Perfect**	
	convertiré	convertiremos	habré convertido	habremos convertido
	convertirás	convertiréis	habrás convertido	habréis convertido
	convertirá	convertirán	habrá convertido	habrán convertido
	Conditional		**Conditional Perfect**	
	convertiría	convertiríamos	habría convertido	habríamos convertido
	convertirías	convertiríais	habrías convertido	habríais convertido
	convertiría	convertirían	habría convertido	habrían convertido
Subjunctive	**Present**		**Present Perfect**	
	convierta	convirtamos	haya convertido	hayamos convertido
	conviertas	convirtáis	hayas convertido	hayáis convertido
	convierta	conviertan	haya convertido	hayan convertido
	Imperfect		**Pluperfect**	
	convirtiera, -se	convirtiéramos, -semos	hubiera, -se convertido	hubiéramos, -semos convertido
	convirtieras, -ses		hubieras, -ses convertido	
	convirtiera, -se	convirtierais, -seis	hubiera, -se convertido	hubierais, -seis convertido
		convirtieran, -sen		hubieran, -sen convertido

IMPERATIVE

convierte (tú); no conviertas

(no) convierta (Ud.)

(no) convirtamos (nosotros)

convertid (vosotros); no convirtáis

(no) conviertan (Uds.)

EXAMPLES

Los españoles convirtieron a los indios al catolicismo.

The Spaniards converted the natives to Catholicism.

Los habrían convertido más rápido si hubiesen hablado su lengua.

They would have converted them faster if they had spoken their language.

. . . Y la rana se convirtió en un príncipe.

. . . And the toad turned into a prince.

convocar

to convene, to summon, to convoke

Gerundio: convocando   **Participio pasado:** convocado

Mood	Simple Tenses		Compound Tenses	
	Singular	*Plural*	*Singular*	*Plural*
Indicative	**Present**		**Present Perfect**	
	convoco	convocamos	he convocado	hemos convocado
	convocas	convocáis	has convocado	habéis convocado
	convoca	convocan	ha convocado	han convocado
	Preterit		**Preterit Perfect**	
	convoqué	convocamos	hube convocado	hubimos convocado
	convocaste	convocasteis	hubiste convocado	hubisteis convocado
	convocó	convocaron	hubo convocado	hubieron convocado
	Imperfect		**Pluperfect**	
	convocaba	convocábamos	había convocado	habíamos convocado
	convocabas	convocabais	habías convocado	habíais convocado
	convocaba	convocaban	había convocado	habían convocado
	Future		**Future Perfect**	
	convocaré	convocaremos	habré convocado	habremos convocado
	convocarás	convocaréis	habrás convocado	habréis convocado
	convocará	convocarán	habrá convocado	habrán convocado
	Conditional		**Conditional Perfect**	
	convocaría	convocaríamos	habría convocado	habríamos convocado
	convocarías	convocaríais	habrías convocado	habríais convocado
	convocaría	convocarían	habría convocado	habrían convocado
Subjunctive	**Present**		**Present Perfect**	
	convoque	convoquemos	haya convocado	hayamos convocado
	convoques	convoquéis	hayas convocado	hayáis convocado
	convoque	convoquen	haya convocado	hayan convocado
	Imperfect		**Pluperfect**	
	convocara, -se	convocáramos, -semos	hubiera, -se convocado	hubiéramos, -semos convocado
	convocaras, -ses	convocarais, -seis	hubieras, -ses convocado	hubierais, -seis convocado
	convocara, -se	convocaran, -sen	hubiera, -se convocado	hubieran, -sen convocado

IMPERATIVE

convoca (tú); no convoques
(no) convoque (Ud.)

(no) convoquemos (nosotros)
convocad (vosotros); no convoquéis
(no) convoquen (Uds.)

EXAMPLES

El presidente convoca la asamblea legislativa.

The president convenes the legislature.

El sindicato está convocando a sus miembros.

The union is summoning its members.

Los abogados esperan que hayan convocado al jurado.

The lawyers hope that the jury has been summoned.

corregir

to correct, to grade, to modify

Gerundio: corrigiendo   **Participio pasado:** corregido

Mood	Simple Tenses		Compound Tenses	
	Singular	*Plural*	*Singular*	*Plural*
Indicative	**Present**		**Present Perfect**	
	corrijo corriges corrige	corregimos corregís corrigen	he corregido has corregido ha corregido	hemos corregido habéis corregido han corregido
	Preterit		**Preterit Perfect**	
	corregí corregiste corrigió	corregimos corregisteis corrigieron	hube corregido hubiste corregido hubo corregido	hubimos corregido hubisteis corregido hubieron corregido
	Imperfect		**Pluperfect**	
	corregía corregías corregía	corregíamos corregíais corregían	había corregido habías corregido había corregido	habíamos corregido habíais corregido habían corregido
	Future		**Future Perfect**	
	corregiré corregirás corregirá	corregiremos corregiréis corregirán	habré corregido habrás corregido habrá corregido	habremos corregido habréis corregido habrán corregido
	Conditional		**Conditional Perfect**	
	corregiría corregirías corregiría	corregiríamos corregiríais corregirían	habría corregido habrías corregido habría corregido	habríamos corregido habríais corregido habrían corregido
Subjunctive	**Present**		**Present Perfect**	
	corrija corrijas corrija	corrijamos corrijáis corrijan	haya corregido hayas corregido haya corregido	hayamos corregido hayáis corregido hayan corregido
	Imperfect		**Pluperfect**	
	corrigiera, se corrigieras, ses corrigiera, se	corrigiéramos, -semos corrigierais, -seis corrigieran, -sen	hubiera, -se corregido hubieras, -ses corregido hubiera, -se corregido	hubiéramos, -semos corregido hubierais, -seis corregido hubieran, -sen corregido

IMPERATIVE

corrige (tú); no corrijas
(no) corrija (Ud.)

(no) corrijamos (nosotros)
corregid (vosotros); no corrijáis
(no) corrijan (Uds.)

EXAMPLES

La ingeniera ha corregido los cálculos de nuevo.

The engineer has corrected the calculations again.

Los profesores corrigen los exámenes.

The teachers are grading the exams.

Cuando los hayan corregido, ellos darán las calificaciones.

After they have graded them, they will give out the grades.

correr

to run, to flow

Gerundio: corriendo **Participio pasado:** corrido

Mood	Simple Tenses		Compound Tenses	
	Singular	*Plural*	*Singular*	*Plural*
Indicative	**Present**		**Present Perfect**	
	corro	corremos	he corrido	hemos corrido
	corres	corréis	has corrido	habéis corrido
	corre	corren	ha corrido	han corrido
	Preterit		**Preterit Perfect**	
	corrí	corrimos	hube corrido	hubimos corrido
	corriste	corristeis	hubiste corrido	hubisteis corrido
	corrió	corrieron	hubo corrido	hubieron corrido
	Imperfect		**Pluperfect**	
	corría	corríamos	había corrido	habíamos corrido
	corrías	corríais	habías corrido	habíais corrido
	corría	corrían	había corrido	habían corrido
	Future		**Future Perfect**	
	correré	correremos	habré corrido	habremos corrido
	correrás	correréis	habrás corrido	habréis corrido
	correrá	correrán	habrá corrido	habrán corrido
	Conditional		**Conditional Perfect**	
	correría	correríamos	habría corrido	habríamos corrido
	correrías	correríais	habrías corrido	habríais corrido
	correría	correrían	habría corrido	habrían corrido
Subjunctive	**Present**		**Present Perfect**	
	corra	corramos	haya corrido	hayamos corrido
	corras	corráis	hayas corrido	hayáis corrido
	corra	corran	haya corrido	hayan corrido
	Imperfect		**Pluperfect**	
	corriera, -se	corriéramos, -semos	hubiera, -se corrido	hubiéramos, -semos corrido
	corrieras, -ses	corrierais, -seis	hubieras, -ses corrido	
	corriera, -se	corrieran, -sen	hubiera, -se corrido	hubierais, -seis corrido
				hubieran, -sen corrido

IMPERATIVE

corre (tú); no corras

(no) corra (Ud.)

(no) corramos (nosotros)

corred (vosotros); no corráis

(no) corran (Uds.)

EXAMPLES

Si tú corrieses, yo correría también.

Habría corrido en el maratón pero me dolían los pies.

Ellas estuvieron corriendo hasta las cinco de la tarde.

If you would run, I would run also.

I would have run in the marathon, but my feet were hurting.

They were running until five o'clock in the afternoon.

IDIOMATIC EXAMPLE

Agua que no has de beber, déjala correr.

Don't take it if you are not going to use it.

cortar

to cut

Gerundio: cortando   **Participio pasado:** cortado

Mood	Simple Tenses		Compound Tenses	
	Singular	*Plural*	*Singular*	*Plural*
Indicative	**Present**		**Present Perfect**	
	corto	cortamos	he cortado	hemos cortado
	cortas	cortáis	has cortado	habéis cortado
	corta	cortan	ha cortado	han cortado
	Preterit		**Preterit Perfect**	
	corté	cortamos	hube cortado	hubimos cortado
	cortaste	cortasteis	hubiste cortado	hubisteis cortado
	cortó	cortaron	hubo cortado	hubieron cortado
	Imperfect		**Pluperfect**	
	cortaba	cortábamos	había cortado	habíamos cortado
	cortabas	cortabais	habías cortado	habíais cortado
	cortaba	cortaban	había cortado	habían cortado
	Future		**Future Perfect**	
	cortaré	cortaremos	habré cortado	habremos cortado
	cortarás	cortaréis	habrás cortado	habréis cortado
	cortará	cortarán	habrá cortado	habrán cortado
	Conditional		**Conditional Perfect**	
	cortaría	cortaríamos	habría cortado	habríamos cortado
	cortarías	cortaríais	habrías cortado	habríais cortado
	cortaría	cortarían	habría cortado	habrían cortado
Subjunctive	**Present**		**Present Perfect**	
	corte	cortemos	haya cortado	hayamos cortado
	cortes	cortéis	hayas cortado	hayáis cortado
	corte	corten	haya cortado	hayan cortado
	Imperfect		**Pluperfect**	
	cortara, -se	cortáramos, -semos	hubiera, -se cortado	hubiéramos, -semos cortado
	cortaras, -ses	cortarais, -seis	hubieras, -ses cortado	hubierais, -seis cortado
	cortara, -se	cortaran, -sen	hubiera, -se cortado	hubieran, -sen cortado

IMPERATIVE

corta (tú); no cortes

(no) corte (Ud.)

(no) cortemos (nosotros)

cortad (vosotros); no cortéis

(no) corten (Uds.)

Note: As a reflexive verb, *cortarse* (to cut oneself) uses the reflexive pronouns *me, te, se, nos, os, se.* Examples 3 and 4 show the reflexive use.

EXAMPLES

La alcaldesa cortará la cinta en la inauguración del edificio.

The mayor will cut the ribbon in the inauguration of the building.

Es mejor cortar por lo sano.

It is better to settle a matter quickly and decisively.

Estaba cortándome el bigote cuando sonó la alarma.

I was trimming my mustache when the alarm went off.

Suzi se cortó el dedo cuando le cortaba el pelo a Marcos.

Suzi cut her finger when she was cutting Mark's hair.

costar

to cost

Gerundio: costando   **Participio pasado:** costado

Mood	Simple Tenses		Compound Tenses	
	Singular	*Plural*	*Singular*	*Plural*
Indicative	**Present**		**Present Perfect**	
	cuesta	cuestan	ha costado	han costado
	Preterit		**Preterit Perfect**	
	costó	costaron	hubo costado	hubieron costado
	Imperfect		**Pluperfect**	
	costaba	costaban	había costado	habían costado
	Future		**Future Perfect**	
	costará	costarán	habrá costado	habrán costado
	Conditional		**Conditional Perfect**	
	costaría	costarían	habría costado	habrían costado
Subjunctive	**Present**		**Present Perfect**	
	cueste	cuesten	haya costado	hayan costado
	Imperfect		**Pluperfect**	
	costara, -se	costaran, -sen	hubiera, -se costado	hubieran, -sen costado

IMPERATIVE

¡Que (no) cueste!   ¡Que (no) cuesten!

Note: This verb is mostly used in the third person singular and plural, in all tenses. As an intransitive verb, it is conjugated like *contar*.

EXAMPLES

¿Cuánto cuestan las uvas?
Las uvas cuestan un dólar la libra.
Si costaran cincuenta centavos las compraría.
Tu casa habrá costado una fortuna.
Nos costó encontrar la casa de Ignacio.

How much are the grapes?
The grapes cost a dollar a pound.
If they cost fifty cents, I would buy them.
Your house might have cost a fortune
It was hard for us to find Ignacio's house.

IDIOMATIC EXAMPLES

Cueste lo que cueste, iré a España.
Esos boletos cuestan un ojo de la cara.

At any cost, I will go to Spain.
Those tickets are very expensive. (They cost an arm and a leg.)

crecer

to grow

Gerundio: creciendo   **Participio pasado:** crecido

Mood	Simple Tenses		Compound Tenses	
	Singular	*Plural*	*Singular*	*Plural*
Indicative	**Present**		**Present Perfect**	
	crezco	crecemos	he crecido	hemos crecido
	creces	crecéis	has crecido	habéis crecido
	crece	crecen	ha crecido	han crecido
	Preterit		**Preterit Perfect**	
	crecí	crecimos	hube crecido	hubimos crecido
	creciste	crecisteis	hubiste crecido	hubisteis crecido
	creció	crecieron	hubo crecido	hubieron crecido
	Imperfect		**Pluperfect**	
	crecía	crecíamos	había crecido	habíamos crecido
	crecías	crecíais	habías crecido	habíais crecido
	crecía	crecían	había crecido	habían crecido
	Future		**Future Perfect**	
	creceré	creceremos	habré crecido	habremos crecido
	crecerás	creceréis	habrás crecido	habréis crecido
	crecerá	crecerán	habrá crecido	habrán crecido
	Conditional		**Conditional Perfect**	
	crecería	creceríamos	habría crecido	habríamos crecido
	crecerías	creceríais	habrías crecido	habríais crecido
	crecería	crecerían	habría crecido	habrían crecido
Subjunctive	**Present**		**Present Perfect**	
	crezca	crezcamos	haya crecido	hayamos crecido
	crezcas	crezcáis	hayas crecido	hayáis crecido
	crezca	crezcan	haya crecido	hayan crecido
	Imperfect		**Pluperfect**	
	creciera, -se	creciéramos, -semos	hubiera, -se crecido	hubiéramos, -semos crecido
	crecieras, -ses	crecierais, -seis	hubieras, -ses crecido	hubierais, -seis crecido
	creciera, -se	crecieran, -sen	hubiera, -se crecido	hubieran, -sen crecido

IMPERATIVE

crece (tú); no crezcas

(no) crezca (Ud.)

(no) crezcamos (nosotros)

creced (vosotros); no crezcáis

(no) crezcan (Uds.)

EXAMPLES

El cabello de María crece rápidamente.
Este pueblo ha crecido mucho desde el año pasado.
Las ganancias crecieron un cinco por ciento.
Nos gustaría que los árboles de pino crecieran más.

Mary's hair grows very fast.
This town has grown more since last year.

The profits increased by five percent.
We would like for the pine trees to grow more.

creer

to believe

Gerundio: creyendo   **Participio pasado:** creído

Mood	Simple Tenses		Compound Tenses	
	Singular	*Plural*	*Singular*	*Plural*
Indicative	**Present**		**Present Perfect**	
	creo crees cree	creemos creéis creen	he creído has creído ha creído	hemos creído habéis creído han creído
	Preterit		**Preterit Perfect**	
	creí creíste creyó	creímos creísteis creyeron	hube creído hubiste creído hubo creído	hubimos creído hubisteis creído hubieron creído
	Imperfect		**Pluperfect**	
	creía creías creía	creíamos creíais creían	había creído habías creído había creído	habíamos creído habíais creído habían creído
	Future		**Future Perfect**	
	creeré creerás creerá	creeremos creeréis creerán	habré creído habrás creído habrá creído	habremos creído habréis creído habrán creído
	Conditional		**Conditional Perfect**	
	creería creerías creería	creeríamos creeríais creerían	habría creído habrías creído habría creído	habríamos creído habríais creído habrían creído
Subjunctive	**Present**		**Present Perfect**	
	crea creas crea	creamos creáis crean	haya creído hayas creído haya creído	hayamos creído hayáis creído hayan creído
	Imperfect		**Pluperfect**	
	creyera, -se creyeras, -ses creyera, -se	creyéramos, -semos creyerais, -seis creyeran, -sen	hubiera, -se creído hubieras, -ses creído hubiera, -se creído	hubiéramos, -semos creído hubierais, -seis creído hubieran, -sen creído

IMPERATIVE

cree (tú); no creas
(no) crea (Ud.)

(no) creamos (nosotros)
creed (vosotros); no creáis
(no) crean (Uds.)

EXAMPLES

Ella creyó que yo creí lo que dijo.
Me alegro que el juez le haya creído.
No creas todo lo que te dicen.

She thought that I believed what she said.
I am glad the judge believed her.
Don't believe all that you hear.

IDIOMATIC EXAMPLE

Hay que verlo para creerlo.

You have to see it to believe it.

criar

to raise, to bring up, to breed, to create

Gerundio: criando   **Participio pasado:** criado

Mood	Simple Tenses		Compound Tenses	
	Singular	*Plural*	*Singular*	*Plural*
Indicative	**Present**		**Present Perfect**	
	crío	criamos	he criado	hemos criado
	crías	criáis	has criado	habéis criado
	cría	crían	ha criado	han criado
	Preterit		**Preterit Perfect**	
	crié	criamos	hube criado	hubimos criado
	criaste	criasteis	hubiste criado	hubisteis criado
	crió	criaron	hubo criado	hubieron criado
	Imperfect		**Pluperfect**	
	criaba	criábamos	había criado	habíamos criado
	criabas	criabais	habías criado	habíais criado
	criaba	criaban	había criado	habían criado
	Future		**Future Perfect**	
	criaré	criaremos	habré criado	habremos criado
	criarás	criaréis	habrás criado	habréis criado
	criará	criarán	habrá criado	habrán criado
	Conditional		**Conditional Perfect**	
	criaría	criaríamos	habría criado	habríamos criado
	criarías	criaríais	habrías criado	habríais criado
	criaría	criarían	habría criado	habrían criado
Subjunctive	**Present**		**Present Perfect**	
	críe	criemos	haya criado	hayamos criado
	críes	criéis	hayas criado	hayáis criado
	críe	críen	haya criado	hayan criado
	Imperfect		**Pluperfect**	
	criara, -se	criáramos, -semos	hubiera, -se criado	hubiéramos, -semos criado
	criaras, -ses	criarais, -seis	hubieras, -ses criado	hubierais, -seis criado
	criara, -se	criaran, -sen	hubiera, -se criado	hubieran, -sen criado

IMPERATIVE

cría (tú); no críes

(no) críe (Ud.)

(no) criemos (nosotros)

criad (vosotros); no criéis

(no) críen (Uds.)

EXAMPLES

Ellas se han criado en un hogar con amor.

They have been raised in a home with love.

¿Quién creó esa idea tan genial?

Who created that ingenious idea?

Ellos criaban gallinas en su hacienda.

They used to raise hens in their ranch.

¿Estaba criando ella diez niños huérfanos?

Was she raising ten orphan children?

IDIOMATIC EXAMPLE

Dios los cría y ellos se juntan.

Birds of a feather flock together.

cruzar

to cross (the road, one's legs, arms)
Gerundio: cruzando   **Participio pasado:** cruzado

Mood	Simple Tenses		Compound Tenses	
	Singular	*Plural*	*Singular*	*Plural*
Indicative	**Present**		**Present Perfect**	
	cruzo	cruzamos	he cruzado	hemos cruzado
	cruzas	cruzáis	has cruzado	habéis cruzado
	cruza	cruzan	ha cruzado	han cruzado
	Preterit		**Preterit Perfect**	
	crucé	cruzamos	hube cruzado	hubimos cruzado
	cruzaste	cruzasteis	hubiste cruzado	hubisteis cruzado
	cruzó	cruzaron	hubo cruzado	hubieron cruzado
	Imperfect		**Pluperfect**	
	cruzaba	cruzábamos	había cruzado	habíamos cruzado
	cruzabas	cruzabais	habías cruzado	habíais cruzado
	cruzaba	cruzaban	había cruzado	habían cruzado
	Future		**Future Perfect**	
	cruzaré	cruzaremos	habré cruzado	habremos cruzado
	cruzarás	cruzaréis	habrás cruzado	habréis cruzado
	cruzará	cruzarán	habrá cruzado	habrán cruzado
	Conditional		**Conditional Perfect**	
	cruzaría	cruzaríamos	habría cruzado	habríamos cruzado
	cruzarías	cruzaríais	habrías cruzado	habríais cruzado
	cruzaría	cruzarían	habría cruzado	habrían cruzado
Subjunctive	**Present**		**Present Perfect**	
	cruce	crucemos	haya cruzado	hayamos cruzado
	cruces	crucéis	hayas cruzado	hayáis cruzado
	cruce	crucen	haya cruzado	hayan cruzado
	Imperfect		**Pluperfect**	
	cruzara, -se	cruzáramos, -semos	hubiera, -se cruzado	hubiéramos, -semos cruzado
	cruzaras, -ses	cruzarais, -seis	hubieras, -ses cruzado	hubierais, -seis cruzado
	cruzara, -se	cruzaran, -sen	hubiera, -se cruzado	hubieran, -sen cruzado

IMPERATIVE

cruza (tú); no cruces
(no) cruce (Ud.)

(no) crucemos (nosotros)
cruzad (vosotros); no crucéis
(no) crucen (Uds.)

EXAMPLES

Cruce la calle Alma y luego doble a la derecha.

Cross Alma Street and then turn to the right.

¡Qué pena. La gimnasta cruzó las piernas en el salto final!

What a pity! The gymnast crossed her legs in the final jump.

Ya habíamos cruzado el puente cuando tuvimos que regresarnos.

We had already crossed the bridge when we had to turn back.

IDIOMATIC EXAMPLE

¡Los voluntarios se cruzaron de brazos y no hicieron nada!

The volunteers refrained from helping, and did nothing!

cubrir

to cover, to disguise

Gerundio: cubriendo **Participio pasado:** cubierto

Mood	Simple Tenses		Compound Tenses	
	Singular	*Plural*	*Singular*	*Plural*
Indicative	**Present**		**Present Perfect**	
	cubro	cubrimos	he cubierto	hemos cubierto
	cubres	cubrís	has cubierto	habéis cubierto
	cubre	cubren	ha cubierto	han cubierto
	Preterit		**Preterit Perfect**	
	cubrí	cubrimos	hube cubierto	hubimos cubierto
	cubriste	cubristeis	hubiste cubierto	hubisteis cubierto
	cubrió	cubrieron	hubo cubierto	hubieron cubierto
	Imperfect		**Pluperfect**	
	cubría	cubríamos	había cubierto	habíamos cubierto
	cubrías	cubríais	habías cubierto	habíais cubierto
	cubría	cubrían	había cubierto	habían cubierto
	Future		**Future Perfect**	
	cubriré	cubriremos	habré cubierto	habremos cubierto
	cubrirás	cubriréis	habrás cubierto	habréis cubierto
	cubrirá	cubrirán	habrá cubierto	habrán cubierto
	Conditional		**Conditional Perfect**	
	cubriría	cubriríamos	habría cubierto	habríamos cubierto
	cubrirías	cubriríais	habrías cubierto	habríais cubierto
	cubriría	cubrirían	habría cubierto	habrían cubierto
Subjunctive	**Present**		**Present Perfect**	
	cubra	cubramos	haya cubierto	hayamos cubierto
	cubras	cubráis	hayas cubierto	hayáis cubierto
	cubra	cubran	haya cubierto	hayan cubierto
	Imperfect		**Pluperfect**	
	cubriera, -se	cubriéramos, -semos	hubiera, -se cubierto	hubiéramos, -semos cubierto
	cubrieras, -ses	cubrierais, -seis	hubieras, -ses cubierto	hubierais, -seis cubierto
	cubriera, -se	cubrieran, -sen	hubiera, -se cubierto	hubieran, -sen cubierto

IMPERATIVE

	(no) cubramos (nosotros)
cubre (tú); no cubras	cubrid (vosotros); no cubráis
(no) cubra (Ud.)	(no) cubran (Uds.)

Note: This verb has an irregular past participle, *cubierto*. As a reflexive verb, *cubrirse* (to cover oneself) uses the reflexive pronouns. Examples 3 and 4 show the reflexive use.

EXAMPLES

La enfermera cubrió al paciente con una cobija.	The nurse covered the patient with a blanket.
Los ladrones habían cubierto las huellas con paja.	The thieves had covered their tracks with grass.
Los campesinos chinos <u>se</u> cubren la cabeza con sombreros.	The Chinese farmers cover their heads with hats.
<u>Nos</u> cubrimos porque hacía mucho frío.	We covered ourselves because it was very cold.

cuidarse

to take care of oneself
Gerundio: cuidándose   **Participio pasado:** cuidado

Mood	Simple Tenses		Compound Tenses	
	Singular	*Plural*	*Singular*	*Plural*
Indicative	**Present**		**Present Perfect**	
	me cuido te cuidas se cuida	nos cuidamos os cuidáis se cuidan	me he cuidado te has cuidado se ha cuidado	nos hemos cuidado os habéis cuidado se han cuidado
	Preterit		**Preterit Perfect**	
	me cuidé te cuidaste se cuidó	nos cuidamos os cuidasteis se cuidaron	me hube cuidado te hubiste cuidado se hubo cuidado	nos hubimos cuidado os hubisteis cuidado se hubieron cuidado
	Imperfect		**Pluperfect**	
	me cuidaba te cuidabas se cuidaba	nos cuidábamos os cuidabais se cuidaban	me había cuidado te habías cuidado se había cuidado	nos habíamos cuidado os habíais cuidado se habían cuidado
	Future		**Future Perfect**	
	me cuidaré te cuidarás se cuidará	nos cuidaremos os cuidaréis se cuidarán	me habré cuidado te habrás cuidado se habrá cuidado	nos habremos cuidado os habréis cuidado se habrán cuidado
	Conditional		**Conditional Perfect**	
	me cuidaría te cuidarías se cuidaría	nos cuidaríamos os cuidaríais se cuidarían	me habría cuidado te habrías cuidado se habría cuidado	nos habríamos cuidado os habríais cuidado se habrían cuidado
Subjunctive	**Present**		**Present Perfect**	
	me cuide te cuides se cuide	nos cuidemos os cuidéis se cuiden	me haya cuidado te hayas cuidado se haya cuidado	nos hayamos cuidado os hayáis cuidado se hayan cuidado
	Imperfect		**Pluperfect**	
	me cuidara, -se te cuidaras, -ses se cuidara, -se	nos cuidáramos, -semos os cuidarais, -seis se cuidaran, -sen	me hubiera, -se cuidado te hubieras, -ses cuidado se hubiera, -se cuidado	nos hubiéramos, -semos cuidado os hubierais, -seis cuidado se hubieran, -sen cuidado

IMPERATIVE

cuídate (tú); no te cuides
cuídese (Ud.); no se cuide

cuidémonos (nosotros); no nos cuidemos
cuidaos (vosotros); no os cuidéis
cuídense (Uds.); no se cuiden

Note: As a nonreflexive verb, *cuidar* (to take care of something/ someone) is shown in Examples 3 and 4.

EXAMPLES

Ella se cuidaba haciendo ejercicios y comiendo sano.

She took care of herself by exercising and eating right.

¡Me gustaría que mi madrina se cuidara más!

I wish my godmother would take care of herself more!

Ellos han cuidado a su hermana.

They have taken care of their sister.

¡Si cuidamos nuestro planeta, él nos cuidará a nosotros!

If we take care of our planet, it will take care of us!

IDIOMATIC EXAMPLE

Cuídate que Dios te cuidará.

Take care of yourself, and God will take care of you.

cumplir

to carry out, to fulfill, to execute, to have one's birthday

Gerundio: cumpliendo   **Participio pasado:** cumplido

Mood	Simple Tenses		Compound Tenses	
	Singular	*Plural*	*Singular*	*Plural*
Indicative	**Present**		**Present Perfect**	
	cumplo	cumplimos	he cumplido	hemos cumplido
	cumples	cumplís	has cumplido	habéis cumplido
	cumple	cumplen	ha cumplido	han cumplido
	Preterit		**Preterit Perfect**	
	cumplí	cumplimos	hube cumplido	hubimos cumplido
	cumpliste	cumplisteis	hubiste cumplido	hubisteis cumplido
	cumplió	cumplieron	hubo cumplido	hubieron cumplido
	Imperfect		**Pluperfect**	
	cumplía	cumplíamos	había cumplido	habíamos cumplido
	cumplías	cumplíais	habías cumplido	habíais cumplido
	cumplía	cumplían	había cumplido	habían cumplido
	Future		**Future Perfect**	
	cumpliré	cumpliremos	habré cumplido	habremos cumplido
	cumplirás	cumpliréis	habrás cumplido	habréis cumplido
	cumplirá	cumplirán	habrá cumplido	habrán cumplido
	Conditional		**Conditional Perfect**	
	cumpliría	cumpliríamos	habría cumplido	habríamos cumplido
	cumplirías	cumpliríais	habrías cumplido	habríais cumplido
	cumpliría	cumplirían	habría cumplido	habrían cumplido
Subjunctive	**Present**		**Present Perfect**	
	cumpla	cumplamos	haya cumplido	hayamos cumplido
	cumplas	cumpláis	hayas cumplido	hayáis cumplido
	cumpla	cumplan	haya cumplido	hayan cumplido
	Imperfect		**Pluperfect**	
	cumpliera, -se	cumpliéramos, -semos	hubiera, -se cumplido	hubiéramos, -semos cumplido
	cumplieras, -ses	cumplierais, -seis	hubieras, -ses cumplido	hubierais, -seis cumplido
	cumpliera, -se	cumplieran, -sen	hubiera, -se cumplido	hubieran, -sen cumplido

IMPERATIVE

	(no) cumplamos (nosotros)
cumple (tú); no cumplas	cumplid (vosotros); no cumpláis
(no) cumpla (Ud.)	(no) cumplan (Uds.)

EXAMPLES

El estudiante cumplió su promesa y obtuvo altas notas.	The student carried out his promise and got good grades.
Los hijos han cumplido con los deseos de sus padres.	The children had fulfilled the desires of their parents.
Cumple con tus obligaciones.	Carry out your responsibilities.
Si cumples lo que prometes, tendrás buena reputación.	If you carryout your promises, you will have a good reputation.
Ella cumplirá doce años en junio.	She will be twelve years old in June.

dañar

to damage, to injure

Gerundio: dañando   **Participio pasado:** dañado

Mood	Simple Tenses		Compound Tenses	
	Singular	*Plural*	*Singular*	*Plural*
Indicative	**Present**		**Present Perfect**	
	daño	dañamos	he dañado	hemos dañado
	dañas	dañáis	has dañado	habéis dañado
	daña	dañan	ha dañado	han dañado
	Preterit		**Preterit Perfect**	
	dañé	dañamos	hube dañado	hubimos dañado
	dañaste	dañasteis	hubiste dañado	hubisteis dañado
	dañó	dañaron	hubo dañado	hubieron dañado
	Imperfect		**Pluperfect**	
	dañaba	dañábamos	había dañado	habíamos dañado
	dañabas	dañabais	habías dañado	habíais dañado
	dañaba	dañaban	había dañado	habían dañado
	Future		**Future Perfect**	
	dañaré	dañaremos	habré dañado	habremos dañado
	dañarás	dañaréis	habrás dañado	habréis dañado
	dañará	dañarán	habrá dañado	habrán dañado
	Conditional		**Conditional Perfect**	
	dañaría	dañaríamos	habría dañado	habríamos dañado
	dañarías	dañaríais	habrías dañado	habríais dañado
	dañaría	dañarían	habría dañado	habrían dañado
Subjunctive	**Present**		**Present Perfect**	
	dañe	dañemos	haya dañado	hayamos dañado
	dañes	dañéis	hayas dañado	hayáis dañado
	dañe	dañen	haya dañado	hayan dañado
	Imperfect		**Pluperfect**	
	dañara, -se	dañáramos, -semos	hubiera, -se dañado	hubiéramos, -semos dañado
	dañaras, -ses	dañarais, -seis	hubieras, -ses dañado	hubierais, -seis dañado
	dañara, -se	dañaran, -sen	hubiera, -se dañado	hubieran, -sen dañado

IMPERATIVE

	(no) dañemos (nosotros)
daña (tú); no dañes	dañad (vosotros); no dañéis
(no) dañe (Ud.)	(no) dañen (Uds.)

Note: As a reflexive verb, *dañarse* (to become damaged) uses the reflexive pronouns *me, te, se, nos, os, se.* Example 4 shows the reflexive use.

EXAMPLES

El perrito dañó el juguete.	The puppy damaged the toy.
Las aguas han dañado el puente.	The waters have damaged the bridge.
¡No dañes tu carro!	Don't damage your car!
La leche se dañó.	The milk is spoiled.

dar
to give
Gerundio: dando   **Participio pasado:** dado

Mood	Simple Tenses		Compound Tenses	
	Singular	*Plural*	*Singular*	*Plural*
Indicative	**Present**		**Present Perfect**	
	doy	damos	he dado	hemos dado
	das	dais	has dado	habéis dado
	da	dan	ha dado	han dado
	Preterit		**Preterit Perfect**	
	di	dimos	hube dado	hubimos dado
	diste	disteis	hubiste dado	hubisteis dado
	dio	dieron	hubo dado	hubieron dado
	Imperfect		**Pluperfect**	
	daba	dábamos	había dado	habíamos dado
	dabas	dabais	habías dado	habíais dado
	daba	daban	había dado	habían dado
	Future		**Future Perfect**	
	daré	daremos	habré dado	habremos dado
	darás	daréis	habrás dado	habréis dado
	dará	darán	habrá dado	habrán dado
	Conditional		**Conditional Perfect**	
	daría	daríamos	habría dado	habríamos dado
	darías	daríais	habrías dado	habríais dado
	daría	darían	habría dado	habrían dado
Subjunctive	**Present**		**Present Perfect**	
	dé	demos	haya dado	hayamos dado
	des	deis	hayas dado	hayáis dado
	dé	den	haya dado	hayan dado
	Imperfect		**Pluperfect**	
	diera, -se	diéramos, -semos	hubiera, -se dado	hubiéramos, -semos dado
	dieras, -ses	dierais, -seis	hubieras, -ses dado	hubierais, -seis dado
	diera, -se	dieran, -sen	hubiera, -se dado	hubieran, -sen dado

IMPERATIVE

	(no) demos (nosotros)
da (tú); no des	dad (vosotros); no deis
(no) dé (Ud.)	(no) den (Uds.)

EXAMPLES

Te daré dinero para el viaje.	I will give you money for the trip.
Los niños han dado las gracias por los regalos recibidos.	The children have given thanks for the gifts received.
Aunque él dé más dinero, no solucionará el problema.	Even if he gives more money, he will not solve the problem.
Di todo lo que pude.	I gave all that I could.

IDIOMATIC EXAMPLES

A mí me da lo mismo.	It is all the same to me.
¡No dan ni las gracias!	They don't even give thanks (for anything)!

deber

to owe, must, ought

Gerundio: debiendo   **Participio pasado:** debido

Mood	Simple Tenses		Compound Tenses	
	Singular	*Plural*	*Singular*	*Plural*
Indicative	**Present**		**Present Perfect**	
	debo	debemos	he debido	hemos debido
	debes	debéis	has debido	habéis debido
	debe	deben	ha debido	han debido
	Preterit		**Preterit Perfect**	
	debí	debimos	hube debido	hubimos debido
	debiste	debisteis	hubiste debido	hubisteis debido
	debió	debieron	hubo debido	hubieron debido
	Imperfect		**Pluperfect**	
	debía	debíamos	había debido	habíamos debido
	debías	debíais	habías debido	habíais debido
	debía	debían	había debido	habían debido
	Future		**Future Perfect**	
	deberé	deberemos	habré debido	habremos debido
	deberás	deberéis	habrás debido	habréis debido
	deberá	deberán	habrá debido	habrán debido
	Conditional		**Conditional Perfect**	
	debería	deberíamos	habría debido	habríamos debido
	deberías	deberíais	habrías debido	habríais debido
	debería	deberían	habría debido	habrían debido
Subjunctive	**Present**		**Present Perfect**	
	deba	debamos	haya debido	hayamos debido
	debas	debáis	hayas debido	hayáis debido
	deba	deban	haya debido	hayan debido
	Imperfect		**Pluperfect**	
	debiera, -se	debiéramos, -semos	hubiera, -se debido	hubiéramos, -semos debido
	debieras, -ses	debierais, -seis	hubieras, -ses debido	hubierais, -seis debido
	debiera, -se	debieran, -sen	hubiera, -se debido	hubieran, -sen debido

IMPERATIVE

debe (tú); no debas
(no) deba (Ud.)

(no) debamos (nosotros)
debed (vosotros); no debáis
(no) deban (Uds.)

EXAMPLES

Le debo dinero al banco.	I owe money to the bank.
Debemos honrar a nuestros padres.	We must honor our parents.
Ella debería haber ido a clase.	She should have gone to class.
Él debiera tener más cuidado en su trabajo.	He should be more careful at work.
Debí dar las gracias en ese momento.	I should have given thanks at that time (but I didn't).

decidir

to decide, to settle

Gerundio: decidiendo   **Participio pasado:** decidido

Mood	Simple Tenses		Compound Tenses	
	Singular	*Plural*	*Singular*	*Plural*
	Present		**Present Perfect**	
	decido	decidimos	he decidido	hemos decidido
	decides	decidís	has decidido	habéis decidido
	decide	deciden	ha decidido	han decidido
	Preterit		**Preterit Perfect**	
	decidí	decidimos	hube decidido	hubimos decidido
	decidiste	decidisteis	hubiste decidido	hubisteis decidido
	decidió	decidieron	hubo decidido	hubieron decidido
Indicative	**Imperfect**		**Pluperfect**	
	decidía	decidíamos	había decidido	habíamos decidido
	decidías	decidíais	habías decidido	habíais decidido
	decidía	decidían	había decidido	habían decidido
	Future		**Future Perfect**	
	decidiré	decidiremos	habré decidido	habremos decidido
	decidirás	decidiréis	habrás decidido	habréis decidido
	decidirá	decidirán	habrá decidido	habrán decidido
	Conditional		**Conditional Perfect**	
	decidiría	decidiríamos	habría decidido	habríamos decidido
	decidirías	decidiríais	habrías decidido	habríais decidido
	decidiría	decidirían	habría decidido	habrían decidido
Subjunctive	**Present**		**Present Perfect**	
	decida	decidamos	haya decidido	hayamos decidido
	decidas	decidáis	hayas decidido	hayáis decidido
	decida	decidan	haya decidido	hayan decidido
	Imperfect		**Pluperfect**	
	decidiera, -se	decidiéramos, -semos	hubiera, -se decidido	hubiéramos, -semos decidido
	decidieras, -ses	decidierais, -seis	hubieras, -ses decidido	hubierais, -seis decidido
	decidiera, -se	decidieran, -sen	hubiera, -se decidido	hubieran, -sen decidido

IMPERATIVE

(no) decidamos (nosotros)

decide (tú); no decidas

decidid (vosotros); no decidáis

(no) decida (Ud.)

(no) decidan (Uds.)

Note: As a reflexive verb, *decidirse* (to make up one's mind) uses the reflexive pronouns *me, te, se, nos, os, se*. Examples 3 and 4 show the reflexive use.

EXAMPLES

Estábamos decidiendo si íbamos al parque cuando empezó a llover.

We were trying to decide if we were going to the park when it started to rain.

Ellos han decidido ir al cine.

They have decided to go to the movies.

<u>Me</u> he decidido por el vestido rojo.

I have made up my mind; I prefer the red dress.

Cuando <u>te</u> decidas, avísame.

When you make up your mind, let me know.

decir

to say, to tell

Gerundio: diciendo   **Participio pasado:** dicho

Mood	Simple Tenses		Compound Tenses	
	Singular	*Plural*	*Singular*	*Plural*
Indicative	**Present**		**Present Perfect**	
	digo	decimos	he dicho	hemos dicho
	dices	decís	has dicho	habéis dicho
	dice	dicen	ha dicho	han dicho
	Preterit		**Preterit Perfect**	
	dije	dijimos	hube dicho	hubimos dicho
	dijiste	dijisteis	hubiste dicho	hubisteis dicho
	dijo	dijeron	hubo dicho	hubieron dicho
	Imperfect		**Pluperfect**	
	decía	decíamos	había dicho	habíamos dicho
	decías	decíais	habías dicho	habíais dicho
	decía	decían	había dicho	habían dicho
	Future		**Future Perfect**	
	diré	diremos	habré dicho	habremos dicho
	dirás	diréis	habrás dicho	habréis dicho
	dirá	dirán	habrá dicho	habrán dicho
	Conditional		**Conditional Perfect**	
	diría	diríamos	habría dicho	habríamos dicho
	dirías	diríais	habrías dicho	habríais dicho
	diría	dirían	habría dicho	habrían dicho
Subjunctive	**Present**		**Present Perfect**	
	diga	digamos	haya dicho	hayamos dicho
	digas	digáis	hayas dicho	hayáis dicho
	diga	digan	haya dicho	hayan dicho
	Imperfect		**Pluperfect**	
	dijera, -se	dijéramos, -semos	hubiera, -se dicho	hubiéramos, -semos dicho
	dijeras, -ses	dijerais, -seis	hubieras, -ses dicho	hubierais, -seis dicho
	dijera, -se	dijeran, -sen	hubiera, -se dicho	hubieran, -sen dicho

IMPERATIVE

	(no) digamos (nosotros)
di (tú); no digas	decid (vosotros); no digáis
(no) diga (Ud.)	(no) digan (Uds.)

Note: This verb has an irregular past participle, *dicho.*

EXAMPLES

¿Qué dijiste?	What did you say?
Aunque digas la verdad, la gente ya no te creerá.	Even if you tell the truth, people will not believe you.
Estaban diciendo que el presidente murió en un accidente.	They were saying that the president died in an accident.
Los muchachos han dicho el poema de memoria.	The teenagers have recited the poem by memory.

IDIOMATIC EXAMPLE

Dime con quien andas y te diré quién eres.	Birds of a feather flock together.

dedicarse

to devote oneself to

Gerundio: dedicándose **Participio pasado:** dedicado

Mood	Simple Tenses		Compound Tenses	
	Singular	*Plural*	*Singular*	*Plural*
Indicative	**Present**		**Present Perfect**	
	me dedico te dedicas se dedica	nos dedicamos os dedicáis se dedican	me he dedicado te has dedicado se ha dedicado	nos hemos dedicado os habéis dedicado se han dedicado
	Preterit		**Preterit Perfect**	
	me dediqué te dedicaste se dedicó	nos dedicamos os dedicasteis se dedicaron	me hube dedicado te hubiste dedicado se hubo dedicado	nos hubimos dedicado os hubisteis dedicado se hubieron dedicado
	Imperfect		**Pluperfect**	
	me dedicaba te dedicabas se dedicaba	nos dedicábamos os dedicabais se dedicaban	me había dedicado te habías dedicado se había dedicado	nos habíamos dedicado os habíais dedicado se habían dedicado
	Future		**Future Perfect**	
	me dedicaré te dedicarás se dedicará	nos dedicaremos os dedicaréis se dedicarán	me habré dedicado te habrás dedicado se habrá dedicado	nos habremos dedicado os habréis dedicado se habrán dedicado
	Conditional		**Conditional Perfect**	
	me dedicaría te dedicarías se dedicaría	nos dedicaríamos os dedicaríais se dedicarían	me habría dedicado te habrías dedicado se habría dedicado	nos habríamos dedicado os habríais dedicado se habrían dedicado
Subjunctive	**Present**		**Present Perfect**	
	me dedique te dediques se dedique	nos dediquemos os dediquéis se dediquen	me haya dedicado te hayas dedicado se haya dedicado	nos hayamos dedicado os hayáis dedicado se hayan dedicado
	Imperfect		**Pluperfect**	
	me dedicara, -se te dedicaras, -ses se dedicara, -se	nos dedicáramos, -semos os dedicarais, -seis se dedicaran, -sen	me hubiera, -se dedicado te hubieras, -ses dedicado se hubiera, -se dedicado	nos hubiéramos, -semos dedicado os hubierais, -seis dedicado se hubieran, -sen dedicado

IMPERATIVE

	dediquémonos (nosotros); no nos dediquemos
dedícate (tú); no te dediques	dedicaos (vosotros); no os dediquéis
dedíquese (Ud.); no se dedique	dedíquense (Uds.); no se dediquen

Note: As a nonreflexive verb, *dedicar* (to dedicate) is shown in Examples 3 and 4.

EXAMPLES

Mi esposo quiere que <u>me</u> dedique a la familia.	My husband wants me to dedicate myself to the family.
Esta mañana, <u>nos</u> hemos dedicado a sembrar flores.	This morning, we have devoted ourselves to planting flowers.
Les dedico este libro a mis padres.	I dedicate this book to my parents.
Ellos han dedicado el monumento al libertador de la patria.	They have dedicated the monument to the liberator of the country.

defender

to defend, to protect

Gerundio: defendiendo   **Participio pasado:** defendido

Mood	Simple Tenses		Compound Tenses	
	Singular	*Plural*	*Singular*	*Plural*
Indicative	**Present**		**Present Perfect**	
	defiendo	defendemos	he defendido	hemos defendido
	defiendes	defendéis	has defendido	habéis defendido
	defiende	defienden	ha defendido	han defendido
	Preterit		**Preterit Perfect**	
	defendí	defendimos	hube defendido	hubimos defendido
	defendiste	defendisteis	hubiste defendido	hubisteis defendido
	defendió	defendieron	hubo defendido	hubieron defendido
	Imperfect		**Pluperfect**	
	defendía	defendíamos	había defendido	habíamos defendido
	defendías	defendíais	habías defendido	habíais defendido
	defendía	defendían	había defendido	habían defendido
	Future		**Future Perfect**	
	defenderé	defenderemos	habré defendido	habremos defendido
	defenderás	defenderéis	habrás defendido	habréis defendido
	defenderá	defenderán	habrá defendido	habrán defendido
	Conditional		**Conditional Perfect**	
	defendería	defenderíamos	habría defendido	habríamos defendido
	defenderías	defenderíais	habrías defendido	habríais defendido
	defendería	defenderían	habría defendido	habrían defendido
Subjunctive	**Present**		**Present Perfect**	
	defienda	defendamos	haya defendido	hayamos defendido
	defiendas	defendáis	hayas defendido	hayáis defendido
	defienda	defiendan	haya defendido	hayan defendido
	Imperfect		**Pluperfect**	
	defendiera, -se	defendiéramos, -semos	hubiera, -se defendido	hubiéramos, -semos defendido
	defendieras, -ses	defendierais, -seis	hubieras, -ses defendido	hubierais, -seis defendido
	defendiera, -se	defendieran, -sen	hubiera, -se defendido	hubieran, -sen defendido

IMPERATIVE

	(no) defendamos (nosotros)
defiende (tú); no defiendas	defended (vosotros); no defendáis
(no) defienda (Ud.)	(no) defiendan (Uds.)

Note: As a reflexive verb, *defenderse* (to defend oneself) uses the reflexive pronouns *me, te, se, nos, os, se*. Examples 4 and 5 show the reflexive use.

EXAMPLES

¡Defendamos los derechos humanos!	Let's defend human rights!
El cauteloso abogado defenderá al sospechoso.	The cautious lawyer will defend the suspicious criminal.
El orador defiende su opinión con buenos argumentos.	The speaker defends his opinion with good arguments.
Esperamos que ella se haya defendido de la falsa acusación.	We hope she defended herself against the false accusation.
Los soldados se defendieron con mucho valor.	The soldiers defended themselves with courage.

dejar

to leave (behind), to abandon

Gerundio: dejando   **Participio pasado:** dejado

Mood	Simple Tenses		Compound Tenses	
	Singular	*Plural*	*Singular*	*Plural*
Indicative	**Present**		**Present Perfect**	
	dejo dejas deja	dejamos dejáis dejan	he dejado has dejado ha dejado	hemos dejado habéis dejado han dejado
	Preterit		**Preterit Perfect**	
	dejé dejaste dejó	dejamos dejasteis dejaron	hube dejado hubiste dejado hubo dejado	hubimos dejado hubisteis dejado hubieron dejado
	Imperfect		**Pluperfect**	
	dejaba dejabas dejaba	dejábamos dejabais dejaban	había dejado habías dejado había dejado	habíamos dejado habíais dejado habían dejado
	Future		**Future Perfect**	
	dejaré dejarás dejará	dejaremos dejaréis dejarán	habré dejado habrás dejado habrá dejado	habremos dejado habréis dejado habrán dejado
	Conditional		**Conditional Perfect**	
	dejaría dejarías dejaría	dejaríamos dejaríais dejarían	habría dejado habrías dejado habría dejado	habríamos dejado habríais dejado habrían dejado
Subjunctive	**Present**		**Present Perfect**	
	deje dejes deje	dejemos dejéis dejen	haya dejado hayas dejado haya dejado	hayamos dejado hayáis dejado hayan dejado
	Imperfect		**Pluperfect**	
	dejara, -se dejaras, -ses dejara, -se	dejáramos, -semos dejarais, -seis dejaran, -sen	hubiera, -se dejado hubieras, -ses dejado hubiera, -se dejado	hubiéramos, -semos dejado hubierais, -seis dejado hubieran, -sen dejado

IMPERATIVE

deja (tú); no dejes
(no) deje (Ud.)

(no) dejemos (nosotros)
dejad (vosotros); no dejéis
(no) dejen (Uds.)

EXAMPLES

Él la dejaba en el andén cuando los vimos.	He was leaving her at the train platform when we saw them.
El cartero ya había dejado las cartas en el buzón.	The mailman had already left the letters in the mailbox.
No dejen los zapatos afuera.	Don't leave the shoes outside.
Desde la muerte de su esposo, se ha dejado mucho.	Since the death of her husband, she has neglected herself.

IDIOMATIC EXAMPLES

Ella se dejó de tonterías y se puso a estudiar.	She stopped being foolish and started to study.
¡Déjame tranquila!	Leave me alone!

demandar

to demand, to claim, to request

Gerundio: demandando   **Participio pasado:** demandado

Mood	Simple Tenses		Compound Tenses	
	Singular	*Plural*	*Singular*	*Plural*
Indicative	**Present**		**Present Perfect**	
	demando	demandamos	he demandado	hemos demandado
	demandas	demandáis	has demandado	habéis demandado
	demanda	demandan	ha demandado	han demandado
	Preterit		**Preterit Perfect**	
	demandé	demandamos	hube demandado	hubimos demandado
	demandaste	demandasteis	hubiste demandado	hubisteis demandado
	demandó	demandaron	hubo demandado	hubieron demandado
	Imperfect		**Pluperfect**	
	demandaba	demandábamos	había demandado	habíamos demandado
	demandabas	demandabais	habías demandado	habíais demandado
	demandaba	demandaban	había demandado	habían demandado
	Future		**Future Perfect**	
	demandaré	demandaremos	habré demandado	habremos demandado
	demandarás	demandaréis	habrás demandado	habréis demandado
	demandará	demandarán	habrá demandado	habrán demandado
	Conditional		**Conditional Perfect**	
	demandaría	demandaríamos	habría demandado	habríamos demandado
	demandarías	demandaríais	habrías demandado	habríais demandado
	demandaría	demandarían	habría demandado	habrían demandado
Subjunctive	**Present**		**Present Perfect**	
	demande	demandemos	haya demandado	hayamos demandado
	demandes	demandéis	hayas demandado	hayáis demandado
	demande	demanden	haya demandado	hayan demandado
	Imperfect		**Pluperfect**	
	demandara, -se	demandáramos, -semos	hubiera, -se demandado	hubiéramos, -semos demandado
	demandaras, -ses		hubieras, -ses demandado	hubierais, -seis demandado
	demandara, -se	demandarais, -seis demandaran, -sen	hubiera, -se demandado	hubieran, -sen demandado

IMPERATIVE

demanda (tú); no demandes
(no) demande (Ud.)

(no) demandemos (nosotros)
demandad (vosotros); no demandéis
(no) demanden (Uds.)

EXAMPLES

Los viajeros están demandando mejores servicios.

The travelers are demanding better services.

Han demandado al dueño de la mueblería.

They have filed suit against the owner of the furniture store.

Los niños demandan atención y cariño.

Children require attention and love.

Me siento orgulloso que ella demande sus derechos.

It makes me proud that she demands her rights.

demostrar

to demonstrate, to prove, to show

Gerundio: demostrando   **Participio pasado:** demostrado

Mood	Simple Tenses		Compound Tenses	
	Singular	*Plural*	*Singular*	*Plural*
Indicative	**Present**		**Present Perfect**	
	demuestro	demostramos	he demostrado	hemos demostrado
	demuestras	demostráis	has demostrado	habéis demostrado
	demuestra	demuestran	ha demostrado	han demostrado
	Preterit		**Preterit Perfect**	
	demostré	demostramos	hube demostrado	hubimos demostrado
	demostraste	demostrasteis	hubiste demostrado	hubisteis demostrado
	demostró	demostraron	hubo demostrado	hubieron demostrado
	Imperfect		**Pluperfect**	
	demostraba	demostrábamos	había demostrado	habíamos demostrado
	demostrabas	demostrabais	habías demostrado	habíais demostrado
	demostraba	demostraban	había demostrado	habían demostrado
	Future		**Future Perfect**	
	demostraré	demostraremos	habré demostrado	habremos demostrado
	demostrarás	demostraréis	habrás demostrado	habréis demostrado
	demostrará	demostrarán	habrá demostrado	habrán demostrado
	Conditional		**Conditional Perfect**	
	demostraría	demostraríamos	habría demostrado	habríamos demostrado
	demostrarías	demostraríais	habrías demostrado	habríais demostrado
	demostraría	demostrarían	habría demostrado	habrían demostrado
Subjunctive	**Present**		**Present Perfect**	
	demuestre	demostremos	haya demostrado	hayamos demostrado
	demuestres	demostréis	hayas demostrado	hayáis demostrado
	demuestre	demuestren	haya demostrado	hayan demostrado
	Imperfect		**Pluperfect**	
	demostrara, -se	demostráramos, -semos	hubiera, -se demostrado	hubiéramos, -semos demostrado
	demostraras, -ses	demostrarais, -seis	hubieras, -ses demostrado	hubierais, -seis demostrado
	demostrara, -se	demostraran, -sen	hubiera, -se demostrado	hubieran, -sen demostrado

IMPERATIVE

demuestra (tú); no demuestres
(no) demuestre (Ud.)

(no) demostremos (nosotros)
demostrad (vosotros); no demostréis
(no) demuestren (Uds.)

EXAMPLES

El país demuestra al mundo que la democracia es una buena forma de gobierno.

The country shows the world that democracy is a good way of governing.

Su conducta demostró que es una persona educada.

His behavior demonstrated that he is a fine person.

La demostración ha demostrado que los productos son buenos.

The demonstration has proved that the products are good.

Cuando la gimnasta demuestre su talento, el entrenador la aceptará en el equipo.

When the gymnast shows her talent, the coach will accept her on the team.

denunciar
to denounce, to censure, to accuse
Gerundio: denunciando   **Participio pasado:** denunciado

Mood	Simple Tenses		Compound Tenses	
	Singular	*Plural*	*Singular*	*Plural*
Indicative	**Present**		**Present Perfect**	
	denuncio	denunciamos	he denunciado	hemos denunciado
	denuncias	denunciáis	has denunciado	habéis denunciado
	denuncia	denuncian	ha denunciado	han denunciado
	Preterit		**Preterit Perfect**	
	denuncié	denunciamos	hube denunciado	hubimos denunciado
	denunciaste	denunciasteis	hubiste denunciado	hubisteis denunciado
	denunció	denunciaron	hubo denunciado	hubieron denunciado
	Imperfect		**Pluperfect**	
	denunciaba	denunciábamos	había denunciado	habíamos denunciado
	denunciabas	denunciabais	habías denunciado	habíais denunciado
	denunciaba	denunciaban	había denunciado	habían denunciado
	Future		**Future Perfect**	
	denunciaré	denunciaremos	habré denunciado	habremos denunciado
	denunciarás	denunciaréis	habrás denunciado	habréis denunciado
	denunciará	denunciarán	habrá denunciado	habrán denunciado
	Conditional		**Conditional Perfect**	
	denunciaría	denunciaríamos	habría denunciado	habríamos denunciado
	denunciarías	denunciaríais	habrías denunciado	habríais denunciado
	denunciaría	denunciarían	habría denunciado	habrían denunciado
Subjunctive	**Present**		**Present Perfect**	
	denuncie	denunciemos	haya denunciado	hayamos denunciado
	denuncies	denunciéis	hayas denunciado	hayáis denunciado
	denuncie	denuncien	haya denunciado	hayan denunciado
	Imperfect		**Pluperfect**	
	denunciara, -se	denunciáramos, -semos	hubiera, -se denunciado	hubiéramos, -semos denunciado
	denunciaras, -ses		hubieras, -ses denunciado	
	denunciara, -se	denunciarais, -seis	hubiera, -se denunciado	hubierais, -seis denunciado
		denunciaran, -sen		hubieran, -sen denunciado

IMPERATIVE

	(no) denunciemos
denuncia (tú); no denuncies	denunciad (vosotros); no denunciéis
(no) denuncie (Ud.)	(no) denuncien (Uds.)

EXAMPLES

Los trabajadores denunciaron las violaciones a los derechos civiles.

The workers denounced the violations of civil rights.

Hemos denunciado el robo.

We have denounced the robbery.

Habrían denunciado a la deportista, pero ella confesó la verdad.

They would have denounced the athlete, but she confessed the truth.

Denunciad las violaciones a las leyes.

Denounce violations of the law.

depender

to depend, to be subject to

Gerundio: dependiendo **Participio pasado:** dependido

Mood	Simple Tenses		Compound Tenses	
	Singular	*Plural*	*Singular*	*Plural*
Indicative	**Present**		**Present Perfect**	
	dependo	dependemos	he dependido	hemos dependido
	dependes	dependéis	has dependido	habéis dependido
	depende	dependen	ha dependido	han dependido
	Preterit		**Preterit Perfect**	
	dependí	dependimos	hube dependido	hubimos dependido
	dependiste	dependisteis	hubiste dependido	hubisteis dependido
	dependió	dependieron	hubo dependido	hubieron dependido
	Imperfect		**Pluperfect**	
	dependía	dependíamos	había dependido	habíamos dependido
	dependías	dependíais	habías dependido	habíais dependido
	dependía	dependían	había dependido	habían dependido
	Future		**Future Perfect**	
	dependeré	dependeremos	habré dependido	habremos dependido
	dependerás	dependeréis	habrás dependido	habréis dependido
	dependerá	dependerán	habrá dependido	habrán dependido
	Conditional		**Conditional Perfect**	
	dependería	dependeríamos	habría dependido	habríamos dependido
	dependerías	dependeríais	habrías dependido	habríais dependido
	dependería	dependerían	habría dependido	habrían dependido
Subjunctive	**Present**		**Present Perfect**	
	dependa	dependamos	haya dependido	hayamos dependido
	dependas	dependáis	hayas dependido	hayáis dependido
	dependa	dependan	haya dependido	hayan dependido
	Imperfect		**Pluperfect**	
	dependiera, -se	dependiéramos, -semos	hubiera, -se dependido	hubiéramos, -semos dependido
	dependieras, -ses		hubieras, -ses dependido	
	dependiera, -se	dependierais, -seis	hubiera, -se dependido	hubierais, -seis dependido
		dependieran, -sen		hubieran, -sen dependido

IMPERATIVE

depende (tú); no dependas
(no) dependa (Ud.)

(no) dependamos (nosotros)
depended (vosotros); no dependáis
(no) dependan (Uds.)

EXAMPLES

Los animales dependen de los hombres para su supervivencia.

Animals depend on humans for their survival.

Su decisión dependerá de lo que el doctor diga.

Her decision will depend on what her doctor says.

Dudo que el veredicto haya dependido de su testimonio.

I doubt that the verdict had depended on his testimony.

Habla como si su vida dependiera de la decisión de ella.

He speaks as if his life depended on her decision.

depositar

to deposit, to place, to entrust

Gerundio: depositando   **Participio pasado:** depositado

Mood	Simple Tenses		Compound Tenses	
	Singular	*Plural*	*Singular*	*Plural*
Indicative	**Present**		**Present Perfect**	
	deposito depositas deposita	depositamos depositáis depositan	he depositado has depositado ha depositado	hemos depositado habéis depositado han depositado
	Preterit		**Preterit Perfect**	
	deposité depositaste depositó	depositamos depositasteis depositaron	hube depositado hubiste depositado hubo depositado	hubimos depositado hubisteis depositado hubieron depositado
	Imperfect		**Pluperfect**	
	depositaba depositabas depositaba	depositábamos depositabais depositaban	había depositado habías depositado había depositado	habíamos depositado habíais depositado habían depositado
	Future		**Future Perfect**	
	depositaré depositarás depositará	depositaremos depositaréis depositarán	habré depositado habrás depositado habrá depositado	habremos depositado habréis depositado habrán depositado
	Conditional		**Conditional Perfect**	
	depositaría depositarías depositaría	depositaríamos depositaríais depositarían	habría depositado habrías depositado habría depositado	habríamos depositado habríais depositado habrían depositado
Subjunctive	**Present**		**Present Perfect**	
	deposite deposites deposite	depositemos depositéis depositen	haya depositado hayas depositado haya depositado	hayamos depositado hayáis depositado hayan depositado
	Imperfect		**Pluperfect**	
	depositara, -se depositaras, -ses depositara, -se	depositáramos, -semos depositarais, -seis depositaran, -sen	hubiera, -se depositado hubieras, -ses depositado hubiera, -se depositado	hubiéramos, -semos depositado hubierais, -seis depositado hubieran, -sen depositado

IMPERATIVE

deposita (tú); no deposites
(no) deposite (Ud.)

(no) depositemos (nosotros)
depositad (vosotros); no depositéis
(no) depositen (Uds.)

EXAMPLES

Sandra estaba depositando el dinero cuando el banco cerró.

Sandra was depositing the money when the bank closed.

Ella depositó toda su confianza en su amiga.

She placed all her trust in her friend.

Hemos depositado el dinero para comprar el coche.

We have deposited the money to buy the car.

Estaban depositando el boleto de la rifa cuando los vi.

They were depositing the raffle ticket when I saw them.

derretir

to melt, to liquify, to dissolve

Gerundio: derritiendo **Participio pasado:** derretido

Mood	Simple Tenses		Compound Tenses	
	Singular	*Plural*	*Singular*	*Plural*
Indicative	**Present**		**Present Perfect**	
	derrito	derretimos	he derretido	hemos derretido
	derrites	derretís	has derretido	habéis derretido
	derrite	derriten	ha derretido	han derretido
	Preterit		**Preterit Perfect**	
	derretí	derretimos	hube derretido	hubimos derretido
	derretiste	derretisteis	hubiste derretido	hubisteis derretido
	derritió	derritieron	hubo derretido	hubieron derretido
	Imperfect		**Pluperfect**	
	derretía	derretíamos	había derretido	habíamos derretido
	derretías	derretíais	habías derretido	habíais derretido
	derretía	derretían	había derretido	habían derretido
	Future		**Future Perfect**	
	derretiré	derretiremos	habré derretido	habremos derretido
	derretirás	derretiréis	habrás derretido	habréis derretido
	derretirá	derretirán	habrá derretido	habrán derretido
	Conditional		**Conditional Perfect**	
	derretiría	derretiríamos	habría derretido	habríamos derretido
	derretirías	derretiríais	habrías derretido	habríais derretido
	derretiría	derretirían	habría derretido	habrían derretido
Subjunctive	**Present**		**Present Perfect**	
	derrita	derritamos	haya derretido	hayamos derretido
	derritas	derritáis	hayas derretido	hayáis derretido
	derrita	derritan	haya derretido	hayan derretido
	Imperfect		**Pluperfect**	
	derritiera, -se	derritiéramos, -semos	hubiera, -se derretido	hubiéramos, -semos derretido
	derritieras, -ses	derritierais, -seis	hubieras, -ses derretido	hubierais, -seis derretido
	derritiera, -se	derritieran, -sen	hubiera, -se derretido	hubieran, -sen derretido

IMPERATIVE

derrite (tú); no derritas
(no) derrita (Ud.)

(no) derritamos (nosotros)
derretid (vosotros); no derritáis
(no) derritan (Uds.)

EXAMPLES

El sol derritió la nieve.
The sun melted the snow.

Aunque la nieve se haya derretido un poco, voy a esquiar.
Even if the snow had melted a little bit, I am still going skiing.

Estábamos derritiendo el chocolate cuando se derramó.
We were melting the chocolate when it spilled over.

No derritas la mantequilla todavía.
Don't melt the butter yet.

IDIOMATIC EXAMPLE

Ella se derretía por él cuando lo veía.
She used to fall madly in love with him anytime she would see him.

derribar

to knock down, to tear down, to overthrow
Gerundio: derribando   **Participio pasado:** derribado

Mood	Simple Tenses		Compound Tenses	
	Singular	*Plural*	*Singular*	*Plural*
Indicative	**Present**		**Present Perfect**	
	derribo	derribamos	he derribado	hemos derribado
	derribas	derribáis	has derribado	habéis derribado
	derriba	derriban	ha derribado	han derribado
	Preterit		**Preterit Perfect**	
	derribé	derribamos	hube derribado	hubimos derribado
	derribaste	derribasteis	hubiste derribado	hubisteis derribado
	derribó	derribaron	hubo derribado	hubieron derribado
	Imperfect		**Pluperfect**	
	derribaba	derribábamos	había derribado	habíamos derribado
	derribabas	derribabais	habías derribado	habíais derribado
	derribaba	derribaban	había derribado	habían derribado
	Future		**Future Perfect**	
	derribaré	derribaremos	habré derribado	habremos derribado
	derribarás	derribaréis	habrás derribado	habréis derribado
	derribará	derribarán	habrá derribado	habrán derribado
	Conditional		**Conditional Perfect**	
	derribaría	derribaríamos	habría derribado	habríamos derribado
	derribarías	derribaríais	habrías derribado	habríais derribado
	derribaría	derribarían	habría derribado	habrían derribado
Subjunctive	**Present**		**Present Perfect**	
	derribe	derribemos	haya derribado	hayamos derribado
	derribes	derribéis	hayas derribado	hayáis derribado
	derribe	derriben	haya derribado	hayan derribado
	Imperfect		**Pluperfect**	
	derribara, -se	derribáramos, -semos	hubiera, -se derribado	hubiéramos, -semos derribado
	derribaras, -ses	derribarais, -seis	hubieras, -ses derribado	hubierais, -seis derribado
	derribara, -se	derribaran, -sen	hubiera, -se derribado	hubieran, -sen derribado

IMPERATIVE

derriba (tú); no derribes
(no) derribe (Ud.)

(no) derribemos (nosotros)
derribad (vosotros); no derribéis
(no) derriben (Uds.)

EXAMPLES

El boxeador derribaba a su oponente cuando la campana sonó.
The boxer was knocking down his opponent when the bell rang.

El tornado derribó muchas casas la semana pasada.
The tornado tore down lots of houses last week.

¡Han derribado al dictador!
The dictator has been overthrown!

desafiar

to challenge, to dare, to defy

Gerundio: desafiando   **Participio pasado:** desafiado

Mood	Simple Tenses		Compound Tenses	
	Singular	*Plural*	*Singular*	*Plural*
Indicative	**Present**		**Present Perfect**	
	desafío desafías desafía	desafiamos desafiáis desafían	he desafiado has desafiado ha desafiado	hemos desafiado habéis desafiado han desafiado
	Preterit		**Preterit Perfect**	
	desafié desafiaste desafió	desafiamos desafiasteis desafiaron	hube desafiado hubiste desafiado hubo desafiado	hubimos desafiado hubisteis desafiado hubieron desafiado
	Imperfect		**Pluperfect**	
	desafiaba desafiabas desafiaba	desafiábamos desafiabais desafiaban	había desafiado habías desafiado había desafiado	habíamos desafiado habíais desafiado habían desafiado
	Future		**Future Perfect**	
	desafiaré desafiarás desafiará	desafiaremos desafiaréis desafiarán	habré desafiado habrás desafiado habrá desafiado	habremos desafiado habréis desafiado habrán desafiado
	Conditional		**Conditional Perfect**	
	desafiaría desafiarías desafiaría	desafiaríamos desafiaríais desafiarían	habría desafiado habrías desafiado habría desafiado	habríamos desafiado habríais desafiado habrían desafiado
Subjunctive	**Present**		**Present Perfect**	
	desafíe desafíes desafíe	desafiemos desafiéis desafíen	haya desafiado hayas desafiado haya desafiado	hayamos desafiado hayáis desafiado hayan desafiado
	Imperfect		**Pluperfect**	
	desafiara, -se desafiaras, -ses desafiara, -se	desafiáramos, -semos desafiarais, -seis desafiaran, -sen	hubiera, -se desafiado hubieras, -ses desafiado hubiera, -se desafiado	hubiéramos, -semos desafiado hubierais, -seis desafiado hubieran, -sen desafiado

IMPERATIVE

desafía (tú); no desafíes
(no) desafié (Ud.)

(no) desafiemos (nosotros)
desafiad (vosotros); no desafiéis
(no) desafíen (Uds.)

EXAMPLES

La juventud siempre desafía la autoridad.
Youth always challenges authority.

Manuel estaba desafiando al famoso boxeador en público.
Manuel was challenging the famous boxer in public.

A través de los siglos el hombre ha desafiado la naturaleza.
Through centuries, man has challenged Mother Nature.

Nunca desafíes a tus padres.
Never challenge your parents.

desahogarse

to confide in, to comfort, to console

Gerundio: desahogándose   **Participio pasado:** desahogado

Mood	Simple Tenses		Compound Tenses	
	Singular	*Plural*	*Singular*	*Plural*
Indicative	**Present**		**Present Perfect**	
	me desahogo te desahogas se desahoga	nos desahogamos os desahogáis se desahogan	me he desahogado te has desahogado se ha desahogado	nos hemos desahogado os habéis desahogado se han desahogado
	Preterit		**Preterit Perfect**	
	me desahogué te desahogaste se desahogó	nos desahogamos os desahogasteis se desahogaron	me hube desahogado te hubiste desahogado se hubo desahogado	nos hubimos desahogado os hubisteis desahogado se hubieron desahogado
	Imperfect		**Pluperfect**	
	me desahogaba te desahogabas se desahogaba	nos desahogábamos os desahogabais se desahogaban	me había desahogado te habías desahogado se había desahogado	nos habíamos desa- hogado os habíais desahogado se habían desahogado
	Future		**Future Perfect**	
	me desahogaré te desahogarás se desahogará	nos desahogaremos os desahogaréis se desahogarán	me habré desahogado te habrás desahogado se habrá desahogado	nos habremos desa- hogado os habréis desahogado se habrán desahogado
	Conditional		**Conditional Perfect**	
	me desahogaría te desahogarías se desahogaría	nos desahogaríamos os desahogaríais se desahogarían	me habría desahogado te habrías desahogado se habría desahogado	nos habríamos desa- hogado os habríais desahogado se habrían desahogado
Subjunctive	**Present**		**Present Perfect**	
	me desahogue te desahogues se desahogue	nos desahoguemos os desahoguéis se desahoguen	me haya desahogado te hayas desahogado se haya desahogado	nos hayamos desahogado os hayáis desahogado se hayan desahogado
	Imperfect		**Pluperfect**	
	me desahogara, -se te desahogaras, -ses se desahogara, -se	nos desahogáramos, -semos os desahogarais, -seis se desahogaran, -sen	me hubiera, -se desa- hogado te hubieras, -ses desa- hogado se hubiera, -se desa- hogado	nos hubiéramos, -semos desahogado os hubierais, -seis desa- hogado se hubieran, -sen desa- hogado

IMPERATIVE

desahógate (tú); no te desahogues
desahóguese (Ud.); no se desahogue

desahoguémonos (nosotros); no nos desa-
hoguemos
desahogaos (vosotros); no os desahoguéis
desahóguense (Uds.); no se desahoguen

EXAMPLES

Los jóvenes se desahogan en sus amigos.
Me desahogaba escribiendo mis pensamientos.
¡Desahógate! No guardes resentimientos en tu corazón.
No se desahogue en desconocidos.

The young people confide in their friends.
I used to console myself by writing my thoughts.
Speak your mind! Don't keep resentments growing in your heart.
Don't confide in strangers.

desaparecer

to disappear, to make disappear, to vanish

Gerundio: desapareciendo   **Participio pasado:** desaparecido

Mood	Simple Tenses		Compound Tenses	
	Singular	*Plural*	*Singular*	*Plural*
Indicative	**Present**		**Present Perfect**	
	desaparezco	desaparecemos	he desaparecido	hemos desaparecido
	desapareces	desaparecéis	has desaparecido	habéis desaparecido
	desaparece	desaparecen	ha desaparecido	han desaparecido
	Preterit		**Preterit Perfect**	
	desaparecí	desaparecimos	hube desaparecido	hubimos desaparecido
	desapareciste	desaparecisteis	hubiste desaparecido	hubisteis desaparecido
	desapareció	desaparecieron	hubo desaparecido	hubieron desaparecido
	Imperfect		**Pluperfect**	
	desaparecía	desaparecíamos	había desaparecido	habíamos desaparecido
	desaparecías	desaparecíais	habías desaparecido	habíais desaparecido
	desaparecía	desaparecían	había desaparecido	habían desaparecido
	Future		**Future Perfect**	
	desapareceré	desapareceremos	habré desaparecido	habremos desaparecido
	desaparecerás	desapareceréis	habrás desaparecido	habréis desaparecido
	desaparecerá	desaparecerán	habrá desaparecido	habrán desaparecido
	Conditional		**Conditional Perfect**	
	desaparecería	desapareceríamos	habría desaparecido	habríamos desaparecido
	desaparecerías	desapareceríais	habrías desaparecido	habríais desaparecido
	desaparecería	desaparecerían	habría desaparecido	habrían desaparecido
Subjunctive	**Present**		**Present Perfect**	
	desaparezca	desaparezcamos	haya desaparecido	hayamos desaparecido
	desaparezcas	desaparezcáis	hayas desaparecido	hayáis desaparecido
	desaparezca	desaparezcan	haya desaparecido	hayan desaparecido
	Imperfect		**Pluperfect**	
	desapareciera, -se	desapareciéramos, -semos	hubiera, -se desaparecido	hubiéramos,-semos desaparecido
	desaparecieras, -ses		hubieras, -ses desaparecido	
	desapareciera, -se	desaparecierais, -seis	hubiera -se desaparecido	hubierais, -seis desaparecido
		desaparecieran, -sen	hubiera, -se desaparecido	hubieran, -sen desaparecido

IMPERATIVE

desaparece (tú); no desaparezcas

(no) desaparezca (Ud.)

(no) desaparezcamos (nosotros)

desapareced (vosotros); no desaparezcáis

(no) desaparezcan (Uds.)

EXAMPLES

Las pinturas de Velázquez han desaparecido del museo.

Velázquez's paintings have disappeared from the museum.

Aunque hayan desaparecido, la policía las encontrará.

Even if they have disappeared, the police will find them.

El mago desaparecía y aparecía en el escenario.

The magician was disappearing and reappearing on the stage.

Desaparecieron los exámenes de la oficina del director.

The tests have disappeared from the principal's office.

desayunarse

to eat breakfast

Gerundio: desayunándose   **Participio pasado:** desayunado

Mood	Simple Tenses		Compound Tenses	
	Singular	*Plural*	*Singular*	*Plural*
	Present		**Present Perfect**	
	me desayuno te desayunas se desayuna	nos desayunamos os desayunáis se desayunan	me he desayunado te has desayunado se ha desayunado	nos hemos desayunado os habéis desayunado se han desayunado
	Preterit		**Preterit Perfect**	
	me desayuné te desayunaste se desayunó	nos desayunamos os desayunasteis se desayunaron	me hube desayunado te hubiste desayunado se hubo desayunado	nos hubimos desayunado os hubisteis desayunado se hubieron desayunado
Indicative	**Imperfect**		**Pluperfect**	
	me desayunaba te desayunabas se desayunaba	nos desayunábamos os desayunabais se desayunaban	me había desayunado te habías desayunado se había desayunado	nos habíamos desayunado os habíais desayunado se habían desayunado
	Future		**Future Perfect**	
	me desayunaré te desayunarás se desayunará	nos desayunaremos os desayunaréis se desayunarán	me habré desayunado te habrás desayunado se habrá desayunado	nos habremos desayu- nado os habréis desayunado se habrán desayunado
	Conditional		**Conditional Perfect**	
	me desayunaría te desayunarías se desayunaría	nos desayunaríamos os desayunaríais se desayunarían	me habría desayunado te habrías desayunado se habría desayunado	nos habríamos desayu- nado os habríais desayunado se habrían desayunado
	Present		**Present Perfect**	
	me desayune te desayunes se desayune	nos desayunemos os desayunéis se desayunen	me haya desayunado te hayas desayunado se haya desayunado	nos hayamos desayunado os hayáis desayunado se hayan desayunado
Subjunctive	**Imperfect**		**Pluperfect**	
	me desayunara, -se te desayunaras, -ses se desayunara, -se	nos desayunáramos, -semos os desayunarais, -seis se desayunaran, -sen	me hubiera, -se desayu- nado te hubieras, -ses desa- yunado se hubiera, -se desayu- nado	nos hubiéramos, -semos desayunado os hubierais, -seis desa- yunado se hubieran, -sen desa- yunado

IMPERATIVE

	desayunémonos (nosotros); no nos desayu- nemos
desayúnate (tú); no te desayunes	desayunaos (vosotros); no os desayunéis
desayúnese (Ud.); no se desayune	desayúnense (Uds.); no se desayunen

EXAMPLES

Yo me desayunaría en casa, pero no me apetece.	I would eat breakfast at home but it doesn't appeal to me.
Si nos desayunáramos más temprano, llegaríamos a tiempo.	If we have breakfast earlier, we would be there on time.
Desayúnate todos los días.	Eat breakfast everyday.
Ellos se desayunan con huevos y pan tostado.	They eat eggs and toast for breakfast.

descansar

to rest

Gerundio: descansando   **Participio pasado:** descansado

Mood	Simple Tenses		Compound Tenses	
	Singular	*Plural*	*Singular*	*Plural*
	Present		**Present Perfect**	
	descanso	descansamos	he descansado	hemos descansado
	descansas	descansáis	has descansado	habéis descansado
	descansa	descansan	ha descansado	han descansado
	Preterit		**Preterit Perfect**	
	descansé	descansamos	hube descansado	hubimos descansado
	descansaste	descansasteis	hubiste descansado	hubisteis descansado
	descansó	descansaron	hubo descansado	hubieron descansado
Indicative	**Imperfect**		**Pluperfect**	
	descansaba	descansábamos	había descansado	habíamos descansado
	descansabas	descansabais	habías descansado	habíais descansado
	descansaba	descansaban	había descansado	habían descansado
	Future		**Future Perfect**	
	descansaré	descansaremos	habré descansado	habremos descansado
	descansarás	descansaréis	habrás descansado	habréis descansado
	descansará	descansarán	habrá descansado	habrán descansado
	Conditional		**Conditional Perfect**	
	descansaría	descansaríamos	habría descansado	habríamos descansado
	descansarías	descansaríais	habrías descansado	habríais descansado
	descansaría	descansarían	habría descansado	habrían descansado
	Present		**Present Perfect**	
	descanse	descansemos	haya descansado	hayamos descansado
	descanses	descanséis	hayas descansado	hayáis descansado
	descanse	descansen	haya descansado	hayan descansado
Subjunctive	**Imperfect**		**Pluperfect**	
	descansara, -se	descansáramos, -semos	hubiera, -se descansado	hubiéramos, -semos descansado
	descansaras, -ses	descansarais, -seis	hubieras, -ses descansado	hubierais, -seis descansado
	descansara, -se	descansaran, -sen	hubiera, -se descansado	hubieran, -sen descansado

IMPERATIVE

descansa (tú); no descanses	(no) descansemos (nosotros)
(no) descanse (Ud.)	descansad (vosotros); no descanséis
	(no) descansen (Uds.)

EXAMPLES

Siempre descanso media hora después del almuerzo.	I always rest half an hour after lunch.
No descansaremos hasta que terminemos de estudiar.	We will not rest until we finish studying.
Habríamos descansado, pero nos llamaron del hospital.	We would have rested but we received a call from the hospital.
Descansaría más, pero hay que trabajar.	I would rest more, but one has to work.

descomponer

to disarrange, to break up, to decompose

Gerundio: descomponiendo **Participio pasado:** descompuesto

Mood	Simple Tenses		Compound Tenses	
	Singular	*Plural*	*Singular*	*Plural*
Indicative	**Present**		**Present Perfect**	
	descompongo descompones descompone	descomponemos descomponéis descomponen	he descompuesto has descompuesto ha descompuesto	hemos descompuesto habéis descompuesto han descompuesto
	Preterit		**Preterit Perfect**	
	descompuse descompusiste descompuso	descompusimos descompusisteis descompusieron	hube descompuesto hubiste descompuesto hubo descompuesto	hubimos descompuesto hubisteis descompuesto hubieron descompuesto
	Imperfect		**Pluperfect**	
	descomponía descomponías descomponía	descomponíamos descomponíais descomponían	había descompuesto habías descompuesto había descompuesto	habíamos descompuesto habíais descompuesto habían descompuesto
	Future		**Future Perfect**	
	descompondré descompondrás descompondrá	descompondremos descompondréis descompondrán	habré descompuesto habrás descompuesto habrá descompuesto	habremos descompuesto habréis descompuesto habrán descompuesto
	Conditional		**Conditional Perfect**	
	descompondría descompondrías descompondría	descompondríamos descompondríais descompondrían	habría descompuesto habrías descompuesto habría descompuesto	habríamos descompuesto habríais descompuesto habrían descompuesto
Subjunctive	**Present**		**Present Perfect**	
	descomponga descompongas descomponga	descompongamos descompongáis descompongan	haya descompuesto hayas descompuesto haya descompuesto	hayamos descompuesto hayáis descompuesto hayan descompuesto
	Imperfect		**Pluperfect**	
	descompusiera, -se descompusieras, -ses descompusiera, -se	descompusiéramos, -semos descompusierais, -seis descompusieran, -sen	hubiera, -se descompuesto hubieras, -ses descompuesto hubiera, -se descompuesto	hubiéramos,-semos descompuesto hubierais, -seis descompuesto hubieran, -sen descompuesto

IMPERATIVE

descompón (tú); no descompongas
(no) descomponga (Ud.)

(no) descompongamos (nosotros)
descomponed (vosotros); no descompongáis
(no) descompongan (Uds.)

Note: This verb has an irregular past participle, *descompuesto*.

EXAMPLES

No descompongas la sala, por favor.	Don't disarrange the living room, please.
Las frutas se descomponen rápido.	Fruits decompose rapidly.
El auto se había descompuesto anteriormente.	The car had broken down before.
Todo estaba descompuesto en la hacienda. Nada servía.	Everything was broken at the ranch. Nothing worked.

describir
to describe
Gerundio: describiendo   **Participio pasado:** descrito

Mood	Simple Tenses		Compound Tenses	
	Singular	*Plural*	*Singular*	*Plural*
	Present		**Present Perfect**	
	describo	describimos	he descrito	hemos descrito
	describes	describís	has descrito	habéis descrito
	describe	describen	ha descrito	han descrito
	Preterit		**Preterit Perfect**	
	describí	describimos	hube descrito	hubimos descrito
	describiste	describisteis	hubiste descrito	hubisteis descrito
	describió	describieron	hubo descrito	hubieron descrito
	Imperfect		**Pluperfect**	
Indicative	describía	describíamos	había descrito	habíamos descrito
	describías	describíais	habías descrito	habíais descrito
	describía	describían	había descrito	habían descrito
	Future		**Future Perfect**	
	describiré	describiremos	habré descrito	habremos descrito
	describirás	describiréis	habrás descrito	habréis descrito
	describirá	describirán	habrá descrito	habrán descrito
	Conditional		**Conditional Perfect**	
	describiría	describiríamos	habría descrito	habríamos descrito
	describirías	describiríais	habrías descrito	habríais descrito
	describiría	describirían	habría descrito	habrían descrito
	Present		**Present Perfect**	
Subjunctive	describa	describamos	haya descrito	hayamos descrito
	describas	describáis	hayas descrito	hayáis descrito
	describa	describan	haya descrito	hayan descrito
	Imperfect		**Pluperfect**	
	describiera, -se	describiéramos, -semos	hubiera, -se descrito	hubiéramos, -semos descrito
	describieras, -ses	describierais, -seis	hubieras, -ses descrito	hubierais, -seis descrito
	describiera, -se	describieran, -sen	hubiera, -se descrito	hubieran, -sen descrito

IMPERATIVE

describe (tú); no describas
(no) describa (Ud.)

(no) describamos (nosotros)
describid (vosotros); no describáis
(no) describan (Uds.)

Note: This verb has an irregular past participle, *descrito*.

EXAMPLES

La profesora quiere que describamos el experimento que hicimos ayer en el laboratorio.

The teacher wants us to describe the experiment we did in the lab yesterday.

Yo he descrito todo lo que recuerdo del eclipse.

I have described everything I remember about the eclipse.

El escritor describió su infancia en su última novela.

The writer described his childhood in his last novel.

La periodista estaba describiendo todo lo que pasó.

The journalist was describing everything that happened.

descubrir
to discover
Gerundio: descubriendo   **Participio pasado:** descubierto

Mood	Simple Tenses		Compound Tenses	
	Singular	*Plural*	*Singular*	*Plural*
Indicative	**Present**		**Present Perfect**	
	descubro descubres descubre	descubrimos descubrís descubren	he descubierto has descubierto ha descubierto	hemos descubierto habéis descubierto han descubierto
	Preterit		**Preterit Perfect**	
	descubrí descubriste descubrió	descubrimos descubristeis descubrieron	hube descubierto hubiste descubierto hubo descubierto	hubimos descubierto hubisteis descubierto hubieron descubierto
	Imperfect		**Pluperfect**	
	descubría descubrías descubría	descubríamos descubríais descubrían	había descubierto habías descubierto había descubierto	habíamos descubierto habíais descubierto habían descubierto
	Future		**Future Perfect**	
	descubriré descubrirás descubrirá	descubriremos descubriréis descubrirán	habré descubierto habrás descubierto habrá descubierto	habremos descubierto habréis descubierto habrán descubierto
	Conditional		**Conditional Perfect**	
	descubriría descubrirías descubriría	descubriríamos descubriríais descubrirían	habría descubierto habrías descubierto habría descubierto	habríamos descubierto habríais descubierto habrían descubierto
Subjunctive	**Present**		**Present Perfect**	
	descubra descubras descubra	descubramos descubráis descubran	haya descubierto hayas descubierto haya descubierto	hayamos descubierto hayáis descubierto hayan descubierto
	Imperfect		**Pluperfect**	
	descubriera, -se descubrieras, -ses descubriera, -se	descubriéramos, -semos descubrierais, -seis descubrieran, -sen	hubiera, -se descubierto hubieras, -ses descubierto hubiera, -se descubierto	hubiéramos, -semos descubierto hubierais, -seis descubierto hubieran, -sen descubierto

IMPERATIVE

(no) descubramos (nosotros)

descubre (tú); no descubras
descubrid (vosotros); no descubráis

(no) descubra (Ud.)
(no) descubran (Uds.)

Note: This verb has an irregular past participle, *descubierto*.

EXAMPLES

Cristóbal Colón descubrió América en 1492.

Christopher Columbus discovered America in 1492.

Si descubrieran una vacuna para la gripe, muchas personas serían felices.

If a vaccine for the common cold were discovered, many people would be very happy.

Los paleontólogos han descubierto nuevas ruinas en México.

The paleontologists have discovered new ruins in Mexico.

Hemos descubierto una nueva discoteca.

We have discovered a new discotheque.

desear

to desire, to want

Gerundio: deseando   **Participio pasado:** deseado

Mood	Simple Tenses		Compound Tenses	
	Singular	*Plural*	*Singular*	*Plural*
Indicative	**Present**		**Present Perfect**	
	deseo	deseamos	he deseado	hemos deseado
	deseas	deseáis	has deseado	habéis deseado
	desea	desean	ha deseado	han deseado
	Preterit		**Preterit Perfect**	
	deseé	deseamos	hube deseado	hubimos deseado
	deseaste	deseasteis	hubiste deseado	hubisteis deseado
	deseó	desearon	hubo deseado	hubieron deseado
	Imperfect		**Pluperfect**	
	deseaba	deseábamos	había deseado	habíamos deseado
	deseabas	deseabais	habías deseado	habíais deseado
	deseaba	deseaban	había deseado	habían deseado
	Future		**Future Perfect**	
	desearé	desearemos	habré deseado	habremos deseado
	desearás	desearéis	habrás deseado	habréis deseado
	deseará	desearán	habrá deseado	habrán deseado
	Conditional		**Conditional Perfect**	
	desearía	desearíamos	habría deseado	habríamos deseado
	desearías	desearíais	habrías deseado	habríais deseado
	desearía	desearían	habría deseado	habrían deseado
Subjunctive	**Present**		**Present Perfect**	
	desee	deseemos	haya deseado	hayamos deseado
	desees	deseéis	hayas deseado	hayáis deseado
	desee	deseen	haya deseado	hayan deseado
	Imperfect		**Pluperfect**	
	deseara, -se	deseáramos, -semos	hubiera, -se deseado	hubiéramos, -semos deseado
	desearas, -ses	desearais, -seis	hubieras, -ses deseado	hubierais, -seis deseado
	deseara, -se	desearan, -sen	hubiera, -se deseado	hubieran, -sen deseado

IMPERATIVE

desea (tú); no desees
(no) desee (Ud.)

(no) deseemos (nosotros)
desead (vosotros); no deseéis
(no) deseen (Uds.)

EXAMPLES

Ella deseaba casarse en Roma.
¡No le desees mal a nadie!
Él siempre había deseado ser famoso.
Siempre había deseado tener un auto deportivo.

She wanted to get married in Rome.
Don't wish malice on anyone!
He had always wished to be famous.
I had always wished to have a sport car.

desechar

to reject, to get rid of, to throw off

Gerundio: desechando   **Participio pasado:** desechado

Mood	Simple Tenses		Compound Tenses	
	Singular	*Plural*	*Singular*	*Plural*
Indicative	**Present**		**Present Perfect**	
	desecho	desechamos	he desechado	hemos desechado
	desechas	desecháis	has desechado	habéis desechado
	desecha	desechan	ha desechado	han desechado
	Preterit		**Preterit Perfect**	
	deseché	desechamos	hube desechado	hubimos desechado
	desechaste	desechasteis	hubiste desechado	hubisteis desechado
	desechó	desecharon	hubo desechado	hubieron desechado
	Imperfect		**Pluperfect**	
	desechaba	desechábamos	había desechado	habíamos desechado
	desechabas	desechabais	habías desechado	habíais desechado
	desechaba	desechaban	había desechado	habían desechado
	Future		**Future Perfect**	
	desecharé	desecharemos	habré desechado	habremos desechado
	desecharás	desecharéis	habrás desechado	habréis desechado
	desechará	desecharán	habrá desechado	habrán desechado
	Conditional		**Conditional Perfect**	
	desecharía	desecharíamos	habría desechado	habríamos desechado
	desecharías	desecharíais	habrías desechado	habríais desechado
	desecharía	desecharían	habría desechado	habrían desechado
Subjunctive	**Present**		**Present Perfect**	
	deseche	desechemos	haya desechado	hayamos desechado
	deseches	desechéis	hayas desechado	hayáis desechado
	deseche	desechen	haya desechado	hayan desechado
	Imperfect		**Pluperfect**	
	desechara, -se	desecháramos, -semos	hubiera, -se desechado	hubiéramos, -semos desechado
	desecharas, -ses	desecharais, -seis	hubieras, -ses desechado	hubierais, -seis desechado
	desechara, -se	desecharan, -sen	hubiera, -se desechado	hubieran, -sen desechado

IMPERATIVE

desecha (tú); no deseches	(no) desechemos (nosotros)
(no) deseche (Ud.)	desechad (vosotros); no desechéis
	(no) desechen (Uds.)

EXAMPLES

En la edad media desecharon las ideas de Copérnico.

In the Middle Ages, Copernicus' ideas were rejected.

Desecha todas las dudas y sigue tus sueños.

Get rid of your doubts and follow your dreams.

Si hubiésemos desechado su ayuda, no habríamos terminado el trabajo.

If we had rejected his help, we would not have been able to finish.

No deseches un buen consejo.

Don't ignore good advice!

desempacar
to unpack

Gerundio: desempacando   **Participio pasado:** desempacado

Mood	Simple Tenses		Compound Tenses	
	Singular	*Plural*	*Singular*	*Plural*
Indicative	**Present**		**Present Perfect**	
	desempaco	desempacamos	he desempacado	hemos desempacado
	desempacas	desempacáis	has desempacado	habéis desempacado
	desempaca	desempacan	ha desempacado	han desempacado
	Preterit		**Preterit Perfect**	
	desempaqué	desempacamos	hube desempacado	hubimos desempacado
	desempacaste	desempacasteis	hubiste desempacado	hubisteis desempacado
	desempacó	desempacaron	hubo desempacado	hubieron desempacado
	Imperfect		**Pluperfect**	
	desempacaba	desempacábamos	había desempacado	habíamos desempacado
	desempacabas	desempacabais	habías desempacado	habíais desempacado
	desempacaba	desempacaban	había desempacado	habían desempacado
	Future		**Future Perfect**	
	desempacaré	desempacaremos	habré desempacado	habremos desempacado
	desempacarás	desempacaréis	habrás desempacado	habréis desempacado
	desempacará	desempacarán	habrá desempacado	habrán desempacado
	Conditional		**Conditional Perfect**	
	desempacaría	desempacaríamos	habría desempacado	habríamos desempacado
	desempacarías	desempacaríais	habrías desempacado	habríais desempacado
	desempacaría	desempacarían	habría desempacado	habrían desempacado
Subjunctive	**Present**		**Present Perfect**	
	desempaque	desempaquemos	haya desempacado	hayamos desempacado
	desempaques	desempaquéis	hayas desempacado	hayáis desempacado
	desempaque	desempaquen	haya desempacado	hayan desempacado
	Imperfect		**Pluperfect**	
	desempacara, -se	desempacáramos, -semos	hubiera, -se desempacado	hubiéramos, -semos desempacado
	desempacaras, -ses		hubieras, -ses desem-pacado	
	desempacara, -se	desempacarais, -seis		hubierais, -seis desem-pacado
		desempacaran, -sen	hubiera, -se desempacado	hubieran, -sen desem-pacado

IMPERATIVE

desempaca (tú); no desempaques
(no) desempaque (Ud.)

(no) desempaquemos (nosotros)
desempacad (vosotros); no desempaquéis
(no) desempaquen (Uds.)

EXAMPLES

Apenas están desempacando porque llegaron tarde anoche.

They are just unpacking because they arrived late last night.

Espera a que desempaquemos para que veas tus regalos.

Wait until we unpack so you can see your presents.

Nos mudamos hace una semana y no he de-sempacado nada.

We moved a week ago, and I haven't unpacked at all.

deshacer

to undo, to destroy, to take apart
Gerundio: deshaciendo   **Participio pasado:** deshecho

Mood	Simple Tenses		Compound Tenses	
	Singular	*Plural*	*Singular*	*Plural*
Indicative	**Present**		**Present Perfect**	
	deshago deshaces deshace	deshacemos deshacéis deshacen	he deshecho has deshecho ha deshecho	hemos deshecho habéis deshecho han deshecho
	Preterit		**Preterit Perfect**	
	deshice deshiciste deshizo	deshicimos deshicisteis deshicieron	hube deshecho hubiste deshecho hubo deshecho	hubimos deshecho hubisteis deshecho hubieron deshecho
	Imperfect		**Pluperfect**	
	deshacía deshacías deshacía	deshacíamos deshacíais deshacían	había deshecho habías deshecho había deshecho	habíamos deshecho habíais deshecho habían deshecho
	Future		**Future Perfect**	
	desharé desharás deshará	desharemos desharéis desharán	habré deshecho habrás deshecho habrá deshecho	habremos deshecho habréis deshecho habrán deshecho
	Conditional		**Conditional Perfect**	
	desharía desharías desharía	desharíamos desharíais desharían	habría deshecho habrías deshecho habría deshecho	habríamos deshecho habríais deshecho habrían deshecho
Subjunctive	**Present**		**Present Perfect**	
	deshaga deshagas deshaga	deshagamos deshagáis deshagan	haya deshecho hayas deshecho haya deshecho	hayamos deshecho hayáis deshecho hayan deshecho
	Imperfect		**Pluperfect**	
	deshiciera, -se deshicieras, -ses deshiciera, -se	deshiciéramos, -semos deshicierais, -seis deshicieran, -sen	hubiera, -se deshecho hubieras, -ses deshecho hubiera, -se deshecho	hubiéramos, -semos deshecho hubierais, -seis deshecho hubieran, -sen deshecho

IMPERATIVE

deshaz (tú); no deshagas	(no) deshagamos (nosotros)
(no) deshaga (Ud.)	deshaced (vosotros); no deshagáis
	(no) deshagan (Uds.)

Note: This verb has an irregular past participle, *deshecho*.

EXAMPLES

Los niños han deshecho las camas.	The children have undone the beds.
No deshagamos la paz que hemos alcanzado.	Don't destroy the peace we have achieved.
Si hubiésemos deshecho sus planes, nos hubiera despedido.	If we had destroyed his plans, he would have fired us.

despedir

to throw, to dismiss, to fire
Gerundio: despedido   **Participio pasado:** despidiendo

Mood	Simple Tenses		Compound Tenses	
	Singular	*Plural*	*Singular*	*Plural*
	Present		**Present Perfect**	
	despido	despedimos	he despedido	hemos despedido
	despides	despedís	has despedido	habéis despedido
	despide	despiden	ha despedido	han despedido
	Preterit		**Preterit Perfect**	
	despedí	despedimos	hube despedido	hubimos despedido
	despediste	despedisteis	hubiste despedido	hubisteis despedido
	despidió	despidieron	hubo despedido	hubieron despedido
Indicative	**Imperfect**		**Pluperfect**	
	despedía	despedíamos	había despedido	habíamos despedido
	despedías	despedíais	habías despedido	habíais despedido
	despedía	despedían	había despedido	habían despedido
	Future		**Future Perfect**	
	despediré	despediremos	habré despedido	habremos despedido
	despedirás	despediréis	habrás despedido	habréis despedido
	despedirá	despedirán	habrá despedido	habrán despedido
	Conditional		**Conditional Perfect**	
	despediría	despediríamos	habría despedido	habríamos despedido
	despedirías	despediríais	habrías despedido	habríais despedido
	despediría	despedirían	habría despedido	habrían despedido
	Present		**Present Perfect**	
	despida	despidamos	haya despedido	hayamos despedido
	despidas	despidáis	hayas despedido	hayáis despedido
	despida	despidan	haya despedido	hayan despedido
Subjunctive	**Imperfect**		**Pluperfect**	
	despidiera, -se	despidiéramos, -semos	hubiera, -se despedido	hubiéramos,-semos despedido
	despidieras, -ses	despidierais, -seis	hubieras, -ses despedido	
	despidiera, -se	despidieran, -sen	hubiera, -se despedido	hubierais, -seis despedido
				hubieran, -sen despedido

IMPERATIVE

despide (tú); no despidas
(no) despida (Ud.)

(no) despidamos (nosotros)
despedid (vosotros) no despidáis
(no) despidan (Uds.)

Note: As a reflexive verb, *despedirse de* (to say goodbye) is shown in Examples 4 and 5.

EXAMPLES

El volcán despedía lava y humo.
The volcano was spitting lava and smoke.

El nuevo gerente ha despedido a muchos empleados.
The new manager has fired many employees.

El tractor había despedido tuercas y tornillos.
The tractor had thrown nuts and bolts.

Niños, despídanse de los abuelitos. Ya nos vamos.
"Boys, say goodbye to grandpa and grandma. We're leaving now."

La pareja se despedía amorosamente en el puerto.
The couple was saying goodbye to each other lovingly.

despegar

to take off (airplane), to unstick, to detach

Gerundio: despegando   **Participio pasado:** despegado

Mood	Simple Tenses		Compound Tenses	
	Singular	*Plural*	*Singular*	*Plural*
Indicative	**Present**		**Present Perfect**	
	despego despegas despega	despegamos despegáis despegan	he despegado has despegado ha despegado	hemos despegado habéis despegado han despegado
	Preterit		**Preterit Perfect**	
	despegué despegaste despegó	despegamos despegasteis despegaron	hube despegado hubiste despegado hubo despegado	hubimos despegado hubisteis despegado hubieron despegado
	Imperfect		**Pluperfect**	
	despegaba despegabas despegaba	despegábamos despegabais despegaban	había despegado habías despegado había despegado	habíamos despegado habíais despegado habían despegado
	Future		**Future Perfect**	
	despegaré despegarás despegará	despegaremos despegaréis despegarán	habré despegado habrás despegado habrá despegado	habremos despegado habréis despegado habrán despegado
	Conditional		**Conditional Perfect**	
	despegaría despegarías despegaría	despegaríamos despegaríais despegarían	habría despegado habrías despegado habría despegado	habríamos despegado habríais despegado habrían despegado
Subjunctive	**Present**		**Present Perfect**	
	despegue despegues despegue	despeguemos despeguéis despeguen	haya despegado hayas despegado haya despegado	hayamos despegado hayáis despegado hayan despegado
	Imperfect		**Pluperfect**	
	despegara, -se despegaras, -ses despegara, -se	despegáramos, -semos despegarais, -seis despegaran, -sen	hubiera, -se despegado hubieras, -ses despegado hubiera, -se despegado	hubiéramos, -semos despegado hubierais, -seis despegado hubieran, -sen despegado

IMPERATIVE

despega (tú); no despegues
(no) despegue (Ud.)

(no) despeguemos (nosotros)
despegad (vosotros); no despeguéis
(no) despeguen (Uds.)

EXAMPLES

Los aviones están despegando a tiempo.

The airplanes are taking off on time.

El jet privado ha despegado de su hangar.

The private jet has taken off from its hangar.

¡La hélice del helicóptero está despegada!

The rotor of the helicopter is detached!

despertarse

to awaken, to wake up oneself
Gerundio: despertándose   **Participio pasado:** despertado

Mood	Simple Tenses		Compound Tenses	
	Singular	*Plural*	*Singular*	*Plural*
Indicative	**Present**		**Present Perfect**	
	me despierto te despiertas se despierta	nos despertamos os despertáis se despiertan	me he despertado te has despertado se ha despertado	nos hemos despertado os habéis despertado se han despertado
	Preterit		**Preterit Perfect**	
	me desperté te despertaste se despertó	nos despertamos os despertasteis se despertaron	me hube despertado te hubiste despertado se hubo despertado	nos hubimos despertado os hubisteis despertado se hubieron despertado
	Imperfect		**Pluperfect**	
	me despertaba te despertabas se despertaba	nos despertábamos os despertabais se despertaban	me había despertado te habías despertado se había despertado	nos habíamos despertado os habíais despertado se habían despertado
	Future		**Future Perfect**	
	me despertaré te despertarás se despertará	nos despertaremos os despertaréis se despertarán	me habré despertado te habrás despertado se habrá despertado	nos habremos despertado os habréis despertado se habrán despertado
	Conditional		**Conditional Perfect**	
	me despertaría te despertarías se despertaría	nos despertaríamos os despertaríais se despertarían	me habría despertado te habrías despertado se habría despertado	nos habríamos despertado os habríais despertado se habrían despertado
Subjunctive	**Present**		**Present Perfect**	
	me despierte te despiertes se despierte	nos despertemos os despertéis se despierten	me haya despertado te hayas despertado se haya despertado	nos hayamos despertado os hayáis despertado se hayan despertado
	Imperfect		**Pluperfect**	
	me despertara, -se te despertaras, -ses se despertara, -se	nos despertáramos, -semos os despertarais, -seis se despertaran, -sen	me hubiera, -se despertado te hubieras, -ses despertado se hubiera, -se despertado	nos hubiéramos, -semos despertado os hubierais, -seis despertado se hubieran, -sen despertado

IMPERATIVE

despiértate (tú); no te despiertes
despiértese (Ud.); no se despierte

despertémonos (nosotros); no nos despertemos
despertaos (vosotros); no os despertéis
despiértense (Uds.); no se despierten

Note: As a nonreflexive verb, *despertar* (to wake up someone) is shown in Examples 4 and 5.

EXAMPLES

Me desperté muy tarde hoy.
¿A qué horas te habrías despertado hoy?

Es preciso que nos despertemos temprano mañana.
El ruido de los aviones nos despertó.
El perro ha despertado a los vecinos muchas veces.

I woke very late today.
At what time would you have woken up today?

It is imperative that we wake up early tomorrow.
The noise of the airplanes woke us up.
The dog has awakened the neighbors many times.

desprender

to release, to let loose, to give away

Gerundio: desprendiendo   **Participio pasado:** desprendido

Mood	Simple Tenses		Compound Tenses	
	Singular	*Plural*	*Singular*	*Plural*
Indicative	**Present**		**Present Perfect**	
	desprendo desprendes desprende	desprendemos desprendéis desprenden	he desprendido has desprendido ha desprendido	hemos desprendido habéis desprendido han desprendido
	Preterit		**Preterit Perfect**	
	desprendí desprendiste desprendió	desprendimos desprendisteis desprendieron	hube desprendido hubiste desprendido hubo desprendido	hubimos desprendido hubisteis desprendido hubieron desprendido
	Imperfect		**Pluperfect**	
	desprendía desprendías desprendía	desprendíamos desprendíais desprendían	había desprendido habías desprendido había desprendido	habíamos desprendido habíais desprendido habían desprendido
	Future		**Future Perfect**	
	desprenderé desprenderás desprenderá	desprenderemos desprenderéis desprenderán	habré desprendido habrás desprendido habrá desprendido	habremos desprendido habréis desprendido habrán desprendido
	Conditional		**Conditional Perfect**	
	desprendería desprenderías desprendería	desprenderíamos desprenderíais desprenderían	habría desprendido habrías desprendido habría desprendido	habríamos desprendido habríais desprendido habrían desprendido
Subjunctive	**Present**		**Present Perfect**	
	desprenda desprendas desprenda	desprendamos desprendáis desprendan	haya desprendido hayas desprendido haya desprendido	hayamos desprendido hayáis desprendido hayan desprendido
	Imperfect		**Pluperfect**	
	desprendiera, -se desprendieras, -ses desprendiera, -se	desprendiéramos, -semos desprendierais, -seis desprendieran, -sen	hubiera, -se desprendido hubieras, -ses desprendido hubiera, -se desprendido	hubiéramos, -semos desprendido hubierais, -seis desprendido hubieran, -sen desprendido

IMPERATIVE

desprende (tú); no desprendas
(no) desprenda (Ud.)

(no) desprendamos (nosotros)
desprended (vosotros); no desprendáis
(no) desprendan (Uds.)

EXAMPLES

Las fábricas desprenden gases nocivos a la atmósfera.

The factories release harmful gases to the atmosphere.

Las rosas estaban desprendiendo un aroma divino.

The roses were giving off a divine aroma.

Las hojas se desprenden de los árboles en el otoño.

The leaves fall from the trees in the fall season.

destruir

to destroy, to ruin

Gerundio: destruyendo   **Participio pasado:** destruido

Mood	Simple Tenses		Compound Tenses	
	Singular	*Plural*	*Singular*	*Plural*
Indicative	**Present**		**Present Perfect**	
	destruyo destruyes destruye	destruimos destruís destruyen	he destruido has destruido ha destruido	hemos destruido habéis destruido han destruido
	Preterit		**Preterit Perfect**	
	destruí destruiste destruyó	destruimos destruisteis destruyeron	hube destruido hubiste destruido hubo destruido	hubimos destruido hubisteis destruido hubieron destruido
	Imperfect		**Pluperfect**	
	destruía destruías destruía	destruíamos destruíais destruían	había destruido habías destruido había destruido	habíamos destruido habíais destruido habían destruido
	Future		**Future Perfect**	
	destruiré destruirás destruirá	destruiremos destruiréis destruirán	habré destruido habrás destruido habrá destruido	habremos destruido habréis destruido habrán destruido
	Conditional		**Conditional Perfect**	
	destruiría destruirías destruiría	destruiríamos destruiríais destruirían	habría destruido habrías destruido habría destruido	habríamos destruido habríais destruido habrían destruido
Subjunctive	**Present**		**Present Perfect**	
	destruya destruyas destruya	destruyamos destruyáis destruyan	haya destruido hayas destruido haya destruido	hayamos destruido hayáis destruido hayan destruido
	Imperfect		**Pluperfect**	
	destruyera, -se destruyeras, -ses destruyera, -se	destruyéramos, -semos destruyerais, -seis destruyeran, -sen	hubiera, -se destruido hubieras, -ses destruido hubiera, -se destruido	hubiéramos, -semos destruido hubierais, -seis destruido hubieran, -sen destruido

IMPERATIVE

destruye (tú); no destruyas
(no) destruya (Ud.)

(no) destruyamos (nosotros)
destruid (vosotros); no destruyáis
(no) destruyan (Uds.)

EXAMPLES

Los libros de Alejandra fueron destruidos en el incendio.

The fire destroyed Alexandra's books.

Mayela ya había destruido las cartas cuando su papá entró.

Mayela had already destroyed the letters when her father entered.

El muchacho destruyó su futuro al usar drogas.

The young man destroyed his future because of drug abuse.

desvestirse

to get undressed, to undress oneself

Gerundio: desvistiéndose   **Participio pasado:** desvestido

Mood	Simple Tenses		Compound Tenses	
	Singular	*Plural*	*Singular*	*Plural*
Indicative	**Present**		**Present Perfect**	
	me desvisto te desvistes se desviste	nos desvestimos os desvestís se desvisten	me he desvestido te has desvestido se ha desvestido	nos hemos desvestido os habéis desvestido se han desvestido
	Preterit		**Preterit Perfect**	
	me desvestí te desvestiste se desvistió	nos desvestimos os desvestisteis se desvistieron	me hube desvestido te hubiste desvestido se hubo desvestido	nos hubimos desvestido os hubisteis desvestido se hubieron desvestido
	Imperfect		**Pluperfect**	
	me desvestía te desvestías se desvestía	nos desvestíamos os desvestíais se desvestían	me había desvestido te habías desvestido se había desvestido	nos habíamos desvestido os habíais desvestido se habían desvestido
	Future		**Future Perfect**	
	me desvestiré te desvestirás se desvestirá	nos desvestiremos os desvestiréis se desvestirán	me habré desvestido te habrás desvestido se habrá desvestido	nos habremos desvestido os habréis desvestido se habrán desvestido
	Conditional		**Conditional Perfect**	
	me desvestiría te desvestirías se desvestiría	nos desvestiríamos os desvestiríais se desvestirían	me habría desvestido te habrías desvestido se habría desvestido	nos habríamos desvestido os habríais desvestido se habrían desvestido
Subjunctive	**Present**		**Present Perfect**	
	me desvista te desvistas se desvista	nos desvistamos os desvistáis se desvistan	me haya desvestido te hayas desvestido se haya desvestido	nos hayamos desvestido os hayáis desvestido se hayan desvestido
	Imperfect		**Pluperfect**	
	me desvistiera, -se te desvistieras, -ses se desvistiera, -se	nos desvistiéramos, -semos os desvistierais, -seis se desvistieran, -sen	me hubiera, -se desvestido te hubieras, -ses desvestido se hubiera, -se desvestido	nos hubiéramos, -semos desvestido os hubierais, -seis desvestido se hubieran, -sen desvestido

IMPERATIVE

desvístete (tú); no te desvistas

desvístase (Ud.); no se desvista

desvistámonos (nosotros); no nos desvistamos

desvestíos (vosotros); no os desvistáis

desvístanse (Uds.); no se desvistan

Note: As a nonreflexive verb, *desvestir* (to undress someone) is shown in Examples 3 and 4.

EXAMPLES

La niña <u>se</u> desvistió para bañarse.

The little girl got undressed (by herself) to take a bath.

Desvíste<u>te</u> y ponte el traje de baño.
La mamá desviste a sus hijos.
La niña vestía y desvestía a su muñeca.

Undress and put on your bathing suit.
The mother undresses her children.
The little girl was dressing and undressing her doll.

detener

to stop, to detain, to attest

Gerundio: deteniendo   **Participio pasado:** detenido

Mood	Simple Tenses		Compound Tenses	
	Singular	*Plural*	*Singular*	*Plural*
Indicative	**Present**		**Present Perfect**	
	detengo	detenemos	he detenido	hemos detenido
	detienes	detenéis	has detenido	habéis detenido
	detiene	detienen	ha detenido	han detenido
	Preterit		**Preterit Perfect**	
	detuve	detuvimos	hube detenido	hubimos detenido
	detuviste	detuvisteis	hubiste detenido	hubisteis detenido
	detuvo	detuvieron	hubo detenido	hubieron detenido
	Imperfect		**Pluperfect**	
	detenía	deteníamos	había detenido	habíamos detenido
	detenías	deteníais	habías detenido	habíais detenido
	detenía	detenían	había detenido	habían detenido
	Future		**Future Perfect**	
	detendré	detendremos	habré detenido	habremos detenido
	detendrás	detendréis	habrás detenido	habréis detenido
	detendrá	detendrán	habrá detenido	habrán detenido
	Conditional		**Conditional Perfect**	
	detendría	detendríamos	habría detenido	habríamos detenido
	detendrías	detendríais	habrías detenido	habríais detenido
	detendría	detendrían	habría detenido	habrían detenido
Subjunctive	**Present**		**Present Perfect**	
	detenga	detengamos	haya detenido	hayamos detenido
	detengas	detengáis	hayas detenido	hayáis detenido
	detenga	detengan	haya detenido	hayan detenido
	Imperfect		**Pluperfect**	
	detuviera, -se	detuviéramos, -semos	hubiera, -se detenido	hubiéramos, -semos detenido
	detuvieras, -ses	detuvierais, -seis	hubieras, -ses detenido	
	detuviera, -se	detuvieran, -sen	hubiera, -se detenido	hubierais, -seis detenido
				hubieran, -sen detenido

IMPERATIVE

detén (tú); no detengas

(no) detenga (Ud.)

(no) detengamos (nosotros)

detened (tú); no detengáis

(no) detengan (Uds.)

Note: As a reflexive verb, *detenerse* (to stop oneself) is shown in Example 3.

EXAMPLES

Han detenido las inundaciones con la nueva represa.

They have stopped the floods with the new dam.

Lo hubiesen detenido antes, pero necesitaban más pruebas.

They would have arrested him, but they needed more evidence.

Me detuve por unos minutos y olí las rosas.

I stopped for a while and smelled the roses.

devolver

to return, to refund, to come back

Gerundio: devolviendo   **Participio pasado:** devuelto

Mood	Simple Tenses		Compound Tenses	
	Singular	*Plural*	*Singular*	*Plural*
Indicative	**Present**		**Present Perfect**	
	devuelvo devuelves devuelve	devolvemos devolvéis devuelven	he devuelto has devuelto ha devuelto	hemos devuelto habéis devuelto han devuelto
	Preterit		**Preterit Perfect**	
	devolví devolviste devolvió	devolvimos devolvisteis devolvieron	hube devuelto hubiste devuelto hubo devuelto	hubimos devuelto hubisteis devuelto hubieron devuelto
	Imperfect		**Pluperfect**	
	devolvía devolvías devolvía	devolvíamos devolvíais devolvían	había devuelto habías devuelto había devuelto	habíamos devuelto habíais devuelto habían devuelto
	Future		**Future Perfect**	
	devolveré devolverás devolverá	devolveremos devolveréis devolverán	habré devuelto habrás devuelto habrá devuelto	habremos devuelto habréis devuelto habrán devuelto
	Conditional		**Conditional Perfect**	
	devolvería devolverías devolvería	devolveríamos devolveríais devolverían	habría devuelto habrías devuelto habría devuelto	habríamos devuelto habríais devuelto habrían devuelto
Subjunctive	**Present**		**Present Perfect**	
	devuelva devuelvas devuelva	devolvamos devolváis devuelvan	haya devuelto hayas devuelto haya devuelto	hayamos devuelto hayáis devuelto hayan devuelto
	Imperfect		**Pluperfect**	
	devolviera, -se devolvieras, -ses devolviera, -se	devolviéramos, -semos devolvierais, -seis devolvieran, -sen	hubiera, -se devuelto hubieras, -ses devuelto hubiera, -se devuelto	hubiéramos, -semos devuelto hubierais, -seis devuelto hubieran, -sen devuelto

IMPERATIVE

devuelve (tú); no devuelvas

(no) devuelva (Ud.)

(no) devolvamos (nosotros)

devolved (vosotros); no devolváis

(no) devuelvan (Uds.)

Note: This verb has an irregular past participle, *devuelto*. As a reflexive verb, *devolverse* (to come back) uses the reflexive pronouns. Examples 3 and 4 show the reflexive use.

EXAMPLES

Los estudiantes han devuelto los libros a la biblioteca.

The students have returned the books to the library.

Yo hubiese devuelto los zapatos, pero me gustaban mucho.

I would have returned the shoes, but I liked them a lot.

Nos devolvimos de casa de Roxana porque no estaba allí.

We came back from Roxanna's house because she wasn't there.

No te devuelvas sin traer el dinero.

Don't come back without bringing the money.

dibujar
to design, to draw
Gerundio: dibujando   **Participio pasado:** dibujado

Mood	Simple Tenses		Compound Tenses	
	Singular	*Plural*	*Singular*	*Plural*
Indicative	**Present**		**Present Perfect**	
	dibujo	dibujamos	he dibujado	hemos dibujado
	dibujas	dibujáis	has dibujado	habéis dibujado
	dibuja	dibujan	ha dibujado	han dibujado
	Preterit		**Preterit Perfect**	
	dibujé	dibujamos	hube dibujado	hubimos dibujado
	dibujaste	dibujasteis	hubiste dibujado	hubisteis dibujado
	dibujó	dibujaron	hubo dibujado	hubieron dibujado
	Imperfect		**Pluperfect**	
	dibujaba	dibujábamos	había dibujado	habíamos dibujado
	dibujabas	dibujabais	habías dibujado	habíais dibujado
	dibujaba	dibujaban	había dibujado	habían dibujado
	Future		**Future Perfect**	
	dibujaré	dibujaremos	habré dibujado	habremos dibujado
	dibujarás	dibujaréis	habrás dibujado	habréis dibujado
	dibujará	dibujarán	habrá dibujado	habrán dibujado
	Conditional		**Conditional Perfect**	
	dibujaría	dibujaríamos	habría dibujado	habríamos dibujado
	dibujarías	dibujaríais	habrías dibujado	habríais dibujado
	dibujaría	dibujarían	habría dibujado	habrían dibujado
Subjunctive	**Present**		**Present Perfect**	
	dibuje	dibujemos	haya dibujado	hayamos dibujado
	dibujes	dibujéis	hayas dibujado	hayáis dibujado
	dibuje	dibujen	haya dibujado	hayan dibujado
	Imperfect		**Pluperfect**	
	dibujara, -se	dibujáramos, -semos	hubiera, -se dibujado	hubiéramos, -semos dibujado
	dibujaras, -ses	dibujarais, -seis	hubieras, -ses dibujado	hubierais, -seis dibujado
	dibujara, -se	dibujaran, -sen	hubiera, -se dibujado	hubieran, -sen dibujado

IMPERATIVE

dibuja (tú); no dibujes
(no) dibuje (Ud.)

(no) dibujemos (nosotros)
dibujad (vosotros); no dibujéis
(no) dibujen (Uds.)

EXAMPLES

Los pequeños dibujan muy entretenidos.
Mi cuñada ha dibujado puentes y edificios.

The children are drawing happily.
My sister-in-law has designed bridges and buildings.

Si dibujara tan bonito como ella, estaría en París.

If I would draw as well as she does, I would be in Paris.

digerir

to digest, to assimilate

Gerundio: digiriendo   **Participio pasado:** digerido

Mood	Simple Tenses		Compound Tenses	
	Singular	*Plural*	*Singular*	*Plural*
Indicative	**Present**		**Present Perfect**	
	digiero	digerimos	he digerido	hemos digerido
	digieres	digerís	has digerido	habéis digerido
	digiere	digieren	ha digerido	han digerido
	Preterit		**Preterit Perfect**	
	digerí	digerimos	hube digerido	hubimos digerido
	digeriste	digeristeis	hubiste digerido	hubisteis digerido
	digirió	digirieron	hubo digerido	hubieron digerido
	Imperfect		**Pluperfect**	
	digería	digeríamos	había digerido	habíamos digerido
	digerías	digeríais	habías digerido	habíais digerido
	digería	digerían	había digerido	habían digerido
	Future		**Future Perfect**	
	digeriré	digeriremos	habré digerido	habremos digerido
	digerirás	digeriréis	habrás digerido	habréis digerido
	digerirá	digerirán	habrá digerido	habrán digerido
	Conditional		**Conditional Perfect**	
	digeriría	digeriríamos	habría digerido	habríamos digerido
	digerirías	digeriríais	habrías digerido	habríais digerido
	digeriría	digerirían	habría digerido	habrían digerido
Subjunctive	**Present**		**Present Perfect**	
	digiera	digiramos	haya digerido	hayamos digerido
	digieras	digiráis	hayas digerido	hayáis digerido
	digiera	digieran	haya digerido	hayan digerido
	Imperfect		**Pluperfect**	
	digiriera, -se	digiriéramos, -semos	hubiera, -se digerido	hubiéramos, -semos digerido
	digirieras, -ses	digirierais, -seis	hubieras, -ses digerido	hubierais, -seis digerido
	digiriera, -se	digirieran, -sen	hubiera, -se digerido	hubieran, -sen digerido

IMPERATIVE

digiere (tú); no digieras
(no) digiera (Ud.)

(no) digiramos (nosotros)
digerid (vosotros); no digiráis
(no) digieran (Uds.)

EXAMPLES

¡Es increíble que los gusanos digieran las hojas tan bien!

It is incredible that the worms digest the leaves so well!

Mi mascota ha digerido su comida en un santiamén.

My pet has digested its food in a jiffy.

Digerimos todo lo que el profesor dijo.

We assimilated everything the professor said.

IDIOMATIC EXAMPLE

Ella no ha digerido la pérdida de su hermanita.

She hasn't been able to accept the loss of her younger sister.

dirigir

to direct, to manage a business

Gerundio: dirigiendo   **Participio pasado:** dirigido

Mood	Simple Tenses		Compound Tenses	
	Singular	*Plural*	*Singular*	*Plural*
Indicative	**Present**		**Present Perfect**	
	dirijo	dirigimos	he dirigido	hemos dirigido
	diriges	dirigís	has dirigido	habéis dirigido
	dirige	dirigen	ha dirigido	han dirigido
	Preterit		**Preterit Perfect**	
	dirigí	dirigimos	hube dirigido	hubimos dirigido
	dirigiste	dirigisteis	hubiste dirigido	hubisteis dirigido
	dirigió	dirigieron	hubo dirigido	hubieron dirigido
	Imperfect		**Pluperfect**	
	dirigía	dirigíamos	había dirigido	habíamos dirigido
	dirigías	dirigíais	habías dirigido	habíais dirigido
	dirigía	dirigían	había dirigido	habían dirigido
	Future		**Future Perfect**	
	dirigiré	dirigiremos	habré dirigido	habremos dirigido
	dirigirás	dirigiréis	habrás dirigido	habréis dirigido
	dirigirá	dirigirán	habrá dirigido	habrán dirigido
	Conditional		**Conditional Perfect**	
	dirigiría	dirigiríamos	habría dirigido	habríamos dirigido
	dirigirías	dirigiríais	habrías dirigido	habríais dirigido
	dirigiría	dirigirían	habría dirigido	habrían dirigido
Subjunctive	**Present**		**Present Perfect**	
	dirija	dirijamos	haya dirigido	hayamos dirigido
	dirijas	dirijáis	hayas dirigido	hayáis dirigido
	dirija	dirijan	haya dirigido	hayan dirigido
	Imperfect		**Pluperfect**	
	dirigiera, -se	dirigiéramos, -semos	hubiera, -se dirigido	hubiéramos, -semos dirigido
	dirigieras, -ses	dirigierais, -seis	hubieras, -ses dirigido	hubierais, -seis dirigido
	dirigiera, -se	dirigieran, -sen	hubiera, -se dirigido	hubieran, -sen dirigido

IMPERATIVE

	(no) dirijamos (nosotros)
dirige (tú); no dirijas	dirigid (vosotros); no dirijáis
(no) dirija (Ud.)	(no) dirijan (Uds.)

Note: As a reflexive verb, *dirigirse* (to go to, to speak to) uses the reflexive pronouns *me, te, se, nos, os, se*. Examples 3 and 4 show the reflexive use.

EXAMPLES

Gerardo está dirigiendo el nuevo proyecto.	Gerald is directing the new project.
Nos alegra que él haya dirigido el Departamento de Finanzas.	We are happy he has managed the Finance Department.
El científico <u>se</u> dirigió al público presente.	The scientist spoke to the public.
<u>Me</u> dirigía a la casa cuando el accidente ocurrió.	I was making my way home when the accident happened.

disculparse
to apologize, to excuse oneself
Gerundio: disculpándose   **Participio pasado:** disculpado

Mood	Simple Tenses		Compound Tenses	
	Singular	*Plural*	*Singular*	*Plural*
Indicative	**Present**		**Present Perfect**	
	me disculpo	nos disculpamos	me he disculpado	nos hemos disculpado
	te disculpas	os disculpáis	te has disculpado	os habéis disculpado
	se disculpa	se disculpan	se ha disculpado	se han disculpado
	Preterit		**Preterit Perfect**	
	me disculpé	nos disculpamos	me hube disculpado	nos hubimos disculpado
	te disculpaste	os disculpasteis	te hubiste disculpado	os hubisteis disculpado
	se disculpó	se disculparon	se hubo disculpado	se hubieron disculpado
	Imperfect		**Pluperfect**	
	me disculpaba	nos disculpábamos	me había disculpado	nos habíamos disculpado
	te disculpabas	os disculpabais	te habías disculpado	os habíais disculpado
	se disculpaba	se disculpaban	se había disculpado	se habían disculpado
	Future		**Future Perfect**	
	me disculparé	nos disculparemos	me habré disculpado	nos habremos disculpado
	te disculparás	os disculparéis	te habrás disculpado	os habréis disculpado
	se disculpará	se disculparán	se habrá disculpado	se habrán disculpado
	Conditional		**Conditional Perfect**	
	me disculparía	nos disculparíamos	me habría disculpado	nos habríamos disculpado
	te disculparías	os disculparíais	te habrías disculpado	os habríais disculpado
	se disculparía	se disculparían	se habría disculpado	se habrían disculpado
Subjunctive	**Present**		**Present Perfect**	
	me disculpe	nos disculpemos	me haya disculpado	nos hayamos disculpado
	te disculpes	os disculpéis	te hayas disculpado	os hayáis disculpado
	se disculpe	se disculpen	se haya disculpado	se hayan disculpado
	Imperfect		**Pluperfect**	
	me disculpara, -se	nos disculpáramos, -semos	me hubiera, -se disculpado	nos hubiéramos, -semos disculpado
	te disculparas, -ses	os disculparais, -seis	te hubieras, -ses disculpado	os hubierais, -seis disculpado
	se disculpara, -se	se disculparan, -sen	se hubiera, -se disculpado	se hubieran, -sen disculpado

IMPERATIVE

discúlpate (tú); no te disculpes
discúlpese (Ud.); no se disculpe

disculpémonos (nosotros); no nos disculpemos
disculpaos (vosotros); no os disculpéis
discúlpense (Uds.); no se disculpen

Note: As a nonreflexive verb, *disculpar* (to excuse someone) is shown in Example 3.

EXAMPLES

Alejandro se disculpaba con su novia.
Hasta que no se haya disculpado, ella no lo perdonará.
Ella siempre disculpa los errores de otras personas.

Alexander was apologizing to his girlfriend.
Until he apologizes to her, she will not forgive him.
She always excuses other people's mistakes.

disponer

to place, to make use

Gerundio: disponiendo **Participio pasado:** dispuesto

Mood	Simple Tenses		Compound Tenses	
	Singular	*Plural*	*Singular*	*Plural*
Indicative	**Present**		**Present Perfect**	
	dispongo	disponemos	he dispuesto	hemos dispuesto
	dispones	disponéis	has dispuesto	habéis dispuesto
	dispone	disponen	ha dispuesto	han dispuesto
	Preterit		**Preterit Perfect**	
	dispuse	dispusimos	hube dispuesto	hubimos dispuesto
	dispusiste	dispusisteis	hubiste dispuesto	hubisteis dispuesto
	dispuso	dispusieron	hubo dispuesto	hubieron dispuesto
	Imperfect		**Pluperfect**	
	disponía	disponíamos	había dispuesto	habíamos dispuesto
	disponías	disponíais	habías dispuesto	habíais dispuesto
	disponía	disponían	había dispuesto	habían dispuesto
	Future		**Future Perfect**	
	dispondré	dispondremos	habré dispuesto	habremos dispuesto
	dispondrás	dispondréis	habrás dispuesto	habréis dispuesto
	dispondrá	dispondrán	habrá dispuesto	habrán dispuesto
	Conditional		**Conditional Perfect**	
	dispondría	dispondríamos	habría dispuesto	habríamos dispuesto
	dispondrías	dispondríais	habrías dispuesto	habríais dispuesto
	dispondría	dispondrían	habría dispuesto	habrían dispuesto
Subjunctive	**Present**		**Present Perfect**	
	disponga	dispongamos	haya dispuesto	hayamos dispuesto
	dispongas	dispongáis	hayas dispuesto	hayáis dispuesto
	disponga	dispongan	haya dispuesto	hayan dispuesto
	Imperfect		**Pluperfect**	
	dispusiera, -se	dispusiéramos, -semos	hubiera, -se dispuesto	hubiéramos, -semos dispuesto
	dispusieras, -ses	dispusierais, -seis	hubieras, -ses dispuesto	hubierais, -seis dispuesto
	dispusiera, -se	dispusieran, -sen	hubiera, -se dispuesto	hubieran, -sen dispuesto

IMPERATIVE

	(no) dispongamos (nosotros)
dispone (tú); no dispongas	disponed (vosotros); no dispongáis
(no) disponga (Ud.)	(no) dispongan (Uds.)

Note: This verb has an irregular past participle, *dispuesto*. As a reflexive verb, *disponerse a* (to get ready oneself) uses the reflexive pronoun. Example 3 shows the reflexive use.

EXAMPLES

Marina estaba disponiendo de sus ahorros para ayudar a su amiga.	Marina was making use of her savings to help her friend.
La delegación estaba dispuesta a recibir las medallas.	The delegation was ready to accept the medals.
Ellas se dispusieron a trotar en la competencia.	They got ready to go jogging in the competition.

distraerse
to amuse oneself, to be distracted
Gerundio: distrayéndose   **Participio pasado:** distraído

Mood	Simple Tenses		Compound Tenses	
	Singular	*Plural*	*Singular*	*Plural*
Indicative	**Present**		**Present Perfect**	
	me distraigo te distraes se distrae	nos distraemos os distraéis se distraen	me he distraído te has distraído se ha distraído	nos hemos distraído os habéis distraído se han distraído
	Preterit		**Preterit Perfect**	
	me distraje te distrajiste se distrajo	nos distrajimos os distrajisteis se distrajeron	me hube distraído te hubiste distraído se hubo distraído	nos hubimos distraído os hubisteis distraído se hubieron distraído
	Imperfect		**Pluperfect**	
	me distraía te distraías se distraía	nos distraíamos os distraíais se distraían	me había distraído te habías distraído se había distraído	nos habíamos distraído os habíais distraído se habían distraído
	Future		**Future Perfect**	
	me distraeré te distraerás se distraerá	nos distraeremos os distraeréis se distraerán	me habré distraído te habrás distraído se habrá distraído	nos habremos distraído os habréis distraído se habrán distraído
	Conditional		**Conditional Perfect**	
	me distraería te distraerías se distraería	nos distraeríamos os distraeríais se distraerían	me habría distraído te habrías distraído se habría distraído	nos habríamos distraído os habríais distraído se habrían distraído
Subjunctive	**Present**		**Present Perfect**	
	me distraiga te distraigas se distraiga	nos distraigamos os distraigáis se distraigan	me haya distraído te hayas distraído se haya distraído	nos hayamos distraído os hayáis distraído se hayan distraído
	Imperfect		**Pluperfect**	
	me distrajera, -se te distrajeras, -ses se distrajera, -se	nos distrajéramos, -semos os distrajerais, -seis se distrajeran, -sen	me hubiera, -se distraído te hubieras, -ses distraído se hubiera, -se distraído	nos hubiéramos, -semos distraído os hubierais, -seis distraído se hubieran, -sen distraído

IMPERATIVE

	distraigámonos (nosotros); no nos distraigamos
distráete (tú); no te distraigas	distraeos (vosotros); no os distraigáis
distráigase (Ud.); no se distraiga	distráiganse (Uds.); no se distraigan

Note: As a nonreflexive verb, *distraer* (to distract, to divert) is shown in Examples 4 and 5.

EXAMPLES

Cuando era niña me distraía leyendo libros.

When I was a little girl, I used to amuse myself reading books.

Ellos se habían distraído tanto que no vieron llegar el tren.

They had been so distracted that they didn't see the train coming.

Los estudiantes están distrayéndose con avioncitos de papel.

The students are amusing themselves with paper airplanes.

El pueblo distrajo al enemigo con fuegos artificiales.

The town distracted the enemy with fireworks.

Los payasos han distraído a los niños por tres horas.

The clowns have amused the children for three hours.

divertirse

to have a good time, to amuse

Gerundio: divirtiéndose **Participio pasado:** divertido

Mood	Simple Tenses		Compound Tenses	
	Singular	*Plural*	*Singular*	*Plural*
Indicative	**Present**		**Present Perfect**	
	me divierto te diviertes se divierte	nos divertimos os divertís se divierten	me he divertido te has divertido se ha divertido	nos hemos divertido os habéis divertido se han divertido
	Preterit		**Preterit Perfect**	
	me divertí te divertiste se divirtió	nos divertimos os divertisteis se divirtieron	me hube divertido te hubiste divertido se hubo divertido	nos hubimos divertido os hubisteis divertido se hubieron divertido
	Imperfect		**Pluperfect**	
	me divertía te divertías se divertía	nos divertíamos os divertíais se divertían	me había divertido te habías divertido se había divertido	nos habíamos divertido os habíais divertido se habían divertido
	Future		**Future Perfect**	
	me divertiré te divertirás se divertirá	nos divertiremos os divertiréis se divertirán	me habré divertido te habrás divertido se habrá divertido	nos habremos divertido os habréis divertido se habrán divertido
	Conditional		**Conditional Perfect**	
	me divertiría te divertirías se divertiría	nos divertiríamos os divertiríais se divertirían	me habría divertido te habrías divertido se habría divertido	nos habríamos divertido os habríais divertido se habrían divertido
Subjunctive	**Present**		**Present Perfect**	
	me divierta te diviertas se divierta	nos divirtamos os divirtáis se diviertan	me haya divertido te hayas divertido se haya divertido	nos hayamos divertido os hayáis divertido se hayan divertido
	Imperfect		**Pluperfect**	
	me divirtiera, -se te divirtieras, -ses se divirtiera, -se	nos divirtiéramos, -semos os divirtierais, -seis se divirtieran, -sen	me hubiera, -se divertido te hubieras, -ses divertido se hubiera, -se divertido	nos hubiéramos, -semos divertido os hubierais, -seis diver- tido se hubieran, -sen divertido

IMPERATIVE

divsome
diviértete (tú); no te diviertas
diviértase (Ud.); no se divierta

divirtámonos (nosotros); no nos divirtamos
divertíos (vosotros); no os divirtáis
diviértanse (Uds.); no se diviertan

Note: As a nonreflexive verb, *divertir* (to entertain or amuse someone) is shown in Example 4.

EXAMPLES

Nos divertíamos jugando a las canicas.

We used to have a good time playing marbles.

¿Os habéis divertido en el cine?

Have you all had a good time at the movies?

Ellas estaban divirtiéndose en el club mientras los esposos trabajaban.

They were having fun at the club while their husbands were working.

El payaso divirtió a los niños.

The clown entertained the children.

dividir

to divide, to split, to separate from

Gerundio: dividiendo **Participio pasado:** dividido

Mood	Simple Tenses		Compound Tenses	
	Singular	*Plural*	*Singular*	*Plural*
Indicative	**Present**		**Present Perfect**	
	divido	dividimos	he dividido	hemos dividido
	divides	dividís	has dividido	habéis dividido
	divide	dividen	ha dividido	han dividido
	Preterit		**Preterit Perfect**	
	dividí	dividimos	hube dividido	hubimos dividido
	dividiste	dividisteis	hubiste dividido	hubisteis dividido
	dividió	dividieron	hubo dividido	hubieron dividido
	Imperfect		**Pluperfect**	
	dividía	dividíamos	había dividido	habíamos dividido
	dividías	dividíais	habías dividido	habíais dividido
	dividía	dividían	había dividido	habían dividido
	Future		**Future Perfect**	
	dividiré	dividiremos	habré dividido	habremos dividido
	dividirás	dividiréis	habrás dividido	habréis dividido
	dividirá	dividirán	habrá dividido	habrán dividido
	Conditional		**Conditional Perfect**	
	dividiría	dividiríamos	habría dividido	habríamos dividido
	dividirías	dividiríais	habrías dividido	habríais dividido
	dividiría	dividirían	habría dividido	habrían dividido
Subjunctive	**Present**		**Present Perfect**	
	divida	dividamos	haya dividido	hayamos dividido
	dividas	dividáis	hayas dividido	hayáis dividido
	divida	dividan	haya dividido	hayan dividido
	Imperfect		**Pluperfect**	
	dividiera, -se	dividiéramos, -semos	hubiera, -se dividido	hubiéramos, -semos dividido
	dividieras, -ses	dividierais, -seis	hubieras, -ses dividido	hubierais, -seis dividido
	dividiera, -se	dividieran, -sen	hubiera, -se dividido	hubieran, -sen dividido

IMPERATIVE

divide (tú); no dividas
(no) divida (Ud.)

(no) dividamos (nosotros)
dividid (vosotros); no dividáis
(no) dividan (Uds.)

EXAMPLES

Los dueños han dividido la compañía en cuatro partes.

The owners have divided the company into four parts.

Dividirán la herencia ente los hijos.

They will divide the inheritance between the children.

Los excursionistas se dividieron en dos grupos antes de partir.

The excursionists divided themselves into two groups before leaving.

Hemos dividido el equipo entre los técnicos.

We have divided the equipment among the technicians.

doler

to hurt, to ache
Gerundio: doliendo   **Participio pasado**: dolido

Mood	Simple Tenses		Compound Tenses	
	Singular	*Plural*	*Singular*	*Plural*
Indicative	**Present**		**Present Perfect**	
	me duele(n)	nos duele(n)	me ha(n) dolido	nos ha(n) dolido
	te duele(n)	os duele(n)	te ha(n) dolido	os ha(n) dolido
	le duele(n)	les duele(n)	le ha(n) dolido	les ha(n) dolido
	Preterit		**Preterit Perfect**	
	me dolió (dolieron)	nos dolió (dolieron)	me hubo (hubieron) dolido	nos hubo (hubieron) dolido
	te dolió (dolieron)	os dolió (dolieron)	te hubo (hubieron) dolido	os hubo (hubieron) dolido
	le dolió (dolieron)	les dolió (dolieron))	le hubo (hubieron) dolido	les hubo (hubieron) dolido
	Imperfect		**Pluperfect**	
	me dolía(n)	nos dolía(n)	me había(n) dolido	nos había(n) dolido
	te dolía(n)	os dolía(n)	te había(n) dolido	os había(n) dolido
	le dolía(n)	les dolía(n)	le había(n) dolido	les había(n) dolido
	Future		**Future Perfect**	
	me dolerá(n)	nos dolerá(n)	me habrá(n) dolido	nos habrá(n) dolido
	te dolerá(n)	os dolerá(n)	te habrá(n) dolido	os habrá(n) dolido
	le dolerá(n)	les dolerá(n)	le habrá(n) dolido	les habrá(n) dolido
	Conditional		**Conditional Perfect**	
	me dolería(n)	nos dolería(n)	me habría(n) dolido	nos habría(n) dolido
	te dolería(n)	os dolería(n)	te habría(n) dolido	os habría(n) dolido
	le dolería(n)	les dolería(n)	le habría(n) dolido	les habría(n) dolido
Subjunctive	**Present**		**Present Perfect**	
	me duela(n)	nos duela(n)	me haya(n) dolido	nos haya(n) dolido
	te duela(n)	os duela(n)	te haya(n) dolido	os haya(n) dolido
	le duela(n)	les duela(n)	le haya(n) dolido	les haya(n) dolido
	Imperfect		**Pluperfect**	
	me doliera(n), -se(n)	nos doliera(n), -se(n)	me hubiera(n), -se(n) dolido	nos hubiera(n), -se(n) dolido
	te doliera(n), -se(n)	os doliera(n), -se(n)	te hubiera(n), -se(n) dolido	os hubiera(n), -se(n) dolido
	le doliera(n), -se(n)	les doliera(n), -se(n)	le hubiera(n), -se(n) dolido	les hubiera(n), -se(n) dolido

IMPERATIVE

¡Que me/ te/ le/ nos/ os/ les duela(n)!   ¡Que no me/ te/ le/ nos/ os/ les duela(n)!

Note: This verb has a special conjugation construction. It is used in the third-person singular and plural with the indirect object pronouns *me, te, le, nos, os, les*. In this construction, the personal pronouns are not used.

EXAMPLES

<u>Nos</u> duelen los pies de tanto caminar.	Our feet hurt because of so much walking.
<u>Nos</u> duele el estómago porque comimos mucho.	Our stomachs hurt because we ate a lot.
<u>Me</u> dolería mucho si ella no viniese.	It would hurt me a lot if she does not come.
Al deportista <u>le</u> habrían dolido los malos comentarios del reportero si los hubiese leído.	The bad comments in the press would have hurt the athlete if he had read them.
¡Espero que no <u>me</u> duela la cabeza ahora!	I hope that I do not get a headache now!
¿Qué <u>le</u> duele?	What is hurting you?
<u>Me</u> están doliendo las manos.	My hands are hurting.

dormir

to sleep, to rest

Gerundio: durmiendo **Participio pasado:** dormido

Mood	Simple Tenses		Compound Tenses	
	Singular	*Plural*	*Singular*	*Plural*
Indicative	**Present**		**Present Perfect**	
	duermo	dormimos	he dormido	hemos dormido
	duermes	dormís	has dormido	habéis dormido
	duerme	duermen	ha dormido	han dormido
	Preterit		**Preterit Perfect**	
	dormí	dormimos	hube dormido	hubimos dormido
	dormiste	dormisteis	hubiste dormido	hubisteis dormido
	durmió	durmieron	hubo dormido	hubieron dormido
	Imperfect		**Pluperfect**	
	dormía	dormíamos	había dormido	habíamos dormido
	dormías	dormíais	habías dormido	habíais dormido
	dormía	dormían	había dormido	habían dormido
	Future		**Future Perfect**	
	dormiré	dormiremos	habré dormido	habremos dormido
	dormirás	dormiréis	habrás dormido	habréis dormido
	dormirá	dormirán	habrá dormido	habrán dormido
	Conditional		**Conditional Perfect**	
	dormiría	dormiríamos	habría dormido	habríamos dormido
	dormirías	dormiríais	habrías dormido	habríais dormido
	dormiría	dormirían	habría dormido	habrían dormido
Subjunctive	**Present**		**Present Perfect**	
	duerma	durmamos	haya dormido	hayamos dormido
	duermas	durmáis	hayas dormido	hayáis dormido
	duerma	duerman	haya dormido	hayan dormido
	Imperfect		**Pluperfect**	
	durmiera, -se	durmiéramos, -semos	hubiera, -se dormido	hubiéramos, -semos dormido
	durmieras, -ses	durmierais, -seis	hubieras, -ses dormido	hubierais, -seis dormido
	durmiera, -se	durmieran, -sen	hubiera, -se dormido	hubieran, -sen dormido

IMPERATIVE

duerme (tú); no duermas
(no) duerma (Ud.)

(no) durmamos (nosotros)
dormid (vosotros); no durmáis
(no) duerman (Uds.)

EXAMPLES

Cuando los niños duermen, hay paz en la casa.

When the babies are asleep, there is peace at home.

Aunque haya dormido doce horas siento que no he dormido nada.

Though I had slept twelve hours, I feel that I have not slept at all.

¡Dormid como angelitos!

Sleep like angels!

IDIOMATIC EXAMPLE

Quien mucho duerme, poco aprende.

Those who sleep too much don't learn much.

dormirse
to fall asleep
Gerundio: durmiéndose   **Participio pasado:** dormido

Mood	Simple Tenses		Compound Tenses	
	Singular	*Plural*	*Singular*	*Plural*
Indicative	**Present**		**Present Perfect**	
	me duermo te duermes se duerme	nos dormimos os dormís se duermen	me he dormido te has dormido se ha dormido	nos hemos dormido os habéis dormido se han dormido
	Preterit		**Preterit Perfect**	
	me dormí te dormiste se durmió	nos dormimos os dormisteis se durmieron	me hube dormido te hubiste dormido se hubo dormido	nos hubimos dormido os hubisteis dormido se hubieron dormido
	Imperfect		**Pluperfect**	
	me dormía te dormías se dormía	nos dormíamos os dormíais se dorían	me había dormido te habías dormido se había dormido	nos habíamos dormido os habíais dormido se habían dormido
	Future		**Future Perfect**	
	me dormiré te dormirás se dormirá	nos dormiremos os dormiréis se dormirán	me habré dormido te habrás dormido se habrá dormido	nos habremos dormido os habréis dormido se habrán dormido
	Conditional		**Conditional Perfect**	
	me dormiría te dormirías se dormiría	nos dormiríamos os dormiríais se dormirían	me habría dormido te habrías dormido se habría dormido	nos habríamos dormido os habríais dormido se habrían dormido
Subjunctive	**Present**		**Present Perfect**	
	me duerma te duermas se duerma	nos durmamos os durmáis se duerman	me haya dormido te hayas dormido se haya dormido	nos hayamos dormido os hayáis dormido se hayann dormido
	Imperfect		**Pluperfect**	
	me durmiera, -se te durmieras, -ses se durmiera, -se	nos durmiéramos, -semos os durmierais, -seis se durmieran, -sen	me hubiera, -se dormido te hubieras, -ses dormido se hubiera, -se dormido	nos hubiéramos, -semos dormido os hubierais, -seis dormido se hubieran, -sen dormido

IMPERATIVE

duérmete (tú); no te duermas
duérmase (Ud.); no se duerma

durmámonos (nosotros); no nos durmamos
dormíos (vosotros); no os durmáis
duérmanse (Uds.); no se duerman

EXAMPLES

Nelson y Alfredo se durmieron en la lancha.
Ellos se habían dormido cuando empezó la tormenta.
Los estudiantes estaban durmiéndose en la clase.

Nelson and Alfredo fell asleep on the boat.
They had already fallen asleep when the storm came.
The students were falling asleep in the class.

IDIOMATIC EXAMPLE

Camarón que se duerme se lo lleva la co-rriente.

If you don't pay attention, you will be carried away.

ducharse

to take a shower

Gerundio: duchándose   **Participio pasado:** duchado

Mood	Simple Tenses		Compound Tenses	
	Singular	*Plural*	*Singular*	*Plural*
Indicative	**Present**		**Present Perfect**	
	me ducho te duchas se ducha	nos duchamos os ducháis se duchan	me he duchado te has duchado se ha duchado	nos hemos duchado os habéis duchado se han duchado
	Preterit		**Preterit Perfect**	
	me duché te duchaste se duchó	nos duchamos os duchasteis se ducharon	me hube duchado te hubiste duchado se hubo duchado	nos hubimos duchado os hubisteis duchado se hubieron duchado
	Imperfect		**Pluperfect**	
	me duchaba te duchabas se duchaba	nos duchábamos os duchabais se duchaban	me había duchado te habías duchado se había duchado	nos habíamos duchado os habíais duchado se habían duchado
	Future		**Future Perfect**	
	me ducharé te ducharás se duchará	nos ducharemos os ducharéis se ducharán	me habré duchado te habrás duchado se habrá duchado	nos habremos duchado os habréis duchado se habrán duchado
	Conditional		**Conditional Perfect**	
	me ducharía te ducharías se ducharía	nos ducharíamos os ducharíais se ducharían	me habría duchado te habrías duchado se habría duchado	nos habríamos duchado os habríais duchado se habrían duchado
Subjunctive	**Present**		**Present Perfect**	
	me duche te duches se duche	nos duchemos os duchéis se duchen	me haya duchado te hayas duchado se haya duchado	nos hayamos duchado os hayáis duchado se hayan duchado
	Imperfect		**Pluperfect**	
	me duchara, -se te ducharas, -ses se duchara, -se	nos ducháramos, -semos os ducharais, -seis se ducharan, -sen	me hubiera, -se duchado te hubieras, -ses duchado se hubiera, -se duchado	nos hubiéramos, -semos duchado os hubierais, -seis duchado se hubieran, -sen duchado

IMPERATIVE

dúchate (tú); no te duches

dúchese (Ud.); no se duche

duchémonos (nosotros); no nos duchemos

duchaos (vosotros); no os duchéis

dúchense (Uds.); no se duchen

Note: As a nonreflexive verb, *duchar* (to shower) is shown in Examples 3 and 4.

EXAMPLES

Mindy siempre se ducha antes de acostarse.

Mindy always takes a shower before going to sleep.

El entrenador quería que los jugadores se ducharan después de las prácticas.

The coach wanted the players to take a shower after the training sessions.

El papá ha duchado a los niños con la manguera.

The father has sprayed the boys with the hose.

No duches al gato.

Don't spray the cat.

dudar

to doubt, to hesitate
Gerundio: dudando **Participio pasado:** dudado

Mood	Simple Tenses		Compound Tenses	
	Singular	*Plural*	*Singular*	*Plural*
Indicative	**Present**		**Present Perfect**	
	dudo	dudamos	he dudado	hemos dudado
	dudas	dudáis	has dudado	habéis dudado
	duda	dudan	ha dudado	han dudado
	Preterit		**Preterit Perfect**	
	dudé	dudamos	hube dudado	hubimos dudado
	dudaste	dudasteis	hubiste dudado	hubisteis dudado
	dudó	dudaron	hubo dudado	hubieron dudado
	Imperfect		**Pluperfect**	
	dudaba	dudábamos	había dudado	habíamos dudado
	dudabas	dudabais	habías dudado	habíais dudado
	dudaba	dudaban	había dudado	habían dudado
	Future		**Future Perfect**	
	dudaré	dudaremos	habré dudado	habremos dudado
	dudarás	dudaréis	habrás dudado	habréis dudado
	dudará	dudarán	habrá dudado	habrán dudado
	Conditional		**Conditional Perfect**	
	dudaría	dudaríamos	habría dudado	habríamos dudado
	dudarías	dudaríais	habrías dudado	habríais dudado
	dudaría	dudarían	habría dudado	habrían dudado
Subjunctive	**Present**		**Present Perfect**	
	dude	dudemos	haya dudado	hayamos dudado
	dudes	dudéis	hayas dudado	hayáis dudado
	dude	duden	haya dudado	hayan dudado
	Imperfect		**Pluperfect**	
	dudara, -se	dudáramos, -semos	hubiera, -se dudado	hubiéramos,-semos dudado
	dudaras, -ses	dudarais, -seis	hubieras, -ses dudado	hubierais, -seis dudado
	dudara, -se	dudaran, -sen	hubiera, -se dudado	hubieran, -sen dudado

IMPERATIVE

duda (tú); no dudes
(no) dude (Ud.)

(no) dudemos (nosotros)
dudad (vosotros); no dudéis
(no) duden (Uds.)

EXAMPLES

Ella dudaba de sus palabras.
Si hubiésemos dudado de ella, no le habríamos dicho la verdad.
No lo dudo.
No dudes en decirme la verdad.

She doubted what he said to her.
If we have doubted her, we wouldn't have told her the truth.
I don't doubt it.
Don't hesitate in telling me the truth.

durar

to last, to endure, to remain

Gerundio: durando   **Participio pasado:** durado

Mood	Simple Tenses		Compound Tenses	
	Singular	*Plural*	*Singular*	*Plural*
Indicative	**Present**		**Present Perfect**	
	duro	duramos	he durado	hemos durado
	duras	duráis	has durado	habéis durado
	dura	duran	ha durado	han durado
	Preterit		**Preterit Perfect**	
	duré	duramos	hube durado	hubimos durado
	duraste	durasteis	hubiste durado	hubisteis durado
	duró	duraron	hubo durado	hubieron durado
	Imperfect		**Pluperfect**	
	duraba	durábamos	había durado	habíamos durado
	durabas	durabais	habías durado	habíais durado
	duraba	duraban	había durado	habían durado
	Future		**Future Perfect**	
	duraré	duraremos	habré durado	habremos durado
	durarás	duraréis	habrás durado	habréis durado
	durará	durarán	habrá durado	habrán durado
	Conditional		**Conditional Perfect**	
	duraría	duraríamos	habría durado	habríamos durado
	durarías	duraríais	habrías durado	habríais durado
	duraría	durarían	habría durado	habrían durado
Subjunctive	**Present**		**Present Perfect**	
	dure	duremos	haya durado	hayamos durado
	dures	duréis	hayas durado	hayáis durado
	dure	duren	haya durado	hayan durado
	Imperfect		**Pluperfect**	
	durara, -se	duráramos, -semos	hubiera, -se durado	hubiéramos, -semos durado
	duraras, -ses	durarais, -seis	hubieras, -ses durado	hubierais, -seis durado
	durara, -se	duraran, -sen	hubiera, -se durado	hubieran, -sen durado

IMPERATIVE

dura (tú); no dures
(no) dure (Ud.)

(no) duremos (nosotros)
durad (vosotros); no duréis
(no) duren (Uds.)

EXAMPLES

Esta ropa nos dura mucho.
La conferencia ha durado tres horas.
¿Cuánto tiempo duró el concierto?
Si hubiese durado más, me hubiese salido.

These clothes last us a long time.
The lecture has lasted three hours.
How long did the concert last?
If it had lasted longer, I would have left.

echar

to throw, to pitch, to cast

Gerundio: echando   **Participio pasado:** echado

Mood	Simple Tenses		Compound Tenses	
	Singular	*Plural*	*Singular*	*Plural*
Indicative	**Present**		**Present Perfect**	
	echo	echamos	he echado	hemos echado
	echas	echáis	has echado	habéis echado
	echa	echan	ha echado	han echado
	Preterit		**Preterit Perfect**	
	eché	echamos	hube echado	hubimos echado
	echaste	echasteis	hubiste echado	hubisteis echado
	echó	echaron	hubo echado	hubieron echado
	Imperfect		**Pluperfect**	
	echaba	echábamos	había echado	habíamos echado
	echabas	echabais	habías echado	habíais echado
	echaba	echaban	había echado	habían echado
	Future		**Future Perfect**	
	echaré	echaremos	habré echado	habremos echado
	echarás	echaréis	habrás echado	habréis echado
	echará	echarán	habrá echado	habrán echado
	Conditional		**Conditional Perfect**	
	echaría	echaríamos	habría echado	habríamos echado
	echarías	echaríais	habrías echado	habríais echado
	echaría	echarían	habría echado	habrían echado
Subjunctive	**Present**		**Present Perfect**	
	eche	echemos	haya echado	hayamos echado
	eches	echéis	hayas echado	hayáis echado
	eche	echen	haya echado	hayan echado
	Imperfect		**Pluperfect**	
	echara, -se	echáramos, -semos	hubiera, -se echado	hubiéramos, -semos echado
	echaras, -ses	echarais, -seis	hubieras, -ses echado	hubierais, -seis echado
	echara, -se	echaran, -sen	hubiera, -se echado	hubieran, -sen echado

IMPERATIVE

	(no) echemos (nosotros)
echa (tú); no eches	echad (vosotros); no echéis
(no) eche (Ud.)	(no) echen (Uds.)

Note: This verb has several idiomatic expressions. See the Appendix of Additional Verbs (page 653) for a list of useful expressions. As a reflexive verb, *echarse* (to throw oneself) uses the reflexive pronouns *me, te, se, nos, os, se.* Example 4 shows the reflexive use.

EXAMPLES

¡No eches la basura en la calle!	Don't throw the trash on the street!
Nelson había echado las redes cuando vio el cardumen.	Nelson had cast the nets when he saw a school of fish.
Los árboles echan hojas cada primavera.	The trees grow leaves every spring.
Ellos <u>se</u> echaron en la cama a descansar.	They lay down on the bed to rest.

IDIOMATIC EXAMPLES

Él estaba echando chispas cuando lo vimos.	He was very angry when we saw him.
Ese negocio ha echado raíces.	That business has been growing.
Los alimentos <u>se</u> estaban echando a perder porque hacía calor.	The food was starting to get spoiled because it was hot.

educar

to educate

Gerundio: educando   **Participio pasado:** educado

Mood	Simple Tenses		Compound Tenses	
	Singular	*Plural*	*Singular*	*Plural*
	Present		**Present Perfect**	
Indicative	educo	educamos	he educado	hemos educado
	educas	educáis	has educado	habéis educado
	educa	educan	ha educado	han educado
	Preterit		**Preterit Perfect**	
	eduqué	educamos	hube educado	hubimos educado
	educaste	educasteis	hubiste educado	hubisteis educado
	educó	educaron	hubo educado	hubieron educado
	Imperfect		**Pluperfect**	
	educaba	educábamos	había educado	habíamos educado
	educabas	educabais	habías educado	habíais educado
	educaba	educaban	había educado	habían educado
	Future		**Future Perfect**	
	educaré	educaremos	habré educado	habremos educado
	educarás	educaréis	habrás educado	habréis educado
	educará	educarán	habrá educado	habrán educado
	Conditional		**Conditional Perfect**	
	educaría	educaríamos	habría educado	habríamos educado
	educarías	educaríais	habrías educado	habríais educado
	educaría	educarían	habría educado	habrían educado
Subjunctive	**Present**		**Present Perfect**	
	eduque	eduquemos	haya educado	hayamos educado
	eduques	eduquéis	hayas educado	hayáis educado
	eduque	eduquen	haya educado	hayan educado
	Imperfect		**Pluperfect**	
	educara, -se	educáramos, -semos	hubiera, -se educado	hubiéramos, -semos educado
	educaras, -ses	educarais, -seis	hubieras, -ses educado	hubierais, -seis educado
	educara, -se	educaran, -sen	hubiera, -se educado	hubieran, -sen educado

IMPERATIVE

(no) eduquemos (nosotros)

educa (tú); no eduques   educad (vosotros); no eduquéis

(no) eduque (Ud.)   (no) eduquen (Uds.)

Note: As a reflexive verb, *educarse* (to educate oneself) uses the reflexive pronouns *me, te, se, nos, os, se*. Examples 3 and 4 show the reflexive use.

EXAMPLES

Eduquemos a los niños dándoles buenos ejemplos morales.

Let's educate the children by setting good moral examples.

Los maestros educan con mucha dedicación y paciencia.

Teachers educate with dedication and patience.

Es importante educar<u>se</u> en algo que le guste.

It's important to educate yourself in something you enjoy.

<u>Nos</u> hubiésemos educado aquí, pero papá fue transferido a Georgia.

We would have been educated here, but my father was transferred to Georgia.

ejecutar
to execute

Gerundio: ejecutando   **Participio pasado:** ejecutando

Mood	Simple Tenses		Compound Tenses	
	Singular	*Plural*	*Singular*	*Plural*
Indicative	**Present**		**Present Perfect**	
	ejecuto	ejecutamos	he ejecutado	hemos ejecutado
	ejecutas	ejecutáis	has ejecutado	habéis ejecutado
	ejecuta	ejecutan	ha ejecutado	han ejecutado
	Preterit		**Preterit Perfect**	
	ejecuté	ejecutamos	hube ejecutado	hubimos ejecutado
	ejecutaste	ejecutasteis	hubiste ejecutado	hubisteis ejecutado
	ejecutó	ejecutaron	hubo ejecutado	hubieron ejecutado
	Imperfect		**Pluperfect**	
	ejecutaba	ejecutábamos	había ejecutado	habíamos ejecutado
	ejecutabas	ejecutabais	habías ejecutado	habíais ejecutado
	ejecutaba	ejecutaban	había ejecutado	habían ejecutado
	Future		**Future Perfect**	
	ejecutaré	ejecutaremos	habré ejecutado	habremos ejecutado
	ejecutarás	ejecutaréis	habrás ejecutado	habréis ejecutado
	ejecutará	ejecutarán	habrá ejecutado	habrán ejecutado
	Conditional		**Conditional Perfect**	
	ejecutaría	ejecutaríamos	habría ejecutado	habríamos ejecutado
	ejecutarías	ejecutaríais	habrías ejecutado	habríais ejecutado
	ejecutaría	ejecutarían	habría ejecutado	habrían ejecutado
Subjunctive	**Present**		**Present Perfect**	
	ejecute	ejecutemos	haya ejecutado	hayamos ejecutado
	ejecutes	ejecutéis	hayas ejecutado	hayáis ejecutado
	ejecute	ejecuten	haya ejecutado	hayan ejecutado
	Imperfect		**Pluperfect**	
	ejecutara, -se	ejecutáramos, -semos	hubiera, -se ejecutado	hubiéramos, -semos ejecutado
	ejecutaras, -ses	ejecutarais, -seis	hubieras, -ses ejecutado	hubierais, -seis ejecutado
	ejecutara, -se	ejecutaran, -sen	hubiera, -se ejecutado	hubieran, -sen ejecutado

IMPERATIVE

	(no) ejecutemos (nosotros)
ejecuta (tú); no ejecutes	ejecutad (vosotros); no ejecutéis
(no) ejecute (Ud.)	(no) ejecuten (Uds.)

EXAMPLES

El abogado ejecutó los deseos de los padres.	The lawyer executed the wishes of his parents.
Los aviones han ejecutado las maniobras acrobáticas.	The airplanes have executed the acrobatic maneuvers.
Se ejecutaron todas las obras a tiempo.	The constructions were executed on time.

ejercer

to practice a profession or a trade, to exert

Gerundio: ejerciendo   **Participio pasado:** ejercido

Mood	Simple Tenses		Compound Tenses	
	Singular	*Plural*	*Singular*	*Plural*
Indicative	**Present**		**Present Perfect**	
	ejerzo	ejercemos	he ejercido	hemos ejercido
	ejerces	ejercéis	has ejercido	habéis ejercido
	ejerce	ejercen	ha ejercido	han ejercido
	Preterit		**Preterit Perfect**	
	ejercí	ejercimos	hube ejercido	hubimos ejercido
	ejerciste	ejercisteis	hubiste ejercido	hubisteis ejercido
	ejerció	ejercieron	hubo ejercido	hubieron ejercido
	Imperfect		**Pluperfect**	
	ejercía	ejercíamos	había ejercido	habíamos ejercido
	ejercías	ejercíais	habías ejercido	habíais ejercido
	ejercía	ejercían	había ejercido	habían ejercido
	Future		**Future Perfect**	
	ejerceré	ejerceremos	habré ejercido	habremos ejercido
	ejercerás	ejerceréis	habrás ejercido	habréis ejercido
	ejercerá	ejercerán	habrá ejercido	habrán ejercido
	Conditional		**Conditional Perfect**	
	ejercería	ejerceríamos	habría ejercido	habríamos ejercido
	ejercerías	ejerceríais	habrías ejercido	habríais ejercido
	ejercería	ejercerían	habría ejercido	habrían ejercido
Subjunctive	**Present**		**Present Perfect**	
	ejerza	ejerzamos	haya ejercido	hayamos ejercido
	ejerzas	ejerzáis	hayas ejercido	hayáis ejercido
	ejerza	ejerzan	haya ejercido	hayan ejercido
	Imperfect		**Pluperfect**	
	ejerciera, -se	ejerciéramos, -semos	hubiera, -se ejercido	hubiéramos, -semos ejercido
	ejercieras, -ses	ejercierais, -seis	hubieras, -ses ejercido	
	ejerciera, -se	ejercieran, -sen	hubiera, -se ejercido	hubierais, -seis ejercido
				hubieran, -sen ejercido

IMPERATIVE

ejerce (tú); no ejerzas
(no) ejerza (Ud.)

(no) ejerzamos (nosotros)
ejerced (vosotros); no ejerzáis
(no) ejerzan (Uds.)

EXAMPLES

Olga es ingeniera, pero no ha ejercido la profesión desde 1990.

Mire y Miguel ejercen la medicina.

Si no fuese por los padres, la televisión habría ejercido más control sobre los niños.

Olga is an engineer, but she hasn't practiced her profession since 1990.

Mire and Michael practice medicine.

If it weren't because of the parents, television would have exercised more influence over the children.

elegir

to elect, to choose

Gerundio: eligiendo **Participio pasado:** elegido

Mood	Simple Tenses		Compound Tenses	
	Singular	*Plural*	*Singular*	*Plural*
Indicative	**Present**		**Present Perfect**	
	elijo	elegimos	he elegido	hemos elegido
	eliges	elegís	has elegido	habéis elegido
	elige	eligen	ha elegido	han elegido
	Preterit		**Preterit Perfect**	
	elegí	elegimos	hube elegido	hubimos elegido
	elegiste	elegisteis	hubiste elegido	hubisteis elegido
	eligió	eligieron	hubo elegido	hubieron elegido
	Imperfect		**Pluperfect**	
	elegía	elegíamos	había elegido	habíamos elegido
	elegías	elegíais	habías elegido	habíais elegido
	elegía	elegían	había elegido	habían elegido
	Future		**Future Perfect**	
	elegiré	elegiremos	habré elegido	habremos elegido
	elegirás	elegiréis	habrás elegido	habréis elegido
	elegirá	elegirán	habrá elegido	habrán elegido
	Conditional		**Conditional Perfect**	
	elegiría	elegiríamos	habría elegido	habríamos elegido
	elegirías	elegiríais	habrías elegido	habríais elegido
	elegiría	elegirían	habría elegido	habrían elegido
Subjunctive	**Present**		**Present Perfect**	
	elija	elijamos	haya elegido	hayamos elegido
	elijas	elijáis	hayas elegido	hayáis elegido
	elija	elijan	haya elegido	hayan elegido
	Imperfect		**Pluperfect**	
	eligiera, -se	eligiéramos,-semos	hubiera, -se elegido	hubiéramos, -semos elegido
	eligieras, ses	eligierais, -seis	hubieras, -ses elegido	hubierais, -seis elegido
	eligiera, -se	eligieran, -sen	hubiera, -se elegido	hubieran, -sen elegido

IMPERATIVE

elige (tú); no elijas

(no) elija (Ud.)

(no) elijamos (nosotros)

elegid (vosotros); no elijáis

(no) elijan (Uds.)

EXAMPLES

El gobernador fue elegido por la gran mayoría.

The governor was elected by the majority of the people.

Aunque haya elegido la fotografía submarina, puedo estudiar la fotografía aérea también.

Even though I have chosen underwater photography, I can study aerial photography too.

Elegimos ir a Costa Rica este año.

We chose to go to Costa Rica this year.

empezar

to begin, to start

Gerundio: empezando   **Participio pasado:** empezado

Mood	Simple Tenses		Compound Tenses	
	Singular	*Plural*	*Singular*	*Plural*
Indicative	**Present**		**Present Perfect**	
	empiezo	empezamos	he empezado	hemos empezado
	empiezas	empezáis	has empezado	habéis empezado
	empieza	empiezan	ha empezado	han empezado
	Preterit		**Preterit Perfect**	
	empecé	empezamos	hube empezado	hubimos empezado
	empezaste	empezasteis	hubiste empezado	hubisteis empezado
	empezó	empezaron	hubo empezado	hubieron empezado
	Imperfect		**Pluperfect**	
	empezaba	empezábamos	había empezado	habíamos empezado
	empezabas	empezabais	habías empezado	habíais empezado
	empezaba	empezaban	había empezado	habían empezado
	Future		**Future Perfect**	
	empezaré	empezaremos	habré empezado	habremos empezado
	empezarás	empezaréis	habrás empezado	habréis empezado
	empezará	empezarán	habrá empezado	habrán empezado
	Conditional		**Conditional Perfect**	
	empezaría	empezaríamos	habría empezado	habríamos empezado
	empezarías	empezaríais	habrías empezado	habríais empezado
	empezaría	empezarían	habría empezado	habrían empezado
Subjunctive	**Present**		**Present Perfect**	
	empiece	empecemos	haya empezado	hayamos empezado
	empieces	empecéis	hayas empezado	hayáis empezado
	empiece	empiecen	haya empezado	hayan empezado
	Imperfect		**Pluperfect**	
	empezara, -se	empezáramos, -semos	hubiera, -se empezado	hubiéramos, -semos empezado
	empezaras, -ses	empezarais, -seis	hubieras, -ses empezado	hubierais, -seis empezado
	empezara, -se	empezaran, -sen	hubiera, -se empezado	hubieran, -sen empezado

IMPERATIVE

empieza (tú); no empieces
(no) empiece (Ud.)

(no) empecemos (nosotros)
empezad (vosotros); no empecéis
(no) empiecen (Uds.)

EXAMPLES

¡Empieza a hacer la tarea!   Start doing your homework!

Salimos cuando empezaba el día.   We left when day was breaking.

¡Empecé a hacer el reporte a las doce de la   I started doing my report at midnight!
noche!

IDIOMATIC EXAMPLE

No empiece la casa por el tejado.   Don't put the cart before the horse.

emplear
to employ, to use
Gerundio: empleando   **Participio pasado:** empleado

Mood	Simple Tenses		Compound Tenses	
	Singular	*Plural*	*Singular*	*Plural*
Indicative	**Present**		**Present Perfect**	
	empleo	empleamos	he empleado	hemos empleado
	empleas	empleáis	has empleado	habéis empleado
	emplea	emplean	ha empleado	han empleado
	Preterit		**Preterit Perfect**	
	empleé	empleamos	hube empleado	hubimos empleado
	empleaste	empleasteis	hubiste empleado	hubisteis empleado
	empleó	emplearon	hubo empleado	hubieron empleado
	Imperfect		**Pluperfect**	
	empleaba	empleábamos	había empleado	habíamos empleado
	empleabas	empleabais	habías empleado	habíais empleado
	empleaba	empleaban	había empleado	habían empleado
	Future		**Future Perfect**	
	emplearé	emplearemos	habré empleado	habremos empleado
	emplearás	emplearéis	habrás empleado	habréis empleado
	empleará	emplearán	habrá empleado	habrán empleado
	Conditional		**Conditional Perfect**	
	emplearía	emplearíamos	habría empleado	habríamos empleado
	emplearías	emplearíais	habrías empleado	habríais empleado
	emplearía	emplearían	habría empleado	habrían empleado
Subjunctive	**Present**		**Present Perfect**	
	emplee	empleemos	haya empleado	hayamos empleado
	emplees	empleéis	hayas empleado	hayáis empleado
	emplee	empleen	haya empleado	hayan empleado
	Imperfect		**Pluperfect**	
	empleara, -se	empleáramos, -semos	hubiera, -se empleado	hubiéramos, -semos empleado
	emplearas, -ses	emplearais, -seis	hubieras, -ses empleado	hubierais, -seis empleado
	empleara, -se	emplearan, -sen	hubiera, -se empleado	hubieran, -sen empleado

IMPERATIVE

emplea (tú); no emplees
(no) emplee (Ud.)

(no) empleemos (nosotros)
emplead (vosotros); no empleéis
(no) empleen (Uds.)

EXAMPLES

La han empleado de enfermera.
La Dra. Pirela está empleando los últimos adelantos de la medicina.
Es posible que los empleen durante el verano.

She has been employed as a nurse.
Dr. Pirela is using the latest medicinal discoveries.
It is possible that they will be hired during the summer.

encantar

to like or love something, to be delighted
Gerundio: encantando   **Participio pasado:** encantado

Mood	Simple Tenses		Compound Tenses	
	Singular	*Plural*	*Singular*	*Plural*
Indicative	**Present**		**Present Perfect**	
	me encanta(n)	nos encanta(n)	me ha(n) encantado	nos ha(n) encantado
	te encanta(n)	os encanta(n)	te ha(n) encantado	os ha(n) encantado
	le encanta(n)	les encanta(n)	le ha(n) encantado	les ha(n) encantado
	Preterit		**Preterit Perfect**	
	me encantó (encantaron)	nos encantó (encantaron)	me hubo (hubieron) encantado	nos hubo (hubieron) encantado
	te encantó (encantaron)	os encantó (encantaron)	te hubo (hubieron) encantado	os hubo (hubieron) encantado
	le encantó (encantaron)	les encantó (encantaron))	le hubo (hubieron) encantado	les hubo (hubieron) encantado
	Imperfect		**Pluperfect**	
	me encantaba(n)	nos encantaba(n)	me había(n) encantado	nos había(n) encantado
	te encantaba(n)	os encantaba(n)	te había(n) encantado	os había(n) encantado
	le encantaba(n)	les encantaba(n)	le había(n) encantado	les había(n) encantado
	Future		**Future Perfect**	
	me encantará(n)	nos encantará(n)	me habrá(n) encantado	nos habrá(n) encantado
	te encantará(n)	os encantará(n)	te habrá(n) encantado	os habrá(n) encantado
	le encantará(n)	les encantará(n)	le habrá(n) encantado	les habrá(n) encantado
	Conditional		**Conditional Perfect**	
	me encantaría(n)	nos encantaría(n)	me habría(n) encantado	nos habría(n) encantado
	te encantaría(n)	os encantaría(n)	te habría(n) encantado	os habría(n) encantado
	le encantaría(n)	les encantaría(n)	le habría(n) encantado	les habría(n) encantado
Subjunctive	**Present**		**Present Perfect**	
	me encante(n)	nos encante(n)	me haya(n) encantado	nos haya(n) encantado
	te encante(n)	os encante(n)	te haya(n) encantado	os haya(n) encantado
	le encante(n)	les encante(n)	le haya(n) encantado	les haya(n) encantado
	Imperfect		**Pluperfect**	
	me encantara(n), -se(n)	nos encantara(n), -se(n)	me hubiera(n), -se(n) encantado	nos hubiera(n), -se(n) encantado
	te encantara(n), -se(n)	os encantara(n), -se(n)	te hubiera(n), -se(n) encantado	os hubiera(n), -se(n) encantado
	le encantara(n), -se(n)	les encantara(n), -se(n)	le hubiera(n), -se(n) encantado	les hubiera(n), -se(n) encantado

IMPERATIVE

¡Que me/ te/ le/ nos/ os/ les encante(n)!   ¡Que no me/ te/ le/ nos/ os/ les encante(n)!

Note: This verb has a special conjugation construction. It is used in the third-person singular and plural with the indirect object pronouns *me, te, le, nos, os, les.* In this construction, the personal pronouns are not used.

EXAMPLES

A ella le encantan los niños.	She loves children.
Nos encantaron las pinturas de Diego.	We loved Diego's paintings.
Me ha encantado la pulsera que me diste.	I am delighted with the bracelet you gave me.
Estamos encantados con la nueva secretaria.	We are delighted with the new secretary.

encender

to light, to turn on
Gerundio: encendiendo   **Participio pasado:** encendido

Mood	Simple Tenses		Compound Tenses	
	Singular	*Plural*	*Singular*	*Plural*
Indicative	**Present**		**Present Perfect**	
	enciendo	encendemos	he encendido	hemos encendido
	enciendes	encendéis	has encendido	habéis encendido
	enciende	encienden	ha encendido	han encendido
	Preterit		**Preterit Perfect**	
	encendí	encendimos	hube encendido	hubimos encendido
	encendiste	encendisteis	hubiste encendido	hubisteis encendido
	encendió	encendieron	hubo encendido	hubieron encendido
	Imperfect		**Pluperfect**	
	encendía	encendíamos	había encendido	habíamos encendido
	encendías	encendíais	habías encendido	habíais encendido
	encendía	encendían	había encendido	habían encendido
	Future		**Future Perfect**	
	encenderé	encenderemos	habré encendido	habremos encendido
	encenderás	encenderéis	habrás encendido	habréis encendido
	encenderá	encenderán	habrá encendido	habrán encendido
	Conditional		**Conditional Perfect**	
	encendería	encenderíamos	habría encendido	habríamos encendido
	encenderías	encenderíais	habrías encendido	habríais encendido
	encendería	encenderían	habría encendido	habrían encendido
Subjunctive	**Present**		**Present Perfect**	
	encienda	encendamos	haya encendido	hayamos encendido
	enciendas	encendáis	hayas encendido	hayáis encendido
	encienda	enciendan	haya encendido	hayan encendido
	Imperfect		**Pluperfect**	
	encendiera, -se	encendiéramos, -semos	hubiera, -se encendido	hubiéramos, -semos encendido
	encendieras, -ses		hubieras, -ses encendido	
	encendiera, -se	encendierais, -seis	hubiera, -se encendido	hubierais, -seis encendido
		encendieran, -sen		hubieran, -sen encendido

IMPERATIVE

enciende (tú); no enciendas
(no) encienda (Ud.)

(no) encendamos (nosotros)
encended (vosotros); no encendáis
(no) enciendan (Uds.)

EXAMPLES

Nunca enciendas un cigarrillo.
Never light a cigarette.

Aunque encienda las luces, ella siempre tiene miedo.
Even if I turn the lights on, she is afraid.

Es posible que hayan encendido las luces del estadio.
It is probable that the stadium's lights are on.

encerrar

to enclose, to lock up

Gerundio: encerrando   **Participio pasado:** encerrado

Mood	Simple Tenses		Compound Tenses	
	Singular	*Plural*	*Singular*	*Plural*
Indicative	**Present**		**Present Perfect**	
	encierro	encerramos	he encerrado	hemos encerrado
	encierras	encerráis	has encerrado	habéis encerrado
	encierra	encierran	ha encerrado	han encerrado
	Preterit		**Preterit Perfect**	
	encerré	encerramos	hube encerrado	hubimos encerrado
	encerraste	encerrasteis	hubiste encerrado	hubisteis encerrado
	encerró	encerraron	hubo encerrado	hubieron encerrado
	Imperfect		**Pluperfect**	
	encerraba	encerrábamos	había encerrado	habíamos encerrado
	encerrabas	encerrabais	habías encerrado	habíais encerrado
	encerraba	encerraban	había encerrado	habían encerrado
	Future		**Future Perfect**	
	encerraré	encerraremos	habré encerrado	habremos encerrado
	encerrarás	encerraréis	habrás encerrado	habréis encerrado
	encerrará	encerrarán	habrá encerrado	habrán encerrado
	Conditional		**Conditional Perfect**	
	encerraría	encerraríamos	habría encerrado	habríamos encerrado
	encerrarías	encerraríais	habrías encerrado	habríais encerrado
	encerraría	encerrarían	habría encerrado	habrían encerrado
Subjunctive	**Present**		**Present Perfect**	
	encierre	encerremos	haya encerrado	hayamos encerrado
	encierres	encerréis	hayas encerrado	hayáis encerrado
	encierre	encierren	haya encerrado	hayan encerrado
	Imperfect		**Pluperfect**	
	encerrara, -se	encerráramos, -semos	hubiera, -se encerrado	hubiéramos, -semos encerrado
	encerraras, -ses	encerrarais, -seis	hubieras, -ses encerrado	
	encerrara, -se	encerraran, -sen	hubiera, -se encerrado	hubierais, -seis encerrado
				hubieran, -sen encerrado

IMPERATIVE

	(no) encerremos (nosotros)
encierra (tú); no encierres	encerrad (vosotros); no encerréis
(no) encierre (Ud.)	(no) encierren (Uds.)

EXAMPLES

Por fin lo encerraron en la cárcel.	Finally, they locked him up in jail.
Lo habrían encerrado antes, pero esperaban su juicio.	He would have been jailed sooner, but they were waiting on the verdict.
Ella se encerraba en su trabajo por días.	She used to lock herself up in her work for days.

encontrar
to find
Gerundio: encontrando   **Participio pasado:** encontrado

Mood	Simple Tenses		Compound Tenses	
	Singular	*Plural*	*Singular*	*Plural*
Indicative	**Present**		**Present Perfect**	
	encuentro	encontramos	he encontrado	hemos encontrado
	encuentras	encontráis	has encontrado	habéis encontrado
	encuentra	encuentran	ha encontrado	han encontrado
	Preterit		**Preterit Perfect**	
	encontré	encontramos	hube encontrado	hubimos encontrado
	encontraste	encontrasteis	hubiste encontrado	hubisteis encontrado
	encontró	encontraron	hubo encontrado	hubieron encontrado
	Imperfect		**Pluperfect**	
	encontraba	encontrábamos	había encontrado	habíamos encontrado
	encontrabas	encontrabais	habías encontrado	habíais encontrado
	encontraba	encontraban	había encontrado	habían encontrado
	Future		**Future Perfect**	
	encontraré	encontraremos	habré encontrado	habremos encontrado
	encontrarás	encontraréis	habrás encontrado	habréis encontrado
	encontrará	encontrarán	habrá encontrado	habrán encontrado
	Conditional		**Conditional Perfect**	
	encontraría	encontraríamos	habría encontrado	habríamos encontrado
	encontrarías	encontraríais	habrías encontrado	habríais encontrado
	encontraría	encontrarían	habría encontrado	habrían encontrado
Subjunctive	**Present**		**Present Perfect**	
	encuentre	encontremos	haya encontrado	hayamos encontrado
	encuentres	encontréis	hayas encontrado	hayáis encontrado
	encuentre	encuentren	haya encontrado	hayan encontrado
	Imperfect		**Pluperfect**	
	encontrara, -se	encontráramos, -semos	hubiera, -se encontrado	hubiéramos, -semos encontrado
	encontraras, -ses		hubieras, -ses encontrado	
	encontrara, -se	encontrarais, -seis	hubiera, -se encontrado	hubierais, -seis encontrado
		encontraran, -sen		hubieran, -sen encontrado

IMPERATIVE

	(no) encontremos (nosotros)
encuentra (tú); no encuentres	encontrad (vosotros); no encontréis
(no) encuentre (Ud.)	(no) encuentren (Uds.)

Note: As a reflexive verb, *encontrarse* (to meet someone) uses the reflexive pronouns *me, te, se, nos, os, se.* Example 4 shows the reflexive use.

EXAMPLES

Encontrarás un futuro mejor en esa ciudad.	You will find a better future in that city.
Aunque te encuentres sólo, habrá más oportunidades.	Though you will be alone, there will be more opportunities.
Hemos encontrado buenos amigos en este pueblo.	We have found good friends in this town.
<u>Nos</u> encontramos con José en el cine.	We met Jose at the movie theater.

IDIOMATIC EXAMPLE

La fortuna de un loco es encontrarse con otro.	The luck of the foolish is to meet another fool.

enfadarse

to get mad, to anger

Gerundio: enfadándose   **Participio pasado:** enfadado

Mood	Simple Tenses		Compound Tenses	
	Singular	*Plural*	*Singular*	*Plural*
Indicative	**Present**		**Present Perfect**	
	me enfado te enfadas se enfada	nos enfadamos os enfadáis se enfadan	me he enfadado te has enfadado se ha enfadado	nos hemos enfadado os habéis enfadado se han enfadado
	Preterit		**Preterit Perfect**	
	me enfadé te enfadaste se enfadó	nos enfadamos os enfadasteis se enfadaron	me hube enfadado te hubiste enfadado se hubo enfadado	nos hubimos enfadado os hubisteis enfadado se hubieron enfadado
	Imperfect		**Pluperfect**	
	me enfadaba te enfadabas se enfadaba	nos enfadábamos os enfadabais se enfadaban	me había enfadado te habías enfadado se había enfadado	nos habíamos enfadado os habíais enfadado se habían enfadado
	Future		**Future Perfect**	
	me enfadaré te enfadarás se enfadará	nos enfadaremos os enfadaréis se enfadarán	me habré enfadado te habrás enfadado se habrá enfadado	nos habremos enfadado os habréis enfadado se habrán enfadado
	Conditional		**Conditional Perfect**	
	me enfadaría te enfadarías se enfadaría	nos enfadaríamos os enfadaríais se enfadarían	me habría enfadado te habrías enfadado se habría enfadado	nos habríamos enfadado os habríais enfadado se habrían enfadado
Subjunctive	**Present**		**Present Perfect**	
	me enfade te enfades se enfade	nos enfademos os enfadéis se enfaden	me haya enfadado te hayas enfadado se haya enfadado	nos hayamos enfadado os hayáis enfadado se hayan enfadado
	Imperfect		**Pluperfect**	
	me enfadara, -se te enfadaras, -ses se enfadara, -se	nos enfadáramos, -semos os enfadarais, -seis se enfadaran, -sen	me hubiera, -se enfadado te hubieras, -ses enfadado se hubiera, -se enfadado	nos hubiéramos, -semos enfadado os hubierais, -seis enfa- dado se hubieran, -sen enfa- dado

IMPERATIVE

enfádate (tú); no te enfades

enfádese (Ud.); no se enfade

enfadémonos (nosotros); no nos enfademos

enfadaos (vosotros); no os enfadéis

enfádense (Uds.); no se enfaden

EXAMPLES

¡No se enfaden por tonterías! La vida es muy corta.

¿Te enfadabas cuando eras niño y gritabas mucho?

No creo que se hayan enfadado.

Don't get angry for foolish things. Life is too short!

Did you get angry as a little boy, and did you scream a lot?

I don't think they had gotten mad at each other.

enfermarse

to get sick, to become ill

Gerundio: enfermándose   **Participio pasado:** enfermado

Mood	Simple Tenses		Compound Tenses	
	Singular	*Plural*	*Singular*	*Plural*
Indicative	**Present**		**Present Perfect**	
	me enfermo te enfermas se enferma	nos enfermamos os enfermáis se enferman	me he enfermado te has enfermado se ha enfermado	nos hemos enfermado os habéis enfermado se han enfermado
	Preterit		**Preterit Perfect**	
	me enfermé te enfermaste se enfermó	nos enfermamos os enfermasteis se enfermaron	me hube enfermado te hubiste enfermado se hubo enfermado	nos hubimos enfermado os hubisteis enfermado se hubieron enfermado
	Imperfect		**Pluperfect**	
	me enfermaba te enfermabas se enfermaba	nos enfermábamos os enfermabais se enfermaban	me había enfermado te habías enfermado se había enfermado	nos habíamos enfermado os habíais enfermado se habían enfermado
	Future		**Future Perfect**	
	me enfermaré te enfermarás se enfermará	nos enfermaremos os enfermaréis se enfermarán	me habré enfermado te habrás enfermado se habrá enfermado	nos habremos enfermado os habréis enfermado se habrán enfermado
	Conditional		**Conditional Perfect**	
	me enfermaría te enfermarías se enfermaría	nos enfermaríamos os enfermaríais se enfermarían	me habría enfermado te habrías enfermado se habría enfermado	nos habríamos enfermado os habríais enfermado se habrían enfermado
Subjunctive	**Present**		**Present Perfect**	
	me enferme te enfermes se enferme	nos enfermemos os enferméis se enfermen	me haya enfermado te hayas enfermado se haya enfermado	nos hayamos enfermado os hayáis enfermado se hayan enfermado
	Imperfect		**Pluperfect**	
	me enfermara, -se te enfermaras, -ses se enfermara, -se	nos enfermáramos, -semos os enfermarais, -seis se enfermaran, -sen	me hubiera, -se enfer- mado te hubieras, -ses enfer- mado se hubiera, -se enfermado	nos hubiéramos, -semos enfermado os hubierais, -seis enfer- mado se hubieran, -sen enfer- mado

IMPERATIVE

enférmate (tú); no te enfermes

enférmese (Ud.); no se enferme

enfermémonos (nosotros); no nos enfer-
memos

enfermaos (vosotros); no os enferméis

enférmense (Uds.); no se enfermen

EXAMPLES

En el barco, todos los pasajeros se enferma-
ron al mismo tiempo.

Si se hubiesen enfermado unos pocos, los
habrían ayudado en el puerto.

¿Qué harías si te enfermaras?

On the ship, all passengers got sick at the
same time.

If a few had gotten sick, they would have
been helped at the port.

What would you do if you got sick?

engañar
to deceive, to trick

Gerundio: engañando **Participio pasado:** engañado

Mood	Simple Tenses		Compound Tenses	
	Singular	*Plural*	*Singular*	*Plural*
Indicative	**Present**		**Present Perfect**	
	engaño	engañamos	he engañado	hemos engañado
	engañas	engañáis	has engañado	habéis engañado
	engaña	engañan	ha engañado	han engañado
	Preterit		**Preterit Perfect**	
	engañé	engañamos	hube engañado	hubimos engañado
	engañaste	engañasteis	hubiste engañado	hubisteis engañado
	engañó	engañaron	hubo engañado	hubieron engañado
	Imperfect		**Pluperfect**	
	engañaba	engañábamos	había engañado	habíamos engañado
	engañabas	engañabais	habías engañado	habíais engañado
	engañaba	engañaban	había engañado	habían engañado
	Future		**Future Perfect**	
	engañaré	engañaremos	habré engañado	habremos engañado
	engañarás	engañaréis	habrás engañado	habréis engañado
	engañará	engañarán	habrá engañado	habrán engañado
	Conditional		**Conditional Perfect**	
	engañaría	engañaríamos	habría engañado	habríamos engañado
	engañarías	engañaríais	habrías engañado	habríais engañado
	engañaría	engañarían	habría engañado	habrían engañado
Subjunctive	**Present**		**Present Perfect**	
	engañe	engañemos	haya engañado	hayamos engañado
	engañes	engañéis	hayas engañado	hayáis engañado
	engañe	engañen	haya engañado	hayan engañado
	Imperfect		**Pluperfect**	
	engañara, -se	engañáramos, -semos	hubiera, -se engañado	hubiéramos, -semos engañado
	engañaras, -ses	engañarais, -seis	hubieras, -ses engañado	hubierais, -seis engañado
	engañara, -se	engañaran, -sen	hubiera, -se engañado	hubieran, -sen engañado

IMPERATIVE

engaña (tú); no engañes
(no) engañe (Ud.)

(no) engañemos (nosotros)
engañad (vosotros); no engañéis
(no) engañen (Uds.)

EXAMPLES

El vendedor engañó al cliente aumentando el precio.	The sales man deceived the customer by raising the price.
Mucha gente engaña a los niños ofreciéndoles dulces.	People trick their children by offering them candies.
El novio la había engañado con otra chica.	The boyfriend had deceived her with another girl.
No engañes a tus amigos.	Don't deceive your friends.

enojarse
to anger, to get mad
Gerundio: enojándose   **Participio pasado:** enojado

Mood	Simple Tenses		Compound Tenses	
	Singular	*Plural*	*Singular*	*Plural*
Indicative	**Present**		**Present Perfect**	
	me enojo te enojas se enoja	nos enojamos os enojáis se enojan	me he enojado te has enojado se ha enojado	nos hemos enojado os habéis enojado se han enojado
	Preterit		**Preterit Perfect**	
	me enojé te enojaste se enojó	nos enojamos os enojasteis se enojaron	me hube enojado te hubiste enojado se hubo enojado	nos hubimos enojado os hubisteis enojado se hubieron enojado
	Imperfect		**Pluperfect**	
	me enojaba te enojabas se enojaba	nos enojábamos os enojabais se enojaban	me había enojado te habías enojado se había enojado	nos habíamos enojado os habíais enojado se habían enojado
	Future		**Future Perfect**	
	me enojaré te enojarás se enojará	nos enojaremos os enojaréis se enojarán	me habré enojado te habrás enojado se habrá enojado	nos habremos enojado os habréis enojado se habrán enojado
	Conditional		**Conditional Perfect**	
	me enojaría te enojarías se enojaría	nos enojaríamos os enojaríais se enojarían	me habría enojado te habrías enojado se habría enojado	nos habríamos enojado os habríais enojado se habrían enojado
Subjunctive	**Present**		**Present Perfect**	
	me enoje te enojes se enoje	nos enojemos os enojéis se enojen	me haya enojado te hayas enojado se haya enojado	nos hayamos enojado os hayáis enojado se hayan enojado
	Imperfect		**Pluperfect**	
	me enojara, -se te enojaras, -ses se enojara, -se	nos enojáramos, -semos os enojarais, -seis se enojaran, -sen	me hubiera, -se enojado te hubieras, -ses enojado se hubiera, -se enojado	nos hubiéramos, -semos enojado os hubierais, -seis enojado se hubieran, -sen enojado

IMPERATIVE

enójate (tú); no te enojes
enójese (Ud.); no se enoje

enojémonos (nosotros); no nos enojemos
enojaos (vosotros); no os enojéis
enójense (Uds.); no se enojen

EXAMPLES

Ella siempre está enojándose por nada.

She is always getting mad about every little thing.

Si me enojo, me contento de nuevo.
Temo que ellos la hayan enojado demasiado

If I get mad, I make myself happy again.
I am afraid that they had gotten her too angry.

enseñar

to teach

Gerundio: enseñando   **Participio pasado:** enseñado

Mood	Simple Tenses		Compound Tenses	
	Singular	*Plural*	*Singular*	*Plural*
Indicative	**Present**		**Present Perfect**	
	enseño	enseñamos	he enseñado	hemos enseñado
	enseñas	enseñáis	has enseñado	habéis enseñado
	enseña	enseñan	ha enseñado	han enseñado
	Preterit		**Preterit Perfect**	
	enseñé	enseñamos	hube enseñado	hubimos enseñado
	enseñaste	enseñasteis	hubiste enseñado	hubisteis enseñado
	enseñó	enseñaron	hubo enseñado	hubieron enseñado
	Imperfect		**Pluperfect**	
	enseñaba	enseñábamos	había enseñado	habíamos enseñado
	enseñabas	enseñabais	habías enseñado	habíais enseñado
	enseñaba	enseñaban	había enseñado	habían enseñado
	Future		**Future Perfect**	
	enseñaré	enseñaremos	habré enseñado	habremos enseñado
	enseñarás	enseñaréis	habrás enseñado	habréis enseñado
	enseñará	enseñarán	habrá enseñado	habrán enseñado
	Conditional		**Conditional Perfect**	
	enseñaría	enseñaríamos	habría enseñado	habríamos enseñado
	enseñarías	enseñaríais	habrías enseñado	habríais enseñado
	enseñaría	enseñarían	habría enseñado	habrían enseñado
Subjunctive	**Present**		**Present Perfect**	
	enseñe	enseñemos	haya enseñado	hayamos enseñado
	enseñes	enseñéis	hayas enseñado	hayáis enseñado
	enseñe	enseñen	haya enseñado	hayan enseñado
	Imperfect		**Pluperfect**	
	enseñara, -se	enseñáramos, -semos	hubiera, -se enseñado	hubiéramos, -semos enseñado
	enseñaras, -ses	enseñarais, -seis	hubieras, -ses enseñado	hubierais, -seis enseñado
	enseñara, -se	enseñaran, sen	hubiera, -se enseñado	hubieran, -sen enseñado

IMPERATIVE

enseña (tú); no enseñes
(no) enseñe (Ud.)

(no) enseñemos (nosotros)
enseñad (vosotros); no enseñéis
(no) enseñen (Uds.)

EXAMPLES

A Dixon le gusta enseñar en la escuela secundaria.
Dixon likes teaching in high school.

La Sra. Marquis enseña matemática.
Mrs. Marquis teaches mathematics.

Me gustaría que hubiese enseñado el año pasado.
I wished that she had taught last year.

IDIOMATIC EXAMPLE

Más enseña la necesidad que diez años de universidad.
Necessity teaches more than ten years of school.

entender

to understand

Gerundio: entendiendo   **Participio pasado:** entendido

Mood	Simple Tenses		Compound Tenses	
	Singular	*Plural*	*Singular*	*Plural*
Indicative	**Present**		**Present Perfect**	
	entiendo	entendemos	he entendido	hemos entendido
	entiendes	entendéis	has entendido	habéis entendido
	entiende	entienden	ha entendido	han entendido
	Preterit		**Preterit Perfect**	
	entendí	entendimos	hube entendido	hubimos entendido
	entendiste	entendisteis	hubiste entendido	hubisteis entendido
	entendió	entendieron	hubo entendido	hubieron entendido
	Imperfect		**Pluperfect**	
	entendía	entendíamos	había entendido	habíamos entendido
	entendías	entendíais	habías entendido	habíais entendido
	entendía	entendían	había entendido	habían entendido
	Future		**Future Perfect**	
	entenderé	entenderemos	habré entendido	habremos entendido
	entenderás	entenderéis	habrás entendido	habréis entendido
	entenderá	entenderán	habrá entendido	habrán entendido
	Conditional		**Conditional Perfect**	
	entendería	entenderíamos	habría entendido	habríamos entendido
	entenderías	entenderíais	habrías entendido	habríais entendido
	entendería	entenderían	habría entendido	habrían entendido
Subjunctive	**Present**		**Present Perfect**	
	entienda	entendamos	haya entendido	hayamos entendido
	entiendas	entendáis	hayas entendido	hayáis entendido
	entienda	entiendan	haya entendido	hayan entendido
	Imperfect		**Pluperfect**	
	entendiera, -se	entendiéramos, -semos	hubiera, -se entendido	hubiéramos, -semos entendido
	entendieras, -ses		hubieras, -ses entendido	
	entendiera, -se	entendierais, -seis	hubiera, -se entendido	hubierais, -seis entendido
		entendieran, -sen		hubieran, -sen entendido

IMPERATIVE

entiende (tú); no entiendas
(no) entienda (Ud.)

(no) entendamos (nosotros)
entended (vosotros); no entendáis
(no) entiendan (Uds.)

EXAMPLES

¿Entiendes lo que te digo?

Los estudiantes han entendido cómo usar las fórmulas.

Las hubiesen entendido más rápidamente, pero los ejemplos eran difíciles.

No hay nadie que no los haya entendido.

Do you understand what I am telling you?

The students have understood how to use the formulas.

They would have understood them faster, but the exercises were difficult.

There is not one who hasn't understood them.

enterrar
to bury, to inter
Gerundio: enterrando   **Participio pasado:** enterrado

Mood	Simple Tenses		Compound Tenses	
	Singular	*Plural*	*Singular*	*Plural*
Indicative	**Present**		**Present Perfect**	
	entierro	enterramos	he enterrado	hemos enterrado
	entierras	enterráis	has enterrado	habéis enterrado
	entierra	entierran	ha enterrado	han enterrado
	Preterit		**Preterit Perfect**	
	enterré	enterramos	hube enterrado	hubimos enterrado
	enterraste	enterrasteis	hubiste enterrado	hubisteis enterrado
	enterró	enterraron	hubo enterrado	hubieron enterrado
	Imperfect		**Pluperfect**	
	enterraba	enterrábamos	había enterrado	habíamos enterrado
	enterrabas	enterrabais	habías enterrado	habíais enterrado
	enterraba	enterraban	había enterrado	habían enterrado
	Future		**Future Perfect**	
	enterraré	enterraremos	habré enterrado	habremos enterrado
	enterrarás	enterraréis	habrás enterrado	habréis enterrado
	enterrará	enterrarán	habrá enterrado	habrán enterrado
	Conditional		**Conditional Perfect**	
	enterraría	enterraríamos	habría enterrado	habríamos enterrado
	enterrarías	enterraríais	habrías enterrado	habríais enterrado
	enterraría	enterrarían	habría enterrado	habrían enterrado
Subjunctive	**Present**		**Present Perfect**	
	entierre	enterremos	haya enterrado	hayamos enterrado
	entierres	enterréis	hayas enterrado	hayáis enterrado
	entierre	entierren	haya enterrado	hayan enterrado
	Imperfect		**Pluperfect**	
	enterrara, -se	enterráramos, -semos	hubiera, -se enterrado	hubiéramos, -semos enterrado
	enterraras, -ses	enterrarais, -seis	hubieras, -ses enterrado	hubierais, -seis enterrado
	enterrara, -se	enterraran, -sen	hubiera, -se enterrado	hubieran, -sen enterrado

IMPERATIVE

entierra (tú); no entierres
(no) entierre (Ud.)

(no) enterremos (nosotros)
enterrad (vosotros); no enterréis
(no) entierren (Uds.)

EXAMPLES

El perro enterraba y desenterraba los huesos.

The dog was burying and digging out the bones.

Los piratas habían enterrado las joyas en la isla.

The pirates had buried the jewels on the island.

¿Crees que lo hayan enterrado ya?

Do you think they have buried it yet?

entrar

to enter, to be admitted in

Gerundio: entrando   **Participio pasado:** entrado

Mood	Simple Tenses		Compound Tenses	
	Singular	*Plural*	*Singular*	*Plural*
Indicative	**Present**		**Present Perfect**	
	entro	entramos	he entrado	hemos entrado
	entras	entráis	has entrado	habéis entrado
	entra	entran	ha entrado	han entrado
	Preterit		**Preterit Perfect**	
	entré	entramos	hube entrado	hubimos entrado
	entraste	entrasteis	hubiste entrado	hubisteis entrado
	entró	entraron	hubo entrado	hubieron entrado
	Imperfect		**Pluperfect**	
	entraba	entrábamos	había entrado	habíamos entrado
	entrabas	entrabais	habías entrado	habíais entrado
	entraba	entraban	había entrado	habían entrado
	Future		**Future Perfect**	
	entraré	entraremos	habré entrado	habremos entrado
	entrarás	entraréis	habrás entrado	habréis entrado
	entrará	entrarán	habrá entrado	habrán entrado
	Conditional		**Conditional Perfect**	
	entraría	entraríamos	habría entrado	habríamos entrado
	entrarías	entraríais	habrías entrado	habríais entrado
	entraría	entrarían	habría entrado	habrían entrado
Subjunctive	**Present**		**Present Perfect**	
	entre	entremos	haya entrado	hayamos entrado
	entres	entréis	hayas entrado	hayáis entrado
	entre	entren	haya entrado	hayan entrado
	Imperfect		**Pluperfect**	
	entrara, -se	entráramos, -semos	hubiera, -se entrado	hubiéramos, -semos entrado
	entraras, -se	entrarais, -seis	hubieras, -ses entrado	hubierais, -seis entrado
	entrara, -se	entraran, -sen	hubiera, -se entrado	hubieran, -sen entrado

IMPERATIVE

entra (tú); no entres
(no) entre (Ud.)

(no) entremos (nosotros)
entrad (vosotros); no entréis
(no) entren (Uds.)

EXAMPLES

Hemos entrado diez veces aquí y todavía no recuerdo la clave.

We have entered ten times here, and still I cannot remember the combination.

Cuando entrábamos, el portón se abrió automáticamente.

When we were entering, the gate opened automatically.

Después de haber entrado en la universidad, hay que estudiar.

After one has been admitted into the university, one has to study.

IDIOMATIC EXAMPLE

En boca cerrada no entran moscas.

In a closed mouth, flies cannot enter.

entregar

to hand over, to hand in, to give in

Gerundio: entregando   **Participio pasado:** entregado

Mood	Simple Tenses		Compound Tenses	
	Singular	*Plural*	*Singular*	*Plural*
	Present		**Present Perfect**	
Indicative	entrego entregas entrega	entregamos entregáis entregan	he entregado has entregado ha entregado	hemos entregado habéis entregado han entregado
	Preterit		**Preterit Perfect**	
	entregué entregaste entregó	entregamos entregasteis entregaron	hube entregado hubiste entregado hubo entregado	hubimos entregado hubisteis entregado hubieron entregado
	Imperfect		**Pluperfect**	
	entregaba entregabas entregaba	entregábamos entregabais entregaban	había entregado habías entregado había entregado	habíamos entregado habíais entregado habían entregado
	Future		**Future Perfect**	
	entregaré entregarás entregará	entregaremos entregaréis entregarán	habré entregado habrás entregado habrá entregado	habremos entregado habréis entregado habrán entregado
	Conditional		**Conditional Perfect**	
	entregaría entregarías entregaría	entregaríamos entregaríais entregarían	habría entregado habrías entregado habría entregado	habríamos entregado habríais entregado habrían entregado
Subjunctive	**Present**		**Present Perfect**	
	entregue entregues entregue	entreguemos entreguéis entreguen	haya entregado hayas entregado haya entregado	hayamos entregado hayáis entregado hayan entregado
	Imperfect		**Pluperfect**	
	entregara, -se entregaras, -ses entregara, -se	entregáramos, -semos entregarais, -seis entregaran, -sen	hubiera, -se entregado hubieras, -ses entregado hubiera, -se entregado	hubiéramos, -semos entregado hubierais, -seis entregado hubieran, -sen entregado

IMPERATIVE

	(no) entreguemos (nosotros)
entrega (tú); no entregues	entregad (vosotros); no entreguéis
(no) entregue (Ud.)	(no) entreguen (Uds.)

Note: As a reflexive verb, *entregarse* (to give in, to surrender) uses the reflexive pronouns *me, te, se, nos, os, se*. Examples 3 and 4 show the reflexive use.

EXAMPLES

Hay que entregar la tarea a tiempo.	One must hand in the homework on time.
Los profesores están entregando los informes.	The teachers are handing over the reports.
Se entregó a la bebida y perdió la vida.	He gave himself in to drinking and so he lost his life.
Los soldados no se entregaron sin luchar.	The soldiers didn't surrender without a fight.

entretenerse

to amuse or entertain oneself

Gerundio: entreteniéndose   **Participio pasado:** entretenido

Mood	Simple Tenses		Compound Tenses	
	Singular	*Plural*	*Singular*	*Plural*
Indicative	**Present**		**Present Perfect**	
	me entretengo	nos entretenemos	me he entretenido	nos hemos entretenido
	te entretienes	os entretenéis	te has entretenido	os habéis entretenido
	se entretiene	se entretienen	se ha entretenido	se han entretenido
	Preterit		**Preterit Perfect**	
	me entretuve	nos entretuvimos	me hube entretenido	nos hubimos entretenido
	te entretuviste	os entretuvisteis	te hubiste entretenido	os hubisteis entretenido
	se entretuvo	se entretuvieron	se hubo entretenido	se hubieron entretenido
	Imperfect		**Pluperfect**	
	me entretenía	nos entreteníamos	me había entretenido	nos habíamos entretenido
	te entretenías	os entreteníais	te habías entretenido	os habíais entretenido
	se entretenía	se entretenían	se había entretenido	se habían entretenido
	Future		**Future Perfect**	
	me entretendré	nos entretendremos	me habré entretenido	nos habremos entretenido
	te entretendrás	os entretendréis	te habrás entretenido	os habréis entretenido
	se entretendrá	se entretendrán	se habrá entretenido	se habrán entretenido
	Conditional		**Conditional Perfect**	
	me entretendría	nos entretendríamos	me habría entretenido	nos habríamos entre-tenido
	te entretendrías	os entretendríais	te habrías entretenido	
	se entretendría	se entretendrían	se habría entretenido	os habríais entretenido
				se habrían entretenido
Subjunctive	**Present**		**Present Perfect**	
	me entretenga	nos entretengamos	me haya entretenido	nos hayamos entretenido
	te entretengas	os entretengáis	te hayas entretenido	os hayáis entretenido
	se entretenga	se entretengan	se haya entretenido	se hayan entretenido
	Imperfect		**Pluperfect**	
	me entretuviera, -se	nos entretuviéramos, -semos	me hubiera, -se entre-tenido	nos hubiéramos, -semos entretenido
	te entretuvieras, -ses	os entretuvierais, -seis	te hubieras, -ses entre-tenido	os hubierais, -seis entre-tenido
	se entretuviera, -se	se entretuvieran, -sen	se hubiera, -se entretenido	se hubieran, -sen entre-tenido

IMPERATIVE

entretengámonos (nosotros);
no nos entretengamos

entretente (tú); no te entretengas   entreteneos (vosotros); no os entretengáis

entreténgase (Ud.); no se entretenga   entreténganse (Uds.); no se entretengan

Note: As a nonreflexive verb, *entretener* (to entertain) is shown in Example 4.

EXAMPLES

Me entretenía ver el vaivén de las olas.

It amused me to see the waves coming and going.

Si los niños se entretuviesen por unos minutos, podría tomar una siesta.

If the children would entertain themselves for a few minutes, I could take a nap.

Nos habíamos entretenido viendo las maniobras de los aviones.

We had amused ourselves by watching airplanes maneuvers.

El comediante entretuvo al público con sus chistes.

The comedian entertained the audience with his jokes.

entrevistar
to interview

Gerundio: entrevistando **Participio pasado:** entrevistado

Mood	Simple Tenses		Compound Tenses	
	Singular	*Plural*	*Singular*	*Plural*
Indicative	**Present**		**Present Perfect**	
	entrevisto	entrevistamos	he entrevistado	hemos entrevistado
	entrevistas	entrevistáis	has entrevistado	habéis entrevistado
	entrevista	entrevistan	ha entrevistado	han entrevistado
	Preterit		**Preterit Perfect**	
	entrevisté	entrevistamos	hube entrevistado	hubimos entrevistado
	entrevistaste	entrevistasteis	hubiste entrevistado	hubisteis entrevistado
	entrevistó	entrevistaron	hubo entrevistado	hubieron entrevistado
	Imperfect		**Pluperfect**	
	entrevistaba	entrevistábamos	había entrevistado	habíamos entrevistado
	entrevistabas	entrevistabais	habías entrevistado	habíais entrevistado
	entrevistaba	entrevistaban	había entrevistado	habían entrevistado
	Future		**Future Perfect**	
	entrevistaré	entrevistaremos	habré entrevistado	habremos entrevistado
	entrevistarás	entrevistaréis	habrás entrevistado	habréis entrevistado
	entrevistará	entrevistarán	habrá entrevistado	habrán entrevistado
	Conditional		**Conditional Perfect**	
	entrevistaría	entrevistaríamos	habría entrevistado	habríamos entrevistado
	entrevistarías	entrevistaríais	habrías entrevistado	habríais entrevistado
	entrevistaría	entrevistarían	habría entrevistado	habrían entrevistado
Subjunctive	**Present**		**Present Perfect**	
	entreviste	entrevistemos	haya entrevistado	hayamos entrevistado
	entrevistes	entrevistéis	hayas entrevistado	hayáis entrevistado
	entreviste	entrevisten	haya entrevistado	hayan entrevistado
	Imperfect		**Pluperfect**	
	entrevistara, -se	entrevistáramos, -semos	hubiera, -se entrevistado	hubiéramos, -semos entrevistado
	entrevistaras, -ses	entrevistarais, -seis	hubieras, -ses entrevistado	hubierais, -seis entrevistado
	entrevistara, -se	entrevistaran, -sen	hubiera, -se entrevistado	hubieran, -sen entrevistado

IMPERATIVE

	(no) entrevistemos (nosotros)
entrevista (tú); no entrevistes	entrevistad (vosotros); no entrevistéis
(no) entreviste (Ud.)	(no) entrevisten (Uds.)

EXAMPLES

El gerente me entrevistó y me dio el trabajo.	The manager interviewed me and gave me the job.
La periodista ha entrevistado a personas muy famosas.	The journalist has interviewed very famous people.
Ella habría entrevistado al actor pero él llegó tarde.	She would have interviewed the actor but he got there late.

enviar

to send

Gerundio: enviando   **Participio pasado:** enviado

Mood	Simple Tenses		Compound Tenses	
	Singular	*Plural*	*Singular*	*Plural*
Indicative	**Present**		**Present Perfect**	
	envío	enviamos	he enviado	hemos enviado
	envías	enviáis	has enviado	habéis enviado
	envía	envían	ha enviado	han enviado
	Preterit		**Preterit Perfect**	
	envié	enviamos	hube enviado	hubimos enviado
	enviaste	enviasteis	hubiste enviado	hubisteis enviado
	envió	enviaron	hubo enviado	hubieron enviado
	Imperfect		**Pluperfect**	
	enviaba	enviábamos	había enviado	habíamos enviado
	enviabas	enviabais	habías enviado	habíais enviado
	enviaba	enviaban	había enviado	habían enviado
	Future		**Future Perfect**	
	enviaré	enviaremos	habré enviado	habremos enviado
	enviarás	enviaréis	habrás enviado	habréis enviado
	enviará	enviarán	habrá enviado	habrán enviado
	Conditional		**Conditional Perfect**	
	enviaría	enviaríamos	habría enviado	habríamos enviado
	enviarías	enviaríais	habrías enviado	habríais enviado
	enviaría	enviarían	habría enviado	habrían enviado
Subjunctive	**Present**		**Present Perfect**	
	envíe	enviemos	haya enviado	hayamos enviado
	envíes	enviéis	hayas enviado	hayáis enviado
	envíe	envíen	haya enviado	hayan enviado
	Imperfect		**Pluperfect**	
	enviara, -se	enviáramos, -semos	hubiera, -se enviado	hubiéramos, -semos enviado
	enviaras, -ses	enviarais, -seis	hubieras, -ses enviado	hubierais, -seis enviado
	enviara, -se	enviaran, -sen	hubiera, -se enviado	hubieran, -sen enviado

IMPERATIVE

envía (tú); no envíes
(no) envíe (Ud.)

(no) enviemos (nosotros)
enviad (vosotros); no enviéis
(no) envíen (Uds.)

EXAMPLES

Te enviaré la carta por correo.

I will send you the letter by mail.

Te habríamos enviado la carta electrónica, pero la computadora tenía un virus.

We would have sent you the email, but the computer had a virus.

No hubieses enviado todos los libros.

You shouldn't have sent all the books.

envolver

to wrap, to pack, to get involved

Gerundio: envolviendo   **Participio pasado:** envuelto

Mood	Simple Tenses		Compound Tenses	
	Singular	*Plural*	*Singular*	*Plural*
Indicative	**Present**		**Present Perfect**	
	envuelvo	envolvemos	he envuelto	hemos envuelto
	envuelves	envolvéis	has envuelto	habéis envuelto
	envuelve	envuelven	ha envuelto	han envuelto
	Preterit		**Preterit Perfect**	
	envolví	envolvimos	hube envuelto	hubimos envuelto
	envolviste	envolvisteis	hubiste envuelto	hubisteis envuelto
	envolvió	envolvieron	hubo envuelto	hubieron envuelto
	Imperfect		**Pluperfect**	
	envolvía	envolvíamos	había envuelto	habíamos envuelto
	envolvías	envolvíais	habías envuelto	habíais envuelto
	envolvía	envolvían	había envuelto	habían envuelto
	Future		**Future Perfect**	
	envolveré	envolveremos	habré envuelto	habremos envuelto
	envolverás	envolveréis	habrás envuelto	habréis envuelto
	envolverá	envolverán	habrá envuelto	habrán envuelto
	Conditional		**Conditional Perfect**	
	envolvería	envolveríamos	habría envuelto	habríamos envuelto
	envolverías	envolveríais	habrías envuelto	habríais envuelto
	envolvería	envolverían	habría envuelto	habrían envuelto
Subjunctive	**Present**		**Present Perfect**	
	envuelva	envolvamos	haya envuelto	hayamos envuelto
	envuelvas	envolváis	hayas envuelto	hayáis envuelto
	envuelva	envuelvan	haya envuelto	hayan envuelto
	Imperfect		**Pluperfect**	
	envolviera, -se	envolviéramos, -semos	hubiera, -se envuelto	hubiéramos, -semos envuelto
	envolvieras, -ses	envolvierais, -seis	hubieras, -ses envuelto	hubierais, -seis envuelto
	envolviera, -se	envolvieran, -sen	hubiera, -se envuelto	hubieran, -sen envuelto

IMPERATIVE

	(no) envolvamos (nosotros)
envuelve (tú); no envuelvas	envolved (vosotros); no envolváis
(no) envuelva (Ud.)	(no) envuelvan (Uds.)

Note: This verb has an irregular past participle, *envuelto*. As a reflexive verb, *envolverse* (to get involved) is shown in Example 3.

EXAMPLES

La madrina envolvió los regalos de Navidad en julio.	The godmother wrapped the Christmas presents in July.
Si los hubiese envuelto en diciembre, se acordaría de quiénes son.	If she had wrapped them in December, she would remember to whom they belong.
Él se ha envuelto en un gran lío.	He has gotten himself in a big mess.

equivocarse

to make a mistake, to be mistaken

Gerundio: equivocándose   **Participio pasado:** equivocado

Mood	Simple Tenses		Compound Tenses	
	Singular	*Plural*	*Singular*	*Plural*
Indicative	**Present**		**Present Perfect**	
	me equivoco te equivocas se equivoca	nos equivocamos os equivocáis se equivocan	me he equivocado te has equivocado se ha equivocado	nos hemos equivocado os habéis equivocado se han equivocado
	Preterit		**Preterit Perfect**	
	me equivoqué te equivocaste se equivocó	nos equivocamos os equivocasteis se equivocaron	me hube equivocado te hubiste equivocado se hubo equivocado	nos hubimos equivocado os hubisteis equivocado se hubieron equivocado
	Imperfect		**Pluperfect**	
	me equivocaba te equivocabas se equivocaba	nos equivocábamos os equivocabais se equivocaban	me había equivocado te habías equivocado se había equivocado	nos habíamos equivocado os habíais equivocado se habían equivocado
	Future		**Future Perfect**	
	me equivocaré te equivocarás se equivocará	nos equivocaremos os equivocaréis se equivocarán	me habré equivocado te habrás equivocado se habrá equivocado	nos habremos equivocado os habréis equivocado se habrán equivocado
	Conditional		**Conditional Perfect**	
	me equivocaría te equivocarías se equivocaría	nos equivocaríamos os equivocaríais se equivocarían	me habría equivocado te habrías equivocado se habría equivocado	nos habríamos equivo- cado os habríais equivocado se habrían equivocado
Subjunctive	**Present**		**Present Perfect**	
	me equivoque te equivoques se equivoque	nos equivoquemos os equivoquéis se equivoquen	me haya equivocado te hayas equivocado se haya equivocado	nos hayamos equivocado os hayáis equivocado se hayan equivocado
	Imperfect		**Pluperfect**	
	me equivocara, -se te equivocaras, -ses se equivocara, -se	nos equivocáramos, -semos os equivocarais, -seis se equivocaran, -sen	me hubiera, -se equivo- cado te hubieras, -ses equivo- cado se hubiera, -se equivo- cado	nos hubiéramos, -semos equivocado os hubierais, -seis equivo- cado se hubieran, -sen equivo- cado

IMPERATIVE

equivócate (tú); no te equivoques
equivóquese (Ud.); no se equivoque

equivoquémonos (nosotros);
no nos equivoquemos
equivocaos (vosotros); no os equivoquéis
equivóquense (Uds.); no se equivoquen

EXAMPLES

Se han equivocado al juzgarla.
Me equivocaré más si no presto atención.

Aunque te equivoques, sigue adelante.

They have made a mistake in judging her.
I would make more mistakes if I don't pay
attention.
Even if you make mistakes, keep on going.

IDIOMATIC EXAMPLE

Es mejor equivocarse que no arriesgarse.

It is better to make a mistake than never to
try at all

errar

to err, to make a mistake, to miss a target, to wander

Gerundio: errando **Participio pasado:** errado

Mood	Simple Tenses		Compound Tenses	
	Singular	*Plural*	*Singular*	*Plural*
Indicative	**Present**		**Present Perfect**	
	yerro	erramos	he errado	hemos errado
	yerras	erráis	has errado	habéis errado
	yerra	yerran	ha errado	han errado
	Preterit		**Preterit Perfect**	
	erré	erramos	hube errado	hubimos errado
	erraste	errasteis	hubiste errado	hubisteis errado
	erró	erraron	hubo errado	hubieron errado
	Imperfect		**Pluperfect**	
	erraba	errábamos	había errado	habíamos errado
	errabas	errabais	habías errado	habíais errado
	erraba	erraban	había errado	habían errado
	Future		**Future Perfect**	
	erraré	erraremos	habré errado	habremos errado
	errarás	erraréis	habrás errado	habréis errado
	errará	errarán	habrá errado	habrán errado
	Conditional		**Conditional Perfect**	
	erraría	erraríamos	habría errado	habríamos errado
	errarías	erraríais	habrías errado	habríais errado
	erraría	errarían	habría errado	habrían errado
Subjunctive	**Present**		**Present Perfect**	
	yerre	erremos	haya errado	hayamos errado
	yerres	erréis	hayas errado	hayáis errado
	yerre	yerren	haya errado	hayan errado
	Imperfect		**Pluperfect**	
	errara, -se	erráramos, -semos	hubiera, -se errado	hubiéramos, -semos errado
	erraras, -ses	errarais, -seis	hubieras, -ses errado	hubierais, -seis errado
	errara, -se	erraran, -sen	hubiera, -se errado	hubieran, -sen errado

IMPERATIVE

yerra (tú); no yerres
(no) yerre (Ud.)

(no) erremos (nosotros)
errad (vosotros); no erréis
(no) yerren (Uds.)

EXAMPLES

El meteorólogo ha errado varias veces al pronosticar el tiempo.

The meteorologist has erred several times when forecasting the weather.

El enfermo erraba entre la realidad y la fantasía.

The sick man was wandering in and out of consciousness.

Los ingenieros no erraron en sus cálculos.

The engineers didn't make a mistake in their calculations.

IDIOMATIC EXAMPLE

Quien mucho habla, mucho yerra.

Loose lips sink ships.

escoger

to choose, to select

Gerundio: escogiendo   **Participio pasado:** escogido

Mood	Simple Tenses		Compound Tenses	
	Singular	*Plural*	*Singular*	*Plural*
Indicative	**Present**		**Present Perfect**	
	escojo escoges escoge	escogemos escogéis escogen	he escogido has escogido ha escogido	hemos escogido habéis escogido han escogido
	Preterit		**Preterit Perfect**	
	escogí escogiste escogió	escogimos escogisteis escogieron	hube escogido hubiste escogido hubo escogido	hubimos escogido hubisteis escogido hubieron escogido
	Imperfect		**Pluperfect**	
	escogía escogías escogía	escogíamos escogíais escogían	había escogido habías escogido había escogido	habíamos escogido habíais escogido habían escogido
	Future		**Future Perfect**	
	escogeré escogerás escogerá	escogeremos escogeréis escogerán	habré escogido habrás escogido habrá escogido	habremos escogido habréis escogido habrán escogido
	Conditional		**Conditional Perfect**	
	escogería escogerías escogería	escogeríamos escogeríais escogerían	habría escogido habrías escogido habría escogido	habríamos escogido habríais escogido habrían escogido
Subjunctive	**Present**		**Present Perfect**	
	escoja escojas escoja	escojamos escojáis escojan	haya escogido hayas escogido haya escogido	hayamos escogido hayáis escogido hayan escogido
	Imperfect		**Pluperfect**	
	escogiera, -se escogieras, -ses escogiera, -se	escogiéramos, -semos escogierais, -seis escogieran, -sen	hubiera, -se escogido hubieras, -ses escogido hubiera, -se escogido	hubiéramos, -semos escogido hubierais, -seis escogido hubieran, -sen escogido

IMPERATIVE

escoge (tú); no escojas
(no) escoja (Ud.)

(no) escojamos (nosotros)
escoged (vosotros); no escojáis
(no) escojan (Uds.)

EXAMPLES

¿Has escogido estudiar la carrera de música o la de ciencias políticas?

Have you chosen to study music or political science?

Si escogieras la política, con seguridad ganarías votos.

If you were to choose politics, you would win votes for sure

El equipo escogía a los jugadores basándose en la experiencia del jugador.

The team was choosing the players based on their experience.

esconderse
to hide oneself

Gerundio: escondiéndose   **Participio pasado:** escondido

Mood	Simple Tenses		Compound Tenses	
	Singular	*Plural*	*Singular*	*Plural*
Indicative	**Present**		**Present Perfect**	
	me escondo te escondes se esconde	nos escondemos os escondéis se esconden	me he escondido te has escondido se ha escondido	nos hemos escondido os habéis escondido se han escondido
	Preterit		**Preterit Perfect**	
	me escondí te escondiste se escondió	nos escondimos os escondisteis se escondieron	me hube escondido te hubiste escondido se hubo escondido	nos hubimos escondido os hubisteis escondido se hubieron escondido
	Imperfect		**Pluperfect**	
	me escondía te escondías se escondía	nos escondíamos os escondíais se escondían	me había escondido te habías escondido se había escondido	nos habíamos escondido os habíais escondido se habían escondido
	Future		**Future Perfect**	
	me esconderé te esconderás se esconderá	nos esconderemos os esconderéis se esconderán	me habré escondido te habrás escondido se habrá escondido	nos habremos escondido os habréis escondido se habrán escondido
	Conditional		**Conditional Perfect**	
	me escondería te esconderías se escondería	nos esconderíamos os esconderíais se esconderían	me habría escondido te habrías escondido se habría escondido	nos habríamos escondido os habríais escondido se habrían escondido
Subjunctive	**Present**		**Present Perfect**	
	me esconda te escondas se esconda	nos escondamos os escondáis se escondan	me haya escondido te hayas escondido se haya escondido	nos hayamos escondido os hayáis escondido se hayan escondido
	Imperfect		**Pluperfect**	
	me escondiera, -se te escondieras, -ses se escondiera, -se	nos escondiéramos, -semos os escondierais, -seis se escondieran, -sen	me hubiera, -se escondido te hubieras, -ses escondido se hubiera, -se escondido	nos hubiéramos, -semos escondido os hubierais, -seis escondido se hubieran, -sen escondido

IMPERATIVE

escóndete (tú); no te escondas
escóndase (Ud.); no se esconda

escondámonos (nosotros); no nos escondamos
escondeos (vosotros); no os escondáis
escóndase (Uds.); no se escondan

Note: As a nonreflexive verb, *esconder* (to hide) is shown in Examples 3 and 4.

EXAMPLES

Cuando jugábamos, mi hermano siempre quería que me escondiera primero.

When we used to play, my brother always wanted me to hide first.

Me escondía tan bien que nunca me encontraba.

I hid myself so well that he never found me.

¡El pillo había escondido las joyas en el banco!

The thief had hidden the jewelry in the bank!

Tuve que esconder los dulces porque ellos se los comen todos.

I had to hide the candies because they will eat them all.

escribir

to write

Gerundio: escribiendo **Participio pasado:** escrito

Mood	Simple Tenses		Compound Tenses	
	Singular	*Plural*	*Singular*	*Plural*
Indicative	**Present**		**Present Perfect**	
	escribo	escribimos	he escrito	hemos escrito
	escribes	escribís	has escrito	habéis escrito
	escribe	escriben	ha escrito	han escrito
	Preterit		**Preterit Perfect**	
	escribí	escribimos	hube escrito	hubimos escrito
	escribiste	escribisteis	hubiste escrito	hubisteis escrito
	escribió	escribieron	hubo escrito	hubieron escrito
	Imperfect		**Pluperfect**	
	escribía	escribíamos	había escrito	habíamos escrito
	escribías	escribíais	habías escrito	habíais escrito
	escribía	escribían	había escrito	habían escrito
	Future		**Future Perfect**	
	escribiré	escribiremos	habré escrito	habremos escrito
	escribirás	escribiréis	habrás escrito	habréis escrito
	escribirá	escribirán	habrá escrito	habrán escrito
	Conditional		**Conditional Perfect**	
	escribiría	escribiríamos	habría escrito	habríamos escrito
	escribirías	escribiríais	habrías escrito	habríais escrito
	escribiría	escribirían	habría escrito	habrían escrito
Subjunctive	**Present**		**Present Perfect**	
	escriba	escribamos	haya escrito	hayamos escrito
	escribas	escribáis	hayas escrito	hayáis escrito
	escriba	escriban	haya escrito	hayan escrito
	Imperfect		**Pluperfect**	
	escribiera, -se	escribiéramos, -semos	hubiera, -se escrito	hubiéramos, -semos escrito
	escribieras, -ses	escribierais, -seis	hubieras, -ses escrito	hubierais, -seis escrito
	escribiera, -se	escribieran, -sen	hubiera, -se escrito	hubieran, -sen escrito

IMPERATIVE

escribe (tú); no escribas
(no) escriba (Ud.)

(no) escribamos (nosotros)
escribid (vosotros); no escribáis
(no) escriban (Uds.)

Note: This verb has an irregular past participle, *escrito.*

EXAMPLES

Ana Laura hubiese escrito las cartas, pero se le olvidó.

Ana Laura would have written the letters but she forgot to do it.

La reportera escribía el artículo cuando su jefe entró.

The reporter was writing the article when her boss came in.

Fue necesario que el escritor escribiera el discurso del presidente.

It was necessary for the writer to write the president's speech.

escuchar
to listen, to pay attention
Gerundio: escuchando   **Participio pasado:** escuchado

Mood	Simple Tenses		Compound Tenses	
	Singular	*Plural*	*Singular*	*Plural*
Indicative	**Present**		**Present Perfect**	
	escucho	escuchamos	he escuchado	hemos escuchado
	escuchas	escucháis	has escuchado	habéis escuchado
	escucha	escuchan	ha escuchado	han escuchado
	Preterit		**Preterit Perfect**	
	escuché	escuchamos	hube escuchado	hubimos escuchado
	escuchaste	escuchasteis	hubiste escuchado	hubisteis escuchado
	escuchó	escucharon	hubo escuchado	hubieron escuchado
	Imperfect		**Pluperfect**	
	escuchaba	escuchábamos	había escuchado	habíamos escuchado
	escuchabas	escuchabais	habías escuchado	habíais escuchado
	escuchaba	escuchaban	había escuchado	habían escuchado
	Future		**Future Perfect**	
	escucharé	escucharemos	habré escuchado	habremos escuchado
	escucharás	escucharéis	habrás escuchado	habréis escuchado
	escuchará	escucharán	habrá escuchado	habrán escuchado
	Conditional		**Conditional Perfect**	
	escucharía	escucharíamos	habría escuchado	habríamos escuchado
	escucharías	escucharíais	habrías escuchado	habríais escuchado
	escucharía	escucharían	habría escuchado	habrían escuchado
Subjunctive	**Present**		**Present Perfect**	
	escuche	escuchemos	haya escuchado	hayamos escuchado
	escuches	escuchéis	hayas escuchado	hayáis escuchado
	escuche	escuchen	haya escuchado	hayan escuchado
	Imperfect		**Pluperfect**	
	escuchara, -se	escucháramos, -semos	hubiera, -se escuchado	hubiéramos, -semos escuchado
	escucharas, -ses		hubieras, -ses escuchado	
	escuchara, -se	escucharais, -seis	hubiera, -se escuchado	hubierais, -seis escuchado
		escucharan, -sen		hubieran, -sen escuchado

IMPERATIVE

escucha (tú); no escuches
(no) escuche (Ud.)

(no) escuchemos (nosotros)
escuchad (vosotros); no escuchéis
(no) escuchen (Uds.)

EXAMPLES

Escucha siempre los consejos de los viejos.

Ella escuchaba música cuando el radio se descompuso.

Ellos hubiesen escuchado más atentamente, pero el ruido los distrajo.

Always listen to the advice of the elders.

She was listening to music when the radio stopped working.

They would have listened more attentively but the noise distracted them

esparcir

to scatter, to spread

Gerundio: esparciendo   **Participio pasado:** esparcido

Mood	Simple Tenses		Compound Tenses	
	Singular	Plural	Singular	Plural
Indicative	**Present**		**Present Perfect**	
	esparzo	esparcimos	he esparcido	hemos esparcido
	esparces	esparcís	has esparcido	habéis esparcido
	esparce	esparcen	ha esparcido	han esparcido
	Preterit		**Preterit Perfect**	
	esparcí	esparcimos	hube esparcido	hubimos esparcido
	esparciste	esparcisteis	hubiste esparcido	hubisteis esparcido
	esparció	esparcieron	hubo esparcido	hubieron esparcido
	Imperfect		**Pluperfect**	
	esparcía	esparcíamos	había esparcido	habíamos esparcido
	esparcías	esparcíais	habías esparcido	habíais esparcido
	esparcía	esparcían	había esparcido	habían esparcido
	Future		**Future Perfect**	
	esparciré	esparciremos	habré esparcido	habremos esparcido
	esparcirás	esparciréis	habrás esparcido	habréis esparcido
	esparcirá	esparcirán	habrá esparcido	habrán esparcido
	Conditional		**Conditional Perfect**	
	esparciría	esparciríamos	habría esparcido	habríamos esparcido
	esparcirías	esparciríais	habrías esparcido	habríais esparcido
	esparciría	esparcirían	habría esparcido	habrían esparcido
Subjunctive	**Present**		**Present Perfect**	
	esparza	esparzamos	haya esparcido	hayamos esparcido
	esparzas	esparzáis	hayas esparcido	hayáis esparcido
	esparza	esparzan	haya esparcido	hayan esparcido
	Imperfect		**Pluperfect**	
	esparciera, -se	esparciéramos, -semos	hubiera, -se esparcido	hubiéramos, -semos esparcido
	esparcieras, -ses	esparcierais, -seis	hubieras, -ses esparcido	hubierais, -seis esparcido
	esparciera, -se	esparcieran, -sen	hubiera, -se esparcido	hubieran, -sen esparcido

IMPERATIVE

esparce (tú); no esparzas
(no) esparza (Ud.)

(no) esparzamos (nosotros)
esparcid (vosotros); no esparzáis
(no) esparzan (Uds.)

EXAMPLES

Nunca esparzas rumores falsos.	Never spread bad rumors.
El virus se esparció por toda Europa.	The virus spread throughout Europe.
El virus se habría esparcido más rápidamente si no fuera por los antibióticos.	The virus would have spread faster if it were not for the use of antibiotics.

esperar

to wait, to hope for, to expect

Gerundio: esperando   **Participio pasado:** esperado

Mood	Simple Tenses		Compound Tenses	
	Singular	*Plural*	*Singular*	*Plural*
Indicative	**Present**		**Present Perfect**	
	espero esperas espera	esperamos esperáis esperan	he esperado has esperado ha esperado	hemos esperado habéis esperado han esperado
	Preterit		**Preterit Perfect**	
	esperé esperaste esperó	esperamos esperasteis esperaron	hube esperado hubiste esperado hubo esperado	hubimos esperado hubisteis esperado hubieron esperado
	Imperfect		**Pluperfect**	
	esperaba esperabas esperaba	esperábamos esperabais esperaban	había esperado habías esperado había esperado	habíamos esperado habíais esperado habían esperado
	Future		**Future Perfect**	
	esperaré esperarás esperará	esperaremos esperaréis esperarán	habré esperado habrás esperado habrá esperado	habremos esperado habréis esperado habrán esperado
	Conditional		**Conditional Perfect**	
	esperaría esperarías esperaría	esperaríamos esperaríais esperarían	habría esperado habrías esperado habría esperado	habríamos esperado habríais esperado habrían esperado
Subjunctive	**Present**		**Present Perfect**	
	espere esperes espere	esperemos esperéis esperen	haya esperado hayas esperado haya esperado	hayamos esperado hayáis esperado hayan esperado
	Imperfect		**Pluperfect**	
	esperara, -se esperaras, -ses esperara, -se	esperáramos, -semos esperarais, -seis esperaran, -sen	hubiera, -se esperado hubieras, -ses esperado hubiera, -se esperado	hubiéramos, -semos esperado hubierais, -seis esperado hubieran, -sen esperado

IMPERATIVE

espera (tú); no esperes
(no) espere (Ud.)

(no) esperemos (nosotros)
esperad (vosotros); no esperéis
(no) esperen (Uds.)

EXAMPLES

Mis padres esperan que me gradúe el próximo semestre.

My parents hope that I graduate next semester.

¿Tú esperabas a tu novia todos los días?

Did you use to wait for your girlfriend everyday?

¿Has esperado aquí por mucho tiempo?

Have you been waiting here for very long?

esquiar
to ski
Gerundio: esquiando   **Participio pasado:** esquiado

Mood	Simple Tenses		Compound Tenses	
	Singular	*Plural*	*Singular*	*Plural*
Indicative	**Present**		**Present Perfect**	
	esquío	esquiamos	he esquiado	hemos esquiado
	esquías	esquiáis	has esquiado	habéis esquiado
	esquía	esquían	ha esquiado	han esquiado
	Preterit		**Preterit Perfect**	
	esquié	esquiamos	hube esquiado	hubimos esquiado
	esquiaste	esquiasteis	hubiste esquiado	hubisteis esquiado
	esquió	esquiaron	hubo esquiado	hubieron esquiado
	Imperfect		**Pluperfect**	
	esquiaba	esquiábamos	había esquiado	habíamos esquiado
	esquiabas	esquiabais	habías esquiado	habíais esquiado
	esquiaba	esquiaban	había esquiado	habían esquiado
	Future		**Future Perfect**	
	esquiaré	esquiaremos	habré esquiado	habremos esquiado
	esquiarás	esquiaréis	habrás esquiado	habréis esquiado
	esquiará	esquiarán	habrá esquiado	habrán esquiado
	Conditional		**Conditional Perfect**	
	esquiaría	esquiaríamos	habría esquiado	habríamos esquiado
	esquiarías	esquiaríais	habrías esquiado	habríais esquiado
	esquiaría	esquiarían	habría esquiado	habrían esquiado
Subjunctive	**Present**		**Present Perfect**	
	esquíe	esquiemos	haya esquiado	hayamos esquiado
	esquíes	esquiéis	hayas esquiado	hayáis esquiado
	esquíe	esquíen	haya esquiado	hayan esquiado
	Imperfect		**Pluperfect**	
	esquiara, -se	esquiáramos, -semos	hubiera, -se esquiado	hubiéramos, -semos esquiado
	esquiaras, -ses	esquiarais, -seis	hubieras, -ses esquiado	hubierais, -seis esquiado
	esquiara, -se	esquiaran, -sen	hubiera, -se esquiado	hubieran, -sen esquiado

IMPERATIVE

esquía (tú); no esquíes
(no) esquíe (Ud.)

(no) esquiemos (nosotros)
esquiad (vosotros); no esquiéis
(no) esquíen (Uds.)

EXAMPLES

Daniel estaba esquiando en el agua cuando la tormenta empezó.

Daniel was water skiing when the storm began.

Yo esquiaría pero no sé cómo.

I would ski, but I don't know how.

Si hubiésemos esquiado más, estaríamos en mejores condiciones.

If we had skied more, we would be in better shape.

estacionar

to park, to station

Gerundio: estacionando   **Participio pasado:** estacionado

Mood	Simple Tenses		Compound Tenses	
	Singular	*Plural*	*Singular*	*Plural*
Indicative	**Present**		**Present Perfect**	
	estaciono estacionas estaciona	estacionamos estacionáis estacionan	he estacionado has estacionado ha estacionado	hemos estacionado habéis estacionado han estacionado
	Preterit		**Preterit Perfect**	
	estacioné estacionaste estacionó	estacionamos estacionasteis estacionaron	hube estacionado hubiste estacionado hubo estacionado	hubimos estacionado hubisteis estacionado hubieron estacionado
	Imperfect		**Pluperfect**	
	estacionaba estacionabas estacionaba	estacionábamos estacionabais estacionaban	había estacionado habías estacionado había estacionado	habíamos estacionado habíais estacionado habían estacionado
	Future		**Future Perfect**	
	estacionaré estacionarás estacionará	estacionaremos estacionaréis estacionarán	habré estacionado habrás estacionado habrá estacionado	habremos estacionado habréis estacionado habrán estacionado
	Conditional		**Conditional Perfect**	
	estacionaría estacionarías estacionaría	estacionaríamos estacionaríais estacionarían	habría estacionado habrías estacionado habría estacionado	habríamos estacionado habríais estacionado habrían estacionado
Subjunctive	**Present**		**Present Perfect**	
	estacione estaciones estacione	estacionemos estacionéis estacionen	haya estacionado hayas estacionado haya estacionado	hayamos estacionado hayáis estacionado hayan estacionado
	Imperfect		**Pluperfect**	
	estacionara, -se estacionaras, -ses estacionara, -se	estacionáramos, -semos estacionarais, -seis estacionaran, -sen	hubiera, -se estacionado hubieras, -ses estacio- nado hubiera, -se estacionado	hubiéramos, -semos esta- cionado hubierais, -seis estacio- nado hubieran, -sen estacio- nado

IMPERATIVE

estaciona (tú); no estaciones
(no) estacione (Ud.)

(no) estacionemos (nosotros)
estacionad (vosotros); no estacionéis
(no) estacionen (Uds.)

EXAMPLES

¡Ellas han estacionado el coche en medio de la calle!

They have parked the car in the middle of the street!

A Pablo lo estacionaron en China.

Pablo was stationed in China.

No estacionen en la zona de minusválidos.

Don't park in the handicapped parking space.

estar

to be, to exist, to be in a place

Gerundio: estando   **Participio pasado:** estado

Mood	Simple Tenses		Compound Tenses	
	Singular	*Plural*	*Singular*	*Plural*
Indicative	**Present**		**Present Perfect**	
	estoy estás está	estamos estáis están	he estado has estado ha estado	hemos estado habéis estado han estado
	Preterit		**Preterit Perfect**	
	estuve estuviste estuvo	estuvimos estuvisteis estuvieron	hube estado hubiste estado hubo estado	hubimos estado hubisteis estado hubieron estado
	Imperfect		**Pluperfect**	
	estaba estabas estaba	estábamos estabais estaban	había estado habías estado había estado	habíamos estado habíais estado habían estado
	Future		**Future Perfect**	
	estaré estarás estará	estaremos estaréis estarán	habré estado habrás estado habrá estado	habremos estado habréis estado habrán estado
	Conditional		**Conditional Perfect**	
	estaría estarías estaría	estaríamos estaríais estarían	habría estado habrías estado habría estado	habríamos estado habríais estado habrían estado
Subjunctive	**Present**		**Present Perfect**	
	esté estés esté	estemos estéis estén	haya estado hayas estado haya estado	hayamos estado hayáis estado hayan estado
	Imperfect		**Pluperfect**	
	estuviera, -se estuvieras, -ses estuviera, -se	estuviéramos, -semos estuvierais, -seis estuvieran, -sen	hubiera, -se estado hubieras, -ses estado hubiera, -se estado	hubiéramos, -semos estado hubierais, -seis estado hubieran, -sen estado

IMPERATIVE

	(no) estemos (nosotros)
está (tú); no estés	estad (vosotros); no estéis
(no) esté (Ud.)	(no) estén (Uds.)

Note: This verb has several idiomatic expressions. See the Appendix of Additional Verbs (page 653) for a list of useful expressions.

EXAMPLES

Los estudiantes están haciendo la tarea.	The students are doing their homework.
Los libros estaban sobre la mesa.	The books were on the table.
Edna ha estado nerviosa, pero ya está tranquila.	Edna has been nervous, but now she is calm.
Si estuviéramos en Madrid, estaríamos de fiesta.	If we were in Madrid, we would be partying.
¿Cómo estás?	How are you?

IDIOMATIC EXAMPLE

El teléfono celular está de moda.	Cellular phones are very fashionable (popular).
El avión está listo para partir.	The airplane is ready to take off.

estimar

to estimate, to value, to respect

Gerundio: estimando   **Participio pasado:** estimado

Mood	Simple Tenses		Compound Tenses	
	Singular	*Plural*	*Singular*	*Plural*
	Present		**Present Perfect**	
	estimo	estimamos	he estimado	hemos estimado
	estimas	estimáis	has estimado	habéis estimado
	estima	estiman	ha estimado	han estimado
	Preterit		**Preterit Perfect**	
	estimé	estimamos	hube estimado	hubimos estimado
	estimaste	estimasteis	hubiste estimado	hubisteis estimado
	estimó	estimaron	hubo estimado	hubieron estimado
Indicative	**Imperfect**		**Pluperfect**	
	estimaba	estimábamos	había estimado	habíamos estimado
	estimabas	estimabais	habías estimado	habíais estimado
	estimaba	estimaban	había estimado	habían estimado
	Future		**Future Perfect**	
	estimaré	estimaremos	habré estimado	habremos estimado
	estimarás	estimaréis	habrás estimado	habréis estimado
	estimará	estimarán	habrá estimado	habrán estimado
	Conditional		**Conditional Perfect**	
	estimaría	estimaríamos	habría estimado	habríamos estimado
	estimarías	estimaríais	habrías estimado	habríais estimado
	estimaría	estimarían	habría estimado	habrían estimado
Subjunctive	**Present**		**Present Perfect**	
	estime	estimemos	haya estimado	hayamos estimado
	estimes	estiméis	hayas estimado	hayáis estimado
	estime	estimen	haya estimado	hayan estimado
	Imperfect		**Pluperfect**	
	estimara, -se	estimáramos, -semos	hubiera, -se estimado	hubiéramos, -semos estimado
	estimaras, -ses	estimarais, -seis	hubieras, -ses estimado	hubierais, -seis estimado
	estimara, -se	estimaran, -sen	hubiera, -se estimado	hubieran, -sen estimado

IMPERATIVE

estima (tú); no estimes

(no) estime (Ud.)

(no) estimemos (nosotros)

estimad (vosotros); no estiméis

(no) estimen (Uds.)

EXAMPLES

Cristóbal Colón estimaba llegar al oriente navegando hacia occidente.

Christopher Columbus estimated to arrive in the east by navigating through the west.

Los inspectores habían estimado los daños en siete mil euros.

The inspectors had estimated the damages to be seven thousand euros.

La estiman mucho en su trabajo.

She is highly respected at work.

estudiar

to study

Gerundio: estudiando **Participio pasado:** estudiado

Mood	Simple Tenses		Compound Tenses	
	Singular	*Plural*	*Singular*	*Plural*
Indicative	**Present**		**Present Perfect**	
	estudio	estudiamos	he estudiado	hemos estudiado
	estudias	estudiáis	has estudiado	habéis estudiado
	estudia	estudian	ha estudiado	han estudiado
	Preterit		**Preterit Perfect**	
	estudié	estudiamos	hube estudiado	hubimos estudiado
	estudiaste	estudiasteis	hubiste estudiado	hubisteis estudiado
	estudió	estudiaron	hubo estudiado	hubieron estudiado
	Imperfect		**Pluperfect**	
	estudiaba	estudiábamos	había estudiado	habíamos estudiado
	estudiabas	estudiabais	habías estudiado	habíais estudiado
	estudiaba	estudiaban	había estudiado	habían estudiado
	Future		**Future Perfect**	
	estudiaré	estudiaremos	habré estudiado	habremos estudiado
	estudiarás	estudiaréis	habrás estudiado	habréis estudiado
	estudiará	estudiarán	habrá estudiado	habrán estudiado
	Conditional		**Conditional Perfect**	
	estudiaría	estudiaríamos	habría estudiado	habríamos estudiado
	estudiarías	estudiaríais	habrías estudiado	habríais estudiado
	estudiaría	estudiarían	habría estudiado	habrían estudiado
Subjunctive	**Present**		**Present Perfect**	
	estudie	estudiemos	haya estudiado	hayamos estudiado
	estudies	estudiéis	hayas estudiado	hayáis estudiado
	estudie	estudien	haya estudiado	hayan estudiado
	Imperfect		**Pluperfect**	
	estudiara, -se	estudiáramos, -semos	hubiera, -se estudiado	hubiéramos, -semos estudiado
	estudiaras, -ses	estudiarais, -seis	hubieras, -ses estudiado	hubierais, -seis estudiado
	estudiara, -se	estudiaran, -sen	hubiera, -se estudiado	hubieran, -sen estudiado

IMPERATIVE

estudia (tú); no estudies	(no) estudiemos (nosotros)
(no) estudie (Ud.)	estudiad (vosotros); no estudiéis
	(no) estudien (Uds.)

EXAMPLES

Ellos estudian todos los días.	They study every day.
Estudiábamos hasta muy tarde.	We used to study until very late.
Habríamos estudiado más, pero estábamos muy cansados.	We would have studied more, but we were very tired.
Los inversionistas estaban estudiando la propuesta.	The investors were studying the offer.

evaluar

to evaluate, to assess, to grade

Gerundio: evaluando **Participio pasado:** evaluado

Mood	Simple Tenses		Compound Tenses	
	Singular	*Plural*	*Singular*	*Plural*
Indicative	**Present**		**Present Perfect**	
	evalúo evalúas evalúa	evaluamos evaluáis evalúan	he evaluado has evaluado ha evaluado	hemos evaluado habéis evaluado han evaluado
	Preterit		**Preterit Perfect**	
	evalué evaluaste evaluó	evaluamos evaluasteis evaluaron	hube evaluado hubiste evaluado hubo evaluado	hubimos evaluado hubisteis evaluado hubieron evaluado
	Imperfect		**Pluperfect**	
	evaluaba evaluabas evaluaba	evaluábamos evaluabais evaluaban	había evaluado habías evaluado había evaluado	habíamos evaluado habíais evaluado habían evaluado
	Future		**Future Perfect**	
	evaluaré evaluarás evaluará	evaluaremos evaluaréis evaluarán	habré evaluado habrás evaluado habrá evaluado	habremos evaluado habréis evaluado habrán evaluado
	Conditional		**Conditional Perfect**	
	evaluaría evaluarías evaluaría	evaluaríamos evaluaríais evaluarían	habría evaluado habrías evaluado habría evaluado	habríamos evaluado habríais evaluado habrían evaluado
Subjunctive	**Present**		**Present Perfect**	
	evalúe evalúes evalúe	evaluemos evaluéis evalúen	haya evaluado hayas evaluado haya evaluado	hayamos evaluado hayáis evaluado hayan evaluado
	Imperfect		**Pluperfect**	
	evaluara, -se evaluaras, -ses evaluara, -se	evaluáramos, -semos evaluarais, -seis evaluaran, -sen	hubiera, -se evaluado hubieras, -ses evaluado hubiera, -se evaluado	hubiéramos, -semos evaluado hubierais, -seis evaluado hubieran, -sen evaluado

IMPERATIVE

evalúa (tú); no evalúes
(no) evalúe (Ud.)

(no) evaluemos (nosotros)
evaluad (vosotros); no evaluéis
(no) evalúen (Uds.)

EXAMPLES

El analista ha evaluado el local por cinco millones de pesetas.

The analyst has evaluated the site for five million pesetas.

La profesora evaluará las pruebas mañana.

The teacher will grade the tests tomorrow.

Las gemas han sido evaluadas en un alto precio.

The gems have been evaluated at a high price.

evitar
to avoid

Gerundio: evitando   **Participio pasado:** evitado

Mood	Simple Tenses		Compound Tenses	
	Singular	*Plural*	*Singular*	*Plural*
Indicative	**Present**		**Present Perfect**	
	evito	evitamos	he evitado	hemos evitado
	evitas	evitáis	has evitado	habéis evitado
	evita	evitan	ha evitado	han evitado
	Preterit		**Preterit Perfect**	
	evité	evitamos	hube evitado	hubimos evitado
	evitaste	evitasteis	hubiste evitado	hubisteis evitado
	evitó	evitaron	hubo evitado	hubieron evitado
	Imperfect		**Pluperfect**	
	evitaba	evitábamos	había evitado	habíamos evitado
	evitabas	evitabais	habías evitado	habíais evitado
	evitaba	evitaban	había evitado	habían evitado
	Future		**Future Perfect**	
	evitaré	evitaremos	habré evitado	habremos evitado
	evitarás	evitaréis	habrás evitado	habréis evitado
	evitará	evitarán	habrá evitado	habrán evitado
	Conditional		**Conditional Perfect**	
	evitaría	evitaríamos	habría evitado	habríamos evitado
	evitarías	evitaríais	habrías evitado	habríais evitado
	evitaría	evitarían	habría evitado	habrían evitado
Subjunctive	**Present**		**Present Perfect**	
	evite	evitemos	haya evitado	hayamos evitado
	evites	evitéis	hayas evitado	hayáis evitado
	evite	eviten	haya evitado	hayan evitado
	Imperfect		**Pluperfect**	
	evitara, -se	evitáramos, -semos	hubiera, -se evitado	hubiéramos, -semos evitado
	evitaras, -ses	evitarais, -seis	hubieras, -ses evitado	hubierais, -seis evitado
	evitara, -se	evitaran, -sen	hubiera, -se evitado	hubieran, -sen evitado

IMPERATIVE

evita (tú); no evites
(no) evite (Ud.)

(no) evitemos (nosotros)
evitad (vosotros); no evitéis
(no) eviten (Uds.)

EXAMPLES

Ángela evitó el contagio lavándose las manos.

Angela avoided catching the disease by washing her hands.

Ella habría evitado el peligro no corriendo de noche.

She would have avoided danger by not running at night.

Mi mamá evitaba conducir en las autopistas.

My mother avoided driving on the highways.

excluir

to exclude, to expell

Gerundio: excluyendo   **Participio pasado:** excluido

Mood	Simple Tenses		Compound Tenses	
	Singular	*Plural*	*Singular*	*Plural*
Indicative	**Present**		**Present Perfect**	
	excluyo	excluimos	he excluido	hemos excluido
	excluyes	excluís	has excluido	habéis excluido
	excluye	excluyen	ha excluido	han excluido
	Preterit		**Preterit Perfect**	
	excluí	excluimos	hube excluido	hubimos excluido
	excluiste	excluisteis	hubiste excluido	hubisteis excluido
	excluyó	excluyeron	hubo excluido	hubieron excluido
	Imperfect		**Pluperfect**	
	excluía	excluíamos	había excluido	habíamos excluido
	excluías	excluíais	habías excluido	habíais excluido
	excluía	excluían	había excluido	habían excluido
	Future		**Future Perfect**	
	excluiré	excluiremos	habré excluido	habremos excluido
	excluirás	excluiréis	habrás excluido	habréis excluido
	excluirá	excluirán	habrá excluido	habrán excluido
	Conditional		**Conditional Perfect**	
	excluiría	excluiríamos	habría excluido	habríamos excluido
	excluirías	excluiríais	habrías excluido	habríais excluido
	excluiría	excluirían	habría excluido	habrían excluido
Subjunctive	**Present**		**Present Perfect**	
	excluya	excluyamos	haya excluido	hayamos excluido
	excluyas	excluyas	hayas excluido	hayáis excluido
	excluya	excluyan	haya excluido	hayan excluido
	Imperfect		**Pluperfect**	
	excluyera, -se	excluyéramos, -semos	hubiera, -se excluido	hubiéramos, -semos excluido
	excluyeras, -ses	excluyerais, -seis	hubieras, -ses excluido	hubierais, -seis excluido
	excluyera, -se	excluyeran, -sen	hubiera, -se excluido	hubieran, -sen excluido

IMPERATIVE

excluye (tú); no excluyas

(no) excluya (Ud.)

(no) excluyamos (nosotros)

excluid (vosotros); no excluyáis

(no) excluyan (Uds.)

EXAMPLES

Mis amigos querían que yo excluyera del grupo a Bonita.

My friends wanted me to exclude Bonita from our group.

Si la hubiésemos excluido, me habría sentido muy mal.

If we had excluded her, I would have felt very bad.

Lo excluyeron del proyecto.

They expelled him from the project.

excusar

to excuse, to excuse from, to apologize
Gerundio: excusando **Participio pasado:** excusado

Mood	Simple Tenses		Compound Tenses	
	Singular	*Plural*	*Singular*	*Plural*
Indicative	**Present**		**Present Perfect**	
	excuso excusas excusa	excusamos excusáis excusan	he excusado has excusado ha excusado	hemos excusado habéis excusado han excusado
	Preterit		**Preterit Perfect**	
	excusé excusaste excusó	excusamos excusasteis excusaron	hube excusado hubiste excusado hubo excusado	hubimos excusado hubisteis excusado hubieron excusado
	Imperfect		**Pluperfect**	
	excusaba excusabas excusaba	excusábamos excusabais excusaban	había excusado habías excusado había excusado	habíamos excusado habíais excusado habían excusado
	Future		**Future Perfect**	
	excusaré excusarás excusará	excusaremos excusaréis excusarán	habré excusado habrás excusado habrá excusado	habremos excusado habréis excusado habrán excusado
	Conditional		**Conditional Perfect**	
	excusaría excusarías excusaría	excusaríamos excusaríais excusarían	habría excusado habrías excusado habría excusado	habríamos excusado habríais excusado habrían excusado
Subjunctive	**Present**		**Present Perfect**	
	excuse excuses excuse	excusemos excuséis excusen	haya excusado hayas excusado haya excusado	hayamos excusado hayáis excusado hayan excusado
	Imperfect		**Pluperfect**	
	excusara, -se excusaras, -ses excusara, -se	excusáramos, -semos excusarais, -seis excusaran, -sen	hubiera, -se excusado hubieras, -ses excusado hubiera, -se excusado	hubiéramos,-semos excusado hubierais, -seis excusado hubieran, -sen excusado

IMPERATIVE

	(no) excusemos (nosotros)
excusa (tú); no excuses	excusad (vosotros); no excuséis
(no) excuse (Ud.)	(no) excusen (Uds.)

Note: As a reflexive verb, *excusarse* (to excuse oneself, to apologize) is shown in Example 3.

EXAMPLES

El estudiante se fue sin excusarse.	The student left without excusing himself.
Aunque se excusara profusamente, no lo iban a perdonar.	Even if he excused himself profusely, they were not going to forgive him.
El director estaba excusándo<u>se</u> por su retraso.	The director was apologizing for being late.

exigir

to demand, to require

Gerundio: exigiendo   **Participio pasado:** exigido

Mood	Simple Tenses		Compound Tenses	
	Singular	*Plural*	*Singular*	*Plural*
Indicative	**Present**		**Present Perfect**	
	exijo	exigimos	he exigido	hemos exigido
	exiges	exigís	has exigido	habéis exigido
	exige	exigen	ha exigido	han exigido
	Preterit		**Preterit Perfect**	
	exigí	exigimos	hube exigido	hubimos exigido
	exigiste	exigisteis	hubiste exigido	hubisteis exigido
	exigió	exigieron	hubo exigido	hubieron exigido
	Imperfect		**Pluperfect**	
	exigía	exigíamos	había exigido	habíamos exigido
	exigías	exigíais	habías exigido	habíais exigido
	exigía	exigían	había exigido	habían exigido
	Future		**Future Perfect**	
	exigiré	exigiremos	habré exigido	habremos exigido
	exigirás	exigiréis	habrás exigido	habréis exigido
	exigirá	exigirán	habrá exigido	habrán exigido
	Conditional		**Conditional Perfect**	
	exigiría	exigiríamos	habría exigido	habríamos exigido
	exigirías	exigiríais	habrías exigido	habríais exigido
	exigiría	exigirían	habría exigido	habrían exigido
Subjunctive	**Present**		**Present Perfect**	
	exija	exijamos	haya exigido	hayamos exigido
	exijas	exijáis	hayas exigido	hayáis exigido
	exija	exijan	haya exigido	hayan exigido
	Imperfect		**Pluperfect**	
	exigiera, -se	exigiéramos, -semos	hubiera, -se exigido	hubiéramos, -semos exigido
	exigieras, -ses	exigierais, -seis	hubieras, -ses exigido	hubierais, -seis exigido
	exigiera, -se	exigieran, -sen	hubiera, -se exigido	hubieran, -sen exigido

IMPERATIVE

	(no) exijamos (nosotros)
exige (tú); no exijas	exigid (vosotros); no exijáis
(no) exija (Ud.)	(no) exijan (Uds.)

EXAMPLES

Los estudiantes desean que la profesora no exija mucho.	The students want the professor to not demand too much.
Le exigían al hijo que pagara todas las deudas.	They were demanding of their son to pay all his debts.
La vida le había exigido demasiado.	Life had demanded a great deal from him.

explicar
to explain
Gerundio: explicando   **Participio pasado:** explicado

Mood	Simple Tenses		Compound Tenses	
	Singular	*Plural*	*Singular*	*Plural*
Indicative	**Present**		**Present Perfect**	
	explico	explicamos	he explicado	hemos explicado
	explicas	explicáis	has explicado	habéis explicado
	explica	explican	ha explicado	han explicado
	Preterit		**Preterit Perfect**	
	expliqué	explicamos	hube explicado	hubimos explicado
	explicaste	explicasteis	hubiste explicado	hubisteis explicado
	explicó	explicaron	hubo explicado	hubieron explicado
	Imperfect		**Pluperfect**	
	explicaba	explicábamos	había explicado	habíamos explicado
	explicabas	explicabais	habías explicado	habíais explicado
	explicaba	explicaban	había explicado	habían explicado
	Future		**Future Perfect**	
	explicaré	explicaremos	habré explicado	habremos explicado
	explicarás	explicaréis	habrás explicado	habréis explicado
	explicará	explicarán	habrá explicado	habrán explicado
	Conditional		**Conditional Perfect**	
	explicaría	explicaríamos	habría explicado	habríamos explicado
	explicarías	explicaríais	habrías explicado	habríais explicado
	explicaría	explicarían	habría explicado	habrían explicado
Subjunctive	**Present**		**Present Perfect**	
	explique	expliquemos	haya explicado	hayamos explicado
	expliques	expliquéis	hayas explicado	hayáis explicado
	explique	expliquen	haya explicado	hayan explicado
	Imperfect		**Pluperfect**	
	explicara, -se	explicáramos, -semos	hubiera, -se explicado	hubiéramos, -semos explicado
	explicaras, -ses	explicarais, -seis	hubieras, -ses explicado	hubierais, -seis explicado
	explicara, -se	explicaran, -sen	hubiera, -se explicado	hubieran, -sen explicado

IMPERATIVE

explica (tú); no expliques
(no) explique (Ud.)

(no) expliquemos (nosotros)
explicad (vosotros); no expliquéis
(no) expliquen (Uds.)

EXAMPLES

Los estudiantes están demandando que les explique los problemas del examen.

The students are demanding that I explain the questions on the exam.

El joven explicó su teoría como si fuera un experto.

The young man explained his theory as if he were an expert.

La hubiese explicado mejor, pero se le acabó el tiempo.

He would have explained it better but he ran out of time.

expresar

to express (an idea, etc.), to express oneself
Gerundio: expresando   **Participio pasado:** expresado

Mood	Simple Tenses		Compound Tenses	
	Singular	*Plural*	*Singular*	*Plural*
Indicative	**Present**		**Present Perfect**	
	expreso	expresamos	he expresado	hemos expresado
	expresas	expresáis	has expresado	habéis expresado
	expresa	expresan	ha expresado	han expresado
	Preterit		**Preterit Perfect**	
	expresé	expresamos	hube expresado	hubimos expresado
	expresaste	expresasteis	hubiste expresado	hubisteis expresado
	expresó	expresaron	hubo expresado	hubieron expresado
	Imperfect		**Pluperfect**	
	expresaba	expresábamos	había expresado	habíamos expresado
	expresabas	expresabais	habías expresado	habíais expresado
	expresaba	expresaban	había expresado	habían expresado
	Future		**Future Perfect**	
	expresaré	expresaremos	habré expresado	habremos expresado
	expresarás	expresaréis	habrás expresado	habréis expresado
	expresará	expresarán	habrá expresado	habrán expresado
	Conditional		**Conditional Perfect**	
	expresaría	expresaríamos	habría expresado	habríamos expresado
	expresarías	expresaríais	habrías expresado	habríais expresado
	expresaría	expresarían	habría expresado	habrían expresado
Subjunctive	**Present**		**Present Perfect**	
	exprese	expresemos	haya expresado	hayamos expresado
	expreses	expreséis	hayas expresado	hayáis expresado
	exprese	expresen	haya expresado	hayan expresado
	Imperfect		**Pluperfect**	
	expresara, -se	expresáramos, -semos	hubiera, -se expresado	hubiéramos, -semos expresado
	expresaras, -ses	expresarais, -seis	hubieras, -ses expresado	hubierais, -seis expresado
	expresara, -se	expresaran, -sen	hubiera, -se expresado	hubieran, -sen expresado

IMPERATIVE

	(no) expresemos (nosotros)
expresa (tú); no expreses	expresad (vosotros); no expreséis
(no) exprese (Ud.)	(no) expresen (Uds.)

Note: As a reflexive verb, *expresarse* (to express oneself) is shown in Examples 2 and 3.

EXAMPLES

Si bien expresé mis ideas claramente, todavía hicieron preguntas.	Even though I expressed my ideas clearly, they still asked questions.
Nunca pensé que Ana se expresara tan abiertamente.	I never thought Ana would express herself so openly.
¿Se expresaría así ante otras personas?	Would she express herself like that before other people?

extinguir

to extinguish, to put out, to wipe out

Gerundio: extinguiendo   **Participio pasado:** extinguido

Mood	Simple Tenses		Compound Tenses	
	Singular	*Plural*	*Singular*	*Plural*
Indicative	**Present**		**Present Perfect**	
	extingo	extinguimos	he extinguido	hemos extinguido
	extingues	extinguís	has extinguido	habéis extinguido
	extingue	extinguen	ha extinguido	han extinguido
	Preterit		**Preterit Perfect**	
	extinguí	extinguimos	hube extinguido	hubimos extinguido
	extinguiste	extinguisteis	hubiste extinguido	hubisteis extinguido
	extinguió	extinguieron	hubo extinguido	hubieron extinguido
	Imperfect		**Pluperfect**	
	extinguía	extinguíamos	había extinguido	habíamos extinguido
	extinguías	extinguíais	habías extinguido	habíais extinguido
	extinguía	extinguían	había extinguido	habían extinguido
	Future		**Future Perfect**	
	extinguiré	extinguiremos	habré extinguido	habremos extinguido
	extinguirás	extinguiréis	habrás extinguido	habréis extinguido
	extinguirá	extinguirán	habrá extinguido	habrán extinguido
	Conditional		**Conditional Perfect**	
	extinguiría	extinguiríamos	habría extinguido	habríamos extinguido
	extinguirías	extinguiríais	habrías extinguido	habríais extinguido
	extinguiría	extinguirían	habría extinguido	habrían extinguido
Subjunctive	**Present**		**Present Perfect**	
	extinga	extingamos	haya extinguido	hayamos extinguido
	extingas	extingáis	hayas extinguido	hayáis extinguido
	extinga	extingan	haya extinguido	hayan extinguido
	Imperfect		**Pluperfect**	
	extinguiera, -se	extinguiéramos, -semos	hubiera, -se extinguido	hubiéramos,-semos extinguido
	extinguieras, -ses		hubieras, -ses extinguido	
	extinguiera, -se	extinguierais, -seis	hubiera, -se extinguido	hubierais, -seis extinguido
		extinguieran, -sen		hubieran, -sen extinguido

IMPERATIVE

extingue (tú); no extingas
(no) extinga (Ud.)

(no) extingamos (nosotros)
extinguid (vosotros); no extingáis
(no) extingan (Uds.)

EXAMPLES

Los bomberos extinguieron el incendio.
The firefighters extinguished the fire.

Hemos extinguido varias especies de animales.
We have wiped out several animals' species.

Ella se extinguió dulcemente.
She died peacefully.

extraer

to extract, to take out

Gerundio: extrayendo   **Participio pasado:** extraído

Mood	Simple Tenses		Compound Tenses	
	Singular	*Plural*	*Singular*	*Plural*
Indicative	**Present**		**Present Perfect**	
	extraigo	extraemos	he extraído	hemos extraído
	extraes	extraéis	has extraído	habéis extraído
	extrae	extraen	ha extraído	han extraído
	Preterit		**Preterit Perfect**	
	extraje	extrajimos	hube extraído	hubimos extraído
	extrajiste	extrajisteis	hubiste extraído	hubisteis extraído
	extrajo	extrajeron	hubo extraído	hubieron extraído
	Imperfect		**Pluperfect**	
	extraía	extraíamos	había extraído	habíamos extraído
	extraías	extraíais	habías extraído	habíais extraído
	extraía	extraían	había extraído	habían extraído
	Future		**Future Perfect**	
	extraeré	extraeremos	habré extraído	habremos extraído
	extraerás	extraeréis	habrás extraído	habréis extraído
	extraerá	extraerán	habrá extraído	habrán extraído
	Conditional		**Conditional Perfect**	
	extraería	extraeríamos	habría extraído	habríamos extraído
	extraerías	extraeríais	habrías extraído	habríais extraído
	extraería	extraerían	habría extraído	habrían extraído
Subjunctive	**Present**		**Present Perfect**	
	extraiga	extraigamos	haya extraído	hayamos extraído
	extraigas	extraigáis	hayas extraído	hayáis extraído
	extraiga	extraigan	haya extraído	hayan extraído
	Imperfect		**Pluperfect**	
	extrajera, -se	extrajéramos, -semos	hubiera, -se extraído	hubiéramos, -semos extraído
	extrajeras, -ses	extrajerais, -seis	hubieras, -ses extraído	hubierais, -seis extraído
	extrajera, -se	extrajeran, -sen	hubiera, -se extraído	hubieran, -sen extraído

IMPERATIVE

extrae (tú); no extraigas
(no) extraiga (Ud.)

(no) extraigamos (nosotros)
extraed (vosotros); no extraigáis
(no) extraigan (Uds.)

EXAMPLES

Han extraído mucho petróleo del Lago de Maracaibo.

They have extracted a lot of oil from the Maracaibo basin.

Las compañías habrían extraído más, pero limitaron la exploración.

The oil companies would have extracted more oil, but explorations were limited.

Le extrajeron una muela al niño.

The boy's tooth was pulled out.

extraviar

to misplace, to lose, to go astray, to get lost
Gerundio: extraviando   **Participio pasado:** extraviado

Mood	Simple Tenses		Compound Tenses	
	Singular	*Plural*	*Singular*	*Plural*
Indicative	**Present**		**Present Perfect**	
	extravío	extraviamos	he extraviado	hemos extraviado
	extravías	extraviáis	has extraviado	habéis extraviado
	extravía	extravían	ha extraviado	han extraviado
	Preterit		**Preterit Perfect**	
	extravié	extraviamos	hube extraviado	hubimos extraviado
	extraviaste	extraviasteis	hubiste extraviado	hubisteis extraviado
	extravió	extraviaron	hubo extraviado	hubieron extraviado
	Imperfect		**Pluperfect**	
	extraviaba	extraviábamos	había extraviado	habíamos extraviado
	extraviabas	extraviabais	habías extraviado	habíais extraviado
	extraviaba	extraviaban	había extraviado	habían extraviado
	Future		**Future Perfect**	
	extraviaré	extraviaremos	habré extraviado	habremos extraviado
	extraviarás	extraviaréis	habrás extraviado	habréis extraviado
	extraviará	extraviarán	habrá extraviado	habrán extraviado
	Conditional		**Conditional Perfect**	
	extraviaría	extraviaríamos	habría extraviado	habríamos extraviado
	extraviarías	extraviaríais	habrías extraviado	habríais extraviado
	extraviaría	extraviarían	habría extraviado	habrían extraviado
Subjunctive	**Present**		**Present Perfect**	
	extravíe	extraviemos	haya extraviado	hayamos extraviado
	extravíes	extraviéis	hayas extraviado	hayáis extraviado
	extravíe	extravíen	haya extraviado	hayan extraviado
	Imperfect		**Pluperfect**	
	extraviara, -se	extraviáramos, -semos	hubiera, -se extraviado	hubiéramos, -semos extraviado
	extraviaras, -ses	extraviarais, -seis	hubieras, -ses extraviado	hubierais, -seis extraviado
	extraviara, -se	extraviaran, -sen	hubiera, -se extraviado	hubieran, -sen extraviado

IMPERATIVE

	(no) extraviemos (nosotros)
extravía (tú); no extravíes	extraviad (vosotros); no extraviéis
(no) extravíe (Ud.)	(no) extravíen (Uds.)

EXAMPLES

Yo siempre extravío mis llaves.	I always lose my keys.
Ya las he extraviado muchas veces.	I have already lost them many times.
Dudábamos que ellas se hubieran extraviado por el camino	We doubted that they had gotten lost on the road.

fabricar

to manufacture, to fabricate, to make

Gerundio: fabricando   **Participio pasado:** fabricado

Mood	Simple Tenses		Compound Tenses	
	Singular	*Plural*	*Singular*	*Plural*
Indicative	**Present**		**Present Perfect**	
	fabrico	fabricamos	he fabricado	hemos fabricado
	fabricas	fabricáis	has fabricado	habéis fabricado
	fabrica	fabrican	ha fabricado	han fabricado
	Preterit		**Preterit Perfect**	
	fabriqué	fabricamos	hube fabricado	hubimos fabricado
	fabricaste	fabricasteis	hubiste fabricado	hubisteis fabricado
	fabricó	fabricaron	hubo fabricado	hubieron fabricado
	Imperfect		**Pluperfect**	
	fabricaba	fabricábamos	había fabricado	habíamos fabricado
	fabricabas	fabricabais	habías fabricado	habíais fabricado
	fabricaba	fabricaban	había fabricado	habían fabricado
	Future		**Future Perfect**	
	fabricaré	fabricaremos	habré fabricado	habremos fabricado
	fabricarás	fabricaréis	habrás fabricado	habréis fabricado
	fabricará	fabricarán	habrá fabricado	habrán fabricado
	Conditional		**Conditional Perfect**	
	fabricaría	fabricaríamos	habría fabricado	habríamos fabricado
	fabricarías	fabricaríais	habrías fabricado	habríais fabricado
	fabricaría	fabricarían	habría fabricado	habrían fabricado
Subjunctive	**Present**		**Present Perfect**	
	fabrique	fabriquemos	haya fabricado	hayamos fabricado
	fabriques	fabriquéis	hayas fabricado	hayáis fabricado
	fabrique	fabriquen	haya fabricado	hayan fabricado
	Imperfect		**Pluperfect**	
	fabricara, -se	fabricáramos, -semos	hubiera, -se fabricado	hubiéramos, -semos fabricado
	fabricaras, -ses	fabricarais, -seis	hubieras, -ses fabricado	hubierais, -seis fabricado
	fabricara, -se	fabricaran, -sen	hubiera, -se fabricado	hubieran, -sen fabricado

IMPERATIVE

	(no) fabriquemos (nosotros)
fabrica (tú); no fabriques	fabricad (vosotros); no fabriquéis
(no) fabrique (Ud.)	(no) fabriquen (Uds.)

EXAMPLES

El radiador del auto fue fabricado en Japón.

The radiator in my car was manufactured in Japan.

La fábrica ha fabricado hilos de distintos colores.

The factory has manufactured threads of different colors.

Estamos fabricando una jaula para los pájaros.

We are building a cage for the birds.

fallar

to judge, to not work properly, to fail

Gerundio: fallando   **Participio pasado:** fallado

Mood	Simple Tenses		Compound Tenses	
	Singular	*Plural*	*Singular*	*Plural*
Indicative	**Present**		**Present Perfect**	
	fallo	fallamos	he fallado	hemos fallado
	fallas	falláis	has fallado	habéis fallado
	falla	fallan	ha fallado	han fallado
	Preterit		**Preterit Perfect**	
	fallé	fallamos	hube fallado	hubimos fallado
	fallaste	fallasteis	hubiste fallado	hubisteis fallado
	falló	fallaron	hubo fallado	hubieron fallado
	Imperfect		**Pluperfect**	
	fallaba	fallábamos	había fallado	habíamos fallado
	fallabas	fallabais	habías fallado	habíais fallado
	fallaba	fallaban	había fallado	habían fallado
	Future		**Future Perfect**	
	fallaré	fallaremos	habré fallado	habremos fallado
	fallarás	fallaréis	habrás fallado	habréis fallado
	fallará	fallarán	habrá fallado	habrán fallado
	Conditional		**Conditional Perfect**	
	fallaría	fallaríamos	habría fallado	habríamos fallado
	fallarías	fallaríais	habrías fallado	habríais fallado
	fallaría	fallarían	habría fallado	habrían fallado
Subjunctive	**Present**		**Present Perfect**	
	falle	fallemos	haya fallado	hayamos fallado
	falles	falléis	hayas fallado	hayáis fallado
	falle	fallen	haya fallado	hayan fallado
	Imperfect		**Pluperfect**	
	fallara, -se	falláramos, -semos	hubiera, -se fallado	hubiéramos, -semos fallado
	fallaras, -ses	fallarais, -seis	hubieras, -ses fallado	hubierais, -seis fallado
	fallara, -se	fallaran, -sen	hubiera, -se fallado	hubieran, -sen fallado

IMPERATIVE

falla (tú); no falles
(no) falle (Ud.)

(no) fallemos (nosotros)
fallad (vosotros); no falléis
(no) fallen (Uds.)

EXAMPLES

El jurado ha fallado a favor del acusado.   The jury has judged in favor of the accused.
El motor está fallando.   The motor is not working properly.
¡Me está fallando la memoria!   My memory is failing me!

faltar

to lack, to need, to miss

Gerundio: faltando   **Participio pasado:** faltado

Mood	Simple Tenses		Compound Tenses	
	Singular	*Plural*	*Singular*	*Plural*
Indicative	**Present**		**Present Perfect**	
	falto	faltamos	he faltado	hemos faltado
	faltas	faltáis	has faltado	habéis faltado
	falta	faltan	ha faltado	han faltado
	Preterit		**Preterit Perfect**	
	falté	faltamos	hube faltado	hubimos faltado
	faltaste	faltasteis	hubiste faltado	hubisteis faltado
	faltó	faltaron	hubo faltado	hubieron faltado
	Imperfect		**Pluperfect**	
	faltaba	faltábamos	había faltado	habíamos faltado
	faltabas	faltabais	habías faltado	habíais faltado
	faltaba	faltaban	había faltado	habían faltado
	Future		**Future Perfect**	
	faltaré	faltaremos	habré faltado	habremos faltado
	faltarás	faltaréis	habrás faltado	habréis faltado
	faltará	faltarán	habrá faltado	habrán faltado
	Conditional		**Conditional Perfect**	
	faltaría	faltaríamos	habría faltado	habríamos faltado
	faltarías	faltaríais	habrías faltado	habríais faltado
	faltaría	faltarían	habría faltado	habrían faltado
Subjunctive	**Present**		**Present Perfect**	
	falte	faltemos	haya faltado	hayamos faltado
	faltes	faltéis	hayas faltado	hayáis faltado
	falte	falten	haya faltado	hayan faltado
	Imperfect		**Pluperfect**	
	faltara, -se	faltáramos,-semos	hubiera, -se faltado	hubiéramos,-semos faltado
	faltaras, -ses	faltarais, -seis	hubieras, -ses faltado	
	faltara, -se	faltaran, -sen	hubiera, -se faltado	hubierais, -seis faltado
				hubieran, -sen faltado

IMPERATIVE

                                 (no) faltemos (nosotros)

falta (tú); no faltes   faltad (vosotros); no faltéis

(no) falte (Ud.)   (no) falten (Uds.)

Note: This verb can also be conjugated, like *gustar,* using the indirect object pronouns. That type of construction is shown on the next page.

EXAMPLES

Beti siempre faltaba a clase los viernes.   Betty always missed school on Fridays.

Falta dinero para comprar los libros.   There is a lack of money to buy the books.

Ya he faltado tres días a clase.   I have already missed three days of classes.

IDIOMATIC EXAMPLE

¡No faltaba más!   That's the last straw!

faltar

to be missing, to be lacking

Gerundio: faltando   **Participio pasado:** faltado

Mood	Simple Tenses		Compound Tenses	
	Singular	*Plural*	*Singular*	*Plural*
Indicative	**Present**		**Present Perfect**	
	me falta(n) te falta(n) le falta(n)	nos falta(n) os falta(n) les falta(n)	me ha(n) faltado te ha(n) faltado le ha(n) faltado	nos ha(n) faltado os ha(n) faltado les ha(n) faltado
	Preterit		**Preterit Perfect**	
	me faltó (faltaron) te faltó (faltaron) le faltó (faltaron)	nos faltó (faltaron) os faltó (faltaron) les faltó (faltaron))	me hubo (hubieron) faltado te hubo (hubieron) faltado le hubo (hubieron) faltado	nos hubo (hubieron) faltado os hubo (hubieron) faltado les hubo (hubieron) faltado
	Imperfect		**Pluperfect**	
	me faltaba(n) te faltaba(n) le faltaba(n)	nos faltaba(n) os faltaba(n) les faltaba(n)	me había(n) faltado te había(n) faltado le había(n) faltado	nos había(n) faltado os había(n) faltado les había(n) faltado
	Future		**Future Perfect**	
	me faltará(n) te faltará(n) le faltará(n)	nos faltará(n) os faltará(n) les faltará(n)	me habrá(n) faltado te habrá(n) faltado le habrá(n) faltado	nos habrá(n) faltado os habrá(n) faltado les habrá(n) faltado
	Conditional		**Conditional Perfect**	
	me faltaría(n) te faltaría(n) le faltaría(n)	nos faltaría(n) os faltaría(n) les faltaría(n)	me habría(n) faltado te habría(n) faltado le habría(n) faltado	nos habría(n) faltado os habría(n) faltado les habría(n) faltado
Subjunctive	**Present**		**Present Perfect**	
	me falte(n) te falte(n) le falte(n)	nos falte(n) os falte(n) les falte(n)	me haya(n) faltado te haya(n) faltado le haya(n) faltado	nos haya(n) faltado os haya(n) faltado les haya(n) faltado
	Imperfect		**Pluperfect**	
	me faltara(n), -se(n) te faltara(n), -se(n) le faltara(n), -se(n)	nos faltara(n), -se(n) os faltara(n), -se(n) les faltara(n), -se(n)	me hubiera(n), -se(n) faltado te hubiera(n), -se(n) faltado le hubiera(n), -se(n) faltado	nos hubiera(n), -se(n) faltado os hubiera(n), -se(n) faltado les hubiera(n), -se(n) faltado

IMPERATIVE

¡Que me/ te/ le/ nos/ os/ les falte(n)!   ¡Que no me/ te/ le/ nos/ os/ les falte(n)!

Note: This verb has a special conjugation construction. It is used in the third-person singular and plural with the indirect object pronouns *me, te, le, nos, os, les.* In this construction, the personal pronouns are not used.

EXAMPLES

Me falta una moneda de un centavo para completar mi colección.

I lack one penny to complete my coin collection.

Te faltan tres monedas para completar tu colección.

You lack three coins to complete your coin collection.

A Margarita le faltaban cinco dólares para comprar el regalo.

Margaret was lacking five dollars to buy the gift.

IDIOMATIC EXAMPLE

¡¡¿Que le faltaba qué . . . ?!!   She was missing what . . . ?!!

fascinar

to be fascinated
Gerundio: fascinando   **Participio pasado:** fascinado

Mood	Simple Tenses		Compound Tenses	
	Singular	*Plural*	*Singular*	*Plural*
Indicative	**Present**		**Present Perfect**	
	me fascina(n) te fascina(n) le fascina(n)	nos fascina(n) os fascina(n) les fascina(n)	me ha(n) fascinado te ha(n) fascinado le ha(n) fascinado	nos ha(n) fascinado os ha(n) fascinado les ha(n) fascinado
	Preterit		**Preterit Perfect**	
	me fascinó (fascinaron) te fascinó (fascinaron) le fascinó (fascinaron)	nos fascinó (fascinaron) os fascinó (fascinaron) les fascinó (fascinaron)	me hubo (hubieron) fascinado te hubo (hubieron) fascinado le hubo (hubieron) fascinado	nos hubo (hubieron) fascinado os hubo (hubieron) fascinado les hubo (hubieron) fascinado
	Imperfect		**Pluperfect**	
	me fascinaba(n) te fascinaba(n) le fascinaba(n)	nos fascinaba(n) os fascinaba(n) les fascinaba(n)	me había(n) fascinado te había(n) fascinado le había(n) fascinado	nos había(n) fascinado os había(n) fascinado les había(n) fascinado
	Future		**Future Perfect**	
	me fascinará(n) te fascinará(n) le fascinará(n)	nos fascinará(n) os fascinará(n) les fascinará(n)	me habrá(n) fascinado te habrá(n) fascinado le habrá(n) fascinado	nos habrá(n) fascinado os habrá(n) fascinado les habrá(n) fascinado
	Conditional		**Conditional Perfect**	
	me fascinaría(n) te fascinaría(n) le fascinaría(n)	nos fascinaría(n) os fascinaría(n) les fascinaría(n)	me habría(n) fascinado te habría(n) fascinado le habría(n) fascinado	nos habría(n) fascinado os habría(n) fascinado les habría(n) fascinado
Subjunctive	**Present**		**Present Perfect**	
	me fascine(n) te fascine(n) le fascine(n)	nos fascine(n) os fascine(n) les fascine(n)	me haya(n) fascinado te haya(n) fascinado le haya(n) fascinado	nos haya(n) fascinado os haya(n) fascinado les haya(n) fascinado
	Imperfect		**Pluperfect**	
	me fascinara(n), -se(n) te fascinara(n), -se(n) le fascinara(n), -se(n)	nos fascinara(n), -se(n) os fascinara(n), -se(n) les fascinara(n), -se(n)	me hubiera(n), -se(n) fascinado te hubiera(n), -se(n) fascinado le hubiera(n), -se(n) fascinado	nos hubiera(n), -se(n) fascinado os hubiera(n), -se(n) fascinado les hubiera(n), -se(n) fascinado

IMPERATIVE

¡Que me/ te/ le/ nos/ os/ les fascine(n)!   ¡Que no me/ te/ le/ nos/ os/ les fascine(n)!

Note: This verb has a special conjugation construction. It is used in the third-person singular and plural with the indirect object pronouns *me, te, le, nos, os, les.* In this construction, the personal pronouns are not used. It is also conjugated as a regular -ar verb.

EXAMPLES

<u>Me</u> fascinan las fresas con chocolate.	I love strawberries with chocolate.
<u>Nos</u> fascinaron las pinturas del siglo XVIII.	We liked the paintings of the XVIII century very much.
<u>Nos</u> fascinó la nueva cantante de rock.	We loved the new rock singer.
Estoy segura que <u>te</u> fascinarán las enchiladas.	I am sure you will love the enchiladas.

felicitar

to congratulate

Gerundio: felicitando   **Participio pasado:** felicitado

Mood	Simple Tenses		Compound Tenses	
	Singular	*Plural*	*Singular*	*Plural*
Indicative	**Present**		**Present Perfect**	
	felicito felicitas felicita	felicitamos felicitáis felicitan	he felicitado has felicitado ha felicitado	hemos felicitado habéis felicitado han felicitado
	Preterit		**Preterit Perfect**	
	felicité felicitaste felicitó	felicitamos felicitasteis felicitaron	hube felicitado hubiste felicitado hubo felicitado	hubimos felicitado hubisteis felicitado hubieron felicitado
	Imperfect		**Pluperfect**	
	felicitaba felicitabas felicitaba	felicitábamos felicitabais felicitaban	había felicitado habías felicitado había felicitado	habíamos felicitado habíais felicitado habían felicitado
	Future		**Future Perfect**	
	felicitaré felicitarás felicitará	felicitaremos felicitaréis felicitarán	habré felicitado habrás felicitado habrá felicitado	habremos felicitado habréis felicitado habrán felicitado
	Conditional		**Conditional Perfect**	
	felicitaría felicitarías felicitaría	felicitaríamos felicitaríais felicitarían	habría felicitado habrías felicitado habría felicitado	habríamos felicitado habríais felicitado habrían felicitado
Subjunctive	**Present**		**Present Perfect**	
	felicite felicites felicite	felicitemos felicitéis feliciten	haya felicitado hayas felicitado haya felicitado	hayamos felicitado hayáis felicitado hayan felicitado
	Imperfect		**Pluperfect**	
	felicitara, -se felicitaras, -ses felicitara, -se	felicitáramos, -semos felicitarais, -seis felicitaran, -sen	hubiera, -se felicitado hubieras, -ses felicitado hubiera, -se felicitado	hubiéramos, -semos felicitado hubierais, -seis felicitado hubieran, -sen felicitado

IMPERATIVE

felicita (tú); no felicites
(no) felicite (Ud.)

(no) felicitemos (nosotros)
felicitad (vosotros); no felicitéis
(no) feliciten (Uds.)

EXAMPLES

Es necesario que felicitemos a nuestros oponentes.

It is necessary that we congratulate our opponents.

Roberto los ha felicitado ya.

Robert has congratulated them already.

Yo habría felicitado al capitán del equipo pero no lo vi.

I would have congratulated the captain of the team, but I didn't see him.

IDIOMATIC EXAMPLE

¡Felicitaciones por tu graduación!

Congratulations on your graduation!

festejar

to feast, to celebrate
Gerundio: festejando   **Participio pasado:** festejado

Mood	Simple Tenses		Compound Tenses	
	Singular	*Plural*	*Singular*	*Plural*
Indicative	**Present**		**Present Perfect**	
	festejo	festejamos	he festejado	hemos festejado
	festejas	festejáis	has festejado	habéis festejado
	festeja	festejan	ha festejado	han festejado
	Preterit		**Preterit Perfect**	
	festejé	festejamos	hube festejado	hubimos festejado
	festejaste	festejasteis	hubiste festejado	hubisteis festejado
	festejó	festejaron	hubo festejado	hubieron festejado
	Imperfect		**Pluperfect**	
	festejaba	festejábamos	había festejado	habíamos festejado
	festejabas	festejabais	habías festejado	habíais festejado
	festejaba	festejaban	había festejado	habían festejado
	Future		**Future Perfect**	
	festejaré	festejaremos	habré festejado	habremos festejado
	festejarás	festejaréis	habrás festejado	habréis festejado
	festejará	festejarán	habrá festejado	habrán festejado
	Conditional		**Conditional Perfect**	
	festejaría	festejaríamos	habría festejado	habríamos festejado
	festejarías	festejaríais	habrías festejado	habríais festejado
	festejaría	festejarían	habría festejado	habrían festejado
Subjunctive	**Present**		**Present Perfect**	
	festeje	festejemos	haya festejado	hayamos festejado
	festejes	festejéis	hayas festejado	hayáis festejado
	festeje	festejen	haya festejado	hayan festejado
	Imperfect		**Pluperfect**	
	festejara, -se	festejáramos, -semos	hubiera, -se festejado	hubiéramos,-semos festejado
	festejaras, -ses	festejarais, -seis	hubieras, -ses festejado	hubierais, -seis festejado
	festejara, -se	festejaran, -sen	hubiera, -se festejado	hubieran, -sen festejado

IMPERATIVE

festeja (tú); no festejes
(no) festeje (Ud.)

(no) festejemos (nosotros)
festejad (vosotros); no festejéis
(no) festejen (Uds.)

EXAMPLES

Siempre festejamos la Navidad en familia.

We always celebrate Christmas with the family.

Festejaríamos nuestro aniversario, pero tenemos que trabajar.

We would celebrate our anniversary, but we have to work.

Te aconsejo que festejen el aniversario el sábado.

I recommend that you celebrate the anniversary on Saturday.

figurar

to appear, to figure out, to imagine

Gerundio: figurando **Participio pasado:** figurado

Mood	Simple Tenses		Compound Tenses	
	Singular	*Plural*	*Singular*	*Plural*
Indicative	**Present**		**Present Perfect**	
	figuro	figuramos	he figurado	hemos figurado
	figuras	figuráis	has figurado	habéis figurado
	figura	figuran	ha figurado	han figurado
	Preterit		**Preterit Perfect**	
	figuré	figuramos	hube figurado	hubimos figurado
	figuraste	figurasteis	hubiste figurado	hubisteis figurado
	figuró	figuraron	hubo figurado	hubieron figurado
	Imperfect		**Pluperfect**	
	figuraba	figurábamos	había figurado	habíamos figurado
	figurabas	figurabais	habías figurado	habíais figurado
	figuraba	figuraban	había figurado	habían figurado
	Future		**Future Perfect**	
	figuraré	figuraremos	habré figurado	habremos figurado
	figurarás	figuraréis	habrás figurado	habréis figurado
	figurará	figurarán	habrá figurado	habrán figurado
	Conditional		**Conditional Perfect**	
	figuraría	figuraríamos	habría figurado	habríamos figurado
	figurarías	figuraríais	habrías figurado	habríais figurado
	figuraría	figurarían	habría figurado	habrían figurado
Subjunctive	**Present**		**Present Perfect**	
	figure	figuremos	haya figurado	hayamos figurado
	figures	figuréis	hayas figurado	hayáis figurado
	figure	figuren	haya figurado	hayan figurado
	Imperfect		**Pluperfect**	
	figurara, -se	figuráramos, -semos	hubiera, -se figurado	hubiéramos, -semos figurado
	figuraras, -ses	figurarais, -seis	hubieras, -ses figurado	hubierais, -seis figurado
	figurara, -se	figuraran, -sen	hubiera, -se figurado	hubieran, -sen figurado

IMPERATIVE

figura (tú); no figures
(no) figure (Ud.)

(no) figuremos (nosotros)
figurad (vosotros); no figuréis
(no) figuren (Uds.)

EXAMPLES

Elena figurará en las revistas de modas.
Las nubes figuraban aviones.
¡Qué se figuren lo que quieran!

Helen will appear in the fashion magazines.
The clouds took the figures of airplanes.
Let them imagine whatever they want!

IDIOMATIC EXAMPLE

Se me figura que él es de España.

I think he is from Spain.

fijar

to establish, to stick, to set

Gerundio: fijando   **Participio pasado:** fijado

Mood	Simple Tenses		Compound Tenses	
	Singular	*Plural*	*Singular*	*Plural*
Indicative	**Present**		**Present Perfect**	
	fijo	fijamos	he fijado	hemos fijado
	fijas	fijáis	has fijado	habéis fijado
	fija	fijan	ha fijado	han fijado
	Preterit		**Preterit Perfect**	
	fijé	fijamos	hube fijado	hubimos fijado
	fijaste	fijasteis	hubiste fijado	hubisteis fijado
	fijó	fijaron	hubo fijado	hubieron fijado
	Imperfect		**Pluperfect**	
	fijaba	fijábamos	había fijado	habíamos fijado
	fijabas	fijabais	habías fijado	habíais fijado
	fijaba	fijaban	había fijado	habían fijado
	Future		**Future Perfect**	
	fijaré	fijaremos	habré fijado	habremos fijado
	fijarás	fijaréis	habrás fijado	habréis fijado
	fijará	fijarán	habrá fijado	habrán fijado
	Conditional		**Conditional Perfect**	
	fijaría	fijaríamos	habría fijado	habríamos fijado
	fijarías	fijaríais	habrías fijado	habríais fijado
	fijaría	fijarían	habría fijado	habrían fijado
Subjunctive	**Present**		**Present Perfect**	
	fije	fijemos	haya fijado	hayamos fijado
	fijes	fijéis	hayas fijado	hayáis fijado
	fije	fijen	haya fijado	hayan fijado
	Imperfect		**Pluperfect**	
	fijara, -se	fijáramos, -semos	hubiera, -se fijado	hubiéramos, -semos fijado
	fijaras, -ses	fijarais, -seis	hubieras, -ses fijado	hubierais, -seis fijado
	fijara, -se	fijaran, -sen	hubiera, -se fijado	hubieran, -sen fijado

IMPERATIVE

	(no) fijemos (nosotros)
fija (tú); no fijes	fijad (vosotros); no fijéis
(no) fije (Ud.)	(no) fijen (Uds.)

EXAMPLES

El vendedor fijó el precio en cinco dólares.

The salesman set the price at five dollars.

Los trabajadores fijaban los sellos en los sobres.

The workers were sticking the stamps on the envelopes.

Si las refinerías fijaran más bajo el precio del petróleo, podríamos viajar a menudo.

If the refineries would set the oil prices lower, we could travel more often.

fijarse

to take notice, to pay attention, to settle

Gerundio: fijándose   **Participio pasado:** fijado

Mood	Simple Tenses		Compound Tenses	
	Singular	*Plural*	*Singular*	*Plural*
Indicative	**Present**		**Present Perfect**	
	me fijo	nos fijamos	me he fijado	nos hemos fijado
	te fijas	os fijáis	te has fijado	os habéis fijado
	se fija	se fijan	se ha fijado	se han fijado
	Preterit		**Preterit Perfect**	
	me fijé	nos fijamos	me hube fijado	nos hubimos fijado
	te fijaste	os fijasteis	te hubiste fijado	os hubisteis fijado
	se fijó	se fijaron	se hubo fijado	se hubieron fijado
	Imperfect		**Pluperfect**	
	me fijaba	nos fijábamos	me había fijado	nos habíamos fijado
	te fijabas	os fijabais	te habías fijado	os habíais fijado
	se fijaba	se fijaban	se había fijado	se habían fijado
	Future		**Future Perfect**	
	me fijaré	nos fijaremos	me habré fijado	nos habremos fijado
	te fijarás	os fijaréis	te habrás fijado	os habréis fijado
	se fijará	se fijarán	se habrá fijado	se habrán fijado
	Conditional		**Conditional Perfect**	
	me fijaría	nos fijaríamos	me habría fijado	nos habríamos fijado
	te fijarías	os fijaríais	te habrías fijado	os habríais fijado
	se fijaría	se fijarían	se habría fijado	se habrían fijado
Subjunctive	**Present**		**Present Perfect**	
	me fije	nos fijemos	me haya fijado	nos hayamos fijado
	te fijes	os fijéis	te hayas fijado	os hayáis fijado
	se fije	se fijen	se haya fijado	se hayan fijado
	Imperfect		**Pluperfect**	
	me fijara, -se	nos fijáramos, -semos	me hubiera, -se fijado	nos hubiéramos, -semos fijado
	te fijaras, -ses	os fijarais, -seis	te hubieras, -ses fijado	os hubierais, -seis fijado
	se fijara, -se	se fijaran, -sen	se hubiera, -se fijado	se hubieran, -sen fijado

IMPERATIVE

fíjate (tú); no te fijes
fíjese (Ud.); no se fije

fijémonos (nosotros); no nos fijemos
fijaos (vosotros); no os fijéis
fíjense (Uds.); no se fijen

EXAMPLES

El editor se fijaba en el mínimo detalle.

The editor used to take notice of the smallest details.

¡Fíjate en lo que haces!

Pay attention to what you are doing!

Si me hubiese fijado más en la actriz, la habría reconocido.

If I had paid more attention to the actress, I would have recognized her.

Ella siempre se fija en todos los detalles.

She always pays attention to all of the details.

financiar

to finance

Gerundio: financiando   **Participio pasado:** financiado

Mood	Simple Tenses		Compound Tenses	
	Singular	*Plural*	*Singular*	*Plural*
Indicative	**Present**		**Present Perfect**	
	financio	financiamos	he financiado	hemos financiado
	financias	financiáis	has financiado	habéis financiado
	financia	financian	ha financiado	han financiado
	Preterit		**Preterit Perfect**	
	financié	financiamos	hube financiado	hubimos financiado
	financiaste	financiasteis	hubiste financiado	hubisteis financiado
	financió	financiaron	hubo financiado	hubieron financiado
	Imperfect		**Pluperfect**	
	financiaba	financiábamos	había financiado	habíamos financiado
	financiabas	financiabais	habías financiado	habíais financiado
	financiaba	financiaban	había financiado	habían financiado
	Future		**Future Perfect**	
	financiaré	financiaremos	habré financiado	habremos financiado
	financiarás	financiaréis	habrás financiado	habréis financiado
	financiará	financiarán	habrá financiado	habrán financiado
	Conditional		**Conditional Perfect**	
	financiaría	financiaríamos	habría financiado	habríamos financiado
	financiarías	financiaríais	habrías financiado	habríais financiado
	financiaría	financiarían	habría financiado	habrían financiado
Subjunctive	**Present**		**Present Perfect**	
	financie	financiemos	haya financiado	hayamos financiado
	financies	financiéis	hayas financiado	hayáis financiado
	financie	financien	haya financiado	hayan financiado
	Imperfect		**Pluperfect**	
	financiara, -se	financiáramos, -semos	hubiera, -se financiado	hubiéramos, -semos financiado
	financiaras, -ses	financiarais, -seis	hubieras, -ses financiado	hubierais, -seis financiado
	financiara, -se	financiaran, -sen	hubiera, -se financiado	hubieran, -sen financiado

IMPERATIVE

financia (tú); no financies
(no) financie (Ud.)

(no) financiemos (nosotros)
financiad (vosotros); no financiéis
(no) financien (Uds.)

EXAMPLES

El banco siempre nos financia la compra de los autos.

The bank always finances our cars.

Hemos financiado la nueva empresa de mi hermana.

We have financed my sister's new business.

El millonario había financiado la campaña política.

The millionaire had financed the political campaign.

fingir

to pretend, to fake, to feign

Gerundio: fingiendo   **Participio pasado:** fingido

Mood	Simple Tenses		Compound Tenses	
	Singular	*Plural*	*Singular*	*Plural*
Indicative	**Present**		**Present Perfect**	
	finjo	fingimos	he fingido	hemos fingido
	finges	fingís	has fingido	habéis fingido
	finge	fingen	ha fingido	han fingido
	Preterit		**Preterit Perfect**	
	fingí	fingimos	hube fingido	hubimos fingido
	fingiste	fingisteis	hubiste fingido	hubisteis fingido
	fingió	fingieron	hubo fingido	hubieron fingido
	Imperfect		**Pluperfect**	
	fingía	fingíamos	había fingido	habíamos fingido
	fingías	fingíais	habías fingido	habíais fingido
	fingía	fingían	había fingido	habían fingido
	Future		**Future Perfect**	
	fingiré	fingiremos	habré fingido	habremos fingido
	fingirás	fingiréis	habrás fingido	habréis fingido
	fingirá	fingirán	habrá fingido	habrán fingido
	Conditional		**Conditional Perfect**	
	fingiría	fingiríamos	habría fingido	habríamos fingido
	fingirías	fingiríais	habrías fingido	habríais fingido
	fingiría	fingirían	habría fingido	habrían fingido
Subjunctive	**Present**		**Present Perfect**	
	finja	finjamos	haya fingido	hayamos fingido
	finjas	finjáis	hayas fingido	hayáis fingido
	finja	finjan	haya fingido	hayan fingido
	Imperfect		**Pluperfect**	
	fingiera, -se	fingiéramos, -semos	hubiera, -se fingido	hubiéramos, -semos fingido
	fingieras, -ses	fingierais, -seis	hubieras, -ses fingido	
	fingiera, -se	fingieran, -sen	hubiera, -se fingido	hubierais, -seis fingido
				hubieran, -sen fingido

IMPERATIVE

finge (tú); no finjas
(no) finja (Ud.)

(no) finjamos (nosotros)
fingid (vosotros); no finjáis
(no) finjan (Uds.)

EXAMPLES

Ángel fingía que estaba dormido.

El payaso había fingido las sonrisas durante la fiesta.

Cuando éramos niños, fingíamos que éramos perros.

Angel was pretending that he was sleep.

The clown had faked the smiles during the party.

When we were children, we pretended we were dogs.

firmar

to sign

Gerundio: firmando   **Participio pasado:** firmado

Mood	Simple Tenses		Compound Tenses	
	Singular	*Plural*	*Singular*	*Plural*
Indicative	**Present**		**Present Perfect**	
	firmo	firmamos	he firmado	hemos firmado
	firmas	firmáis	has firmado	habéis firmado
	firma	firman	ha firmado	han firmado
	Preterit		**Preterit Perfect**	
	firmé	firmamos	hube firmado	hubimos firmado
	firmaste	firmasteis	hubiste firmado	hubisteis firmado
	firmó	firmaron	hubo firmado	hubieron firmado
	Imperfect		**Pluperfect**	
	firmaba	firmábamos	había firmado	habíamos firmado
	firmabas	firmabais	habías firmado	habíais firmado
	firmaba	firmaban	había firmado	habían firmado
	Future		**Future Perfect**	
	firmaré	firmaremos	habré firmado	habremos firmado
	firmarás	firmaréis	habrás firmado	habréis firmado
	firmará	firmarán	habrá firmado	habrán firmado
	Conditional		**Conditional Perfect**	
	firmaría	firmaríamos	habría firmado	habríamos firmado
	firmarías	firmaríais	habrías firmado	habríais firmado
	firmaría	firmarían	habría firmado	habrían firmado
Subjunctive	**Present**		**Present Perfect**	
	firme	firmemos	haya firmado	hayamos firmado
	firmes	firméis	hayas firmado	hayáis firmado
	firme	firmen	haya firmado	hayan firmado
	Imperfect		**Pluperfect**	
	firmara, -se	firmáramos, -semos	hubiera, -se firmado	hubiéramos, -semos firmado
	firmaras, -ses	firmarais, -seis	hubieras, -ses firmado	
	firmara, -se	firmaran, -sen	hubiera, -se firmado	hubierais, -seis firmado
				hubieran, -sen firmado

IMPERATIVE

firma (tú); no firmes
(no) firme (Ud.)

(no) firmemos (nosotros)
firmad (vosotros); no firméis
(no) firmen (Uds.)

EXAMPLES

¡No firmes el contrato sin antes leerlo!

Aunque hayas firmado la declaración, todavía puedes agregarle algo.

Ella firmó y se olvidó del asunto.

Don't sign the contract until you read it!

Even though you had signed the statement, you can still add to it.

She signed it and she forgot about it.

fracasar

to fail, to be unsuccessful

Gerundio: fracasando   **Participio pasado:** fracasado

Mood	Simple Tenses		Compound Tenses	
	Singular	*Plural*	*Singular*	*Plural*
Indicative	**Present**		**Present Perfect**	
	fracaso	fracasamos	he fracasado	hemos fracasado
	fracasas	fracasáis	has fracasado	habéis fracasado
	fracasa	fracasan	ha fracasado	han fracasado
	Preterit		**Preterit Perfect**	
	fracasé	fracasamos	hube fracasado	hubimos fracasado
	fracasaste	fracasasteis	hubiste fracasado	hubisteis fracasado
	fracasó	fracasaron	hubo fracasado	hubieron fracasado
	Imperfect		**Pluperfect**	
	fracasaba	fracasábamos	había fracasado	habíamos fracasado
	fracasabas	fracasabais	habías fracasado	habíais fracasado
	fracasaba	fracasaban	había fracasado	habían fracasado
	Future		**Future Perfect**	
	fracasaré	fracasaremos	habré fracasado	habremos fracasado
	fracasarás	fracasaréis	habrás fracasado	habréis fracasado
	fracasará	fracasarán	habrá fracasado	habrán fracasado
	Conditional		**Conditional Perfect**	
	fracasaría	fracasaríamos	habría fracasado	habríamos fracasado
	fracasarías	fracasaríais	habrías fracasado	habríais fracasado
	fracasaría	fracasarían	habría fracasado	habrían fracasado
Subjunctive	**Present**		**Present Perfect**	
	fracase	fracasemos	haya fracasado	hayamos fracasado
	fracases	fracaséis	hayas fracasado	hayáis fracasado
	fracase	fracasen	haya fracasado	hayan fracasado
	Imperfect		**Pluperfect**	
	fracasara, -se	fracasáramos, -semos	hubiera, -se fracasado	hubiéramos, -semos fracasado
	fracasaras, -ses	fracasarais, -seis	hubieras, -ses fracasado	hubierais, -seis fracasado
	fracasara, -se	fracasaran, -sen	hubiera, -se fracasado	hubieran, -sen fracasado

IMPERATIVE

	(no) fracasemos (nosotros)
fracasa (tú); no fracases	fracasad (vosotros); no fracaséis
(no) fracase (Ud.)	(no) fracasen (Uds.)

EXAMPLES

Edison fracasó muchas veces antes de inventar el telégrafo.	Edison failed many times before he invented the telegraph.
La nueva compañía estaba fracasando.	The new company was failing.
Aunque fracase en este negocio, empezaré otro.	Even if I fail in this business, I will start another one.
No fracasaremos porque estamos trabajando duro.	We will not fail because we are working very hard.

fregar

to wash (dishes, floors), to scrub
Gerundio: fregando   **Participio pasado:** fregado

Mood	Simple Tenses		Compound Tenses	
	Singular	*Plural*	*Singular*	*Plural*
Indicative	**Present**		**Present Perfect**	
	friego	fregamos	he fregado	hemos fregado
	friegas	fregáis	has fregado	habéis fregado
	friega	friegan	ha fregado	han fregado
	Preterit		**Preterit Perfect**	
	fregué	fregamos	hube fregado	hubimos fregado
	fregaste	fregasteis	hubiste fregado	hubisteis fregado
	fregó	fregaron	hubo fregado	hubieron fregado
	Imperfect		**Pluperfect**	
	fregaba	fregábamos	había fregado	habíamos fregado
	fregabas	fregabais	habías fregado	habíais fregado
	fregaba	fregaban	había fregado	habían fregado
	Future		**Future Perfect**	
	fregaré	fregaremos	habré fregado	habremos fregado
	fregarás	fregaréis	habrás fregado	habréis fregado
	fregará	fregarán	habrá fregado	habrán fregado
	Conditional		**Conditional Perfect**	
	fregaría	fregaríamos	habría fregado	habríamos fregado
	fregarías	fregaríais	habrías fregado	habríais fregado
	fregaría	fregarían	habría fregado	habrían fregado
Subjunctive	**Present**		**Present Perfect**	
	friegue	freguemos	haya fregado	hayamos fregado
	friegues	freguéis	hayas fregado	hayáis fregado
	friegue	frieguen	haya fregado	hayan fregado
	Imperfect		**Pluperfect**	
	fregara, -se	fregáramos, -semos	hubiera, -se fregado	hubiéramos, -semos fregado
	fregaras, -ses	fregarais, -seis	hubieras, -ses fregado	hubierais, -seis fregado
	fregara, -se	fregaran, -sen	hubiera, -se fregado	hubieran, -sen fregado

IMPERATIVE

friega (tú); no friegues
(no) friegue (Ud.)

(no) freguemos (nosotros)
fregad (vosotros); no freguéis
(no) frieguen (Uds.)

EXAMPLES

Yo fregaba los platos en casa.
La cocinera siempre friega los platos después de cocinar.
Habíamos fregado los pisos cuando los perros entraron.

I used to wash the dishes at home.
The cook always washes the dishes after cooking.
We had just cleaned the floors when the dogs came in.

IDIOMATIC EXAMPLE

Mi vecina me fregaba la paciencia.

My neighbor rubbed me the wrong way.

freír
to fry
Gerundio: friendo   **Participio pasado:** frito

Mood	Simple Tenses		Compound Tenses	
	Singular	*Plural*	*Singular*	*Plural*
Indicative	**Present**		**Present Perfect**	
	frío	freímos	he frito	hemos frito
	fríes	freís	has frito	habéis frito
	fríe	fríen	ha frito	han frito
	Preterit		**Preterit Perfect**	
	freí	freímos	hube frito	hubimos frito
	freíste	freísteis	hubiste frito	hubisteis frito
	frió	frieron	hubo frito	hubieron frito
	Imperfect		**Pluperfect**	
	freía	freíamos	había frito	habíamos frito
	freías	freíais	habías frito	habíais frito
	freía	freían	había frito	habían frito
	Future		**Future Perfect**	
	freiré	freiremos	habré frito	habremos frito
	freirás	freiréis	habrás frito	habréis frito
	freirá	freirán	habrá frito	habrán frito
	Conditional		**Conditional Perfect**	
	freiría	freiríamos	habría frito	habríamos frito
	freirías	freiríais	habrías frito	habríais frito
	freiría	freirían	habría frito	habrían frito
Subjunctive	**Present**		**Present Perfect**	
	fría	friamos	haya frito	hayamos frito
	frías	friáis	hayas frito	hayáis frito
	fría	frían	haya frito	hayan frito
	Imperfect		**Pluperfect**	
	friera, -se	friéramos, -semos	hubiera, -se frito	hubiéramos, -semos frito
	frieras, -ses	frierais, -seis	hubieras, -ses frito	hubierais, -seis frito
	friera, -se	frieran, -sen	hubiera, -se frito	hubieran, -sen frito

IMPERATIVE

	(no) friamos (nosotros)
fríe (tú); no frías	freíd (vosotros); no friáis
(no) fría (Ud.)	(no) frían (Uds.)

Note: This verb has an irregular past participle, *frito.*

EXAMPLES

Mi papá freía pescado todos los sábados.	My father used to fry fish every Saturday.
Cuando me despertaba, ya el pescado estaba frito.	When I woke up, the fish was already fried.
Ella estaba friendo papas para la cena.	She was frying potatoes for dinner.
Él ha frito muchos vegetales.	He has fried many vegetables.
¡No coman alimentos fritos!	Don't eat fried food!

IDIOMATIC EXAMPLE

¡El candidato ya está frito con lo que dijo!	The candidate's campaign is over because of what he said!

frenar

to brake, to restrain, to hold back
Gerundio: frenando **Participio pasado:** frenado

Mood	Simple Tenses		Compound Tenses	
	Singular	*Plural*	*Singular*	*Plural*
Indicative	**Present**		**Present Perfect**	
	freno	frenamos	he frenado	hemos frenado
	frenas	frenáis	has frenado	habéis frenado
	frena	frenan	ha frenado	han frenado
	Preterit		**Preterit Perfect**	
	frené	frenamos	hube frenado	hubimos frenado
	frenaste	frenasteis	hubiste frenado	hubisteis frenado
	frenó	frenaron	hubo frenado	hubieron frenado
	Imperfect		**Pluperfect**	
	frenaba	frenábamos	había frenado	habíamos frenado
	frenabas	frenabais	habías frenado	habíais frenado
	frenaba	frenaban	había frenado	habían frenado
	Future		**Future Perfect**	
	frenaré	frenaremos	habré frenado	habremos frenado
	frenarás	frenaréis	habrás frenado	habréis frenado
	frenará	frenarán	habrá frenado	habrán frenado
	Conditional		**Conditional Perfect**	
	frenaría	frenaríamos	habría frenado	habríamos frenado
	frenarías	frenaríais	habrías frenado	habríais frenado
	frenaría	frenarían	habría frenado	habrían frenado
Subjunctive	**Present**		**Present Perfect**	
	frene	frenemos	haya frenado	hayamos frenado
	frenes	frenéis	hayas frenado	hayáis frenado
	frene	frenen	haya frenado	hayan frenado
	Imperfect		**Pluperfect**	
	frenara, -se	frenáramos, -semos	hubiera, -se frenado	hubiéramos, -semos frenado
	frenaras, -ses	frenarais, -seis	hubieras, -ses frenado	hubierais, -seis frenado
	frenara, -se	frenaran, -sen	hubiera, -se frenado	hubieran, -sen frenado

IMPERATIVE

frena (tú); no frenes
(no) frene (Ud.)

(no) frenemos (nosotros)
frenad (vosotros); no frenéis
(no) frenen (Uds.)

EXAMPLES

Chila frenó el caballo justo a tiempo.
Mientras lo frenaba, ella se cayó.

Shirley restrained the horse just in time.
While she was restraining the horse, she fell down.

El conductor había frenado, pero el tren siguió moviéndose.

The conductor had applied the brakes, but the train kept on moving.

fumar
to smoke

Gerundio: fumando   **Participio pasado:** fumado

Mood	Simple Tenses		Compound Tenses	
	Singular	*Plural*	*Singular*	*Plural*
Indicative	**Present**		**Present Perfect**	
	fumo	fumamos	he fumado	hemos fumado
	fumas	fumáis	has fumado	habéis fumado
	fuma	fuman	ha fumado	han fumado
	Preterit		**Preterit Perfect**	
	fumé	fumamos	hube fumado	hubimos fumado
	fumaste	fumasteis	hubiste fumado	hubisteis fumado
	fumó	fumaron	hubo fumado	hubieron fumado
	Imperfect		**Pluperfect**	
	fumaba	fumábamos	había fumado	habíamos fumado
	fumabas	fumabais	habías fumado	habíais fumado
	fumaba	fumaban	había fumado	habían fumado
	Future		**Future Perfect**	
	fumaré	fumaremos	habré fumado	habremos fumado
	fumarás	fumaréis	habrás fumado	habréis fumado
	fumará	fumarán	habrá fumado	habrán fumado
	Conditional		**Conditional Perfect**	
	fumaría	fumaríamos	habría fumado	habríamos fumado
	fumarías	fumaríais	habrías fumado	habríais fumado
	fumaría	fumarían	habría fumado	habrían fumado
Subjunctive	**Present**		**Present Perfect**	
	fume	fumemos	haya fumado	hayamos fumado
	fumes	fuméis	hayas fumado	hayáis fumado
	fume	fumen	haya fumado	hayan fumado
	Imperfect		**Pluperfect**	
	fumara, -se	fumáramos, -semos	hubiera, -se fumado	hubiéramos, -semos fumado
	fumaras, -ses	fumarais, -seis	hubieras, -ses fumado	hubierais, -seis fumado
	fumara, -se	fumaran, -sen	hubiera, -se fumado	hubieran, -sen fumado

IMPERATIVE

	(no) fumemos (nosotros)
fuma (tú); no fumes	fumad (vosotros); no fuméis
(no) fume (Ud.)	(no) fumen (Uds.)

EXAMPLES

El fumador está fumando un cigarro.	The smoker is smoking a cigar.
Yo nunca fumaría.	I would never smoke.
Aunque ellos hayan fumado antes, ahora no fuman.	Though they had smoked before, they don't smoke now.

funcionar

to function, to work

Gerundio: funcionando **Participio pasado:** funcionado

Mood	Simple Tenses		Compound Tenses	
	Singular	*Plural*	*Singular*	*Plural*
Indicative	**Present**		**Present Perfect**	
	funciono	funcionamos	he funcionado	hemos funcionado
	funcionas	funcionáis	has funcionado	habéis funcionado
	funciona	funcionan	ha funcionado	han funcionado
	Preterit		**Preterit Perfect**	
	funcioné	funcionamos	hube funcionado	hubimos funcionado
	funcionaste	funcionasteis	hubiste funcionado	hubisteis funcionado
	funcionó	funcionaron	hubo funcionado	hubieron funcionado
	Imperfect		**Pluperfect**	
	funcionaba	funcionábamos	había funcionado	habíamos funcionado
	funcionabas	funcionabais	habías funcionado	habíais funcionado
	funcionaba	funcionaban	había funcionado	habían funcionado
	Future		**Future Perfect**	
	funcionaré	funcionaremos	habré funcionado	habremos funcionado
	funcionarás	funcionaréis	habrás funcionado	habréis funcionado
	funcionará	funcionarán	habrá funcionado	habrán funcionado
	Conditional		**Conditional Perfect**	
	funcionaría	funcionaríamos	habría funcionado	habríamos funcionado
	funcionarías	funcionaríais	habrías funcionado	habríais funcionado
	funcionaría	funcionarían	habría funcionado	habrían funcionado
Subjunctive	**Present**		**Present Perfect**	
	funcione	funcionemos	haya funcionado	hayamos funcionado
	funciones	funcionéis	hayas funcionado	hayáis funcionado
	funcione	funcionen	haya funcionado	hayan funcionado
	Imperfect		**Pluperfect**	
	funcionara, -se	funcionáramos, -semos	hubiera, -se funcionado	hubiéramos, -semos funcionado
	funcionaras, -ses	funcionarais, -seis	hubieras, -ses funcionado	hubierais, -seis funcionado
	funcionara, -se	funcionaran, -sen	hubiera, -se funcionado	hubieran, -sen funcionado

IMPERATIVE

	(no) funcionemos (nosotros)
funciona (tú); no funciones	funcionad (vosotros); no funcionéis
(no) funcione (Ud.)	(no) funcionen (Uds.)

EXAMPLES

Mi auto funcionaba esta mañana, pero ahora no funciona.	My car was working this morning, but it is not functioning now.
La computadora quiso funcionar, mas no pudo.	The computer wanted to function, but it couldn't.
Si las fábricas estuviesen funcionando, emplearían más gente.	If the factories were functioning, they would employ more people.

fundar

to found, to establish, to be one's opinion

Gerundio: fundando   **Participio pasado:** fundado

Mood	Simple Tenses		Compound Tenses	
	Singular	*Plural*	*Singular*	*Plural*
Indicative	**Present**		**Present Perfect**	
	fundo	fundamos	he fundado	hemos fundado
	fundas	fundáis	has fundado	habéis fundado
	funda	fundan	ha fundado	han fundado
	Preterit		**Preterit Perfect**	
	fundé	fundamos	hube fundado	hubimos fundado
	fundaste	fundasteis	hubiste fundado	hubisteis fundado
	fundó	fundaron	hubo fundado	hubieron fundado
	Imperfect		**Pluperfect**	
	fundaba	fundábamos	había fundado	habíamos fundado
	fundabas	fundabais	habías fundado	habíais fundado
	fundaba	fundaban	había fundado	habían fundado
	Future		**Future Perfect**	
	fundaré	fundaremos	habré fundado	habremos fundado
	fundarás	fundaréis	habrás fundado	habréis fundado
	fundará	fundarán	habrá fundado	habrán fundado
	Conditional		**Conditional Perfect**	
	fundaría	fundaríamos	habría fundado	habríamos fundado
	fundarías	fundaríais	habrías fundado	habríais fundado
	fundaría	fundarían	habría fundado	habrían fundado
Subjunctive	**Present**		**Present Perfect**	
	funde	fundemos	haya fundado	hayamos fundado
	fundes	fundéis	hayas fundado	hayáis fundado
	funde	funden	haya fundado	hayan fundado
	Imperfect		**Pluperfect**	
	fundara, -se	fundáramos, -semos	hubiera, -se fundado	hubiéramos, -semos fundado
	fundaras, -ses	fundarais, -seis	hubieras, -ses fundado	hubierais, -seis fundado
	fundara, -se	fundaran, -sen	hubiera, -se fundado	hubieran, -sen fundado

IMPERATIVE

funda (tú); no fundes

(no) funde (Ud.)

(no) fundemos (nosotros)

fundad (vosotros); no fundéis

(no) funden (Uds.)

EXAMPLES

Enrique fundó una nueva compañía.

La habría fundado antes, pero necesitaba más dinero.

Ella fundaba su opinión en las estadísticas que leyó.

Henry founded a new company.

He would have founded it before, but he needed more money.

She based her opinion on the statistics that she read.

ganar

to win, to earn, to gain

Gerundio: ganando   **Participio pasado:** ganado

Mood	Simple Tenses		Compound Tenses	
	Singular	*Plural*	*Singular*	*Plural*
Indicative	**Present**		**Present Perfect**	
	gano	ganamos	he ganado	hemos ganado
	ganas	ganáis	has ganado	habéis ganado
	gana	ganan	ha ganado	han ganado
	Preterit		**Preterit Perfect**	
	gané	ganamos	hube ganado	hubimos ganado
	ganaste	ganasteis	hubiste ganado	hubisteis ganado
	ganó	ganaron	hubo ganado	hubieron ganado
	Imperfect		**Pluperfect**	
	ganaba	ganábamos	había ganado	habíamos ganado
	ganabas	ganabais	habías ganado	habíais ganado
	ganaba	ganaban	había ganado	habían ganado
	Future		**Future Perfect**	
	ganaré	ganaremos	habré ganado	habremos ganado
	ganarás	ganaréis	habrás ganado	habréis ganado
	ganará	ganarán	habrá ganado	habrán ganado
	Conditional		**Conditional Perfect**	
	ganaría	ganaríamos	habría ganado	habríamos ganado
	ganarías	ganaríais	habrías ganado	habríais ganado
	ganaría	ganarían	habría ganado	habrían ganado
Subjunctive	**Present**		**Present Perfect**	
	gane	ganemos	haya ganado	hayamos ganado
	ganes	ganéis	hayas ganado	hayáis ganado
	gane	ganen	haya ganado	hayan ganado
	Imperfect		**Pluperfect**	
	ganara,-se	ganáramos,-semos	hubiera, -se ganado	hubiéramos, -semos ganado
	ganaras,-ses	ganarais,-seis	hubieras, -ses ganado	hubierais, -seis ganado
	ganara,-se	ganaran,-sen	hubiera, -se ganado	hubieran, -sen ganado

IMPERATIVE

gana (tú); no ganes

(no) gane (Ud.)

(no) ganemos (nosotros)

ganad (vosotros); no ganéis

(no) ganen (Uds.)

EXAMPLES

Hemos ganado dos mil dólares.

We have won two thousand dollars.

Hubiésemos ganado la carrera si nos hubiéramos preparado mejor.

We would have won the race, if we had prepared better.

Aunque no ganemos nada en Las Vegas, nos habremos divertido.

Even if we don't win anything in Las Vegas, we will have had fun.

IDIOMATIC EXAMPLE

Los recién casados se ganaron el gordo.

The newlyweds won the lottery.

gastar
to spend money, to waste, to wear out
Gerundio: gastando   **Participio pasado:** gastado

Mood	Simple Tenses		Compound Tenses	
	Singular	*Plural*	*Singular*	*Plural*
Indicative	**Present**		**Present Perfect**	
	gasto	gastamos	he gastado	hemos gastado
	gastas	gastáis	has gastado	habéis gastado
	gasta	gastan	ha gastado	han gastado
	Preterit		**Preterit Perfect**	
	gasté	gastamos	hube gastado	hubimos gastado
	gastaste	gastasteis	hubiste gastado	hubisteis gastado
	gastó	gastaron	hubo gastado	hubieron gastado
	Imperfect		**Pluperfect**	
	gastaba	gastábamos	había gastado	habíamos gastado
	gastabas	gastabais	habías gastado	habíais gastado
	gastaba	gastaban	había gastado	habían gastado
	Future		**Future Perfect**	
	gastaré	gastaremos	habré gastado	habremos gastado
	gastarás	gastaréis	habrás gastado	habréis gastado
	gastará	gastarán	habrá gastado	habrán gastado
	Conditional		**Conditional Perfect**	
	gastaría	gastaríamos	habría gastado	habríamos gastado
	gastarías	gastaríais	habrías gastado	habríais gastado
	gastaría	gastarían	habría gastado	habrían gastado
Subjunctive	**Present**		**Present Perfect**	
	gaste	gastemos	haya gastado	hayamos gastado
	gastes	gastéis	hayas gastado	hayáis gastado
	gaste	gasten	haya gastado	hayan gastado
	Imperfect		**Pluperfect**	
	gastara, -se	gastáramos, -semos	hubiera, -se gastado	hubiéramos, -semos gastado
	gastaras, -ses	gastarais, -seis	hubieras, -ses gastado	hubierais, -seis gastado
	gastara, -se	gastaran, -sen	hubiera, -se gastado	hubieran, -sen gastado

IMPERATIVE

	(no) gastemos (nosotros)
gasta (tú); no gastes	gastad (vosotros); no gastéis
(no) gaste (Ud.)	(no) gasten (Uds.)

EXAMPLES

¡Nosotros hemos gastado todo lo que ganamos!	We have spent all that we made!
Si gastáramos menos, ahorraríamos más.	If we spend less, we would save more.
Él gastaba su tiempo en las manifestaciones.	He used to waste his time in demonstrations.
¡Ojalá que ella no gaste mucho dinero!	I hope she doesn't spend too much money!

gemir

to groan, moan, wail

Gerundio: gimiendo   **Participio pasado:** gemido

Mood	Simple Tenses		Compound Tenses	
	Singular	*Plural*	*Singular*	*Plural*
Indicative	**Present**		**Present Perfect**	
	gimo	gemimos	he gemido	hemos gemido
	gimes	gemís	has gemido	habéis gemido
	gime	gimen	ha gemido	han gemido
	Preterit		**Preterit Perfect**	
	gemí	gemimos	hube gemido	hubimos gemido
	gemiste	gemisteis	hubiste gemido	hubisteis gemido
	gimió	gimieron	hubo gemido	hubieron gemido
	Imperfect		**Pluperfect**	
	gemía	gemíamos	había gemido	habíamos gemido
	gemías	gemíais	habías gemido	habíais gemido
	gemía	gemían	había gemido	habían gemido
	Future		**Future Perfect**	
	gemiré	gemiremos	habré gemido	habremos gemido
	gemirás	gemiréis	habrás gemido	habréis gemido
	gemirá	gemirán	habrá gemido	habrán gemido
	Conditional		**Conditional Perfect**	
	gemiría	gemiríamos	habría gemido	habríamos gemido
	gemirías	gemiríais	habrías gemido	habríais gemido
	gemiría	gemirían	habría gemido	habrían gemido
Subjunctive	**Present**		**Present Perfect**	
	gima	gimamos	haya gemido	hayamos gemido
	gimas	gimáis	hayas gemido	hayáis gemido
	gima	giman	haya gemido	hayan gemido
	Imperfect		**Pluperfect**	
	gimiera, -se	gimiéramos, -semos	hubiera, -se gemido	hubiéramos, -semos gemido
	gimieras, -ses	gimierais, -seis	hubieras, -ses gemido	hubierais, -seis gemido
	gimiera, -se	gimieran, -sen	hubiera, -se gemido	hubieran, -sen gemido

IMPERATIVE

gime (tú); no gimas

(no) gima (Ud.)

(no) gimamos (nosotros)

gemid (vosotros); no gimáis

(no) giman (Uds.)

EXAMPLES

El bebé ha gemido toda la noche.

El baby has moaned all night long.

Él estaba gimiendo porque tenía dolor de oído.

He was moaning because he had an earache.

El plomero gimió cuando se quemó.

The plumber wailed when he got burned.

Si hubiese gemido más fuerte, lo habría escuchado.

If he had groaned louder, I would have heard him.

girar
to turn round, to spin, to revolve
Gerundio: girando   **Participio pasado:** girado

Mood	Simple Tenses		Compound Tenses	
	Singular	*Plural*	*Singular*	*Plural*
Indicative	**Present**		**Present Perfect**	
	giro	giramos	he girado	hemos girado
	giras	giráis	has girado	habéis girado
	gira	giran	ha girado	han girado
	Preterit		**Preterit Perfect**	
	giré	giramos	hube girado	hubimos girado
	giraste	girasteis	hubiste girado	hubisteis girado
	giró	giraron	hubo girado	hubieron girado
	Imperfect		**Pluperfect**	
	giraba	girábamos	había girado	habíamos girado
	girabas	girabais	habías girado	habíais girado
	giraba	giraban	había girado	habían girado
	Future		**Future Perfect**	
	giraré	giraremos	habré girado	habremos girado
	girarás	giraréis	habrás girado	habréis girado
	girará	girarán	habrá girado	habrán girado
	Conditional		**Conditional Perfect**	
	giraría	giraríamos	habría girado	habríamos girado
	girarías	giraríais	habrías girado	habríais girado
	giraría	girarían	habría girado	habrían girado
Subjunctive	**Present**		**Present Perfect**	
	gire	giremos	haya girado	hayamos girado
	gires	giréis	hayas girado	hayáis girado
	gire	giren	haya girado	hayan girado
	Imperfect		**Pluperfect**	
	girara, -se	giráramos, -semos	hubiera, -se girado	hubiéramos, -semos girado
	giraras, -ses	girarais, -seis	hubieras, -ses girado	hubierais, -seis girado
	girara, -se	giraran, -sen	hubiera, -se girado	hubieran, -sen girado

IMPERATIVE

	(no) giremos (nosotros)
gira (tú); no gires	girad (vosotros); no giréis
(no) gire (Ud.)	(no) giren (Uds.)

EXAMPLES

La Tierra gira alrededor de su eje una vez al día.	The Earth rotates around its own axis once a day.
El tiovivo giraba y giraba en la feria.	The merry-go-round went round and round at the fair.
La silla no estaba girando muy bien porque le faltaba aceite.	The chair was not spinning around very well because it needed oil.
Si la bailarina girase más rápido, se haría famosa.	If the ballerina could spin around faster, she would become famous.

gobernar

to govern, to rule

Gerundio: gobernando   **Participio pasado:** gobernado

Mood	Simple Tenses		Compound Tenses	
	Singular	*Plural*	*Singular*	*Plural*
Indicative	**Present**		**Present Perfect**	
	gobierno	gobernamos	he gobernado	hemos gobernado
	gobiernas	gobernáis	has gobernado	habéis gobernado
	gobierna	gobiernan	ha gobernado	han gobernado
	Preterit		**Preterit Perfect**	
	goberné	gobernamos	hube gobernado	hubimos gobernado
	gobernaste	gobernasteis	hubiste gobernado	hubisteis gobernado
	gobernó	gobernaron	hubo gobernado	hubieron gobernado
	Imperfect		**Pluperfect**	
	gobernaba	gobernábamos	había gobernado	habíamos gobernado
	gobernabas	gobernabais	habías gobernado	habíais gobernado
	gobernaba	gobernaban	había gobernado	habían gobernado
	Future		**Future Perfect**	
	gobernaré	gobernaremos	habré gobernado	habremos gobernado
	gobernarás	gobernaréis	habrás gobernado	habréis gobernado
	gobernará	gobernarán	habrá gobernado	habrán gobernado
	Conditional		**Conditional Perfect**	
	gobernaría	gobernaríamos	habría gobernado	habríamos gobernado
	gobernarías	gobernaríais	habrías gobernado	habríais gobernado
	gobernaría	gobernarían	habría gobernado	habrían gobernado
Subjunctive	**Present**		**Present Perfect**	
	gobierne	gobernemos	haya gobernado	hayamos gobernado
	gobiernes	gobernéis	hayas gobernado	hayáis gobernado
	gobierne	gobiernen	haya gobernado	hayan gobernado
	Imperfect		**Pluperfect**	
	gobernara, -se	gobernáramos, -semos	hubiera, -se gobernado	hubiéramos, -semos gobernado
	gobernaras, -ses	gobernarais, -seis	hubieras, -ses gobernado	hubierais, -seis gobernado
	gobernara, -se	gobernaran, -sen	hubiera, -se gobernado	hubieran, -sen gobernado

IMPERATIVE

gobierna (tú); no gobiernes
(no) gobierne (Ud.)

(no) gobernemos (nosotros)
gobernad (vosotros); no gobernéis
(no) gobiernen (Uds.)

EXAMPLES

El presidente gobernaba con sabiduría.

The president was governing with wisdom.

El dictador ha gobernado con crueldad por veinticinco años.

The dictator has governed cruelly for twenty-five years.

Él habría gobernado por más tiempo pero hubo una rebelión.

He would have governed longer, but there was a coup.

El gobernador estaba gobernando con mano dura.

The governor was governing with a strong hand.

golpear
to hit, to strike, to knock
Gerundio: golpeando   **Participio pasado:** golpeado

Mood	Simple Tenses		Compound Tenses	
	Singular	*Plural*	*Singular*	*Plural*
Indicative	**Present**		**Present Perfect**	
	golpeo	golpeamos	he golpeado	hemos golpeado
	golpeas	golpeáis	has golpeado	habéis golpeado
	golpea	golpean	ha golpeado	han golpeado
	Preterit		**Preterit Perfect**	
	golpeé	golpeamos	hube golpeado	hubimos golpeado
	golpeaste	golpeasteis	hubiste golpeado	hubisteis golpeado
	golpeó	golpearon	hubo golpeado	hubieron golpeado
	Imperfect		**Pluperfect**	
	golpeaba	golpeábamos	había golpeado	habíamos golpeado
	golpeabas	golpeabais	habías golpeado	habíais golpeado
	golpeaba	golpeaban	había golpeado	habían golpeado
	Future		**Future Perfect**	
	golpearé	golpearemos	habré golpeado	habremos golpeado
	golpearás	golpearéis	habrás golpeado	habréis golpeado
	golpeará	golpearán	habrá golpeado	habrán golpeado
	Conditional		**Conditional Perfect**	
	golpearía	golpearíamos	habría golpeado	habríamos golpeado
	golpearías	golpearíais	habrías golpeado	habríais golpeado
	golpearía	golpearían	habría golpeado	habrían golpeado
Subjunctive	**Present**		**Present Perfect**	
	golpee	golpeemos	haya golpeado	hayamos golpeado
	golpees	golpeéis	hayas golpeado	hayáis golpeado
	golpee	golpeen	haya golpeado	hayan golpeado
	Imperfect		**Pluperfect**	
	golpeara, -se	golpeáramos, -semos	hubiera, -se golpeado	hubiéramos, -semos golpeado
	golpearas, -ses	golpearais, -seis	hubieras, -ses golpeado	
	golpeara, -se	golpearan, -sen	hubiera, -se golpeado	hubierais, -seis golpeado
				hubieran, -sen golpeado

IMPERATIVE

golpea (tú); no golpees
(no) golpee (Ud.)

(no) golpeemos (nosotros)
golpead (vosotros); no golpeéis
(no) golpeen (Uds.)

EXAMPLES

Aunque el bateador haya golpeado la pelota, no fue un pelotazo bueno.

Even though the batter hit the ball, it was not a fair ball.

Alguien está golpeando a la puerta.

Someone is knocking on the door.

Los boxeadores se golpeaban con fuerza.

The boxers were hitting each other with strength.

Los muchachos golpearon el árbol hasta que las frutas cayeron.

The boys hit the tree until the fruits fell down.

gozar

to enjoy, to possess
Gerundio: gozando   **Participio pasado:** gozado

Mood	Simple Tenses		Compound Tenses	
	Singular	*Plural*	*Singular*	*Plural*
Indicative	**Present**		**Present Perfect**	
	gozo	gozamos	he gozado	hemos gozado
	gozas	gozáis	has gozado	habéis gozado
	goza	gozan	ha gozado	han gozado
	Preterit		**Preterit Perfect**	
	gocé	gozamos	hube gozado	hubimos gozado
	gozaste	gozasteis	hubiste gozado	hubisteis gozado
	gozó	gozaron	hubo gozado	hubieron gozado
	Imperfect		**Pluperfect**	
	gozaba	gozábamos	había gozado	habíamos gozado
	gozabas	gozabais	habías gozado	habíais gozado
	gozaba	gozaban	había gozado	habían gozado
	Future		**Future Perfect**	
	gozaré	gozaremos	habré gozado	habremos gozado
	gozarás	gozaréis	habrás gozado	habréis gozado
	gozará	gozarán	habrá gozado	habrán gozado
	Conditional		**Conditional Perfect**	
	gozaría	gozaríamos	habría gozado	habríamos gozado
	gozarías	gozaríais	habrías gozado	habríais gozado
	gozaría	gozarían	habría gozado	habrían gozado
Subjunctive	**Present**		**Present Perfect**	
	goce	gocemos	haya gozado	hayamos gozado
	goces	gocéis	hayas gozado	hayáis gozado
	goce	gocen	haya gozado	hayan gozado
	Imperfect		**Pluperfect**	
	gozara, -se	gozáramos, -semos	hubiera, -se gozado	hubiéramos, -semos gozado
	gozaras, -ses	gozarais, -seis	hubieras, -ses gozado	hubierais, -seis gozado
	gozara, -se	gozaran, -sen	hubiera, -se gozado	hubieran, -sen gozado

IMPERATIVE

	(no) gocemos (nosotros)
goza (tú); no goces	gozad (vosotros); no gocéis
(no) goce (Ud.)	(no) gocen (Uds.)

EXAMPLES

Yo gozo teniendo a mis hijos en casa.
Gozamos mucho en la subasta.
Habríamos gozado más, de haber ganado los boletos para Cancún.
Hay que gozar la vida.

I enjoy having my children at home.
We had fun at the auction.
We would have enjoyed it more, if we had won the tickets to Cancun.
One has to enjoy life.

graduarse

to graduate as, to gauge, to graduate

Gerundio: graduándose **Participio pasado:** graduado

Mood	Simple Tenses		Compound Tenses	
	Singular	*Plural*	*Singular*	*Plural*
Indicative	**Present**		**Present Perfect**	
	me gradúo te gradúas se gradúa	nos graduamos os graduáis se gradúan	me he graduado te has graduado se ha graduado	nos hemos graduado os habéis graduado se han graduado
	Preterit		**Preterit Perfect**	
	me gradué te graduaste se graduó	nos graduamos os graduasteis se graduaron	me hube graduado te hubiste graduado se hubo graduado	nos hubimos graduado os hubisteis graduado se hubieron graduado
	Imperfect		**Pluperfect**	
	me graduaba te graduabas se graduaba	nos graduábamos os graduabais se graduaban	me había graduado te habías graduado se había graduado	nos habíamos graduado os habíais graduado se habían graduado
	Future		**Future Perfect**	
	me graduaré te graduarás se graduará	nos graduaremos os graduaréis se graduarán	me habré graduado te habrás graduado se habrá graduado	nos habremos graduado os habréis graduado se habrán graduado
	Conditional		**Conditional Perfect**	
	me graduaría te graduarías se graduaría	nos graduaríamos os graduaríais se graduarían	me habría graduado te habrías graduado se habría graduado	nos habríamos graduado os habríais graduado se habrían graduado
Subjunctive	**Present**		**Present Perfect**	
	me gradúe te gradúes se gradúe	nos graduemos os graduéis se gradúen	me haya graduado te hayas graduado se haya graduado	nos hayamos graduado os hayáis graduado se hayan graduado
	Imperfect		**Pluperfect**	
	me graduara, -se te graduaras, -ses se graduara, -se	nos graduáramos, -semos os graduarais, -seis se graduaran, -sen	me hubiera, -se graduado te hubieras, -ses graduado se hubiera, -se graduado	nos hubiéramos, -semos graduado os hubierais, -seis grad- uado se hubieran, -sen grad- uado

IMPERATIVE

gradúate (tú); no te gradúes

gradúese (Ud.); no se gradúe

graduémonos (nosotros); no nos graduemos

graduaos (vosotros); no os graduéis

gradúense (Uds.); no se gradúen

Note: As a non-reflexive verb, *graduar* (to graduate, to confer a degree) is shown in Example 3.

EXAMPLES

Esperamos que él se gradúe de economista pronto.

We hope he graduates as an economist soon.

Ellos están graduándose en Ingeniería de Sistemas.

They are graduating with a Systems Engineering degree.

El perito graduó la temperatura del horno esta mañana.

The technician gauged the temperature of the oven this morning.

granizar
to hail

Gerundio: granizando   **Participio pasado:** granizado

Mood	Simple Tenses		Compound Tenses	
	Singular	*Plural*	*Singular*	*Plural*
Indicative	**Present**		**Present Perfect**	
	graniza		ha granizado	
	Preterit		**Preterit Perfect**	
	granizó		hubo granizado	
	Imperfect		**Pluperfect**	
	granizaba		había granizado	
	Future		**Future Perfect**	
	granizará		habrá granizado	
	Conditional		**Conditional Perfect**	
	granizaría		habría granizado	
Subjunctive	**Present**		**Present Perfect**	
	granice		haya granizado	
	Imperfect		**Pluperfect**	
	granizara, -se		hubiera, -se granizado	

IMPERATIVE

¡Que granice!   ¡Que no granice!

Note: This verb is only conjugated in the third-person singular in all tenses.

EXAMPLE

Graniza mucho en la primavera.   It hails a lot in spring.
¡Ah, está granizando de nuevo!   Oh, it is hailing again!
No había granizado así desde hace dos años. It had not hailed like that since two years ago.

guardar

to keep, to guard, to put away

Gerundio: guardando   **Participio pasado:** guardado

Mood	Simple Tenses		Compound Tenses	
	Singular	*Plural*	*Singular*	*Plural*
Indicative	**Present**		**Present Perfect**	
	guardo	guardamos	he guardado	hemos guardado
	guardas	guardáis	has guardado	habéis guardado
	guarda	guardan	ha guardado	han guardado
	Preterit		**Preterit Perfect**	
	guardé	guardamos	he guardado	hemos guardado
	guardaste	guardasteis	has guardado	habéis guardado
	guardó	guardaron	ha guardado	han guardado
	Imperfect		**Pluperfect**	
	guardaba	guardábamos	había guardado	habíamos guardado
	guardabas	guardabais	habías guardado	habíais guardado
	guardaba	guardaban	había guardado	habían guardado
	Future		**Future Perfect**	
	guardaré	guardaremos	habré guardado	habremos guardado
	guardarás	guardaréis	habrás guardado	habréis guardado
	guardará	guardarán	habrá guardado	habrán guardado
	Conditional		**Conditional Perfect**	
	guardaría	guardaríamos	habría guardado	habríamos guardado
	guardarías	guardaríais	habrías guardado	habríais guardado
	guardaría	guardarían	habría guardado	habrían guardado
Subjunctive	**Present**		**Present Perfect**	
	guarde	guardemos	haya guardado	hayamos guardado
	guardes	guardéis	hayas guardado	hayáis guardado
	guarde	guarden	haya guardado	hayan guardado
	Imperfect		**Pluperfect**	
	guardara, -se	guardáramos, -semos	hubiera, -se guardado	hubiéramos, -semos guardado
	guardaras, -ses	guardarais, -seis	hubieras, -ses guardado	hubierais, -seis guardado
	guardara, -se	guardaran, -sen	hubiera, -se guardado	hubieran, -sen guardado

IMPERATIVE

guarda (tú); no guardes
(no) guarde (Ud.)

(no) guardemos (nosotros
guardad (vosotros); no guardéis
(no) guarden (Uds.)

EXAMPLES

Él había guardado su mejor vino para una ocasión especial.

He had kept his best wine for a special occasion.

Donde guardaba Gary las fotos?

Where did Gary keep the pictures?

María estaba guardando sus joyas cuando vio el brazalete.

Maria was putting away her jewels when she saw the bracelet.

Guarda sólo lo necesario.

Keep only what is needed.

guiar
to guide, to lead
Gerundio: guiando   **Participio pasado:** guiado

Mood	Simple Tenses		Compound Tenses	
	Singular	*Plural*	*Singular*	*Plural*
Indicative	guió	guiamos	he guiado	hemos guiado
	guías	guiáis	has guiado	habéis guiado
	guía	guían	ha guiado	han guiado
	Preterit		**Preterit Perfect**	
	guié	guiamos	hube guiado	hubimos guiado
	guiaste	guiasteis	hubiste guiado	hubisteis guiado
	guió	guiaron	hubo guiado	hubieron guiado
	Imperfect		**Pluperfect**	
	guiaba	guiábamos	había guiado	habíamos guiado
	guiabas	guiabais	habías guiado	habíais guiado
	guiaba	guiaban	había guiado	habían guiado
	Future		**Future Perfect**	
	guiaré	guiaremos	habré guiado	habremos guiado
	guiarás	guiaréis	habrás guiado	habréis guiado
	guiará	guiarán	habrá guiado	habrán guiado
	Conditional		**Conditional Perfect**	
	guiaría	guiaríamos	habría guiado	habríamos guiado
	guiarías	guiaríais	habrías guiado	habríais guiado
	guiaría	guiarían	habría guiado	habrían guiado
Subjunctive	**Present**		**Present Perfect**	
	guíe	guiemos	haya guiado	hayamos guiado
	guíes	guiéis	hayas guiado	hayáis guiado
	guíe	guíen	haya guiado	hayan guiado
	Imperfect		**Pluperfect**	
	guiara, -se	guiáramos, -semos,	hubiera, -se guiado	hubiéramos,-semos guiado
	guiaras, -ses	guiarais, -seis	hubieras, -ses guiado	hubierais, -seis guiado
	guiara, -se	guiaran, -sen	hubiera, -se guiado	hubieran, -sen guiado

IMPERATIVE

	(no) guiemos (nosotros)
guía (tú); no guíes	guiad (vosotros); no guiéis
(no) guíe (Ud.)	(no) guíen (Uds.)

Note: As a reflexive verb, *guiarse* (to be guided) is shown in Example 3.

EXAMPLES

El faro guió al barco al puerto anoche.	The lighthouse guided the ship to the port last night.
El perro guiaba al ciego al cruzar la calle.	The dog was guiding the blind man across the street.
Ella se estaba guiando por el mapa.	She was guiding herself with the map.

gustar

to like, to be pleasing to

Gerundio: gustando **Participio pasado:** gustado

Mood	Simple Tenses		Compound Tenses	
	Singular	*Plural*	*Singular*	*Plural*
Indicative	**Present**		**Present Perfect**	
	me gusta(n) te gusta(n) le gusta(n)	nos gusta(n) os gusta(n) les gusta(n)	me ha(n) gustado te ha(n) gustado le ha(n) gustado	nos ha(n) gustado os ha(n) gustado les ha(n) gustado
	Preterit		**Preterit Perfect**	
	me gustó (gustaron) te gustó (gustaron) le gustó (gustaron)	nos gustó (gustaron) os gustó (gustaron) les gustó (gustaron)	me hubo (hubieron) gustado te hubo (hubieron) gus- tado le hubo (hubieron) gus- tado	nos hubo (hubieron) gustado os hubo (hubieron) gustado les hubo (hubieron) gustado
	Imperfect		**Pluperfect**	
	me gustaba(n) te gustaba(n) le gustaba(n)	nos gustaba(n) os gustaba(n) les gustaba(n)	me había(n) gustado te había(n) gustado le había(n) gustado	nos había(n) gustado os había(n) gustado les había(n) gustado
	Future		**Future Perfect**	
	me gustará(n) te gustará(n) le gustará(n)	nos gustará(n) os gustará(n) les gustará(n)	me habrá(n) gustado te habrá(n) gustado le habrá(n) gustado	nos habrá(n) gustado os habrá(n) gustado les habrá(n) gustado
	Conditional		**Conditional Perfect**	
	me gustaría(n) te gustaría(n) le gustaría(n)	nos gustaría(n) os gustaría(n) les gustaría(n)	me habría(n) gustado te habría(n) gustado le habría(n) gustado	nos habría(n) gustado os habría(n) gustado les habría(n) gustado
Subjunctive	**Present**		**Present Perfect**	
	me guste(n) te guste(n) le guste(n)	nos guste(n) os guste(n) les guste(n)	me haya(n) gustado te haya(n) gustado le haya(n) gustado	nos haya(n) gustado os haya(n) gustado les haya(n) gustado
	Imperfect		**Pluperfect**	
	me gustara(n), -se(n) te gustara(n), -se(n) le gustara(n), -se(n)	nos gustara(n), -se(n) os gustara(n), -se(n) les gustara(n), -se(n)	me hubiera(n), -se(n) gustado te hubiera(n), -se(n) gustado le hubiera(n), -se(n) gustado	nos hubiera(n), -se(n) gustado os hubiera(n), -se(n) gustado les hubiera(n), -se(n) gustado

IMPERATIVE

¡Que me/ te/ le/ nos/ os/ les guste(n)!   ¡Que no me/ te/ le/ nos/ os/ les guste(n)!

Note: This verb has a special conjugation construction. It is used in the third-person singular and plural with the indirect object pronouns *me, te, le, nos, os, les.* In this construction, the personal pronouns are not used.

EXAMPLES

¿Le habrán gustado las camisas a mi hermano?	I wonder if my brother liked the shirts?
Me gustó mucho la película.	I liked the movie a lot.
¿Si te gustara esa chica, se lo dirías enseguida?	If you like that girl, would you tell her now?
Nos hubiera gustado cenar con ellos.	We would have liked to have dinner with them.
Estoy seguro que te gustará la carne.	I am sure you will love the meat.

haber

to have

Note: It is used <u>only</u> as an auxiliary verb in the construction of the compound or perfect tenses.

Gerundio: habiendo   **Participio pasado:** habido

Mood	Simple Tenses		Compound Tenses	
	Singular	*Plural*	*Singular*	*Plural*
Indicativo	**Present**		**Present Perfect**	
	he has ha	hemos habéis han	he habido has habido ha habido	hemos habido habéis habido han habido
	Preterit		**Preterit Perfect**	
	hube hubiste hubo	hubimos hubisteis hubieron	hube habido hubiste habido hubo habido	hubimos habido hubisteis habido hubieron habido
	Imperfect		**Pluperfect**	
	había habías había	habíamos habíais habían	había habido habías habido había habido	habíamos habido habíais habido habían habido
	Future		**Future Perfect**	
	habré habrás habrá	habremos habréis habrán	habré habido habrás habido habrá habido	habremos habido habréis habido habrán habido
	Conditional		**Conditional Perfect**	
	habría habrías habría	habríamos habríais habrían	habría habido habrías habido habría habido	habríamos habido habríais habido habrían habido
Subjunctivo	**Present**		**Present Perfect**	
	haya hayas haya	hayamos hayáis hayan	haya habido hayas habido haya habido	hayamos habido hayáis habido hayan habido
	Imperfect		**Pluperfect**	
	hubiera, -se hubieras, -ses hubiera, -se	hubiéramos, -semos hubierais, -seis hubieran, -sen	hubiera, -se habido hubieras, -ses habido hubiera, -se habido	hubiéramos,-semos habido hubierais, -seis habido hubieran, -sen habido

IMPERATIVE

These imperative forms, either affirmative or negative, are rarely used.

he (tú), haya (él), hayamos (nosotros), habed (vosotros), hayan (ellos)

EXAMPLES

He estudiado toda la tarde.	I have studied all afternoon.
Yo hubiese ido, pero estaba ocupada.	I would have gone, but I was busy.
Ella ya había visto esa película.	She had already seen that movie.

IDIOMATIC EXAMPLE

Donde hubo fuego hay cenizas.	Where there is smoke, there is fire.

Note: If a form of *haber* is followed by the preposition *de* + *verb in infinitive*, it forms a verbal phrase of obligation:

Has de escuchar la clase.	You must (have to) listen to the class.
Hemos de estudiar.	We must (have to) study.

Note: If a form *haber* is followed by the preposition *que* + *verb in infinitive*, it forms a verbal phrase of necessity, but is <u>impersonal</u>:

Hay que estudiar mucho.	One has to study a lot.
Habrá que estar preparado.	One will have to be prepared

As an <u>impersonal</u> verb, it is always in singular:

Hay un vendedor esperando en la puerta.	There is a salesman waiting at the door.
Hay accidentes de autos todos los días.	There are car accidents every day.
Hubo una granizada muy fuerte anoche.	There was a strong hailstorm last night.
Hubo muchos heridos durante la manifestación.	There were many injured people during the protest.

habitar

to inhabit, to live, to reside

Gerundio: habitando   **Participio pasado:** habitado

Mood	Simple Tenses		Compound Tenses	
	Singular	*Plural*	*Singular*	*Plural*
	Present		**Present Perfect**	
	habito	habitamos	he habitado	hemos habitado
	habitas	habitáis	has habitado	habéis habitado
	habita	habitan	ha habitado	han habitado
	Preterit		**Preterit Perfect**	
	habité	habitamos	hube habitado	hubimos habitado
	habitaste	habitasteis	hubiste habitado	hubisteis habitado
	habitó	habitaron	hubo habitado	hubieron habitado
Indicative	**Imperfect**		**Pluperfect**	
	habitaba	habitábamos	había habitado	habíamos habitado
	habitabas	habitabais	habías habitado	habíais habitado
	habitaba	habitaban	había habitado	habían habitado
	Future		**Future Perfect**	
	habitaré	habitaremos	habré habitado	habremos habitado
	habitarás	habitaréis	habrás habitado	habréis habitado
	habitará	habitarán	habrá habitado	habrán habitado
	Conditional		**Conditional Perfect**	
	habitaría	habitaríamos	habría habitado	habríamos habitado
	habitarías	habitaríais	habrías habitado	habríais habitado
	habitaría	habitarían	habría habitado	habrían habitado
Subjunctive	**Present**		**Present Perfect**	
	habite	habitemos	haya habitado	hayamos habitado
	habites	habitéis	hayas habitado	hayáis habitado
	habite	habiten	haya habitado	hayan habitado
	Imperfect		**Pluperfect**	
	habitara, -se	habitáramos, -semos	hubiera, -se habitado	hubiéramos, -semos habitado
	habitaras, -ses	habitarais, -seis	hubieras, -ses habitado	hubierais, -seis habitado
	habitara, -se	habitaran, -sen	hubiera, -se habitado	hubieran, -sen habitado

IMPERATIVE

habita (tú); no habites
(no) habite (Ud.)

(no) habitemos (nosotros)
habitad (vosotros); no habitéis
(no) habiten (Uds.)

EXAMPLES

Robin Hood habitaba en el bosque Sherwood.	Robin Hood used to live in Sherwood forest.
Los dinosaurios habitaron este planeta por miles de años.	The dinosaurs lived on this planet for thousands of years.
¿Siempre has habitado en esta mansión?	Have you always lived in this mansion?
El hombre ha habitado la Tierra desde hace miles de años.	It has been thousands of years since mankind has inhabited the Earth.

hablar

to talk, to speak

Gerundio: hablando   **Participio pasado:** hablado

Mood	Simple Tenses		Compound Tenses	
	Singular	*Plural*	*Singular*	*Plural*
Indicative	**Present**		**Present Perfect**	
	hablo	hablamos	he hablado	hemos hablado
	hablas	habláis	has hablado	habéis hablado
	habla	hablan	ha hablado	han hablado
	Preterit		**Preterit Perfect**	
	hablé	hablamos	hube hablado	hubimos hablado
	hablaste	hablasteis	hubiste hablado	hubisteis hablado
	habló	hablaron	hubo hablado	hubieron hablado
	Imperfect		**Pluperfect**	
	hablaba	hablábamos	había hablado	habíamos hablado
	hablabas	hablabais	habías hablado	habíais hablado
	hablaba	hablaban	había hablado	habían hablado
	Future		**Future Perfect**	
	hablaré	hablaremos	habré hablado	habremos hablado
	hablarás	hablaréis	habrás hablado	habréis hablado
	hablará	hablarán	habrá hablado	habrán hablado
	Conditional		**Conditional Perfect**	
	hablaría	hablaríamos	habría hablado	habríamos hablado
	hablarías	hablaríais	habrías hablado	habríais hablado
	hablaría	hablarían	habría hablado	habrían hablado
Subjunctive	**Present**		**Present Perfect**	
	hable	hablemos	haya hablado	hayamos hablado
	hables	habléis	hayas hablado	hayáis hablado
	hable	hablen	haya hablado	hayan hablado
	Imperfect		**Pluperfect**	
	hablara, -se	habláramos, -semos	hubiera, -se hablado	hubiéramos, -semos hablado
	hablaras, -ses	hablarais, -seis	hubieras, -ses hablado	hubierais, -seis hablado
	hablara, -se	hablaran, -sen	hubiera, -se hablado	hubieran, -sen hablado

IMPERATIVE

habla (tú); no hables

(no) hable (Ud.)

(no) hablemos (nosotros)

hablad (vosotros); no habléis

(no) hablen (Uds.)

EXAMPLES

El comandante ha hablado por tres horas.

The commander has spoken for three hours.

Si él hubiese hablado solamente una hora, habría dicho lo mismo.

If he had spoken just one hour, he would have said the same thing.

¡Habla de lo que quieras!

Say anything you want!

IDIOMATIC EXAMPLE

Hablar sin pensar es tirar sin apuntar.

Talking without thinking is like shooting without aiming.

hacer

to do, to make

Gerundio: haciendo   **Participio pasado:** hecho

Mood	Simple Tenses		Compound Tenses	
	Singular	*Plural*	*Singular*	*Plural*
Indicative	**Present**		**Present Perfect**	
	hago	hacemos	he hecho	hemos hecho
	haces	hacéis	has hecho	habéis hecho
	hace	hacen	ha hecho	han hecho
	Preterit		**Preterit Perfect**	
	hice	hicimos	hube hecho	hubimos hecho
	hiciste	hicisteis	hubiste hecho	hubisteis hecho
	hizo	hicieron	hubo hecho	hubieron hecho
	Imperfect		**Pluperfect**	
	hacía	hacíamos	había hecho	habíamos hecho
	hacías	hacíais	habías hecho	habíais hecho
	hacía	hacían	había hecho	habían hecho
	Future		**Future Perfect**	
	haré	haremos	habré hecho	habremos hecho
	harás	haréis	habrás hecho	habréis hecho
	hará	harán	habrá hecho	habrán hecho
	Conditional		**Conditional Perfect**	
	haría	haríamos	habría hecho	habríamos hecho
	harías	haríais	habrías hecho	habríais hecho
	haría	harían	habría hecho	habrían hecho
Subjunctive	**Present**		**Present Perfect**	
	haga	hagamos	haya hecho	hayamos hecho
	hagas	hagáis	hayas hecho	hayáis hecho
	haga	hagan	haya hecho	hayan hecho
	Imperfect		**Pluperfect**	
	hiciera, -se	hiciéramos, -semos	hubiera, -se hecho	hubiéramos, -semos hecho
	hicieras, -ses	hicierais, -seis	hubieras, -ses hecho	hubierais, -seis hecho
	hiciera, -se	hicieran, -sen	hubiera, -se hecho	hubieran, -sen hecho

IMPERATIVE

	(no) hagamos (nosotros)
haz (tú); no hagas	haced (vosotros); no hagáis
(no) haga (Ud.)	(no) hagan (Uds.)

Note: This verb has an irregular past participle, *hecho*.

EXAMPLES

¡Haz la tarea!	Do the homework!
Haría la cena, pero no tengo tiempo.	I would make dinner, but I do not have time.
El niño no le hizo caso a su mamá.	The boy did not obey his mother.
Si hubieses hecho los deberes, habrías ido a la fiesta.	If you had done your chores, you would have gone to the party.

IDIOMATIC EXAMPLE

El bien que se hace hoy constituye la felicidad de mañana.	Today's good deeds are tomorrow's happiness.
Dicho y hecho.	No sooner said than done.

hallar

to find, to discover

Gerundio: hallando   **Participio pasado:** hallado

Mood	Simple Tenses		Compound Tenses	
	Singular	*Plural*	*Singular*	*Plural*
Indicative	**Present**		**Present Perfect**	
	hallo	hallamos	he hallado	hemos hallado
	hallas	halláis	has hallado	habéis hallado
	halla	hallan	ha hallado	han hallado
	Preterit		**Preterit Perfect**	
	hallé	hallamos	hube hallado	hubimos hallado
	hallaste	hallasteis	hubiste hallado	hubisteis hallado
	halló	hallaron	hubo hallado	hubieron hallado
	Imperfect		**Pluperfect**	
	hallaba	hallábamos	había hallado	habíamos hallado
	hallabas	hallabais	habías hallado	habíais hallado
	hallaba	hallaban	había hallado	habían hallado
	Future		**Future Perfect**	
	hallaré	hallaremos	habré hallado	habremos hallado
	hallarás	hallaréis	habrás hallado	habréis hallado
	hallará	hallarán	habrá hallado	habrán hallado
	Conditional		**Conditional Perfect**	
	hallaría	hallaríamos	habría hallado	habríamos hallado
	hallarías	hallaríais	habrías hallado	habríais hallado
	hallaría	hallarían	habría hallado	habrían hallado
Subjunctive	**Present**		**Present Perfect**	
	halle	hallemos	haya hallado	hayamos hallado
	halles	halléis	hayas hallado	hayáis hallado
	halle	hallen	haya hallado	hayan hallado
	Imperfect		**Pluperfect**	
	hallara, -se	halláramos, -semos	hubiera, -se hallado	hubiéramos, -semos hallado
	hallaras, -ses	hallarais, -seis	hubieras, -ses hallado	
	hallara, -se	hallaran, -sen	hubiera, -se hallado	hubierais, -seis hallado
				hubieran, -sen hallado

IMPERATIVE

halla (tú); no halles
(no) halle (Ud.)

(no) hallemos (nosotros)
hallad (vosotros); no halléis
(no) hallen (Uds.)

EXAMPLES

¿María, hallaste la tela para el vestido?

Maria, did you find the fabric for the dress?

Aunque haya hallado la tela, nadie puede hacerme el vestido ahora.

Even if I found the fabric, nobody can make the dress for me now.

Si hallásemos las pinturas robadas, nos haríamos famosos.

If we were to find the stolen paintings we would become famous.

IDIOMATIC EXAMPLE

Hallarse en el pellejo de otro.

To be in somebody else's shoes.

heredar
to inherit

Gerundio: heredando   **Participio pasado:** heredado

Mood	Simple Tenses		Compound Tenses	
	Singular	*Plural*	*Singular*	*Plural*
Indicative	**Present**		**Present Perfect**	
	heredo	heredamos	he heredado	hemos heredado
	heredas	heredáis	has heredado	habéis heredado
	hereda	heredan	ha heredado	han heredado
	Preterit		**Preterit Perfect**	
	heredé	heredamos	hube heredado	hubimos heredado
	heredaste	heredasteis	hubiste heredado	hubisteis heredado
	heredó	heredaron	hubo heredado	hubieron heredado
	Imperfect		**Pluperfect**	
	heredaba	heredábamos	había heredado	habíamos heredado
	heredabas	heredabais	habías heredado	habíais heredado
	heredaba	heredaban	había heredado	habían heredado
	Future		**Future Perfect**	
	heredaré	heredaremos	habré heredado	habremos heredado
	heredarás	heredaréis	habrás heredado	habréis heredado
	heredará	heredarán	habrá heredado	habrán heredado
	Conditional		**Conditional Perfect**	
	heredaría	heredaríamos	habría heredado	habríamos heredado
	heredarías	heredaríais	habrías heredado	habríais heredado
	heredaría	heredarían	habría heredado	habrían heredado
Subjunctive	**Present**		**Present Perfect**	
	herede	heredemos	haya heredado	hayamos heredado
	heredes	heredéis	hayas heredado	hayáis heredado
	herede	hereden	haya heredado	hayan heredado
	Imperfect		**Pluperfect**	
	heredara, -se	heredáramos, -semos	hubiera, -se heredado	hubiéramos ,-semos heredado
	heredaras, -ses	heredarais, -seis	hubieras, -ses heredado	hubierais, -seis heredado
	heredara, -se	heredaran, -sen	hubiera, -se heredado	hubieran, -sen heredado

IMPERATIVE

hereda (tú); no heredes
(no) herede (Ud.)

(no) heredemos (nosotros)
heredad (vosotros); no heredéis
(no) hereden (Uds.)

EXAMPLES

Si heredara esa fortuna, donaría dinero a diferentes obras de caridad.

If I were to inherit that fortune, I would donate money to different charity associations.

Muchas personas ricas no han heredado sus fortunas.

Many rich people did not inherit their fortunes.

Mi padre deseaba que yo heredara su talento para las matemáticas.

My father wished I had inherited his talent for mathematics.

herir

to hurt, to injure, to offend
Gerundio: hiriendo   **Participio pasado:** herido

Mood	Simple Tenses		Compound Tenses	
	Singular	*Plural*	*Singular*	*Plural*
Indicative	**Present**		**Present Perfect**	
	hiero	herimos	he herido	hemos herido
	hieres	herís	has herido	habéis herido
	hiere	hieren	ha herido	han herido
	Preterit		**Preterit Perfect**	
	herí	herimos	hube herido	hubimos herido
	heriste	heristeis	hubiste herido	hubisteis herido
	hirió	hirieron	hubo herido	hubieron herido
	Imperfect		**Pluperfect**	
	hería	heríamos	había herido	habíamos herido
	herías	heríais	habías herido	habíais herido
	hería	herían	había herido	habían herido
	Future		**Future Perfect**	
	heriré	heriremos	habré herido	habremos herido
	herirás	heriréis	habrás herido	habréis herido
	herirá	herirán	habrá herido	habrán herido
	Conditional		**Conditional Perfect**	
	heriría	heriríamos	habría herido	habríamos herido
	herirías	heriríais	habrías herido	habríais herido
	heriría	herirían	habría herido	habrían herido
Subjunctive	**Present**		**Present Perfect**	
	hiera	hiramos	haya herido	hayamos herido
	hieras	hiráis	hayas herido	hayáis herido
	hiera	hieran	haya herido	hayan herido
	Imperfect		**Pluperfect**	
	hiriera, -se	hiriéramos, -semos	hubiera, -se herido	hubiéramos, -semos herido
	hirieras, -ses	hirierais, -seis	hubieras, -ses herido	hubierais, -seis herido
	hiriera, -se	hirieran, -sen	hubiera, -se herido	hubieran, -sen herido

IMPERATIVE

	(no) hiramos (nosotros)
hiere (tú); no hieras	herid (vosotros); no hiráis
(no) hiera (Ud.)	(no) hieran (Uds.)

EXAMPLES

Pedro se hirió esquiando e hirió a Irene por accidente.

Peter got hurt skiing and hurt Irene by accident.

Me hubiese herido también a mí, pero David me atajó.

He would have hurt me too, but David caught me on time.

Sus palabras me hirieron profundamente.

His words hurt me deeply.

hervir
to boil

Gerundio: hirviendo   **Participio pasado:** hervido

Mood	Simple Tenses		Compound Tenses	
	Singular	*Plural*	*Singular*	*Plural*
Indicative	**Present**		**Present Perfect**	
	hiervo	hervimos	he hervido	hemos hervido
	hierves	hervís	has hervido	habéis hervido
	hierve	hierven	ha hervido	han hervido
	Preterit		**Preterit Perfect**	
	herví	hervimos	hube hervido	hubimos hervido
	herviste	hervisteis	hubiste hervido	hubisteis hervido
	hirvió	hirvieron	hubo hervido	hubieron hervido
	Imperfect		**Pluperfect**	
	hervía	hervíamos	había hervido	habíamos hervido
	hervías	hervíais	habías hervido	habíais hervido
	hervía	hervían	había hervido	habían hervido
	Future		**Future Perfect**	
	herviré	herviremos	habré hervido	habremos hervido
	hervirás	herviréis	habrás hervido	habréis hervido
	hervirá	hervirán	habrá hervido	habrán hervido
	Conditional		**Conditional Perfect**	
	herviría	herviríamos	habría hervido	habríamos hervido
	hervirías	herviríais	habrías hervido	habríais hervido
	herviría	hervirían	habría hervido	habrían hervido
Subjunctive	**Present**		**Present Perfect**	
	hierva	hirvamos	haya hervido	hayamos hervido
	hiervas	hirváis	hayas hervido	hayáis hervido
	hierva	hiervan	haya hervido	hayan hervido
	Imperfect		**Pluperfect**	
	hirviera, -se	hirviéramos, -semos	hubiera, -se hervido	hubiéramos, -semos hervido
	hirvieras, -ses	hirvierais, -seis	hubieras, -ses hervido	hubierais, -seis hervido
	hirviera, -se	hirvieran, -sen	hubiera, -se hervido	hubieran, -sen hervido

IMPERATIVE

hierve (tú); no hiervas
(no) hierva (Ud.)

(no) hirvamos (nosotros)
hervid (vosotros); no hirváis
(no) hiervan (Uds.)

EXAMPLES

El agua hierve a 100° C.
¿Qué estabas hirviendo?
Estaba hirviendo los huevos para la ensalada.
Los hubiera hervido por más tiempo, pero estaba apurada.

Water boils at 100° C (212° F).
What were you boiling?
I was boiling the eggs for the salad.

I would have boiled them longer, but I was in a rush.

IDIOMATIC EXAMPLE

Hervirle la sangre.

To be very angry.

huir

to escape, to flee, to run away

Gerundio: huyendo   **Participio pasado:** huido

Mood	Simple Tenses		Compound Tenses	
	Singular	*Plural*	*Singular*	*Plural*
Indicative	**Present**		**Present Perfect**	
	huyo	huimos	he huido	hemos huido
	huyes	huís	has huido	habéis huido
	huye	huyen	ha huido	han huido
	Preterit		**Preterit Perfect**	
	huí	huimos	hube huido	hubimos huido
	huiste	huisteis	hubiste huido	hubisteis huido
	huyó	huyeron	hubo huido	hubieron huido
	Imperfect		**Pluperfect**	
	huía	huíamos	había huido	habíamos huido
	huías	huíais	habías huido	habíais huido
	huía	huían	había huido	habían huido
	Future		**Future Perfect**	
	huiré	huiremos	habré huido	habremos huido
	huirás	huiréis	habrás huido	habréis huido
	huirá	huirán	habrá huido	habrán huido
	Conditional		**Conditional Perfect**	
	huiría	huiríamos	habría huido	habríamos huido
	huirías	huiríais	habrías huido	habríais huido
	huiría	huirían	habría huido	habrían huido
Subjunctive	**Present**		**Present Perfect**	
	huya	huyamos	haya huido	hayamos huido
	huyas	huyáis	hayas huido	hayáis huido
	huya	huyan	haya huido	hayan huido
	Imperfect		**Pluperfect**	
	huyera, -se	huyéramos, -semos	hubiera, -se huido	hubiéramos, -semos huido
	huyeras, -ses	huyerais, -seis	hubieras, -ses huido	hubierais, -seis huido
	huyera, -se	huyeran, -sen	hubiera, -se huido	hubieran, -sen huido

IMPERATIVE

	(no) huyamos (nosotros)
huye (tú); no huyas	huid (vosotros); no huyáis
(no) huya (Ud.)	(no) huyan (Uds.)

EXAMPLES

Cien presos huyeron de la cárcel.

One hundred prisoners escaped from the prison.

Quizás hayan huido lejos, pero los atraparán pronto.

Perhaps they had run far away, but they will be caught soon.

Los pobres hombres estaban huyendo de la pobreza en su país.

The poor men were fleeing from the poverty of their country.

hundir

to sink, to submerge, to overwhelm
Gerundio: hundiendo   **Participio pasado:** hundido

Mood	Simple Tenses		Compound Tenses	
	Singular	*Plural*	*Singular*	*Plural*
Indicative	**Present**		**Present Perfect**	
	hundo	hundimos	he hundido	hemos hundido
	hundes	hundís	has hundido	habéis hundido
	hunde	hunden	ha hundido	han hundido
	Preterit		**Preterit Perfect**	
	hundí	hundimos	hube hundido	hubimos hundido
	hundiste	hundisteis	hubiste hundido	hubisteis hundido
	hundió	hundieron	hubo hundido	hubieron hundido
	Imperfect		**Pluperfect**	
	hundía	hundíamos	había hundido	habíamos hundido
	hundías	hundíais	habías hundido	habíais hundido
	hundía	hundían	había hundido	habían hundido
	Future		**Future Perfect**	
	hundiré	hundiremos	habré hundido	habremos hundido
	hundirás	hundiréis	habrás hundido	habréis hundido
	hundirá	hundirán	habrá hundido	habrán hundido
	Conditional		**Conditional Perfect**	
	hundiría	hundiríamos	habría hundido	habríamos hundido
	hundirías	hundiríais	habrías hundido	habríais hundido
	hundiría	hundirían	habría hundido	habrían hundido
Subjunctive	**Present**		**Present Perfect**	
	hunda	hundamos	haya hundido	hayamos hundido
	hundas	hundáis	hayas hundido	hayáis hundido
	hunda	hundan	haya hundido	hayan hundido
	Imperfect		**Pluperfect**	
	hundiera, -se	hundiéramos, -semos	hubiera, -se hundido	hubiéramos, -semos hundido
	hundieras, -ses	hundierais, -seis	hubieras, -ses hundido	hubierais, -seis hundido
	hundiera, -se	hundieran, -sen	hubiera, -se hundido	hubieran, -sen hundido

IMPERATIVE

	(no) hundamos (nosotros)
hunde (tú); no hundas	hundid (vosotros); no hundáis
(no) hunda (Ud.)	(no) hundan (Uds.)

EXAMPLES

Los técnicos hundieron las columnas de cemento.

The technicians sank the concrete columns.

El submarino se hundió en dos minutos.

The submarine submerged in two minutes.

No te hundas en el lodo, Ramón.

Don't sink in the mud, Ramon.

Si te hundes en los libros, sacarás mejores notas.

If you submerge yourself in the books, you will get better grades.

identificar

to identify

Gerundio: identificando   **Participio pasado:** identificado

Mood	Simple Tenses		Compound Tenses	
	Singular	*Plural*	*Singular*	*Plural*
Indicative	**Present**		**Present Perfect**	
	identifico	identificamos	he identificado	hemos identificado
	identificas	identificáis	has identificado	habéis identificado
	identifica	identifican	ha identificado	han identificado
	Preterit		**Preterit Perfect**	
	identifiqué	identificamos	hube identificado	hubimos identificado
	identificaste	identificasteis	hubiste identificado	hubisteis identificado
	identificó	identificaron	hubo identificado	hubieron identificado
	Imperfect		**Pluperfect**	
	identificaba	identificábamos	había identificado	habíamos identificado
	identificabas	identificabais	habías identificado	habíais identificado
	identificaba	identificaban	había identificado	habían identificado
	Future		**Future Perfect**	
	identificaré	identificaremos	habré identificado	habremos identificado
	identificarás	identificaréis	habrás identificado	habréis identificado
	identificará	identificarán	habrá identificado	habrán identificado
	Conditional		**Conditional Perfect**	
	identificaría	identificaríamos	habría identificado	habríamos identificado
	identificarías	identificaríais	habrías identificado	habríais identificado
	identificaría	identificarían	habría identificado	habrían identificado
Subjunctive	**Present**		**Present Perfect**	
	identifique	identifiquemos	haya identificado	hayamos identificado
	identifiques	identifiquéis	hayas identificado	hayáis identificado
	identifique	identifiquen	haya identificado	hayan identificado
	Imperfect		**Pluperfect**	
	identificara, -se	identificáramos, -semos	hubiera, -se identificado	hubiéramos, -semos identificado
	identificaras, -ses		hubieras, -ses identificado	
	identificara, -se	identificarais, -seis	hubiera, -se identificado	hubierais, -seis identi-ficado
		identificaran, -sen		
				hubieran, -sen identificado

IMPERATIVE

identifica (tú); no identifiques
(no) identifique (Ud.)

(no) identifiquemos (nosotros)
identificad (vosotros); no identifiquéis
(no) identifiquen (Uds.)

EXAMPLES

Los estudiantes de Geología están identificando las rocas que encontraron.

The Geology students are identifying the rocks they found.

Identificarían las rocas con más precisión si tuviesen instrumentos modernos.

They would identify the rocks with more precision if they had modern equipment.

El hombre con el pelo rubio fue identificado como el ladrón.

The blond man was identified as the thief.

ignorar

to be ignorant of, unaware of, not to know

Gerundio: ignorando   **Participio pasado:** ignorado

Mood	Simple Tenses		Compound Tenses	
	Singular	*Plural*	*Singular*	*Plural*
Indicative	**Present**		**Present Perfect**	
	ignoro	ignoramos	he ignorado	hemos ignorado
	ignoras	ignoráis	has ignorado	habéis ignorado
	ignora	ignoran	ha ignorado	han ignorado
	Preterit		**Preterit Perfect**	
	ignoré	ignoramos	hube ignorado	hubimos ignorado
	ignoraste	ignorasteis	hubiste ignorado	hubisteis ignorado
	ignoró	ignoraron	hubo ignorado	hubieron ignorado
	Imperfect		**Pluperfect**	
	ignoraba	ignorábamos	había ignorado	habíamos ignorado
	ignorabas	ignorabais	habías ignorado	habíais ignorado
	ignoraba	ignoraban	había ignorado	habían ignorado
	Future		**Future Perfect**	
	ignoraré	ignoraremos	habré ignorado	habremos ignorado
	ignorarás	ignoraréis	habrás ignorado	habréis ignorado
	ignorará	ignorarán	habrá ignorado	habrán ignorado
	Conditional		**Conditional Perfect**	
	ignoraría	ignoraríamos	habría ignorado	habríamos ignorado
	ignorarías	ignoraríais	habrías ignorado	habríais ignorado
	ignoraría	ignorarían	habría ignorado	habrían ignorado
Subjunctive	**Present**		**Present Perfect**	
	ignore	ignoremos	haya ignorado	hayamos ignorado
	ignores	ignoréis	hayas ignorado	hayáis ignorado
	ignore	ignoren	haya ignorado	hayan ignorado
	Imperfect		**Pluperfect**	
	ignorara, -se	ignoráramos, -semos	hubiera, -se ignorado	hubiéramos, -semos ignorado
	ignoraras, -ses	ignorarais, -seis	hubieras, -ses ignorado	hubierais, -seis ignorado
	ignorara, -se	ignoraran, -sen	hubiera, -se ignorado	hubieran, -sen ignorado

IMPERATIVE

ignora (tú); no ignores

(no) ignore (Ud.)

(no) ignoremos (nosotros)

ignorad (vosotros); no ignoréis

(no) ignoren (Uds.)

EXAMPLES

Ellos ignoran la situación política y económica de su país.

They are not aware of the political and economic situation of their country.

El famoso pintor la estaba ignorando, mirándola como si no la conociera.

The famous painter was ignoring her, looking at her as if he didn't know her.

Los investigadores no han ignorado ningún detalle del crimen.

The investigators didn't ignore any detail of the crime.

impedir

to hinder, to impede, to obstruct, to prevent

Gerundio: impidiendo   **Participio pasado:** impedido

Mood	Simple Tenses		Compound Tenses	
	Singular	*Plural*	*Singular*	*Plural*
Indicative	**Present**		**Present Perfect**	
	impido	impedimos	he impedido	hemos impedido
	impides	impedís	has impedido	habéis impedido
	impide	impiden	ha impedido	han impedido
	Preterit		**Preterit Perfect**	
	impedí	impedimos	hube impedido	hubimos impedido
	impediste	impedisteis	hubiste impedido	hubisteis impedido
	impidió	impidieron	hubo impedido	hubieron impedido
	Imperfect		**Pluperfect**	
	impedía	impedíamos	había impedido	habíamos impedido
	impedías	impedíais	habías impedido	habíais impedido
	impedía	impedían	había impedido	habían impedido
	Future		**Future Perfect**	
	impediré	impediremos	habré impedido	habremos impedido
	impedirás	impediréis	habrás impedido	habréis impedido
	impedirá	impedirán	habrá impedido	habrán impedido
	Conditional		**Conditional Perfect**	
	impediría	impediríamos	habría impedido	habríamos impedido
	impedirías	impediríais	habrías impedido	habríais impedido
	impediría	impedirían	habría impedido	habrían impedido
Subjunctive	**Present**		**Present Perfect**	
	impida	impidamos	haya impedido	hayamos impedido
	impidas	impidáis	hayas impedido	hayáis impedido
	impida	impidan	haya impedido	hayan impedido
	Imperfect		**Pluperfect**	
	impidiera, -se	impidiéramos, -semos	hubiera, -se impedido	hubiéramos, -semos impedido
	impidieras, -ses	impidierais, -seis	hubieras, -ses impedido	hubierais, -seis impedido
	impidiera, -se	impidieran, -sen	hubiera, -se impedido	hubieran, -sen impedido

IMPERATIVE

impide (tú); no impidas
(no) impida (Ud.)

(no) impidamos (nosotros)
impedid (vosotros); no impidáis
(no) impidan (Uds.)

EXAMPLES

El árbol estaba impidiéndonos ver el nombre de la calle.

The tree was hindering us from seeing the name of the street.

La mala conducta le impedía obtener buenas calificaciones.

The bad behavior prevented him from getting good grades.

¡Nos han impedido el paso al concierto!

They have prevented us from entering the concert!

El terreno nos había impedido construir la casa.

The land had hindered us from building the house.

importar

to be concerned, to matter

Gerundio: importando   **Participio pasado:** importado

Mood	Simple Tenses		Compound Tenses	
	Singular	*Plural*	*Singular*	*Plural*
Indicative	**Present**		**Present Perfect**	
	me importa(n) te importa(n) le importa(n)	nos importa(n) os importa(n) les importa(n)	me ha(n) importado te ha(n) importado le ha(n) importado	nos ha(n) importado os ha(n) importado les ha(n) importado
	Preterit		**Preterit Perfect**	
	me importó (impor-taron) te importó (impor-taron) le importó (impor-taron)	nos importó (impor-taron) os importó (impor-taron) les importó (impor-taron))	me hubo (hubieron) importado te hubo (hubieron) importado le hubo (hubieron) importado	nos hubo (hubieron) importado os hubo (hubieron) importado les hubo (hubieron) importado
	Imperfect		**Pluperfect**	
	me importaba(n) te importaba(n) le importaba(n)	nos importaba(n) os importaba(n) les importaba(n)	me había(n) importado te había(n) importado le había(n) importado	nos había(n) importado os había(n) importado les había(n) importado
	Future		**Future Perfect**	
	me importará(n) te importará(n) le importará(n)	nos importará(n) os importará(n) les importará(n)	me habrá(n) importado te habrá(n) importado le habrá(n) importado	nos habrá(n) importado os habrá(n) importado les habrá(n) importado
	Conditional		**Conditional Perfect**	
	me importaría(n) te importaría(n) le importaría(n)	nos importaría(n) os importaría(n) les importaría(n)	me habría(n) importado te habría(n) importado le habría(n) importado	nos habría(n) importado os habría(n) importado les habría(n) importado
Subjunctive	**Present**		**Present Perfect**	
	me importe(n) te importe(n) le importe(n)	nos importe(n) os importe(n) les importe(n)	me haya(n) importado te haya(n) importado le haya(n) importado	nos haya(n) importado os haya(n) importado les haya(n) importado
	Imperfect		**Pluperfect**	
	me importara(n), -se(n) te importara(n), -se(n) le importara(n), -se(n)	nos importara(n), -se(n) os importara(n), -se(n) les importara(n), -se(n)	me hubiera(n), -se(n) importado te hubiera(n), -se(n) importado le hubiera(n), -se(n) importado	nos hubiera(n), -se(n) importado os hubiera(n), -se(n) importado les hubiera(n), -se(n) importado

IMPERATIVE

¡Que me/ te/ le/ nos/ os/ les importe(n)!   ¡Que no me/ te/ le/ nos/ os/ les importe(n)!

Note: This verb has two conjugations. It can be conjugated as above (like *gustar*). It can also be conjugated as a regular -*ar* verb, like *habitar* (see Verb Chart 305). As a regular verb, *importar* (to import) is shown in Example 4.

EXAMPLES

A ella no le importaban sus estudios antes, pero ahora sí.

She wasn't concerned about her studies before, but now she is.

Si esa chica te importara, la tratarías mejor.

If that girl mattered to you, you would treat her better.

Los estudiantes me han importado desde que empecé a enseñar.

The students matter to me since I started teaching.

Ellos importaron el vino de España.

They imported the wine from Spain.

IDIOMATIC EXAMPLE

¡No te metas donde no te importa!

Don't interfere with things that don't concern you!

¡No me importa un comino/ pito/ cacahuate!

I don't care a bit! / It doesn't matter to me!

incluir

to include, to contain

Gerundio: incluyendo   **Participio pasado:** incluido

Mood	Simple Tenses		Compound Tenses	
	Singular	*Plural*	*Singular*	*Plural*
Indicative	**Present**		**Present Perfect**	
	incluyo	incluimos	he incluido	hemos incluido
	incluyes	incluís	has incluido	habéis incluido
	incluye	incluyen	ha incluido	han incluido
	Preterit		**Preterit Perfect**	
	incluí	incluimos	hube incluido	hubimos incluido
	incluiste	incluisteis	hubiste incluido	hubisteis incluido
	incluyó	incluyeron	hubo incluido	hubieron incluido
	Imperfect		**Pluperfect**	
	incluía	incluíamos	había incluido	habíamos incluido
	incluías	incluíais	habías incluido	habíais incluido
	incluía	incluían	había incluido	habían incluido
	Future		**Future Perfect**	
	incluiré	incluiremos	habré incluido	habremos incluido
	incluirás	incluiréis	habrás incluido	habréis incluido
	incluirá	incluirán	habrá incluido	habrán incluido
	Conditional		**Conditional Perfect**	
	incluiría	incluiríamos	habría incluido	habríamos incluido
	incluirías	incluiríais	habrías incluido	habríais incluido
	incluiría	incluirían	habría incluido	habrían incluido
Subjunctive	**Present**		**Present Perfect**	
	incluya	incluyamos	haya incluido	hayamos incluido
	incluyas	incluyáis	hayas incluido	hayáis incluido
	incluya	incluyan	haya incluido	hayan incluido
	Imperfect		**Pluperfect**	
	incluyera, -se	incluyéramos, -semos	hubiera, -se incluido	hubiéramos, -semos incluido
	incluyeras, -ses	incluyerais, -seis	hubieras, -ses incluido	hubierais, -seis incluido
	incluyera, -se	incluyeran, -sen	hubiera, -se incluido	hubieran, -sen incluido

IMPERATIVE

	(no) incluyamos (nosotros)
incluye (tú); no incluyas	incluid (vosotros); no incluyáis
(no) incluya (Ud.)	(no) incluyan (Uds.)

EXAMPLES

Paola siempre incluye a sus nuevos amigos en su grupo.

Paola always includes her new friends in her group.

Miguel incluirá videos en su exposición.

Miguel will include videos in his exhibition.

-¿Has incluido todas las estadísticas en el reporte?

Have you included all the statistics in the report?

-Las había incluido, pero Nore me dijo que no las incluyera.

I had included them, but Nore told me not to do so.

indicar

to indicate, to show, to point out
Gerundio: indicando   **Participio pasado:** indicado

Mood	Simple Tenses		Compound Tenses	
	Singular	*Plural*	*Singular*	*Plural*
	Present		**Present Perfect**	
	indico	indicamos	he indicado	hemos indicado
	indicas	indicáis	has indicado	habéis indicado
	indica	indican	ha indicado	han indicado
	Preterit		**Preterit Perfect**	
	indiqué	indicamos	hube indicado	hubimos indicado
	indicaste	indicasteis	hubiste indicado	hubisteis indicado
	indicó	indicaron	hubo indicado	hubieron indicado
Indicative	**Imperfect**		**Pluperfect**	
	indicaba	indicábamos	había indicado	habíamos indicado
	indicabas	indicabais	habías indicado	habíais indicado
	indicaba	indicaban	había indicado	habían indicado
	Future		**Future Perfect**	
	indicaré	indicaremos	habré indicado	habremos indicado
	indicarás	indicaréis	habrás indicado	habréis indicado
	indicará	indicarán	habrá indicado	habrán indicado
	Conditional		**Conditional Perfect**	
	indicaría	indicaríamos	habría indicado	habríamos indicado
	indicarías	indicaríais	habrías indicado	habríais indicado
	indicaría	indicarían	habría indicado	habrían indicado
Subjunctive	**Present**		**Present Perfect**	
	indique	indiquemos	haya indicado	hayamos indicado
	indiques	indiquéis	hayas indicado	hayáis indicado
	indique	indiquen	haya indicado	hayan indicado
	Imperfect		**Pluperfect**	
	indicara, -se	indicáramos, -semos	hubiera, -se indicado	hubiéramos, -semos indicado
	indicaras, -ses	indicarais, -seis	hubieras, -ses indicado	hubierais, -seis indicado
	indicara, -se	indicaran, -sen	hubiera, -se indicado	hubieran, -sen indicado

IMPERATIVE

	(no) indiquemos (nosotros)
indica (tú); no indiques	indicad (vosotros); no indiquéis
(no) indique (Ud.)	(no) indiquen (Uds.)

EXAMPLES

La profesora nos estaba indicando lo que tenemos que hacer.

The teacher was showing us what we have to do.

Ella ha indicado claramente sus instrucciones en la hoja que nos dio.

She has indicated clearly her instructions on the sheet she gave us.

¡Indíqueme donde están los discos compactos, por favor!

Show me where the CDs are!

influir

to influence

Gerundio: influyendo   **Participio pasado:** influido

Mood	Simple Tenses		Compound Tenses	
	Singular	*Plural*	*Singular*	*Plural*
Indicative	**Present**		**Present Perfect**	
	influyo	influimos	he influido	hemos influido
	influyes	influís	has influido	habéis influido
	influye	influyen	ha influido	han influido
	Preterit		**Preterit Perfect**	
	influí	influimos	hube influido	hubimos influido
	influiste	influisteis	hubiste influido	hubisteis influido
	influyó	influyeron	hubo influido	hubieron influido
	Imperfect		**Pluperfect**	
	influía	influíamos	había influido	habíamos influido
	influías	influíais	habías influido	habíais influido
	influía	influían	había influido	habían influido
	Future		**Future Perfect**	
	influiré	influiremos	habré influido	habremos influido
	influirás	influiréis	habrás influido	habréis influido
	influirá	influirán	habrá influido	habrán influido
	Conditional		**Conditional Perfect**	
	influiría	influiríamos	habría influido	habríamos influido
	influirías	influiríais	habrías influido	habríais influido
	influiría	influirían	habría influido	habrían influido
Subjunctive	**Present**		**Present Perfect**	
	influya	influyamos	haya influido	hayamos influido
	influyas	influyáis	hayas influido	hayáis influido
	influya	influyan	haya influido	hayan influido
	Imperfect		**Pluperfect**	
	influyera, -se	influyéramos, -semos	hubiera, -se influido	hubiéramos, -semos influido
	influyeras, -ses	influyerais, -seis	hubieras, -ses influido	hubierais, -seis influido
	influyera, -se	influyeran, -sen	hubiera, -se influido	hubieran, -sen influido

IMPERATIVE

	(no) influyamos (nosotros)
influye (tú); no influyas	influid (vosotros); no influyáis
(no) influya (Ud.)	(no) influyan (Uds.)

EXAMPLES

Los medios de comunicación influyen mucho en la opinión pública.

The media influences public opinion a lot.

El deseo de sus padres ha influido en su decisión de estudiar medicina.

His parent's desire has influenced his decision to study medicine.

La paz había influido en la prosperidad del país.

Peace influenced the prosperity of the country.

informar
to inform, to find out, to be informed
Gerundio: informando   **Participio pasado:** informado

Mood	Simple Tenses		Compound Tenses	
	Singular	*Plural*	*Singular*	*Plural*
	Present		**Present Perfect**	
	informo	informamos	he informado	hemos informado
	informas	informáis	has informado	habéis informado
	informa	informan	ha informado	han informado
	Preterit		**Preterit Perfect**	
	informé	informamos	hube informado	hubimos informado
	informaste	informasteis	hubiste informado	hubisteis informado
	informó	informaron	hubo informado	hubieron informado
Indicative	**Imperfect**		**Pluperfect**	
	informaba	informábamos	había informado	habíamos informado
	informabas	informabais	habías informado	habíais informado
	informaba	informaban	había informado	habían informado
	Future		**Future Perfect**	
	informaré	informaremos	habré informado	habremos informado
	informarás	informaréis	habrás informado	habréis informado
	informará	informarán	habrá informado	habrán informado
	Conditional		**Conditional Perfect**	
	informaría	informaríamos	habría informado	habríamos informado
	informarías	informaríais	habrías informado	habríais informado
	informaría	informarían	habría informado	habrían informado
	Present		**Present Perfect**	
	informe	informemos	haya informado	hayamos informado
	informes	informéis	hayas informado	hayáis informado
	informe	informen	haya informado	hayan informado
Subjunctive	**Imperfect**		**Pluperfect**	
	informara, -se	informáramos, -semos	hubiera, -se informado	hubiéramos, -semos informado
	informaras, -ses	informarais, -seis	hubieras, -ses informado	hubierais, -seis informado
	informara, -se	informaran, -sen	hubiera, -se informado	hubieran, -sen informado

IMPERATIVE

	(no) informemos (nosotros)
informa (tú); no informes	informad (vosotros); no informéis
(no) informe (Ud.)	(no) informen (Uds.)

EXAMPLES

-¿Te informé que los turistas llegan mañana por la mañana?

Did I inform you that the tourists arrive tomorrow morning?

-No. Me informé por medio de Mayela.

No, I found out through Mayela.

El ministro ha informado a la nación sobre la guerra.

The prime minister has informed the nation about the war.

¡Infórmame cuando estés listo!

Let me know when you are ready.

inscribirse

to enroll yourself, to register, to inscribe

Gerundio: inscribiéndose **Participio pasado:** inscrito

Mood	Simple Tenses		Compound Tenses	
	Singular	*Plural*	*Singular*	*Plural*
Indicative	**Present**		**Present Perfect**	
	me inscribo te inscribes se inscribe	nos inscribimos os inscribís se inscriben	me he inscrito te has inscrito se ha inscrito	nos hemos inscrito os habéis inscrito se han inscrito
	Preterit		**Preterit Perfect**	
	me inscribí te inscribiste se inscribió	nos inscribimos os inscribisteis se inscribieron	me hube inscrito te hubiste inscrito se hubo inscrito	nos hubimos inscrito os hubisteis inscrito se hubieron inscrito
	Imperfect		**Pluperfect**	
	me inscribía te inscribías se inscribía	nos inscribíamos os inscribíais se inscribían	me había inscrito te habías inscrito se había inscrito	nos habíamos inscrito os habíais inscrito se habían inscrito
	Future		**Future Perfect**	
	me inscribiré te inscribirás se inscribirá	nos inscribiremos os inscribiréis se inscribirán	me habré inscrito te habrás inscrito se habrá inscrito	nos habremos inscrito os habréis inscrito se habrán inscrito
	Conditional		**Conditional Perfect**	
	me inscribiría te inscribirías se inscribiría	nos inscribiríamos os inscribiríais se inscribirían	me habría inscrito te habrías inscrito se habría inscrito	nos habríamos inscrito os habríais inscrito se habrían inscrito
Subjunctive	**Present**		**Present Perfect**	
	me inscriba te inscribas se inscriba	nos inscribamos os inscribáis se inscriban	me haya inscrito te hayas inscrito se haya inscrito	nos hayamos inscrito os hayáis inscrito se hayan inscrito
	Imperfect		**Pluperfect**	
	me inscribiera, -se te inscribieras, -ses se inscribiera, -se	nos inscribiéramos, -semos os inscribierais, -seis se inscribieran, -sen	me hubiera, -se inscrito te hubieras, -ses inscrito se hubiera, -se inscrito	nos hubiéramos, -semos inscrito os hubierais, -seis inscrito se hubieran, -sen inscrito

IMPERATIVE

	inscribámonos (nosotros); no nos inscribamos
inscríbete (tú); no te inscribas	inscribíos (vosotros); no os inscribáis
inscríbase (Ud.); no se inscriba	inscríbanse (Uds.); no se inscriban

Note: This verb has an irregular past participle, *inscrito*.

EXAMPLES

-¿Cuándo te vas a inscribir en la universidad?	When are you registering at the university?
-Ya me inscribí en enero.	I already enrolled in January.
-Me he inscrito en el club de Debate también.	I have also enrolled in the Debate Club.
¡No inscribas a los niños en esa escuela! Es malísima.	Do not enroll the children in that school! It is really bad!

insistir

to insist, to emphasize

Gerundio: insistiendo   **Participio pasado:** insistido

Mood	Simple Tenses		Compound Tenses	
	Singular	*Plural*	*Singular*	*Plural*
	Present		**Present Perfect**	
	insisto	insistimos	he insistido	hemos insistido
	insistes	insistís	has insistido	habéis insistido
	insiste	insisten	ha insistido	han insistido
	Preterit		**Preterit Perfect**	
	insistí	insistimos	hube insistido	hubimos insistido
	insististe	insististeis	hubiste insistido	hubisteis insistido
	insistió	insistieron	hubo insistido	hubieron insistido
	Imperfect		**Pluperfect**	
	insistía	insistíamos	había insistido	habíamos insistido
	insistías	insistíais	habías insistido	habíais insistido
	insistía	insistían	había insistido	habían insistido
	Future		**Future Perfect**	
	insistiré	insistiremos	habré insistido	habremos insistido
	insistirás	insistiréis	habrás insistido	habréis insistido
	insistirá	insistirán	habrá insistido	habrán insistido
	Conditional		**Conditional Perfect**	
	insistiría	insistiríamos	habría insistido	habríamos insistido
	insistirías	insistiríais	habrías insistido	habríais insistido
	insistiría	insistirían	habría insistido	habrían insistido
	Present		**Present Perfect**	
	insista	insistamos	haya insistido	hayamos insistido
	insistas	insistáis	hayas insistido	hayáis insistido
	insista	influyan	haya insistido	hayan insistido
	Imperfect		**Pluperfect**	
	insistiera, -se	insistiéramos, -semos	hubiera, -se insistido	hubiéramos, -semos insistido
	insistieras, -ses	insistierais, -seis	hubieras, -ses insistido	hubierais, -seis insistido
	insistiera, -se	insistieran, -sen	hubiera, -se insistido	hubieran, -sen insistido

(Indicative / Subjunctive — left margin labels)

IMPERATIVE

	(no) insistamos (nosotros)
insiste (tú); no insistas	insistid (vosotros); no insistáis
(no) insista (Ud.)	(no) insistan (Uds.)

EXAMPLES

-Insisto en que lleves las modelos a la fiesta.	I insist that you bring the models to the party.
-Aunque insistas por mil días, no las llevaré.	Even if you insisted for a thousand days, I will not bring them.
Irma ha insistido en ir sola al concierto.	Irma has insisted on going by herself to the concert.
La profesora insistió en que estudiáramos estas páginas.	The teacher emphasized that we should study these pages.

interesarse

to be interested in, to be concerned

Gerundio: interesándose   **Participio pasado:** interesado

Mood	Simple Tenses		Compound Tenses	
	Singular	*Plural*	*Singular*	*Plural*
Indicative	**Present**		**Present Perfect**	
	me intereso te interesas se interesa	nos interesamos os interesáis se interesan	me he interesado te has interesado se ha interesado	nos hemos interesado os habéis interesado se han interesado
	Preterit		**Preterit Perfect**	
	me interesé te interesaste se interesó	nos interesamos os interesasteis se interesaron	me hube interesado te hubiste interesado se hubo interesado	nos hubimos interesado os hubisteis interesado se hubieron interesado
	Imperfect		**Pluperfect**	
	me interesaba te interesabas se interesaba	nos interesábamos os interesabais se interesaban	me había interesado te habías interesado se había interesado	nos habíamos interesado os habíais interesado se habían interesado
	Future		**Future Perfect**	
	me interesaré te interesarás se interesará	nos interesaremos os interesaréis se interesarán	me habré interesado te habrás interesado se habrá interesado	nos habremos interesado os habréis interesado se habrán interesado
	Conditional		**Conditional Perfect**	
	me interesaría te interesarías se interesaría	nos interesaríamos os interesaríais se interesarían	me habría interesado te habrías interesado se habría interesado	nos habríamos interesado os habríais interesado se habrían interesado
Subjunctive	**Present**		**Present Perfect**	
	me interese te intereses se interese	nos interesemos os intereséis se interesen	me haya interesado te hayas interesado se haya interesado	nos hayamos interesado os hayáis interesado se hayan interesado
	Imperfect		**Pluperfect**	
	me interesara, -se te interesaras, -ses se interesara, -se	nos interesáramos, -semos os interesarais, -seis se interesaran, -sen	me hubiera, -se interesado te hubieras, -ses inte- resado se hubiera, -se interesado	nos hubiéramos, -semos interesado os hubierais, -seis inte- resado se hubieran, -sen inte- resado

IMPERATIVE

interésate (tú); no te intereses

interésese (Ud.); no se interese

interesémonos (nosotros); no nos interesemos

interesaos (vosotros); no os intereséis

interésense (Uds.); no se interesen

Note: This verb can also be conjugated as an impersonal verb (like *gustar or importar*). As such, it uses the indirect object pronouns *me, te, le, nos, os, les,* as shown in Examples 3 and 4.

EXAMPLES

Él se interesa mucho en sus estudios.

He is very interested in his studies.

-Carlita, ¿desde cuándo te interesas por la música clásica?

Carlita, since when are you interested in classical music?

-¿<u>Les</u> interesarían estos discos compactos a Uds.?

Would you all be interested in these compact disks?

-No. No <u>nos</u> interesan, gracias.

No, thank you. They don't interest us.

introducir

to introduce, to bring in, to submit

Gerundio: introduciendo   **Participio pasado:** introducido

Mood	Simple Tenses		Compound Tenses	
	Singular	*Plural*	*Singular*	*Plural*
Indicative	**Present**		**Present Perfect**	
	introduzco	introducimos	he introducido	hemos introducido
	introduces	introducís	has introducido	habéis introducido
	introduce	introducen	ha introducido	han introducido
	Preterit		**Preterit Perfect**	
	introduje	introdujimos	hube introducido	hubimos introducido
	introdujiste	introdujisteis	hubiste introducido	hubisteis introducido
	introdujo	introdujeron	hubo introducido	hubieron introducido
	Imperfect		**Pluperfect**	
	introducía	introducíamos	había introducido	habíamos introducido
	introducías	introducíais	habías introducido	habíais introducido
	introducía	introducían	había introducido	habían introducido
	Future		**Future Perfect**	
	introduciré	introduciremos	habré introducido	habremos introducido
	introducirás	introduciréis	habrás introducido	habréis introducido
	introducirá	introducirán	habrá introducido	habrán introducido
	Conditional		**Conditional Perfect**	
	introduciría	introduciríamos	habría introducido	habríamos introducido
	introducirías	introduciríais	habrías introducido	habríais introducido
	introduciría	introducirían	habría introducido	habrían introducido
Subjunctive	**Present**		**Present Perfect**	
	introduzca	introduzcamos	haya introducido	hayamos introducido
	introduzcas	introduzcáis	hayas introducido	hayáis introducido
	introduzca	introduzcan	haya introducido	hayan introducido
	Imperfect		**Pluperfect**	
	introdujera, -se	introdujéramos, -semos	hubiera, -se introducido	hubiéramos, -semos introducido
	introdujeras, -ses	introdujerais, -seis	hubieras, -ses introducido	hubierais, -seis introducido
	introdujera, -se	introdujeran, -sen	hubiera, -se introducido	hubieran, -sen introducido

IMPERATIVE

introduce (tú); no introduzcas	(no) introduzcamos (nosotros)
(no) introduzca (Ud.)	introducid (vosotros); no introduzcáis
	(no) introduzcan (Uds.)

EXAMPLES

Un nuevo producto de belleza fue introducido en el mercado.	A new beauty product was introduced in the market.
Aunque lo introduzcan con bombas y platillos, no se va a vender.	Even if they introduced it with fanfare, it will not sell.
No introduzcas los papeles para la beca todavía.	Do not submit the scholarship papers yet.
El abogado introdujo el testigo en la corte.	The lawyer brought in the witness to the court.

invertir

to invest, to invert, to reverse

Gerundio: invirtiendo   **Participio pasado:** invertido

Mood	Simple Tenses		Compound Tenses	
	Singular	*Plural*	*Singular*	*Plural*
Indicative	**Present**		**Present Perfect**	
	invierto	invertimos	he invertido	hemos invertido
	inviertes	invertís	has invertido	habéis invertido
	invierte	invierten	ha invertido	han invertido
	Preterit		**Preterit Perfect**	
	invertí	invertimos	hube invertido	hubimos invertido
	invertiste	invertisteis	hubiste invertido	hubisteis invertido
	invirtió	invirtieron	hubo invertido	hubieron invertido
	Imperfect		**Pluperfect**	
	invertía	invertíamos	había invertido	habíamos invertido
	invertías	invertíais	habías invertido	habíais invertido
	invertía	invertían	había invertido	habían invertido
	Future		**Future Perfect**	
	invertiré	invertiremos	habré invertido	habremos invertido
	invertirás	invertiréis	habrás invertido	habréis invertido
	invertirá	invertirán	habrá invertido	habrán invertido
	Conditional		**Conditional Perfect**	
	invertiría	invertiríamos	habría invertido	habríamos invertido
	invertirías	invertiríais	habrías invertido	habríais invertido
	invertiría	invertirían	habría invertido	habrían invertido
Subjunctive	**Present**		**Present Perfect**	
	invierta	invirtamos	haya invertido	hayamos invertido
	inviertas	invirtáis	hayas invertido	hayáis invertido
	invierta	inviertan	haya invertido	hayan invertido
	Imperfect		**Pluperfect**	
	invirtiera, -se	invirtiéramos, -semos	hubiera, -se invertido	hubiéramos, -semos invertido
	invirtieras, -ses	invirtierais, -seis	hubieras, -ses invertido	hubierais, -seis invertido
	invirtiera, -se	invirtieran, -sen	hubiera, -se invertido	hubieran, -sen invertido

IMPERATIVE

invierte (tú); no inviertas
(no) invierta (Ud.)

(no) invirtamos (nosotros)
invertid (vosotros); no invirtáis
(no) inviertan (Uds.)

EXAMPLES

Ellos han invertido mucho dinero en la bolsa.	They have invested lots of money in the stock market.
Ellos invirtieron sus ahorros y perdieron todo de un día para otro.	They invested their savings, and lost everything overnight.
¡Has invertido los números de las cuentas!	You have reversed the accounts' numbers!
Ellas estaban invirtiendo bastantes horas en ese proyecto.	They were investing lots of hours on that project.

invitar
to invite

Gerundio: invitando   **Participio pasado:** invitado

Mood	Simple Tenses		Compound Tenses	
	Singular	*Plural*	*Singular*	*Plural*
Indicative	**Present**		**Present Perfect**	
	invito	invitamos	he invitado	hemos invitado
	invitas	invitáis	has invitado	habéis invitado
	invita	invitan	ha invitado	han invitado
	Preterit		**Preterit Perfect**	
	invité	invitamos	hube invitado	hubimos invitado
	invitaste	invitasteis	hubiste invitado	hubisteis invitado
	invitó	invitaron	hubo invitado	hubieron invitado
	Imperfect		**Pluperfect**	
	invitaba	invitábamos	había invitado	habíamos invitado
	invitabas	invitabais	habías invitado	habíais invitado
	invitaba	invitaban	había invitado	habían invitado
	Future		**Future Perfect**	
	invitaré	invitaremos	habré invitado	habremos invitado
	invitarás	invitaréis	habrás invitado	habréis invitado
	invitará	invitarán	habrá invitado	habrán invitado
	Conditional		**Conditional Perfect**	
	invitaría	invitaríamos	habría invitado	habríamos invitado
	invitarías	invitaríais	habrías invitado	habríais invitado
	invitaría	invitarían	habría invitado	habrían invitado
Subjunctive	**Present**		**Present Perfect**	
	invite	invitemos	haya invitado	hayamos invitado
	invites	invitéis	hayas invitado	hayáis invitado
	invite	inviten	haya invitado	hayan invitado
	Imperfect		**Pluperfect**	
	invitara, -se	invitáramos, -semos	hubiera, -se invitado	hubiéramos, -semos invitado
	invitaras, -ses	invitarais, -seis	hubieras, -ses invitado	hubierais, -seis invitado
	invitara, -se	invitaran, -sen	hubiera, -se invitado	hubieran, -sen invitado

IMPERATIVE

invita (tú); no invites
(no) invite (Ud.)

(no) invitemos (nosotros)
invitad (vosotros); no invitéis
(no) inviten (Uds.)

EXAMPLES

Invitamos a nuestros amigos para la graduación de Marcos.
We invited our friends to Mark's graduation.

Sergio estaba invitado también pero no vino.
Sergio was invited too, but he did not come.

-Mami, ¿está bien que yo invite a Marina a jugar aquí?
Mom, is it okay that I invite Marina to play here?

-Sí. Y me gustaría que invitaras a Natalie también.
Yes. And I would like for you to invite Natalie also.

ir
to go
Gerundio: yendo   **Participio pasado:** ido

Mood	Simple Tenses		Compound Tenses	
	Singular	*Plural*	*Singular*	*Plural*
Indicative	**Present**		**Present Perfect**	
	voy	vamos	he ido	hemos ido
	vas	vais	has ido	habéis ido
	va	van	ha ido	han ido
	Preterit		**Preterit Perfect**	
	fui	fuimos	hube ido	hubimos ido
	fuiste	fuisteis	hubiste ido	hubisteis ido
	fue	fueron	hubo ido	hubieron ido
	Imperfect		**Pluperfect**	
	iba	íbamos	había ido	habíamos ido
	ibas	ibais	habías ido	habíais ido
	iba	iban	había ido	habían ido
	Future		**Future Perfect**	
	iré	iremos	habré ido	habremos ido
	irás	iréis	habrás ido	habréis ido
	irá	irán	habrá ido	habrán ido
	Conditional		**Conditional Perfect**	
	iría	iríamos	habría ido	habríamos ido
	irías	iríais	habrías ido	habríais ido
	iría	irían	habría ido	habrían ido
Subjunctive	**Present**		**Present Perfect**	
	vaya	vayamos	haya ido	hayamos ido
	vayas	vayáis	hayas ido	hayáis ido
	vaya	vayan	haya ido	hayan ido
	Imperfect		**Pluperfect**	
	fuera, -se	fuéramos, -semos	hubiera, -se ido	hubiéramos, -semos ido
	fueras, -ses	fuerais, -seis	hubieras, -ses ido	hubierais, -seis ido
	fuera, -se	fueran, -sen	hubiera, -se ido	hubieran, -sen ido

IMPERATIVE

	(no) vamos (nosotros)
ve (tú); no vayas	id (vosotros); no vayáis
(no) vaya (Ud.)	(no) vayan (Uds.)

Note: The expression: *ir + a + verb in infinitive* indicates a future tense.

EXAMPLES

Vamos a la playa esta tarde.	We are going to the beach this afternoon.
Íbamos al museo, pero al final no fuimos.	We were going to the museum, but in the end we didn't go.
Ya hemos ido allí y por eso no quiero ir de nuevo.	We have gone there already, and that's why I don't want to go again.
Aunque hayas ido muchas veces, ve con tus amigos ahora.	Although you had gone many times, go with your friends now.

IDIOMATIC EXAMPLES

Hizo un viaje de ida y vuelta.	He took a round trip.
¡Vaya con Dios!	Go with God!
¿Cómo te va?	How are you doing? / How is it going?

irse
to go away, to depart, to leave
Gerundio: yéndose   **Participio pasado:** ido

Mood	Simple Tenses		Compound Tenses	
	Singular	*Plural*	*Singular*	*Plural*
	Present		**Present Perfect**	
	me voy	nos vamos	me he ido	nos hemos ido
	te vas	os vais	te has ido	os habéis ido
	se va	se van	se ha ido	se han ido
	Preterit		**Preterit Perfect**	
	me fui	nos fuimos	me hube ido	nos hubimos ido
	te fuiste	os fuisteis	te hubiste ido	os hubisteis ido
	se fue	se fueron	se hubo ido	se hubieron ido
	Imperfect		**Pluperfect**	
	me iba	nos íbamos	me había ido	nos habíamos ido
	te ibas	os ibais	te habías ido	os habíais ido
	se iba	se iban	se había ido	se habían ido
	Future		**Future Perfect**	
	me iré	nos iremos	me habré ido	nos habremos ido
	te irás	os iréis	te habrás ido	os habréis ido
	se irá	se irán	se habrá ido	se habrán ido
	Conditional		**Conditional Perfect**	
	me iría	nos iríamos	me habría ido	nos habríamos ido
	te irías	os iríais	te habrías ido	os habríais ido
	se iría	se irían	se habría ido	se habrían ido
	Present		**Present Perfect**	
	me vaya	nos vayamos	me haya ido	nos hayamos ido
	te vayas	os vayáis	te hayas ido	os hayáis ido
	se vaya	se vayan	se haya ido	se hayan ido
	Imperfect		**Pluperfect**	
	me fuera, -se	nos fuéramos, -semos	me hubiera, -se ido	nos hubiéramos, -semos ido
	te fueras, -ses	os fuerais, -seis	te hubieras, -ses ido	os hubierais, -seis ido
	se fuera, -se	se fueran, -sen	se hubiera, -se ido	se hubieran, -sen ido

Left margin: Indicative / Subjunctive

IMPERATIVE

vete (tú); no te vayas
váyase (Ud.); no se vaya

vámonos (nosotros); no nos vayamos
idos (vosotros); no os vayáis
váyanse (Uds.); no se vayan

EXAMPLES

Ya me voy.
Ellos se iban a las seis.
Si te fueras mañana por la mañana, tendrías tiempo para ir de compras.

I am leaving now.
They were leaving at six o'clock.
If you were to leave tomorrow morning, you would have time to go shopping.

IDIOMATIC EXAMPLES

Poco a poco se va lejos.
Me fue bien en el examen.
Se nos fue la onda.

Little by little, one travels far.
My test went well.
Our minds went blank.

jubilar

to retire, to be pentioned

Gerundio: jubilando   **Participio pasado:** jubilado

Mood	Simple Tenses		Compound Tenses	
	Singular	*Plural*	*Singular*	*Plural*
Indicative	**Present**		**Present Perfect**	
	jubilo	jubilamos	he jubilado	hemos jubilado
	jubilas	jubiláis	has jubilado	habéis jubilado
	jubila	jubilan	ha jubilado	han jubilado
	Preterit		**Preterit Perfect**	
	jubilé	jubilamos	hube jubilado	hubimos jubilado
	jubilaste	jubilasteis	hubiste jubilado	hubisteis jubilado
	jubiló	jubilaron	hubo jubilado	hubieron jubilado
	Imperfect		**Pluperfect**	
	jubilaba	jubilábamos	había jubilado	habíamos jubilado
	jubilabas	jubilabais	habías jubilado	habíais jubilado
	jubilaba	jubilaban	había jubilado	habían jubilado
	Future		**Future Perfect**	
	jubilaré	jubilaremos	habré jubilado	habremos jubilado
	jubilarás	jubilaréis	habrás jubilado	habréis jubilado
	jubilará	jubilarán	habrá jubilado	habrán jubilado
	Conditional		**Conditional Perfect**	
	jubilaría	jubilaríamos	habría jubilado	habríamos jubilado
	jubilarías	jubilaríais	habrías jubilado	habríais jubilado
	jubilaría	jubilarían	habría jubilado	habrían jubilado
Subjunctive	**Present**		**Present Perfect**	
	jubile	jubilemos	haya jubilado	hayamos jubilado
	jubiles	jubiléis	hayas jubilado	hayáis jubilado
	jubile	jubilen	haya jubilado	hayan jubilado
	Imperfect		**Pluperfect**	
	jubilara, -se	jubiláramos, -semos	hubiera, -se jubilado	hubiéramos,-semos jubilado
	jubilaras, -ses	jubilarais, -seis	hubieras, -ses jubilado	hubierais, -seis jubilado
	jubilara, -se	jubilaran, -sen	hubiera, -se jubilado	hubieran, -sen jubilado

IMPERATIVE

	(no) jubilemos (nosotros)
jubila (tú); no jubiles	jubilad (vosotros); no jubiléis
(no) jubile (Ud.)	(no) jubilen (Uds.)

Note: As a reflexive verb, *jubilarse* (to be retired) uses the reflexive pronouns *me, te, se, nos, os, se.* Examples 3 and 4 show the reflexive use.

EXAMPLES

Esta compañía jubila a los empleados a los sesenta y cinco años de edad.	This company retires the employees at the age of sixty-five.
Ellos han estado jubilados desde hace tres meses.	They have been retired for three months.
Guillermo se jubiló a los setenta y cinco años.	Guillermo retired at age seventy-five.
Me hubiera jubilado en junio, pero necesito ahorrar más dinero.	I would have retired in June but I need to save more money.

jugar
to play

Gerundio: jugando   **Participio pasado:** jugado

Mood	Simple Tenses		Compound Tenses	
	Singular	*Plural*	*Singular*	*Plural*
Indicative	**Present**		**Present Perfect**	
	juego	jugamos	he jugado	hemos jugado
	juegas	jugáis	has jugado	habéis jugado
	juega	juegan	ha jugado	han jugado
	Preterit		**Preterit Perfect**	
	jugué	jugamos	hube jugado	hubimos jugado
	jugaste	jugasteis	hubiste jugado	hubisteis jugado
	jugó	jugaron	hubo jugado	hubieron jugado
	Imperfect		**Pluperfect**	
	jugaba	jugábamos	había jugado	habíamos jugado
	jugabas	jugabais	habías jugado	habíais jugado
	jugaba	jugaban	había jugado	habían jugado
	Future		**Future Perfect**	
	jugaré	jugaremos	habré jugado	habremos jugado
	jugarás	jugaréis	habrás jugado	habréis jugado
	jugará	jugarán	habrá jugado	habrán jugado
	Conditional		**Conditional Perfect**	
	jugaría	jugaríamos	habría jugado	habríamos jugado
	jugarías	jugaríais	habrías jugado	habríais jugado
	jugaría	jugarían	habría jugado	habrían jugado
Subjunctive	**Present**		**Present Perfect**	
	juegue	juguemos	haya jugado	hayamos jugado
	juegues	juguéis	hayas jugado	hayáis jugado
	juegue	jueguen	haya jugado	hayan jugado
	Imperfect		**Pluperfect**	
	jugara, -se	jugáramos, -semos	hubiera, -se jugado	hubiéramos,-semos jugado
	jugaras, -ses	jugarais, -seis	hubieras, -ses jugado	hubierais, -seis jugado
	jugara, -se	jugaran, -sen	hubiera, -se jugado	hubieran, -sen jugado

IMPERATIVE

juega (tú); no juegues

(no) juegue (Ud.)

(no) juguemos (nosotros)

jugad (vosotros); no juguéis

(no) jueguen (Uds.)

EXAMPLES

Jugamos (al) béisbol todos los fines de semana.

We play baseball every weekend.

Antes jugábamos los martes, pero ahora es los sábados.

We used to play on Tuesday, but now we play on Saturdays.

Jugaremos un partido de tenis el domingo.

We will play a match of tennis on Sunday.

Si jugara (al) fútbol, estaría en mejores condiciones.

If I played soccer, I would be in better shape.

IDIOMATIC EXAMPLE

¡Qué jugarreta nos hizo!

What a dirty trick he played on us!

juntar

to join, to collect, to save

Gerundio: juntando   **Participio pasado:** juntado

Mood	Simple Tenses		Compound Tenses	
	Singular	*Plural*	*Singular*	*Plural*
Indicative	**Present**		**Present Perfect**	
	junto	juntamos	he juntado	hemos juntado
	juntas	juntáis	has juntado	habéis juntado
	junta	juntan	ha juntado	han juntado
	Preterit		**Preterit Perfect**	
	junté	juntamos	hube juntado	hubimos juntado
	juntaste	juntasteis	hubiste juntado	hubisteis juntado
	juntó	juntaron	hubo juntado	hubieron juntado
	Imperfect		**Pluperfect**	
	juntaba	juntábamos	había juntado	habíamos juntado
	juntabas	juntabais	habías juntado	habíais juntado
	juntaba	juntaban	había juntado	habían juntado
	Future		**Future Perfect**	
	juntaré	juntaremos	habré juntado	habremos juntado
	juntarás	juntaréis	habrás juntado	habréis juntado
	juntará	juntarán	habrá juntado	habrán juntado
	Conditional		**Conditional Perfect**	
	juntaría	juntaríamos	habría juntado	habríamos juntado
	juntarías	juntaríais	habrías juntado	habríais juntado
	juntaría	juntarían	habría juntado	habrían juntado
Subjunctive	**Present**		**Present Perfect**	
	junte	juntemos	haya juntado	hayamos juntado
	juntes	juntéis	hayas juntado	hayáis juntado
	junte	junten	haya juntado	hayan juntado
	Imperfect		**Pluperfect**	
	juntara, -se	juntáramos, -semos	hubiera, -se juntado	hubiéramos,-semos juntado
	juntaras, -ses	juntarais, -seis	hubieras, -ses juntado	
	juntara, -se	juntaran, -sen	hubiera, -se juntado	hubierais, -seis juntado
				hubieran, -sen juntado

IMPERATIVE

	(no) juntemos (nosotros)
junta (tú); no juntes	juntad (vosotros); no juntéis
(no) junte (Ud.)	(no) junten (Uds.)

Note: As a reflexive verb, *juntarse* (to meet, to assemble) uses the reflexive pronouns *me, te, se, nos, os, se.* Example 4 shows the reflexive use.

EXAMPLES

Los profesores de música juntaron las tres bandas para el último concierto.

The music teachers brought together the three bands for the last concert.

Juntamos muchas rocas durante la excursión.

We collected lots of rocks during the excursion.

Cuando haya juntado doscientos mil dólares, me compraré una casa bien grande.

When I had saved two hundred thousand dollars, I will buy a huge house.

Ricardo se juntó con sus amigos en el restaurante.

Richard joined his friends at the restaurant.

IDIOMATIC EXAMPLE

Dios los cría y ellos se juntan.

Birds of a feather flock together.

jurar

to swear, to declare upon oath

Gerundio: jurando   **Participio pasado:** jurado

Mood	Simple Tenses		Compound Tenses	
	Singular	*Plural*	*Singular*	*Plural*
Indicative	**Present**		**Present Perfect**	
	juro	juramos	he jurado	hemos jurado
	juras	juráis	has jurado	habéis jurado
	jura	juran	ha jurado	han jurado
	Preterit		**Preterit Perfect**	
	juré	juramos	hube jurado	hubimos jurado
	juraste	jurasteis	hubiste jurado	hubisteis jurado
	juró	juraron	hubo jurado	hubieron jurado
	Imperfect		**Pluperfect**	
	juraba	jurábamos	había jurado	habíamos jurado
	jurabas	jurabais	habías jurado	habíais jurado
	juraba	juraban	había jurado	habían jurado
	Future		**Future Perfect**	
	juraré	juraremos	habré jurado	habremos jurado
	jurarás	juraréis	habrás jurado	habréis jurado
	jurará	jurarán	habrá jurado	habrán jurado
	Conditional		**Conditional Perfect**	
	juraría	juraríamos	habría jurado	habríamos jurado
	jurarías	juraríais	habrías jurado	habríais jurado
	juraría	jurarían	habría jurado	habrían jurado
Subjunctive	**Present**		**Present Perfect**	
	jure	juremos	haya jurado	hayamos jurado
	jures	juréis	hayas jurado	hayáis jurado
	jure	juren	haya jurado	hayan jurado
	Imperfect		**Pluperfect**	
	jurara, -se	juráramos, -semos	hubiera, -se jurado	hubiéramos,-semos jurado
	juraras, -ses	jurarais, -seis	hubieras, -ses jurado	hubierais, -seis jurado
	jurara, -se	juraran, -sen	hubiera, -se jurado	hubieran, -sen jurado

IMPERATIVE

	(no) juremos (nosotros)
jura (tú); no jures	jurad (vosotros); no juréis
(no) jure (Ud.)	(no) juren (Uds.)

EXAMPLES

Te juro que yo no lo hice.	I swear to you I didn't do it.
El reo juró ante el juez que diría la verdad.	The criminal swore before the judge that he would say the truth.
Era mejor que hubiese jurado decir la verdad.	It was better that he had swore to tell the truth.
¡Nunca juréis en vano!	Never swear in vain!

juzgar
to judge, to pass a judgment on
Gerundio: juzgando   **Participio pasado:** juzgado

Mood	Simple Tenses		Compound Tenses	
	Singular	*Plural*	*Singular*	*Plural*
Indicative	**Present**		**Present Perfect**	
	juzgo	juzgamos	he juzgado	hemos juzgado
	juzgas	juzgáis	has juzgado	habéis juzgado
	juzga	juzgan	ha juzgado	han juzgado
	Preterit		**Preterit Perfect**	
	juzgué	juzgamos	hube juzgado	hubimos juzgado
	juzgaste	juzgasteis	hubiste juzgado	hubisteis juzgado
	juzgó	juzgaron	hubo juzgado	hubieron juzgado
	Imperfect		**Pluperfect**	
	juzgaba	juzgábamos	había juzgado	habíamos juzgado
	juzgabas	juzgabais	habías juzgado	habíais juzgado
	juzgaba	juzgaban	había juzgado	habían juzgado
	Future		**Future Perfect**	
	juzgaré	juzgaremos	habré juzgado	habremos juzgado
	juzgarás	juzgaréis	habrás juzgado	habréis juzgado
	juzgará	juzgarán	habrá juzgado	habrán juzgado
	Conditional		**Conditional Perfect**	
	juzgaría	juzgaríamos	habría juzgado	habríamos juzgado
	juzgarías	juzgaríais	habrías juzgado	habríais juzgado
	juzgaría	juzgarían	habría juzgado	habrían juzgado
Subjunctive	**Present**		**Present Perfect**	
	juzgue	juzguemos	haya juzgado	hayamos juzgado
	juzgues	juzguéis	hayas juzgado	hayáis juzgado
	juzgue	juzguen	haya juzgado	hayan juzgado
	Imperfect		**Pluperfect**	
	juzgara, -se	juzgáramos, -semos	hubiera, -se juzgado	hubiéramos,-semos juzgado
	juzgaras, -ses	juzgarais, -seis	hubieras, -ses juzgado	hubierais, -seis juzgado
	juzgara, -se	juzgaran, -sen	hubiera, -se juzgado	hubieran, -sen juzgado

IMPERATIVE

juzga (tú); no juzgues
(no) juzgue (Ud.)

(no) juzguemos (nosotros)
juzgad (vosotros); no juzguéis
(no) juzguen (Uds.)

EXAMPLES

Los jueces juzgaron en favor de la candidata de Colombia.
The judges judged in favor of Miss Colombia.

El juez ha juzgado a los criminales severamente.
The judge has judged the criminal severely.

No juzguen sin saber toda la verdad.
Do not pass judgment without knowing the whole truth.

La habían juzgado injustamente.
She had been judged unjustly.

lanzar

to throw, to flinch, to launch
Gerundio: lanzando   **Participio pasado:** lanzado

Mood	Simple Tenses		Compound Tenses	
	Singular	*Plural*	*Singular*	*Plural*
Indicative	**Present**		**Present Perfect**	
	lanzo	lanzamos	he lanzado	hemos lanzado
	lanzas	lanzáis	has lanzado	habéis lanzado
	lanza	lanzan	ha lanzado	han lanzado
	Preterit		**Preterit Perfect**	
	lancé	lanzamos	hube lanzado	hubimos lanzado
	lanzaste	lanzasteis	hubiste lanzado	hubisteis lanzado
	lanzó	lanzaron	hubo lanzado	hubieron lanzado
	Imperfect		**Pluperfect**	
	lanzaba	lanzábamos	había lanzado	habíamos lanzado
	lanzabas	lanzabais	habías lanzado	habíais lanzado
	lanzaba	lanzaban	había lanzado	habían lanzado
	Future		**Future Perfect**	
	lanzaré	lanzaremos	habré lanzado	habremos lanzado
	lanzarás	lanzaréis	habrás lanzado	habréis lanzado
	lanzará	lanzarán	habrá lanzado	habrán lanzado
	Conditional		**Conditional Perfect**	
	lanzaría	lanzaríamos	habría lanzado	habríamos lanzado
	lanzarías	lanzaríais	habrías lanzado	habríais lanzado
	lanzaría	lanzarían	habría lanzado	habrían lanzado
Subjunctive	**Present**		**Present Perfect**	
	lance	lancemos	haya lanzado	hayamos lanzado
	lances	lancéis	hayas lanzado	hayáis lanzado
	lance	lancen	haya lanzado	hayan lanzado
	Imperfect		**Pluperfect**	
	lanzara, -se	lanzáramos, -semos	hubiera, -se lanzado	hubiéramos,-semos lanzado
	lanzaras, -ses	lanzarais, -seis	hubieras, -ses lanzado	
	lanzara, -se	lanzaran, -sen	hubiera, -se lanzado	hubierais, -seis lanzado
				hubieran, -sen lanzado

IMPERATIVE

	(no) lancemos (nosotros)
lanza (tú); no lances	lanzad (vosotros); no lancéis
(no) lance (Ud.)	(no) lancen (Uds.)

EXAMPLES

El joven lanzador estaba lanzando la pelota a alta velocidad.

The young pitcher was throwing the ball at a high speed.

El salvavidas se lanzó al mar para salvar al niño.

The lifeguard threw himself into the sea water to save the child.

Ojalá que lancen de candidato a Rafael.

We hope they will launch Raphael as a candidate.

Si ella lanzara la jabalina con más precisión, ganaría el primer premio.

If she threw the javelin with more accuracy, she would win the first prize.

lastimarse

to hurt oneself, to injure, to regret

Gerundio: lastimándose   **Participio pasado:** lastimado

Mood	Simple Tenses		Compound Tenses	
	Singular	Plural	Singular	Plural
Indicative	**Present**		**Present Perfect**	
	me lastimo te lastimas se lastima	nos lastimamos os lastimáis se lastiman	me he lastimado te has lastimado se ha lastimado	nos hemos lastimado os habéis lastimado se han lastimado
	Preterit		**Preterit Perfect**	
	me lastimé te lastimaste se lastimó	nos lastimamos os lastimasteis se lastimaron	me hube lastimado te hubiste lastimado se hubo lastimado	nos hubimos lastimado os hubisteis lastimado se hubieron lastimado
	Imperfect		**Pluperfect**	
	me lastimaba te lastimabas se lastimaba	nos lastimábamos os lastimabais se lastimaban	me había lastimado te habías lastimado se había lastimado	nos habíamos lastimado os habíais lastimado se habían lastimado
	Future		**Future Perfect**	
	me lastimaré te lastimarás se lastimará	nos lastimaremos os lastimaréis se lastimarán	me habré lastimado te habrás lastimado se habrá lastimado	nos habremos lastimado os habréis lastimado se habrán lastimado
	Conditional		**Conditional Perfect**	
	me lastimaría te lastimarías se lastimaría	nos lastimaríamos os lastimaríais se lastimarían	me habría lastimado te habrías lastimado se habría lastimado	nos habríamos lastimado os habríais lastimado se habrían lastimado
Subjunctive	**Present**		**Present Perfect**	
	me lastime te lastimes se lastime	nos lastimemos os lastiméis se lastimen	me haya lastimado te hayas lastimado se haya lastimado	nos hayamos lastimado os hayáis lastimado se hayan lastimado
	Imperfect		**Pluperfect**	
	me lastimara, -se te lastimaras, -ses se lastimara, -se	nos lastimáramos, -semos os lastimarais, -seis se lastimaran, -sen	me hubiera, -se lastimado te hubieras, -ses lasti- mado se hubiera, -se lastimado	nos hubiéramos, -semos lastimado os hubierais, -seis las- timado se hubieran, -sen lasti- mado

IMPERATIVE

	lastimémonos (nosotros); no nos lastimemos
lastímate (tú); no te lastimes	lastimaos (vosotros); no os lastiméis
lastímese (Ud.); no se lastime	lastímense (Uds.); no se lastimen

Note: As a nonreflexive verb, *lastimar* (to injure, to hurt) is shown in Example 5.

EXAMPLES

¡Cuidado! No te lastimes con las piedras.	Be careful! Don't hurt yourself with the rocks.
El lanzador se lastimó al lanzar la pelota.	The pitcher got injured while throwing the ball.
¡Qué lástima que se lastimó en la primera entrada!	What a pity he got injured in the first inning!
Esperamos que no se haya lastimado el hombro.	We hope he didn't hurt his shoulder.
Lastimé sus sentimientos sin querer.	I hurt her feelings without wanting to.

lavar

to wash
Gerundio: lavando   **Participio pasado:** lavado

Mood	Simple Tenses		Compound Tenses	
	Singular	*Plural*	*Singular*	*Plural*
Indicative	**Present**		**Present Perfect**	
	lavo	lavamos	he lavado	hemos lavado
	lavas	laváis	has lavado	habéis lavado
	lava	lavan	ha lavado	han lavado
	Preterit		**Preterit Perfect**	
	lavé	lavamos	hube lavado	hubimos lavado
	lavaste	lavasteis	hubiste lavado	hubisteis lavado
	lavó	lavaron	hubo lavado	hubieron lavado
	Imperfect		**Pluperfect**	
	lavaba	lavábamos	había lavado	habíamos lavado
	lavabas	lavabais	habías lavado	habíais lavado
	lavaba	lavaban	había lavado	habían lavado
	Future		**Future Perfect**	
	lavaré	lavaremos	habré lavado	habremos lavado
	lavarás	lavaréis	habrás lavado	habréis lavado
	lavará	lavarán	habrá lavado	habrán lavado
	Conditional		**Conditional Perfect**	
	lavaría	lavaríamos	habría lavado	habríamos lavado
	lavarías	lavaríais	habrías lavado	habríais lavado
	lavaría	lavarían	habría lavado	habrían lavado
Subjunctive	**Present**		**Present Perfect**	
	lave	lavemos	haya lavado	hayamos lavado
	laves	lavéis	hayas lavado	hayáis lavado
	lave	laven	haya lavado	hayan lavado
	Imperfect		**Pluperfect**	
	lavara, -se	laváramos, -semos	hubiera, -se lavado	hubiéramos, -semos lavado
	lavaras, -ses	lavarais, -seis	hubieras, -ses lavado	hubierais, -seis lavado
	lavara, -se	lavaran, -sen	hubiera, -se lavado	hubieran, -sen lavado

IMPERATIVE

lava (tú); no laves	(no) lavemos (nosotros)
(no) lave (Ud.)	lavad (vosotros); no lavéis
	(no) laven (Uds.)

Note: As a reflexive verb, *lavarse* (to wash oneself) uses the reflexive pronouns *me, te, se, nos, os, se.* Examples 4 and 5 show the reflexive use.

EXAMPLES

Lavo mi ropa todos los sábados.	I wash my clothes every Saturday.
Si no lavas el carro, no vas a la fiesta.	If you don't wash the car, you are not going to the party.
¡Lave o no lave, siempre tengo ropa sucia!	Whether I wash or not, I always have dirty clothes!
Me lavo el pelo todos los días.	I wash my hair everyday.
Se lavaron las manos antes y después de comer.	They washed their hands before and after eating.

leer
to read

Gerundio: leyendo   **Participio pasado:** leído

Mood	Simple Tenses		Compound Tenses	
	Singular	*Plural*	*Singular*	*Plural*
Indicative	**Present**		**Present Perfect**	
	leo	leemos	he leído	hemos leído
	lees	leéis	has leído	habéis leído
	lee	leen	ha leído	han leído
	Preterit		**Preterit Perfect**	
	leí	leímos	hube leído	hubimos leído
	leíste	leísteis	hubiste leído	hubisteis leído
	leyó	leyeron	hubo leído	hubieron leído
	Imperfect		**Pluperfect**	
	leía	leíamos	había leído	habíamos leído
	leías	leíais	habías leído	habíais leído
	leía	leían	había leído	habían leído
	Future		**Future Perfect**	
	leeré	leeremos	habré leído	habremos leído
	leerás	leeréis	habrás leído	habréis leído
	leerá	leerán	habrá leído	habrán leído
	Conditional		**Conditional Perfect**	
	leería	leeríamos	habría leído	habríamos leído
	leerías	leeríais	habrías leído	habríais leído
	leería	leerían	habría leído	habrían leído
Subjunctive	**Present**		**Present Perfect**	
	lea	leamos	haya leído	hayamos leído
	leas	leáis	hayas leído	hayáis leído
	lea	lean	haya leído	hayan leído
	Imperfect		**Pluperfect**	
	leyera, -se	leyéramos, -semos	hubiera, -se leído	hubiéramos,-semos leído
	leyeras, -ses	leyerais, -seis	hubieras, -ses leído	hubierais, -seis leído
	leyera, -se	leyeran, -sen	hubiera, -se leído	hubieran, -sen leído

IMPERATIVE

	(no) leamos (nosotros)
lee (tú); no leas	leed (vosotros); no leáis
(no) lea (Ud.)	(no) lean (Uds.)

EXAMPLES

-Estaba leyendo cuando me llamó Solina.

-¿Y qué leías?

¿Has leído las novelas que te presté?

Si los estudiantes leyeran más, tendrían un mejor vocabulario.

I was reading when Solina called me.

And what were you reading?

Have you read the novels I loaned to you?

If the students were to read more, they would have a better vocabulary.

IDIOMATIC EXAMPLE

El que lee mucho vale por dos.

He who reads a lot is worth twice as much.

levantar

to lift, to raise
Gerundio: levantando   **Participio pasado:** levantado

Mood	Simple Tenses		Compound Tenses	
	Singular	*Plural*	*Singular*	*Plural*
Indicative	**Present**		**Present Perfect**	
	levanto levantas levanta	levantamos levantáis levantan	he levantado has levantado ha levantado	hemos levantado habéis levantado han levantado
	Preterit		**Preterit Perfect**	
	levanté levantaste levantó	levantamos levantasteis levantaron	hube levantado hubiste levantado hubo levantado	hubimos levantado hubisteis levantado hubieron levantado
	Imperfect		**Pluperfect**	
	levantaba levantabas levantaba	levantábamos levantabais levantaban	había levantado habías levantado había levantado	habíamos levantado habíais levantado habían levantado
	Future		**Future Perfect**	
	levantaré levantarás levantará	levantaremos levantaréis levantarán	habré levantado habrás levantado habrá levantado	habremos levantado habréis levantado habrán levantado
	Conditional		**Conditional Perfect**	
	levantaría levantarías levantaría	levantaríamos levantaríais levantarían	habría levantado habrías levantado habría levantado	habríamos levantado habríais levantado habrían levantado
Subjunctive	**Present**		**Present Perfect**	
	levante levantes levante	levantemos levantéis levanten	haya levantado hayas levantado haya levantado	hayamos levantado hayáis levantado hayan levantado
	Imperfect		**Pluperfect**	
	levantara, -se levantaras, -ses levantara, -se	levantáramos, -semos levantarais, -seis levantaran, -sen	hubiera, -se levantado hubieras, -ses levantado hubiera, -se levantado	hubiéramos,-semos levantado hubierais, -seis levantado hubieran, -sen levantado

IMPERATIVE

levanta (tú); no levantes
(no) levante (Ud.)

(no) levantemos (nosotros)
levantad (vosotros); no levantéis
(no) levanten (Uds.)

Note: As a reflexive verb, *levantarse* (to get up, to rise) uses the reflexive pronouns *me, te, se, nos, os, se.* Examples 2, 5, and 6 show the reflexive use.

EXAMPLES

¡Levanten la mesa! — Pick up the table!
Los estudiantes levantaron las manos para responder la pregunta. — The students raised their hands to answer the question.
Ya habían levantado el árbol cuando llegamos. — They had already lifted the tree when we got there.
¡Nos levantaron a las tres de la mañana! — They made us get up at three o'clock in the morning!
¡No se levanten! — Don't get up!
Los revolucionarios se habían levantado en armas. — The revolutionaries had risen to arms.

IDIOMATIC EXAMPLES

No levantes falsos testimonios. — Don't give false testimonies.
Se levantó con el pie izquierdo. — He got up on the wrong side of the bed.

limpiar
to clean
Gerundio: limpiando   **Participio pasado:** limpiado

Mood	Simple Tenses		Compound Tenses	
	Singular	*Plural*	*Singular*	*Plural*
	Present		**Present Perfect**	
	limpio	limpiamos	he limpiado	hemos limpiado
	limpias	limpiáis	has limpiado	habéis limpiado
	limpia	limpian	ha limpiado	han limpiado
	Preterit		**Preterit Perfect**	
	limpié	limpiamos	hube limpiado	hubimos limpiado
	limpiaste	limpiasteis	hubiste limpiado	hubisteis limpiado
	limpió	limpiaron	hubo limpiado	hubieron limpiado
Indicative	**Imperfect**		**Pluperfect**	
	limpiaba	limpiábamos	había limpiado	habíamos limpiado
	limpiabas	limpiabais	habías limpiado	habíais limpiado
	limpiaba	limpiaban	había limpiado	habían limpiado
	Future		**Future Perfect**	
	limpiaré	limpiaremos	habré limpiado	habremos limpiado
	limpiarás	limpiaréis	habrás limpiado	habréis limpiado
	limpiará	limpiarán	habrá limpiado	habrán limpiado
	Conditional		**Conditional Perfect**	
	limpiaría	limpiaríamos	habría limpiado	habríamos limpiado
	limpiarías	limpiaríais	habrías limpiado	habríais limpiado
	limpiaría	limpiarían	habría limpiado	habrían limpiado
Subjunctive	**Present**		**Present Perfect**	
	limpie	limpiemos	haya limpiado	hayamos limpiado
	limpies	limpiéis	hayas limpiado	hayáis limpiado
	limpie	limpien	haya limpiado	hayan limpiado
	Imperfect		**Pluperfect**	
	limpiara, -se	limpiáramos, -semos	hubiera, -se limpiado	hubiéramos,-semos limpiado
	limpiaras, -ses	limpiarais, -seis	hubieras, -ses limpiado	hubierais, -seis limpiado
	limpiara, -se	limpiaran, -sen	hubiera, -se limpiado	hubieran, -sen limpiado

IMPERATIVE

	(no) limpiemos (nosotros)
limpia (tú); no limpies	limpiad (vosotros); no limpiéis
(no) limpie (Ud.)	(no) limpien (Uds.)

Note: As a reflexive verb, *limpiarse* (to clean oneself) uses the reflexive pronouns *me, te, se, nos, os, se.* Examples 4 and 5 show the reflexive use.

EXAMPLES

Estábamos limpiando el auto cuando empezó a llover.	We were washing the car when it started to rain.
Si fuera posible, lo limpiaría todos los días.	If it were possible, I would wash it every-day.
Es probable que los voluntarios limpien el parque el sábado.	It is probable that the volunteers will clean the park on Saturday.
El niño estaba limpiándo<u>se</u> la cara con cuidado.	The boy was washing his face carefully.
¡Límpien<u>se</u> los pies antes de entrar!	Clean your feet before coming in!

llamar

to call, to name
Gerundio: llamando   **Participio pasado:** llamado

Mood	Simple Tenses		Compound Tenses	
	Singular	*Plural*	*Singular*	*Plural*
Indicative	**Present**		**Present Perfect**	
	llamo	llamamos	he llamado	hemos llamado
	llamas	llamáis	has llamado	habéis llamado
	llama	llaman	ha llamado	han llamado
	Preterit		**Preterit Perfect**	
	llamé	llamamos	hube llamado	hubimos llamado
	llamaste	llamasteis	hubiste llamado	hubisteis llamado
	llamó	llamaron	hubo llamado	hubieron llamado
	Imperfect		**Pluperfect**	
	llamaba	llamábamos	había llamado	habíamos llamado
	llamabas	llamabais	habías llamado	habíais llamado
	llamaba	llamaban	había llamado	habían llamado
	Future		**Future Perfect**	
	llamaré	llamaremos	habré llamado	habremos llamado
	llamarás	llamaréis	habrás llamado	habréis llamado
	llamará	llamarán	habrá llamado	habrán llamado
	Conditional		**Conditional Perfect**	
	llamaría	llamaríamos	habría llamado	habríamos llamado
	llamarías	llamaríais	habrías llamado	habríais llamado
	llamaría	llamarían	habría llamado	habrían llamado
Subjunctive	**Present**		**Present Perfect**	
	llame	llamemos	haya llamado	hayamos llamado
	llames	llaméis	hayas llamado	hayáis llamado
	llame	llamen	haya llamado	hayan llamado
	Imperfect		**Pluperfect**	
	llamara, -se	llamáramos, -semos	hubiera, -se llamado	hubiéramos,-semos llamado
	llamaras, -ses	llamarais, -seis	hubieras, -ses llamado	hubierais, -seis llamado
	llamara, -se	llamaran, -sen	hubiera, -se llamado	hubieran, -sen llamado

IMPERATIVE

	(no) llamemos (nosotros)
llama (tú); no llames	llamad (vósotros); no llaméis
(no) llame (Ud.)	(no) llamen (Uds.)

Note: As a reflexive verb, *llamarse* (to be called, to be named) uses the reflexive pronouns *me, te, se, nos, os, se.* Examples 4 and 5 show the reflexive use.

EXAMPLES

Llamo y llamo a Rebeca, pero no me responde.	I have been calling and calling Rebecca, but she doesn't answer.
¡La he llamado ya diez veces!	I have already called her ten times!
Aunque la llames veinte veces no te va a responder.	Even if you call her twenty times, she is not going to answer you.
Yo me llamo Benjamín y tú, ¿cómo te llamas?	My name is Benjamin, and what is your name?
El equipo se llama Las estrellas.	The team's name is The Stars.

llegar

to arrive, to reach, to get

Gerundio: llegando   **Participio pasado:** llegado

Mood	Simple Tenses		Compound Tenses	
	Singular	*Plural*	*Singular*	*Plural*
	Present		**Present Perfect**	
	llego	llegamos	he llegado	hemos llegado
	llegas	llegáis	has llegado	habéis llegado
	llega	llegan	ha llegado	han llegado
	Preterit		**Preterit Perfect**	
	llegué	llegamos	hube llegado	hubimos llegado
	llegaste	llegasteis	hubiste llegado	hubisteis llegado
	llegó	llegaron	hubo llegado	hubieron llegado
Indicative	**Imperfect**		**Pluperfect**	
	llegaba	llegábamos	había llegado	habíamos llegado
	llegabas	llegabais	habías llegado	habíais llegado
	llegaba	llegaban	había llegado	habían llegado
	Future		**Future Perfect**	
	llegaré	llegaremos	habré llegado	habremos llegado
	llegarás	llegaréis	habrás llegado	habréis llegado
	llegará	llegarán	habrá llegado	habrán llegado
	Conditional		**Conditional Perfect**	
	llegaría	llegaríamos	habría llegado	habríamos llegado
	llegarías	llegaríais	habrías llegado	habríais llegado
	llegaría	llegarían	habría llegado	habrían llegado
Subjunctive	**Present**		**Present Perfect**	
	llegue	lleguemos	haya llegado	hayamos llegado
	llegues	lleguéis	hayas llegado	hayáis llegado
	llegue	lleguen	haya llegado	hayan llegado
	Imperfect		**Pluperfect**	
	llegara, -se	llegáramos, -semos	hubiera, -se llegado	hubiéramos,-semos llegado
	llegaras, -ses	llegarais, -seis	hubieras, -ses llegado	hubierais, -seis llegado
	llegara, -se	llegaran, -sen	hubiera, -se llegado	hubieran, -sen llegado

IMPERATIVE

llega (tú); no llegues
(no) llegue (Ud.)

(no) lleguemos (nosotros)
llegad (vosotros); no lleguéis
(no) lleguen (Uds.)

EXAMPLES

Llegué al aeropuerto justo cuando el avión llegaba.

I arrived at the airport just when the airplane was landing.

Están llegando los reporteros también.

The reporters are arriving too.

El hombre habría llegado a tiempo pero el auto se le descompuso.

The man would have arrived on time, but his car broke down.

Ella llegó a la meta.

She reached the goal.

llenar

to fill, to fill up

Gerundio: llenando   **Participio pasado:** llenado

Mood	Simple Tenses		Compound Tenses	
	Singular	*Plural*	*Singular*	*Plural*
Indicative	**Present**		**Present Perfect**	
	lleno	llenamos	he llenado	hemos llenado
	llenas	llenáis	has llenado	habéis llenado
	llena	llenan	ha llenado	han llenado
	Preterit		**Preterit Perfect**	
	llené	llenamos	hube llenado	hubimos llenado
	llenaste	llenasteis	hubiste llenado	hubisteis llenado
	llenó	llenaron	hubo llenado	hubieron llenado
	Imperfect		**Pluperfect**	
	llenaba	llenábamos	había llenado	habíamos llenado
	llenabas	llenabais	habías llenado	habíais llenado
	llenaba	llenaban	había llenado	habían llenado
	Future		**Future Perfect**	
	llenaré	llenaremos	habré llenado	habremos llenado
	llenarás	llenaréis	habrás llenado	habréis llenado
	llenará	llenarán	habrá llenado	habrán llenado
	Conditional		**Conditional Perfect**	
	llenaría	llenaríamos	habría llenado	habríamos llenado
	llenarías	llenaríais	habrías llenado	habríais llenado
	llenaría	llenarían	habría llenado	habrían llenado
Subjunctive	**Present**		**Present Perfect**	
	llene	llenemos	haya llenado	hayamos llenado
	llenes	llenéis	hayas llenado	hayáis llenado
	llene	llenen	haya llenado	hayan llenado
	Imperfect		**Pluperfect**	
	llenara, -se	llenáramos, -semos	hubiera, -se llenado	hubiéramos,-semos llenado
	llenaras, -ses	llenarais, -seis	hubieras, -ses llenado	hubierais, -seis llenado
	llenara, -se	llenaran, -sen	hubiera, -se llenado	hubieran, -sen llenado

IMPERATIVE

	(no) llenemos (nosotros)
llena (tú); no llenes	llenad (vosotros); no llenéis
(no) llene (Ud.)	(no) llenen (Uds.)

EXAMPLES

Llena la jarra con agua, por favor.	Fill the pitcher with water, please.
Es necesario que llenemos el tanque con gasolina antes de partir.	It is necessary that we fill the tank with gas before leaving.
Si lo llenamos ahora, no tenemos que hacerlo más tarde.	If we fill it now, we don't have to do it later on.
Llené todos los requisitos que exigen.	I met all the requirements they ask for.

llevar

to take, to carry, to wear
Gerundio: llevando **Participio pasado:** llevado

Mood	Simple Tenses		Compound Tenses	
	Singular	*Plural*	*Singular*	*Plural*
	Present		**Present Perfect**	
Indicative	llevo	llevamos	he llevado	hemos llevado
	llevas	lleváis	has llevado	habéis llevado
	lleva	llevan	ha llevado	han llevado
	Preterit		**Preterit Perfect**	
	llevé	llevamos	hube llevado	hubimos llevado
	llevaste	llevasteis	hubiste llevado	hubisteis llevado
	llevó	llevaron	hubo llevado	hubieron llevado
	Imperfect		**Pluperfect**	
	llevaba	llevábamos	había llevado	habíamos llevado
	llevabas	llevabais	habías llevado	habíais llevado
	llevaba	llevaban	había llevado	habían llevado
	Future		**Future Perfect**	
	llevaré	llevaremos	habré llevado	habremos llevado
	llevarás	llevaréis	habrás llevado	habréis llevado
	llevará	llevarán	habrá llevado	habrán llevado
	Conditional		**Conditional Perfect**	
	llevaría	llevaríamos	habría llevado	habríamos llevado
	llevarías	llevaríais	habrías llevado	habríais llevado
	llevaría	llevarían	habría llevado	habrían llevado
Subjunctive	**Present**		**Present Perfect**	
	lleve	llevemos	haya llevado	hayamos llevado
	lleves	llevéis	hayas llevado	hayáis llevado
	lleve	lleven	haya llevado	hayan llevado
	Imperfect		**Pluperfect**	
	llevara, -se	lleváramos, -semos	hubiera, -se llevado	hubiéramos,-semos llevado
	llevaras, -ses	llevarais, -seis	hubieras, -ses llevado	
	llevara, -se	llevaran, -sen	hubiera, -se llevado	hubierais, -seis llevado
				hubieran, -sen llevado

IMPERATIVE

lleva (tú); no lleves
(no) lleve (Ud.)

(no) llevemos (nosotros)
llevad (vosotros); no llevéis
(no) lleven (Uds.)

EXAMPLES

Gabriela llevó a su mamá al doctor.	Gabriela took her mother to the doctor.
¿Quién está llevando a los niños a la piscina?	Who is taking the children to the pool?
Su mamá llevaba una chaqueta azul.	Her mother was wearing a blue jacket.
La estudiante había llevado los libros en su morral.	The student had carried her book in her backpack.

IDIOMATIC EXAMPLE

Ellos se llevan bien (mal).

They get along well (badly).

llorar

to cry, to weep
Gerundio: llorando   **Participio pasado:** llorado

Mood	Simple Tenses		Compound Tenses	
	Singular	*Plural*	*Singular*	*Plural*
Indicative	**Present**		**Present Perfect**	
	lloro	lloramos	he llorado	hemos llorado
	lloras	lloráis	has llorado	habéis llorado
	llora	lloran	ha llorado	han llorado
	Preterit		**Preterit Perfect**	
	lloré	lloramos	hube llorado	hubimos llorado
	lloraste	llorasteis	hubiste llorado	hubisteis llorado
	lloró	lloraron	hubo llorado	hubieron llorado
	Imperfect		**Pluperfect**	
	lloraba	llorábamos	había llorado	habíamos llorado
	llorabas	llorabais	habías llorado	habíais llorado
	lloraba	lloraban	había llorado	habían llorado
	Future		**Future Perfect**	
	lloraré	lloraremos	habré llorado	habremos llorado
	llorarás	lloraréis	habrás llorado	habréis llorado
	llorará	llorarán	habrá llorado	habrán llorado
	Conditional		**Conditional Perfect**	
	lloraría	lloraríamos	habría llorado	habríamos llorado
	llorarías	lloraríais	habrías llorado	habríais llorado
	lloraría	llorarían	habría llorado	habrían llorado
Subjunctive	**Present**		**Present Perfect**	
	llore	lloremos	haya llorado	hayamos llorado
	llores	lloréis	hayas llorado	hayáis llorado
	llore	lloren	haya llorado	hayan llorado
	Imperfect		**Pluperfect**	
	llorara, -se	lloráramos, -semos	hubiera, -se llorado	hubiéramos,-semos llorado
	lloraras, -ses	llorarais, -seis	hubieras, -ses llorado	hubierais, -seis llorado
	llorara, -se	lloraran, -sen	hubiera, -se llorado	hubieran, -sen llorado

IMPERATIVE

(no) lloremos (nosotros)
llora (tú); no llores
llorad (vosotros); no lloréis
(no) llore (Ud.)
(no) lloren (Uds.)

EXAMPLES

Ellos lloraron de alegría al ver a su bebé caminar.
They cried happily when they saw their baby walking.

Ella estaba llorando porque el novio la dejó.
She was crying because her boyfriend left her.

Había llorado toda la noche.
She had cried all night long.

IDIOMATIC EXAMPLE

Lloró hasta que se cansó.
She cried herself to sleep.

llover
to rain
Gerundio: lloviendo　　**Participio pasado:** llovido

Mood	Simple Tenses		Compound Tenses	
	Singular	*Plural*	*Singular*	*Plural*
Indicative	**Present**		**Present Perfect**	
	llueve		ha llovido	
	Preterit		**Preterit Perfect**	
	llovió		hubo llovido	
	Imperfect		**Pluperfect**	
	llovía		había llovido	
	Future		**Future Perfect**	
	lloverá		habrá llovido	
	Conditional		**Conditional Perfect**	
	llovería		habría llovido	
Subjunctive	**Present**		**Present Perfect**	
	llueva		haya llovido	
	Imperfect		**Pluperfect**	
	lloviera, -se		hubiera, -se llovido	

IMPERATIVE

¡Que llueva!　　　　　　　　　　　¡ Que no llueva!

Note: This verb is only conjugated in the third-person singular in all tenses.

EXAMPLES

Llueve todo el tiempo en el Amazonas.　　It rains all the time in the Amazon.
Ha llovido mucho esta primavera.　　　　It has rained a lot this spring.
Me gusta que llueva por las noches.　　　I like it when it rains at night.

IDIOMATIC EXAMPLE

Llueve a cántaros.　　　　　　　　　　It is raining cats and dogs.

lograr

to achieve

Gerundio: logrando   **Participio pasado:** logrado

Mood	Simple Tenses		Compound Tenses	
	Singular	*Plural*	*Singular*	*Plural*
Indicative	**Present**		**Present Perfect**	
	logro	logramos	he logrado	hemos logrado
	logras	lográis	has logrado	habéis logrado
	logra	logran	ha logrado	han logrado
	Preterit		**Preterit Perfect**	
	logré	logramos	hube logrado	hubimos logrado
	lograste	lograsteis	hubiste logrado	hubisteis logrado
	logró	lograron	hubo logrado	hubieron logrado
	Imperfect		**Pluperfect**	
	lograba	lográbamos	había logrado	habíamos logrado
	lograbas	lograbais	habías logrado	habíais logrado
	lograba	lograban	había logrado	habían logrado
	Future		**Future Perfect**	
	lograré	lograremos	habré logrado	habremos logrado
	lograrás	lograréis	habrás logrado	habréis logrado
	logrará	lograrán	habrá logrado	habrán logrado
	Conditional		**Conditional Perfect**	
	lograría	lograríamos	habría logrado	habríamos logrado
	lograrías	lograríais	habrías logrado	habríais logrado
	lograría	lograrían	habría logrado	habrían logrado
Subjunctive	**Present**		**Present Perfect**	
	logre	logremos	haya logrado	hayamos logrado
	logres	logréis	hayas logrado	hayáis logrado
	logre	logren	haya logrado	hayan logrado
	Imperfect		**Pluperfect**	
	lograra, -se	lográramos, -semos	hubiera, -se logrado	hubiéramos,-semos logrado
	lograras, -ses	lograrais, -seis	hubieras, -ses logrado	hubierais, -seis logrado
	lograra, -se	lograran, -sen	hubiera, -se logrado	hubieran, -sen logrado

IMPERATIVE

logra (tú); no logres

(no) logre (Ud.)

(no) logremos (nosotros)

lograd (vosotros); no logréis

(no) logren (Uds.)

EXAMPLES

Alicia logró su meta de viajar a Europa.	Alice reached her goal of traveling to Europe.
Dudo que tú lo logres.	I doubt that you can achieve it.
Si lograran la libertad de prensa, lograrían publicar estos libros.	If they were to achieve the freedom of the press, they would be able to publish these books.
Siempre logro las metas que me pongo.	I always achieve the goals that I set for myself.

luchar

to fight, to struggle

Gerundio: luchando   **Participio pasado:** luchado

Mood	Simple Tenses		Compound Tenses	
	Singular	*Plural*	*Singular*	*Plural*
Indicative	**Present**		**Present Perfect**	
	lucho	luchamos	he luchado	hemos luchado
	luchas	lucháis	has luchado	habéis luchado
	lucha	luchan	ha luchado	han luchado
	Preterit		**Preterit Perfect**	
	luché	luchamos	hube luchado	hubimos luchado
	luchaste	luchasteis	hubiste luchado	hubisteis luchado
	luchó	lucharon	hubo luchado	hubieron luchado
	Imperfect		**Pluperfect**	
	luchaba	luchábamos	había luchado	habíamos luchado
	luchabas	luchabais	habías luchado	habíais luchado
	luchaba	luchaban	había luchado	habían luchado
	Future		**Future Perfect**	
	lucharé	lucharemos	habré luchado	habremos luchado
	lucharás	lucharéis	habrás luchado	habréis luchado
	luchará	lucharán	habrá luchado	habrán luchado
	Conditional		**Conditional Perfect**	
	lucharía	lucharíamos	habría luchado	habríamos luchado
	lucharías	lucharíais	habrías luchado	habríais luchado
	lucharía	lucharían	habría luchado	habrían luchado
Subjunctive	**Present**		**Present Perfect**	
	luche	luchemos	haya luchado	hayamos luchado
	luches	luchéis	hayas luchado	hayáis luchado
	luche	luchen	haya luchado	hayan luchado
	Imperfect		**Pluperfect**	
	luchara, -se	lucháramos, -semos	hubiera, -se luchado	hubiéramos,-semos luchado
	lucharas, -ses	lucharais, -seis	hubieras, -ses luchado	hubierais, -seis luchado
	luchara, -se	lucharan, -sen	hubiera, -se luchado	hubieran, -sen luchado

IMPERATIVE

	(no) luchemos (nosotros)
lucha (tú); no luches	luchad (vosotros); no luchéis
(no) luche (Ud.)	(no) luchen (Uds.)

EXAMPLES

Las tropas lucharon por la libertad del país.	The troops fought for the freedom of the country.
Las mujeres han luchado por sus derechos.	The women have fought for their rights.
Habrían luchado hasta morir si hubiese sido necesario.	They would have fought to the death if it had been necessary.
Luchó para llegar a esa posición.	He struggled to get to that position.

madrugar

to get up early, to be ahead

Gerundio: madrugando   **Participio pasado:** madrugado

Mood	Simple Tenses		Compound Tenses	
	Singular	*Plural*	*Singular*	*Plural*
Indicative	**Present**		**Present Perfect**	
	madrugo madrugas madruga	madrugamos madrugáis madrugan	he madrugado has madrugado ha madrugado	hemos madrugado habéis madrugado han madrugado
	Preterit		**Preterit Perfect**	
	madrugué madrugaste madrugó	madrugamos madrugasteis madrugaron	hube madrugado hubiste madrugado hubo madrugado	hubimos madrugado hubisteis madrugado hubieron madrugado
	Imperfect		**Pluperfect**	
	madrugaba madrugabas madrugaba	madrugábamos madrugabais madrugaban	había madrugado habías madrugado había madrugado	habíamos madrugado habíais madrugado habían madrugado
	Future		**Future Perfect**	
	madrugaré madrugarás madrugará	madrugaremos madrugaréis madrugarán	habré madrugado habrás madrugado habrá madrugado	habremos madrugado habréis madrugado habrán madrugado
	Conditional		**Conditional Perfect**	
	madrugaría madrugarías madrugaría	madrugaríamos madrugaríais madrugarían	habría madrugado habrías madrugado habría madrugado	habríamos madrugado habríais madrugado habrían madrugado
Subjunctive	**Present**		**Present Perfect**	
	madrugue madrugues madrugue	madruguemos madruguéis madruguen	haya madrugado hayas madrugado haya madrugado	hayamos madrugado hayáis madrugado hayan madrugado
	Imperfect		**Pluperfect**	
	madrugara, -se madrugaras, -ses madrugara, -se	madrugáramos, -semos madrugarais, -seis madrugaran, -sen	hubiera, -se madrugado hubieras, -ses madrugado hubiera, -se madrugado	hubiéramos, -semos madrugado hubierais, -seis madru- gado hubieran, -sen madrugado

IMPERATIVE

madruga (tú); no madrugues
(no) madrugue (Ud.)

(no) madruguemos (nosotros)
madrugad (vosotros); no madruguéis
(no) madruguen (Uds.)

EXAMPLES

Madrugamos para comprar los boletos del concierto de José Rafael.

We got up early to buy the tickets for Jose Raphael's concert.

Madrugaremos para salir temprano.

We will get up early so we can leave early.

No madrugues mañana, querido; estás de vacaciones.

Don't get up early tomorrow, dear. You are on vacation.

Él siempre madrugaba cuando estudiaba en la universidad.

He used to get up early when he was studying at the university.

IDIOMATIC EXAMPLE

Al que madruga Dios le ayuda.

The early bird catches the worm. (God helps those who get up early.)

madurar

to ripen, to mature, to get experience

Gerundio: madurando   **Participio pasado:** madurado

Mood	Simple Tenses		Compound Tenses	
	Singular	*Plural*	*Singular*	*Plural*
Indicative	**Present**		**Present Perfect**	
	maduro	maduramos	he madurado	hemos madurado
	maduras	maduráis	has madurado	habéis madurado
	madura	maduran	ha madurado	han madurado
	Preterit		**Preterit Perfect**	
	maduré	maduramos	hube madurado	hubimos madurado
	maduraste	madurasteis	hubiste madurado	hubisteis madurado
	maduró	maduraron	hubo madurado	hubieron madurado
	Imperfect		**Pluperfect**	
	maduraba	madurábamos	había madurado	habíamos madurado
	madurabas	madurabais	habías madurado	habíais madurado
	maduraba	maduraban	había madurado	habían madurado
	Future		**Future Perfect**	
	maduraré	maduraremos	habré madurado	habremos madurado
	madurarás	maduraréis	habrás madurado	habréis madurado
	madurará	madurarán	habrá madurado	habrán madurado
	Conditional		**Conditional Perfect**	
	maduraría	maduraríamos	habría madurado	habríamos madurado
	madurarías	maduraríais	habrías madurado	habríais madurado
	maduraría	madurarían	habría madurado	habrían madurado
Subjunctive	**Present**		**Present Perfect**	
	madure	maduremos	haya madurado	hayamos madurado
	madures	maduréis	hayas madurado	hayáis madurado
	madure	maduren	haya madurado	hayan madurado
	Imperfect		**Pluperfect**	
	madurara, -se	maduráramos, -semos	hubiera, -se madurado	hubiéramos, -semos madurado
	maduraras, -ses	madurarais, -seis	hubieras, -ses madurado	hubierais, -seis madurado
	madurara, -se	maduraran, -sen	hubiera, -se madurado	hubieran, -sen madurado

IMPERATIVE

madura (tú); no madures
(no) madure (Ud.)

(no) maduremos (nosotros)
madurad (vosotros); no maduréis
(no) maduren (Uds.)

EXAMPLES

Las bananas han madurado ya.

The bananas have already ripened.

Esos árboles están maduros y listos para producir frutas.

Those trees have reached maturity, and they are ready to produce fruit.

Ella maduró a muy temprana edad.

She matured at a very early age.

Ellos han madurado en su trabajo.

They have matured in their work.

IDIOMATIC EXAMPLE

A su tiempo maduran las uvas.

In due time, one matures.

mandar
to order, to command, to send
Gerundio: mandando   **Participio pasado:** mandado

Mood	Simple Tenses		Compound Tenses	
	Singular	*Plural*	*Singular*	*Plural*
Indicative	**Present**		**Present Perfect**	
	mando	mandamos	he mandado	hemos mandado
	mandas	mandáis	has mandado	habéis mandado
	manda	mandan	ha mandado	han mandado
	Preterit		**Preterit Perfect**	
	mandé	mandamos	hube mandado	hubimos mandado
	mandaste	mandasteis	hubiste mandado	hubisteis mandado
	mandó	mandaron	hubo mandado	hubieron mandado
	Imperfect		**Pluperfect**	
	mandaba	mandábamos	había mandado	habíamos mandado
	mandabas	mandabais	habías mandado	habíais mandado
	mandaba	mandaban	había mandado	habían mandado
	Future		**Future Perfect**	
	mandaré	mandaremos	habré mandado	habremos mandado
	mandarás	mandaréis	habrás mandado	habréis mandado
	mandará	mandarán	habrá mandado	habrán mandado
	Conditional		**Conditional Perfect**	
	mandaría	mandaríamos	habría mandado	habríamos mandado
	mandarías	mandaríais	habrías mandado	habríais mandado
	mandaría	mandarían	habría mandado	habrían mandado
Subjunctive	**Present**		**Present Perfect**	
	mande	mandemos	haya mandado	hayamos mandado
	mandes	mandéis	hayas mandado	hayáis mandado
	mande	manden	haya mandado	hayan mandado
	Imperfect		**Pluperfect**	
	mandara, -se	mandáramos, -semos	hubiera, -se mandado	hubiéramos, -semos mandado
	mandaras, -ses	mandarais, -seis	hubieras, -ses mandado	hubierais, -seis mandado
	mandara, -se	mandaran, -sen	hubiera, -se mandado	hubieran, -sen mandado

IMPERATIVE

	(no) mandemos (nosotros)
manda (tú); no mandes	mandad (vosotros); no mandéis
(no) mande (Ud.)	(no) manden (Uds.)

EXAMPLES

El comandante mandó a marchar a las tropas.

The commander ordered the troops to march.

He mandado las invitaciones por correo.

I have sent the invitations by mail.

Mandaré a Luis a comprar la carne.

I will send Luis to buy the meat.

Lo habría mandado más temprano, pero estaba ocupado.

I would have sent him earlier, but he was busy.

manejar

to drive, to handle, to manage

Gerundio: manejando **Participio pasado:** manejado

Mood	Simple Tenses		Compound Tenses	
	Singular	*Plural*	*Singular*	*Plural*
	Present		**Present Perfect**	
	manejo	manejamos	he manejado	hemos manejado
	manejas	manejáis	has manejado	habéis manejado
	maneja	manejan	ha manejado	han manejado
	Preterit		**Preterit Perfect**	
	manejé	manejamos	hube manejado	hubimos manejado
	manejaste	manejasteis	hubiste manejado	hubisteis manejado
	manejó	manejaron	hubo manejado	hubieron manejado
Indicative	**Imperfect**		**Pluperfect**	
	manejaba	manejábamos	había manejado	habíamos manejado
	manejabas	manejabais	habías manejado	habíais manejado
	manejaba	manejaban	había manejado	habían manejado
	Future		**Future Perfect**	
	manejaré	manejaremos	habré manejado	habremos manejado
	manejarás	manejaréis	habrás manejado	habréis manejado
	manejará	manejarán	habrá manejado	habrán manejado
	Conditional		**Conditional Perfect**	
	manejaría	manejaríamos	habría manejado	habríamos manejado
	manejarías	manejaríais	habrías manejado	habríais manejado
	manejaría	manejarían	habría manejado	habrían manejado
	Present		**Present Perfect**	
	maneje	manejemos	haya manejado	hayamos manejado
	manejes	manejéis	hayas manejado	hayáis manejado
Subjunctive	maneje	manejen	haya manejado	hayan manejado
	Imperfect		**Pluperfect**	
	manejara, -se	manejáramos, -semos	hubiera, -se manejado	hubiéramos, -semos manejado
	manejaras, -ses	manejarais, -seis	hubieras, -ses manejado	
	manejara, -se	manejaran, -sen	hubiera, -se manejado	hubierais, -seis manejado
				hubieran, -sen manejado

IMPERATIVE

maneja (tú); no manejes
(no) maneje (Ud.)

(no) manejemos (nosotros)
manejad (vosotros); no manejéis
(no) manejen (Uds.)

EXAMPLES

Ella manejaba un auto verde cuando la vi.

She was driving a green car when I saw her.

Espero que Carlos maneje el carro con mucho cuidado.

I hope Carlos drives the car very carefully.

Creo que ellos manejarán esa cuenta a través de la oficina central.

I think they will handle that account at the corporate office.

Si yo hubiera manejado este asunto, no habríamos tenido tantos problemas.

If I had managed this matter myself, we wouldn't have had so many problems.

mantener

to maintain, to keep

Gerundio: manteniendo   **Participio pasado:** mantenido

Mood	Simple Tenses		Compound Tenses	
	Singular	*Plural*	*Singular*	*Plural*
Indicative	**Present**		**Present Perfect**	
	mantengo	mantenemos	he mantenido	hemos mantenido
	mantienes	mantenéis	has mantenido	habéis mantenido
	mantiene	mantienen	ha mantenido	han mantenido
	Preterit		**Preterit Perfect**	
	mantuve	mantuvimos	hube mantenido	hubimos mantenido
	mantuviste	mantuvisteis	hubiste mantenido	hubisteis mantenido
	mantuvo	mantuvieron	hubo mantenido	hubieron mantenido
	Imperfect		**Pluperfect**	
	mantenía	manteníamos	había mantenido	habíamos mantenido
	mantenías	manteníais	habías mantenido	habíais mantenido
	mantenía	mantenían	había mantenido	habían mantenido
	Future		**Future Perfect**	
	mantendré	mantendremos	habré mantenido	habremos mantenido
	mantendrás	mantendréis	habrás mantenido	habréis mantenido
	mantendrá	mantendrán	habrá mantenido	habrán mantenido
	Conditional		**Conditional Perfect**	
	mantendría	mantendríamos	habría mantenido	habríamos mantenido
	mantendrías	mantendríais	habrías mantenido	habríais mantenido
	mantendría	mantendrían	habría mantenido	habrían mantenido
Subjunctive	**Present**		**Present Perfect**	
	mantenga	mantengamos	haya mantenido	hayamos mantenido
	mantengas	mantengáis	hayas mantenido	hayáis mantenido
	mantenga	mantengan	haya mantenido	hayan mantenido
	Imperfect		**Pluperfect**	
	mantuviera, -se	mantuviéramos, -semos	hubiera, -se mantenido	hubiéramos, -semos mantenido
	mantuvieras, -ses		hubieras, -ses mantenido	
	mantuviera, -se	mantuvierais, -seis	hubiera, -se mantenido	hubierais, -seis mantenido
		mantuvieran, -sen		hubieran, -sen mantenido

IMPERATIVE

	(no) mantengamos (nosotros)
mantén (tú), no mantengas	mantened (vosotros); no mantengáis
(no) mantenga (Ud.)	(no) mantengan (Uds.)

Note: As a reflexive verb, *mantenerse* (to maintain oneself, to keep oneself, to stand) uses the reflexive pronouns *me, te, se, nos, os, se*. Example 4 shows the reflexive use.

EXAMPLES

El joven mantuvo su promesa de mejorar en los estudios.	The young man kept his promise to do better in his classes.
Su amigo le prometió que mantendría el secreto.	His friend promised him that he would keep his secret.
Esperamos que Pablo haya mantenido el carro en excelentes condiciones.	We hope that Paul has kept his car in excellent condition.
Ella siempre <u>se</u> ha mantenido en buena forma.	She has always kept herself in good shape.

IDIOMATIC EXAMPLES

El presidente se mantuvo firme en sus ideas.	The president stood firm in his ideas.
La doctora se mantiene al día con los últimos adelantos científicos.	The doctor keeps herself up-to-date with the latest scientific discoveries.

maquillarse
to put on makeup
Gerundio: maquillándose   **Participio pasado:** maquillado

Mood	Simple Tenses		Compound Tenses	
	Singular	*Plural*	*Singular*	*Plural*
Indicative	**Present**		**Present Perfect**	
	me maquillo	nos maquillamos	me he maquillado	nos hemos maquillado
	te maquillas	os maquilláis	te has maquillado	os habéis maquillado
	se maquilla	se maquillan	se ha maquillado	se han maquillado
	Preterit		**Preterit Perfect**	
	me maquillé	nos maquillamos	me hube maquillado	nos hubimos maquillado
	te maquillaste	os maquillasteis	te hubiste maquillado	os hubisteis maquillado
	se maquilló	se maquillaron	se hubo maquillado	se hubieron maquillado
	Imperfect		**Pluperfect**	
	me maquillaba	nos maquillábamos	me había maquillado	nos habíamos maquillado
	te maquillabas	os maquillabais	te habías maquillado	os habíais maquillado
	se maquillaba	se maquillaban	se había maquillado	se habían maquillado
	Future		**Future Perfect**	
	me maquillaré	nos maquillaremos	me habré maquillado	nos habremos maquillado
	te maquillarás	os maquillaréis	te habrás maquillado	os habréis maquillado
	se maquillará	se maquillarán	se habrá maquillado	se habrán maquillado
	Conditional		**Conditional Perfect**	
	me maquillaría	nos maquillaríamos	me habría maquillado	nos habríamos maquillado
	te maquillarías	os maquillaríais	te habrías maquillado	os habríais maquillado
	se maquillaría	se maquillarían	se habría maquillado	se habrían maquillado
Subjunctive	**Present**		**Present Perfect**	
	me maquille	nos maquillemos	me haya maquillado	nos hayamos maquillado
	te maquilles	os maquilléis	te hayas maquillado	os hayáis maquillado
	se maquille	se maquillen	se haya maquillado	se hayan maquillado
	Imperfect		**Pluperfect**	
	me maquillara, -se	nos maquilláramos, -semos	me hubiera, -se maquillado	nos hubiéramos, -semos maquillado
	te maquillaras, -ses	os maquillarais, -seis	te hubieras, -ses maquillado	os hubierais, -seis maquillado
	se maquillara, -se	se maquillaran, -sen	se hubiera, -se maquillado	se hubieran, -sen maquillado

IMPERATIVE

maquíllate (tú); no te maquilles

maquíllese (Ud.); no se maquille

maquillémonos (nosotros) ; no nos maquillemos

maquillaos (vosotros) ; no os maquilléis

maquíllense (Uds.); no se maquillen

Note: As a nonreflexive verb, *maquillar* (to apply cosmetics) is shown in Example 5.

EXAMPLES

¡Esperen, no <u>se</u> maquillen todavía!

Las animadoras <u>se</u> maquillaban para verse más bonitas.

<u>Me</u> habría maquillado esta mañana pero estaba apurada.

¿Podrás maquillar<u>te</u> en cinco minutos?

La maquilladora maquilla a las actrices.

Wait! Don't put on your makeup yet.

The cheerleaders were putting on makeup to look prettier.

I would have put makeup on this morning, but I was rushing.

Can you put on makeup in five minutes?

The makeup artist puts makeup on the actresses.

marcar

to mark, to note, to dial a number
Gerundio: marcando   **Participio pasado:** marcado

Mood	Simple Tenses		Compound Tenses	
	Singular	*Plural*	*Singular*	*Plural*
Indicative	**Present**		**Present Perfect**	
	marco	marcamos	he marcado	hemos marcado
	marcas	marcáis	has marcado	habéis marcado
	marca	marcan	ha marcado	han marcado
	Preterit		**Preterit Perfect**	
	marqué	marcamos	hube marcado	hubimos marcado
	marcaste	marcasteis	hubiste marcado	hubisteis marcado
	marcó	marcaron	hubo marcado	hubieron marcado
	Imperfect		**Pluperfect**	
	marcaba	marcábamos	había marcado	habíamos marcado
	marcabas	marcabais	habías marcado	habíais marcado
	marcaba	marcaban	había marcado	habían marcado
	Future		**Future Perfect**	
	marcaré	marcaremos	habré marcado	habremos marcado
	marcarás	marcaréis	habrás marcado	habréis marcado
	marcará	marcarán	habrá marcado	habrán marcado
	Conditional		**Conditional Perfect**	
	marcaría	marcaríamos	habría marcado	habríamos marcado
	marcarías	marcaríais	habrías marcado	habríais marcado
	marcaría	marcarían	habría marcado	habrían marcado
Subjunctive	**Present**		**Present Perfect**	
	marque	marquemos	haya marcado	hayamos marcado
	marques	marquéis	hayas marcado	hayáis marcado
	marque	marquen	haya marcado	hayan marcado
	Imperfect		**Pluperfect**	
	marcara, -se	marcáramos, -semos	hubiera, -se marcado	hubiéramos, -semos marcado
	marcaras, -ses	marcarais, -seis	hubieras, -ses marcado	hubierais, -seis marcado
	marcara, -se	marcaran, -sen	hubiera, -se marcado	hubieran, -sen marcado

IMPERATIVE

	(no) marquemos (nosotros)
marca (tú); no marques	marcad (vosotros); no marquéis
(no) marque (Ud.)	(no) marquen (Uds.)

EXAMPLES

Marquemos la entrada para que ellos la vean.	Let's mark the entrance so they can see it.
¡Estaba marcando el número equivocado!	I was dialing the wrong number!
Marqué varias veces, pero no había nadie en casa.	I dialed several times, but nobody was at home.
Marca en la agenda la fecha de entrega del proyecto.	Note on your calendar the dateline of the project.

marchar

to pace, to stride, to go on

Gerundio: marchando   **Participio pasado:** marchado

Mood	Simple Tenses		Compound Tenses	
	Singular	*Plural*	*Singular*	*Plural*
Indicative	**Present**		**Present Perfect**	
	marcho	marchamos	he marchado	hemos marchado
	marchas	marcháis	has marchado	habéis marchado
	marcha	marchan	ha marchado	han marchado
	Preterit		**Preterit Perfect**	
	marché	marchamos	hube marchado	hubimos marchado
	marchaste	marchasteis	hubiste marchado	hubisteis marchado
	marchó	marcharon	hubo marchado	hubieron marchado
	Imperfect		**Pluperfect**	
	marchaba	marchábamos	había marchado	habíamos marchado
	marchabas	marchabais	habías marchado	habíais marchado
	marchaba	marchaban	había marchado	habían marchado
	Future		**Future Perfect**	
	marcharé	marcharemos	habré marchado	habremos marchado
	marcharás	marcharéis	habrás marchado	habréis marchado
	marchará	marcharán	habrá marchado	habrán marchado
	Conditional		**Conditional Perfect**	
	marcharía	marcharíamos	habría marchado	habríamos marchado
	marcharías	marcharíais	habrías marchado	habríais marchado
	marcharía	marcharían	habría marchado	habrían marchado
Subjunctive	**Present**		**Present Perfect**	
	marche	marchemos	haya marchado	hayamos marchado
	marches	marchéis	hayas marchado	hayáis marchado
	marche	marchen	haya marchado	hayan marchado
	Imperfect		**Pluperfect**	
	marchara, -se	marcháramos, -semos	hubiera, -se marchado	hubiéramos,-semos marchado
	marcharas, -ses	marcharais, -seis	hubieras, -ses marchado	
	marchara, -se	marcharan, -sen	hubiera, -se marchado	hubierais, -seis marchado
				hubieran, -sen marchado

IMPERATIVE

marcha (tú); no marches

(no) marche (Ud.)

(no) marchemos (nosotros)

marchad (vosotros); no marchéis

(no) marchen (Uds.)

Note: As a reflexive verb, *marcharse* (to go away, to leave) uses the reflexive pronouns. Examples 4 and 5 show the reflexive use.

EXAMPLES

El líder del sindicato marchó en la manifestación.

The leader of the union marched in the demonstration.

El policía recomendó que marcharan por el otro lado.

The policeman suggested that they march on the other side (of the road).

Diego habría marchado con los soldados si no hubiera estado enfermo.

Diego would have marched with the soldiers if he had not been sick.

Se marcharon tan pronto terminó la fiesta.

They left as soon as the party ended.

Nos hubiésemos marchado temprano, pero la fiesta estaba muy buena.

We would have left earlier, but the party was very nice.

marearse
to get dizzy or seasick, to get off-balance
Gerundio: mareándose   **Participio pasado:** mareado

Mood	Simple Tenses		Compound Tenses	
	Singular	*Plural*	*Singular*	*Plural*
Indicative	**Present**		**Present Perfect**	
	me mareo te mareas se marea	nos mareamos os mareáis se marean	me he mareado te has mareado se ha mareado	nos hemos mareado os habéis mareado se han mareado
	Preterit		**Preterit Perfect**	
	me mareé te mareaste se mareó	nos mareamos os mareasteis se marearon	me hube mareado te hubiste mareado se hubo mareado	nos hubimos mareado os hubisteis mareado se hubieron mareado
	Imperfect		**Pluperfect**	
	me mareaba te mareabas se mareaba	nos mareábamos os mareabais se mareaban	me había mareado te habías mareado se había mareado	nos habíamos mareado os habíais mareado se habían mareado
	Future		**Future Perfect**	
	me marearé te marearás se mareará	nos marearemos os marearéis se marearán	me habré mareado te habrás mareado se habrá mareado	nos habremos mareado os habréis mareado se habrán mareado
	Conditional		**Conditional Perfect**	
	me marearía te marearías se marearía	nos marearíamos os marearíais se marearían	me habría mareado te habrías mareado se habría mareado	nos habríamos mareado os habríais mareado se habrían mareado
Subjunctive	**Present**		**Present Perfect**	
	me maree te marees se maree	nos mareemos os mareéis se mareen	me haya mareado te hayas mareado se haya mareado	nos hayamos mareado os hayáis mareado se hayan mareado
	Imperfect		**Pluperfect**	
	me mareara, -se te marearas, -ses se mareara, -se	nos mareáramos, -semos os marearais, -seis se marearan, -sen	me hubiera, -se mareado te hubieras, -ses mareado se hubiera, -se mareado	nos hubiéramos, -semos mareado os hubierais, -seis mareado se hubieran, -sen mareado

IMPERATIVE

maréate (tú); no te marees
maréese (Ud.); no se maree

mareémonos (nosotros); no nos mareemos
mareaos (vosotros); no os mareéis
maréense (Uds.); no se mareen

EXAMPLES

Nos hemos mareado en el bote.
Me mareé durante el viaje.
Yo nunca me había mareado así en un auto.
Mamá dice que respiremos profundo para que no nos mareemos.

We got dizzy riding the boat.
I got seasick during the trip.
I had never gotten dizzy like this in a car.
Mom tells us to take a deep breath so we don't get dizzy.

IDIOMATIC EXAMPLES

Abuelita nos marea cada vez que habla de su juventud.
Se marea todos los fines de semana.

Grandma makes us dizzy every time she talks about her youth.
He gets tipsy every weekend.

masticar

to chew, to crunch, to masticate, to munch

Gerundio: masticando   **Participio pasado:** masticado

Mood	Simple Tenses		Compound Tenses	
	Singular	*Plural*	*Singular*	*Plural*
Indicative	**Present**		**Present Perfect**	
	mastico	masticamos	he masticado	hemos masticado
	masticas	masticáis	has masticado	habéis masticado
	mastica	mastican	ha masticado	han masticado
	Preterit		**Preterit Perfect**	
	mastiqué	masticamos	hube masticado	hubimos masticado
	masticaste	masticasteis	hubiste masticado	hubisteis masticado
	masticó	masticaron	hubo masticado	hubieron masticado
	Imperfect		**Pluperfect**	
	masticaba	masticábamos	había masticado	habíamos masticado
	masticabas	masticabais	habías masticado	habíais masticado
	masticaba	masticaban	había masticado	habían masticado
	Future		**Future Perfect**	
	masticaré	masticaremos	habré masticado	habremos masticado
	masticarás	masticaréis	habrás masticado	habréis masticado
	masticará	masticarán	habrá masticado	habrán masticado
	Conditional		**Conditional Perfect**	
	masticaría	masticaríamos	habría masticado	habríamos masticado
	masticarías	masticaríais	habrías masticado	habríais masticado
	masticaría	masticarían	habría masticado	habrían masticado
Subjunctive	**Present**		**Present Perfect**	
	mastique	mastiquemos	haya masticado	hayamos masticado
	mastiques	mastiquéis	hayas masticado	hayáis masticado
	mastique	mastiquen	haya masticado	hayan masticado
	Imperfect		**Pluperfect**	
	masticara, -se	masticáramos, -semos	hubiera, -se masticado	hubiéramos, -semos masticado
	masticaras, -ses	masticarais, -seis	hubieras, -ses masticado	hubierais, -seis masticado
	masticara, -se	masticaran, -sen	hubiera, -se masticado	hubieran, -sen masticado

IMPERATIVE

mastica (tú); no mastiques
(no) mastique (Ud.)

(no) mastiquemos (nosotros)
masticad (vosotros); no mastiquéis
(no) mastiquen (Uds.)

EXAMPLES

El dentista recomienda que mastiquemos los alimentos lentamente.

The dentist recommends chewing the food slowly.

¡No hables mientras mastiques!

Don't talk while chewing!

Los jugadores de béisbol mastican chicles durante el partido.

The baseball players chew bubblegum during the games.

El perro masticaba su hueso con placer.

The dog was chewing his bone with pleasure.

matar

to kill, to butcher, to stave off hunger
Gerundio: matando **Participio pasado:** matado

Mood	Simple Tenses		Compound Tenses	
	Singular	*Plural*	*Singular*	*Plural*
Indicative	**Present**		**Present Perfect**	
	mato	matamos	he matado	hemos matado
	matas	matáis	has matado	habéis matado
	mata	matan	ha matado	han matado
	Preterit		**Preterit Perfect**	
	maté	matamos	hube matado	hubimos matado
	mataste	matasteis	hubiste matado	hubisteis matado
	mató	mataron	hubo matado	hubieron matado
	Imperfect		**Pluperfect**	
	mataba	matábamos	había matado	habíamos matado
	matabas	matabais	habías matado	habíais matado
	mataba	mataban	había matado	habían matado
	Future		**Future Perfect**	
	mataré	mataremos	habré matado	habremos matado
	matarás	mataréis	habrás matado	habréis matado
	matará	matarán	habrá matado	habrán matado
	Conditional		**Conditional Perfect**	
	mataría	mataríamos	habría matado	habríamos matado
	matarías	mataríais	habrías matado	habríais matado
	mataría	matarían	habría matado	habrían matado
Subjunctive	**Present**		**Present Perfect**	
	mate	matemos	haya matado	hayamos matado
	mates	matéis	hayas matado	hayáis matado
	mate	maten	haya matado	hayan matado
	Imperfect		**Pluperfect**	
	matara, -se	matáramos, -semos	hubiera, -se matado	hubiéramos, -semos matado
	mataras, -ses	matarais, -seis	hubieras, -ses matado	hubierais, -seis matado
	matara, -se	mataran, -sen	hubiera, -se matado	hubieran, -sen matado

IMPERATIVE

	(no) matemos (nosotros)
mata (tú); no mates	matad (vosotros); no matéis
(no) mate (Ud.)	(no) maten (Uds.)

Note: As a reflexive verb, *matarse* (to kill oneself) uses the reflexive pronouns *me, te, se, nos, os, se.* Example 4 shows the reflexive use. The expression *matarse por* + inf. (to work like mad + inf.) is a very common expression. Example 5 shows the use of this expression.

EXAMPLES

El matador mató al bravo toro.	The matador killed the brave bull.
Lo habría matado más rápido, pero el público no lo dejó.	He would have killed it faster, but the fans did not allow him to.
La contaminación está matando muchas especies de animales.	Pollution is killing many species of animals.
Se mató en un accidente de tránsito.	He got killed in a traffic accident.
Ella se ha matado para conseguir esa posición.	She has worked very hard to get that job.

IDIOMATIC EXAMPLES

Matar dos pájaros de un tiro.	To kill two birds with one stone.
¡Que me maten, si miento!	Strike me dead if I lie!

medir

to measure

Gerundio: midiendo   **Participio pasado:** medido

Mood	Simple Tenses		Compound Tenses	
	Singular	*Plural*	*Singular*	*Plural*
Indicative	**Present**		**Present Perfect**	
	mido	medimos	he medido	hemos medido
	mides	medís	has medido	habéis medido
	mide	miden	ha medido	han medido
	Preterit		**Preterit Perfect**	
	medí	medimos	hube medido	hubimos medido
	mediste	medisteis	hubiste medido	hubisteis medido
	midió	midieron	hubo medido	hubieron medido
	Imperfect		**Pluperfect**	
	medía	medíamos	había medido	habíamos medido
	medías	medíais	habías medido	habíais medido
	medía	medían	había medido	habían medido
	Future		**Future Perfect**	
	mediré	mediremos	habré medido	habremos medido
	medirás	mediréis	habrás medido	habréis medido
	medirá	medirán	habrá medido	habrán medido
	Conditional		**Conditional Perfect**	
	mediría	mediríamos	habría medido	habríamos medido
	medirías	mediríais	habrías medido	habríais medido
	mediría	medirían	habría medido	habrían medido
Subjunctive	**Present**		**Present Perfect**	
	mida	midamos	haya medido	hayamos medido
	midas	midáis	hayas medido	hayáis medido
	mida	midan	haya medido	hayan medido
	Imperfect		**Pluperfect**	
	midiera, -se	midiéramos, -semos	hubiera, -se medido	hubiéramos, -semos medido
	midieras, -ses	midierais, -seis	hubieras, -ses medido	hubierais, -seis medido
	midiera, -se	midieran, -sen	hubiera, -se medido	hubieran, -sen medido

IMPERATIVE

mide (tú); no midas
(no) mida (Ud.)

(no) midamos (nosotros)
medid (vosotros); no midáis
(no) midan (Uds.)

EXAMPLES

Nosotros medimos el largo y el ancho del terreno.	We measured the length and the width of the lot.
El capataz medirá todo y le dirá cuánto es.	The foreman will measure everything, and he will tell you how much it is going to be.
Aunque mida con cuidado, siempre hay un pequeño margen de error.	Though he will measure with care, there is always a small margin of error.
¿Cuánto mides?	How tall are you?

mejorar

to improve, to make better
Gerundio: mejorando   **Participio pasado:** mejorado

Mood	Simple Tenses		Compound Tenses	
	Singular	*Plural*	*Singular*	*Plural*
Indicative	**Present**		**Present Perfect**	
	mejoro	mejoramos	he mejorado	hemos mejorado
	mejoras	mejoráis	has mejorado	habéis mejorado
	mejora	mejoran	ha mejorado	han mejorado
	Preterit		**Preterit Perfect**	
	mejoré	mejoramos	hube mejorado	hubimos mejorado
	mejoraste	mejorasteis	hubiste mejorado	hubisteis mejorado
	mejoró	mejoraron	hubo mejorado	hubieron mejorado
	Imperfect		**Pluperfect**	
	mejoraba	mejorábamos	había mejorado	habíamos mejorado
	mejorabas	mejorabais	habías mejorado	habíais mejorado
	mejoraba	mejoraban	había mejorado	habían mejorado
	Future		**Future Perfect**	
	mejoraré	mejoraremos	habré mejorado	habremos mejorado
	mejorarás	mejoraréis	habrás mejorado	habréis mejorado
	mejorará	mejorarán	habrá mejorado	habrán mejorado
	Conditional		**Conditional Perfect**	
	mejoraría	mejoraríamos	habría mejorado	habríamos mejorado
	mejorarías	mejoraríais	habrías mejorado	habríais mejorado
	mejoraría	mejorarían	habría mejorado	habrían mejorado
Subjunctive	**Present**		**Present Perfect**	
	mejore	mejoremos	haya mejorado	hayamos mejorado
	mejores	mejoréis	hayas mejorado	hayáis mejorado
	mejore	mejoren	haya mejorado	hayan mejorado
	Imperfect		**Pluperfect**	
	mejorara, -se	mejoráramos, -semos	hubiera, -se mejorado	hubiéramos, -semos mejorado
	mejoraras, -ses	mejorarais, -seis	hubieras, -ses mejorado	hubierais, -seis mejorado
	mejorara, -se	mejoraran, -sen	hubiera, -se mejorado	hubieran, -sen mejorado

IMPERATIVE

	(no) mejoremos (nosotros)
mejora (tú); no mejores	mejorad (vosotros); no mejoréis
(no) mejore (Ud.)	(no) mejoren (Uds.)

Note: As a reflexive verb, *mejorarse* (to get better, to improve health) uses the reflexive pronouns. Example 5 shows the reflexive use.

EXAMPLES

Ella mejoró lentamente.	She improved slowly.
Los estudiantes mejoraron el informe con los dibujos.	The students improved the report with the illustrations.
Si mejorara mis notas, papá me compraría el carro.	If I were to improve my grades, my father would buy me the car.
Mejoremos las condiciones de vida de la gente pobre.	Let's improve the living conditions of the poor people.
Él se mejoró cuando le dijeron que no tenía que presentar los exámenes.	He got better when they told him he didn't have to take the tests.

memorizar
to memorize

Gerundio: memorizando   **Participio pasado:** memorizado

Mood	Simple Tenses		Compound Tenses	
	Singular	*Plural*	*Singular*	*Plural*
Indicative	**Present**		**Present Perfect**	
	memorizo	memorizamos	he memorizado	hemos memorizado
	memorizas	memorizáis	has memorizado	habéis memorizado
	memoriza	memorizan	ha memorizado	han memorizado
	Preterit		**Preterit Perfect**	
	memoricé	memorizamos	hube memorizado	hubimos memorizado
	memorizaste	memorizasteis	hubiste memorizado	hubisteis memorizado
	memorizó	memorizaron	hubo memorizado	hubieron memorizado
	Imperfect		**Pluperfect**	
	memorizaba	memorizábamos	había memorizado	habíamos memorizado
	memorizabas	memorizabais	habías memorizado	habíais memorizado
	memorizaba	memorizaban	había memorizado	habían memorizado
	Future		**Future Perfect**	
	memorizaré	memorizaremos	habré memorizado	habremos memorizado
	memorizarás	memorizaréis	habrás memorizado	habréis memorizado
	memorizará	memorizarán	habrá memorizado	habrán memorizado
	Conditional		**Conditional Perfect**	
	memorizaría	memorizaríamos	habría memorizado	habríamos memorizado
	memorizarías	memorizaríais	habrías memorizado	habríais memorizado
	memorizaría	memorizarían	habría memorizado	habrían memorizado
Subjunctive	**Present**		**Present Perfect**	
	memorice	memoricemos	haya memorizado	hayamos memorizado
	memorices	memoricéis	hayas memorizado	hayáis memorizado
	memorice	memoricen	haya memorizado	hayan memorizado
	Imperfect		**Pluperfect**	
	memorizara, -se	memorizáramos, -semos	hubiera, -se memorizado	hubiéramos, -semos memorizado
	memorizaras, -ses		hubieras, -ses memorizado	
	memorizara, -se	memorizarais, -seis	hubiera, -se memorizado	hubierais, -seis memorizado
		memorizaran, -sen		hubieran, -sen memorizado

IMPERATIVE

	(no) memoricemos (nosotros)
memoriza (tú); no memorices	memorizad (vosotros); no memoricéis
(no) memorice (Ud.)	(no) memoricen (Uds.)

EXAMPLES

Es mejor que memoricéis el vocabulario para el jueves.	It is better that you memorize the vocabulary by Thursday.
Memorizaré el vocabulario de español para mañana.	I will memorize the Spanish vocabulary for tomorrow.
¡Ojalá hubiese memorizado todos estos verbos para el examen!	I wished I had memorized all these verbs for the test!
Si memorizara este poema, sacaría una mejor nota en inglés.	If I memorized this poem, I would get a better grade in English.

mentir

to lie, to deceive

Gerundio: mintiendo   **Participio pasado:** mentido

Mood	Simple Tenses		Compound Tenses	
	Singular	*Plural*	*Singular*	*Plural*
Indicative	**Present**		**Present Perfect**	
	miento	mentimos	he mentido	hemos mentido
	mientes	mentís	has mentido	habéis mentido
	miente	mienten	ha mentido	han mentido
	Preterit		**Preterit Perfect**	
	mentí	mentimos	hube mentido	hubimos mentido
	mentiste	mentisteis	hubiste mentido	hubisteis mentido
	mintió	mintieron	hubo mentido	hubieron mentido
	Imperfect		**Pluperfect**	
	mentía	mentíamos	había mentido	habíamos mentido
	mentías	mentíais	habías mentido	habíais mentido
	mentía	mentían	había mentido	habían mentido
	Future		**Future Perfect**	
	mentiré	mentiremos	habré mentido	habremos mentido
	mentirás	mentiréis	habrás mentido	habréis mentido
	mentirá	mentirán	habrá mentido	habrán mentido
	Conditional		**Conditional Perfect**	
	mentiría	mentiríamos	habría mentido	habríamos mentido
	mentirías	mentiríais	habrías mentido	habríais mentido
	mentiría	mentirían	habría mentido	habrían mentido
Subjunctive	**Present**		**Present Perfect**	
	mienta	mintamos	haya mentido	hayamos mentido
	mientas	mintáis	hayas mentido	hayáis mentido
	mienta	mientan	haya mentido	hayan mentido
	Imperfect		**Pluperfect**	
	mintiera, -se	mintiéramos, -semos	hubiera, -se mentido	hubiéramos, -semos mentido
	mintieras, -ses	mintierais, -seis	hubieras, -ses mentido	hubierais, -seis mentido
	mintiera, -se	mintieran, -sen	hubiera, -se mentido	hubieran, -sen mentido

IMPERATIVE

miente (tú); no mientas

(no) mienta (Ud.)

(no) mintamos (nosotros)

mentid (vosotros); no mintáis

(no) mientan (Uds.)

EXAMPLES

Pinocho mintió y su nariz creció.

Pinocchio lied, and his nose grew.

Dicen que los niños no mienten.

It is said that children don't lie.

Es muy difícil creer que Mario mienta porque es muy honesto.

It is difficult to believe that Mario may lie, because he is very honest.

El niño hubiera mentido para salvarle la vida a su mamá.

The boy would have lied to save his mother's life.

merecer

to deserve, to merit

Gerundio: mereciendo   **Participio pasado:** merecido

Mood	Simple Tenses		Compound Tenses	
	Singular	*Plural*	*Singular*	*Plural*
Indicative	**Present**		**Present Perfect**	
	merezco	merecemos	he merecido	hemos merecido
	mereces	merecéis	has merecido	habéis merecido
	merece	merecen	ha merecido	han merecido
	Preterit		**Preterit Perfect**	
	merecí	merecimos	hube merecido	hubimos merecido
	mereciste	merecisteis	hubiste merecido	hubisteis merecido
	mereció	merecieron	hubo merecido	hubieron merecido
	Imperfect		**Pluperfect**	
	merecía	merecíamos	había merecido	habíamos merecido
	merecías	merecíais	habías merecido	habíais merecido
	merecía	merecían	había merecido	habían merecido
	Future		**Future Perfect**	
	mereceré	mereceremos	habré merecido	habremos merecido
	merecerás	mereceréis	habrás merecido	habréis merecido
	merecerá	merecerán	habrá merecido	habrán merecido
	Conditional		**Conditional Perfect**	
	merecería	mereceríamos	habría merecido	habríamos merecido
	merecerías	mereceríais	habrías merecido	habríais merecido
	merecería	merecerían	habría merecido	habrían merecido
Subjunctive	**Present**		**Present Perfect**	
	merezca	merezcamos	haya merecido	hayamos merecido
	merezcas	merezcáis	hayas merecido	hayáis merecido
	merezca	merezcan	haya merecido	hayan merecido
	Imperfect		**Pluperfect**	
	mereciera, -se	mereciéramos, -semos	hubiera, -se merecido	hubiéramos, -semos merecido
	merecieras, -se	merecierais, -seis	hubieras, -ses merecido	hubierais, -seis merecido
	mereciera, -se	merecieran, -sen	hubiera, -se merecido	hubieran, -sen merecido

IMPERATIVE

merece (tú); no merezcas   (no) merezcamos (nosotros)
(no) merezca (Ud.)   mereced (vosotros); no merezcáis
    (no) merezcan (Uds.)

EXAMPLES

Merezco un aumento de salario.   I deserve a salary increase.

Cristina mereció buenas calificaciones porque estudió mucho.   Christina deserved good grades because she studied a lot.

Sofía merecía el premio por su excelente proyecto.   Sofia deserved the award for her excellent project.

El trabajador se había merecido esas vacaciones largas.   The worker had deserved that long vacation.

No creo que ese equipo se merezca el trofeo.   I don't think that team deserves the trophy.

meter

to put in to something, to get involved in, to be part of

Gerundio: metiendo   **Participio pasado:** metido

Mood	Simple Tenses		Compound Tenses	
	Singular	*Plural*	*Singular*	*Plural*
Indicative	**Present**		**Present Perfect**	
	meto	metemos	he metido	hemos metido
	metes	metéis	has metido	habéis metido
	mete	meten	ha metido	han metido
	Preterit		**Preterit Perfect**	
	metí	metimos	hube metido	hubimos metido
	metiste	metisteis	hubiste metido	hubisteis metido
	metió	metieron	hubo metido	hubieron metido
	Imperfect		**Pluperfect**	
	metía	metíamos	había metido	habíamos metido
	metías	metíais	habías metido	habíais metido
	metía	metían	había metido	habían metido
	Future		**Future Perfect**	
	meteré	meteremos	habré metido	habremos metido
	meterás	meteréis	habrás metido	habréis metido
	meterá	meterán	habrá metido	habrán metido
	Conditional		**Conditional Perfect**	
	metería	meteríamos	habría metido	habríamos metido
	meterías	meteríais	habrías metido	habríais metido
	metería	meterían	habría metido	habrían metido
Subjunctive	**Present**		**Present Perfect**	
	meta	metamos	haya metido	hayamos metido
	metas	metáis	hayas metido	hayáis metido
	meta	metan	haya metido	hayan metido
	Imperfect		**Pluperfect**	
	metiera, -se	metiéramos, -semos	hubiera, -se metido	hubiéramos, -semos metido
	metieras, -ses	metierais, -seis	hubieras, -ses metido	hubierais, -seis metido
	metiera, -se	metieran, -sen	hubiera, -se metido	hubieran, -sen metido

IMPERATIVE

	(no) metamos (nosotros)
mete (tú); no metas	meted (vosotros); no metáis
(no) meta (Ud.)	(no) metan (Uds.)

Note: As a reflexive verb, *meterse* (to get into, to become) uses the reflexive pronouns *me, te, se, nos, os, se*. Examples 4 and 5 show the reflexive use.

EXAMPLES

No metas todas las maletas en el coche.	Don't put all the luggage in the car.
Metieron a siete payasos en un coche pequeñísimo.	They put seven clowns into a very small car.
Es mejor que metamos todo dentro de la casa porque hace mucho viento.	It is better that we put everything inside the house because it is too windy.
¡Se metieron en un tremendo lío!	They got themselves into a terrible fight!
Ángela quería meterse a monja.	Angela wanted to become a nun.

mezclar

to mix

Gerundio: mezclando   **Participio pasado:** mezclado

Mood	Simple Tenses		Compound Tenses	
	Singular	*Plural*	*Singular*	*Plural*
Indicative	**Present**		**Present Perfect**	
	mezclo	mezclamos	he mezclado	hemos mezclado
	mezclas	mezcláis	has mezclado	habéis mezclado
	mezcla	mezclan	ha mezclado	han mezclado
	Preterit		**Preterit Perfect**	
	mezclé	mezclamos	hube mezclado	hubimos mezclado
	mezclaste	mezclasteis	hubiste mezclado	hubisteis mezclado
	mezcló	mezclaron	hubo mezclado	hubieron mezclado
	Imperfect		**Pluperfect**	
	mezclaba	mezclábamos	había mezclado	habíamos mezclado
	mezclabas	mezclabais	habías mezclado	habíais mezclado
	mezclaba	mezclaban	había mezclado	habían mezclado
	Future		**Future Perfect**	
	mezclaré	mezclaremos	habré mezclado	habremos mezclado
	mezclarás	mezclaréis	habrás mezclado	habréis mezclado
	mezclará	mezclarán	habrá mezclado	habrán mezclado
	Conditional		**Conditional Perfect**	
	mezclaría	mezclaríamos	habría mezclado	habríamos mezclado
	mezclarías	mezclaríais	habrías mezclado	habríais mezclado
	mezclaría	mezclarían	habría mezclado	habrían mezclado
Subjunctive	**Present**		**Present Perfect**	
	mezcle	mezclemos	haya mezclado	hayamos mezclado
	mezcles	mezcléis	hayas mezclado	hayáis mezclado
	mezcle	mezclen	haya mezclado	hayan mezclado
	Imperfect		**Pluperfect**	
	mezclara, -se	mezcláramos, -semos	hubiera, -se mezclado	hubiéramos, -semos mezclado
	mezclaras, -ses	mezclarais, -seis	hubieras, -ses mezclado	hubierais, -seis mezclado
	mezclara, -se	mezclaran, -sen	hubiera, -se mezclado	hubieran, -sen mezclado

IMPERATIVE

	(no) mezclemos (nosotros)
mezcla (tú); no mezcles	mezclad (vosotros); no mezcléis
(no) mezcle (Ud.)	(no) mezclen (Uds.)

EXAMPLES

El cocinero está mezclando todos los ingredientes.

The cook is mixing all the ingredients.

El viento mezcló todos los papeles.

The wind mixed up all the papers.

Los padres han mezclado los diferentes caramelos en la piñata.

The parents have mixed the different candies into the piñata.

Si la decoradora mezclara los colores, la sala se vería mejor.

If the decorator were to mix the colors, the living room would look much better.

mirar

to look, to look at, to watch
Gerundio: mirando   **Participio pasado:** mirado

Mood	Simple Tenses		Compound Tenses	
	Singular	*Plural*	*Singular*	*Plural*
Indicative	**Present**		**Present Perfect**	
	miro	miramos	he mirado	hemos mirado
	miras	miráis	has mirado	habéis mirado
	mira	miran	ha mirado	han mirado
	Preterit		**Preterit Perfect**	
	miré	miramos	hube mirado	hubimos mirado
	miraste	mirasteis	hubiste mirado	hubisteis mirado
	miró	miraron	hubo mirado	hubieron mirado
	Imperfect		**Pluperfect**	
	miraba	mirábamos	había mirado	habíamos mirado
	mirabas	mirabais	habías mirado	habíais mirado
	miraba	miraban	había mirado	habían mirado
	Future		**Future Perfect**	
	miraré	miraremos	habré mirado	habremos mirado
	mirarás	miraréis	habrás mirado	habréis mirado
	mirará	mirarán	habrá mirado	habrán mirado
	Conditional		**Conditional Perfect**	
	miraría	miraríamos	habría mirado	habríamos mirado
	mirarías	miraríais	habrías mirado	habríais mirado
	miraría	mirarían	habría mirado	habrían mirado
Subjunctive	**Present**		**Present Perfect**	
	mire	miremos	haya mirado	hayamos mirado
	mires	miréis	hayas mirado	hayáis mirado
	mire	miren	haya mirado	hayan mirado
	Imperfect		**Pluperfect**	
	mirara, -se	miráramos, -semos	hubiera, -se mirado	hubiéramos, -semos mirado
	miraras, -ses	mirarais, -seis	hubieras, -ses mirado	hubierais, -seis mirado
	mirara, -se	miraran, -sen	hubiera, -se mirado	hubieran, -sen mirado

IMPERATIVE

	(no) miremos (nosotros)
mira (tú); no mires	mirad (vosotros); no miréis
(no) mire (Ud.)	(no) miren (Uds.)

Note: As a reflexive verb, *mirarse* (to look at oneself, at each other) uses the reflexive pronouns *me, te, se, nos, os, se.* Examples 3 and 4 show the reflexive use.

EXAMPLES

¡Mira antes de cruzar la calle!	Look before you cross the street!
El escultor había mirado a la modelo con admiración.	The sculptor had looked at the model with admiration.
Los novios se miraban con mucho amor.	The bride and the groom were looking at each other with love.
La actriz se miraba en el espejo orgullosa de su figura.	The actress looked at herself in the mirror, proud of her figure.

IDIOMATIC EXAMPLE

¡Antes que te cases, mira lo que haces!	Look before you leap!

mojarse

to get wet, to wet oneself

Gerundio: mojándose   **Participio pasado:** mojado

Mood	Simple Tenses		Compound Tenses	
	Singular	*Plural*	*Singular*	*Plural*
Indicative	**Present**		**Present Perfect**	
	me mojo te mojas se moja	nos mojamos os mojáis se mojan	me he mojado te has mojado se ha mojado	nos hemos mojado os habéis mojado se han mojado
	Preterit		**Preterit Perfect**	
	me mojé te mojaste se mojó	nos mojamos os mojasteis se mojaron	me hube mojado te hubiste mojado se hubo mojado	nos hubimos mojado os hubisteis mojado se hubieron mojado
	Imperfect		**Pluperfect**	
	me mojaba te mojabas se mojaba	nos mojábamos os mojabais se mojaban	me había mojado te habías mojado se había mojado	nos habíamos mojado os habíais mojado se habían mojado
	Future		**Future Perfect**	
	me mojaré te mojarás se mojará	nos mojaremos os mojaréis se mojarán	me habré mojado te habrás mojado se habrá mojado	nos habremos mojado os habréis mojado se habrán mojado
	Conditional		**Conditional Perfect**	
	me mojaría te mojarías se mojaría	nos mojaríamos os mojaríais se mojarían	me habría mojado te habrías mojado se habría mojado	nos habríamos mojado os habríais mojado se habrían mojado
Subjunctive	**Present**		**Present Perfect**	
	me moje te mojes se moje	nos mojemos os mojéis se mojen	me haya mojado te hayas mojado se haya mojado	nos hayamos mojado os hayáis mojado se hayan mojado
	Imperfect		**Pluperfect**	
	me mojara, -se te mojaras, -ses se mojara, -se	nos mojáramos, -semos os mojarais, -seis se mojaran, -sen	me hubiera, -se mojado te hubieras, -ses mojado se hubiera, -se mojado	nos hubiéramos, -semos mojado os hubierais, -seis mojado se hubieran, -sen mojado

IMPERATIVE

	mojémonos (nosotros); no nos mojemos
mójate (tú); no te mojes	mojaos (vosotros); no os mojéis
mójese (Ud.); no se moje	mójense (Uds.); no se mojen

Note: As a nonreflexive verb, *mojar* (to wet, to dampen) is shown in Examples 4 and 5.

EXAMPLES

Mojémonos con la lluvia.	Let's get wet in the rain.
Ya nos habíamos mojado cuando entramos en la casa.	We had already gotten wet when we entered the house.
¡No te mojes los zapatos!	Don't wet your shoes!
¡Mójale el pelo!	Wet her hair!
Ella mojaba la ropa para plancharla.	She used to wet the clothing to iron it.

moler

to mill, to grind, to mash

Gerundio: moliendo   **Participio pasado:** molido

Mood	Simple Tenses		Compound Tenses	
	Singular	*Plural*	*Singular*	*Plural*
Indicative	**Present**		**Present Perfect**	
	muelo	molemos	he molido	hemos molido
	mueles	moléis	has molido	habéis molido
	muele	muelen	ha molido	han molido
	Preterit		**Preterit Perfect**	
	molí	molimos	hube molido	hubimos molido
	moliste	molisteis	hubiste molido	hubisteis molido
	molió	molieron	hubo molido	hubieron molido
	Imperfect		**Pluperfect**	
	molía	molíamos	había molido	habíamos molido
	molías	molíais	habías molido	habíais molido
	molía	molían	había molido	habían molido
	Future		**Future Perfect**	
	moleré	moleremos	habré molido	habremos molido
	molerás	moleréis	habrás molido	habréis molido
	molerá	molerán	habrá molido	habrán molido
	Conditional		**Conditional Perfect**	
	molería	moleríamos	habría molido	habríamos molido
	molerías	moleríais	habrías molido	habríais molido
	molería	molerían	habría molido	habrían molido
Subjunctive	**Present**		**Present Perfect**	
	muela	molamos	haya molido	hayamos molido
	muelas	moláis	hayas molido	hayáis molido
	muela	muelan	haya molido	hayan molido
	Imperfect		**Pluperfect**	
	moliera, -se	moliéramos, -semos	hubiera, -se molido	hubiéramos, -semos molido
	molieras, -ses	molierais, -seis	hubieras, -ses molido	hubierais, -seis molido
	moliera, -se	molieran, -sen	hubiera, -se molido	hubieran, -sen molido

IMPERATIVE

	(no) molamos (nosotros)
muele (tú); no muelas	moled (vosotros); no moláis
(no) muela (Ud.)	(no) muelan (Uds.)

EXAMPLES

¿Tú mueles el café todas las mañanas?	Do you grind the coffee beans every morning?
Mis abuelos molían el trigo a mano.	My grandparents used to grind the wheat by hand.
Muele la carne, por favor.	Please, grind the meat.
Esperamos que él haya molido el maíz para hacer los tamales.	We hope that he had ground the corn to make the tamales.
Están moliendo café en el café.	Coffee is being ground in the coffee shop.

molestar

to annoy, to bother, to pester

Gerundio: molestando   **Participio pasado:** molestado

Mood	Simple Tenses		Compound Tenses	
	Singular	*Plural*	*Singular*	*Plural*
Indicative	**Present**		**Present Perfect**	
	molesto molestas molesta	molestamos molestáis molestan	he molestado has molestado ha molestado	hemos molestado habéis molestado han molestado
	Preterit		**Preterit Perfect**	
	molesté molestaste molestó	molestamos molestasteis molestaron	hube molestado hubiste molestado hubo molestado	hubimos molestado hubisteis molestado hubieron molestado
	Imperfect		**Pluperfect**	
	molestaba molestabas molestaba	molestábamos molestabais molestaban	había molestado habías molestado había molestado	habíamos molestado habíais molestado habían molestado
	Future		**Future Perfect**	
	molestaré molestarás molestará	molestaremos molestaréis molestarán	habré molestado habrás molestado habrá molestado	habremos molestado habréis molestado habrán molestado
	Conditional		**Conditional Perfect**	
	molestaría molestarías molestaría	molestaríamos molestaríais molestarían	habría molestado habrías molestado habría molestado	habríamos molestado habríais molestado habrían molestado
Subjunctive	**Present**		**Present Perfect**	
	moleste molestes moleste	molestemos molestéis molesten	haya molestado hayas molestado haya molestado	hayamos molestado hayáis molestado hayan molestado
	Imperfect		**Pluperfect**	
	molestara, -se molestaras, -ses molestara, -se	molestáramos, -semos molestarais, -seis molestaran, -sen	hubiera, -se molestado hubieras, -ses molestado hubiera, -se molestado	hubiéramos, -semos molestado hubierais, -seis molestado hubieran, -sen molestado

IMPERATIVE

	(no) molestemos (nosotros)
molesta (tú); no molestes	molestad (vosotros); no molestéis
(no) moleste (Ud.)	(no) molesten (Uds.)

Note: As a reflexive verb, *molestarse* (to get annoyed or be bothered) uses the reflexive pronouns *me, te, se, nos, os, se.* Examples 4 and 5 show the reflexive use.

EXAMPLES

¡No molestes a tu hermano!	Don't bother your brother!
El profesor les dijo que no molestaran la clase.	The teacher told them not to bother the class.
Espero que no los hayamos molestado.	I hope we have not bothered them.
<u>Me</u> molesta cuando llamas a las once de la noche.	It bothers me when you call at eleven o'clock at night.
¡No <u>te</u> molestes!	Don't worry / bother!

montar

to mount, to ride

Gerundio: montando **Participio pasado:** montado

Mood	Simple Tenses		Compound Tenses	
	Singular	*Plural*	*Singular*	*Plural*
Indicative	**Present**		**Present Perfect**	
	monto	montamos	he montado	hemos montado
	montas	montáis	has montado	habéis montado
	monta	montan	ha montado	han montado
	Preterit		**Preterit Perfect**	
	monté	montamos	hube montado	hubimos montado
	montaste	montasteis	hubiste montado	hubisteis montado
	montó	montaron	hubo montado	hubieron montado
	Imperfect		**Pluperfect**	
	montaba	montábamos	había montado	habíamos montado
	montabas	montabais	habías montado	habíais montado
	montaba	montaban	había montado	habían montado
	Future		**Future Perfect**	
	montaré	montaremos	habré montado	habremos montado
	montarás	montaréis	habrás montado	habréis montado
	montará	montarán	habrá montado	habrán montado
	Conditional		**Conditional Perfect**	
	montaría	montaríamos	habría montado	habríamos montado
	montarías	montaríais	habrías montado	habríais montado
	montaría	montarían	habría montado	habrían montado
Subjunctive	**Present**		**Present Perfect**	
	monte	montemos	haya montado	hayamos montado
	montes	montéis	hayas montado	hayáis montado
	monte	monten	haya montado	hayan montado
	Imperfect		**Pluperfect**	
	montara, -se	montáramos, -semos	hubiera, -se montado	hubiéramos, -semos montado
	montaras, -ses	montarais, -seis	hubieras, -ses montado	hubierais, -seis montado
	montara, -se	montaran, -sen	hubiera, -se montado	hubieran, -sen montado

IMPERATIVE

	(no) montemos (nosotros)
monta (tú); no montes	montad (vosotros); no montéis
(no) monte (Ud.)	(no) monten (Uds.)

Note: As a reflexive verb, *montarse* (to ride, to mount) uses the reflexive pronouns. Examples 4 and 5 show the reflexive use.

EXAMPLES

Los estudiantes montaron el equipo estereofónico en la cafetería.	The students mounted the stereo equipment in the cafeteria.
Lidia monta a la inglesa.	Lydia rides the horse English style.
El jinete montó el caballo con elegancia.	The rider mounted the horse with elegance.
Rolando se montó en el tren de las ocho.	Roland rode on the eight o'clock train.
Aída no se montará en ese avión tan pequeño.	Aida will not ride in such a small airplane.

morder

to bite, to gnaw

Gerundio: mordiendo   **Participio pasado:** mordido

Mood	Simple Tenses		Compound Tenses	
	Singular	*Plural*	*Singular*	*Plural*
Indicative	**Present**		**Present Perfect**	
	muerdo	mordemos	he mordido	hemos mordido
	muerdes	mordéis	has mordido	habéis mordido
	muerde	muerden	ha mordido	han mordido
	Preterit		**Preterit Perfect**	
	mordí	mordimos	hube mordido	hubimos mordido
	mordiste	mordisteis	hubiste mordido	hubisteis mordido
	mordió	mordieron	hubo mordido	hubieron mordido
	Imperfect		**Pluperfect**	
	mordía	mordíamos	había mordido	habíamos mordido
	mordías	mordíais	habías mordido	habíais mordido
	mordía	mordían	había mordido	habían mordido
	Future		**Future Perfect**	
	morderé	morderemos	habré mordido	habremos mordido
	morderás	morderéis	habrás mordido	habréis mordido
	morderá	morderán	habrá mordido	habrán mordido
	Conditional		**Conditional Perfect**	
	mordería	morderíamos	habría mordido	habríamos mordido
	morderías	morderíais	habrías mordido	habríais mordido
	mordería	morderían	habría mordido	habrían mordido
Subjunctive	**Present**		**Present Perfect**	
	muerda	mordamos	haya mordido	hayamos mordido
	muerdas	mordáis	hayas mordido	hayáis mordido
	muerda	muerdan	haya mordido	hayan mordido
	Imperfect		**Pluperfect**	
	mordiera, -se	mordiéramos, -semos	hubiera, -se mordido	hubiéramos, -semos mordido
	mordieras, -ses	mordierais, -seis	hubieras, -ses mordido	hubierais, -seis mordido
	mordiera, -se	mordieran, -sen	hubiera, -se mordido	hubieran, -sen mordido

IMPERATIVE

	(no) mordamos (nosotros)
muerde (tú); no muerdas	morded (vosotros); no mordáis
(no) muerda (Ud.)	(no) muerdan (Uds.)

EXAMPLES

¡No muerdas a tu hermanita, Daniel!	Don't bite your little sister, Daniel!
Un perro le ha mordido la pierna.	A dog has bitten her leg.
Me muerdo la lengua para no decirle la verdad.	I bite my tongue as to not tell him the truth.

IDIOMATIC EXAMPLE

Perro que ladra no muerde.	Barking dogs seldom bite.

morir
to die
Gerundio: muriendo   **Participio pasado:** muerto

Mood	Simple Tenses		Compound Tenses	
	Singular	*Plural*	*Singular*	*Plural*
Indicative	**Present**		**Present Perfect**	
	muero	morimos	he muerto	hemos muerto
	mueres	morís	has muerto	habéis muerto
	muere	mueren	ha muerto	han muerto
	Preterit		**Preterit Perfect**	
	morí	morimos	hube muerto	hubimos muerto
	moriste	moristeis	hubiste muerto	hubisteis muerto
	murió	murieron	hubo muerto	hubieron muerto
	Imperfect		**Pluperfect**	
	moría	moríamos	había muerto	habíamos muerto
	morías	moríais	habías muerto	habíais muerto
	moría	morían	había muerto	habían muerto
	Future		**Future Perfect**	
	moriré	moriremos	habré muerto	habremos muerto
	morirás	moriréis	habrás muerto	habréis muerto
	morirá	morirán	habrá muerto	habrán muerto
	Conditional		**Conditional Perfect**	
	moriría	moriríamos	habría muerto	habríamos muerto
	morirías	moriríais	habrías muerto	habríais muerto
	moriría	morirían	habría muerto	habrían muerto
Subjunctive	**Present**		**Present Perfect**	
	muera	muramos	haya muerto	hayamos muerto
	mueras	muráis	hayas muerto	hayáis muerto
	muera	mueran	haya muerto	hayan muerto
	Imperfect		**Pluperfect**	
	muriera, -se	muriéramos, -semos	hubiera, -se muerto	hubiéramos, -semos muerto
	murieras, -ses	murierais, -seis	hubieras, -ses muerto	hubierais, -seis muerto
	muriera, -se	murieran, -sen	hubiera, -se muerto	hubieran, -sen muerto

IMPERATIVE

	(no) muramos (nosotros)
muere (tú); no mueras	morid (vosotros); no muráis
(no) muera (Ud.)	(no) mueran (Uds.)

Note: This verb has an irregular past participle, *muerto*.

EXAMPLES

Muchas personas murieron en el accidente aéreo.	Many people died in the airplane accident.
Se están muriendo mis flores.	My flowers are dying.
El pájaro ha muerto de frío.	The bird had died because of the cold.

IDIOMATIC EXAMPLES

Las muchachas se morían por José Raphael.	The girls were crazy about Jose Raphael.
Me moría por ir a su concierto.	I was yearning (dying) to go to his concert.

mostrar

to show, to display

Gerundio: mostrando   **Participio pasado:** mostrado

Mood	Simple Tenses		Compound Tenses	
	Singular	*Plural*	*Singular*	*Plural*
Indicative	**Present**		**Present Perfect**	
	muestro	mostramos	he mostrado	hemos mostrado
	muestras	mostráis	has mostrado	habéis mostrado
	muestra	muestran	ha mostrado	han mostrado
	Preterit		**Preterit Perfect**	
	mostré	mostramos	hube mostrado	hubimos mostrado
	mostraste	mostrasteis	hubiste mostrado	hubisteis mostrado
	mostró	mostraron	hubo mostrado	hubieron mostrado
	Imperfect		**Pluperfect**	
	mostraba	mostrábamos	había mostrado	habíamos mostrado
	mostrabas	mostrabais	habías mostrado	habíais mostrado
	mostraba	mostraban	había mostrado	habían mostrado
	Future		**Future Perfect**	
	mostraré	mostraremos	habré mostrado	habremos mostrado
	mostrarás	mostraréis	habrás mostrado	habréis mostrado
	mostrará	mostrarán	habrá mostrado	habrán mostrado
	Conditional		**Conditional Perfect**	
	mostraría	mostraríamos	habría mostrado	habríamos mostrado
	mostrarías	mostraríais	habrías mostrado	habríais mostrado
	mostraría	mostrarían	habría mostrado	habrían mostrado
Subjunctive	**Present**		**Present Perfect**	
	muestre	mostremos	haya mostrado	hayamos mostrado
	muestres	mostréis	hayas mostrado	hayáis mostrado
	muestre	muestren	haya mostrado	hayan mostrado
	Imperfect		**Pluperfect**	
	mostrara, -se	mostráramos, -semos	hubiera, -se mostrado	hubiéramos, -semos mostrado
	mostraras, -ses	mostrarais, -seis	hubieras, -ses mostrado	hubierais, -seis mostrado
	mostrara, -se	mostraran, -sen	hubiera, -se mostrado	hubieran, -sen mostrado

IMPERATIVE

	(no) mostremos (nosotros)
muestra (tú); no muestres	mostrad (vosotros); no mostréis
(no) muestre (Ud.)	(no) muestren (Uds.)

Note: As a reflexive verb, *mostrarse* (to show oneself to be) uses the reflexive pronouns *me, te, se, nos, os, se*. Examples 4 and 5 show the reflexive use.

EXAMPLES

¡Mostrad los discos compactos!	Show the compact discs!
La vendedora había mostrado toda la mercancía.	The seller had shown all her merchandise.
¡Muéstrame en qué me he equivocado!	Show me where I have made the mistake!
Ellos <u>se</u> mostraron muy amigables.	They showed themselves to be very friendly.
<u>Te</u> mostraste muy interesado en el problema.	You showed yourself to be very interested in the problem.

mover

to move, to shift

Gerundio: moviendo   **Participio pasado:** movido

Mood	Simple Tenses		Compound Tenses	
	Singular	*Plural*	*Singular*	*Plural*
Indicative	**Present**		**Present Perfect**	
	muevo mueves mueve	movemos movéis mueven	he movido has movido ha movido	hemos movido habéis movido han movido
	Preterit		**Preterit Perfect**	
	moví moviste movió	movimos movisteis movieron	hube movido hubiste movido hubo movido	hubimos movido hubisteis movido hubieron movido
	Imperfect		**Pluperfect**	
	movía movías movía	movíamos movíais movían	había movido habías movido había movido	habíamos movido habíais movido habían movido
	Future		**Future Perfect**	
	moveré moverás moverá	moveremos moveréis moverán	habré movido habrás movido habrá movido	habremos movido habréis movido habrán movido
	Conditional		**Conditional Perfect**	
	movería moverías movería	moveríamos moveríais moverían	habría movido habrías movido habría movido	habríamos movido habríais movido habrían movido
Subjunctive	**Present**		**Present Perfect**	
	mueva muevas mueva	movamos mováis muevan	haya movido hayas movido haya movido	hayamos movido hayáis movido hayan movido
	Imperfect		**Pluperfect**	
	moviera, -se movieras, -ses moviera, -se	moviéramos, -semos movierais, -seis movieran, -sen	hubiera, -se movido hubieras, -ses movido hubiera, -se movido	hubiéramos, -semos movido hubierais, -seis movido hubieran, -sen movido

IMPERATIVE

mueve (tú); no muevas

(no) mueva (Ud.)

(no) movamos (nosotros)

moved (vosotros); no mováis

(no) muevan (Uds.)

Note: As a reflexive verb, *moverse* (to move oneself) uses the reflexive pronouns *me, te, se, nos, os, se*. Examples 3 and 4 show the reflexive use.

EXAMPLES

Muevan los muebles a la sala, por favor.

Please, move the furniture to the living room.

Ya han movido todos los artefactos eléctricos.

They have already moved all the electrical appliances.

Las niñas se estaban moviendo como bailarinas.

The girls were moving (dancing) as ballerinas.

¡Muévanse! Hay que trabajar.

Move! It is time to work.

IDIOMATIC EXAMPLE

Movieron cielo y tierra para encontrar el anillo que ella quería.

They moved heaven and earth to find the ring she wanted.

mudarse

to move, to change, to relocate

Gerundio: mudándose **Participio pasado:** mudado

Mood	Simple Tenses		Compound Tenses	
	Singular	*Plural*	*Singular*	*Plural*
Indicative	**Present**		**Present Perfect**	
	me mudo te mudas se muda	nos mudamos os mudáis se mudan	me he mudado te has mudado se ha mudado	nos hemos mudado os habéis mudado se han mudado
	Preterit		**Preterit Perfect**	
	me mudé te mudaste se mudó	nos mudamos os mudasteis se mudaron	me hube mudado te hubiste mudado se hubo mudado	nos hubimos mudado os hubisteis mudado se hubieron mudado
	Imperfect		**Pluperfect**	
	me mudaba te mudabas se mudaba	nos mudábamos os mudabais se mudaban	me había mudado te habías mudado se había mudado	nos habíamos mudado os habíais mudado se habían mudado
	Future		**Future Perfect**	
	me mudaré te mudarás se mudará	nos mudaremos os mudaréis se mudarán	me habré mudado te habrás mudado se habrá mudado	nos habremos mudado os habréis mudado se habrán mudado
	Conditional		**Conditional Perfect**	
	me mudaría te mudarías se mudaría	nos mudaríamos os mudaríais se mudarían	me habría mudado te habrías mudado se habría mudado	nos habríamos mudado os habríais mudado se habrían mudado
Subjunctive	**Present**		**Present Perfect**	
	me mude te mudes se mude	nos mudemos os mudéis se muden	me haya mudado te hayas mudado se haya mudado	nos hayamos mudado os hayáis mudado se hayan mudado
	Imperfect		**Pluperfect**	
	me mudara, -se te mudaras, -ses se mudara, -se	nos mudáramos, -semos os mudarais, -seis se mudaran, -sen	me hubiera, -se mudado te hubieras, -ses mudado se hubiera, -se mudado	nos hubiéramos, -semos mudado os hubierais, -seis mudado se hubieran, -sen mudado

IMPERATIVE

	mudémonos (nosotros); no nos mudemos
múdate (tú); no te mudes	mudaos (vosotros); no os mudéis
múdese (Ud.); no se mude	múdense (Uds.); no se muden

Note: As a nonreflexive verb, *mudar* (to change, to move, to alter) is shown in Examples 3 and 4.

EXAMPLES

<u>Nos</u> hemos mudado a las montañas.	We have moved to the mountains.
Ellos están mudándo<u>se</u> a los Estados Unidos.	They are moving to the United States.
Las serpientes mudan su piel periódicamente.	The snakes shed (change) their skins periodically.
Mudaron la tienda para el nuevo centro comercial.	They moved the store to the new mall.

multiplicar

to multiply, to grow in numbers
Gerundio: multiplicando   **Participio pasado:** multiplicado

Mood	Simple Tenses		Compound Tenses	
	Singular	*Plural*	*Singular*	*Plural*
	Present		**Present Perfect**	
	multiplico	multiplicamos	he multiplicado	hemos multiplicado
	multiplicas	multiplicáis	has multiplicado	habéis multiplicado
	multiplica	multiplican	ha multiplicado	han multiplicado
	Preterit		**Preterit Perfect**	
	multipliqué	multiplicamos	hube multiplicado	hubimos multiplicado
	multiplicaste	multiplicasteis	hubiste multiplicado	hubisteis multiplicado
	multiplicó	multiplicaron	hubo multiplicado	hubieron multiplicado
Indicative	**Imperfect**		**Pluperfect**	
	multiplicaba	multiplicábamos	había multiplicado	habíamos multiplicado
	multiplicabas	multiplicabais	habías multiplicado	habíais multiplicado
	multiplicaba	multiplicaban	había multiplicado	habían multiplicado
	Future		**Future Perfect**	
	multiplicaré	multiplicaremos	habré multiplicado	habremos multiplicado
	multiplicarás	multiplicaréis	habrás multiplicado	habréis multiplicado
	multiplicará	multiplicarán	habrá multiplicado	habrán multiplicado
	Conditional		**Conditional Perfect**	
	multiplicaría	multiplicaríamos	habría multiplicado	habríamos multiplicado
	multiplicarías	multiplicaríais	habrías multiplicado	habríais multiplicado
	multiplicaría	multiplicarían	habría multiplicado	habrían multiplicado
Subjunctive	**Present**		**Present Perfect**	
	multiplique	multipliquemos	haya multiplicado	hayamos multiplicado
	multipliques	multipliquéis	hayas multiplicado	hayáis multiplicado
	multiplique	multipliquen	haya multiplicado	hayan multiplicado
	Imperfect		**Pluperfect**	
	multiplicara, -se	multiplicáramos, -semos	hubiera, -se multiplicado	hubiéramos, -semos multiplicado
	multiplicaras, -ses		hubieras, -ses multiplicado	
	multiplicara, -se	multiplicarais, -seis	hubiera, -se multiplicado	hubierais, -seis multiplicado
		multiplicaran, -sen		hubieran, -sen multiplicado

IMPERATIVE

multiplica (tú); no multipliques
(no) multiplique (Ud.)

(no) multipliquemos (nosotros)
multiplicad (vosotros); no multipliquéis
(no) multipliquen (Uds.)

EXAMPLES

El mal tiempo multiplicó los accidentes de tráfico.

The bad weather multiplied the traffic accidents.

Si hubiera multiplicado las distancias en lugar de las densidades, habría obtenido las respuestas correctas.

If I had multiplied the distances instead of the densities, I would have gotten the right answers.

Las ventas se multiplicaron en el verano.

Sales multiplied during the summer.

nacer

to be born

Gerundio: naciendo   **Participio pasado:** nacido

Mood	Simple Tenses		Compound Tenses	
	Singular	*Plural*	*Singular*	*Plural*
Indicative	**Present**		**Present Perfect**	
	nazco	nacemos	he nacido	hemos nacido
	naces	nacéis	has nacido	habéis nacido
	nace	nacen	ha nacido	han nacido
	Preterit		**Preterit Perfect**	
	nací	nacimos	hube nacido	hubimos nacido
	naciste	nacisteis	hubiste nacido	hubisteis nacido
	nació	nacieron	hubo nacido	hubieron nacido
	Imperfect		**Pluperfect**	
	nacía	nacíamos	había nacido	habíamos nacido
	nacías	nacíais	habías nacido	habíais nacido
	nacía	nacían	había nacido	habían nacido
	Future		**Future Perfect**	
	naceré	naceremos	habré nacido	habremos nacido
	nacerás	naceréis	habrás nacido	habréis nacido
	nacerá	nacerán	habrá nacido	habrán nacido
	Conditional		**Conditional Perfect**	
	nacería	naceríamos	habría nacido	habríamos nacido
	nacerías	naceríais	habrías nacido	habríais nacido
	nacería	nacerían	habría nacido	habrían nacido
Subjunctive	**Present**		**Present Perfect**	
	nazca	nazcamos	haya nacido	hayamos nacido
	nazcas	nazcáis	hayas nacido	hayáis nacido
	nazca	nazcan	haya nacido	hayan nacido
	Imperfect		**Pluperfect**	
	naciera, -se	naciéramos, -semos	hubiera, -se nacido	hubiéramos,-semos nacido
	nacieras, -ses	nacierais, -seis	hubieras, -ses nacido	
	naciera, -se	nacieran, -sen	hubiera, -se nacido	hubierais, -seis nacido
				hubieran, -sen nacido

IMPERATIVE

nace (tú); no nazcas
(no) nazca (Ud.)

(no) nazcamos (nosotros)
naced (vosotros); no nazcáis
(no) nazcan (Uds.)

EXAMPLES

Mario nació en Bogotá.
¡Los pollitos han nacido!
Su sonrisa nace de su felicidad.
Nacieron muchas plantitas en el jardín.

Mario was born in Bogota.
The chicks have been born!
Her smile is born from her happiness.
Many plants were germinated in the garden.

IDIOMATIC EXAMPLE

Él nació con estrella.

He was born lucky.

nadar

to swim

Gerundio: nadando **Participio pasado:** nadado

Mood	Simple Tenses		Compound Tenses	
	Singular	*Plural*	*Singular*	*Plural*
Indicative	**Present**		**Present Perfect**	
	nado	nadamos	he nadado	hemos nadado
	nadas	nadáis	has nadado	habéis nadado
	nada	nadan	ha nadado	han nadado
	Preterit		**Preterit Perfect**	
	nadé	nadamos	hube nadado	hubimos nadado
	nadaste	nadasteis	hubiste nadado	hubisteis nadado
	nadó	nadaron	hubo nadado	hubieron nadado
	Imperfect		**Pluperfect**	
	nadaba	nadábamos	había nadado	habíamos nadado
	nadabas	nadabais	habías nadado	habíais nadado
	nadaba	nadaban	había nadado	habían nadado
	Future		**Future Perfect**	
	nadaré	nadaremos	habré nadado	habremos nadado
	nadarás	nadaréis	habrás nadado	habréis nadado
	nadará	nadarán	habrá nadado	habrán nadado
	Conditional		**Conditional Perfect**	
	nadaría	nadaríamos	habría nadado	habríamos nadado
	nadarías	nadaríais	habrías nadado	habríais nadado
	nadaría	nadarían	habría nadado	habrían nadado
Subjunctive	**Present**		**Present Perfect**	
	nade	nademos	haya nadado	hayamos nadado
	nades	nadéis	hayas nadado	hayáis nadado
	nade	naden	haya nadado	hayan nadado
	Imperfect		**Pluperfect**	
	nadara, -se	nadáramos, -semos	hubiera, -se nadado	hubiéramos,-semos nadado
	nadaras, -ses	nadarais, -seis	hubieras, -ses nadado	hubierais, -seis nadado
	nadara, -se	nadaran, -sen	hubiera, -se nadado	hubieran, -sen nadado

IMPERATIVE

nada (tú); no nades

(no) nade (Ud.)

(no) nademos (nosotros)

nadad (vosotros); no nadéis

(no) naden (Uds.)

EXAMPLES

Los niños nadaron todo el día.

The children swam all day.

Ellos nadaban, corrían y comían.

They were swimming, running, and eating.

Si nadara bien, rompería olas en Hawai.

If I knew how to swim well, I would surf the waves in Hawaii.

¿Nadarás mañana?

Are you swimming tomorrow?

IDIOMATIC EXAMPLE

Ellos nadan en la abundancia.

They are rolling in money.

narrar

to narrate, to tell

Gerundio: narrando **Participio pasado:** narrado

Mood	Simple Tenses		Compound Tenses	
	Singular	*Plural*	*Singular*	*Plural*
Indicative	**Present**		**Present Perfect**	
	narro	narramos	he narrado	hemos narrado
	narras	narráis	has narrado	habéis narrado
	narra	narran	ha narrado	han narrado
	Preterit		**Preterit Perfect**	
	narré	narramos	hube narrado	hubimos narrado
	narraste	narrasteis	hubiste narrado	hubisteis narrado
	narró	narraron	hubo narrado	hubieron narrado
	Imperfect		**Pluperfect**	
	narraba	narrábamos	había narrado	habíamos narrado
	narrabas	narrabais	habías narrado	habíais narrado
	narraba	narraban	había narrado	habían narrado
	Future		**Future Perfect**	
	narraré	narraremos	habré narrado	habremos narrado
	narrarás	narraréis	habrás narrado	habréis narrado
	narrará	narrarán	habrá narrado	habrán narrado
	Conditional		**Conditional Perfect**	
	narraría	narraríamos	habría narrado	habríamos narrado
	narrarías	narraríais	habrías narrado	habríais narrado
	narraría	narrarían	habría narrado	habrían narrado
Subjunctive	**Present**		**Present Perfect**	
	narre	narremos	haya narrado	hayamos narrado
	narres	narréis	hayas narrado	hayáis narrado
	narre	narren	haya narrado	hayan narrado
	Imperfect		**Pluperfect**	
	narrara, -se	narráramos, -semos	hubiera, -se narrado	hubiéramos,-semos narrado
	narraras, -ses	narrarais, -seis	hubieras, -ses narrado	hubierais, -seis narrado
	narrara, -se	narraran, -sen	hubiera, -se narrado	hubieran, -sen narrado

IMPERATIVE

	(no) narremos (nosotros)
narra (tú); no narres	narrad (vosotros); no narréis
(no) narre (Ud.)	(no) narren (Uds.)

EXAMPLES

El locutor narra las noticias con gran detalle.

The anchorman narrates the news in great detail.

Están narrando la vida de Gandhi en la radio.

Gandhi's life is being narrated on the radio.

El autor narraba el drama con pasión.

The author was narrating the drama with passion.

Si él lo narrara con más pasión, yo lloraría de tristeza.

If he narrated it with more passion, I would cry from sadness.

navegar
to navigate, to sail
Gerundio: navegando   **Participio pasado:** navegado

Mood	Simple Tenses		Compound Tenses	
	Singular	*Plural*	*Singular*	*Plural*
Indicative	**Present**		**Present Perfect**	
	navego	navegamos	he navegado	hemos navegado
	navegas	navegáis	has navegado	habéis navegado
	navega	navegan	ha navegado	han navegado
	Preterit		**Preterit Perfect**	
	navegué	navegamos	hube navegado	hubimos navegado
	navegaste	navegasteis	hubiste navegado	hubisteis navegado
	navegó	navegaron	hubo navegado	hubieron navegado
	Imperfect		**Pluperfect**	
	navegaba	navegábamos	había navegado	habíamos navegado
	navegabas	navegabais	habías navegado	habíais navegado
	navegaba	navegaban	había navegado	habían navegado
	Future		**Future Perfect**	
	navegaré	navegaremos	habré navegado	habremos navegado
	navegarás	navegaréis	habrás navegado	habréis navegado
	navegará	navegarán	habrá navegado	habrán navegado
	Conditional		**Conditional Perfect**	
	navegaría	navegaríamos	habría navegado	habríamos navegado
	navegarías	navegaríais	habrías navegado	habríais navegado
	navegaría	navegarían	habría navegado	habrían navegado
Subjunctive	**Present**		**Present Perfect**	
	navegue	naveguemos	haya navegado	hayamos navegado
	navegues	naveguéis	hayas navegado	hayáis navegado
	navegue	naveguen	haya navegado	hayan navegado
	Imperfect		**Pluperfect**	
	navegara, -se	navegáramos, -semos	hubiera, -se navegado	hubiéramos,-semos navegado
	navegaras, -ses	navegarais, -seis	hubieras, -ses navegado	hubierais, -seis navegado
	navegara, -se	navegaran, -sen	hubiera, -se navegado	hubieran, -sen navegado

IMPERATIVE

	(no) naveguemos (nosotros)
navega (tú); no navegues	navegad (vosotros); no naveguéis
(no) navegue (Ud.)	(no) naveguen (Uds.)

EXAMPLES

Nelson se fue navegando en alta mar.
Nelson went sailing on high seas.

El buque navegaba plácidamente.
The ship was navigating placidly.

Aunque haya navegado muchas veces, él siempre tiene cuidado.
Though he had navigated it many times, he is still very careful.

Jazmín y Lucía desean navegar por el Mar Rojo.
Jasmine and Lucy wish to navigate through the Red Sea.

necesitar

to need

Gerundio: necesitando   **Participio pasado:** necesitado

Mood	Simple Tenses		Compound Tenses	
	Singular	*Plural*	*Singular*	*Plural*
Indicative	**Present**		**Present Perfect**	
	necesito	necesitamos	he necesitado	hemos necesitado
	necesitas	necesitáis	has necesitado	habéis necesitado
	necesita	necesitan	ha necesitado	han necesitado
	Preterit		**Preterit Perfect**	
	necesité	necesitamos	hube necesitado	hubimos necesitado
	necesitaste	necesitasteis	hubiste necesitado	hubisteis necesitado
	necesitó	necesitaron	hubo necesitado	hubieron necesitado
	Imperfect		**Pluperfect**	
	necesitaba	necesitábamos	había necesitado	habíamos necesitado
	necesitabas	necesitabais	habías necesitado	habíais necesitado
	necesitaba	necesitaban	había necesitado	habían necesitado
	Future		**Future Perfect**	
	necesitaré	necesitaremos	habré necesitado	habremos necesitado
	necesitarás	necesitaréis	habrás necesitado	habréis necesitado
	necesitará	necesitarán	habrá necesitado	habrán necesitado
	Conditional		**Conditional Perfect**	
	necesitaría	necesitaríamos	habría necesitado	habríamos necesitado
	necesitarías	necesitaríais	habrías necesitado	habríais necesitado
	necesitaría	necesitarían	habría necesitado	habrían necesitado
Subjunctive	**Present**		**Present Perfect**	
	necesite	necesitemos	haya necesitado	hayamos necesitado
	necesites	necesitéis	hayas necesitado	hayáis necesitado
	necesite	necesiten	haya necesitado	hayan necesitado
	Imperfect		**Pluperfect**	
	necesitara, -se	necesitáramos, -semos	hubiera, -se necesitado	hubiéramos,-semos necesitado
	necesitaras, -ses	necesitarais, -seis	hubieras, -ses necesitado	hubierais, -seis necesitado
	necesitara, -se	necesitaran, -sen	hubiera, -se necesitado	hubieran, -sen necesitado

IMPERATIVE

	(no) necesitemos (nosotros)
necesita (tú); no necesites	necesitad (vosotros); no necesitéis
(no) necesite (Ud.)	(no) necesiten (Uds.)

EXAMPLES

Nancy está necesitando los sobres.	Nancy is needing the envelopes.
Ella los necesitaba para enviar las invitaciones.	She was needing them to send the invitations.
Si necesitan algo, por favor díganmelo.	If you need anything, please let me know.
Ojalá que no necesiten los pasaportes.	I hope they don't need the passports.

negar
to deny

Gerundio: negando **Participio pasado:** negado

Mood	Simple Tenses		Compound Tenses	
	Singular	*Plural*	*Singular*	*Plural*
Indicative	**Present**		**Present Perfect**	
	niego	negamos	he negado	hemos negado
	niegas	negáis	has negado	habéis negado
	niega	niegan	ha negado	han negado
	Preterit		**Preterit Perfect**	
	negué	negamos	hube negado	hubimos negado
	negaste	negasteis	hubiste negado	hubisteis negado
	negó	negaron	hubo negado	hubieron negado
	Imperfect		**Pluperfect**	
	negaba	negábamos	había negado	habíamos negado
	negabas	negabais	habías negado	habíais negado
	negaba	negaban	había negado	habían negado
	Future		**Future Perfect**	
	negaré	negaremos	habré negado	habremos negado
	negarás	negaréis	habrás negado	habréis negado
	negará	negarán	habrá negado	habrán negado
	Conditional		**Conditional Perfect**	
	negaría	negaríamos	habría negado	habríamos negado
	negarías	negaríais	habrías negado	habríais negado
	negaría	negarían	habría negado	habrían negado
Subjunctive	**Present**		**Present Perfect**	
	niegue	neguemos	haya negado	hayamos negado
	niegues	neguéis	hayas negado	hayáis negado
	niegue	nieguen	haya negado	hayan negado
	Imperfect		**Pluperfect**	
	negara, -se	negáramos, -semos	hubiera, -se negado	hubiéramos,-semos negado
	negaras, -ses	negarais, -seis	hubieras, -ses negado	hubierais, -seis negado
	negara, -se	negaran, -sen	hubiera, -se negado	hubieran, -sen negado

IMPERATIVE

	(no) neguemos (nosotros)
niega (tú); no niegues	negad (vosotros); no neguéis
(no) niegue (Ud.)	(no) nieguen (Uds.)

Note: As a reflexive verb, *negarse* (to refuse to do something, to deny oneself) uses the reflexive pronouns *me, te, se, nos, os, se.* Examples 4 and 5 show the reflexive use.

EXAMPLES

El reo negó las acusaciones.	The criminal denied the accusations.
Sé que ella niega sus errores.	I know that she denies her wrongdoings.
No negaría sus errores si fuera más honesta.	She wouldn't deny her mistakes if she were more honest.
El niño <u>se</u> negaba a comer.	The child refused to eat.
<u>Me</u> niego a escuchar esa música.	I refuse to listen to that music.

negociar
to negotiate

Gerundio: negociando   **Participio pasado:** negociado

Mood	Simple Tenses		Compound Tenses	
	Singular	*Plural*	*Singular*	*Plural*
Indicative	**Present**		**Present Perfect**	
	negocio	negociamos	he negociado	hemos negociado
	negocias	negociáis	has negociado	habéis negociado
	negocia	negocian	ha negociado	han negociado
	Preterit		**Preterit Perfect**	
	negocié	negociamos	hube negociado	hubimos negociado
	negociaste	negociasteis	hubiste negociado	hubisteis negociado
	negoció	negociaron	hubo negociado	hubieron negociado
	Imperfect		**Pluperfect**	
	negociaba	negociábamos	había negociado	habíamos negociado
	negociabas	negociabais	habías negociado	habíais negociado
	negociaba	negociaban	había negociado	habían negociado
	Future		**Future Perfect**	
	negociaré	negociaremos	habré negociado	habremos negociado
	negociarás	negociaréis	habrás negociado	habréis negociado
	negociará	negociarán	habrá negociado	habrán negociado
	Conditional		**Conditional Perfect**	
	negociaría	negociaríamos	habría negociado	habríamos negociado
	negociarías	negociaríais	habrías negociado	habríais negociado
	negociaría	negociarían	habría negociado	habrían negociado
Subjunctive	**Present**		**Present Perfect**	
	negocie	negociemos	haya negociado	hayamos negociado
	negocies	negociéis	hayas negociado	hayáis negociado
	negocie	negocien	haya negociado	hayan negociado
	Imperfect		**Pluperfect**	
	negociara, -se	negociáramos, -semos	hubiera, -se negociado	hubiéramos,-semos negociado
	negociaras, -ses	negociarais, -seis	hubieras, -ses negociado	hubierais, -seis negociado
	negociara, -se	negociaran, -sen	hubiera, -se negociado	hubieran, -sen negociado

IMPERATIVE

	(no) negociemos (nosotros)
negocia (tú); no negocies	negociad (vosotros); no negociéis
(no) negocie (Ud.)	(no) negocien (Uds.)

EXAMPLES

Él negoció la venta de las casas.	He negotiated the sale of the houses.
Los delegados han negociado finalmente el tratado de paz.	The delegates have finally negotiated the peace treaty.
Ella negociaba los contratos con el sindicato.	She used to negotiate the contracts with the union.
Esperamos que negociéis bien la venta de las computadoras.	We hope you negotiate well the sale of the computers.

nevar

to snow

Gerundio: nevando   **Participio pasado:** nevado

Mood	Simple Tenses		Compound Tenses	
	Singular	*Plural*	*Singular*	*Plural*
Indicative	**Present**		**Present Perfect**	
	nieva		ha nevado	
	Preterit		**Preterit Perfect**	
	nevó		hubo nevado	
	Imperfect		**Pluperfect**	
	nevaba		había nevado	
	Future		**Future Perfect**	
	nevará		habrá nevado	
	Conditional		**Conditional Perfect**	
	nevaría		habría nevado	
Subjunctive	**Present**		**Present Perfect**	
	nieve		haya nevado	
	Imperfect		**Pluperfect**	
	nevara, -se		hubiera, -se nevado	

IMPERATIVE

¡Que nieve!   ¡Que no nieve!

Note: This verb is only conjugated in the third-person singular in all tenses.

EXAMPLES

Está nevando desde las siete.   It has been snowing since seven o'clock.

Anoche también nevó.   It snowed last night too.

Aunque haya nevado todo el día, vamos a ir al teatro.   Even if it has snowed all day long, we will still go to the theater.

Ya había nevado cuando ellos llegaron.   It had snowed when they arrived.

notificar

to notify

Gerundio: notificando   **Participio pasado:** notificado

Mood	Simple Tenses		Compound Tenses	
	Singular	*Plural*	*Singular*	*Plural*
Indicative	**Present**		**Present Perfect**	
	notifico	notificamos	he notificado	hemos notificado
	notificas	notificáis	has notificado	habéis notificado
	notifica	notifican	ha notificado	han notificado
	Preterit		**Preterit Perfect**	
	notifiqué	notificamos	hube notificado	hubimos notificado
	notificaste	notificasteis	hubiste notificado	hubisteis notificado
	notificó	notificaron	hubo notificado	hubieron notificado
	Imperfect		**Pluperfect**	
	notificaba	notificábamos	había notificado	habíamos notificado
	notificabas	notificabais	habías notificado	habíais notificado
	notificaba	notificaban	había notificado	habían notificado
	Future		**Future Perfect**	
	notificaré	notificaremos	habré notificado	habremos notificado
	notificarás	notificaréis	habrás notificado	habréis notificado
	notificará	notificarán	habrá notificado	habrán notificado
	Conditional		**Conditional Perfect**	
	notificaría	notificaríamos	habría notificado	habríamos notificado
	notificarías	notificaríais	habrías notificado	habríais notificado
	notificaría	notificarían	habría notificado	habrían notificado
Subjunctive	**Present**		**Present Perfect**	
	notifique	notifiquemos	haya notificado	hayamos notificado
	notifiques	notifiquéis	hayas notificado	hayáis notificado
	notifique	notifiquen	haya notificado	hayan notificado
	Imperfect		**Pluperfect**	
	notificara, -se	notificáramos, -semos	hubiera, -se notificado	hubiéramos,-semos notificado
	notificaras, -ses	notificarais, -seis	hubieras, -ses notificado	hubierais, -seis notificado
	notificara, -se	notificaran, -sen	hubiera, -se notificado	hubieran, -sen notificado

IMPERATIVE

	(no) notifiquemos (nosotros)
notifica (tú); no notifiques	notificad (vosotros); no notifiquéis
(no) notifique (Ud.)	(no) notifiquen (Uds.)

EXAMPLES

Le notificaron que sale el lunes.	They notified him that he is to leave on Monday.
El presidente estaba notificando las ganancias del primer trimestre.	The president was notifying the earnings of the first quarter.
¿Has notificado a Tomás tu viaje?	Have you notified Thomas of your trip?
Le notificaré cuando lo vea.	I will notify him when I see him.

obedecer

to obey

Gerundio: obedeciendo   **Participio pasado:** obedecido

Mood	Simple Tenses		Compound Tenses	
	Singular	*Plural*	*Singular*	*Plural*
Indicative	**Present**		**Present Perfect**	
	obedezco	obedecemos	he obedecido	hemos obedecido
	obedeces	obedecéis	has obedecido	habéis obedecido
	obedece	obedecen	ha obedecido	han obedecido
	Preterit		**Preterit Perfect**	
	obedecí	obedecimos	hube obedecido	hubimos obedecido
	obedeciste	obedecisteis	hubiste obedecido	hubisteis obedecido
	obedeció	obedecieron	hubo obedecido	hubieron obedecido
	Imperfect		**Pluperfect**	
	obedecía	obedecíamos	había obedecido	habíamos obedecido
	obedecías	obedecíais	habías obedecido	habíais obedecido
	obedecía	obedecían	había obedecido	habían obedecido
	Future		**Future Perfect**	
	obedeceré	obedeceremos	habré obedecido	habremos obedecido
	obedecerás	obedeceréis	habrás obedecido	habréis obedecido
	obedecerá	obedecerán	habrá obedecido	habrán obedecido
	Conditional		**Conditional Perfect**	
	obedecería	obedeceríamos	habría obedecido	habríamos obedecido
	obedecerías	obedeceríais	habrías obedecido	habríais obedecido
	obedecería	obedecerían	habría obedecido	habrían obedecido
Subjunctive	**Present**		**Present Perfect**	
	obedezca	obedezcamos	haya obedecido	hayamos obedecido
	obedezcas	obedezcáis	hayas obedecido	hayáis obedecido
	obedezca	obedezcan	haya obedecido	hayan obedecido
	Imperfect		**Pluperfect**	
	obedeciera, -se	obedeciéramos, -semos	hubiera, -se obedecido	hubiéramos, -semos obedecido
	obedecieras, -ses		hubieras, -ses obedecido	
	obedeciera, -se	obedecierais, -seis obedecieran, -sen	hubiera, -se obedecido	hubierais, -seis obedecido hubieran, -sen obedecido

IMPERATIVE

	(no) obedezcamos (nosotros)
obedece (tú); no obedezcas	obedeced (vosotros); no obedezcáis
(no) obedezca (Ud.)	(no) obedezcan (Uds.)

EXAMPLES

Los gimnastas obedecen a su entrenador.	The gymnasts obey their trainer.
Ella siempre ha obedecido a sus padres.	She has always obeyed her parents.
Mi perro Chance nunca obedecía mis órdenes.	My dog Chance never obeyed my commands.
Nunca obedezcas órdenes en contra de tus principios morales.	Never obey orders against your moral principles.

obligar

to oblige, to force, to make, to compel
Gerundio: obligando   **Participio pasado:** obligado

Mood	Simple Tenses		Compound Tenses	
	Singular	*Plural*	*Singular*	*Plural*
Indicative	**Present**		**Present Perfect**	
	obligo	obligamos	he obligado	hemos obligado
	obligas	obligáis	has obligado	habéis obligado
	obliga	obligan	ha obligado	han obligado
	Preterit		**Preterit Perfect**	
	obligué	obligamos	hube obligado	hubimos obligado
	obligaste	obligasteis	hubiste obligado	hubisteis obligado
	obligó	obligaron	hubo obligado	hubieron obligado
	Imperfect		**Pluperfect**	
	obligaba	obligábamos	había obligado	habíamos obligado
	obligabas	obligabais	habías obligado	habíais obligado
	obligaba	obligaban	había obligado	habían obligado
	Future		**Future Perfect**	
	obligaré	obligaremos	habré obligado	habremos obligado
	obligarás	obligaréis	habrás obligado	habréis obligado
	obligará	obligarán	habrá obligado	habrán obligado
	Conditional		**Conditional Perfect**	
	obligaría	obligaríamos	habría obligado	habríamos obligado
	obligarías	obligaríais	habrías obligado	habríais obligado
	obligaría	obligarían	habría obligado	habrían obligado
Subjunctive	**Present**		**Present Perfect**	
	obligue	obliguemos	haya obligado	hayamos obligado
	obligues	obliguéis	hayas obligado	hayáis obligado
	obligue	obliguen	haya obligado	hayan obligado
	Imperfect		**Pluperfect**	
	obligara, -se	obligáramos, -semos	hubiera, -se obligado	hubiéramos, -semos obligado
	obligaras, -ses	obligarais, -seis	hubieras, -ses obligado	hubierais, -seis obligado
	obligara, -se	obligaran, -sen	hubiera, -se obligado	hubieran, -sen obligado

IMPERATIVE

obliga (tú); no obligues
(no) obligue (Ud.)

(no) obliguemos (nosotros)
obligad (vosotros); no obliguéis
(no) obliguen (Uds.)

EXAMPLES

El contrato le obliga a vender su casa.
The contract forces him to sell the house.

Todos los días Elisa obligaba a Carlos a ir al colegio.
Elisa used to force Carlos to go to school everyday.

Las normas del instituto han obligado a usar el uniforme desde 1980.
The rules of the academy have required the use of the uniform since 1980.

Aunque lo hubieran obligado, no lo habría hecho.
Even if they had forced him, he wouldn't have done it.

obsequiar

to give, to flatter with, to compliment

Gerundio: obsequiando   **Participio pasado:** obsequiado

Mood	Simple Tenses		Compound Tenses	
	Singular	*Plural*	*Singular*	*Plural*
Indicative	**Present**		**Present Perfect**	
	obsequio	obsequiamos	he obsequiado	hemos obsequiado
	obsequias	obsequiáis	has obsequiado	habéis obsequiado
	obsequia	obsequian	ha obsequiado	han obsequiado
	Preterit		**Preterit Perfect**	
	obsequié	obsequiamos	hube obsequiado	hubimos obsequiado
	obsequiaste	obsequiasteis	hubiste obsequiado	hubisteis obsequiado
	obsequió	obsequiaron	hubo obsequiado	hubieron obsequiado
	Imperfect		**Pluperfect**	
	obsequiaba	obsequiábamos	había obsequiado	habíamos obsequiado
	obsequiabas	obsequiabais	habías obsequiado	habíais obsequiado
	obsequiaba	obsequiaban	había obsequiado	habían obsequiado
	Future		**Future Perfect**	
	obsequiaré	obsequiaremos	habré obsequiado	habremos obsequiado
	obsequiarás	obsequiaréis	habrás obsequiado	habréis obsequiado
	obsequiará	obsequiarán	habrá obsequiado	habrán obsequiado
	Conditional		**Conditional Perfect**	
	obsequiaría	obsequiaríamos	habría obsequiado	habríamos obsequiado
	obsequiarías	obsequiaríais	habrías obsequiado	habríais obsequiado
	obsequiaría	obsequiarían	habría obsequiado	habrían obsequiado
Subjunctive	**Present**		**Present Perfect**	
	obsequie	obsequiemos	haya obsequiado	hayamos obsequiado
	obsequies	obsequiéis	hayas obsequiado	hayáis obsequiado
	obsequie	obsequien	haya obsequiado	hayan obsequiado
	Imperfect		**Pluperfect**	
	obsequiara, -se	obsequiáramos, -semos	hubiera, -se obsequiado	hubiéramos, -semos obsequiado
	obsequiaras, -ses		hubieras, -ses obsequiado	
	obsequiara, -se	obsequiarais, -seis	hubiera, -se obsequiado	hubierais, -seis obsequiado
		obsequiaran, -sen		hubieran, -sen obsequiado

IMPERATIVE

obsequia (tú); no obsequies

(no) obsequie (Ud.)

(no) obsequiemos (nosotros)

obsequiad (vosotros); no obsequiéis

(no) obsequien (Uds.)

EXAMPLES

Pedro le obsequió a Carolina un libro muy interesante.

Peter gave Caroline a very interesting book.

Los anfitriones han obsequiado al Primer Ministro con un banquete.

The hosts have flattered the Prime Minister with a banquet.

Sus hijos le obsequiaron flores para su cumpleaños.

Her children gave her flowers for her birthday.

Le obsequiaría el auto, pero es muy caro.

I would give her the car, but it is very expensive.

observar

to observe, to notice, to watch attentively

Gerundio: observando   **Participio pasado:** observado

Mood	Simple Tenses		Compound Tenses	
	Singular	*Plural*	*Singular*	*Plural*
Indicative	**Present**		**Present Perfect**	
	observo	observamos	he observado	hemos observado
	observas	observáis	has observado	habéis observado
	observa	observan	ha observado	han observado
	Preterit		**Preterit Perfect**	
	observé	observamos	hube observado	hubimos observado
	observaste	observasteis	hubiste observado	hubisteis observado
	observó	observaron	hubo observado	hubieron observado
	Imperfect		**Pluperfect**	
	observaba	observábamos	había observado	habíamos observado
	observabas	observabais	habías observado	habíais observado
	observaba	observaban	había observado	habían observado
	Future		**Future Perfect**	
	observaré	observaremos	habré observado	habremos observado
	observarás	observaréis	habrás observado	habréis observado
	observará	observarán	habrá observado	habrán observado
	Conditional		**Conditional Perfect**	
	observaría	observaríamos	habría observado	habríamos observado
	observarías	observaríais	habrías observado	habríais observado
	observaría	observarían	habría observado	habrían observado
Subjunctive	**Present**		**Present Perfect**	
	observe	observemos	haya observado	hayamos observado
	observes	observéis	hayas observado	hayáis observado
	observe	observen	haya observado	hayan observado
	Imperfect		**Pluperfect**	
	observara, -se	observáramos, -semos	hubiera, -se observado	hubiéramos, -semos observado
	observaras, -ses	observarais, -seis	hubieras, -ses observado	hubierais, -seis observado
	observara, -se	observaran, -sen	hubiera, -se observado	hubieran, -sen observado

IMPERATIVE

	(no) observemos (nosotros)
observa (tú); no observes	observad (vosotros); no observéis
(no) observe (Ud.)	(no) observen (Uds.)

EXAMPLES

La guía observó que faltaba una persona en el grupo.
The guide observed that there was a person missing from the group.

Los científicos han observado las manchas solares por muchos años.
The scientists have observed the sunspots for many years.

No puedo opinar hasta que haya observado el evento.
I cannot give my opinion until I have seen the event.

Observen la conducta de los animales cuidadosamente.
Attentively watch the behavior of the animals.

obtener

to obtain, to get

Gerundio: obteniendo   **Participio pasado:** obtenido

Mood	Simple Tenses		Compound Tenses	
	Singular	*Plural*	*Singular*	*Plural*
Indicative	**Present**		**Present Perfect**	
	obtengo	obtenemos	he obtenido	hemos obtenido
	obtienes	obtenéis	has obtenido	habéis obtenido
	obtiene	obtienen	ha obtenido	han obtenido
	Preterit		**Preterit Perfect**	
	obtuve	obtuvimos	hube obtenido	hubimos obtenido
	obtuviste	obtuvisteis	hubiste obtenido	hubisteis obtenido
	obtuvo	obtuvieron	hubo obtenido	hubieron obtenido
	Imperfect		**Pluperfect**	
	obtenía	obteníamos	había obtenido	habíamos obtenido
	obtenías	obteníais	habías obtenido	habíais obtenido
	obtenía	obtenían	había obtenido	habían obtenido
	Future		**Future Perfect**	
	obtendré	obtendremos	habré obtenido	habremos obtenido
	obtendrás	obtendréis	habrás obtenido	habréis obtenido
	obtendrá	obtendrán	habrá obtenido	habrán obtenido
	Conditional		**Conditional Perfect**	
	obtendría	obtendríamos	habría obtenido	habríamos obtenido
	obtendrías	obtendríais	habrías obtenido	habríais obtenido
	obtendría	obtendrían	habría obtenido	habrían obtenido
Subjunctive	**Present**		**Present Perfect**	
	obtenga	obtengamos	haya obtenido	hayamos obtenido
	obtengas	obtengáis	hayas obtenido	hayáis obtenido
	obtenga	obtengan	haya obtenido	hayan obtenido
	Imperfect		**Pluperfect**	
	obtuviera, -se	obtuviéramos, -semos	hubiera, -se obtenido	hubiéramos, -semos obtenido
	obtuvieras, -ses	obtuvierais, -seis	hubieras, -ses obtenido	hubierais, -seis obtenido
	obtuviera, -se	obtuvieran, -sen	hubiera, -se obtenido	hubieran, -sen obtenido

IMPERATIVE

(no) obtengamos (nosotros)

obtén (tú); no obtengas   obtened (vosotros); no obtengáis

(no) obtenga (Ud.)   (no) obtengan (Uds.)

EXAMPLES

Si obtengo la licencia hoy, podré conducir mi auto.

If I get my drivers license today, I will be able to drive my car.

Los buenos estudiantes han obtenido las mejores calificaciones.

The good students have gotten the best grades.

¿Si obtuvieras el préstamo, comprarías la franquicia?

If you were to get the loan, would you buy the franchise?

Podremos viajar sólo cuando hayamos obtenido los pasaportes.

We can travel only after we have obtained the passports.

ocultar

to hide, to conceal

Gerundio: ocultando   **Participio pasado:** ocultado

Mood	Simple Tenses		Compound Tenses	
	Singular	*Plural*	*Singular*	*Plural*
Indicative	**Present**		**Present Perfect**	
	oculto	ocultamos	he ocultado	hemos ocultado
	ocultas	ocultáis	has ocultado	habéis ocultado
	oculta	ocultan	ha ocultado	han ocultado
	Preterit		**Preterit Perfect**	
	oculté	ocultamos	hube ocultado	hubimos ocultado
	ocultaste	ocultasteis	hubiste ocultado	hubisteis ocultado
	ocultó	ocultaron	hubo ocultado	hubieron ocultado
	Imperfect		**Pluperfect**	
	ocultaba	ocultábamos	había ocultado	habíamos ocultado
	ocultabas	ocultabais	habías ocultado	habíais ocultado
	ocultaba	ocultaban	había ocultado	habían ocultado
	Future		**Future Perfect**	
	ocultaré	ocultaremos	habré ocultado	habremos ocultado
	ocultarás	ocultaréis	habrás ocultado	habréis ocultado
	ocultará	ocultarán	habrá ocultado	habrán ocultado
	Conditional		**Conditional Perfect**	
	ocultaría	ocultaríamos	habría ocultado	habríamos ocultado
	ocultarías	ocultaríais	habrías ocultado	habríais ocultado
	ocultaría	ocultarían	habría ocultado	habrían ocultado
Subjunctive	**Present**		**Present Perfect**	
	oculte	ocultemos	haya ocultado	hayamos ocultado
	ocultes	ocultéis	hayas ocultado	hayáis ocultado
	oculte	oculten	haya ocultado	hayan ocultado
	Imperfect		**Pluperfect**	
	ocultara, -se	ocultáramos, -semos	hubiera, -se ocultado	hubiéramos, -semos ocultado
	ocultaras, -ses	ocultarais, -seis	hubieras, -ses ocultado	hubierais, -seis ocultado
	ocultara, -se	ocultaran, -sen	hubiera, -se ocultado	hubieran, -sen ocultado

IMPERATIVE

	(no) ocultemos (nosotros)
oculta (tú); no ocultes	ocultad (vosotros); no ocultéis
(no) oculte (Ud.)	(no) oculten (Uds.)

Note: As a reflexive verb, *ocultarse* (to hide oneself, to be hidden) uses the reflexive pronouns *me, te, se, nos, os, se.* Examples 4 and 5 show the reflexive use.

EXAMPLES

El ladrón ocultó las joyas en una casa vieja.	The thief hid the jewelry in an old house.
Ella ocultaba los libros para que el ogro no los viera.	She used to hide the books so the ogre wouldn't see them.
Le ocultaremos la verdad para que no sufra.	We will hide the truth from her so she doesn't suffer.
Él se había ocultado en la oscuridad de la noche.	He had hidden himself in the dark of the night.
Si nos ocultamos aquí, ella no nos encontrará.	If we hide here, she will not be able to find us.

ocuparse

to occupy, to busy or employ oneself
Gerundio: ocupándose   **Participio pasado:** ocupado

Mood	Simple Tenses		Compound Tenses	
	Singular	*Plural*	*Singular*	*Plural*
Indicative	**Present**		**Present Perfect**	
	me ocupo te ocupas se ocupa	nos ocupamos os ocupáis se ocupan	me he ocupado te has ocupado se ha ocupado	nos hemos ocupado os habéis ocupado se han ocupado
	Preterit		**Preterit Perfect**	
	me ocupé te ocupaste se ocupó	nos ocupamos os ocupasteis se ocuparon	me hube ocupado te hubiste ocupado se hubo ocupado	nos hubimos ocupado os hubisteis ocupado se hubieron ocupado
	Imperfect		**Pluperfect**	
	me ocupaba te ocupabas se ocupaba	nos ocupábamos os ocupabais se ocupaban	me había ocupado te habías ocupado se había ocupado	nos habíamos ocupado os habíais ocupado se habían ocupado
	Future		**Future Perfect**	
	me ocuparé te ocuparás se ocupará	nos ocuparemos os ocuparéis se ocuparán	me habré ocupado te habrás ocupado se habrá ocupado	nos habremos ocupado os habréis ocupado se habrán ocupado
	Conditional		**Conditional Perfect**	
	me ocuparía te ocuparías se ocuparía	nos ocuparíamos os ocuparíais se ocuparían	me habría ocupado te habrías ocupado se habría ocupado	nos habríamos ocupado os habríais ocupado se habrían ocupado
Subjunctive	**Present**		**Present Perfect**	
	me ocupe te ocupes se ocupe	nos ocupemos os ocupéis se ocupen	me haya ocupado te hayas ocupado se haya ocupado	nos hayamos ocupado os hayáis ocupado se hayan ocupado
	Imperfect		**Pluperfect**	
	me ocupara, -se te ocuparas, -ses se ocupara, -se	nos ocupáramos, -semos os ocuparais, -seis se ocuparan, -sen	me hubiera, -se ocupado te hubieras, -ses ocupado se hubiera, -se ocupado	nos hubiéramos, -semos ocupado os hubierais, -seis ocu- pado se hubieran, -sen ocupado

IMPERATIVE

ocúpate (tú); no te ocupes

ocúpese (Ud.); no se ocupe

ocupémonos (nosotros); no nos ocupemos

ocupaos (vosotros); no os ocupéis

ocúpense (Uds.); no se ocupen

Note: As a nonreflexive verb, *ocupar* (to occupy, to take possession of) is shown in Examples 4 and 5.

EXAMPLES

¡Ocúpate de tus asuntos y no de los míos!	Take care of your own business, and not mine!
Nos ocupamos de vender seguros en esta área.	We are in charge of selling insurance in this area.
La abogada estaba ocupándose de los negocios de ella.	The lawyer was taking care of her businesses.
¡Ocuparán a cien trabajadores para decorar el patio!	They will employ one hundred workers to decorate the patio!
Los soldados ocuparon el país.	The soldiers took possession of the country.

ocurrir
to occur, to happen
Gerundio: ocurriendo   **Participio pasado:** ocurrido

Mood	Simple Tenses		Compound Tenses	
	Singular	*Plural*	*Singular*	*Plural*
Indicative	**Present**		**Present Perfect**	
	me ocurre(n) te ocurre(n) le ocurre(n)	nos ocurre(n) os ocurre(n) les ocurre(n)	me ha(n) ocurrido te ha(n) ocurrido le ha(n) ocurrido	nos ha(n) ocurrido os ha(n) ocurrido les ha(n) ocurrido
	Preterit		**Preterit Perfect**	
	me ocurrió (ocurrieron) te ocurrió (ocurrieron) le ocurrió (ocurrieron)	nos ocurrió (ocurrieron) os ocurrió (ocurrieron) les ocurrió (ocurrieron))	me hubo (hubieron) ocur- rido te hubo (hubieron) ocurrido le hubo (hubieron) ocurrido	nos hubo (hubieron) ocurrido os hubo (hubieron) ocurrido les hubo (hubieron) ocurrido
	Imperfect		**Pluperfect**	
	me ocurría(n) te ocurría(n) le ocurría(n)	nos ocurría(n) os ocurría(n) les ocurría(n)	me había(n) ocurrido te había(n) ocurrido le había(n) ocurrido	nos había(n) ocurrido os había(n) ocurrido les había(n) ocurrido
	Future		**Future Perfect**	
	me ocurrirá(n) te ocurrirá(n) le ocurrirá(n)	nos ocurrirá(n) os ocurrirá(n) les ocurrirá(n)	me habrá(n) ocurrido te habrá(n) ocurrido le habrá(n) ocurrido	nos habrá(n) ocurrido os habrá(n) ocurrido les habrá(n) ocurrido
	Conditional		**Conditional Perfect**	
	me ocurriría(n) te ocurriría(n) le ocurriría(n)	nos ocurriría(n) os ocurriría(n) les ocurriría(n)	me habría(n) ocurrido te habría(n) ocurrido le habría(n) ocurrido	nos habría(n) ocurrido os habría(n) ocurrido les habría(n) ocurrido
Subjunctive	**Present**		**Present Perfect**	
	me ocurra(n) te ocurra(n) le ocurra(n)	nos ocurra(n) os ocurra(n) les ocurra(n)	me haya(n) ocurrido te haya(n) ocurrido le haya(n) ocurrido	nos haya(n) ocurrido os haya(n) ocurrido les haya(n) ocurrido
	Imperfect		**Pluperfect**	
	me ocurriera(n), -se(n) te ocurriera(n), -se(n) le ocurriera(n), -se(n)	nos ocurriera(n), -se(n) os ocurriera(n), -se(n) les ocurriera(n), -se(n)	me hubiera(n), -se(n) ocurrido te hubiera(n), -se(n) ocurrido le hubiera(n), -se(n) ocurrido	nos hubiera(n), -se(n) ocurrido os hubiera(n), -se(n) ocurrido les hubiera(n), -se(n) ocurrido

IMPERATIVE

¡Que me/ te/ le/ nos/ os/ les ocurra(n)!   ¡Que no me/ te/ le/ nos/ os/ les ocurra(n)!

Note: This verb is generally used in the third-person singular and plural. Examples 1 and 2 show this type of use. It is also used in the third-person singular and plural with the indirect object pronouns (like *gustar*) as shown above. Examples 3 and 4 show this type of use. It can also be a reflexive verb, *ocurrirse* (to come to mind, to occur), using the construction *se* + indirect object pronoun + conjugation of *ocurrir* in third-person singular or plural. Examples 5, 6, and 7 show this construction and the new meaning of the verb.

EXAMPLES

La explosión ocurrió en la planta de plásticos.
Las explosiones ocurrieron a las tres de la mañana.

¡A él le ocurrieron tantas cosas ayer!
Si le ocurre algo al auto, el seguro pagará la reparación.
Se le ocurrió irse de viaje sin avisarnos.
¡Se os ocurre cada idea!
No se te ocurre nada bueno.

The explosion happened in the plastics factory.
The explosions happened at three o'clock in the morning.
So many things happened to him yesterday!
If something happens to the car, the insurance will pay the repairs.
It came to her mind to go on a trip without notifying us.
You get such ideas!
Nothing good comes to your mind!

IDIOMATIC EXAMPLE

¡Que no se te ocurra hacer eso!   Don't even think of doing that!

ofender

to offend, to insult, to give (take) offense to
Gerundio: ofendiendo   **Participio pasado:** ofendido

Mood	Simple Tenses		Compound Tenses	
	Singular	*Plural*	*Singular*	*Plural*
Indicative	**Present**		**Present Perfect**	
	ofendo	ofendemos	he ofendido	hemos ofendido
	ofendes	ofendéis	has ofendido	habéis ofendido
	ofende	ofenden	ha ofendido	han ofendido
	Preterit		**Preterit Perfect**	
	ofendí	ofendimos	hube ofendido	hubimos ofendido
	ofendiste	ofendisteis	hubiste ofendido	hubisteis ofendido
	ofendió	ofendieron	hubo ofendido	hubieron ofendido
	Imperfect		**Pluperfect**	
	ofendía	ofendíamos	había ofendido	habíamos ofendido
	ofendías	ofendíais	habías ofendido	habíais ofendido
	ofendía	ofendían	había ofendido	habían ofendido
	Future		**Future Perfect**	
	ofenderé	ofenderemos	habré ofendido	habremos ofendido
	ofenderás	ofenderéis	habrás ofendido	habréis ofendido
	ofenderá	ofenderán	habrá ofendido	habrán ofendido
	Conditional		**Conditional Perfect**	
	ofendería	ofenderíamos	habría ofendido	habríamos ofendido
	ofenderías	ofenderíais	habrías ofendido	habríais ofendido
	ofendería	ofenderían	habría ofendido	habrían ofendido
Subjunctive	**Present**		**Present Perfect**	
	ofenda	ofendamos	haya ofendido	hayamos ofendido
	ofendas	ofendáis	hayas ofendido	hayáis ofendido
	ofenda	ofendan	haya ofendido	hayan ofendido
	Imperfect		**Pluperfect**	
	ofendiera, -se	ofendiéramos, -semos	hubiera, -se ofendido	hubiéramos, -semos ofendido
	ofendieras, -ses	ofendierais, -seis	hubieras, -ses ofendido	hubierais, -seis ofendido
	ofendiera, -se	ofendieran, -sen	hubiera, -se ofendido	hubieran, -sen ofendido

IMPERATIVE

(no) ofendamos (nosotros)

ofende (tú); no ofendas

ofended (vosotros); no ofendáis

(no) ofenda (Ud.)

(no) ofendan (Uds.)

Note: As a reflexive verb, *ofenderse* (to be offended, to take offense) uses the reflexive pronouns *me, te, se, nos, os, se.* Examples 3 and 4 show the reflexive use.

EXAMPLES

Melisa nunca ofendería a Jennifer.

Tus palabras ofenden tanto como tus actos.

¡No me ofenden tus insultos!

Se ofendía por nada.

Melissa would never offend Jennifer.

Your words offend as much as your actions.

Your insults don't offend me!

She used to take offense for no reason.

ofrecer
to offer

Gerundio: ofreciendo   **Participio pasado:** ofrecido

Mood	Simple Tenses		Compound Tenses	
	Singular	*Plural*	*Singular*	*Plural*
Indicative	**Present**		**Present Perfect**	
	ofrezco	ofrecemos	he ofrecido	hemos ofrecido
	ofreces	ofrecéis	has ofrecido	habéis ofrecido
	ofrece	ofrecen	ha ofrecido	han ofrecido
	Preterit		**Preterit Perfect**	
	ofrecí	ofrecimos	hube ofrecido	hubimos ofrecido
	ofreciste	ofrecisteis	hubiste ofrecido	hubisteis ofrecido
	ofreció	ofrecieron	hubo ofrecido	hubieron ofrecido
	Imperfect		**Pluperfect**	
	ofrecía	ofrecíamos	había ofrecido	habíamos ofrecido
	ofrecías	ofrecíais	habías ofrecido	habíais ofrecido
	ofrecía	ofrecían	había ofrecido	habían ofrecido
	Future		**Future Perfect**	
	ofreceré	ofreceremos	habré ofrecido	habremos ofrecido
	ofrecerás	ofreceréis	habrás ofrecido	habréis ofrecido
	ofrecerá	ofrecerán	habrá ofrecido	habrán ofrecido
	Conditional		**Conditional Perfect**	
	ofrecería	ofreceríamos	habría ofrecido	habríamos ofrecido
	ofrecerías	ofreceríais	habrías ofrecido	habríais ofrecido
	ofrecería	ofrecerían	habría ofrecido	habrían ofrecido
Subjunctive	**Present**		**Present Perfect**	
	ofrezca	ofrezcamos	haya ofrecido	hayamos ofrecido
	ofrezcas	ofrezcáis	hayas ofrecido	hayáis ofrecido
	ofrezca	ofrezcan	haya ofrecido	hayan ofrecido
	Imperfect		**Pluperfect**	
	ofreciera, -se	ofreciéramos, -semos	hubiera, -se ofrecido	hubiéramos, -semos ofrecido
	ofrecieras, -ses	ofrecierais, -seis	hubieras, -ses ofrecido	hubierais, -seis ofrecido
	ofreciera, -se	ofrecieran, -sen	hubiera, -se ofrecido	hubieran, -sen ofrecido

IMPERATIVE

	(no) ofrezcamos (nosotros)
ofrece (tú); no ofrezcas	ofreced (vosotros); no ofrezcáis
(no) ofrezca (Ud.)	(no) ofrezcan (Uds.)

Note: As a reflexive verb, *ofrecerse* (to offer oneself, to volunteer) uses the reflexive pronouns *me, te, se, nos, os, se.* Examples 4 and 5 show the reflexive use.

EXAMPLES

Los supermercados están ofreciendo productos mejicanos ahora.	The grocery stores are offering Mexican products now.
Angélica ofreció traer la torta.	Angelica offered to bring the cake.
El vendedor me había ofrecido un vehículo de lujo a bajo precio.	The salesman had offered me a luxury vehicle at a low price.
Nos ofrecimos para ayudar en la iglesia.	We volunteered to help at the church.
Me hubiese ofrecido a cantar, pero no tenía tiempo para practicar.	I would have offered to sing but I didn't have time to practice.

oír

to hear, to listen

Gerundio: oyendo   **Participio pasado:** oído

Mood	Simple Tenses		Compound Tenses	
	Singular	*Plural*	*Singular*	*Plural*
Indicative	**Present**		**Present Perfect**	
	oigo	oímos	he oído	hemos oído
	oyes	oís	has oído	habéis oído
	oye	oyen	ha oído	han oído
	Preterit		**Preterit Perfect**	
	oí	oímos	hube oído	hubimos oído
	oíste	oísteis	hubiste oído	hubisteis oído
	oyó	oyeron	hubo oído	hubieron oído
	Imperfect		**Pluperfect**	
	oía	oíamos	había oído	habíamos oído
	oías	oíais	habías oído	habíais oído
	oía	oían	había oído	habían oído
	Future		**Future Perfect**	
	oiré	oiremos	habré oído	habremos oído
	oirás	oiréis	habrás oído	habréis oído
	oirá	oirán	habrá oído	habrán oído
	Conditional		**Conditional Perfect**	
	oiría	oiríamos	habría oído	habríamos oído
	oirías	oiríais	habrías oído	habríais oído
	oiría	oirían	habría oído	habrían oído
Subjunctive	**Present**		**Present Perfect**	
	oiga	oigamos	haya oído	hayamos oído
	oigas	oigáis	hayas oído	hayáis oído
	oiga	oigan	haya oído	hayan oído
	Imperfect		**Pluperfect**	
	oyera, -se	oyéramos, -semos	hubiera, -se oído	hubiéramos, -semos oído
	oyeras, -ses	oyerais, -seis	hubieras, -ses oído	hubierais, -seis oído
	oyera, -se	oyeran, -sen	hubiera, -se oído	hubieran, -sen oído

IMPERATIVE

oye (tú); no oigas
(no) oiga (Ud.)

(no) oigamos (nosotros)
oíd (vosotros); no oigáis
(no) oigan (Uds.)

EXAMPLES

No oigo nada.
¿Me estás oyendo?
¿Has oído las noticias de hoy?
¡Oye, ven acá!

I hear nothing.
Are you listening to me?
Have you heard today's news?
Listen! Come here!

IDIOMATIC EXAMPLE

El que no oye consejo no llega a viejo.

Those who don't listen to counsel don't grow wiser.

oler

to smell, to scent

Gerundio: oliendo   **Participio pasado:** olido

Mood	Simple Tenses		Compound Tenses	
	Singular	*Plural*	*Singular*	*Plural*
Indicative	**Present**		**Present Perfect**	
	huelo	olemos	he olido	hemos olido
	hueles	oléis	has olido	habéis olido
	huele	huelen	ha olido	han olido
	Preterit		**Preterit Perfect**	
	olí	olimos	hube olido	hubimos olido
	oliste	olisteis	hubiste olido	hubisteis olido
	olió	olieron	hubo olido	hubieron olido
	Imperfect		**Pluperfect**	
	olía	olíamos	había olido	habíamos olido
	olías	olíais	habías olido	habíais olido
	olía	olían	había olido	habían olido
	Future		**Future Perfect**	
	oleré	oleremos	habré olido	habremos olido
	olerás	oleréis	habrás olido	habréis olido
	olerá	olerán	habrá olido	habrán olido
	Conditional		**Conditional Perfect**	
	olería	oleríamos	habría olido	habríamos olido
	olerías	oleríais	habrías olido	habríais olido
	olería	olerían	habría olido	habrían olido
Subjunctive	**Present**		**Present Perfect**	
	huela	olamos	haya olido	hayamos olido
	huelas	oláis	hayas olido	hayáis olido
	huela	huelan	haya olido	hayan olido
	Imperfect		**Pluperfect**	
	oliera, -se	oliéramos, -semos	hubiera, -se olido	hubiéramos, -semos olido
	olieras, -ses	olierais, -seis	hubieras, -ses olido	hubierais, -seis olido
	oliera, -se	olieran, -sen	hubiera, -se olido	hubieran, -sen olido

IMPERATIVE

huele (tú); no huelas

(no) huela (Ud.)

(no) olamos (nosotros)

oled (vosotros); no oláis

(no) huelan (Uds.)

EXAMPLES

El perro huele muy mal.

The dog smells very bad.

Hemos olido la nueva fragancia y no nos gustó.

We smelled the new fragrance, and we didn't like it.

Nunca había olido un aroma tan rico.

I had never smelled such a wonderful aroma.

IDIOMATIC EXAMPLE

Este asunto no huele nada bien.

This matter smells very fishy.

olvidar

to forget, to leave behind

Gerundio: olvidando   **Participio pasado:** olvidado

Mood	Simple Tenses		Compound Tenses	
	Singular	*Plural*	*Singular*	*Plural*
Indicative	**Present**		**Present Perfect**	
	olvido	olvidamos	he olvidado	hemos olvidado
	olvidas	olvidáis	has olvidado	habéis olvidado
	olvida	olvidan	ha olvidado	han olvidado
	Preterit		**Preterit Perfect**	
	olvidé	olvidamos	hube olvidado	hubimos olvidado
	olvidaste	olvidasteis	hubiste olvidado	hubisteis olvidado
	olvidó	olvidaron	hubo olvidado	hubieron olvidado
	Imperfect		**Pluperfect**	
	olvidaba	olvidábamos	había olvidado	habíamos olvidado
	olvidabas	olvidabais	habías olvidado	habíais olvidado
	olvidaba	olvidaban	había olvidado	habían olvidado
	Future		**Future Perfect**	
	olvidaré	olvidaremos	habré olvidado	habremos olvidado
	olvidarás	olvidaréis	habrás olvidado	habréis olvidado
	olvidará	olvidarán	habrá olvidado	habrán olvidado
	Conditional		**Conditional Perfect**	
	olvidaría	olvidaríamos	habría olvidado	habríamos olvidado
	olvidarías	olvidaríais	habrías olvidado	habríais olvidado
	olvidaría	olvidarían	habría olvidado	habría olvidado
Subjunctive	**Present**		**Present Perfect**	
	olvide	olvidemos	haya olvidado	hayamos olvidado
	olvides	olvidéis	hayas olvidado	hayáis olvidado
	olvide	olviden	haya olvidado	hayan olvidado
	Imperfect		**Pluperfect**	
	olvidara, -se	olvidáramos, -semos	hubiera, -se olvidado	hubiéramos, -semos olvidado
	olvidaras, -ses	olvidarais, -seis	hubieras, -ses olvidado	hubierais, -seis olvidado
	olvidara, -se	olvidaran, -sen	hubiera, -se olvidado	hubieran, -sen olvidado

IMPERATIVE

	(no) olvidemos (nosotros)
olvida (tú); no olvides	olvidad (vosotros); no olvidéis
(no) olvide (Ud.)	(no) olviden (Uds.)

Note: As a reflexive verb, *olvidarse de* (to forget to) uses the reflexive pronouns *me, te, se, nos, os, se.* Examples 4 and 5 show the reflexive use.

EXAMPLES

¡Olvidé mis calcetines!	I forgot my socks!
Los alumnos olvidaron el examen de hoy.	The students forgot about today's test.
Olvida lo que te dije.	Forget what I told you.
Se <u>me</u> olvidó la tarea.	I forgot my homework.
¡No <u>te</u> olvides de hacer la tarea!	Don't forget to do the homework!

omitir

to omit, to leave out

Gerundio: omitiendo   **Participio pasado:** omitido

Mood	Simple Tenses		Compound Tenses	
	Singular	*Plural*	*Singular*	*Plural*
Indicative	**Present**		**Present Perfect**	
	omito	omitimos	he omitido	hemos omitido
	omites	omitís	has omitido	habéis omitido
	omite	omiten	ha omitido	han omitido
	Preterit		**Preterit Perfect**	
	omití	omitimos	hube omitido	hubimos omitido
	omitiste	omitisteis	hubiste omitido	hubisteis omitido
	omitió	omitieron	hubo omitido	hubieron omitido
	Imperfect		**Pluperfect**	
	omitía	omitíamos	había omitido	habíamos omitido
	omitías	omitíais	habías omitido	habíais omitido
	omitía	omitían	había omitido	habían omitido
	Future		**Future Perfect**	
	omitiré	omitiremos	habré omitido	habremos omitido
	omitirás	omitiréis	habrás omitido	habréis omitido
	omitirá	omitirán	habrá omitido	habrán omitido
	Conditional		**Conditional Perfect**	
	omitiría	omitiríamos	habría omitido	habríamos omitido
	omitirías	omitiríais	habrías omitido	habríais omitido
	omitiría	omitirían	habría omitido	habrían omitido
Subjunctive	**Present**		**Present Perfect**	
	omita	omitamos	haya omitido	hayamos omitido
	omitas	omitáis	hayas omitido	hayáis omitido
	omita	omitan	haya omitido	hayan omitido
	Imperfect		**Pluperfect**	
	omitiera, -se	omitiéramos, -semos	hubiera, -se omitido	hubiéramos, -semos omitido
	omitieras, -ses	omitierais, -seis	hubieras, -ses omitido	hubierais, -seis omitido
	omitiera, -se	omitieran, -sen	hubiera, -se omitido	hubieran, -sen omitido

IMPERATIVE

omite (tú); no omitas
(no) omita (Ud.)

(no) omitamos (nosotros)
omitid (vosotros); no omitáis
(no) omitan (Uds.)

EXAMPLES

No omitimos ningún detalle en el informe.   We didn't omit a single detail in the report.
¿Era necesario que omitieras la verdad?   Was it necessary for you to omit the truth?
Omitiremos esta sección del libro.   We will omit this section from the book.
¡No omitáis los gráficos!   Do not omit the graphs!

oponerse

to oppose, to object, to be opposed to
Gerundio: oponiéndose **Participio pasado:** opuesto

Mood	Simple Tenses		Compound Tenses	
	Singular	*Plural*	*Singular*	*Plural*
Indicative	**Present**		**Present Perfect**	
	me opongo te opones se opone	nos oponemos os oponéis se oponen	me he opuesto te has opuesto se ha opuesto	nos hemos opuesto os habéis opuesto se han opuesto
	Preterit		**Preterit Perfect**	
	me opuse te opusiste se opuso	nos opusimos os opusisteis se opusieron	me hube opuesto te hubiste opuesto se hubo opuesto	nos hubimos opuesto os hubisteis opuesto se hubieron opuesto
	Imperfect		**Pluperfect**	
	me oponía te oponías se oponía	nos oponíamos os oponíais se oponían	me había opuesto te habías opuesto se había opuesto	nos habíamos opuesto os habíais opuesto se habían opuesto
	Future		**Future Perfect**	
	me opondré te opondrás se opondrá	nos opondremos os opondréis se opondrán	me habré opuesto te habrás opuesto se habrá opuesto	nos habremos opuesto os habréis opuesto se habrán opuesto
	Conditional		**Conditional Perfect**	
	me opondría te opondrías se opondría	nos opondríamos os opondríais se opondrían	me habría opuesto te habrías opuesto se habría opuesto	nos habríamos opuesto os habríais opuesto se habrían opuesto
Subjunctive	**Present**		**Present Perfect**	
	me oponga te opongas se oponga	nos opongamos os opongáis se opongan	me haya opuesto te hayas opuesto se haya opuesto	nos hayamos opuesto os hayáis opuesto se hayan opuesto
	Imperfect		**Pluperfect**	
	me opusiera, -se te opusieras, -ses se opusiera, -se	nos opusiéramos, -semos os opusierais, -seis se opusieran, -sen	me hubiera, -se opuesto te hubieras, -ses opuesto se hubiera, -se opuesto	nos hubiéramos, -semos opuesto os hubierais, -seis opuesto se hubieran, -sen opuesto

IMPERATIVE

	opongámonos (nosotros); no nos opongamos
oponte (tú); no te opongas	oponeos (vosotros); no os opongáis
opóngase (Ud.); no se oponga	opónganse (Uds.); no se opongan

Note: This verb is generally used as a reflexive verb. This verb has an irregular past participle, *opuesto*.

EXAMPLES

<u>Me</u> opongo a lo que Peggy dijo.	I object to what Peggy said.
Aunque <u>me</u> oponga a sus ideas, ella hará lo que quiere.	Even if I oppose her ideas, she will do what she wants.
<u>Se</u> opusieron a trabajar en el día de fiesta.	They were opposed to working on the holiday.
El Congreso está oponiéndo<u>se</u> al cambio de ciertas leyes.	Congress is opposing the change of certain laws.
Sara <u>se</u> había opuesto a tomar la clase de matemáticas.	Sara had been opposed to taking the Math class.

ordenar

to arrange, to put in order, to order, to command

Gerundio: ordenando   **Participio pasado:** ordenado

Mood	Simple Tenses		Compound Tenses	
	Singular	*Plural*	*Singular*	*Plural*
Indicative	**Present**		**Present Perfect**	
	ordeno	ordenamos	he ordenado	hemos ordenado
	ordenas	ordenáis	has ordenado	habéis ordenado
	ordena	ordenan	ha ordenado	han ordenado
	Preterit		**Preterit Perfect**	
	ordené	ordenamos	hube ordenado	hubimos ordenado
	ordenaste	ordenasteis	hubiste ordenado	hubisteis ordenado
	ordenó	ordenaron	hubo ordenado	hubieron ordenado
	Imperfect		**Pluperfect**	
	ordenaba	ordenábamos	había ordenado	habíamos ordenado
	ordenabas	ordenabais	habías ordenado	habíais ordenado
	ordenaba	ordenaban	había ordenado	habían ordenado
	Future		**Future Perfect**	
	ordenaré	ordenaremos	habré ordenado	habremos ordenado
	ordenarás	ordenaréis	habrás ordenado	habréis ordenado
	ordenará	ordenarán	habrá ordenado	habrán ordenado
	Conditional		**Conditional Perfect**	
	ordenaría	ordenaríamos	habría ordenado	habríamos ordenado
	ordenarías	ordenaríais	habrías ordenado	habríais ordenado
	ordenaría	ordenarían	habría ordenado	habrían ordenado
Subjunctive	**Present**		**Present Perfect**	
	ordene	ordenemos	haya ordenado	hayamos ordenado
	ordenes	ordenéis	hayas ordenado	hayáis ordenado
	ordene	ordenen	haya ordenado	hayan ordenado
	Imperfect		**Pluperfect**	
	ordenara, -se	ordenáramos, -semos	hubiera, -se ordenado	hubiéramos,-semos ordenado
	ordenaras, -ses	ordenarais, -seis	hubieras, -ses ordenado	hubierais, -seis ordenado
	ordenara, -se	ordenaran, -sen	hubiera, -se ordenado	hubieran, -sen ordenado

IMPERATIVE

	(no) ordenemos (nosotros)
ordena (tú); no ordenes	ordenad (vosotros); no ordenéis
(no) ordene (Ud.)	(no) ordenen (Uds.)

EXAMPLES

La computadora ordena los archivos en orden alfabético.	The computer arranges the files in alphabetical order.
Ordené pollo asado y ensalada.	I ordered grilled chicken and a salad.
Francisco siempre ordenaba hamburguesas y papas fritas.	Franklin used to order hamburgers and french fries.
Ellas están ordenando los adornos de Navidad.	They are putting the Christmas ornaments in order.

organizar

to organize, to arrange, to setup

Gerundio: organizando   **Participio pasado:** organizado

Mood	Simple Tenses		Compound Tenses	
	Singular	*Plural*	*Singular*	*Plural*
Indicative	**Present**		**Present Perfect**	
	organizo	organizamos	he organizado	hemos organizado
	organizas	organizáis	has organizado	habéis organizado
	organiza	organizan	ha organizado	han organizado
	Preterit		**Preterit Perfect**	
	organicé	organizamos	hube organizado	hubimos organizado
	organizaste	organizasteis	hubiste organizado	hubisteis organizado
	organizó	organizaron	hubo organizado	hubieron organizado
	Imperfect		**Pluperfect**	
	organizaba	organizábamos	había organizado	habíamos organizado
	organizabas	organizabais	habías organizado	habíais organizado
	organizaba	organizaban	había organizado	habían organizado
	Future		**Future Perfect**	
	organizaré	organizaremos	habré organizado	habremos organizado
	organizarás	organizaréis	habrás organizado	habréis organizado
	organizará	organizarán	habrá organizado	habrán organizado
	Conditional		**Conditional Perfect**	
	organizaría	organizaríamos	habría organizado	habríamos organizado
	organizarías	organizaríais	habrías organizado	habríais organizado
	organizaría	organizarían	habría organizado	habrían organizado
Subjunctive	**Present**		**Present Perfect**	
	organice	organicemos	haya organizado	hayamos organizado
	organices	organicéis	hayas organizado	hayáis organizado
	organice	organicen	haya organizado	hayan organizado
	Imperfect		**Pluperfect**	
	organizara, -se	organizáramos, -semos	hubiera, -se organizado	hubiéramos, -semos organizado
	organizaras, -ses		hubieras, -ses organizado	
	organizara, -se	organizarais, -seis	hubiera, -se organizado	hubierais, -seis organizado
		organizaran, -sen		hubieran, -sen organizado

IMPERATIVE

	(no) organicemos (nosotros)
organiza (tú); no organices	organizad (vosotros); no organicéis
(no) organice (Ud.)	(no) organicen (Uds.)

Note: As a reflexive verb, *organizarse* (to be organized, become or get organized) uses the reflexive pronouns *me, te, se, nos, os, se.* Examples 4 and 5 show the reflexive use.

EXAMPLES

Organicé los libros en los estantes.	I organized the books on the bookshelves.
Liz y mamá organizarán la fiesta.	Liz and mom will organize the party.
Aunque organice todo, siempre hay papeles por dondequiera.	Even if I organize everything, there are always papers everywhere.
Se organizaron en un santiamén.	They got organized in a jiffy.
Matilde estaba organizándose para el viaje.	Matilde was getting organized for her trip.

otorgar

to grant, to give

Gerundio: otorgando   **Participio pasado:** otorgado

Mood	Simple Tenses		Compound Tenses	
	Singular	*Plural*	*Singular*	*Plural*
Indicative	**Present**		**Present Perfect**	
	otorgo	otorgamos	he otorgado	hemos otorgado
	otorgas	otorgáis	has otorgado	habéis otorgado
	otorga	otorgan	ha otorgado	han otorgado
	Preterit		**Preterit Perfect**	
	otorgué	otorgamos	hube otorgado	hubimos otorgado
	otorgaste	otorgasteis	hubiste otorgado	hubisteis otorgado
	otorgó	otorgaron	hubo otorgado	hubieron otorgado
	Imperfect		**Pluperfect**	
	otorgaba	otorgábamos	había otorgado	habíamos otorgado
	otorgabas	otorgabais	habías otorgado	habíais otorgado
	otorgaba	otorgaban	había otorgado	habían otorgado
	Future		**Future Perfect**	
	otorgaré	otorgaremos	habré otorgado	habremos otorgado
	otorgarás	otorgaréis	habrás otorgado	habréis otorgado
	otorgará	otorgarán	habrá otorgado	habrán otorgado
	Conditional		**Conditional Perfect**	
	otorgaría	otorgaríamos	habría otorgado	habríamos otorgado
	otorgarías	otorgaríais	habrías otorgado	habríais otorgado
	otorgaría	otorgarían	habría otorgado	habrían otorgado
Subjunctive	**Present**		**Present Perfect**	
	otorgue	otorguemos	haya otorgado	hayamos otorgado
	otorgues	otorguéis	hayas otorgado	hayáis otorgado
	otorgue	otorguen	haya otorgado	hayan otorgado
	Imperfect		**Pluperfect**	
	otorgara, -se	otorgáramos, -semos	hubiera, -se otorgado	hubiéramos, -semos otorgado
	otorgaras, -ses	otorgarais, -seis	hubieras, -ses otorgado	hubierais, -seis otorgado
	otorgara, -se	otorgaran, -sen	hubiera, -se otorgado	hubieran, -sen otorgado

IMPERATIVE

	(no) otorguemos (nosotros)
otorga (tú); no otorgues	otorgad (vosotros); no otorguéis
(no) otorgue (Ud.)	(no) otorguen (Uds.)

EXAMPLES

Al soldado le otorgaron una medalla por su valentía.	The soldier was granted a medal for his courage.
Le otorgué a mi hermana mis derechos a la herencia.	I gave my sister my rights to the inheritance.
La empresa ha otorgado becas a los hijos de los trabajadores.	The company has granted scholarships to the employees' children.

IDIOMATIC EXAMPLE

Quien calla otorga.	Silence grants consent.

padecer

to suffer, to endure, to suffer from

Gerundio: padeciendo   **Participio pasado:** padecido

Mood	Simple Tenses		Compound Tenses	
	Singular	*Plural*	*Singular*	*Plural*
Indicative	**Present**		**Present Perfect**	
	padezco	padecemos	he padecido	hemos padecido
	padeces	padecéis	has padecido	habéis padecido
	padece	padecen	ha padecido	han padecido
	Preterit		**Preterit Perfect**	
	padecí	padecimos	hube padecido	hubimos padecido
	padeciste	padecisteis	hubiste padecido	hubisteis padecido
	padeció	padecieron	hubo padecido	hubieron padecido
	Imperfect		**Pluperfect**	
	padecía	padecíamos	había padecido	habíamos padecido
	padecías	padecíais	habías padecido	habíais padecido
	padecía	padecían	había padecido	habían padecido
	Future		**Future Perfect**	
	padeceré	padeceremos	habré padecido	habremos padecido
	padecerás	padeceréis	habrás padecido	habréis padecido
	padecerá	padecerán	habrá padecido	habrán padecido
	Conditional		**Conditional Perfect**	
	padecería	padeceríamos	habría padecido	habríamos padecido
	padecerías	padeceríais	habrías padecido	habríais padecido
	padecería	padecerían	habría padecido	habrían padecido
Subjunctive	**Present**		**Present Perfect**	
	padezca	padezcamos	haya padecido	hayamos padecido
	padezcas	padezcáis	hayas padecido	hayáis padecido
	padezca	padezcan	haya padecido	hayan padecido
	Imperfect		**Pluperfect**	
	padeciera, -se	padeciéramos, -semos	hubiera, -se padecido	hubiéramos,-semos padecido
	padecieras, -ses	padecierais, -seis	hubieras, -ses padecido	hubierais, -seis padecido
	padeciera, -se	padecieran, -sen	hubiera, -se padecido	hubieran, -sen padecido

IMPERATIVE

padece (tú); no padezcas

(no) padezca (Ud.)

(no) padezcamos (nosotros)

padeced (vosotros); no padezcáis

(no) padezcan (Uds.)

EXAMPLES

Muchos niños padecen de hambre en el mundo.

Many children suffer from hunger in the world.

Sergio ha padecido de insomnio por mucho tiempo.

Sergio has suffered from insomnia for a long time.

No puedo creer que Pablo haya padecido tantos insultos.

I cannot believe Paul has endured so many insults.

Ella padecía de dolores de cabeza.

She used to suffer from headaches.

pagar

to pay

Gerundio: pagando   **Participio pasado:** pagado

Mood	Simple Tenses		Compound Tenses	
	Singular	*Plural*	*Singular*	*Plural*
Indicative	**Present**		**Present Perfect**	
	pago	pagamos	he pagado	hemos pagado
	pagas	pagáis	has pagado	habéis pagado
	paga	pagan	ha pagado	han pagado
	Preterit		**Preterit Perfect**	
	pagué	pagamos	hube pagado	hubimos pagado
	pagaste	pagasteis	hubiste pagado	hubisteis pagado
	pagó	pagaron	hubo pagado	hubieron pagado
	Imperfect		**Pluperfect**	
	pagaba	pagábamos	había pagado	habíamos pagado
	pagabas	pagabais	habías pagado	habíais pagado
	pagaba	pagaban	había pagado	habían pagado
	Future		**Future Perfect**	
	pagaré	pagaremos	habré pagado	habremos pagado
	pagarás	pagaréis	habrás pagado	habréis pagado
	pagará	pagarán	habrá pagado	habrán pagado
	Conditional		**Conditional Perfect**	
	pagaría	pagaríamos	habría pagado	habríamos pagado
	pagarías	pagaríais	habrías pagado	habríais pagado
	pagaría	pagarían	habría pagado	habrían pagado
Subjunctive	**Present**		**Present Perfect**	
	pague	paguemos	haya pagado	hayamos pagado
	pagues	paguéis	hayas pagado	hayáis pagado
	pague	paguen	haya pagado	hayan pagado
	Imperfect		**Pluperfect**	
	pagara, -se	pagáramos, -semos	hubiera, -se pagado	hubiéramos,-semos pagado
	pagaras, -ses	pagarais, -seis	hubieras, -ses pagado	
	pagara, -se	pagaran, -sen	hubiera, -se pagado	hubierais, -seis pagado
				hubieran, -sen pagado

IMPERATIVE

	(no) paguemos (nosotros)
paga (tú); no pagues	pagad (vosotros); no paguéis
(no) pague (Ud.)	(no) paguen (Uds.)

EXAMPLES

Ya pagué las cuentas.	I already paid the bills.
Mamá me aconseja que pague los impuestos a tiempo.	My mother advises me to pay taxes on time.
Hemos pagado el auto en cómodas cuotas mensuales.	We paid for the car in easy monthly installments.
Paguen sus deudas.	Pay your debts.

IDIOMATIC EXAMPLE

Ella pagó los platos rotos por su hermano.	She paid the consequences for her brother's actions.

pararse

to stop oneself, to stand up

Gerundio: parándose   **Participio pasado:** parado

Mood	Simple Tenses		Compound Tenses	
	Singular	Plural	Singular	Plural
Indicative	**Present**		**Present Perfect**	
	me paro te paras se para	nos paramos os paráis se paran	me he parado te has parado se ha parado	nos hemos parado os habéis parado se han parado
	Preterit		**Preterit Perfect**	
	me paré te paraste se paró	nos paramos os parasteis se pararon	me hube parado te hubiste parado se hubo parado	nos hubimos parado os hubisteis parado se hubieron parado
	Imperfect		**Pluperfect**	
	me paraba te parabas se paraba	nos parábamos os parabais se paraban	me había parado te habías parado se había parado	nos habíamos parado os habíais parado se habían parado
	Future		**Future Perfect**	
	me pararé te pararás se parará	nos pararemos os pararéis se pararán	me habré parado te habrás parado se habrá parado	nos habremos parado os habréis parado se habrán parado
	Conditional		**Conditional Perfect**	
	me pararía te pararías se pararía	nos pararíamos os pararíais se pararían	me habría parado te habrías parado se habría parado	nos habríamos parado os habríais parado se habrían parado
Subjunctive	**Present**		**Present Perfect**	
	me pare te pares se pare	nos paremos os paréis se paren	me haya parado te hayas parado se haya parado	nos hayamos parado os hayáis parado se hayan parado
	Imperfect		**Pluperfect**	
	me parara, -se te pararas, -ses se parara, -se	nos paráramos, -semos os pararais, -seis se pararan, -sen	me hubiera, -se parado te hubieras, -ses parado se hubiera, -se parado	nos hubiéramos, -semos parado os hubierais, -seis parado se hubieran, -sen parado

IMPERATIVE

párate (tú); no te pares
párese (Ud.); no se pare

parémonos (nosotros); no nos paremos
paraos (vosotros); no os paréis
párense (Uds.); no se paren

Note: As a nonreflexive verb, *parar* (to stop, to stay) is shown in Examples 4 and 5.

EXAMPLES

Me paré y me fui.
El reloj se paró a las cuatro.
Nos parábamos por dondequiera cuando viajábamos para ver el paisaje.
El tren para en Chicago.
Para de hacer lo que estás haciendo.

I stood up, and I left.
The clock stopped at four o'clock.
We used to stop everywhere while traveling to see the countryside.
The train stops in Chicago.
Stop doing what you are doing.

IDIOMATIC EXAMPLE

Ella paró en seco cuando lo vio.

She stopped dead when she saw him.

parecer

to seem, to appear, to look

Gerundio: pareciendo   **Participio pasado:** parecido

Mood	Simple Tenses		Compound Tenses	
	Singular	*Plural*	*Singular*	*Plural*
Indicative	**Present**		**Present Perfect**	
	parezco pareces parece	parecemos parecéis parecen	he parecido has parecido ha parecido	hemos parecido habéis parecido han parecido
	Preterit		**Preterit Perfect**	
	parecí pareciste pareció	parecimos parecisteis parecieron	hube parecido hubiste parecido hubo parecido	hubimos parecido hubisteis parecido hubieron parecido
	Imperfect		**Pluperfect**	
	parecía parecías parecía	parecíamos parecíais parecían	había parecido habías parecido había parecido	habíamos parecido habíais parecido habían parecido
	Future		**Future Perfect**	
	pareceré parecerás parecerá	pareceremos pareceréis parecerán	habré parecido habrás parecido habrá parecido	habremos parecido habréis parecido habrán parecido
	Conditional		**Conditional Perfect**	
	parecería parecerías parecería	pareceríamos pareceríais parecerían	habría parecido habrías parecido habría parecido	habríamos parecido habríais parecido habrían parecido
Subjunctive	**Present**		**Present Perfect**	
	parezca parezcas parezca	parezcamos parezcáis parezcan	haya parecido hayas parecido haya parecido	hayamos parecido hayáis parecido hayan parecido
	Imperfect		**Pluperfect**	
	pareciera, -se parecieras, -ses pareciera, -se	pareciéramos, -semos parecierais, -seis parecieran, -sen	hubiera, -se parecido hubieras, -ses parecido hubiera, -se parecido	hubiéramos,-semos parecido hubierais, -seis parecido hubieran, -sen parecido

IMPERATIVE

parece (tú); no parezcas

(no) parezca (Ud.)

(no) parezcamos (nosotros)

pareced (vosotros); no parezcáis

(no) parezcan (Uds.)

Note: As a reflexive verb, *parecerse a* (to look like, to resemble someone) uses the reflexive pronouns *me, te, se, nos, os, se*. Examples 3 and 4 show the reflexive use.

EXAMPLES

Parece que vienen por tren.	It seems that they are coming by train.
Pareces cansado.	You look tired.
Me parezco a mi mamá.	I look like my mother.
Ella se parecía mucho a una famosa actriz.	She used to look like a famous actress.

IDIOMATIC EXAMPLES

¿Qué te parece?	What do you think? / What is your opinion?
Parece mentira.	It is hard to believe.
Me parece que sí.	I think so. / It seems so.

pasar

to pass (by), to happen, to spend time

Gerundio: pasando **Participio pasado:** pasado

Mood	Simple Tenses		Compound Tenses	
	Singular	*Plural*	*Singular*	*Plural*
Indicative	**Present**		**Present Perfect**	
	paso	pasamos	he pasado	hemos pasado
	pasas	pasáis	has pasado	habéis pasado
	pasa	pasan	ha pasado	han pasado
	Preterit		**Preterit Perfect**	
	pasé	pasamos	hube pasado	hubimos pasado
	pasaste	pasasteis	hubiste pasado	hubisteis pasado
	pasó	pasaron	hubo pasado	hubieron pasado
	Imperfect		**Pluperfect**	
	pasaba	pasábamos	había pasado	habíamos pasado
	pasabas	pasabais	habías pasado	habíais pasado
	pasaba	pasaban	había pasado	habían pasado
	Future		**Future Perfect**	
	pasaré	pasaremos	habré pasado	habremos pasado
	pasarás	pasaréis	habrás pasado	habréis pasado
	pasará	pasarán	habrá pasado	habrán pasado
	Conditional		**Conditional Perfect**	
	pasaría	pasaríamos	habría pasado	habríamos pasado
	pasarías	pasaríais	habrías pasado	habríais pasado
	pasaría	pasarían	habría pasado	habrían pasado
Subjunctive	**Present**		**Present Perfect**	
	pase	pasemos	haya pasado	hayamos pasado
	pases	paséis	hayas pasado	hayáis pasado
	pase	pasen	haya pasado	hayan pasado
	Imperfect		**Pluperfect**	
	pasara, -se	pasáramos, -semos	hubiera, -se pasado	hubiéramos,-semos pasado
	pasaras, -ses	pasarais, -seis	hubieras, -ses pasado	hubierais, -seis pasado
	pasara, -se	pasaran, -sen	hubiera, -se pasado	hubieran, -sen pasado

IMPERATIVE

	(no) pasemos (nosotros)
pasa (tú); no pases	pasad (vosotros); no paséis
(no) pase (Ud.)	(no) pasen (Uds.)

EXAMPLES

Ellos pasarán por aquí a eso de las seis.	They will pass by around six o'clock.
¿Qué pasó?	What happened?
Pase, por favor.	Come in, please.
Pasamos el día jugando a las cartas.	We spent the day playing cards.

IDIOMATIC EXAMPLES

La pasaron por alto en la promoción.	They disregarded her for the promotion.
La profesora pasa la lista todos los días.	The professor calls the roll everyday.

pasearse

to go for a walk or stroll, to take a ride

Gerundio: paseándose   **Participio pasado:** paseado

Mood	Simple Tenses		Compound Tenses	
	Singular	*Plural*	*Singular*	*Plural*
Indicative	**Present**		**Present Perfect**	
	me paseo te paseas se pasea	nos paseamos os paseáis se pasean	me he paseado te has paseado se ha paseado	nos hemos paseado os habéis paseado se han paseado
	Preterit		**Preterit Perfect**	
	me paseé te paseaste se paseó	nos paseamos os paseasteis se pasearon	me hube paseado te hubiste paseado se hubo paseado	nos hubimos paseado os hubisteis paseado se hubieron paseado
	Imperfect		**Pluperfect**	
	me paseaba te paseabas se paseaba	nos paseábamos os paseabais se paseaban	me había paseado te habías paseado se había paseado	nos habíamos paseado os habíais paseado se habían paseado
	Future		**Future Perfect**	
	me pasearé te pasearás se paseará	nos pasearemos os pasearéis se pasearán	me habré paseado te habrás paseado se habrá paseado	nos habremos paseado os habréis paseado se habrán paseado
	Conditional		**Conditional Perfect**	
	me pasearía te pasearías se pasearía	nos pasearíamos os pasearíais se pasearían	me habría paseado te habrías paseado se habría paseado	nos habríamos paseado os habríais paseado se habrían paseado
Subjunctive	**Present**		**Present Perfect**	
	me pasee te pasees se pasee	nos paseemos os paseéis se paseen	me haya paseado te hayas paseado se haya paseado	nos hayamos paseado os hayáis paseado se hayan paseado
	Imperfect		**Pluperfect**	
	me paseara, -se te pasearas, -ses se paseara, -se	nos paseáramos, -semos os pasearais, -seis se pasearan, -sen	me hubiera, -se paseado te hubieras, -ses paseado se hubiera, -se paseado	nos hubiéramos, -semos paseado os hubierais, -seis pase- ado se hubieran, -sen paseado

IMPERATIVE

paséate (tú); no te pasees

paséese (Ud.); no se pasee

paseémonos (nosotros); no nos paseemos

paseaos (vosotros); no os paseéis

paséense (Uds.); no se paseen

Note: As a nonreflexive verb, *pasear* (to go for a leisure walk, to take for a walk) is shown in Examples 3 and 4.

EXAMPLES

Estábamos paseándonos por la plaza Bolívar.

Paséate por La Casa Rosada cuando vayas a Buenos Aires.

Moe pasea al perro todas las tardes.

Cuando éramos jóvenes paseábamos más.

We were strolling through the Bolivar Plaza.

Go for a stroll by the Pink House when you go to Buenos Aires.

Moe takes the dog for a walk every afternoon.

When we were young, we used to go for walks more often.

IDIOMATIC EXAMPLES

Conchita paseaba a caballo los veranos.

Me gusta pasear en bicicleta los domingos.

Connie used to go riding during the summer.

I like going bicycling on Sundays.

pedir

to ask for, to request, to order

Gerundio: pidiendo   **Participio pasado:** pedido

Mood	Simple Tenses		Compound Tenses	
	Singular	*Plural*	*Singular*	*Plural*
Indicative	**Present**		**Present Perfect**	
	pido	pedimos	he pedido	hemos pedido
	pides	pedís	has pedido	habéis pedido
	pide	piden	ha pedido	han pedido
	Preterit		**Preterit Perfect**	
	pedí	pedimos	hube pedido	hubimos pedido
	pediste	pedisteis	hubiste pedido	hubisteis pedido
	pidió	pidieron	hubo pedido	hubieron pedido
	Imperfect		**Pluperfect**	
	pedía	pedíamos	había pedido	habíamos pedido
	pedías	pedíais	habías pedido	habíais pedido
	pedía	pedían	había pedido	habían pedido
	Future		**Future Perfect**	
	pediré	pediremos	habré pedido	habremos pedido
	pedirás	pediréis	habrás pedido	habréis pedido
	pedirá	pedirán	habrá pedido	habrán pedido
	Conditional		**Conditional Perfect**	
	pediría	pediríamos	habría pedido	habríamos pedido
	pedirías	pediríais	habrías pedido	habríais pedido
	pediría	pedirían	habría pedido	habrían pedido
Subjunctive	**Present**		**Present Perfect**	
	pida	pidamos	haya pedido	hayamos pedido
	pidas	pidáis	hayas pedido	hayáis pedido
	pida	pidan	haya pedido	hayan pedido
	Imperfect		**Pluperfect**	
	pidiera, -se	pidiéramos, -semos	hubiera, -se pedido	hubiéramos,-semos pedido
	pidieras, -ses	pidierais, -seis	hubieras, -ses pedido	
	pidiera, -se	pidieran, -sen	hubiera, -se pedido	hubierais, -seis pedido
				hubieran, -sen pedido

IMPERATIVE

pide (tú); no pidas

(no) pida (Ud.)

(no) pidamos (nosotros)

pedid (vosotros); no pidáis

(no) pidan (Uds.)

EXAMPLES

Ella pidió las vacaciones.

She requested her vacation time.

Los trabajadores están pidiendo mejores condiciones en el trabajo.

The workers are asking for better work conditions.

He pedido la nueva mercancía.

I have ordered the new merchandise.

IDIOMATIC EXAMPLES

Manuel pidió la mano de Lili.

Manuel asked Lilly to marry him.

Él pidió prestado mil pesetas para el viaje.

He borrowed a thousand pesetas for the trip.

pegar
to hit, to beat, to glue
Gerundio: pegando   **Participio pasado:** pegado

Mood	Simple Tenses		Compound Tenses	
	Singular	*Plural*	*Singular*	*Plural*
Indicative	**Present**		**Present Perfect**	
	pego	pegamos	he pegado	hemos pegado
	pegas	pegáis	has pegado	habéis pegado
	pega	pegan	ha pegado	han pegado
	Preterit		**Preterit Perfect**	
	pegué	pegamos	hube pegado	hubimos pegado
	pegaste	pegasteis	hubiste pegado	hubisteis pegado
	pegó	pegaron	hubo pegado	hubieron pegado
	Imperfect		**Pluperfect**	
	pegaba	pegábamos	había pegado	habíamos pegado
	pegabas	pegabais	habías pegado	habíais pegado
	pegaba	pegaban	había pegado	habían pegado
	Future		**Future Perfect**	
	pegaré	pegaremos	habré pegado	habremos pegado
	pegará	pegaréis	habrás pegado	habréis pegado
	pegará	pegarán	habrá pegado	habrán pegado
	Conditional		**Conditional Perfect**	
	pegaría	pegaríamos	habría pegado	habríamos pegado
	pegarías	pegaríais	habrías pegado	habríais pegado
	pegaría	pegarían	habría pegado	habrían pegado
Subjunctive	**Present**		**Present Perfect**	
	pegue	peguemos	haya pegado	hayamos pegado
	pegues	peguéis	hayas pegado	hayáis pegado
	pegue	peguen	haya pegado	hayan pegado
	Imperfect		**Pluperfect**	
	pegara, -se	pegáramos, -semos	hubiera, -se pegado	hubiéramos,-semos pegado
	pegaras, -ses	pegarais, -seis	hubieras, -ses pegado	hubierais, -seis pegado
	pegara, -se	pegaran, -sen	hubiera, -se pegado	hubieran, -sen pegado

IMPERATIVE

	(no) peguemos (nosotros)
pega (tú); no pegues	pegad (vosotros); no peguéis
(no) pegue (Ud.)	(no) peguen (Uds.)

EXAMPLES

¡No le pegues al perro, Felipe!	Don't hit the dog, Philip!
El boxeador le hubiese pegado más fuerte, pero se contuvo.	The boxer would have beaten him harder, but he held himself back.
Los empleados han pegado las estampillas a todas las cartas.	The employees had glued the stamps to the letters.
Tan pronto como los niños peguen las calcomanías, saldrán al parque.	As soon as the children glue the stickers, they will go to the park.

peinarse

to comb one's hair

Gerundio: peinándose   **Participio pasado:** peinado

Mood	Simple Tenses		Compound Tenses	
	Singular	*Plural*	*Singular*	*Plural*
Indicative	**Present**		**Present Perfect**	
	me peino te peinas se peina	nos peinamos os peináis se peinan	me he peinado te has peinado se ha peinado	nos hemos peinado os habéis peinado se han peinado
	Preterit		**Preterit Perfect**	
	me peiné te peinaste se peinó	nos peinamos os peinasteis se peinaron	me hube peinado te hubiste peinado se hubo peinado	nos hubimos peinado os hubisteis peinado se hubieron peinado
	Imperfect		**Pluperfect**	
	me peinaba te peinabas se peinaba	nos peinábamos os peinabais se peinaban	me había peinado te habías peinado se había peinado	nos habíamos peinado os habíais peinado se habían peinado
	Future		**Future Perfect**	
	me peinaré te peinarás se peinará	nos peinaremos os peinaréis se peinarán	me habré peinado te habrás peinado se habrá peinado	nos habremos peinado os habréis peinado se habrán peinado
	Conditional		**Conditional Perfect**	
	me peinaría te peinarías se peinaría	nos peinaríamos os peinaríais se peinarían	me habría peinado te habrías peinado se habría peinado	nos habríamos peinado os habríais peinado se habrían peinado
Subjunctive	**Present**		**Present Perfect**	
	me peine te peines se peine	nos peinemos os peinéis se peinen	me haya peinado te hayas peinado se haya peinado	nos hayamos peinado os hayáis peinado se hayan peinado
	Imperfect		**Pluperfect**	
	me peinara, -se te peinaras, -ses se peinara, -se	nos peináramos, -semos os peinarais, -seis se peinaran, -sen	me hubiera, -se peinado te hubieras, -ses peinado se hubiera, -se peinado	nos hubiéramos, -semos peinado os hubierais, -seis pei- nado se hubieran, -sen peinado

IMPERATIVE

péinate (tú); no te peines
péinese (Ud.); no se peine

peinémonos (nosotros); no nos peinemos
peinaos (vosotros); no os peinéis
péinense (Uds.); no se peinen

Note: As a nonreflexive verb, *peinar* (to comb someone's hair) is shown in Examples 3 and 4.

EXAMPLES

Raquel estaba peinándo<u>se</u> en el balcón.

Rachel was combing her hair on the balcony.

Mi madrina me dijo que no <u>me</u> peinara con ese peine.
Mizuki no quiso peinar a Hanna.
Cuando peines a Miguelito, ponle gomina.

My godmother told me not to comb my hair with that comb.
Mizuki refused to comb Hanna's hair.
When you comb Michael's hair, put on some gel.

pensar

to think, to ponder

Gerundio: pensando   **Participio pasado:** pensado

Mood	Simple Tenses		Compound Tenses	
	Singular	*Plural*	*Singular*	*Plural*
	Present		**Present Perfect**	
	pienso	pensamos	he pensado	hemos pensado
	piensas	pensáis	has pensado	habéis pensado
	piensa	piensan	ha pensado	han pensado
	Preterit		**Preterit Perfect**	
	pensé	pensamos	hube pensado	hubimos pensado
	pensaste	pensasteis	hubiste pensado	hubisteis pensado
	pensó	pensaron	hubo pensado	hubieron pensado
Indicative	**Imperfect**		**Pluperfect**	
	pensaba	pensábamos	había pensado	habíamos pensado
	pensabas	pensabais	habías pensado	habíais pensado
	pensaba	pensaban	había pensado	habían pensado
	Future		**Future Perfect**	
	pensaré	pensaremos	habré pensado	habremos pensado
	pensarás	pensareis	habrás pensado	habréis pensado
	pensará	pensarán	habrá pensado	habrán pensado
	Conditional		**Conditional Perfect**	
	pensaría	pensaríamos	habría pensado	habríamos pensado
	pensarías	pensaríais	habrías pensado	habríais pensado
	pensaría	pensarían	habría pensado	habrían pensado
Subjunctive	**Present**		**Present Perfect**	
	piense	pensemos	haya pensado	hayamos pensado
	pienses	penséis	hayas pensado	hayáis pensado
	piense	piensen	haya pensado	hayan pensado
	Imperfect		**Pluperfect**	
	pensara, -se	pensáramos, -semos	hubiera, -se pensado	hubiéramos,-semos pensado
	pensaras, -ses	pensarais, -seis	hubieras, -ses pensado	hubierais, -seis pensado
	pensara, -se	pensaran, -sen	hubiera, -se pensado	hubieran, -sen pensado

IMPERATIVE

piensa (tú); no pienses

(no) piense (Ud.)

(no) pensemos (nosotros)

pensad (vosotros); no penséis

(no) piensen (Uds.)

EXAMPLES

¿En qué piensas?

Pensaba en el examen.

Si lo hubieses pensado mejor, no estarías en problemas ahora.

Estaba pensando en comprar el vestido hoy.

What are you thinking about?

I was thinking about the test.

If you had thought about it better, you wouldn't be in trouble now.

I was thinking about buying the dress today.

IDIOMATIC EXAMPLES

¿Qué piensas del doctor?

¡Ni lo pienses!

What is your opinion of the doctor?

Don't even think about it!

perder

to lose, to waste (time)

Gerundio: perdiendo   **Participio pasado:** perdido

Mood	Simple Tenses		Compound Tenses	
	Singular	*Plural*	*Singular*	*Plural*
Indicative	**Present**		**Present Perfect**	
	pierdo	perdemos	he perdido	hemos perdido
	pierdes	perdéis	has perdido	habéis perdido
	pierde	pierden	ha perdido	han perdido
	Preterit		**Preterit Perfect**	
	perdí	perdimos	hube perdido	hubimos perdido
	perdiste	perdisteis	hubiste perdido	hubisteis perdido
	perdió	perdieron	hubo perdido	hubieron perdido
	Imperfect		**Pluperfect**	
	perdía	perdíamos	había perdido	habíamos perdido
	perdías	perdíais	habías perdido	habíais perdido
	perdía	perdían	había perdido	habían perdido
	Future		**Future Perfect**	
	perderé	perderemos	habré perdido	habremos perdido
	perderás	perderéis	habrás perdido	habréis perdido
	perderá	perderán	habrá perdido	habrán perdido
	Conditional		**Conditional Perfect**	
	perdería	perderíamos	habría perdido	habríamos perdido
	perderías	perderíais	habrías perdido	habríais perdido
	perdería	perderían	habría perdido	habrían perdido
Subjunctive	**Present**		**Present Perfect**	
	pierda	perdamos	haya perdido	hayamos perdido
	pierdas	perdáis	hayas perdido	hayáis perdido
	pierda	pierdan	haya perdido	hayan perdido
	Imperfect		**Pluperfect**	
	perdiera, -se	perdiéramos, -semos	hubiera, -se perdido	hubiéramos,-semos perdido
	perdieras, -ses	perdierais, -seis	hubieras, -ses perdido	
	perdiera, -se	perdieran, -sen	hubiera, -se perdido	hubierais, -seis perdido
				hubieran, -sen perdido

IMPERATIVE

pierde (tú); no pierdas

(no) pierda (Ud.)

(no) perdamos (nosotros)

perded (vosotros); no perdáis

(no) pierdan (Uds.)

Note: As a reflexive verb, *perderse* (to get lost, to lose oneself) uses the reflexive pronouns *me, te, se, nos, os, se.* Example 4 shows the reflexive use.

EXAMPLES

Siempre pierdo las llaves del auto.

Hemos perdido mucho dinero apostando.

No pierdas el tiempo charlando tonterías.

¡No te pierdas en el bosque, Caperucita Roja.

I always lose my car keys.

We have lost a lot of money betting.

Don't waste time talking nonsense.

Don't get lost in the forest, Little Red Riding Hood!

IDIOMATIC EXAMPLES

¿Has perdido la cabeza?

Estoy perdida. No sé qué hacer.

Have you lost your mind?

I am lost. I don't know what to do.

perdonar

to pardon, to forgive, to excuse

Gerundio: perdonando   **Participio pasado:** perdonado

Mood	Simple Tenses		Compound Tenses	
	Singular	*Plural*	*Singular*	*Plural*
Indicative	**Present**		**Present Perfect**	
	perdono	perdonamos	he perdonado	hemos perdonado
	perdonas	perdonáis	has perdonado	habéis perdonado
	perdona	perdonan	ha perdonado	han perdonado
	Preterit		**Preterit Perfect**	
	perdoné	perdonamos	hube perdonado	hubimos perdonado
	perdonaste	perdonasteis	hubiste perdonado	hubisteis perdonado
	perdonó	perdonaron	hubo perdonado	hubieron perdonado
	Imperfect		**Pluperfect**	
	perdonaba	perdonábamos	había perdonado	habíamos perdonado
	perdonabas	perdonabais	habías perdonado	habíais perdonado
	perdonaba	perdonaban	había perdonado	habían perdonado
	Future		**Future Perfect**	
	perdonaré	perdonaremos	habré perdonado	habremos perdonado
	perdonarás	perdonaréis	habrás perdonado	habréis perdonado
	perdonará	perdonarán	habrá perdonado	habrán perdonado
	Conditional		**Conditional Perfect**	
	perdonaría	perdonaríamos	habría perdonado	habríamos perdonado
	perdonarías	perdonaríais	habrías perdonado	habríais perdonado
	perdonaría	perdonarían	habría perdonado	habrían perdonado
Subjunctive	**Present**		**Present Perfect**	
	perdone	perdonemos	haya perdonado	hayamos perdonado
	perdones	perdonéis	hayas perdonado	hayáis perdonado
	perdone	perdonen	haya perdonado	hayan perdonado
	Imperfect		**Pluperfect**	
	perdonara, -se	perdonáramos, -semos	hubiera, -se perdonado	hubiéramos,-semos perdonado
	perdonaras, -ses	perdonarais, -seis	hubieras, -ses perdonado	hubierais, -seis perdonado
	perdonara, -se	perdonaran, -sen	hubiera, -se perdonado	hubieran, -sen perdonado

IMPERATIVE

perdona (tú); no perdones
(no) perdone (Ud.)

(no) perdonemos (nosotros)
perdonad (vosotros); no perdonéis
(no) perdonen (Uds.)

EXAMPLES

El criminal fue perdonado justo antes de la ejecución.

The criminal was pardoned just before the execution.

Perdonemos a los que nos hacen mal.

Let's forgive those who harm us.

Le perdonaron la falta al estudiante porque estaba enfermo.

They excused the student's absence because he was sick.

IDIOMATIC EXAMPLES

Perdone Ud.

Excuse me! / Pardon me!

Perdone la molestia.

Excuse me (for bothering you).

permitir

to permit, to allow, to grant

Gerundio: permitiendo   **Participio pasado:** permitido

Mood	Simple Tenses		Compound Tenses	
	Singular	*Plural*	*Singular*	*Plural*
Indicative	**Present**		**Present Perfect**	
	permito permites permite	permitimos permitís permiten	he permitido has permitido ha permitido	hemos permitido habéis permitido han permitido
	Preterit		**Preterit Perfect**	
	permití permitiste permitió	permitimos permitisteis permitieron	hube permitido hubiste permitido hubo permitido	hubimos permitido hubisteis permitido hubieron permitido
	Imperfect		**Pluperfect**	
	permitía permitías permitía	permitíamos permitíais permitían	había permitido habías permitido había permitido	habíamos permitido habíais permitido habían permitido
	Future		**Future Perfect**	
	permitiré permitirás permitirá	permitiremos permitiréis permitirán	habré permitido habrás permitido habrá permitido	habremos permitido habréis permitido habrán permitido
	Conditional		**Conditional Perfect**	
	permitiría permitirías permitiría	permitiríamos permitiríais permitirían	habría permitido habrías permitido habría permitido	habríamos permitido habríais permitido habrían permitido
Subjunctive	**Present**		**Present Perfect**	
	permita permitas permita	permitamos permitáis permitan	haya permitido hayas permitido haya permitido	hayamos permitido hayáis permitido hayan permitido
	Imperfect		**Pluperfect**	
	permitiera, -se permitieras, -ses permitiera, -se	permitiéramos, -semos permitierais, -seis permitieran, -sen	hubiera, -se permitido hubieras, -ses permitido hubiera, -se permitido	hubiéramos,-semos permitido hubierais, -seis permitido hubieran, -sen permitido

IMPERATIVE

permite (tú); no permitas
(no) permita (Ud.)

(no) permitamos (nosotros)
permitid (vosotros); no permitáis
(no) permitan (Uds.)

EXAMPLES

No permitas que ellos fumen en la casa.
Ojalá que le permitan ir con nosotras.
Dudé que le permitieran comprarse el auto.

Ella no ha permitido que él salga solo.

Don't allow them to smoke in the house.
We hope she is allowed to go with us.
I doubted that they would allow him to buy the car.

She has not allowed him to go out by himself.

perseguir

to pursue, to chase, to run after

Gerundio: persiguiendo   **Participio pasado:** perseguido

Mood	Simple Tenses		Compound Tenses	
	Singular	*Plural*	*Singular*	*Plural*
Indicative	**Present**		**Present Perfect**	
	persigo	perseguimos	he perseguido	hemos perseguido
	persigues	perseguís	has perseguido	habéis perseguido
	persigue	persiguen	ha perseguido	han perseguido
	Preterit		**Preterit Perfect**	
	perseguí	perseguimos	hube perseguido	hubimos perseguido
	perseguiste	perseguisteis	hubiste perseguido	hubisteis perseguido
	persiguió	persiguieron	hubo perseguido	hubieron perseguido
	Imperfect		**Pluperfect**	
	perseguía	perseguíamos	había perseguido	habíamos perseguido
	perseguías	perseguíais	habías perseguido	habíais perseguido
	perseguía	perseguían	había perseguido	habían perseguido
	Future		**Future Perfect**	
	perseguiré	perseguiremos	habré perseguido	habremos perseguido
	perseguirás	perseguiréis	habrás perseguido	habréis perseguido
	perseguirá	perseguirán	habrá perseguido	habrán perseguido
	Conditional		**Conditional Perfect**	
	perseguiría	perseguiríamos	habría perseguido	habríamos perseguido
	perseguirías	perseguiríais	habrías perseguido	habríais perseguido
	perseguiría	perseguirían	habría perseguido	habrían perseguido
Subjunctive	**Present**		**Present Perfect**	
	persiga	persigamos	haya perseguido	hayamos perseguido
	persigas	persigáis	hayas perseguido	hayáis perseguido
	persiga	persigan	haya perseguido	hayan perseguido
	Imperfect		**Pluperfect**	
	persiguiera, -se	persiguiéramos, -semos	hubiera, -se perseguido	hubiéramos,-semos perseguido
	persiguieras, -ses		hubieras, -ses perseguido	
	persiguiera, -se	persiguierais, -seis	hubiera, -se perseguido	hubierais, -seis perseguido
		persiguieran, -sen		hubieran, -sen perseguido

IMPERATIVE

persigue (tú); no persigas
(no) persiga (Ud.)

(no) persigamos (nosotros)
perseguid (vosotros); no persigáis
(no) persigan (Uds.)

EXAMPLES

El detective persiguió al ladrón por la autopista.

The detective chased the thief down the highway.

Lo estaban persiguiendo porque había robado una joyería.

They were chasing him because he had assaulted a jewelry store.

Las admiradoras habrían perseguido al actor pero él se escondió.

The fans would have run after the actor, but he hid himself.

pertenecer

to belong, to pertain

Gerundio: perteneciendo **Participio pasado:** pertenecido

Mood	Simple Tenses		Compound Tenses	
	Singular	**Plural**	**Singular**	**Plural**
Indicative	**Present**		**Present Perfect**	
	pertenezco perteneces pertenece	pertenecemos pertenecéis pertenecen	he pertenecido has pertenecido ha pertenecido	hemos pertenecido habéis pertenecido han pertenecido
	Preterit		**Preterit Perfect**	
	pertenecí perteneciste perteneció	pertenecimos pertenecisteis pertenecieron	hube pertenecido hubiste pertenecido hubo pertenecido	hubimos pertenecido hubisteis pertenecido hubieron pertenecido
	Imperfect		**Pluperfect**	
	pertenecía pertenecías pertenecía	pertenecíamos pertenecíais pertenecían	había pertenecido habías pertenecido había pertenecido	habíamos pertenecido habíais pertenecido habían pertenecido
	Future		**Future Perfect**	
	perteneceré pertenecerás pertenecerá	perteneceremos pertenecéréis pertenecerán	habré pertenecido habrás pertenecido habrá pertenecido	habremos pertenecido habréis pertenecido habrán pertenecido
	Conditional		**Conditional Perfect**	
	pertenecería pertenecerías pertenecería	perteneceríamos perteneceríais pertenecerían	habría pertenecido habrías pertenecido habría pertenecido	habríamos pertenecido habríais pertenecido habrían pertenecido
Subjunctive	**Present**		**Present Perfect**	
	pertenezca pertenezcas pertenezca	pertenezcamos pertenezcáis pertenezcan	haya pertenecido hayas pertenecido haya pertenecido	hayamos pertenecido hayáis pertenecido hayan pertenecido
	Imperfect		**Pluperfect**	
	perteneciera, -se pertenecieras, -ses perteneciera, -se	perteneciéramos, -semos pertenecierais, -seis pertenecieran, -sen	hubiera, -se pertenecido hubieras, -ses pertenecido hubiera, -se pertenecido	hubiéramos,-semos pertenecido hubierais, -seis pertene- cido hubieran, -sen pertene- cido

IMPERATIVE

pertenece (tú); no pertenezcas

(no) pertenezca (Ud.)

(no) pertenezcamos (nosotros)

perteneced (vosotros); no pertenezcáis

(no) pertenezcan (Uds.)

EXAMPLES

Ese libro le pertenece a María.

That book belongs to Mary.

Aunque no pertenezcas al Club de Español, puedes ir conmigo.

Even if you don't belong to the Spanish Club, you can go with me.

Juan Carlos habla como si perteneciera a la realeza.

Juan Carlos speaks as if he belonged to royalty.

Ese radio le pertenecía a Cody, pero me lo vendió.

That radio used to belong to Cody, but she sold it to me.

pescar

to fish, to catch

Gerundio: pescando   **Participio pasado:** pescado

Mood	Simple Tenses		Compound Tenses	
	Singular	*Plural*	*Singular*	*Plural*
Indicative	**Present**		**Present Perfect**	
	pesco pescas pesca	pescamos pescáis pescan	he pescado has pescado ha pescado	hemos pescado habéis pescado han pescado
	Preterit		**Preterit Perfect**	
	pesqué pescaste pescó	pescamos pescasteis pescaron	hube pescado hubiste pescado hubo pescado	hubimos pescado hubisteis pescado hubieron pescado
	Imperfect		**Pluperfect**	
	pescaba pescabas pescaba	pescábamos pescabais pescaban	había pescado habías pescado había pescado	habíamos pescado habíais pescado habían pescado
	Future		**Future Perfect**	
	pescaré pescarás pescará	pescaremos pescaréis pescarán	habré pescado habrás pescado habrá pescado	habremos pescado habréis pescado habrán pescado
	Conditional		**Conditional Perfect**	
	pescaría pescarías pescaría	pescaríamos pescaríais pescarían	habría pescado habrías pescado habría pescado	habríamos pescado habríais pescado habrían pescado
Subjunctive	**Present**		**Present Perfect**	
	pesque pesques pesque	pesquemos pesquéis pesquen	haya pescado hayas pescado haya pescado	hayamos pescado hayáis pescado hayan pescado
	Imperfect		**Pluperfect**	
	pescara, -se pescaras, -ses pescara, -se	pescáramos, -semos pescarais, -seis pescaran, -sen	hubiera, -se pescado hubieras, -ses pescado hubiera, -se pescado	hubiéramos,-semos pescado hubierais, -seis pescado hubieran, -sen pescado

IMPERATIVE

pesca (tú) ; no pesques
(no) pesque (Ud.)

(no) pesquemos (nosotros)
pescad (vosotros); no pesquéis
(no) pesquen (Uds.)

EXAMPLES

Pesqué en el lago ayer.	I fished on the lake yesterday.
Es preciso que pesque un pez grande para ganar el torneo.	It is necessary that I catch a big fish so I can win the tournament.
Me alegro de que él haya pescado un pez grande.	I am happy that he has caught a big fish.
Estábamos pescando cuando empezó a llover.	We were fishing when it started to rain.

IDIOMATIC EXAMPLE

Mariana ha pescado un resfriado fuerte.   Mariana has caught a very bad cold.

pintarse

to makeup one's face, to color one's hair
Gerundio: pintándose   **Participio pasado:** pintado

Mood	Simple Tenses		Compound Tenses	
	Singular	*Plural*	*Singular*	*Plural*
Indicative	**Present**		**Present Perfect**	
	me pinto te pintas se pinta	nos pintamos os pintáis se pintan	me he pintado te has pintado se ha pintado	nos hemos pintado os habéis pintado se han pintado
	Preterit		**Preterit Perfect**	
	me pinté te pintaste se pintó	nos pintamos os pintasteis se pintaron	me hube pintado te hubiste pintado se hubo pintado	nos hubimos pintado os hubisteis pintado se hubieron pintado
	Imperfect		**Pluperfect**	
	me pintaba te pintabas se pintaba	nos pintábamos os pintabais se pintaban	me había pintado te habías pintado se había pintado	nos habíamos pintado os habíais pintado se habían pintado
	Future		**Future Perfect**	
	me pintaré te pintarás se pintará	nos pintaremos os pintaréis se pintarán	me habré pintado te habrás pintado se habrá pintado	nos habremos pintado os habréis pintado se habrán pintado
	Conditional		**Conditional Perfect**	
	me pintaría te pintarías se pintaría	nos pintaríamos os pintaríais se pintarían	me habría pintado te habrías pintado se habría pintado	nos habríamos pintado os habríais pintado se habrían pintado
Subjunctive	**Present**		**Present Perfect**	
	me pinte te pintes se pinte	nos pintemos os pintéis se pinten	me haya pintado te hayas pintado se haya pintado	nos hayamos pintado os hayáis pintado se hayan pintado
	Imperfect		**Pluperfect**	
	me pintara, -se te pintaras, -ses se pintara, -se	nos pintáramos, -semos os pintarais, -seis se pintaran, -sen	me hubiera, -se pintado te hubieras, -ses pintado se hubiera, -se pintado	nos hubiéramos, -semos pintado os hubierais, -seis pintado se hubieran, -sen pintado

IMPERATIVE

píntate (tú); no te pintes
píntese (Ud.); no se pinte

pintémonos (nosotros); no nos pintemos
pintaos (vosotros); no os pintéis
píntense (Uds.); no se pinten

Note: As a nonreflexive verb, *pintar* (to paint, to put make up on someone else) is shown in Examples 3 and 4.

EXAMPLES

¡Se pintó el pelo de morado!
Si se pintara se veía más bonita.

She colored her hair purple!
If she were to put makeup on, she would look prettier.

El pintor había pintado el retrato del presidente dos veces.
Estuvo pintando la casa todo el día.

The artist had painted the portrait of the president twice.
He was painting the house all day long.

pisar

to step on, to tread on, to trample on

Gerundio: pisando   **Participio pasado:** pisado

Mood	Simple Tenses		Compound Tenses	
	Singular	*Plural*	*Singular*	*Plural*
Indicative	**Present**		**Present Perfect**	
	piso	pisamos	he pisado	hemos pisado
	pisas	pisáis	has pisado	habéis pisado
	pisa	pisan	ha pisado	han pisado
	Preterit		**Preterit Perfect**	
	pisé	pisamos	hube pisado	hubimos pisado
	pisaste	pisasteis	hubiste pisado	hubisteis pisado
	pisó	pisaron	hubo pisado	hubieron pisado
	Imperfect		**Pluperfect**	
	pisaba	pisábamos	había pisado	habíamos pisado
	pisabas	pisabais	habías pisado	habíais pisado
	pisaba	pisaban	había pisado	habían pisado
	Future		**Future Perfect**	
	pisaré	pisaremos	habré pisado	habremos pisado
	pisarás	pisaréis	habrás pisado	habréis pisado
	pisará	pisarán	habrá pisado	habrán pisado
	Conditional		**Conditional Perfect**	
	pisaría	pisaríamos	habría pisado	habríamos pisado
	pisarías	pisaríais	habrías pisado	habríais pisado
	pisaría	pisarían	habría pisado	habrían pisado
Subjunctive	**Present**		**Present Perfect**	
	pise	pisemos	haya pisado	hayamos pisado
	pises	piséis	hayas pisado	hayáis pisado
	pise	pisen	haya pisado	hayan pisado
	Imperfect		**Pluperfect**	
	pisara, -se	pisáramos, -semos	hubiera, -se pisado	hubiéramos,-semos pisado
	pisaras, -ses	pisarais, -seis	hubieras, -ses pisado	hubierais, -seis pisado
	pisara, -se	pisaran, -sen	hubiera, -se pisado	hubieran, -sen pisado

IMPERATIVE

	(no) pisemos (nosotros)
pisa (tú); no pises	pisad (vosotros); no piséis
(no) pise (Ud.)	(no) pisen (Uds.)

EXAMPLES

No pisen el césped.	Keep off the grass.
Ella pisó el piso con los zapatos mojados.	She stepped on the floor with her wet shoes.
Me habrían pisado si no me muevo rápido.	They would have stepped on me if I didn't move quickly.
Pisa con cuidado. El piso está mojado.	Walk carefully. The floor is wet.

planificar
to plan
Gerundio: planificando   **Participio pasado:** planificado

Mood	Simple Tenses		Compound Tenses	
	Singular	*Plural*	*Singular*	*Plural*
Indicative	**Present**		**Present Perfect**	
	planifico planificas planifica	planificamos planificáis planifican	he planificado has planificado ha planificado	hemos planificado habéis planificado han planificado
	Preterit		**Preterit Perfect**	
	planifiqué planificaste planificó	planificamos planificasteis planificaron	hube planificado hubiste planificado hubo planificado	hubimos planificado hubisteis planificado hubieron planificado
	Imperfect		**Pluperfect**	
	planificaba planificabas planificaba	planificábamos planificabais planificaban	había planificado habías planificado había planificado	habíamos planificado habíais planificado habían planificado
	Future		**Future Perfect**	
	planificaré planificarás planificará	planificaremos planificaréis planificarán	habré planificado habrás planificado habrá planificado	habremos planificado habréis planificado habrán planificado
	Conditional		**Conditional Perfect**	
	planificaría planificarías planificaría	planificaríamos planificaríais planificarían	habría planificado habrías planificado habría planificado	habríamos planificado habríais planificado habrían planificado
Subjunctive	**Present**		**Present Perfect**	
	planifique planifiques planifique	planifiquemos planifiquéis planifiquen	haya planificado hayas planificado haya planificado	hayamos planificado hayáis planificado hayan planificado
	Imperfect		**Pluperfect**	
	planificara, -se planificaras, -ses planificara, -se	planificáramos, -semos planificarais, -seis planificaran, -sen	hubiera, -se planificado hubieras, -ses planificado hubiera, -se planificado	hubiéramos,-semos planificado hubierais, -seis planificado hubieran, -sen planificado

IMPERATIVE

planifica (tú); no planifiques
(no) planifique (Ud.)

(no) planifiquemos (nosotros)
planificad (vosotros); no planifiquéis
(no) planifiquen (Uds.)

EXAMPLES

Estamos planificando el viaje a Colorado.
We are planning the trip to Colorado.

Es bueno que planifiques con tiempo tu horario de clases.
It is a good idea that you plan ahead of time your class schedule.

Planificaremos las acciones a seguir según el acuerdo.
We will plan which actions to take according to the agreement.

Hemos planificado la construcción de la casa.
We have planned the construction of the house.

platicar
to talk, to discuss, to chat
Gerundio: platicando   **Participio pasado:** platicado

Mood	Simple Tenses		Compound Tenses	
	Singular	*Plural*	*Singular*	*Plural*
Indicative	**Present**		**Present Perfect**	
	platico	platicamos	he platicado	hemos platicado
	platicas	platicáis	has platicado	habéis platicado
	platica	platican	ha platicado	han platicado
	Preterit		**Preterit Perfect**	
	platiqué	platicamos	hube platicado	hubimos platicado
	platicaste	platicasteis	hubiste platicado	hubisteis platicado
	platicó	platicaron	hubo platicado	hubieron platicado
	Imperfect		**Pluperfect**	
	platicaba	platicábamos	había platicado	habíamos platicado
	platicabas	platicabais	habías platicado	habíais platicado
	platicaba	platicaban	había platicado	habían platicado
	Future		**Future Perfect**	
	platicaré	platicaremos	habré platicado	habremos platicado
	platicarás	platicaréis	habrás platicado	habréis platicado
	platicará	platicarán	habrá platicado	habrán platicado
	Conditional		**Conditional Perfect**	
	platicaría	platicaríamos	habría platicado	habríamos platicado
	platicarías	platicaríais	habrías platicado	habríais platicado
	platicaría	platicarían	habría platicado	habrían platicado
Subjunctive	**Present**		**Present Perfect**	
	platique	platiquemos	haya platicado	hayamos platicado
	platiques	platiquéis	hayas platicado	hayáis platicado
	platique	platiquen	haya platicado	hayan platicado
	Imperfect		**Pluperfect**	
	platicara, -se	platicáramos, -semos	hubiera, -se platicado	hubiéramos,-semos platicado
	platicaras, -ses	platicarais, -seis	hubieras, -ses platicado	hubierais, -seis platicado
	platicara, -se	platicaran, -sen	hubiera, -se platicado	hubieran, -sen platicado

IMPERATIVE

platica (tú); no platiques
(no) platique (Ud.)

(no) platiquemos (nosotros)
platicad (vosotros); no platiquéis
(no) platiquen (Uds.)

EXAMPLES

Mis amigas y yo estuvimos platicando toda la noche.

My friends and I were talking all night long.

Edna y Eli platican mucho por teléfono.

Edna and Eli chat a lot over the phone.

Me alegro de que Ignacio y Beatriz hayan platicado sobre sus problemas.

I am glad that Ignacio and Beatriz have talked through their problems.

Estamos platicando sobre política.

We are talking about politics.

poder

to be able, can

Gerundio: pudiendo   **Participio pasado:** podido

Mood	Simple Tenses		Compound Tenses	
	Singular	*Plural*	*Singular*	*Plural*
Indicative	**Present**		**Present Perfect**	
	puedo puedes puede	podemos podéis pueden	he podido has podido ha podido	hemos podido habéis podido han podido
	Preterit		**Preterit Perfect**	
	pude pudiste pudo	pudimos pudisteis pudieron	hube podido hubiste podido hubo podido	hubimos podido hubisteis podido hubieron podido
	Imperfect		**Pluperfect**	
	podía podías podía	podíamos podíais podían	había podido habías podido había podido	habíamos podido habíais podido habían podido
	Future		**Future Perfect**	
	podré podrás podrá	podremos podréis podrán	habré podido habrás podido habrá podido	habremos podido habréis podido habrán podido
	Conditional		**Conditional Perfect**	
	podría podrías podría	podríamos podríais podrían	habría podido habrías podido habría podido	habríamos podido habríais podido habrían podido
Subjunctive	**Present**		**Present Perfect**	
	pueda puedas pueda	podamos podáis puedan	haya podido hayas podido haya podido	hayamos podido hayáis podido hayan podido
	Imperfect		**Pluperfect**	
	pudiera, -se pudieras, -ses pudiera, -se	pudiéramos, -semos pudierais, -seis pudieran, -sen	hubiera, -se podido hubieras, -ses podido hubiera, -se podido	hubiéramos,-semos podido hubierais, -seis podido hubieran, -sen podido

IMPERATIVE

puede (tú); no puedas
(no) pueda (Ud.)

(no) podamos (nosotros)
poded (vosotros); no podáis
(no) puedan (Uds.)

EXAMPLES

No puedes levantar objetos pesados.
Sin tu ayuda no hubiera podido terminar.
Podría haber terminado el trabajo, pero se cortó la electricidad.
¿Pudieron ir ellos al concierto?

You cannot lift heavy objects.
Without your help I couldn't have done it.
I could have finished the work, but the electric power failed.
Were they able to go to the concert?

IDIOMATIC EXAMPLE

No puedo verla ni en pintura.

I cannot stand the sight of her.

poner

to put, to place, to set

Gerundio: poniendo   **Participio pasado:** puesto

Mood	Simple Tenses		Compound Tenses	
	Singular	*Plural*	*Singular*	*Plural*
Indicative	**Present**		**Present Perfect**	
	pongo	ponemos	he puesto	hemos puesto
	pones	ponéis	has puesto	habéis puesto
	pone	ponen	ha puesto	han puesto
	Preterit		**Preterit Perfect**	
	puse	pusimos	hube puesto	hubimos puesto
	pusiste	pusisteis	hubiste puesto	hubisteis puesto
	puso	pusieron	hubo puesto	hubieron puesto
	Imperfect		**Pluperfect**	
	ponía	poníamos	había puesto	habíamos puesto
	ponías	poníais	habías puesto	habíais puesto
	ponía	ponían	había puesto	habían puesto
	Future		**Future Perfect**	
	pondré	pondremos	habré puesto	habremos puesto
	pondrás	pondréis	habrás puesto	habréis puesto
	pondrá	pondrán	habrá puesto	habrán puesto
	Conditional		**Conditional Perfect**	
	pondría	pondríamos	habría puesto	habríamos puesto
	pondrías	pondríais	habrías puesto	habríais puesto
	pondría	pondrían	habría puesto	habrían puesto
Subjunctive	**Present**		**Present Perfect**	
	ponga	pongamos	haya puesto	hayamos puesto
	pongas	pongáis	hayas puesto	hayáis puesto
	ponga	pongan	haya puesto	hayan puesto
	Imperfect		**Pluperfect**	
	pusiera, -se	pusiéramos, -semos	hubiera, -se puesto	hubiéramos,-semos puesto
	pusieras, -ses	pusierais, -seis	hubieras, -ses puesto	hubierais, -seis puesto
	pusiera, -se	pusieran, -sen	hubiera, -se puesto	hubieran, -sen puesto

IMPERATIVE

pon (tú); no pongas

(no) ponga (Ud.)

(no) pongamos (nosotros)

poned (vosotros); no pongáis

(no) pongan (Uds.)

Note: This verb has an irregular past participle, *puesto.*

EXAMPLES

Yo pongo mis libros en la mesa de noche.

La profesora pondrá más preguntas en el examen.

Esperaba que mis hijos pusieran la mesa sin decirles nada.

Puse la ropa en el armario.

I put my books on my nightstand.

The teacher will put more questions on the test.

I hoped that my children would set the table without my telling them anything.

I put the clothing in the dresser.

IDIOMATIC EXAMPLES

Los estudiantes le pusieron atención a la profesora.

Puso el grito en el cielo cuando vio los precios de los autos.

The students paid attention to the teacher.

He cried out to heaven when he saw the cars' prices.

ponerse

to put on clothing, to become

Gerundio: poniéndose   **Participio pasado:** puesto

Mood	Simple Tenses		Compound Tenses	
	Singular	*Plural*	*Singular*	*Plural*
Indicative	**Present**		**Present Perfect**	
	me pongo te pones se pone	nos ponemos os ponéis se ponen	me he puesto te has puesto se ha puesto	nos hemos puesto os habéis puesto se han puesto
	Preterit		**Preterit Perfect**	
	me puse te pusiste se puso	nos pusimos os pusisteis se pusieron	me hube puesto te hubiste puesto se hubo puesto	nos hubimos puesto os hubisteis puesto se hubieron puesto
	Imperfect		**Pluperfect**	
	me ponía te ponías se ponía	nos poníamos os poníais se ponían	me había puesto te habías puesto se había puesto	nos habíamos puesto os habíais puesto se habían puesto
	Future		**Future Perfect**	
	me pondré te pondrás se pondrá	nos pondremos os pondréis se pondrán	me habré puesto te habrás puesto se habrá puesto	nos habremos puesto os habréis puesto se habrán puesto
	Conditional		**Conditional Perfect**	
	me pondría te pondrías se pondría	nos pondríamos os pondríais se pondrían	me habría puesto te habrías puesto se habría puesto	nos habríamos puesto os habríais puesto se habrían puesto
Subjunctive	**Present**		**Present Perfect**	
	me ponga te pongas se ponga	nos pongamos os pongáis se pongan	me haya puesto te hayas puesto se haya puesto	nos hayamos puesto os hayáis puesto se hayan puesto
	Imperfect		**Pluperfect**	
	me pusiera, -se te pusieras, -ses se pusiera, -se	nos pusiéramos, -semos os pusierais, -seis se pusieran, -sen	me hubiera, -se puesto te hubieras, -ses puesto se hubiera, -se puesto	nos hubiéramos, -semos puesto os hubierais, -seis puesto se hubieran, -sen puesto

IMPERATIVE

ponte (tú); no te pongas
póngase (Ud.); no se ponga

pongámonos (nosotros); no nos pongamos
poneos (vosotros); no os pongáis
pónganse (Uds.); no se pongan

Note: This verb has an irregular past participle, *puesto.*

EXAMPLES

-¿<u>Me</u> pongo el vestido verde o el rojo?   Do I wear the green dress or the red dress?
-Pon<u>te</u> el rojo.   Wear the red one.
René <u>se</u> ha puesto cinco blusas diferentes hoy.   Rene has worn five different blouses today.
La niña <u>se</u> puso la peluca de su abuelita.   The little girl put on her grandmother's wig.

IDIOMATIC EXAMPLE

Ella se ponía colorada cada vez que lo veía.   She used to blush every time she saw him.
La mamá se puso alegre cuando supo las buenas noticias.   The mother was happy when she learned the good news.

poseer

to possess, to own

Gerundio: poseyendo **Participio pasado:** poseído

Mood	Simple Tenses		Compound Tenses	
	Singular	*Plural*	*Singular*	*Plural*
Indicative	**Present**		**Present Perfect**	
	poseo	poseemos	he poseído	hemos poseído
	posees	poseéis	has poseído	habéis poseído
	posee	poseen	ha poseído	han poseído
	Preterit		**Preterit Perfect**	
	poseí	poseímos	hube poseído	hubimos poseído
	poseíste	poseísteis	hubiste poseído	hubisteis poseído
	poseyó	poseyeron	hubo poseído	hubieron poseído
	Imperfect		**Pluperfect**	
	poseía	poseíamos	había poseído	habíamos poseído
	poseías	poseíais	habías poseído	habíais poseído
	poseía	poseían	había poseído	habían poseído
	Future		**Future Perfect**	
	poseeré	poseeremos	habré poseído	habremos poseído
	poseerás	poseeréis	habrás poseído	habréis poseído
	poseerá	poseerán	habrá poseído	habrán poseído
	Conditional		**Conditional Perfect**	
	poseería	poseeríamos	habría poseído	habríamos poseído
	poseerías	poseeríais	habrías poseído	habríais poseído
	poseería	poseerían	habría poseído	habrían poseído
Subjunctive	**Present**		**Present Perfect**	
	posea	poseamos	haya poseído	hayamos poseído
	poseas	poseáis	hayas poseído	hayáis poseído
	posea	posean	haya poseído	hayan poseído
	Imperfect		**Pluperfect**	
	poseyera, -se	poseyéramos, -semos	hubiera, -se poseído	hubiéramos,-semos poseído
	poseyeras, -ses	poseyerais, -seis	hubieras, -ses poseído	hubierais, -seis poseído
	poseyera, -se	poseyeran, -sen	hubiera, -se poseído	hubieran, -sen poseído

IMPERATIVE

posee (tú); no poseas

(no) posea (Ud.)

(no) poseamos (nosotros)

poseed (vosotros); no poseáis

(no) posean (Uds.)

EXAMPLES

Esas adolescentes no poseen licencia para conducir.

Those young ladies don't have a driver's license.

La familia Salazar poseía una gran fortuna.

The Salazar family used to possess a fortune.

Si poseyeras más dinero, ¿qué harías?

If you had more money, what would you do?

Ellos poseían un gran conocimiento de la constitución.

They possessed a vast knowledge of the constitution.

practicar

to practice

Gerundio: practicando   **Participio pasado:** practicado

Mood	Simple Tenses		Compound Tenses	
	Singular	*Plural*	*Singular*	*Plural*
Indicative	**Present**		**Present Perfect**	
	practico practicas practica	practicamos practicáis practican	he practicado has practicado ha practicado	hemos practicado habéis practicado han practicado
	Preterit		**Preterit Perfect**	
	practiqué practicaste practicó	practicamos practicasteis practicaron	hube practicado hubiste practicado hubo practicado	hubimos practicado hubisteis practicado hubieron practicado
	Imperfect		**Pluperfect**	
	practicaba practicabas practicaba	practicábamos practicabais practicaban	había practicado habías practicado había practicado	habíamos practicado habíais practicado habían practicado
	Future		**Future Perfect**	
	practicaré practicarás practicará	practicaremos practicaréis practicarán	habré practicado habrás practicado habrá practicado	habremos practicado habréis practicado habrán practicado
	Conditional		**Conditional Perfect**	
	practicaría practicarías practicaría	practicaríamos practicaríais practicarían	habría practicado habrías practicado habría practicado	habríamos practicado habríais practicado habrían practicado
Subjunctive	**Present**		**Present Perfect**	
	practique practiques practique	practiquemos practiquéis practiquen	haya practicado hayas practicado haya practicado	hayamos practicado hayáis practicado hayan practicado
	Imperfect		**Pluperfect**	
	practicara, -se practicaras, -ses practicara, -se	practicáramos, -semos practicarais, -seis practicaran, -sen	hubiera, -se practicado hubieras, -ses practicado hubiera, -se practicado	hubiéramos,-semos practicado hubierais, -seis practicado hubieran, -sen practicado

IMPERATIVE

practica (tú); no practiques
(no) practique (Ud.)

(no) practiquemos (nosotros)
practicad (vosotros); no practiquéis
(no) practiquen (Uds.)

EXAMPLES

Alfredo practicaba básquetbol todos los días.
Practiqué karate esta mañana.
¡Ojalá que Paola practique la trompeta en su cuarto!
Ella estuvo practicando toda la tarde.

Alfred used to practice basketball every day.
I practiced karate this morning.
I hope Paola practices the trumpet in her bedroom.
She was practicing all afternoon.

predicar
to preach

Gerundio: predicando　　**Participio pasado:** predicado

Mood	Simple Tenses		Compound Tenses	
	Singular	*Plural*	*Singular*	*Plural*
Indicative	**Present**		**Present Perfect**	
	predico	predicamos	he predicado	hemos predicado
	predicas	predicáis	has predicado	habéis predicado
	predica	predican	ha predicado	han predicado
	Preterit		**Preterit Perfect**	
	prediqué	predicamos	hube predicado	hubimos predicado
	predicaste	predicasteis	hubiste predicado	hubisteis predicado
	predicó	predicaron	hubo predicado	hubieron predicado
	Imperfect		**Pluperfect**	
	predicaba	predicábamos	había predicado	habíamos predicado
	predicabas	predicabais	habías predicado	habíais predicado
	predicaba	predicaban	había predicado	habían predicado
	Future		**Future Perfect**	
	predicaré	predicaremos	habré predicado	habremos predicado
	predicarás	predicaréis	habrás predicado	habréis predicado
	predicará	predicarán	habrá predicado	habrán predicado
	Conditional		**Conditional Perfect**	
	predicaría	predicaríamos	habría predicado	habríamos predicado
	predicarías	predicaríais	habrías predicado	habríais predicado
	predicaría	predicarían	habría predicado	habrían predicado
Subjunctive	**Present**		**Present Perfect**	
	predique	prediquemos	haya predicado	hayamos predicado
	prediques	prediquéis	hayas predicado	hayáis predicado
	predique	prediquen	haya predicado	hayan predicado
	Imperfect		**Pluperfect**	
	predicara, -se	predicáramos, -semos	hubiera, -se predicado	hubiéramos,-semos predicado
	predicaras, -ses	predicarais, -seis	hubieras, -ses predicado	
	predicara, -se	predicaran, -sen	hubiera, -se predicado	hubierais, -seis predicado
				hubieran, -sen predicado

IMPERATIVE

predica (tú); no prediques
(no) predique (Ud.)

(no) prediquemos (nosotros)
predicad (vosotros); no prediquéis
(no) prediquen (Uds.)

EXAMPLES

El Papa predica la tolerancia hacia todas las personas.	The Pope preaches tolerance for all people.
¡No prediques lo que no practiques!	Don't preach what you don't practice!
El cura predicó un corto sermón el domingo.	The priest preached a short sermon on Sunday.
El misionero predicaba el amor de Dios.	The missionary was preaching the love of God.

preferir

to prefer

Gerundio: prefiriendo **Participio pasado:** preferido

Mood	Simple Tenses		Compound Tenses	
	Singular	*Plural*	*Singular*	*Plural*
Indicative	**Present**		**Present Perfect**	
	prefiero	preferimos	he preferido	hemos preferido
	prefieres	preferís	has preferido	habéis preferido
	prefiere	prefieren	ha preferido	han preferido
	Preterit		**Preterit Perfect**	
	preferí	preferimos	hube preferido	hubimos preferido
	preferiste	preferisteis	hubiste preferido	hubisteis preferido
	prefirió	prefirieron	hubo preferido	hubieron preferido
	Imperfect		**Pluperfect**	
	prefería	preferíamos	había preferido	habíamos preferido
	preferías	preferíais	habías preferido	habíais preferido
	prefería	preferían	había preferido	habían preferido
	Future		**Future Perfect**	
	preferiré	preferiremos	habré preferido	habremos preferido
	preferirás	preferiréis	habrás preferido	habréis preferido
	preferirá	preferirán	habrá preferido	habrán preferido
	Conditional		**Conditional Perfect**	
	preferiría	preferiríamos	habría preferido	habríamos preferido
	preferirías	preferiríais	habrías preferido	habríais preferido
	preferiría	preferirían	habría preferido	habrían preferido
Subjunctive	**Present**		**Present Perfect**	
	prefiera	prefiramos	haya preferido	hayamos preferido
	prefieras	prefiráis	hayas preferido	hayáis preferido
	prefiera	prefieran	haya preferido	hayan preferido
	Imperfect		**Pluperfect**	
	prefiriera, -se	prefiriéramos, -semos	hubiera, -se preferido	hubiéramos,-semos preferido
	prefirieras, -ses	prefirierais, -seis	hubieras, -ses preferido	
	prefiriera, -se	prefirieran, -sen	hubiera, -se preferido	hubierais, -seis preferido
				hubieran, -sen preferido

IMPERATIVE

	(no) prefiramos (nosotros)
prefiere (tú); no prefieras	preferid (vosotros); no prefiráis
(no) prefiera (Ud.)	(no) prefieran (Uds.)

EXAMPLES

-¿Adónde prefieres ir de compras? Where do you prefer to go shopping?
¿A La Española o a la juguetería Mimis? To the Española or Mimis' Toys?
-Preferiría ir a Mimis. I would prefer to go to Mimis'.
Dudamos que María Elena prefiera trabajar en el centro. We doubt that Maria Elena will prefer to work downtown.
Yo habría preferido ir de paseo. I would have preferred to go for a stroll.

preguntar
to ask, to question

Gerundio: preguntando   **Participio pasado:** preguntado

Mood	Simple Tenses		Compound Tenses	
	Singular	*Plural*	*Singular*	*Plural*
Indicative	**Present**		**Present Perfect**	
	pregunto	preguntamos	he preguntado	hemos preguntado
	preguntas	preguntáis	has preguntado	habéis preguntado
	pregunta	preguntan	ha preguntado	han preguntado
	Preterit		**Preterit Perfect**	
	pregunté	preguntamos	hube preguntado	hubimos preguntado
	preguntaste	preguntasteis	hubiste preguntado	hubisteis preguntado
	preguntó	preguntaron	hubo preguntado	hubieron preguntado
	Imperfect		**Pluperfect**	
	preguntaba	preguntábamos	había preguntado	habíamos preguntado
	preguntabas	preguntabais	habías preguntado	habíais preguntado
	preguntaba	preguntaban	había preguntado	habían preguntado
	Future		**Future Perfect**	
	preguntaré	preguntaremos	habré preguntado	habremos preguntado
	preguntarás	preguntaréis	habrás preguntado	habréis preguntado
	preguntará	preguntarán	habrá preguntado	habrán preguntado
	Conditional		**Conditional Perfect**	
	preguntaría	preguntaríamos	habría preguntado	habríamos preguntado
	preguntarías	preguntaríais	habrías preguntado	habríais preguntado
	preguntaría	preguntarían	habría preguntado	habrían preguntado
Subjunctive	**Present**		**Present Perfect**	
	pregunte	preguntemos	haya preguntado	hayamos preguntado
	preguntes	preguntéis	hayas preguntado	hayáis preguntado
	pregunte	pregunten	haya preguntado	hayan preguntado
	Imperfect		**Pluperfect**	
	preguntara, -se	preguntáramos, -semos	hubiera, -se preguntado	hubiéramos,-semos preguntado
	preguntaras, -ses		hubieras, -ses preguntado	
	preguntara, -se	preguntarais, -seis	hubiera, -se preguntado	hubierais, -seis preguntado
		preguntaran, -sen		hubieran, -sen preguntado

IMPERATIVE

	(no) preguntemos (nosotros)
pregunta (tú); no preguntes	preguntad (vosotros); no preguntéis
(no) pregunte (Ud.)	(no) pregunten (Uds.)

Note: As a reflexive verb, *preguntarse* (to wonder, to ask oneself) uses the reflexive pronouns *me, te, se, nos, os, se.* Examples 4 and 5 show the reflexive use.

EXAMPLES

Pregúntele a su compañero.	Ask your classmate.
El abogado me preguntó qué pasó el 24 de julio.	The lawyer asked me what happened on July 24th.
Le hubieses preguntado a tu mamá si podías ir.	You should have asked your mother if you could go.
Me pregunté si había dado la respuesta correcta.	I asked myself if I had given the right answer.
Nos hemos preguntado lo mismo mil veces.	We have asked ourselves the same question a thousand times.

preocuparse

to worry about, to be concerned

Gerundio: preocupándose   **Participio pasado:** preocupado

Mood	Simple Tenses		Compound Tenses	
	Singular	*Plural*	*Singular*	*Plural*
Indicative	**Present**		**Present Perfect**	
	me preocupo te preocupas se preocupa	nos preocupamos os preocupáis se preocupan	me he preocupado te has preocupado se ha preocupado	nos hemos preocupado os habéis preocupado se han preocupado
	Preterit		**Preterit Perfect**	
	me preocupé te preocupaste se preocupó	nos preocupamos os preocupasteis se preocuparon	me hube preocupado te hubiste preocupado se hubo preocupado	nos hubimos preocupado os hubisteis preocupado se hubieron preocupado
	Imperfect		**Pluperfect**	
	me preocupaba te preocupabas se preocupaba	nos preocupábamos os preocupabais se preocupaban	me había preocupado te habías preocupado se había preocupado	nos habíamos preocupado os habíais preocupado se habían preocupado
	Future		**Future Perfect**	
	me preocuparé te preocuparás se preocupará	nos preocuparemos os preocuparéis se preocuparán	me habré preocupado te habrás preocupado se habrá preocupado	nos habremos preocu- pado os habréis preocupado se habrán preocupado
	Conditional		**Conditional Perfect**	
	me preocuparía te preocuparías se preocuparía	nos preocuparíamos os preocuparíais se preocuparían	me habría preocupado te habrías preocupado se habría preocupado	nos habríamos preocu- pado os habríais preocupado se habrían preocupado
Subjunctive	**Present**		**Present Perfect**	
	me preocupe te preocupes se preocupe	nos preocupemos os preocupéis se preocupen	me haya preocupado te hayas preocupado se haya preocupado	nos hayamos preocupado os hayáis preocupado se hayan preocupado
	Imperfect		**Pluperfect**	
	me preocupara, -se te preocuparas, -ses se preocupara, -se	nos preocupáramos, -semos os preocuparais, -seis se preocuparan, -sen	me hubiera, -se preocu- pado te hubieras, -ses preo- cupado se hubiera, -se preocu- pado	nos hubiéramos, -semos preocupado os hubierais, -seis preo- cupado se hubieran, -sen preo- cupado

IMPERATIVE

	preocupémonos (nosotros); no nos preocu- pemos
preocúpate (tú); no te preocupes	preocupaos (vosotros); no os preocupéis
preocúpese (Ud.); no se preocupe	preocúpense (Uds); no se preocupen

Note: As a nonreflexive verb, *preocupar* (to preoccupy, to worry) is shown in Example 4.

EXAMPLES

Ella <u>se</u> preocupa mucho por el medio am-biente.	She worries a lot about the environment.
Preocúpe<u>se</u> de todos los detalles de la gra-bación.	Be concerned about all the details on the recording.
Con preocupar<u>se</u> no va a arreglar nada.	By worrying about it, you are not going to solve the problem.
Les preocupaba a sus padres la clase de ami-gos que la hija tenía.	It worried the parents about the type of friends her daughter was having.

prepararse

to be prepared, to get ready

Gerundio: preparándose   **Participio pasado:** preparado

Mood	Simple Tenses		Compound Tenses	
	Singular	*Plural*	*Singular*	*Plural*
Indicative	**Present**		**Present Perfect**	
	me preparo te preparas se prepara	nos preparamos os preparáis se preparan	me he preparado te has preparado se ha preparado	nos hemos preparado os habéis preparado se han preparado
	Preterit		**Preterit Perfect**	
	me preparé te preparaste se preparó	nos preparamos os preparasteis se prepararon	me hube preparado te hubiste preparado se hubo preparado	nos hubimos preparado os hubisteis preparado se hubieron preparado
	Imperfect		**Pluperfect**	
	me preparaba te preparabas se preparaba	nos preparábamos os preparabais se preparaban	me había preparado te habías preparado se había preparado	nos habíamos preparado os habíais preparado se habían preparado
	Future		**Future Perfect**	
	me prepararé te prepararás se preparará	nos prepararemos os prepararéis se prepararán	me habré preparado te habrás preparado se habrá preparado	nos habremos preparado os habréis preparado se habrán preparado
	Conditional		**Conditional Perfect**	
	me prepararía te prepararías se prepararía	nos prepararíamos os prepararíais se prepararían	me habría preparado te habrías preparado se habría preparado	nos habríamos preparado os habríais preparado se habrían preparado
Subjunctive	**Present**		**Present Perfect**	
	me prepare te prepares se prepare	nos preparemos os preparéis se preparen	me haya preparado te hayas preparado se haya preparado	nos hayamos preparado os hayáis preparado se hayan preparado
	Imperfect		**Pluperfect**	
	me preparara, -se te prepararas, -ses se preparara, -se	nos preparáramos, -semos os prepararais, -seis se prepararan, -sen	me hubiera, -se preparado te hubieras, -ses pre- parado se hubiera, -se preparado	nos hubiéramos, -semos preparado os hubierais, -seis pre- parado se hubieran, -sen pre- parado

IMPERATIVE

	preparémonos (nosotros); no nos prepar-emos
prepárate (tu); no te prepares	preparaos (vosotros); no os preparéis
prepárese (Ud.); no se prepare	prepárense (Uds.); no se preparen

Note: As a nonreflexive verb, *preparar* (to prepare) is shown in Example 4.

EXAMPLES

¿Se prepararon Uds. para el examen?	Did you prepare for the test?
Los estudiantes están preparados para presentar los exámenes finales.	The students are ready to take final exams.
Hay que estar preparado para cualquier eventualidad.	One has to be prepared for any emergency.
Los hombres prepararán la cena hoy.	The men will prepare dinner today.

presentar
to present, to introduce (a person), to display
Gerundio: presentando   **Participio pasado:** presentado

Mood	Simple Tenses		Compound Tenses	
	Singular	*Plural*	*Singular*	*Plural*
Indicative	**Present**		**Present Perfect**	
	presento	presentamos	he presentado	hemos presentado
	presentas	presentáis	has presentado	habéis presentado
	presenta	presentan	ha presentado	han presentado
	Preterit		**Preterit Perfect**	
	presenté	presentamos	hube presentado	hubimos presentado
	presentaste	presentasteis	hubiste presentado	hubisteis presentado
	presentó	presentaron	hubo presentado	hubieron presentado
	Imperfect		**Pluperfect**	
	presentaba	presentábamos	había presentado	habíamos presentado
	presentabas	presentabais	habías presentado	habíais presentado
	presentaba	presentaban	había presentado	habían presentado
	Future		**Future Perfect**	
	presentaré	presentaremos	habré presentado	habremos presentado
	presentarás	presentaréis	habrás presentado	habréis presentado
	presentará	presentarán	habrá presentado	habrán presentado
	Conditional		**Conditional Perfect**	
	presentaría	presentaríamos	habría presentado	habríamos presentado
	presentarías	presentaríais	habrías presentado	habríais presentado
	presentaría	presentarían	habría presentado	habrían presentado
Subjunctive	**Present**		**Present Perfect**	
	presente	presentemos	haya presentado	hayamos presentado
	presentes	presentéis	hayas presentado	hayáis presentado
	presente	presenten	haya presentado	hayan presentado
	Imperfect		**Pluperfect**	
	presentara, -se	presentáramos, -semos	hubiera, -se presentado	hubiéramos, -semos presentado
	presentaras, -ses	presentarais, -seis	hubieras, -ses presentado	hubierais, -seis presentado
	presentara, -se	presentaran, -sen	hubiera, -se presentado	hubieran, -sen presentado

IMPERATIVE

	(no) presentemos (nosotros)
presenta (tú); no presentes	presentad (vosotros); no presentéis
(no) presente (Ud.)	(no) presenten (Uds.)

Note: As a reflexive verb, *presentarse a* (to present itself, to appear, to show up) uses the reflexive pronouns *me, te, se, nos, os, se.* Example 4 shows the reflexive use.

EXAMPLES

El empleado presentó su renuncia al supervisor.	The clerk presented his resignation to his supervisor.
El banquero estaba presentando al nuevo inversionista.	The banker was introducing the new investor.
Presentaron la nueva mercancía en la exposición.	They displayed the new merchandise in the exhibition.
Ella se presentó a la fiesta sola.	She showed up at the party alone.

prestar

to lend, to loan, to offer

Gerundio: prestando   **Participio pasado:** prestado

Mood	Simple Tenses		Compound Tenses	
	Singular	*Plural*	*Singular*	*Plural*
	Present		**Present Perfect**	
	presto	prestamos	he prestado	hemos prestado
	prestas	prestáis	has prestado	habéis prestado
	presta	prestan	ha prestado	han prestado
	Preterit		**Preterit Perfect**	
	presté	prestamos	hube prestado	hubimos prestado
	prestaste	prestasteis	hubiste prestado	hubisteis prestado
	prestó	prestaron	hubo prestado	hubieron prestado
Indicative	**Imperfect**		**Pluperfect**	
	prestaba	prestábamos	había prestado	habíamos prestado
	prestabas	prestabais	habías prestado	habíais prestado
	prestaba	prestaban	había prestado	habían prestado
	Future		**Future Perfect**	
	prestaré	prestaremos	habré prestado	habremos prestado
	prestarás	prestaréis	habrás prestado	habréis prestado
	prestará	prestarán	habrá prestado	habrán prestado
	Conditional		**Conditional Perfect**	
	prestaría	prestaríamos	habría prestado	habríamos prestado
	prestarías	prestaríais	habrías prestado	habríais prestado
	prestaría	prestarían	habría prestado	habrían prestado
	Present		**Present Perfect**	
	preste	prestemos	haya prestado	hayamos prestado
	prestes	prestéis	hayas prestado	hayáis prestado
	preste	presten	haya prestado	hayan prestado
Subjunctive	**Imperfect**		**Pluperfect**	
	prestara, -se	prestáramos, -semos	hubiera, -se prestado	hubiéramos, -semos prestado
	prestaras, -ses	prestarais, -seis	hubieras, -ses prestado	
	prestara, -se	prestaran, -sen	hubiera, -se prestado	hubierais, -seis prestado
				hubieran, -sen prestado

IMPERATIVE

	(no) prestemos (nosotros)
presta (tú); no prestes	prestad (vosotros); no prestéis
(no) preste (Ud.)	(no) presten (Uds.)

Note: As a reflexive verb, *prestarse a* (to lend itself, to offer) uses the reflexive pronouns *me, te, se, nos, os, se.* Example 4 shows the reflexive use.

EXAMPLES

Le presté cincuenta dólares a Aída.	I loaned Aida fifty dollars.
Les prestaría mi libro pero tengo que estudiar.	I would loan them my book, but I have to study.
Aunque les preste mis apuntes, no van a estudiar.	Even if I loan them my notes, they are not going to study.
<u>Me</u> presté a ayudarles con la mudanza.	I offered to help them with moving.

prevenir

to warn, to prevent, to get ready, to prepare

Gerundio: previniendo   **Participio pasado:** prevenido

Mood	Simple Tenses		Compound Tenses	
	Singular	*Plural*	*Singular*	*Plural*
Indicative	**Present**		**Present Perfect**	
	prevengo	prevenimos	he prevenido	hemos prevenido
	previenes	prevenís	has prevenido	habéis prevenido
	previene	previenen	ha prevenido	han prevenido
	Preterit		**Preterit Perfect**	
	previne	previnimos	hube prevenido	hubimos prevenido
	previniste	previnisteis	hubiste prevenido	hubisteis prevenido
	previno	previnieron	hubo prevenido	hubieron prevenido
	Imperfect		**Pluperfect**	
	prevenía	preveníamos	había prevenido	habíamos prevenido
	prevenías	preveníais	habías prevenido	habíais prevenido
	prevenía	prevenían	había prevenido	habían prevenido
	Future		**Future Perfect**	
	prevendré	prevendremos	habré prevenido	habremos prevenido
	prevendrás	prevendréis	habrás prevenido	habréis prevenido
	prevendrá	prevendrán	habrá prevenido	habrán prevenido
	Conditional		**Conditional Perfect**	
	prevendría	prevendríamos	habría prevenido	habríamos prevenido
	prevendrías	prevendríais	habrías prevenido	habríais prevenido
	prevendría	prevendrían	habría prevenido	habrían prevenido
Subjunctive	**Present**		**Present Perfect**	
	prevenga	prevengamos	haya prevenido	hayamos prevenido
	prevengas	prevengáis	hayas prevenido	hayáis prevenido
	prevenga	prevengan	haya prevenido	hayan prevenido
	Imperfect		**Pluperfect**	
	previniera, -se	previniéramos, -semos	hubiera, -se prevenido	hubiéramos,-semos prevenido
	previnieras, -ses	previnierais, -seis	hubieras, -ses prevenido	
	previniera, -se	previnieran, -sen	hubiera, -se prevenido	hubierais, -seis prevenido
				hubieran, -sen prevenido

IMPERATIVE

	(no) prevengamos (nosotros)
prevén (tú); no prevengas	prevenid (vosotros); no prevengáis
(no) prevenga (Ud.)	(no) prevengan (Uds.)

EXAMPLES

Los previnieron de la tormenta que se avecinaba.	They were warned of the storm that was coming.
Creo que nos hemos prevenido con suficiente alimentos.	I think we have prepared ourselves with enough food.
Ellos se están previniendo para el viaje a la selva.	They are taking all the necessary precautions for their trip to the jungle.
No había prevenido tantos gastos.	I had not prepared myself for all these expenses.

IDIOMATIC EXAMPLES

Más vale prevenir que lamentar.	An ounce of prevention is worth a pound of cure.
Hombre prevenido vale por dos.	Forewarned is forearmed.

probar

to test, to try, to taste (food)

Gerundio: probando   **Participio pasado:** probado

Mood	Simple Tenses		Compound Tenses	
	Singular	*Plural*	*Singular*	*Plural*
Indicative	**Present**		**Present Perfect**	
	pruebo	probamos	he probado	hemos probado
	pruebas	probáis	has probado	habéis probado
	prueba	prueban	ha probado	han probado
	Preterit		**Preterit Perfect**	
	probé	probamos	hube probado	hubimos probado
	probaste	probasteis	hubiste probado	hubisteis probado
	probó	probaron	hubo probado	hubieron probado
	Imperfect		**Pluperfect**	
	probaba	probábamos	había probado	habíamos probado
	probabas	probabais	habías probado	habíais probado
	probaba	probaban	había probado	habían probado
	Future		**Future Perfect**	
	probaré	probaremos	habré probado	habremos probado
	probarás	probaréis	habrás probado	habréis probado
	probará	probarán	habrá probado	habrán probado
	Conditional		**Conditional Perfect**	
	probaría	probaríamos	habría probado	habríamos probado
	probarías	probaríais	habrías probado	habríais probado
	probaría	probarían	habría probado	habrían probado
Subjunctive	**Present**		**Present Perfect**	
	pruebe	probemos	haya probado	hayamos probado
	pruebes	probéis	hayas probado	hayáis probado
	pruebe	prueben	haya probado	hayan probado
	Imperfect		**Pluperfect**	
	probara, -se	probáramos, -semos	hubiera, -se probado	hubiéramos,-semos probado
	probaras, -ses	probarais, -seis	hubieras, -ses probado	hubierais, -seis probado
	probara, -se	probaran, -sen	hubiera, -se probado	hubieran, -sen probado

IMPERATIVE

	(no) probemos (nosotros)
prueba (tú); no pruebes	probad (vosotros); no probéis
(no) pruebe (Ud.)	(no) prueben (Uds.)

Note: As a reflexive verb, *probarse* (to try on [clothes]) uses the reflexive pronouns *me, te, se, nos, os, se*. Examples 4 and 5 show the reflexive use.

EXAMPLES

Estamos probando la impresora para ver si funciona.	We are testing the printer to see if it works.
Hemos probado varios instrumentos pero no nos gusta ninguno.	We have tested several instruments, but we don't like any.
¿Has probado el vino tinto?	Have you tasted the red wine?
Ella ya se había probado diez sombreros cuando llegamos.	She had already tried on ten hats when we got there.
¡Pruébate los zapatos!	Try on the shoes!

producir

to produce, to yield

Gerundio: produciendo   **Participio pasado:** producido

Mood	Simple Tenses		Compound Tenses	
	Singular	*Plural*	*Singular*	*Plural*
Indicative	**Present**		**Present Perfect**	
	produzco	producimos	He producido	hemos producido
	produces	producís	has producido	habéis producido
	produce	producen	ha producido	han producido
	Preterit		**Preterit Perfect**	
	produje	produjimos	hube producido	hubimos producido
	produjiste	produjisteis	hubiste producido	hubisteis producido
	produjo	produjeron	hubo producido	hubieron producido
	Imperfect		**Pluperfect**	
	producía	producíamos	había producido	habíamos producido
	producías	producíais	habías producido	habíais producido
	producía	producían	había producido	habían producido
	Future		**Future Perfect**	
	produciré	produciremos	habré producido	habremos producido
	producirás	produciréis	habrás producido	habréis producido
	producirá	producirán	habrá producido	habrán producido
	Conditional		**Conditional Perfect**	
	produciría	produciríamos	habría producido	habríamos producido
	producirías	produciríais	habrías producido	habríais producido
	produciría	producirían	habría producido	habrían producido
Subjunctive	**Present**		**Present Perfect**	
	produzca	produzcamos	haya producido	hayamos producido
	produzcas	produzcáis	hayas producido	hayáis producido
	produzca	produzcan	haya producido	hayan producido
	Imperfect		**Pluperfect**	
	produjera, -se	produjéramos, -semos	hubiera, -se producido	hubiéramos,-semos producido
	produjeras, -ses	produjerais, -seis	hubieras, -ses producido	hubierais, -seis producido
	produjera, -se	produjeran, -sen	hubiera, -se producido	hubieran, -sen producido

IMPERATIVE

	(no) produzcamos (nosotros)
produce (tú); no produzcas	producid (vosotros); no produzcáis
(no) produzca (Ud.)	(no) produzcan (Uds.)

Note: As a reflexive verb, *producirse* (to happen, to take place), uses the reflexive pronouns *me, te, se, nos, os, se.* Example 4 shows the reflexive use.

EXAMPLES

Esos árboles produjeron frutas muy dulces este año.	Those trees produced very sweet fruits this year.
Los inversionistas desean que sus inversiones produzcan altos dividendos.	The investors wish that their investments would produce high yields.
Si el taller produjera más, podríamos comprar las máquinas.	If the shop were to produce more, we could buy the machinery.
Se produjo un accidente en la avenida San Martín.	An accident has taken place on San Martin Avenue.

prohibir

to forbid, to prohibit

Gerundio: prohibiendo   **Participio pasado:** prohibido

Mood	Simple Tenses		Compound Tenses	
	Singular	*Plural*	*Singular*	*Plural*
Indicative	**Present**		**Present Perfect**	
	prohíbo	prohibimos	he prohibido	hemos prohibido
	prohíbes	prohibís	has prohibido	habéis prohibido
	prohíbe	prohíben	ha prohibido	han prohibido
	Preterit		**Preterit Perfect**	
	prohibí	prohibimos	hube prohibido	hubimos prohibido
	prohibiste	prohibisteis	hubiste prohibido	hubisteis prohibido
	prohibió	prohibieron	hubo prohibido	hubieron prohibido
	Imperfect		**Pluperfect**	
	prohibía	prohibíamos	había prohibido	habíamos prohibido
	prohibías	prohibíais	habías prohibido	habíais prohibido
	prohibía	prohibían	había prohibido	habían prohibido
	Future		**Future Perfect**	
	prohibiré	prohibiremos	habré prohibido	habremos prohibido
	prohibirás	prohibiréis	habrás prohibido	habréis prohibido
	prohibirá	prohibirán	habrá prohibido	habrán prohibido
	Conditional		**Conditional Perfect**	
	prohibiría	prohibiríamos	habría prohibido	habríamos prohibido
	prohibirías	prohibiríais	habrías prohibido	habríais prohibido
	prohibiría	prohibirían	habría prohibido	habrían prohibido
Subjunctive	**Present**		**Present Perfect**	
	prohíba	prohibamos	haya prohibido	hayamos prohibido
	prohíbas	prohibáis	hayas prohibido	hayáis prohibido
	prohíba	prohíban	haya prohibido	hayan prohibido
	Imperfect		**Pluperfect**	
	prohibiera, -se	prohibiéramos, -semos	hubiera, -se prohibido	hubiéramos,-semos prohibido
	prohibieras, -ses	prohibierais, -seis	hubieras, -ses prohibido	
	prohibiera, -se	prohibieran, -sen	hubiera, -se prohibido	hubierais, -seis prohibido
				hubieran, -sen prohibido

IMPERATIVE

	(no) prohibamos (nostoros)
prohíbe (tu); no prohíbas	prohibid (vosotros); no prohibáis
(no) prohíba (Ud.)	(no) prohíban (Uds.)

EXAMPLES

Les prohíbo a mis hijos decir malas palabras.	I forbid my children from saying bad words.
El gerente prohibió a los empleados usar las computadoras para uso personal.	The manager forbade the employees to use the computers for personal use.
Les habían prohibido hablar durante el examen.	They have been forbidden from talking during the test.
Está prohibido conducir sin licencia.	It is prohibited to drive without a driver's license.

IDIOMATIC EXAMPLE

Se prohíbe fumar.	No smoking.
Se prohíbe la entrada.	No admittance.
Prohibido estacionar.	No parking.

promover

to promote, to further, to advance

Gerundio: promoviendo **Participio pasado:** promovido

Mood	Simple Tenses		Compound Tenses	
	Singular	*Plural*	*Singular*	*Plural*
Indicative	**Present**		**Present Perfect**	
	promuevo	promovemos	he promovido	hemos promovido
	promueves	promovéis	has promovido	habéis promovido
	promueve	promueven	ha promovido	han promovido
	Preterit		**Preterit Perfect**	
	promoví	promovimos	hube promovido	hubimos promovido
	promoviste	promovisteis	hubiste promovido	hubisteis promovido
	promovió	promovieron	hubo promovido	hubieron promovido
	Imperfect		**Pluperfect**	
	promovía	promovíamos	había promovido	habíamos promovido
	promovías	promovíais	habías promovido	habíais promovido
	promovía	promovían	había promovido	habían promovido
	Future		**Future Perfect**	
	promoveré	promoveremos	habré promovido	habremos promovido
	promoverás	promoveréis	habrás promovido	habréis promovido
	promoverá	promoverán	habrá promovido	habrán promovido
	Conditional		**Conditional Perfect**	
	promovería	promoveríamos	habría promovido	habríamos promovido
	promoverías	promoveríais	habrías promovido	habríais promovido
	promovería	promoverían	habría promovido	habrían promovido
Subjunctive	**Present**		**Present Perfect**	
	promueva	promovamos	haya promovido	hayamos promovido
	promuevas	promováis	hayas promovido	hayáis promovido
	promueva	promuevan	haya promovido	hayan promovido
	Imperfect		**Pluperfect**	
	promoviera, -se	promoviéramos, -semos	hubiera, -se promovido	hubiéramos,-semos promovido
	promovieras, -ses		hubieras, -ses promovido	
	promoviera, -se	promovierais, -seis promovieran, -sen	hubiera, -se promovido	hubierais, -seis promovido hubieran, -sen promovido

IMPERATIVE

promueve (tú); no promuevas
(no) promueva (Ud.)

(no) promovamos (nosotros)
promoved (vosotros); no promováis
(no) promuevan (Uds.)

EXAMPLES

La promovieron a supervisora de planta.
She was promoted to plant supervisor.

Ojalá la promuevan a gerente pronto.
I hope she is promoted to manager soon.

La Dra. Pirela promueve las artes donando su dinero.
Dr. Pirela furthers the arts by donating money.

Han promovido la nueva película en todo el país.
They have promoted the new movie nationally.

proteger

to protect

Gerundio: protegiendo   **Participio pasado:** protegido

Mood	Simple Tenses		Compound Tenses	
	Singular	*Plural*	*Singular*	*Plural*
Indicative	**Present**		**Present Perfect**	
	protejo	protegemos	he protegido	hemos protegido
	proteges	protegéis	has protegido	habéis protegido
	protege	protegen	ha protegido	han protegido
	Preterit		**Preterit Perfect**	
	protegí	protegimos	hube protegido	hubimos protegido
	protegiste	protegisteis	hubiste protegido	hubisteis protegido
	protegió	protegieron	hubo protegido	hubieron protegido
	Imperfect		**Pluperfect**	
	protegía	protegíamos	había protegido	habíamos protegido
	protegías	protegíais	habías protegido	habíais protegido
	protegía	protegían	había protegido	habían protegido
	Future		**Future Perfect**	
	protegeré	protegeremos	habré protegido	habremos protegido
	protegerás	protegeréis	habrás protegido	habréis protegido
	protegerá	protegerán	habrá protegido	habrán protegido
	Conditional		**Conditional Perfect**	
	protegería	protegeríamos	habría protegido	habríamos protegido
	protegerías	protegeríais	habrías protegido	habríais protegido
	protegería	protegerían	habría protegido	habrían protegido
Subjunctive	**Present**		**Present Perfect**	
	proteja	protejamos	haya protegido	hayamos protegido
	protejas	protejáis	hayas protegido	hayáis protegido
	proteja	protejan	haya protegido	hayan protegido
	Imperfect		**Pluperfect**	
	protegiera, -se	protegiéramos, -semos	hubiera, -se protegido	hubiéramos,-semos protegido
	protegieras, -ses	protegierais, -seis	hubieras, -ses protegido	hubierais, -seis protegido
	protegiera, -se	protegieran, -sen	hubiera, -se protegido	hubieran, -sen protegido

IMPERATIVE

	(no) protejamos (nosotros)
protege (tú); no protejas	proteged (vosotros); no protejáis
(no) proteja (Ud.)	(no) protejan (Uds.)

Note: As a reflexive verb, *protegerse* (to protect oneself) uses the reflexive pronouns *me, te, se, nos, os, se.* Example 4 shows the reflexive use.

EXAMPLES

Protejamos nuestro planeta.	Let's protect our planet.
¿Protege la nueva ley al consumidor?	Does the new law protect the consumer?
Ojalá ellos hayan protegido su casa con un seguro.	I hope they have protected their house with a safety device.
Ella <u>se</u> protegió de la lluvia cubriéndose con el impermeable.	She protected herself from the rain by covering herself with the raincoat.

publicar
to publish
Gerundio: publicando   **Participio pasado:** publicado

Mood	Simple Tenses		Compound Tenses	
	Singular	*Plural*	*Singular*	*Plural*
Indicative	**Present**		**Present Perfect**	
	publico	publicamos	he publicado	hemos publicado
	publicas	publicáis	has publicado	habéis publicado
	publica	publican	ha publicado	han publicado
	Preterit		**Preterit Perfect**	
	publiqué	publicamos	hube publicado	hubimos publicado
	publicaste	publicasteis	hubiste publicado	hubisteis publicado
	publicó	publicaron	hubo publicado	hubieron publicado
	Imperfect		**Pluperfect**	
	publicaba	publicábamos	había publicado	habíamos publicado
	publicabas	publicabais	habías publicado	habíais publicado
	publicaba	publicaban	había publicado	habían publicado
	Future		**Future Perfect**	
	publicaré	publicaremos	habré publicado	habremos publicado
	publicarás	publicaréis	habrás publicado	habréis publicado
	publicará	publicarán	habrá publicado	habrán publicado
	Conditional		**Conditional Perfect**	
	publicaría	publicaríamos	habría publicado	habríamos publicado
	publicarías	publicaríais	habrías publicado	habríais publicado
	publicaría	publicarían	habría publicado	habrían publicado
Subjunctive	**Present**		**Present Perfect**	
	publique	publiquemos	haya publicado	hayamos publicado
	publiques	publiquéis	hayas publicado	hayáis publicado
	publique	publiquen	haya publicado	hayan publicado
	Imperfect		**Pluperfect**	
	publicara, -se	publicáramos, -semos	hubiera, -se publicado	hubiéramos,-semos publicado
	publicaras, -ses	publicarais, -seis	hubieras, -ses publicado	hubierais, -seis publicado
	publicara, -se	publicaran, -sen	hubiera, -se publicado	hubieran, -sen publicado

IMPERATIVE

publica (tú); no publiques
(no) publique (Ud.)

(no) publiquemos (nosotros)
publicad (vosotros); no publiquéis
(no) publiquen (Uds.)

EXAMPLES

Ya publiqué los poemas que escribí cuando niño.

I already published the poems I wrote when I was a little boy.

Publicaremos esa noticia cuando esté confirmada.

We will publish that news when it is confirmed.

El periódico ha publicado los ganadores del viaje a Canaima.

The newspaper has published the winners of the trip to Canaima.

¿Publicaste la revista?

Did you publish the magazine?

quebrar

to break, to go bankrupt, to crush

Gerundio: quebrando   **Participio pasado:** quebrado

Mood	Simple Tenses		Compound Tenses	
	Singular	*Plural*	*Singular*	*Plural*
Indicative	**Present**		**Present Perfect**	
	quiebro	quebramos	he quebrado	hemos quebrado
	quiebras	quebráis	has quebrado	habéis quebrado
	quiebra	quiebran	ha quebrado	han quebrado
	Preterit		**Preterit Perfect**	
	quebré	quebramos	hube quebrado	hubimos quebrado
	quebraste	quebrasteis	hubiste quebrado	hubisteis quebrado
	quebró	quebraron	hubo quebrado	hubieron quebrado
	Imperfect		**Pluperfect**	
	quebraba	quebrábamos	había quebrado	habíamos quebrado
	quebrabas	quebrabais	habías quebrado	habíais quebrado
	quebraba	quebraban	había quebrado	habían quebrado
	Future		**Future Perfect**	
	quebraré	quebraremos	habré quebrado	habremos quebrado
	quebrarás	quebraréis	habrás quebrado	habréis quebrado
	quebrará	quebrarán	habrá quebrado	habrán quebrado
	Conditional		**Conditional Perfect**	
	quebraría	quebraríamos	habría quebrado	habríamos quebrado
	quebrarías	quebraríais	habrías quebrado	habríais quebrado
	quebraría	quebrarían	habría quebrado	habrían quebrado
Subjunctive	**Present**		**Present Perfect**	
	quiebre	quebremos	haya quebrado	hayamos quebrado
	quiebres	quebréis	hayas quebrado	hayáis quebrado
	quiebre	quiebren	haya quebrado	hayan quebrado
	Imperfect		**Pluperfect**	
	quebrara, -se	quebráramos, -semos	hubiera, -se quebrado	hubiéramos, -semos quebrado
	quebraras, -ses	quebrarais, -seis	hubieras, -ses quebrado	hubierais, -seis quebrado
	quebrara, -se	quebraran, -sen	hubiera, -se quebrado	hubieran, -sen quebrado

IMPERATIVE

	(no) quebremos (nosotros)
quiebra (tú); no quiebres	quebrad (vosotros); no quebréis
(no) quiebre (Ud.)	(no) quiebren (Uds.)

Note: As a reflexive verb, *quebrarse* (to break, to be broken) uses the reflexive pronouns *me, te, se, nos, os, se.* Examples 3 and 4 show the reflexive use.

EXAMPLES

Los novios quebraron las copas después del brindis.	The newlyweds broke the glasses after the toast.
El banco quebró por la mala administración.	The bank went bankrupt because of bad management.
Casi que se quiebra la pierna cuando estaba esquiando.	He almost broke his leg when he was skiing.
Aunque me quiebre un brazo, seguiré jugando al béisbol.	Even if I break my arm, I will keep playing baseball.

quedarse

to stay, to remain, to be left

Gerundio: quedándose   **Participio pasado:** quedado

Mood	Simple Tenses		Compound Tenses	
	Singular	*Plural*	*Singular*	*Plural*
Indicative	**Present**		**Present Perfect**	
	me quedo te quedas se queda	nos quedamos os quedáis se quedan	me he quedado te has quedado se ha quedado	nos hemos quedado os habéis quedado se han quedado
	Preterit		**Preterit Perfect**	
	me quedé te quedaste se quedó	nos quedamos os quedasteis se quedaron	me hube quedado te hubiste quedado se hubo quedado	nos hubimos quedado os hubisteis quedado se hubieron quedado
	Imperfect		**Pluperfect**	
	me quedaba te quedabas se quedaba	nos quedábamos os quedabais se quedaban	me había quedado te habías quedado se había quedado	nos habíamos quedado os habíais quedado se habían quedado
	Future		**Future Perfect**	
	me quedaré te quedarás se quedará	nos quedaremos os quedaréis se quedarán	me habré quedado te habrás quedado se habrá quedado	nos habremos quedado os habréis quedado se habrán quedado
	Conditional		**Conditional Perfect**	
	me quedaré te quedarás se quedará	nos quedaremos os quedaréis se quedarán	me habría quedado te habrías quedado se habría quedado	nos habríamos quedado os habrías quedado se habrían quedado
Subjunctive	**Present**		**Present Perfect**	
	me quede te quedes se quede	nos quedemos os quedéis se queden	me haya quedado te hayas quedado se haya quedado	nos hayamos quedado os hayáis quedado se hayan quedado
	Imperfect		**Pluperfect**	
	me quedara, -se te quedaras, -ses se quedara, -se	nos quedáramos, -semos os quedarais, -seis se quedaran, -sen	me hubiera, -se quedado te hubieras, -ses quedado se hubiera, -se quedado	nos hubiéramos, -semos quedado os hubierais, -seis que- dado se hubieran, -sen quedado

IMPERATIVE

quédate (tú); no te quedes

quédese (Ud.) ; no se quede

quedémonos (nosotros); no nos quedemos

quedaos (vosotros); no os quedéis

quédense (Uds.); no se queden

Note: This verb is used more often as a reflexive verb. As a nonreflexive verb, *quedar* (to be situated) is shown in Examples 3 and 4.

EXAMPLES

Me quedé en casa porque me quedé sin dinero para el autobús.

¿Era necesario que te quedaras allí?

¿Dónde queda el edificio Las Américas?

El vestido quedó muy bonito.

I stayed at home because I didn't have any money left for the bus.

Was it necessary for you to remain there?

Where is the Las Americas building?

The dress was made very well.

IDIOMATIC EXAMPLE

Quedaron en ir al cine el domingo.

They agreed to go to the movies on Sunday.

quejarse

to complain, to grumble
Gerundio: quejándose **Participio pasado:** quejado

Mood	Simple Tenses		Compound Tenses	
	Singular	*Plural*	*Singular*	*Plural*
Indicative	**Present**		**Present Perfect**	
	me quejo te quejas se queja	nos quejamos os quejáis se quejan	me he quejado te has quejado se ha quejado	nos hemos quejado os habéis quejado se han quejado
	Preterit		**Preterit Perfect**	
	me quejé te quejaste se quejó	nos quejamos os quejasteis se quejaron	me hube quejado te hubiste quejado se hubo quejado	nos hubimos quejado os hubisteis quejado se hubieron quejado
	Imperfect		**Pluperfect**	
	me quejaba te quejabas se quejaba	nos quejábamos os quejabais se quejaban	me había quejado te habías quejado se había quejado	nos habíamos quejado os habíais quejado se habían quejado
	Future		**Future Perfect**	
	me quejaré te quejarás se quejará	nos quejaremos os quejaréis se quejarán	me habré quejado te habrás quejado se habrá quejado	nos habremos quejado os habréis quejado se habrán quejado
	Conditional		**Conditional Perfect**	
	me quejaría te quejarías se quejaría	nos quejaríamos os quejaríais se quejarían	me habría quejado te habrías quejado se habría quejado	nos habríamos quejado os habríais quejado se habrían quejado
Subjunctive	**Present**		**Present Perfect**	
	me queje te quejes se queje	nos quejemos os quejéis se quejen	me haya quejado te hayas quejado se haya quejado	nos hayamos quejado os hayáis quejado se hayan quejado
	Imperfect		**Pluperfect**	
	me quejara, -se te quejaras, -ses se quejara, -se	nos quejáramos, -semos os quejarais, -seis se quejaran, -sen	me hubiera, -se quejado te hubieras, -ses quejado se hubiera, -se quejado	nos hubiéramos, -semos quejado os hubierais, -seis que- jado se hubieran, -sen quejado

IMPERATIVE

quéjate (tú); no te quejes
quéjese (Ud.); no se queje
Note: This verb is not used non-reflexively.

quejémonos (nosotros); no nos quejemos
quejaos (vosotros); no os quejéis
quéjense (Uds.); no se quejen

EXAMPLES

Se quejó toda la noche del dolor.
Álvaro se quejaba del mal servicio del restaurante.

Si te quejaras, te podrían devolver el dinero.

No te quejes por cualquier cosa.

He complained all night about the pain.
Alvaro was complaining about the restau-
rant's bad service.
If you were to complain, they might return
your money.
Don't complain about every little thing.

quemar
to burn

Gerundio: quemando   **Participio pasado:** quemado

Mood	Simple Tenses		Compound Tenses	
	Singular	*Plural*	*Singular*	*Plural*
	Present		**Present Perfect**	
	quemo	quemamos	he quemado	hemos quemado
	quemas	quemáis	has quemado	habéis quemado
	quema	queman	ha quemado	han quemado
	Preterit		**Preterit Perfect**	
	quemé	quemamos	hube quemado	hubimos quemado
	quemaste	quemasteis	hubiste quemado	hubisteis quemado
	quemó	quemaron	hubo quemado	hubieron quemado
Indicative	**Imperfect**		**Pluperfect**	
	quemaba	quemábamos	había quemado	habíamos quemado
	quemabas	quemabais	habías quemado	habíais quemado
	quemaba	quemaban	había quemado	habían quemado
	Future		**Future Perfect**	
	quemaré	quemaremos	habré quemado	habremos quemado
	quemarás	quemaréis	habrás quemado	habréis quemado
	quemará	quemarán	habrá quemado	habrán quemado
	Conditional		**Conditional Perfect**	
	quemaría	quemaríamos	habría quemado	habríamos quemado
	quemarías	quemaríais	habrías quemado	habríais quemado
	quemaría	quemarían	habría quemado	habrían quemado
	Present		**Present Perfect**	
	queme	quememos	haya quemado	hayamos quemado
	quemes	queméis	hayas quemado	hayáis quemado
	queme	quemen	haya quemado	hayan quemado
Subjunctive	**Imperfect**		**Pluperfect**	
	quemara, -se	quemáramos, -semos	hubiera, -se quemado	hubiéramos,-semos quemado
	quemaras, -ses	quemarais, -seis	hubieras, -ses quemado	hubierais, -seis quemado
	quemara, -se	quemaran, -sen	hubiera, -se quemado	hubieran, -sen quemado

IMPERATIVE

quema (tú); no quemes
(no) queme (Ud.)

(no) quememos (nosotros)
quemad (vosotros); no queméis
(no) quemen (Uds.)

Note: As a reflexive verb, *quemarse* (to get burnt) uses the reflexive pronouns *me, te, se, nos, os, se.* Examples 3 and 4 show the reflexive use.

EXAMPLES

Quemamos nuestras viejas cartas amorosas.	We burned our old love letters.
El sol me quemó la espalda.	The sun burned my back.
Ana se quema mucho trabajando como salvavidas.	Ana gets burned working as a lifeguard.
Me quemaba cada vez que iba a la playa.	I used to get sunburned every time I went to the beach.

IDIOMATIC EXAMPLE

Me quemé las pestañas anoche.	I crammed for the exam last night.

querer

to want, to wish, to love, to desire

Gerundio: queriendo   **Participio pasado:** querido

Mood	Simple Tenses		Compound Tenses	
	Singular	*Plural*	*Singular*	*Plural*
	Present		**Present Perfect**	
Indicative	quiero	queremos	he querido	hemos querido
	quieres	queréis	has querido	habéis querido
	quiere	quieren	ha querido	han querido
	Preterit		**Preterit Perfect**	
	quise	quisimos	hube querido	hubimos querido
	quisiste	quisisteis	hubiste querido	hubisteis querido
	quiso	quisieron	hubo querido	hubieron querido
	Imperfect		**Pluperfect**	
	quería	queríamos	había querido	habíamos querido
	querías	queríais	habías querido	habíais querido
	quería	querían	había querido	habían querido
	Future		**Future Perfect**	
	querré	querremos	habré querido	habremos querido
	querrás	querréis	habrás querido	habréis querido
	querrá	querrán	habrá querido	habrán querido
	Conditional		**Conditional Perfect**	
	querría	querríamos	habría querido	habríamos querido
	querrías	querríais	habrías querido	habríais querido
	querría	querrían	habría querido	habrían querido
Subjunctive	**Present**		**Present Perfect**	
	quiera	queramos	haya querido	hayamos querido
	quieras	queráis	hayas querido	hayáis querido
	quiera	quieran	haya querido	hayan querido
	Imperfect		**Pluperfect**	
	quisiera, -se	quisiéramos, -semos	hubiera, -se querido	hubiéramos,- semos querido
	quisieras, -ses	quisierais, -seis	hubieras, -ses querido	
	quisiera, -se	quisieran, -sen	hubiera, -se querido	hubierais, -seis querido
				hubieran, -sen querido

IMPERATIVE

	(no) queramos (nosotros)
quiere (tú); no quieras	quered (vosotros); no queráis
(no) quiera (Ud.)	(no) quieran (Uds.)

EXAMPLES

¿Quieres ir al cine esta noche?	Do you want to go to the movies tonight?
Quisiera visitar a mi familia.	I would like to visit my family.
Quiero a mis hermanos.	I love my brothers and sisters.
Si hubiese querido cantar, lo habría hecho.	If I had wanted to sing, I would have done it.

IDIOMATIC EXAMPLES

¿Qué quiere decir "pretty" en español?	What does "pretty" mean in Spanish?
Quien bien te quiere te hará llorar.	Spare the rod and spoil the child.

quitarse
to take off clothing, to withdraw

Gerundio: quitándose   **Participio pasado:** quitado

Mood	Simple Tenses		Compound Tenses	
	Singular	*Plural*	*Singular*	*Plural*
Indicative	**Present**		**Present Perfect**	
	me quito te quitas se quita	nos quitamos os quitáis se quitan	me he quitado te has quitado se ha quitado	nos hemos quitado os habéis quitado se han quitado
	Preterit		**Preterit Perfect**	
	me quité te quitaste se quitó	nos quitamos os quitasteis se quitaron	me hube quitado te hubiste quitado se hubo quitado	nos hubimos quitado os hubisteis quitado se hubieron quitado
	Imperfect		**Pluperfect**	
	me quitaba te quitabas se quitaba	nos quitábamos os quitabais se quitaban	me había quitado te habías quitado se había quitado	nos habíamos quitado os habíais quitado se habían quitado
	Future		**Future Perfect**	
	me quitaré te quitarás se quitará	nos quitaremos os quitaréis se quitarán	me habré quitado te habrás quitado se habrá quitado	nos habremos quitado os habréis quitado se habrán quitado
	Conditional		**Conditional Perfect**	
	me quitaría te quitarías se quitaría	nos quitaríamos os quitaríais se quitarían	me habría quitado te habrías quitado se habría quitado	nos habríamos quitado os habríais quitado se habrían quitado
Subjunctive	**Present**		**Present Perfect**	
	me quite te quites se quite	nos quitemos os quitéis se quiten	me haya quitado te hayas quitado se haya quitado	nos hayamos quitado os hayáis quitado se hayan quitado
	Imperfect		**Pluperfect**	
	me quitara, -se te quitaras, -ses se quitara, -se	nos quitáramos, -semos os quitarais, -seis se quitaran, -sen	me hubiera, -se quitado te hubieras, -ses quitado se hubiera, -se quitado	nos hubiéramos, -semos quitado os hubierais, -seis quitado se hubieran, -sen quitado

IMPERATIVE

quítate (tú); no te quites

quítese (Ud.); no se quite

quitémonos (nosotros); no nos quitemos

quitaos (vosotros); no os quitéis

quítense (Uds.); no se quiten

Note: As a nonreflexive verb, *quitar* (to remove, to take away) is shown in Examples 3 and 4.

EXAMPLES

La estudiante se ha quitado los lentes y se ve mucho mejor.

The student has taken her glasses off and she looks so much better.

Me quité los zapatos y los calcetines para caminar en el césped.

I took off my shoes and my socks to walk on the grass.

Le quitaron todos sus documentos en el aeropuerto.

They took away all his documents at the airport.

Los trabajadores han quitado los anuncios comerciales.

The workers have removed the advertisements.

IDIOMATIC EXAMPLE

¡Quítate de en medio, muchacho!

Get out of the way, boy!

realizar

to fulfill, to achieve, to carry out

Gerundio: realizando   **Participio pasado:** realizado

Mood	Simple Tenses		Compound Tenses	
	Singular	*Plural*	*Singular*	*Plural*
Indicative	**Present**		**Present Perfect**	
	realizo	realizamos	he realizado	hemos realizado
	realizas	realizáis	has realizado	habéis realizado
	realiza	realizan	ha realizado	han realizado
	Preterit		**Preterit Perfect**	
	realicé	realizamos	hube realizado	hubimos realizado
	realizaste	realizasteis	hubiste realizado	hubisteis realizado
	realizó	realizaron	hubo realizado	hubieron realizado
	Imperfect		**Pluperfect**	
	realizaba	realizábamos	había realizado	habíamos realizado
	realizabas	realizabais	habías realizado	habíais realizado
	realizaba	realizaban	había realizado	habían realizado
	Future		**Future Perfect**	
	realizaré	realizaremos	habré realizado	habremos realizado
	realizarás	realizaréis	habrás realizado	habréis realizado
	realizará	realizarán	habrá realizado	habrán realizado
	Conditional		**Conditional Perfect**	
	realizaría	realizaríamos	habría realizado	habríamos realizado
	realizarías	realizaríais	habrías realizado	habríais realizado
	realizaría	realizarían	habría realizado	habrían realizado
Subjunctive	**Present**		**Present Perfect**	
	realice	realicemos	haya realizado	hayamos realizado
	realices	realicéis	hayas realizado	hayáis realizado
	realice	realicen	haya realizado	hayan realizado
	Imperfect		**Pluperfect**	
	realizara, -se	realizáramos, -semos	hubiera, -se realizado	hubiéramos, -semos realizado
	realizaras, -ses	realizarais, -seis	hubieras, -ses realizado	hubierais, -seis realizado
	realizara, -se	realizaran, -sen	hubiera, -se realizado	hubieran, -sen realizado

IMPERATIVE

realiza (tú); no realices
(no) realice (Ud.)

(no) realicemos (nosotros)
realizad (vosotros); no realicéis
(no) realicen (Uds.)

EXAMPLES

Ellos realizarán sus sueños de graduarse como médicos.

They will fulfill their dreams of graduating as doctors.

El arquitecto realizó el proyecto sin problemas.

The architect carried out the project without problems.

Dudo que realicemos la fiesta.

I doubt that we will have the party.

Ojalá que ella realice sus sueños.

I hope she fulfills her dreams.

reanudar

to resume, to renew

Gerundio: reanudando **Participio pasado:** reanudado

Mood	Simple Tenses		Compound Tenses	
	Singular	*Plural*	*Singular*	*Plural*
Indicative	**Present**		**Present Perfect**	
	reanudo	reanudamos	he reanudado	hemos reanudado
	reanudas	reanudáis	has reanudado	habéis reanudado
	reanuda	reanudan	ha reanudado	han reanudado
	Preterit		**Preterit Perfect**	
	reanudé	reanudamos	hube reanudado	hubimos reanudado
	reanudaste	reanudasteis	hubiste reanudado	hubisteis reanudado
	reanudó	reanudaron	hubo reanudado	hubieron reanudado
	Imperfect		**Pluperfect**	
	reanudaba	reanudábamos	había reanudado	habíamos reanudado
	reanudabas	reanudabais	habías reanudado	habíais reanudado
	reanudaba	reanudaban	había reanudado	habían reanudado
	Future		**Future Perfect**	
	reanudaré	reanudaremos	habré reanudado	habremos reanudado
	reanudarás	reanudaréis	habrás reanudado	habréis reanudado
	reanudará	reanudarán	habrá reanudado	habrán reanudado
	Conditional		**Conditional Perfect**	
	reanudaría	reanudaríamos	habría reanudado	habríamos reanudado
	reanudarías	reanudaríais	habrías reanudado	habríais reanudado
	reanudaría	reanudarían	habría reanudado	habrían reanudado
Subjunctive	**Present**		**Present Perfect**	
	reanude	reanudemos	haya reanudado	hayamos reanudado
	reanudes	reanudéis	hayas reanudado	hayáis reanudado
	reanude	reanuden	haya reanudado	hayan reanudado
	Imperfect		**Pluperfect**	
	reanudara, -se	reanudáramos, -semos	hubiera, -se reanudado	hubiéramos, -semos reanudado
	reanudaras, -ses	reanudarais, -seis	hubieras, -ses reanudado	hubierais, -seis reanudado
	reanudara, -se	reanudaran, -sen	hubiera, -se reanudado	hubieran, -sen reanudado

IMPERATIVE

	(no) reanudemos (nosotros)
reanuda (tú); no reanudes	reanudad (vosotros); no reanudéis
(no) reanude (Ud.)	(no) reanuden (Uds.)

EXAMPLES

Serrano y Segovia reanudaron sus relaciones comerciales.

Serrano and Segovia resumed their commercial relations.

Reanudarán las clases tan pronto como terminen el edifico.

Classes will be resumed as soon as the building is finished.

Los delegados han reanudado las conversaciones de paz.

The delegates have resumed the peace talks.

Se hubiera reanudado el acuerdo, pero el balance comercial no era justo.

The treaty would have been renewed, but the balance of trade was not fair.

rechazar

to reject, to turn down, to repel, to refuse

Gerundio: rechazando   **Participio pasado:** rechazado

Mood	Simple Tenses		Compound Tenses	
	Singular	*Plural*	*Singular*	*Plural*
Indicative	**Present**		**Present Perfect**	
	rechazo	rechazamos	he rechazado	hemos rechazado
	rechazas	rechazáis	has rechazado	habéis rechazado
	rechaza	rechazan	ha rechazado	han rechazado
	Preterit		**Preterit Perfect**	
	rechacé	rechazamos	hube rechazado	hubimos rechazado
	rechazaste	rechazasteis	hubiste rechazado	hubisteis rechazado
	rechazó	rechazaron	hubo rechazado	hubieron rechazado
	Imperfect		**Pluperfect**	
	rechazaba	rechazábamos	había rechazado	habíamos rechazado
	rechazabas	rechazabais	habías rechazado	habíais rechazado
	rechazaba	rechazaban	había rechazado	habían rechazado
	Future		**Future Perfect**	
	rechazaré	rechazaremos	habré rechazado	habremos rechazado
	rechazarás	rechazaréis	habrás rechazado	habréis rechazado
	rechazará	rechazarán	habrá rechazado	habrán rechazado
	Conditional		**Conditional Perfect**	
	rechazaría	rechazaríamos	habría rechazado	habríamos rechazado
	rechazarías	rechazaríais	habrías rechazado	habríais rechazado
	rechazaría	rechazarían	habría rechazado	habrían rechazado
Subjunctive	**Present**		**Present Perfect**	
	rechace	rechacemos	haya rechazado	hayamos rechazado
	rechaces	rechacéis	hayas rechazado	hayáis rechazado
	rechace	rechacen	haya rechazado	hayan rechazado
	Imperfect		**Pluperfect**	
	rechazara, -se	rechazáramos, -semos	hubiera, -se rechazado	hubiéramos, -semos rechazado
	rechazaras, -ses	rechazarais, -seis	hubieras, -ses rechazado	hubierais, -seis rechazado
	rechazara, -se	rechazaran, -sen	hubiera, -se rechazado	hubieran, -sen rechazado

IMPERATIVE

	(no) rechacemos (nosotros)
rechaza (tú); no rechaces	rechazad (vosotros); no rechacéis
(no) rechace (Ud.)	(no) rechacen (Uds.)

EXAMPLES

El gremio de obreros está rechazando la última propuesta.
The trade union is rejecting the last proposal.

¿Por qué rechazaste a Pedro?
Why did you reject Peter?

Rechacé esa oferta porque no era muy buena.
I rejected that offer because it was not a good one.

Es importante que no rechaces el nuevo entrenamiento.
It is important that you don't refuse the new training.

recibir

to receive, to get

Gerundio: recibiendo   **Participio pasado:** recibido

Mood	Simple Tenses		Compound Tenses	
	Singular	*Plural*	*Singular*	*Plural*
Indicative	**Present**		**Present Perfect**	
	recibo	recibimos	he recibido	hemos recibido
	recibes	recibís	has recibido	habéis recibido
	recibe	reciben	ha recibido	han recibido
	Preterit		**Preterit Perfect**	
	recibí	recibimos	hube recibido	hubimos recibido
	recibiste	recibisteis	hubiste recibido	hubisteis recibido
	recibió	recibieron	hubo recibido	hubieron recibido
	Imperfect		**Pluperfect**	
	recibía	recibíamos	había recibido	habíamos recibido
	recibías	recibíais	habías recibido	habíais recibido
	recibía	recibían	había recibido	habían recibido
	Future		**Future Perfect**	
	recibiré	recibiremos	habré recibido	habremos recibido
	recibirás	recibiréis	habrás recibido	habréis recibido
	recibirá	recibirán	habrá recibido	habrán recibido
	Conditional		**Conditional Perfect**	
	recibiría	recibiríamos	habría recibido	habríamos recibido
	recibirías	recibiríais	habrías recibido	habríais recibido
	recibiría	recibirían	habría recibido	habrían recibido
Subjunctive	**Present**		**Present Perfect**	
	reciba	recibamos	haya recibido	hayamos recibido
	recibas	recibáis	hayas recibido	hayáis recibido
	reciba	reciban	haya recibido	hayan recibido
	Imperfect		**Pluperfect**	
	recibiera, -se	recibiéramos, -semos	hubiera, -se recibido	hubiéramos, -semos recibido
	recibieras, -ses	recibierais, -seis	hubieras, -ses recibido	hubierais, -seis recibido
	recibiera, -se	recibieran, -sen	hubiera, -se recibido	hubieran, -sen recibido

IMPERATIVE

recibe (tú); no recibas
(no) reciba (Ud.)

(no) recibamos (nosotros)
recibid (vosotros); no recibáis
(no) reciban (Uds.)

EXAMPLES

Magali recibió muchos regalos de su hermana.

Magali received many gifts from her sister.

Aunque recibiera la carta, no la contestaría.

If I were to receive the letter, I wouldn't answer it.

No recibas nada de extraños.

Do not accept anything from strangers.

Recibirá el pasaporte dentro de un mes.

You will receive the passport in a month.

reclamar

to claim, to protest, to reclaim, to demand
Gerundio: reclamando   **Participio pasado:** reclamado

Mood	Simple Tenses		Compound Tenses	
	Singular	*Plural*	*Singular*	*Plural*
Indicative	**Present**		**Present Perfect**	
	reclamo	reclamamos	he reclamado	hemos reclamado
	reclamas	reclamáis	has reclamado	habéis reclamado
	reclama	reclaman	ha reclamado	han reclamado
	Preterit		**Preterit Perfect**	
	reclamé	reclamamos	hube reclamado	hubimos reclamado
	reclamaste	reclamasteis	hubiste reclamado	hubisteis reclamado
	reclamó	reclamaron	hubo reclamado	hubieron reclamado
	Imperfect		**Pluperfect**	
	reclamaba	reclamábamos	había reclamado	habíamos reclamado
	reclamabas	reclamabais	habías reclamado	habíais reclamado
	reclamaba	reclamaban	había reclamado	habían reclamado
	Future		**Future Perfect**	
	reclamaré	reclamaremos	habré reclamado	habremos reclamado
	reclamarás	reclamaréis	habrás reclamado	habréis reclamado
	reclamará	reclamarán	habrá reclamado	habrán reclamado
	Conditional		**Conditional Perfect**	
	reclamaría	reclamaríamos	habría reclamado	habríamos reclamado
	reclamarías	reclamaríais	habrías reclamado	habríais reclamado
	reclamaría	reclamarían	habría reclamado	habrían reclamado
Subjunctive	**Present**		**Present Perfect**	
	reclame	reclamemos	haya reclamado	hayamos reclamado
	reclames	reclaméis	hayas reclamado	hayáis reclamado
	reclame	reclamen	haya reclamado	hayan reclamado
	Imperfect		**Pluperfect**	
	reclamara, -se	reclamáramos, -semos	hubiera, -se reclamado	hubiéramos, -semos reclamado
	reclamaras, -ses	reclamarais, -seis	hubieras, -ses reclamado	hubierais, -seis reclamado
	reclamara, -se	reclamaran, -sen	hubiera, -se reclamado	hubieran, -sen reclamado

IMPERATIVE

	(no) reclamemos (nosotros)
reclama (tú); no reclames	reclamad (vosotros); no reclaméis
(no) reclame (Ud.)	(no) reclamen (Uds.)

EXAMPLES

El paciente estaba reclamando la presencia del médico.
The patient was demanding the presence of the doctor.

Los mineros reclamaban para sí mejores condiciones de trabajo.
The miners demanded better working conditions.

Reclama tus derechos como ciudadano.
Demand your rights as a citizen.

recoger
to pick up, to harvest, to gather
Gerundio: recogiendo   **Participio pasado:** recogido

Mood	Simple Tenses		Compound Tenses	
	Singular	*Plural*	*Singular*	*Plural*
Indicative	**Present**		**Present Perfect**	
	recojo	recogemos	he recogido	hemos recogido
	recoges	recogéis	has recogido	habéis recogido
	recoge	recogen	ha recogido	han recogido
	Preterit		**Preterit Perfect**	
	recogí	recogimos	hube recogido	hubimos recogido
	recogiste	recogisteis	hubiste recogido	hubisteis recogido
	recogió	recogieron	hubo recogido	hubieron recogido
	Imperfect		**Pluperfect**	
	recogía	recogíamos	había recogido	habíamos recogido
	recogías	recogíais	habías recogido	habíais recogido
	recogía	recogían	había recogido	habían recogido
	Future		**Future Perfect**	
	recogeré	recogeremos	habré recogido	habremos recogido
	recogerás	recogeréis	habrás recogido	habréis recogido
	recogerá	recogerán	habrá recogido	habrán recogido
	Conditional		**Conditional Perfect**	
	recogería	recogeríamos	habría recogido	habríamos recogido
	recogerías	recogeríais	habrías recogido	habríais recogido
	recogería	recogerían	habría recogido	habrían recogido
Subjunctive	**Present**		**Present Perfect**	
	recoja	recojamos	haya recogido	hayamos recogido
	recojas	recojáis	hayas recogido	hayáis recogido
	recoja	recojan	haya recogido	hayan recogido
	Imperfect		**Pluperfect**	
	recogiera, -se	recogiéramos, -semos	hubiera, -se recogido	hubiéramos, -semos recogido
	recogieras, -ses	recogierais, -seis	hubieras, -ses recogido	hubierais, -seis recogido
	recogiera, -se	recogieran, -sen	hubiera, -se recogido	hubieran, -sen recogido

IMPERATIVE

(no) recojamos (nosotros)
recoge (tú); no recojas   recoged (vosotros); no recojáis
(no) recoja (Ud.)   (no) recojan (Uds.)

EXAMPLES

Su novio la recogía a las 9:00 de la mañana. — Her boyfriend used to pick her up at 9:00 in the morning.

Mirla, si has recogido tu ropa, puedes salir. — Mirla, if you have finished picking up your clothes, you may leave.

Los granjeros recogieron la cosecha de mangos. — The farmers gathered the harvest of mangos.

Mamá ya había recogido los libros. — Mother had already picked up the books.

recomendar

to recommend

Gerundio: recomendando   **Participio pasado:** recomendado

Mood	Simple Tenses		Compound Tenses	
	Singular	*Plural*	*Singular*	*Plural*
Indicative	**Present**		**Present Perfect**	
	recomiendo	recomendamos	he recomendado	hemos recomendado
	recomiendas	recomendáis	has recomendado	habéis recomendado
	recomienda	recomiendan	ha recomendado	han recomendado
	Preterit		**Preterit Perfect**	
	recomendé	recomendamos	hube recomendado	hubimos recomendado
	recomendaste	recomendasteis	hubiste recomendado	hubisteis recomendado
	recomendó	recomendaron	hubo recomendado	hubieron recomendado
	Imperfect		**Pluperfect**	
	recomendaba	recomendábamos	había recomendado	habíamos recomendado
	recomendabas	recomendabais	habías recomendado	habíais recomendado
	recomendaba	recomendaban	había recomendado	habían recomendado
	Future		**Future Perfect**	
	recomendaré	recomendaremos	habré recomendado	habremos recomendado
	recomendarás	recomendaréis	habrás recomendado	habréis recomendado
	recomendará	recomendarán	habrá recomendado	habrán recomendado
	Conditional		**Conditional Perfect**	
	recomendaría	recomendaríamos	habría recomendado	habríamos recomendado
	recomendarías	recomendaríais	habrías recomendado	habríais recomendado
	recomendaría	recomendarían	habría recomendado	habrían recomendado
Subjunctive	**Present**		**Present Perfect**	
	recomiende	recomendemos	haya recomendado	hayamos recomendado
	recomiendes	recomendéis	hayas recomendado	hayáis recomendado
	recomiende	recomienden	haya recomendado	hayan recomendado
	Imperfect		**Pluperfect**	
	recomendara, -se	recomendáramos, -semos	hubiera, -se recomendado	hubiéramos,-semos reco-mendado
	recomendaras, -ses	recomendarais, -seis	hubieras, -ses recomen-dado	hubierais, -seis recomen-dado
	recomendara, -se	recomendaran, -sen	hubiera, -se recomendado	hubieran, -sen recomen-dado

IMPERATIVE

recomienda (tú); no recomiendes
(no) recomiende (Ud.)

(no) recomendemos (nosotros)
recomendad (vosotros); no recomendéis
(no) recomienden (Uds.)

EXAMPLES

¿Qué me recomiendas que haga?

El doctor le ha recomendado reposo.

Yo le recomendaría a ella que hiciera más ejercicios.

Recomendaría esa película, pero tiene mucha violencia.

What do you recommend me to do?

The doctor has recommended rest.

I would recommend her to exercise more.

I would recommend that movie, but it is very violent.

reconocer

to recognize, to acknowledge, to admit

Gerundio: reconociendo   **Participio pasado:** reconocido

Mood	Simple Tenses		Compound Tenses	
	Singular	*Plural*	*Singular*	*Plural*
Indicative	**Present**		**Present Perfect**	
	reconozco	reconocemos	he reconocido	hemos reconocido
	reconoces	reconocéis	has reconocido	habéis reconocido
	reconoce	reconocen	ha reconocido	han reconocido
	Preterit		**Preterit Perfect**	
	reconocí	reconocimos	hube reconocido	hubimos reconocido
	reconociste	reconocisteis	hubiste reconocido	hubisteis reconocido
	reconoció	reconocieron	hubo reconocido	hubieron reconocido
	Imperfect		**Pluperfect**	
	reconocía	reconocíamos	había reconocido	habíamos reconocido
	reconocías	reconocíais	habías reconocido	habíais reconocido
	reconocía	reconocían	había reconocido	habían reconocido
	Future		**Future Perfect**	
	reconoceré	reconoceremos	habré reconocido	habremos reconocido
	reconocerás	reconoceréis	habrás reconocido	habréis reconocido
	reconocerá	reconocerán	habrá reconocido	habrán reconocido
	Conditional		**Conditional Perfect**	
	reconocería	reconoceríamos	habría reconocido	habríamos reconocido
	reconocerías	reconoceríais	habrías reconocido	habríais reconocido
	reconocería	reconocerían	habría reconocido	habrían reconocido
Subjunctive	**Present**		**Present Perfect**	
	reconozca	reconozcamos	haya reconocido	hayamos reconocido
	reconozcas	reconozcáis	hayas reconocido	hayáis reconocido
	reconozca	reconozcan	haya reconocido	hayan reconocido
	Imperfect		**Pluperfect**	
	reconociera, -se	reconociéramos, -semos	hubiera, -se reconocido	hubiéramos, -semos reconocido
	reconocieras, -ses		hubieras, -ses reconocido	
	reconociera, -se	reconocierais, -seis	hubiera, -se reconocido	hubierais, -seis reconocido
		reconocieran, -sen		hubieran, -sen reconocido

IMPERATIVE

	(no) reconozcamos (nosotros)
reconoce (tú); no reconozcas	reconoced (vosotros); no reconozcáis
(no) reconozca (Ud.)	(no) reconozcan (Uds.)

EXAMPLES

No te reconocí cuando te vi.	I didn't recognize you when I saw you.
Gabriel reconoce su mal carácter.	Gabriel acknowledges his bad temper.
Hemos de reconocer que la prueba era fácil.	We have to admit that the test was easy.
Reconozco tu cordura pero también tus locuras.	I acknowledge your good judgment but also your silliness.

recordar

to remember, to recall, to remind

Gerundio: recordando   **Participio pasado:** recordado

Mood	Simple Tenses		Compound Tenses	
	Singular	*Plural*	*Singular*	*Plural*
Indicative	**Present**		**Present Perfect**	
	recuerdo	recordamos	he recordado	hemos recordado
	recuerdas	recordáis	has recordado	habéis recordado
	recuerda	recuerdan	ha recordado	han recordado
	Preterit		**Preterit Perfect**	
	recordé	recordamos	hube recordado	hubimos recordado
	recordaste	recordasteis	hubiste recordado	hubisteis recordado
	recordó	recordaron	hubo recordado	hubieron recordado
	Imperfect		**Pluperfect**	
	recordaba	recordábamos	había recordado	habíamos recordado
	recordabas	recordabais	habías recordado	habíais recordado
	recordaba	recordaban	había recordado	habían recordado
	Future		**Future Perfect**	
	recordaré	recordaremos	habré recordado	habremos recordado
	recordarás	recordaréis	habrás recordado	habréis recordado
	recordará	recordarán	habrá recordado	habrán recordado
	Conditional		**Conditional Perfect**	
	recordaría	recordaríamos	habría recordado	habríamos recordado
	recordarías	recordaríais	habrías recordado	habríais recordado
	recordaría	recordarían	habría recordado	habrían recordado
Subjunctive	**Present**		**Present Perfect**	
	recuerde	recordemos	haya recordado	hayamos recordado
	recuerdes	recordéis	hayas recordado	hayáis recordado
	recuerde	recuerden	haya recordado	hayan recordado
	Imperfect		**Pluperfect**	
	recordara, -se	recordáramos, -semos	hubiera, -se recordado	hubiéramos, -semos recordado
	recordaras, -ses	recordarais, -seis	hubieras, -ses recordado	hubierais, -seis recordado
	recordara, -se	recordaran, -sen	hubiera, -se recordado	hubieran, -sen recordado

IMPERATIVE

recuerda (tú); no recuerdes
(no) recuerde (Ud.)

(no) recordemos (nosotros)
recordad (vosotros); no recordéis
(no) recuerden (Uds.)

EXAMPLES

Recuerda que la cita es a las 10:00 de la mañana.

Remember that the appointment is at 10:00 a.m.

Recuérdame que tengo que hacer una llamada telefónica.

Remind me that I have to make a phone call.

Sus palabras me han recordado nuestra noche de bodas.

His words reminded me of our wedding night.

Podríamos irnos pronto si ella recordara dónde puso las llaves del coche.

We could leave soon if she could remember where she put the car keys.

recuperar

to recover, to recuperate, to regain

Gerundio: recuperando   **Participio pasado:** recuperado

Mood	Simple Tenses		Compound Tenses	
	Singular	*Plural*	*Singular*	*Plural*
Indicative	**Present**		**Present Perfect**	
	recupero	recuperamos	he recuperado	hemos recuperado
	recuperas	recuperáis	has recuperado	habéis recuperado
	recupera	recuperan	ha recuperado	han recuperado
	Preterit		**Preterit Perfect**	
	recuperé	recuperamos	hube recuperado	hubimos recuperado
	recuperaste	recuperasteis	hubiste recuperado	hubisteis recuperado
	recuperó	recuperaron	hubo recuperado	hubieron recuperado
	Imperfect		**Pluperfect**	
	recuperaba	recuperábamos	había recuperado	habíamos recuperado
	recuperabas	recuperabais	habías recuperado	habíais recuperado
	recuperaba	recuperaban	había recuperado	habían recuperado
	Future		**Future Perfect**	
	recuperaré	recuperaremos	habré recuperado	habremos recuperado
	recuperarás	recuperaréis	habrás recuperado	habréis recuperado
	recuperará	recuperarán	habrá recuperado	habrán recuperado
	Conditional		**Conditional Perfect**	
	recuperaría	recuperaríamos	habría recuperado	habríamos recuperado
	recuperarías	recuperaríais	habrías recuperado	habríais recuperado
	recuperaría	recuperarían	habría recuperado	habrían recuperado
Subjunctive	**Present**		**Present Perfect**	
	recupere	recuperemos	haya recuperado	hayamos recuperado
	recuperes	recuperéis	hayas recuperado	hayáis recuperado
	recupere	recuperen	haya recuperado	hayan recuperado
	Imperfect		**Pluperfect**	
	recuperara, -se	recuperáramos, -semos	hubiera, -se recuperado	hubiéramos, -semos recuperado
	recuperaras, -ses		hubieras, -ses recuperado	
	recuperara, -se	recuperarais, -seis	hubiera, -se recuperado	hubierais, -seis recuperado
		recuperaran, -sen		hubieran, -sen recuperado

IMPERATIVE

(no) recuperemos (nosotros)

recupera (tú); no recuperes

recuperad (vosotros); no recuperéis

(no) recupere (Ud.)

(no) recuperen (Uds.)

Note: As a reflexive verb, *recuperarse* (to recover one's health/losses) uses the reflexive pronouns *me, te, se, nos, os, se.* Examples 3 and 4 show the reflexive use.

EXAMPLES

Celeste recuperó su cartera.

Celeste recovered her purse.

Ojalá que recuperen todo lo que les robaron.

We hope they recover all that was stolen from them.

Ella se ha recuperado rápidamente del accidente.

She has recovered very quickly from her accident.

Nos recuperaremos económicamente tan pronto como las acciones suban de valor.

We will recover economically as soon as the stocks go up in value.

reducir

to reduce, to diminish, to change

Gerundio: reduciendo **Participio pasado:** reducido

Mood	Simple Tenses		Compound Tenses	
	Singular	*Plural*	*Singular*	*Plural*
Indicative	**Present**		**Present Perfect**	
	reduzco	reducimos	he reducido	hemos reducido
	reduces	reducís	has reducido	habéis reducido
	reduce	reducen	ha reducido	han reducido
	Preterit		**Preterit Perfect**	
	reduje	redujimos	hube reducido	hubimos reducido
	redujiste	redujisteis	hubiste reducido	hubisteis reducido
	redujo	redujeron	hubo reducido	hubieron reducido
	Imperfect		**Pluperfect**	
	reducía	reducíamos	había reducido	habíamos reducido
	reducías	reducíais	habías reducido	habíais reducido
	reducía	reducían	había reducido	habían reducido
	Future		**Future Perfect**	
	reduciré	reduciremos	habré reducido	habremos reducido
	reducirás	reduciréis	habrás reducido	habréis reducido
	reducirá	reducirán	habrá reducido	habrán reducido
	Conditional		**Conditional Perfect**	
	reduciría	reduciríamos	habría reducido	habríamos reducido
	reducirías	reduciríais	habrías reducido	habríais reducido
	reduciría	reducirían	habría reducido	habrían reducido
Subjunctive	**Present**		**Present Perfect**	
	reduzca	reduzcamos	haya reducido	hayamos reducido
	reduzcas	reduzcáis	hayas reducido	hayáis reducido
	reduzca	reduzcan	haya reducido	hayan reducido
	Imperfect		**Pluperfect**	
	redujera, -se	redujéramos, -semos	hubiera, -se reducido	hubiéramos, -semos reducido
	redujeras, -ses	redujerais, -seis	hubieras, -ses reducido	hubierais, -seis reducido
	redujera, -se	redujeran, -sen	hubiera, -se reducido	hubieran, -sen reducido

IMPERATIVE

reduce (tú); no reduzcas

(no) reduzca (Ud.)

(no) reduzcamos (nosotros)

reducid (vosotros); no reduzcáis

(no) reduzcan (Uds.)

Note: As a reflexive verb, *reducirse* (to boil down, to condense) uses the reflexive pronouns *me, te, se, nos, os, se.* Example 4 shows the reflexive use.

EXAMPLES

Si reduzco mis gastos, podré pagar el préstamo.

If I reduce my expenses, I will be able to pay the loan.

Los bancos redujeron los intereses para estabilizar el mercado.

The banks reduced the interest to stabilize the market.

El dueño de la compañía ha reducido la jornada laboral.

The owner of the company has reduced the workday.

Los principios de mi padre se reducen a dos: honestidad y bondad.

My father's principles boiled down to two things: honesty and kindness.

referirse

to refer, to mean, to relate

Gerundio: refiriéndose   **Participio pasado:** referido

Mood	Simple Tenses		Compound Tenses	
	Singular	*Plural*	*Singular*	*Plural*
Indicative	**Present**		**Present Perfect**	
	me refiero te refieres se refiere	nos referimos os referís se refieren	me he referido te has referido se ha referido	nos hemos referido os habéis referido se han referido
	Preterit		**Preterit Perfect**	
	me referí te referiste se refirió	nos referimos os referisteis se refirieron	me hube referido te hubiste referido se hubo referido	nos hubimos referido os hubisteis referido se hubieron referido
	Imperfect		**Pluperfect**	
	me refería te referías se refería	nos referíamos os referíais se referían	me había referido te habías referido se había referido	nos habíamos referido os habíais referido se habían referido
	Future		**Future Perfect**	
	me referiré te referirás se referirá	nos referiremos os referiréis se referirán	me habré referido te habrás referido se habrá referido	nos habremos referido os habréis referido se habrán referido
	Conditional		**Conditional Perfect**	
	me referiría te referirías se referiría	nos referiríamos os referiríais se referirían	me habría referido te habrías referido se habría referido	nos habríamos referido os habríais referido se habrían referido
Subjunctive	**Present**		**Present Perfect**	
	me refiera te refieras se refiera	nos refiramos os refiráis se refieran	me haya referido te hayas referido se haya referido	nos hayamos referido os hayáis referido se hayan referido
	Imperfect		**Pluperfect**	
	me refiriera, -se te refirieras, -ses se refiriera, -se	nos refiriéramos, -semos os refirierais, -seis se refirieran, -sen	me hubiera, -se referido te hubieras, -ses referido se hubiera, -se referido	nos hubiéramos, -semos referido os hubierais, -seis referido se hubieran, -sen referido

IMPERATIVE

refiérete (tú); no te refieras

refiérase (Ud.); no se refiera

refirámonos (nosotros); no nos refiramos

referíos (vosotros); no os refiráis

refiéranse (Uds.); no se refieran

Note: As a nonreflexive verb, *referir* (to refer to, to relate, to tell) is shown in Example 4.

EXAMPLES

¿Sabes a qué <u>me</u> refiero?

Norma <u>se</u> refería al problema de los padres divorciados.

El autor estaba refiriénd<u>ose</u> a los otros libros que ha escrito.

Ya ellos nos habían referido lo sucedido.

Do you know what I am referring to?

Norma was referring to the problem of the divorced parents.

The author was referring to the other books he has written.

They had already told us what happened.

regalar

to give a present

Gerundio: regalando   **Participio pasado:** regalado

Mood	Simple Tenses		Compound Tenses	
	Singular	*Plural*	*Singular*	*Plural*
Indicative	**Present**		**Present Perfect**	
	regalo	regalamos	he regalado	hemos regalado
	regalas	regaláis	has regalado	habéis regalado
	regala	regalan	ha regalado	han regalado
	Preterit		**Preterit Perfect**	
	regalé	regalamos	hube regalado	hubimos regalado
	regalaste	regalasteis	hubiste regalado	hubisteis regalado
	regaló	regalaron	hubo regalado	hubieron regalado
	Imperfect		**Pluperfect**	
	regalaba	regalábamos	había regalado	habíamos regalado
	regalabas	regalabais	habías regalado	habíais regalado
	regalaba	regalaban	había regalado	habían regalado
	Future		**Future Perfect**	
	regalaré	regalaremos	habré regalado	habremos regalado
	regalarás	regalaréis	habrás regalado	habréis regalado
	regalará	regalarán	habrá regalado	habrán regalado
	Conditional		**Conditional Perfect**	
	regalaría	regalaríamos	habría regalado	habríamos regalado
	regalarías	regalaríais	habrías regalado	habríais regalado
	regalaría	regalarían	habría regalado	habrían regalado
Subjunctive	**Present**		**Present Perfect**	
	regale	regalemos	haya regalado	hayamos regalado
	regales	regaléis	hayas regalado	hayáis regalado
	regale	regalen	haya regalado	hayan regalado
	Imperfect		**Pluperfect**	
	regalara, -se	regaláramos, -semos	hubiera, -se regalado	hubiéramos, -semos regalado
	regalaras, -ses	regalarais, -seis	hubieras, -ses regalado	hubierais, -seis regalado
	regalara, -se	regalaran, -sen	hubiera, -se regalado	hubieran, -sen regalado

IMPERATIVE

regala (tú); no regales

(no) regale (Ud.)

(no) regalemos (nosotros)

regalad (vosotros); no regaléis

(no) regalen (Uds.)

EXAMPLES

Le regalé el libro que tanto quería.

I gave him the book that he wanted so much.

¿Qué me regalará mi esposo para mi cumpleaños?

What will my husband give me for my birthday?

Le dije que me regalara un viaje a Alaska.

I told him to give me a trip to Alaska.

¡No era necesario que regalases todos tus abrigos!

It was not necessary for you to give away all your coats!

regar

to water, to irrigate, to scatter, to sprinkle

Gerundio: regando **Participio pasado:** regado

Mood	Simple Tenses		Compound Tenses	
	Singular	*Plural*	*Singular*	*Plural*
Indicative	**Present**		**Present Perfect**	
	riego	regamos	he regado	hemos regado
	riegas	regáis	has regado	habéis regado
	riega	riegan	ha regado	han regado
	Preterit		**Preterit Perfect**	
	regué	regamos	hube regado	hubimos regado
	regaste	regasteis	hubiste regado	hubisteis regado
	regó	regaron	hubo regado	hubieron regado
	Imperfect		**Pluperfect**	
	regaba	regábamos	había regado	habíamos regado
	regabas	regabais	habías regado	habíais regado
	regaba	regaban	había regado	habían regado
	Future		**Future Perfect**	
	regaré	regaremos	habré regado	habremos regado
	regarás	regaréis	habrás regado	habréis regado
	regará	regarán	habrá regado	habrán regado
	Conditional		**Conditional Perfect**	
	regaría	regaríamos	habría regado	habríamos regado
	regarías	regaríais	habrías regado	habríais regado
	regaría	regarían	habría regado	habrían regado
Subjunctive	**Present**		**Present Perfect**	
	riegue	reguemos	haya regado	hayamos regado
	riegues	reguéis	hayas regado	hayáis regado
	riegue	rieguen	haya regado	hayan regado
	Imperfect		**Pluperfect**	
	regara, -se	regáramos, -semos	hubiera, -se regado	hubiéramos, -semos regado
	regaras, -se	regarais, -seis	hubieras, -ses regado	hubierais, -seis regado
	regara, -se	regaran, -sen	hubiera, -se regado	hubieran, -sen regado

IMPERATIVE

riega (tú); no riegues

(no) riegue (Ud.)

(no) reguemos (nosotros)

regad (vosotros); no reguéis

(no) rieguen (Uds.)

EXAMPLES

Roy, riega el césped por favor.

Deja que los niños rieguen las flores.

Susana regó las semillas en el jardín.

No riegues tu ropa por donde quiera.

Roy, water the lawn please.

Allow the children to water the flowers.

Susan scattered the seeds in the garden.

Don't scatter your clothes everywhere.

IDIOMATIC EXAMPLE

Ella ha regado la noticia del divorcio de Pamela por todo el pueblo.

She has spread the news about Pamela's divorce all around the town.

registrar

to examine, to inspect, to search

Gerundio: registrando **Participio pasado:** registrado

Mood	Simple Tenses		Compound Tenses	
	Singular	*Plural*	*Singular*	*Plural*
Indicative	**Present**		**Present Perfect**	
	registro	registramos	he registrado	hemos registrado
	registras	registráis	has registrado	habéis registrado
	registra	registran	ha registrado	han registrado
	Preterit		**Preterit Perfect**	
	registré	registramos	hube registrado	hubimos registrado
	registraste	registrasteis	hubiste registrado	hubisteis registrado
	registró	registraron	hubo registrado	hubieron registrado
	Imperfect		**Pluperfect**	
	registraba	registrábamos	había registrado	habíamos registrado
	registrabas	registrabais	habías registrado	habíais registrado
	registraba	registraban	había registrado	habían registrado
	Future		**Future Perfect**	
	registraré	registraremos	habré registrado	habremos registrado
	registrarás	registraréis	habrás registrado	habréis registrado
	registrará	registrarán	habrá registrado	habrán registrado
	Conditional		**Conditional Perfect**	
	registraría	registraríamos	habría registrado	habríamos registrado
	registrarías	registraríais	habrías registrado	habríais registrado
	registraría	registrarían	habría registrado	habrían registrado
Subjunctive	**Present**		**Present Perfect**	
	registre	registremos	haya registrado	hayamos registrado
	registres	registréis	hayas registrado	hayáis registrado
	registre	registren	haya registrado	hayan registrado
	Imperfect		**Pluperfect**	
	registrara, -se	registráramos, -semos	hubiera, -se registrado	hubiéramos, -semos registrado
	registraras, -ses	registrarais, -seis	hubieras, -ses registrado	hubierais, -seis registrado
	registrara, -se	registraran, -sen	hubiera, -se registrado	hubieran, -sen registrado

IMPERATIVE

registra (tú); no registres

(no) registre (Ud.)

(no) registremos (nosotros)

registrad (vosotros); no registréis

(no) registren (Uds.)

Note: As a reflexive verb, *registrarse* (to register, to enroll, to be registered) uses the reflexive pronouns *me, te, se, nos, os, se.* Examples 3 and 4 show the reflexive use.

EXAMPLES

La policía registró el auto en busca del contrabando.

The police inspected the car, searching for the contraband.

Le registraron la cartera a la actriz antes de salir de la tienda.

They examined the actress's purse before she left the store.

Estaba registrándose en la universidad cuando la vi.

She was enrolling in the university when I saw her.

Me registré para votar.

I registered to vote.

IDIOMATIC EXAMPLE

¡A mí que me registren!

Search me! (I have nothing to hide.)

regresar

to return, to give back, to go back

Gerundio: regresando **Participio pasado:** regresado

Mood	Simple Tenses		Compound Tenses	
	Singular	*Plural*	*Singular*	*Plural*
Indicative	**Present**		**Present Perfect**	
	regreso	regresamos	he regresado	hemos regresado
	regresas	regresáis	has regresado	habéis regresado
	regresa	regresan	ha regresado	han regresado
	Preterit		**Preterit Perfect**	
	regresé	regresamos	hube regresado	hubimos regresado
	regresaste	regresasteis	hubiste regresado	hubisteis regresado
	regresó	regresaron	hubo regresado	hubieron regresado
	Imperfect		**Pluperfect**	
	regresaba	regresábamos	había regresado	habíamos regresado
	regresabas	regresabais	habías regresado	habíais regresado
	regresaba	regresaban	había regresado	habían regresado
	Future		**Future Perfect**	
	regresaré	regresaremos	habré regresado	habremos regresado
	regresarás	regresaréis	habrás regresado	habréis regresado
	regresará	regresarán	habrá regresado	habrán regresado
	Conditional		**Conditional Perfect**	
	regresaría	regresaríamos	habría regresado	habríamos regresado
	regresarías	regresaríais	habrías regresado	habríais regresado
	regresaría	regresarían	habría regresado	habrían regresado
Subjunctive	**Present**		**Present Perfect**	
	regrese	regresemos	haya regresado	hayamos regresado
	regreses	regreséis	hayas regresado	hayáis regresado
	regrese	regresen	haya regresado	hayan regresado
	Imperfect		**Pluperfect**	
	regresara, -se	regresáramos, -semos	hubiera, -se regresado	hubiéramos, -semos regresado
	regresaras, -ses	regresarais, -seis	hubieras, -ses regresado	hubierais, -seis regresado
	regresara, -se	regresaran, -sen	hubiera, -se regresado	hubieran, -sen regresado

IMPERATIVE

	(no) regresemos (nosotros)
regresa (tú); no regreses	regresad (vosotros); no regreséis
(no) regrese (Ud.)	(no) regresen (Uds.)

EXAMPLES

Regresaremos a eso de las seis.	We will return around six o'clock.
Regresen los libros a la biblioteca.	Return the books to the library.
Mi mamá me dijo que no regresara tarde.	My mom told me not to come back late.
Ella se hubiese regresado a su ciudad, pero no tenía dinero.	She would have gone back, but she didn't have any money.

rehusar

to refuse, to turn down

Gerundio: rehusando **Participio pasado:** rehusado

Mood	Simple Tenses		Compound Tenses	
	Singular	*Plural*	*Singular*	*Plural*
Indicative	**Present**		**Present Perfect**	
	rehúso	rehusamos	he rehusado	hemos rehusado
	rehúsas	rehusáis	has rehusado	habéis rehusado
	rehúsa	rehúsan	ha rehusado	han rehusado
	Preterit		**Preterit Perfect**	
	rehusé	rehusamos	hube rehusado	hubimos rehusado
	rehusaste	rehusasteis	hubiste rehusado	hubisteis rehusado
	rehusó	rehusaron	hubo rehusado	hubieron rehusado
	Imperfect		**Pluperfect**	
	rehusaba	rehusábamos	había rehusado	habíamos rehusado
	rehusabas	rehusabais	habías rehusado	habíais rehusado
	rehusaba	rehusaban	había rehusado	habían rehusado
	Future		**Future Perfect**	
	rehusaré	rehusaremos	habré rehusado	habremos rehusado
	rehusarás	rehusaréis	habrás rehusado	habréis rehusado
	rehusará	rehusarán	habrá rehusado	habrán rehusado
	Conditional		**Conditional Perfect**	
	rehusaría	rehusaríamos	habría rehusado	habríamos rehusado
	rehusarías	rehusaríais	habrías rehusado	habríais rehusado
	rehusaría	rehusarían	habría rehusado	habrían rehusado
Subjunctive	**Present**		**Present Perfect**	
	rehúse	rehusemos	haya rehusado	hayamos rehusado
	rehúses	rehuséis	hayas rehusado	hayáis rehusado
	rehúse	rehúsen	haya rehusado	hayan rehusado
	Imperfect		**Pluperfect**	
	rehusara, -se	rehusáramos, -semos	hubiera, -se rehusado	hubiéramos, -semos rehusado
	rehusaras, -ses	rehusarais, -seis	hubieras, -ses rehusado	hubierais, -seis rehusado
	rehusara, -se	rehusaran, -sen	hubiera, -se rehusado	hubieran, -sen rehusado

IMPERATIVE

	(no) rehusemos (nosotros)
rehúsa (tú); no rehúses	rehusad (vosotros); no rehuséis
(no) rehúse (Ud.)	(no) rehúsen (Uds.)

EXAMPLES

Los obreros rehusaron firmar el nuevo contrato.

The workers refused to sign the new contract.

La pareja había rehusado la invitación porque estaban ocupados.

The couple had turned down the invitation because they were busy.

Por mi propia salud, rehúso comer carne.

For my own health, I refuse to eat meat.

Nunca rehuséis a vuestros viejos amigos por nuevos amigos.

Never turn down your old friends for new friends.

reír

to laugh

Gerundio: riendo   **Participio pasado:** reído

Mood	Simple Tenses		Compound Tenses	
	Singular	*Plural*	*Singular*	*Plural*
Indicative	**Present**		**Present Perfect**	
	río	reímos	he reído	hemos reído
	ríes	reís	has reído	habéis reído
	ríe	ríen	ha reído	han reído
	Preterit		**Preterit Perfect**	
	reí	reímos	hube reído	hubimos reído
	reíste	reísteis	hubiste reído	hubisteis reído
	rió	rieron	hubo reído	hubieron reído
	Imperfect		**Pluperfect**	
	reía	reíamos	había reído	habíamos reído
	reías	reíais	habías reído	habíais reído
	reía	reían	había reído	habían reído
	Future		**Future Perfect**	
	reiré	reiremos	habré reído	habremos reído
	reirás	reiréis	habrás reído	habréis reído
	reirá	reirán	habrá reído	habrán reído
	Conditional		**Conditional Perfect**	
	reiría	reiríamos	habría reído	habríamos reído
	reirías	reiríais	habrías reído	habríais reído
	reiría	reirían	habría reído	habrían reído
Subjunctive	**Present**		**Present Perfect**	
	ría	riamos	haya reído	hayamos reído
	rías	riáis	hayas reído	hayáis reído
	ría	rían	haya reído	hayan reído
	Imperfect		**Pluperfect**	
	riera, -se	riéramos, -semos	hubiera, -se reído	hubiéramos, -semos reído
	rieras, -ses	rierais, -seis	hubieras, -ses reído	hubierais, -seis reído
	riera, -se	rieran, -sen	hubiera, -se reído	hubieran, -sen reído

IMPERATIVE

ríe (tú); no rías

(no) ría(Ud.)

(no) riamos (nosotros)

reíd (vosotros); no riáis

(no) rían (Uds.)

Note: As a reflexive verb, *reírse* (to laugh) uses the reflexive pronouns *me, te, se, nos, os, se.* Examples 4 and 5 show the reflexive use.

EXAMPLES

Nos reímos mucho con esa película.
Los payasos ríen para que el público se ría también.
Si riéramos más, seríamos más felices.
Si Miguel y José estuvieran aquí se habrían reído de tus ocurrencias.
Es saludable reírse de uno mismo.

We laughed a lot with that movie.
The clowns laugh for the public to laugh too.

If we were to laugh more, we would be happier.
If Miguel and Jose were here, they would have laughed at your witty remarks.
It is healthy to laugh at yourself.

IDIOMATIC EXAMPLES

Las tonterías de Bonita hicieron reír a Olga.
Ellas se rieron tanto que comenzaron a llorar.

The silliness of Bonita made Olga laugh.
They laughed so much that they started to cry.

remendar

to mend, to fix

Gerundio: remendando   **Participio pasado:** remendado

Mood	Simple Tenses		Compound Tenses	
	Singular	*Plural*	*Singular*	*Plural*
Indicative	**Present**		**Present Perfect**	
	remiendo	remendamos	he remendado	hemos remendado
	remiendas	remendáis	has remendado	habéis remendado
	remienda	remiendan	ha remendado	han remendado
	Preterit		**Preterit Perfect**	
	remendé	remendamos	hube remendado	hubimos remendado
	remendaste	remendasteis	hubiste remendado	hubisteis remendado
	remendó	remendaron	hubo remendado	hubieron remendado
	Imperfect		**Pluperfect**	
	remendaba	remendábamos	había remendado	habíamos remendado
	remendabas	remendabais	habías remendado	habíais remendado
	remendaba	remendaban	había remendado	habían remendado
	Future		**Future Perfect**	
	remendaré	remendaremos	habré remendado	habremos remendado
	remendarás	remendaréis	habrás remendado	habréis remendado
	remendará	remendarán	habrá remendado	habrán remendado
	Conditional		**Conditional Perfect**	
	remendaría	remendaríamos	habría remendado	habríamos remendado
	remendarías	remendaríais	habrías remendado	habríais remendado
	remendaría	remendarían	habría remendado	habrían remendado
Subjunctive	**Present**		**Present Perfect**	
	remiende	remendemos	haya remendado	hayamos remendado
	remiendes	remendéis	hayas remendado	hayáis remendado
	remiende	remienden	haya remendado	hayan remendado
	Imperfect		**Pluperfect**	
	remendara, -se	remendáramos, -semos	hubiera, -se remendado	hubiéramos, -semos remendado
	remendaras, -ses	remendarais, -seis	hubieras, -ses remendado	hubierais, -seis remendado
	remendara, -se	remendaran, -sen	hubiera, -se remendado	hubieran, -sen remendado

IMPERATIVE

remienda (tú); no remiendes
(no) remiende (Ud.)

(no) remendemos (nosotros)
remendad (vosotros); no remendéis
(no) remienden (Uds.)

EXAMPLES

El arrendador remienda las alfombras.
Marta está remendando las camisas.
Ellos han remendado las redes de pescar.
Te aconsejo que no remiendes la tubería.

The landlord mends the carpets.
Martha is mending the shirts.
They have mended the fishing nets.
I advise you not to repair the pipes.

renunciar

to renounce, to resign from, to give up, to waive

Gerundio: renunciando   **Participio pasado:** renunciado

Mood	Simple Tenses		Compound Tenses	
	Singular	*Plural*	*Singular*	*Plural*
Indicative	**Present**		**Present Perfect**	
	renuncio	renunciamos	he renunciado	hemos renunciado
	renuncias	renunciáis	has renunciado	habéis renunciado
	renuncia	renuncian	ha renunciado	han renunciado
	Preterit		**Preterit Perfect**	
	renuncié	renunciamos	hube renunciado	hubimos renunciado
	renunciaste	renunciasteis	hubiste renunciado	hubisteis renunciado
	renunció	renunciaron	hubo renunciado	hubieron renunciado
	Imperfect		**Pluperfect**	
	renunciaba	renunciábamos	había renunciado	habíamos renunciado
	renunciabas	renunciabais	habías renunciado	habíais renunciado
	renunciaba	renunciaban	había renunciado	habían renunciado
	Future		**Future Perfect**	
	renunciaré	renunciaremos	habré renunciado	habremos renunciado
	renunciarás	renunciaréis	habrás renunciado	habréis renunciado
	renunciará	renunciarán	habrá renunciado	habrán renunciado
	Conditional		**Conditional Perfect**	
	renunciaría	renunciaríamos	habría renunciado	habríamos renunciado
	renunciarías	renunciaríais	habrías renunciado	habríais renunciado
	renunciaría	renunciarían	habría renunciado	habrían renunciado
Subjunctive	**Present**		**Present Perfect**	
	renuncie	renunciemos	haya renunciado	hayamos renunciado
	renuncies	renunciéis	hayas renunciado	hayáis renunciado
	renuncie	renuncien	haya renunciado	hayan renunciado
	Imperfect		**Pluperfect**	
	renunciara, -se	renunciáramos, -semos	hubiera, -se renunciado	hubiéramos,-semos renunciado
	renunciaras, -ses		hubieras, -ses renunciado	
	renunciara, -se	renunciarais, -seis	hubiera, -se renunciado	hubierais, -seis renunciado
		renunciaran, -sen		hubieran, -sen renunciado

IMPERATIVE

	(no) renunciemos (nosotros)
renuncia (tú); no renuncies	renunciad (vosotros); no renunciéis
(no) renuncie (Ud.)	(no) renuncien (Uds.)

EXAMPLES

Los estudiantes renunciaron al uso de las drogas.	The students renounced the use of drugs.
No renunciaré al cargo aunque me lo pidan.	I will not resign from my job even if they were to ask me.
El presidente de la compañía ha renunciado a su posición.	The president of the company has resigned from his position.
Los empleados habrían renunciado si no hubiésemos llegado a un acuerdo.	The employees would have resigned if we had not reached an agreement.

reñir

to fight, to quarrel, to scold

Gerundio: riñendo **Participio pasado:** reñido

Mood	Simple Tenses		Compound Tenses	
	Singular	*Plural*	*Singular*	*Plural*
Indicative	**Present**		**Present Perfect**	
	riño	reñimos	he reñido	hemos reñido
	riñes	reñís	has reñido	habéis reñido
	riñe	riñen	ha reñido	han reñido
	Preterit		**Preterit Perfect**	
	reñí	reñimos	hube reñido	hubimos reñido
	reñiste	reñisteis	hubiste reñido	hubisteis reñido
	riñó	riñeron	hubo reñido	hubieron reñido
	Imperfect		**Pluperfect**	
	reñía	reñíamos	había reñido	habíamos reñido
	reñías	reñíais	habías reñido	habíais reñido
	reñía	reñían	había reñido	habían reñido
	Future		**Future Perfect**	
	reñiré	reñiremos	habré reñido	habremos reñido
	reñirás	reñiréis	habrás reñido	habréis reñido
	reñirá	reñirán	habrá reñido	habrán reñido
	Conditional		**Conditional Perfect**	
	reñiría	reñiríamos	habría reñido	habríamos reñido
	reñirías	reñiríais	habrías reñido	habríais reñido
	reñiría	reñirían	habría reñido	habrían reñido
Subjunctive	**Present**		**Present Perfect**	
	riña	riñamos	haya reñido	hayamos reñido
	riñas	riñáis	hayas reñido	hayáis reñido
	riña	riñan	haya reñido	hayan reñido
	Imperfect		**Pluperfect**	
	riñera, -se	riñéramos, -semos	hubiera, -se reñido	hubiéramos, -semos reñido
	riñeras, -ses	riñerais, -seis	hubieras, -ses reñido	hubierais, -seis reñido
	riñera, -se	riñeran, -sen	hubiera, -se reñido	hubieran, -sen reñido

IMPERATIVE

riñe (tú); no riñas
(no) riña (Ud.)

(no) riñamos (nosotros)
reñid (vosotros); no riñáis
(no) riñan (Uds.)

EXAMPLES

Los niños estaban riñendo por los juguetes.
¡Ojalá que no riñesen tanto!
La pareja ha reñido por una tontería.
Nunca riñas con tu mejor amiga.

The children were fighting for the toys.
I wish they wouldn't fight so much!
The couple has quarreled over a silly thing.
Never quarrel with your best friend.

reparar

to repair, to mend, to fix, to notice

Gerundio: reparando   **Participio pasado:** reparado

Mood	Simple Tenses		Compound Tenses	
	Singular	*Plural*	*Singular*	*Plural*
Indicative	**Present**		**Present Perfect**	
	reparo	reparamos	he reparado	hemos reparado
	reparas	reparáis	has reparado	habéis reparado
	repara	reparan	ha reparado	han reparado
	Preterit		**Preterit Perfect**	
	reparé	reparamos	hube reparado	hubimos reparado
	reparaste	reparasteis	hubiste reparado	hubisteis reparado
	reparó	repararon	hubo reparado	hubieron reparado
	Imperfect		**Pluperfect**	
	reparaba	reparábamos	había reparado	habíamos reparado
	reparabas	reparabais	habías reparado	habíais reparado
	reparaba	reparaban	había reparado	habían reparado
	Future		**Future Perfect**	
	repararé	repararemos	habré reparado	habremos reparado
	repararás	repararéis	habrás reparado	habréis reparado
	reparará	repararán	habrá reparado	habrán reparado
	Conditional		**Conditional Perfect**	
	repararía	repararíamos	habría reparado	habríamos reparado
	repararías	repararíais	habrías reparado	habríais reparado
	repararía	repararían	habría reparado	habrían reparado
Subjunctive	**Present**		**Present Perfect**	
	repare	reparemos	haya reparado	hayamos reparado
	repares	reparéis	hayas reparado	hayáis reparado
	repare	reparen	haya reparado	hayan reparado
	Imperfect		**Pluperfect**	
	reparara, -se	reparáramos, -semos	hubiera, -se reparado	hubiéramos, -semos reparado
	repararas, -ses	repararais, -seis	hubieras, -ses reparado	hubierais, -seis reparado
	reparara,-se	repararan, -sen	hubiera, -se reparado	hubieran, -sen reparado

IMPERATIVE

repara (tú); no repares

(no) repare (Ud.)

(no) reparemos (nosotros)

reparad (vosotros); no reparéis

(no) reparen (Uds.)

EXAMPLES

El propietario ha reparado los apartamentos.

The owner has repaired the apartments.

Él repararía su auto, pero no tiene las herramientas necesarias.

He would repair his car, but he doesn't have the necessary tools.

Aunque reparara el auto, éste no va a funcionar porque está muy viejo.

Even if he were to fix the car, it will not work because it is too old.

IDIOMATIC EXAMPLE

No reparé en eso.

I didn't notice that.

repartir

to distribute, to deliver, to deal cards

Gerundio: repartiendo　　**Participio pasado:** repartido

Mood	Simple Tenses		Compound Tenses	
	Singular	**Plural**	**Singular**	**Plural**
Indicative	**Present**		**Present Perfect**	
	reparto repartes reparte	repartimos repartís reparten	he repartido has repartido ha repartido	hemos repartido habéis repartido han repartido
	Preterit		**Preterit Perfect**	
	repartí repartiste repartió	repartimos repartisteis repartieron	hube repartido hubiste repartido hubo repartido	hubimos repartido hubisteis repartido hubieron repartido
	Imperfect		**Pluperfect**	
	repartía repartías repartía	repartíamos repartíais repartían	había repartido habías repartido había repartido	habíamos repartido habíais repartido habían repartido
	Future		**Future Perfect**	
	repartiré repartirás repartirá	repartiremos repartiréis repartirán	habré repartido habrás repartido habrá repartido	habremos repartido habréis repartido habrán repartido
	Conditional		**Conditional Perfect**	
	repartiría repartirías repartiría	repartiríamos repartiríais repartirían	habría repartido habrías repartido habría repartido	habríamos repartido habríais repartido habrían repartido
Subjunctive	**Present**		**Present Perfect**	
	reparta repartas reparta	repartamos repartáis repartan	haya repartido hayas repartido haya repartido	hayamos repartido hayáis repartido hayan repartido
	Imperfect		**Pluperfect**	
	repartiera, -se repartieras, -ses repartiera, -se	repartiéramos, -semos repartierais, -seis repartieran, -sen	hubiera, -se repartido hubieras, -ses repartido hubiera, -se repartido	hubiéramos, -semos repartido hubierais, -seis repartido hubieran, -sen repartido

IMPERATIVE

reparte (tú); no repartas　　　　　(no) repartamos (nosotros)
(no) reparta (Ud.)　　　　　　　　repartid (vosotros); no repartáis
　　　　　　　　　　　　　　　　(no) repartan (Uds.)

EXAMPLES

Freddy ha repartido el material didáctico.

Freddy has distributed the teaching materials.

La oficina de correos repartirá la correspondencia por la mañana.

The post office will deliver the mail in the mornings.

Ellos están repartiendo los juguetes a los niños pobres.

They are distributing the toys to the poor children.

¡Reparte las barajas ya!

Deal the cards now!

repasar

to revise, to review (lesson), to go over

Gerundio: repasando   **Participio pasado:** repasado

Mood	Simple Tenses		Compound Tenses	
	Singular	*Plural*	*Singular*	*Plural*
Indicative	**Present**		**Present Perfect**	
	repaso repasas repasa	repasamos repasáis repasan	he repasado has repasado ha repasado	hemos repasado habéis repasado han repasado
	Preterit		**Preterit Perfect**	
	repasé repasaste repasó	repasamos repasasteis repasaron	hube repasado hubiste repasado hubo repasado	hubimos repasado hubisteis repasado hubieron repasado
	Imperfect		**Pluperfect**	
	repasaba repasabas repasaba	repasábamos repasabais repasaban	había repasado habías repasado había repasado	habíamos repasado habíais repasado habían repasado
	Future		**Future Perfect**	
	repasaré repasarás repasará	repasaremos repasaréis repasarán	habré repasado habrás repasado habrá repasado	habremos repasado habréis repasado habrán repasado
	Conditional		**Conditional Perfect**	
	repasaría repasarías repasaría	repasaríamos repasaríais repasarían	habría repasado habrías repasado habría repasado	habríamos repasado habríais repasado habrían repasado
Subjunctive	**Present**		**Present Perfect**	
	repase repases repase	repasemos repaséis repasen	haya repasado hayas repasado haya repasado	hayamos repasado hayáis repasado hayan repasado
	Imperfect		**Pluperfect**	
	repasara, -se repasaras, -ses repasara, -se	repasáramos, -semos repasarais, -seis repasaran, -sen	hubiera, -se repasado hubieras, -ses repasado hubiera, -se repasado	hubiéramos, -semos repasado hubierais, -seis repasado hubieran, -sen repasado

IMPERATIVE

repasa (tú); no repases

(no) repase (Ud.)

(no) repasemos (nosotros)

repasad (vosotros); no repaséis

(no) repasen (Uds.)

EXAMPLES

¡Repasen el vocabulario para mañana!

La profesora repasó las lecciones 4 y 5 hoy.

Ella nos dijo que repasáramos el examen antes de entregárselo.

Antes de salir, repasé mi presentación.

Review the vocabulary for tomorrow!

The teacher reviewed chapters 4 & 5 today.

She told us to go over the test before handing it in to her.

Before I left, I went over my presentation.

repetir

to repeat

Gerundio: repitiendo   **Participio pasado:** repetido

Mood	Simple Tenses		Compound Tenses	
	Singular	*Plural*	*Singular*	*Plural*
Indicative	**Present**		**Present Perfect**	
	repito repites repite	repetimos repetís repiten	he repetido has repetido ha repetido	hemos repetido habéis repetido han repetido
	Preterit		**Preterit Perfect**	
	repetí repetiste repitió	repetimos repetisteis repitieron	hube repetido hubiste repetido hubo repetido	hubimos repetido hubisteis repetido hubieron repetido
	Imperfect		**Pluperfect**	
	repetía repetías repetía	repetíamos repetíais repetían	había repetido habías repetido había repetido	habíamos repetido habíais repetido habían repetido
	Future		**Future Perfect**	
	repetiré repetirás repetirá	repetiremos repetiréis repetirán	habré repetido habrás repetido habrá repetido	habremos repetido habréis repetido habrán repetido
	Conditional		**Conditional Perfect**	
	repetiría repetirías repetiría	repetiríamos repetiríais repetirían	habría repetido habrías repetido habría repetido	habríamos repetido habríais repetido habrían repetido
Subjunctive	**Present**		**Present Perfect**	
	repita repitas repita	repitamos repitáis repitan	haya repetido hayas repetido haya repetido	hayamos repetido hayáis repetido hayan repetido
	Imperfect		**Pluperfect**	
	repitiera, -se repitieras, -ses repitiera, -se	repitiéramos, -semos repitierais, -seis repitieran, -sen	hubiera, -se repetido hubieras, -ses repetido hubiera, -se repetido	hubiéramos, -semos repetido hubierais, -seis repetido hubieran, -sen repetido

IMPERATIVE

repite (tú); no repitas
(no) repita (Ud.)

(no) repitamos (nosotros)
repetid (vosotros); no repitáis
(no) repitan (Uds.)

EXAMPLES

¡Repita la pregunta, por favor!
No repitas esa mala palabra, niño.
Si repitiera la poesía mil veces, la memorizaría.
El loro estaba repitiendo todo lo que escuchaba.

Repeat the question, please!
Don't repeat that bad word, son.
If I repeated the poem a thousand times, I would memorize it.
The parrot was repeating everything he heard.

rescatar

to rescue

Gerundio: rescatando   **Participio pasado:** rescatado

Mood	Simple Tenses		Compound Tenses	
	Singular	*Plural*	*Singular*	*Plural*
Indicative	**Present**		**Present Perfect**	
	rescato rescatas rescata	rescatamos rescatáis rescatan	he rescatado has rescatado ha rescatado	hemos rescatado habéis rescatado han rescatado
	Preterit		**Preterit Perfect**	
	rescaté rescataste rescató	rescatamos rescatasteis rescataron	hube rescatado hubiste rescatado hubo rescatado	hubimos rescatado hubisteis rescatado hubieron rescatado
	Imperfect		**Pluperfect**	
	rescataba rescatabas rescataba	rescatábamos rescatabais rescataban	había rescatado habías rescatado había rescatado	habíamos rescatado habíais rescatado habían rescatado
	Future		**Future Perfect**	
	rescataré rescatarás rescatará	rescataremos rescataréis rescatarán	habré rescatado habrás rescatado habrá rescatado	habremos rescatado habréis rescatado habrán rescatado
	Conditional		**Conditional Perfect**	
	rescataría rescatarías rescataría	rescataríamos rescataríais rescatarían	habría rescatado habrías rescatado habría rescatado	habríamos rescatado habríais rescatado habrían rescatado
Subjunctive	**Present**		**Present Perfect**	
	rescate rescates rescate	rescatemos rescatéis rescaten	haya rescatado hayas rescatado haya rescatado	hayamos rescatado hayáis rescatado hayan rescatado
	Imperfect		**Pluperfect**	
	rescatara, -se rescataras, -ses rescatara, -se	rescatáramos, -semos rescatarais, -seis rescataran, -sen	hubiera, -se rescatado hubieras, -ses rescatado hubiera, -se rescatado	hubiéramos, -semos rescatado hubierais, -seis rescatado hubieran, -sen rescatado

IMPERATIVE

rescata (tú); no rescates

(no) rescate (Ud.)

(no) rescatemos (nosotros)

rescatad (vosotros); no rescatéis

(no) rescaten (Uds.)

EXAMPLES

La comunidad ha rescatado los edificios antiguos.

The community has rescued the old buildings.

Hay que rescatar a los niños de la violencia.

One has to rescue the children from violence.

Ellos estaban rescatando a los mineros.

They were rescuing the miners.

Ellos hubieran rescatado a los animales, pero no tenían el equipo necesario.

They would have rescued the animals, but they did not have the necessary equipment.

resfriarse

to catch a cold

Gerundio: resfriándose   **Participio pasado:** resfriado

Mood	Simple Tenses		Compound Tenses	
	Singular	*Plural*	*Singular*	*Plural*
Indicative	**Present**		**Present Perfect**	
	me resfrío te resfrías se resfría	nos resfriamos os resfriáis se resfrían	me he resfriado te has resfriado se ha resfriado	nos hemos resfriado os habéis resfriado se han resfriado
	Preterit		**Preterit Perfect**	
	me resfrié te resfriaste se resfrió	nos resfriamos os resfriasteis se resfriaron	me hube resfriado te hubiste resfriado se hubo resfriado	nos hubimos resfriado os hubisteis resfriado se hubieron resfriado
	Imperfect		**Pluperfect**	
	me resfriaba te resfriabas se resfriaba	nos resfriábamos os resfriabais se resfriaban	me había resfriado te habías resfriado se había resfriado	nos habíamos resfriado os habíais resfriado se habían resfriado
	Future		**Future Perfect**	
	me resfriaré te resfriarás se resfriará	nos resfriaremos os resfriaréis se resfriarán	me habré resfriado te habrás resfriado se habrá resfriado	nos habremos resfriado os habréis resfriado se habrán resfriado
	Conditional		**Conditional Perfect**	
	me resfriaría te resfriarías se resfriaría	nos resfriaríamos os resfriaríais se resfriarían	me habría resfriado te habrías resfriado se habría resfriado	nos habríamos resfriado os habríais resfriado se habrían resfriado
Subjunctive	**Present**		**Present Perfect**	
	me resfríe te resfríes se resfríe	nos resfriemos os resfriéis se resfríen	me haya resfriado te hayas resfriado se haya resfriado	nos hayamos resfriado os hayáis resfriado se hayan resfriado
	Imperfect		**Pluperfect**	
	me resfriara, -se te resfriaras, -ses se resfriara, -se	nos resfriáramos, -semos os resfriarais, -seis se resfriaran, -sen	me hubiera, -se resfriado te hubieras, -ses resfriado se hubiera, -se resfriado	nos hubiéramos, -semos resfriado os hubierais, -seis res- friado se hubieran, -sen res- friado

IMPERATIVE

resfríate (tú); no te resfríes
resfríese (Ud.); no se resfríe

resfriémonos (nosotros); no nos resfriemos
resfriaos (vosotros); no os resfriéis
resfríense (Uds.); no se resfríen

EXAMPLES

Mercedes se resfriaba frecuentemente.
¡No vayas a resfriarte antes del viaje!
Cada vez que me resfrío, me da fiebre también.
Nos habríamos resfriado si no fuera porque nos cubrimos muy bien.

Mercedes used to catch colds frequently.
Don't catch a cold before the trip!
Any time I catch a cold, I get a fever too.

We would have caught a cold if it weren't because we covered ourselves very well.

resolver

to resolve, to solve, to decide, to be determined

Gerundio: resolviendo   **Participio pasado:** resuelto

Mood	Simple Tenses		Compound Tenses	
	Singular	*Plural*	*Singular*	*Plural*
Indicative	**Present**		**Present Perfect**	
	resuelvo	resolvemos	he resuelto	hemos resuelto
	resuelves	resolvéis	has resuelto	habéis resuelto
	resuelve	resuelven	ha resuelto	han resuelto
	Preterit		**Preterit Perfect**	
	resolví	resolvimos	hube resuelto	hubimos resuelto
	resolviste	resolvisteis	hubiste resuelto	hubisteis resuelto
	resolvió	resolvieron	hubo resuelto	hubieron resuelto
	Imperfect		**Pluperfect**	
	resolvía	resolvíamos	había resuelto	habíamos resuelto
	resolvías	resolvíais	habías resuelto	habíais resuelto
	resolvía	resolvían	había resuelto	habían resuelto
	Future		**Future Perfect**	
	resolveré	resolveremos	habré resuelto	habremos resuelto
	resolverás	resolveréis	habrás resuelto	habréis resuelto
	resolverá	resolverán	habrá resuelto	habrán resuelto
	Conditional		**Conditional Perfect**	
	resolvería	resolveríamos	habría resuelto	habríamos resuelto
	resolverías	resolveríais	habrías resuelto	habríais resuelto
	resolvería	resolverían	habría resuelto	habrían resuelto
Subjunctive	**Present**		**Present Perfect**	
	resuelva	resolvamos	haya resuelto	hayamos resuelto
	resuelvas	resolváis	hayas resuelto	hayáis resuelto
	resuelva	resuelvan	haya resuelto	hayan resuelto
	Imperfect		**Pluperfect**	
	resolviera, -se	resolviéramos, -semos	hubiera, -se resuelto	hubiéramos, -semos resuelto
	resolvieras, -ses	resolvierais, -seis	hubieras, -ses resuelto	hubierais, -seis resuelto
	resolviera, -se	resolvieran, -sen	hubiera, -se resuelto	hubieran, -sen resuelto

IMPERATIVE

resuelve (tú); no resuelvas

(no) resuelva (Ud.)

(no) resolvamos (nosotros)

resolved (vosotros); no resolváis

(no) resuelvan (Uds.)

Note: This verb has an irregular past participle, *resuelto.*

EXAMPLES

Resuelve tus problemas primero y después los de los demás.

Resolve your problems first, and then everybody else's.

Hemos resuelto estudiar mercadeo en lugar de ingeniería.

We have resolved to study marketing instead of engineering.

Los estudiantes están resueltos a pasar Química Orgánica.

The students are determined to pass Organic Chemistry.

Ellos están resolviendo muchos problemas de matemáticas.

They are solving lots of math problems.

Mi jefe espera que resolvamos el asunto pronto.

My boss hopes that we solve the problem soon.

respetar

to respect, to honor, to revere

Gerundio: respetando   **Participio pasado:** respetado

Mood	Simple Tenses		Compound Tenses	
	Singular	*Plural*	*Singular*	*Plural*
Indicative	**Present**		**Present Perfect**	
	respeto respetas respeta	respetamos respetáis respetan	he respetado has respetado ha respetado	hemos respetado habéis respetado han respetado
	Preterit		**Preterit Perfect**	
	respeté respetaste respetó	respetamos respetasteis respetaron	hube respetado hubiste respetado hubo respetado	hubimos respetado hubisteis respetado hubieron respetado
	Imperfect		**Pluperfect**	
	respetaba respetabas respetaba	respetábamos respetabais respetaban	había respetado habías respetado había respetado	habíamos respetado habíais respetado habían respetado
	Future		**Future Perfect**	
	respetaré respetarás respetará	respetaremos respetaréis respetarán	habré respetado habrás respetado habrá respetado	habremos respetado habréis respetado habrán respetado
	Conditional		**Conditional Perfect**	
	respetaría respetarías respetaría	respetaríamos respetaríais respetarían	habría respetado habrías respetado habría respetado	habríamos respetado habríais respetado habrían respetado
Subjunctive	**Present**		**Present Perfect**	
	respete respetes respete	respetemos respetéis respeten	haya respetado hayas respetado haya respetado	hayamos respetado hayáis respetado hayan respetado
	Imperfect		**Pluperfect**	
	respetara, -se respetaras, -ses respetara, -se	respetáramos, -semos respetarais, -seis respetaran, -sen	hubiera, -se respetado hubieras, -ses respetado hubiera, -se respetado	hubiéramos, -semos respetado hubierais, -seis respetado hubieran, -sen respetado

IMPERATIVE

respeta (tú); no respetes
(no) respete (Ud.)

(no) respetemos (nosotros)
respetad (vosotros); no respetéis
(no) respeten (Uds.)

EXAMPLES

Hay que respetar la autoridad.

One has to respect authority.

Siempre hemos respetado a los mayores.

We have always honored the elderly.

Los concursantes estaban respetando las reglas del concurso.

The participants were respecting the contest's rules.

Respeta para que te respeten.

Show respect so respect can be shown to you.

responder

to respond, to answer

Gerundio: respondiendo   **Participio pasado:** respondido

Mood	Simple Tenses		Compound Tenses	
	Singular	*Plural*	*Singular*	*Plural*
Indicative	**Present**		**Present Perfect**	
	respondo	respondemos	he respondido	hemos respondido
	respondes	respondéis	has respondido	habéis respondido
	responde	responden	ha respondido	han respondido
	Preterit		**Preterit Perfect**	
	respondí	respondimos	hube respondido	hubimos respondido
	respondiste	respondisteis	hubiste respondido	hubisteis respondido
	respondió	respondieron	hubo respondido	hubieron respondido
	Imperfect		**Pluperfect**	
	respondía	respondíamos	había respondido	habíamos respondido
	respondías	respondíais	habías respondido	habíais respondido
	respondía	respondían	había respondido	habían respondido
	Future		**Future Perfect**	
	responderé	responderemos	habré respondido	habremos respondido
	responderás	responderéis	habrás respondido	habréis respondido
	responderá	responderán	habrá respondido	habrán respondido
	Conditional		**Conditional Perfect**	
	respondería	responderíamos	habría respondido	habríamos respondido
	responderías	responderíais	habrías respondido	habríais respondido
	respondería	responderían	habría respondido	habrían respondido
Subjunctive	**Present**		**Present Perfect**	
	responda	respondamos	haya respondido	hayamos respondido
	respondas	respondáis	hayas respondido	hayáis respondido
	responda	respondan	haya respondido	hayan respondido
	Imperfect		**Pluperfect**	
	respondiera, -se	respondiéramos, -semos	hubiera, -se respondido	hubiéramos, -semos respondido
	respondieras, -ses		hubieras, -ses respondido	
	respondiera, -se	respondierais, -seis	hubiera, -se respondido	hubierais, -seis respondido
		respondieran, -sen		hubieran, -sen respondido

IMPERATIVE

responde (tú); no respondas

(no) responda (Ud.)

(no) respondamos (nosotros)

responded (vosotros); no respondáis

(no) respondan (Uds.)

EXAMPLES

Delia no responde a mis llamadas.

Delia doesn't answer my calls.

Los padres respondieron con su asistencia a la reunión.

The parents responded by attending the meeting.

¡Responda la pregunta!

Answer the question!

El alumno no ha respondido la pregunta.

The student has not answered the question.

Habría respondido la carta a tiempo, pero se me perdió.

I would have answered the letter on time, but I lost it.

resumir

to sum up, to summarize

Gerundio: resumiendo   **Participio pasado:** resumido

Mood	Simple Tenses		Compound Tenses	
	Singular	*Plural*	*Singular*	*Plural*
Indicative	**Present**		**Present Perfect**	
	resumo	resumimos	he resumido	hemos resumido
	resumes	resumís	has resumido	habéis resumido
	resume	resumen	ha resumido	han resumido
	Preterit		**Preterit Perfect**	
	resumí	resumimos	hube resumido	hubimos resumido
	resumiste	resumisteis	hubiste resumido	hubisteis resumido
	resumió	resumieron	hubo resumido	hubieron resumido
	Imperfect		**Pluperfect**	
	resumía	resumíamos	había resumido	habíamos resumido
	resumías	resumíais	habías resumido	habíais resumido
	resumía	resumían	había resumido	habían resumido
	Future		**Future Perfect**	
	resumiré	resumiremos	habré resumido	habremos resumido
	resumirás	resumiréis	habrás resumido	habréis resumido
	resumirá	resumirán	habrá resumido	habrán resumido
	Conditional		**Conditional Perfect**	
	resumiría	resumiríamos	habría resumido	habríamos resumido
	resumirías	resumiríais	habrías resumido	habríais resumido
	resumiría	resumirían	habría resumido	habrían resumido
Subjunctive	**Present**		**Present Perfect**	
	resuma	resumamos	haya resumido	hayamos resumido
	resumas	resumáis	hayas resumido	hayáis resumido
	resuma	resuman	haya resumido	hayan resumido
	Imperfect		**Pluperfect**	
	resumiera, -se	resumiéramos, -semos	hubiera, -se resumido	hubiéramos, -semos resumido
	resumieras, -ses	resumierais, -seis	hubieras, -ses resumido	hubierais, -seis resumido
	resumiera, -se	resumieran, -sen	hubiera, -se resumido	hubieran, -sen resumido

IMPERATIVE

	(no) resumamos (nosotros)
resume (tú); no resumas	resumid (vosotros); no resumáis
(no) resuma (Ud.)	(no) resuman (Uds.)

Note: As a reflexive verb, *resumirse a* (to be reduced to, transformed) uses the reflexive pronouns *me, te, se, nos, os, se*. Example 4 shows the reflexive use.

EXAMPLES

¿Puedes resumirme el libro que acabas de leer?	Can you summarize the book you just read?
La maestra resumió lo estudiado hasta hoy.	The teacher summarized all we have studied up today.
Es necesario que ellos resuman los temas a discutir en la reunión.	It is necessary that they summarize all the subjects to be discussed in the meeting.
¡La exposición se resumió a unos poquitos cuadros!	The exhibition was reduced to a few paintings!

retirar

to remove, to take away, to move back, to retire

Gerundio: retirando   **Participio pasado:** retirado

Mood	Simple Tenses		Compound Tenses	
	Singular	*Plural*	*Singular*	*Plural*
Indicative	**Present**		**Present Perfect**	
	retiro	retiramos	he retirado	hemos retirado
	retiras	retiráis	has retirado	habéis retirado
	retira	retiran	ha retirado	han retirado
	Preterit		**Preterit Perfect**	
	retiré	retiramos	hube retirado	hubimos retirado
	retiraste	retirasteis	hubiste retirado	hubisteis retirado
	retiró	retiraron	hubo retirado	hubieron retirado
	Imperfect		**Pluperfect**	
	retiraba	retirábamos	había retirado	habíamos retirado
	retirabas	retirabais	habías retirado	habíais retirado
	retiraba	retiraban	había retirado	habían retirado
	Future		**Future Perfect**	
	retiraré	retiraremos	habré retirado	habremos retirado
	retirarás	retiraréis	habrás retirado	habréis retirado
	retirará	retirarán	habrá retirado	habrán retirado
	Conditional		**Conditional Perfect**	
	retiraría	retiraríamos	habría retirado	habríamos retirado
	retirarías	retiraríais	habrías retirado	habríais retirado
	retiraría	retirarían	habría retirado	habrían retirado
Subjunctive	**Present**		**Present Perfect**	
	retire	retiremos	haya retirado	hayamos retirado
	retires	retiréis	hayas retirado	hayáis retirado
	retire	retiren	haya retirado	hayan retirado
	Imperfect		**Pluperfect**	
	retirara, -se	retiráramos, -semos	hubiera, -se retirado	hubiéramos, -semos retirado
	retiraras, -ses	retirarais, -seis	hubieras, -ses retirado	hubierais, -seis retirado
	retirara, -se	retiraran, -sen	hubiera, -se retirado	hubieran, -sen retirado

IMPERATIVE

	(no) retiremos (nosotros)
retira (tú); no retires	retirad (vosotros); no retiréis
(no) retire (Ud.)	(no) retiren (Uds.)

Note: As a reflexive verb, *retirarse de* (to withdraw, retreat) uses the reflexive pronouns *me, te, se, nos, os, se.* Examples 4 and 5 show the reflexive use.

EXAMPLES

Yo retiraré la mesa. Retira las sillas tú.	I will remove the table. You take away the chairs
¿Por qué retiraste los platos si no habían terminado?	Why did you take away the plates if they had not finished?
No deseaban jugar más y retiraron su dinero.	They didn't want to play more, and they took their money.
Me retiré de allí para siempre.	I removed myself from that place forever.
Las tropas se hubiesen retirado si el enemigo hubiese avanzado.	The troops would have moved back if the enemy had advanced.

reunir

to gather, to collect, to save

Gerundio: reuniendo   **Participio pasado:** reunido

Mood	Simple Tenses		Compound Tenses	
	Singular	*Plural*	*Singular*	*Plural*
Indicative	**Present**		**Present Perfect**	
	reúno	reunimos	he reunido	hemos reunido
	reúnes	reunís	has reunido	habéis reunido
	reúne	reúnen	ha reunido	han reunido
	Preterit		**Preterit Perfect**	
	reuní	reunimos	hube reunido	hubimos reunido
	reuniste	reunisteis	hubiste reunido	hubisteis reunido
	reunió	reunieron	hubo reunido	hubieron reunido
	Imperfect		**Pluperfect**	
	reunía	reuníamos	había reunido	habíamos reunido
	reunías	reuníais	habías reunido	habíais reunido
	reunía	reunían	había reunido	habían reunido
	Future		**Future Perfect**	
	reuniré	reuniremos	habré reunido	habremos reunido
	reunirás	reuniréis	habrás reunido	habréis reunido
	reunirá	reunirán	habrá reunido	habrán reunido
	Conditional		**Conditional Perfect**	
	reuniría	reuniríamos	habría reunido	habríamos reunido
	reunirías	reuniríais	habrías reunido	habríais reunido
	reuniría	reunirían	habría reunido	habrían reunido
Subjunctive	**Present**		**Present Perfect**	
	reúna	reunamos	haya reunido	hayamos reunido
	reúnas	reunáis	hayas reunido	hayáis reunido
	reúna	reúnan	haya reunido	hayan reunido
	Imperfect		**Pluperfect**	
	reuniera, -se	reuniéramos, -semos	hubiera, -se reunido	hubiéramos, -semos reunido
	reunieras, -ses	reunierais, -seis	hubieras, -ses reunido	hubierais, -seis reunido
	reuniera, -se	reunieran, -sen	hubiera, -se reunido	hubieran, -sen reunido

IMPERATIVE

reúne (tú); no reúnas

(no) reúna (Ud.)

(no) reunamos (nosotros)

reunid (vosotros); no reunáis

(no) reúnan (Uds.)

Note: As a reflexive verb, *reunirse* (to get together, to meet with a group) uses the reflexive pronouns *me, te, se, nos, os, se.* Examples 4 and 5 show the reflexive use.

EXAMPLES

Reúne los libros. Ya nos vamos.

Martín reunió el dinero para comprarse el auto.

Espero hayas reunido mucho dinero.

Los estudiantes se reunieron en la cafetería.

¿Cuándo te reúnes con Mayela?

Gather the books. We are leaving.

Martin saved his money to buy a car.

I hope you have saved a lot of money.

The students got together in the cafeteria.

When are you meeting Mayela?

revisar

to revise, to examine, to inspect, to check, to audit
Gerundio: revisando   **Participio pasado:** revisado

Mood	Simple Tenses		Compound Tenses	
	Singular	*Plural*	*Singular*	*Plural*
	Present		**Present Perfect**	
	reviso	revisamos	he revisado	hemos revisado
	revisas	revisáis	has revisado	habéis revisado
	revisa	revisan	ha revisado	han revisado
	Preterit		**Preterit Perfect**	
	revisé	revisamos	hube revisado	hubimos revisado
	revisaste	revisasteis	hubiste revisado	hubisteis revisado
	revisó	revisaron	hubo revisado	hubieron revisado
Indicative	**Imperfect**		**Pluperfect**	
	revisaba	revisábamos	había revisado	habíamos revisado
	revisabas	revisabais	habías revisado	habíais revisado
	revisaba	revisaban	había revisado	habían revisado
	Future		**Future Perfect**	
	revisaré	revisaremos	habré revisado	habremos revisado
	revisarás	revisaréis	habrás revisado	habréis revisado
	revisará	revisarán	habrá revisado	habrán revisado
	Conditional		**Conditional Perfect**	
	revisaría	revisaríamos	habría revisado	habríamos revisado
	revisarías	revisaríais	habrías revisado	habríais revisado
	revisaría	revisarían	habría revisado	habrían revisado
Subjunctive	**Present**		**Present Perfect**	
	revise	revisemos	haya revisado	hayamos revisado
	revises	reviséis	hayas revisado	hayáis revisado
	revise	revisen	haya revisado	hayan revisado
	Imperfect		**Pluperfect**	
	revisara, -se	revisáramos, -semos	hubiera, -se revisado	hubiéramos, -semos revisado
	revisaras, -ses	revisarais, -seis	hubieras, -ses revisado	hubierais, -seis revisado
	revisara, -se	revisaran, -sen	hubiera, -se revisado	hubieran, -sen revisado

IMPERATIVE

revisa (tú); no revises
(no) revise (Ud.)

(no) revisemos (nosotros)
revisad (vosotros); no reviséis
(no) revisen (Uds.)

EXAMPLES

El electricista revisó las conexiones eléctricas.	The electrician inspected the electric connections.
Benjamín ha revisado los libros para ver si están en buenas condiciones.	Benjamin has checked the books to see if they are in good condition.
En la aduana están revisando las maletas minuciosamente.	Customs is inspecting the luggage thoroughly.
El inspector deseaba que yo revisara todo el equipo.	The inspector wanted me to examine all the equipment.

revolver

to stir, to revolve, to turn upside down
Gerundio: revolviendo   **Participio pasado:** revuelto

Mood	Simple Tenses		Compound Tenses	
	Singular	Plural	Singular	Plural
Indicative	**Present**		**Present Perfect**	
	revuelvo	revolvemos	he revuelto	hemos revuelto
	revuelves	revolvéis	has revuelto	habéis revuelto
	revuelve	revuelven	ha revuelto	han revuelto
	Preterit		**Preterit Perfect**	
	revolví	revolvimos	hube revuelto	hubimos revuelto
	revolviste	revolvisteis	hubiste revuelto	hubisteis revuelto
	revolvió	revolvieron	hubo revuelto	hubieron revuelto
	Imperfect		**Pluperfect**	
	revolvía	revolvíamos	había revuelto	habíamos revuelto
	revolvías	revolvíais	habías revuelto	habíais revuelto
	revolvía	revolvían	había revuelto	habían revuelto
	Future		**Future Perfect**	
	revolveré	revolveremos	habré revuelto	habremos revuelto
	revolverás	revolveréis	habrás revuelto	habréis revuelto
	revolverá	revolverán	habrá revuelto	habrán revuelto
	Conditional		**Conditional Perfect**	
	revolvería	revolveríamos	habría revuelto	habríamos revuelto
	revolverías	revolveríais	habrías revuelto	habríais revuelto
	revolvería	revolverían	habría revuelto	habrían revuelto
Subjunctive	**Present**		**Present Perfect**	
	revuelva	revolvamos	haya revuelto	hayamos revuelto
	revuelvas	revolváis	hayas revuelto	hayáis revuelto
	revuelva	revuelvan	haya revuelto	hayan revuelto
	Imperfect		**Pluperfect**	
	revolviera, -se	revolviéramos, -semos	hubiera, -se revuelto	hubiéramos, -semos revuelto
	revolvieras, -ses	revolvierais, -seis	hubieras, -ses revuelto	hubierais, -seis revuelto
	revolviera, -se	revolvieran, -sen	hubiera, -se revuelto	hubieran, -sen revuelto

IMPERATIVE

revuelve (tú); no revuelvas
(no) revuelva (Ud.)

(no) revolvamos (nosotros)
revolved (vosotros); no revolváis
(no) revuelvan (Uds.)

Note: This verb has an irregular past participle, *revuelto*.

EXAMPLES

Revuelve la sopa, por favor.
Stir the soup, please.

Ella ha revuelto la casa buscando las llaves.
She has turned the house upside down looking for the keys.

Ya había revuelto los huevos cuando me dijeron que los querían enteros.
I had already scrambled the eggs when they told me they wanted them sunny-side up.

El tiempo está revuelto.
The weather is stormy.

El viento había revuelto todos los papeles.
The wind had mixed up all the papers.

IDIOMATIC EXAMPLE

Ellos están todos revueltos.
They are all confused.

rezar

to pray

Gerundio: rezando   **Participio pasado:** rezado

Mood	Simple Tenses		Compound Tenses	
	Singular	*Plural*	*Singular*	*Plural*
	Present		**Present Perfect**	
	rezo	rezamos	he rezado	hemos rezado
	rezas	rezáis	has rezado	habéis rezado
	reza	rezan	ha rezado	han rezado
	Preterit		**Preterit Perfect**	
	recé	rezamos	hube rezado	hubimos rezado
	rezaste	rezasteis	hubiste rezado	hubisteis rezado
	rezó	rezaron	hubo rezado	hubieron rezado
Indicative	**Imperfect**		**Pluperfect**	
	rezaba	rezábamos	había rezado	habíamos rezado
	rezabas	rezabais	habías rezado	habíais rezado
	rezaba	rezaban	había rezado	habían rezado
	Future		**Future Perfect**	
	rezaré	rezaremos	habré rezado	habremos rezado
	rezarás	rezaréis	habrás rezado	habréis rezado
	rezará	rezarán	habrá rezado	habrán rezado
	Conditional		**Conditional Perfect**	
	rezaría	rezaríamos	habría rezado	habríamos rezado
	rezarías	rezaríais	habrías rezado	habríais rezado
	rezaría	rezarían	habría rezado	habrían rezado
Subjunctive	**Present**		**Present Perfect**	
	rece	recemos	haya rezado	hayamos rezado
	reces	recéis	hayas rezado	hayáis rezado
	rece	recen	haya rezado	hayan rezado
	Imperfect		**Pluperfect**	
	rezara, -se	rezáramos, -semos	hubiera, -se rezado	hubiéramos, -semos rezado
	rezaras, -ses	rezarais, -seis	hubieras, -ses rezado	hubierais, -seis rezado
	rezara, -se	rezaran, -sen	hubiera, -se rezado	hubieran, -sen rezado

IMPERATIVE

reza (tú); no reces
(no) rece (Ud.)

(no) recemos (nosotros)
rezad (vosotros); no recéis
(no) recen (Uds.)

EXAMPLES

Rezamos en la misa todos los domingos.
Esta mañana recé por la salud de Elena.
Josefina ha estado rezando todo el día.
Hemos rezado por los amigos enfermos.

We prayed during mass every Sunday.
This morning I prayed for Helen's health.
Josephine has been praying all day.
We have prayed for our sick friends.

IDIOMATIC EXAMPLE

Eso no reza conmigo.

That has nothing to do with me.

robar
to steal
Gerundio: robando **Participio pasado:** robado

Mood	Simple Tenses		Compound Tenses	
	Singular	*Plural*	*Singular*	*Plural*
Indicative	**Present**		**Present Perfect**	
	robo	robamos	he robado	hemos robado
	robas	robáis	has robado	habéis robado
	roba	roban	ha robado	han robado
	Preterit		**Preterit Perfect**	
	robé	robamos	hube robado	hubimos robado
	robaste	robasteis	hubiste robado	hubisteis robado
	robó	robaron	hubo robado	hubieron robado
	Imperfect		**Pluperfect**	
	robaba	robábamos	había robado	habíamos robado
	robabas	robabais	habías robado	habíais robado
	robaba	robaban	había robado	habían robado
	Future		**Future Perfect**	
	robaré	robaremos	habré robado	habremos robado
	robarás	robaréis	habrás robado	habréis robado
	robará	robarán	habrá robado	habrán robado
	Conditional		**Conditional Perfect**	
	robaría	robaríamos	habría robado	habríamos robado
	robarías	robaríais	habrías robado	habríais robado
	robaría	robarían	habría robado	habrían robado
Subjunctive	**Present**		**Present Perfect**	
	robe	robemos	haya robado	hayamos robado
	robes	robéis	hayas robado	hayáis robado
	robe	roben	haya robado	hayan robado
	Imperfect		**Pluperfect**	
	robara, -se	robáramos, -semos	hubiera, -se robado	hubiéramos, -semos robado
	robaras, -ses	robarais, -seis	hubieras, -ses robado	hubierais, -seis robado
	robara, -se	robaran, -sen	hubiera, -se robado	hubieran, -sen robado

IMPERATIVE

roba (tú); no robes
(no) robe (Ud.)

(no) robemos (nosotros)
robad (vosotros); no robéis
(no) roben (Uds.)

EXAMPLES

Robaron el banco.
The bank has been robbed.

Un ladrón estaba robando una casa cuando lo agarraron.
A thief was caught robbing a house.

Si le robaran el examen a la profesora, no tendríamos que presentarlo.
If the test were to be stolen from the teacher, we wouldn't have to take the test.

Juan Carlos le ha robado el corazón a Rosa.
John Charles has stolen Rose's heart.

rogar

to ask for, to beg, to pray

Gerundio: rogando **Participio pasado:** rogado

Mood	Simple Tenses		Compound Tenses	
	Singular	*Plural*	*Singular*	*Plural*
Indicative	**Present**		**Present Perfect**	
	ruego	rogamos	he rogado	hemos rogado
	ruegas	rogáis	has rogado	habéis rogado
	ruega	ruegan	ha rogado	han rogado
	Preterit		**Preterit Perfect**	
	rogué	rogamos	hube rogado	hubimos rogado
	rogaste	rogasteis	hubiste rogado	hubisteis rogado
	rogó	rogaron	hubo rogado	hubieron rogado
	Imperfect		**Pluperfect**	
	rogaba	rogábamos	había rogado	habíamos rogado
	rogabas	rogabais	habías rogado	habíais rogado
	rogaba	rogaban	había rogado	habían rogado
	Future		**Future Perfect**	
	rogaré	rogaremos	habré rogado	habremos rogado
	rogarás	rogaréis	habrás rogado	habréis rogado
	rogará	rogarán	habrá rogado	habrán rogado
	Conditional		**Conditional Perfect**	
	rogaría	rogaríamos	habría rogado	habríamos rogado
	rogarías	rogaríais	habrías rogado	habríais rogado
	rogaría	rogarían	habría rogado	habrían rogado
Subjunctive	**Present**		**Present Perfect**	
	ruegue	roguemos	haya rogado	hayamos rogado
	ruegues	roguéis	hayas rogado	hayáis rogado
	ruegue	rueguen	haya rogado	hayan rogado
	Imperfect		**Pluperfect**	
	rogara, -se	rogáramos, -semos	hubiera, -se rogado	hubiéramos, -semos rogado
	rogaras, -ses	rogarais, -seis	hubieras, -ses rogado	hubierais, -seis rogado
	rogara, -se	rogaran, -sen	hubiera, -se rogado	hubieran, -sen rogado

IMPERATIVE

	(no) roguemos (nosotros)
ruega (tú); no ruegues	rogad (vosotros); no roguéis
(no) ruegue (Ud.)	(no) rueguen (Uds.)

EXAMPLES

Le rogué a mi papá que me dejara ir a la fiesta.
I asked my father to let me go to the party.

Le hubiera rogado más, pero me cansé de rogarle.
I would have begged more, but I got tired of begging.

Él le estaba rogando que lo perdonara.
He was asking her for her forgiveness.

Te ruego que no hagas eso.
I beg you not to do that.

romper

to break, to tear

Gerundio: rompiendo   **Participio pasado:** roto

Mood	Simple Tenses		Compound Tenses	
	Singular	*Plural*	*Singular*	*Plural*
Indicative	**Present**		**Present Perfect**	
	rompo rompes rompe	rompemos rompéis rompen	he roto has roto ha roto	hemos roto habéis roto han roto
	Preterit		**Preterit Perfect**	
	rompí rompiste rompió	rompimos rompisteis rompieron	hube roto hubiste roto hubo roto	hubimos roto hubisteis roto hubieron roto
	Imperfect		**Pluperfect**	
	rompía rompías rompía	rompíamos rompíais rompían	había roto habías roto había roto	habíamos roto habíais roto habían roto
	Future		**Future Perfect**	
	romperé romperás romperá	romperemos romperéis romperán	habré roto habrás roto habrá roto	habremos roto habréis roto habrán roto
	Conditional		**Conditional Perfect**	
	rompería romperías rompería	romperíamos romperíais romperían	habría roto habrías roto habría roto	habríamos roto habríais roto habrían roto
Subjunctive	**Present**		**Present Perfect**	
	rompa rompas rompa	rompamos rompáis rompan	haya roto hayas roto haya roto	hayamos roto hayáis roto hayan roto
	Imperfect		**Pluperfect**	
	rompiera, -se rompieras, -ses rompiera, -se	rompiéramos, -semos rompierais, -seis rompieran, -sen	hubiera, -se roto hubieras, -ses roto hubiera, -se roto	hubiéramos, -semos roto hubierais, -seis roto hubieran, -sen roto

IMPERATIVE

rompe (tú); no rompas   (no) rompamos (nosotros)
(no) rompa (Ud.)   romped (vosotros); no rompáis
                                             (no) rompan (Uds.)

EXAMPLES

El niño rompió sus juguetes.   The boy broke his toys.
Él quiere que rompamos el compromiso.   He wants us to break our relationship.
No rompas mi corazón.   Don't break my heart.
Esa nadadora romperá el record.   That swimmer will break the record.

ruborizarse

to blush

Gerundio: ruborizándose   **Participio pasado:** ruborizado

Mood	Simple Tenses		Compound Tenses	
	Singular	*Plural*	*Singular*	*Plural*
Indicative	**Present**		**Present Perfect**	
	me ruborizo te ruborizas se ruboriza	nos ruborizamos os ruborizáis se ruborizan	me he ruborizado te has ruborizado se ha ruborizado	nos hemos ruborizado os habéis ruborizado se han ruborizado
	Preterit		**Preterit Perfect**	
	me ruboricé te ruborizaste se ruborizó	nos ruborizamos os ruborizasteis se ruborizaron	me hube ruborizado te hubiste ruborizado se hubo ruborizado	nos hubimos ruborizado os hubisteis ruborizado se hubieron ruborizado
	Imperfect		**Pluperfect**	
	me ruborizaba te ruborizabas se ruborizaba	nos ruborizábamos os ruborizabais se ruborizaban	me había ruborizado te habías ruborizado se había ruborizado	nos habíamos ruborizado os habíais ruborizado se habían ruborizado
	Future		**Future Perfect**	
	me ruborizaré te ruborizarás se ruborizará	nos ruborizaremos os ruborizaréis se ruborizarán	me habré ruborizado te habrás ruborizado se habrá ruborizado	nos habremos ruborizado os habréis ruborizado se habrán ruborizado
	Conditional		**Conditional Perfect**	
	me ruborizaría te ruborizarías se ruborizaría	nos ruborizaríamos os ruborizaríais se ruborizarían	me habría ruborizado te habrías ruborizado se habría ruborizado	nos habríamos ruborizado os habríais ruborizado se habrían ruborizado
Subjunctive	**Present**		**Present Perfect**	
	me ruborice te ruborices se ruborice	nos ruboricemos os ruboricéis se ruboricen	me haya ruborizado te hayas ruborizado se haya ruborizado	nos hayamos ruborizado os hayáis ruborizado se hayan ruborizado
	Imperfect		**Pluperfect**	
	me ruborizara, -se te ruborizaras, -ses se ruborizara, -se	nos ruborizáramos, -semos os ruborizarais, -seis se ruborizaran, -sen	me hubiera, -se ruborizado te hubieras, -ses ruborizado se hubiera, -se ruborizado	nos hubiéramos, -semos ruborizado os hubierais, -seis ruborizado se hubieran, -sen ruborizado

IMPERATIVE

	ruboricémonos (nosotros); no nos ruboricemos
ruborízate (tú); no te ruborices	ruborizaos (vosotros); no os ruboricéis
ruborícese (Ud.); no se ruborice	ruborícense (Uds.); no se ruboricen

EXAMPLES

Ella se ruborizaba por nada.
She used to blush for nothing.

Las jovencitas se ruborizaron cuando vieron al joven actor.
The teenagers blushed when they saw the young actor.

Me ruborizó todo lo que me dijo.
All that he said made me blush.

Le diré que lo quiero, aunque me ruborice.
I will tell him I love him, even if I blush.

saber

to know something, to know a fact

Gerundio: sabiendo   **Participio pasado:** sabido

Mood	Simple Tenses		Compound Tenses	
	Singular	*Plural*	*Singular*	*Plural*
Indicative	**Present**		**Present Perfect**	
	sé	sabemos	he sabido	hemos sabido
	sabes	sabéis	has sabido	habéis sabido
	sabe	saben	ha sabido	han sabido
	Preterit		**Preterit Perfect**	
	supe	supimos	hube sabido	hubimos sabido
	supiste	supisteis	hubiste sabido	hubisteis sabido
	supo	supieron	hubo sabido	hubieron sabido
	Imperfect		**Pluperfect**	
	sabía	sabíamos	había sabido	habíamos sabido
	sabías	sabíais	habías sabido	habíais sabido
	sabía	sabían	había sabido	habían sabido
	Future		**Future Perfect**	
	sabré	sabremos	habré sabido	habremos sabido
	sabrás	sabréis	habrás sabido	habréis sabido
	sabrá	sabrán	habrá sabido	habrán sabido
	Conditional		**Conditional Perfect**	
	sabría	sabríamos	habría sabido	habríamos sabido
	sabrías	sabríais	habrías sabido	habríais sabido
	sabría	sabrían	habría sabido	habrían sabido
Subjunctive	**Present**		**Present Perfect**	
	sepa	sepamos	haya sabido	hayamos sabido
	sepas	sepáis	hayas sabido	hayáis sabido
	sepa	sepan	haya sabido	hayan sabido
	Imperfect		**Pluperfect**	
	supiera, -se	supiéramos, -semos	hubiera, -se sabido	hubiéramos, -semos sabido
	supieras, -ses	supierais, -seis	hubieras, -ses sabido	hubierais, -seis sabido
	supiera, -se	supieran, -sen	hubiera, -se sabido	hubieran, -sen sabido

IMPERATIVE

sabe (tú); no sepas

(no) sepa (Ud.)

(no) sepamos (nosotros)

sabed (vosotros), no sepáis

(no) sepan (Uds.)

Note: Saber changes its meaning to *found out* or *learned,* when used in the past tense. When used in the present subjunctive it means the *best of one's knowledge* or *as far as one knows*. See Examples 5 and 6 below.

EXAMPLES

Yo sé que ella llevaba un vestido rojo.
I know (very well) that she was wearing a red dress.

Roberto y Patricia saben tocar el piano muy bien.
Robert and Patricia know how to play the piano very well.

Si hubiéramos sabido que iba a llover, no habríamos lavado el carro.
If we had known it was going to rain, we wouldn't have washed the car.

-¿Sabías que mis amigas se fueron de vacaciones?
Did you know that my friends went on vacation?

-No, apenas lo supe esta mañana. También supe que fueron a Colorado.
No, I just found out this morning. I also learned that they went to Colorado.

Que yo sepa, ellos terminaron el proyecto.
To the best of my knowledge, they finished the project.

IDIOMATIC EXAMPLES

Estas cocaditas hechas por Betty saben a gloria.
These macaroon cookies made by Betty are delicious.

Se saben al dedillo los verbos.
They know the verbs perfectly.

sacar

to take out, to remove

Gerundio: sacando   **Participio pasado:** sacado

Mood	Simple Tenses		Compound Tenses	
	Singular	*Plural*	*Singular*	*Plural*
Indicative	**Present**		**Present Perfect**	
	saco sacas saca	sacamos sacáis sacan	he sacado has sacado ha sacado	hemos sacado habéis sacado han sacado
	Preterit		**Preterit Perfect**	
	saqué sacaste sacó	sacamos sacasteis sacaron	hube sacado hubiste sacado hubo sacado	hubimos sacado hubisteis sacado hubieron sacado
	Imperfect		**Pluperfect**	
	sacaba sacabas sacaba	sacábamos sacabais sacaban	había sacado habías sacado había sacado	habíamos sacado habíais sacado habían sacado
	Future		**Future Perfect**	
	sacaré sacarás sacará	sacaremos sacaréis sacarán	habré sacado habrás sacado habrá sacado	habremos sacado habréis sacado habrán sacado
	Conditional		**Conditional Perfect**	
	sacaría sacarías sacaría	sacaríamos sacaríais sacarían	habría sacado habrías sacado habría sacado	habríamos sacado habríais sacado habrían sacado
Subjunctive	**Present**		**Present Perfect**	
	saque saques saque	saquemos saquéis saquen	haya sacado hayas sacado haya sacado	hayamos sacado hayáis sacado hayan sacado
	Imperfect		**Pluperfect**	
	sacara, -se sacaras, -ses sacara, -se	sacáramos, -semos sacarais, -seis sacaran, -sen	hubiera, -se sacado hubieras, -ses sacado hubiera, -se sacado	hubiéramos, -semos sacado hubierais, -seis sacado hubieran, -sen sacado

IMPERATIVE

	(no) saquemos (nosotros)
saca (tú); no saques	sacad (vosotros); no saquéis
(no) saque (Ud.)	(no) saquen (Uds.)

EXAMPLES

Saca la tarea para que comparemos las respuestas.	Take out your homework so we can compare the answers.
Mamá quiere que saque la basura los lunes por la noche.	Mom wants me to take out the garbage on Monday nights.
Les cuento que sacando la basura me encontré un reloj de oro.	I am telling you that while taking out the garbage I found a gold watch.

IDIOMATIC EXAMPLES

Patricia siempre saca buenas notas en matemáticas.	Patricia always gets good grades in Math.
Sacábamos fotos cuando llegaron los turistas.	We were taking pictures when the tourists arrived.
Ellos le sacan partido a cualquier oportunidad.	They profit from every opportunity there is.

sacudir

to shake, to beat, to shake off the dust
Gerundio: sacudiendo   **Participio pasado:** sacudido

Mood	Simple Tenses		Compound Tenses	
	Singular	*Plural*	*Singular*	*Plural*
Indicative	**Present**		**Present Perfect**	
	sacudo	sacudimos	he sacudido	hemos sacudido
	sacudes	sacudís	has sacudido	habéis sacudido
	sacude	sacuden	ha sacudido	han sacudido
	Preterit		**Preterit Perfect**	
	sacudí	sacudimos	hube sacudido	hubimos sacudido
	sacudiste	sacudisteis	hubiste sacudido	hubisteis sacudido
	sacudió	sacudieron	hubo sacudido	hubieron sacudido
	Imperfect		**Pluperfect**	
	sacudía	sacudíamos	había sacudido	habíamos sacudido
	sacudías	sacudíais	habías sacudido	habíais sacudido
	sacudía	sacudían	había sacudido	habían sacudido
	Future		**Future Perfect**	
	sacudiré	sacudiremos	habré sacudido	habremos sacudido
	sacudirás	sacudiréis	habrás sacudido	habréis sacudido
	sacudirá	sacudirán	habrá sacudido	habrán sacudido
	Conditional		**Conditional Perfect**	
	sacudiría	sacudiríamos	habría sacudido	habríamos sacudido
	sacudirías	sacudiríais	habrías sacudido	habríais sacudido
	sacudiría	sacudirían	habría sacudido	habrían sacudido
Subjunctive	**Present**		**Present Perfect**	
	sacuda	sacudamos	haya sacudido	hayamos sacudido
	sacudas	sacudáis	hayas sacudido	hayáis sacudido
	sacuda	sacudan	haya sacudido	hayan sacudido
	Imperfect		**Pluperfect**	
	sacudiera, -se	sacudiéramos, -semos	hubiera, -se sacudido	hubiéramos, -semos sacudido
	sacudieras, -ses	sacudierais, -seis	hubieras, -ses sacudido	hubierais, -seis sacudido
	sacudiera, -se	sacudieran, -sen	hubiera, -se sacudido	hubieran, -sen sacudido

IMPERATIVE

(no) sacudamos (nosotros)
sacude (tú); no sacudas   sacudid (vosotros); no sacudáis
(no) sacuda (Ud.)   (no) sacudan (Uds.)

EXAMPLES

El alumno sacudió el borrador de la pizarra.   The student beat the blackboard eraser.
Yanet ha sacudido las alfombras.   Janet has shaken off the dust from the rugs.
En la playa, el viento sacude las palmeras.   At the beach, the wind shakes the palm trees.

Aunque sacuda los pantalones, siempre están arrugados.   Even if I shake out the pants, they are always wrinkled.

salir

to go out (from a place), to leave, to depart, to go out with someone
Gerundio: saliendo   **Participio pasado:** salido

Mood	Simple Tenses		Compound Tenses	
	Singular	*Plural*	*Singular*	*Plural*
Indicative	**Present**		**Present Perfect**	
	salgo	salimos	he salido	hemos salido
	sales	salís	has salido	habéis salido
	sale	salen	ha salido	han salido
	Preterit		**Preterit Perfect**	
	salí	salimos	hube salido	hubimos salido
	saliste	salisteis	hubiste salido	hubisteis salido
	salió	salieron	hubo salido	hubieron salido
	Imperfect		**Pluperfect**	
	salía	salíamos	había salido	habíamos salido
	salías	salíais	habías salido	habíais salido
	salía	salían	había salido	habían salido
	Future		**Future Perfect**	
	saldré	saldremos	habré salido	habremos salido
	saldrás	saldréis	habrás salido	habréis salido
	saldrá	saldrán	habrá salido	habrán salido
	Conditional		**Conditional Perfect**	
	saldría	saldríamos	habría salido	habríamos salido
	saldrías	saldríais	habrías salido	habríais salido
	saldría	saldrían	habría salido	habrían salido
Subjunctive	**Present**		**Present Perfect**	
	salga	salgamos	haya salido	hayamos salido
	salgas	salgáis	hayas salido	hayáis salido
	salga	salgan	haya salido	hayan salido
	Imperfect		**Pluperfect**	
	saliera, -se	saliéramos, -semos	hubiera, -se salido	hubiéramos, -semos salido
	salieras, -ses	salierais, -seis	hubieras, -ses salido	hubierais, -seis salido
	saliera, -se	salieran, -sen	hubiera, -se salido	hubieran, -sen salido

IMPERATIVE

	(no) salgamos (nosotros)
sal (tú); no salgas	salid (vosotros); no salgáis
(no) salga (Ud.)	(no) salgan (Uds.)

Note: As a reflexive verb, *salirse* (to leave, to go, to come out) uses the reflexive pronouns *me, te, se, nos, os, se.* Example 5 shows the reflexive use.

EXAMPLES

¡Sal del baño!	Get out of the bathroom!
Salimos anoche en el tren de las nueve.	Last night, we left on the nine o'clock train.
Rufus nos sugirió que saliéramos de la ciudad lo más pronto posible.	Rufus suggested to us to leave the city as soon as possible.
Los socios han salido tarde para la reunión.	The partners have left late for the meeting.
Nos salimos de la oficina porque había humo.	We left the office because there was smoke.

IDIOMATIC EXAMPLES

Ángela está saliendo con Miguel.	Angela is going out with Michael.
Los estudiantes se han salido con la suya. La profesora no les hizo el examen hoy.	The students have gotten their own way. The teacher didn't give them the test today.

saltar
to jump, to leap
Gerundio: saltando   **Participio pasado:** saltado

Mood	Simple Tenses		Compound Tenses	
	Singular	*Plural*	*Singular*	*Plural*
Indicative	**Present**		**Present Perfect**	
	salto	saltamos	he saltado	hemos saltado
	saltas	saltáis	has saltado	habéis saltado
	salta	saltan	ha saltado	han saltado
	Preterit		**Preterit Perfect**	
	salté	saltamos	hube saltado	hubimos saltado
	saltaste	saltasteis	hubiste saltado	hubisteis saltado
	saltó	saltaron	hubo saltado	hubieron saltado
	Imperfect		**Pluperfect**	
	saltaba	saltábamos	había saltado	habíamos saltado
	saltabas	saltabais	habías saltado	habíais saltado
	saltaba	saltaban	había saltado	habían saltado
	Future		**Future Perfect**	
	saltaré	saltaremos	habré saltado	habremos saltado
	saltarás	saltaréis	habrás saltado	habréis saltado
	saltará	saltarán	habrá saltado	habrán saltado
	Conditional		**Conditional Perfect**	
	saltaría	saltaríamos	habría saltado	habríamos saltado
	saltarías	saltaríais	habrías saltado	habríais saltado
	saltaría	saltarían	habría saltado	habrían saltado
Subjunctive	**Present**		**Present Perfect**	
	salte	saltemos	haya saltado	hayamos saltado
	saltes	saltéis	hayas saltado	hayáis saltado
	salte	salten	haya saltado	hayan saltado
	Imperfect		**Pluperfect**	
	saltara, -se	saltáramos, -semos	hubiera, -se saltado	hubiéramos, -semos saltado
	saltaras, -ses	saltarais, -seis	hubieras, -ses saltado	hubierais, -seis saltado
	saltara, -se	saltaran, -sen	hubiera, -se saltado	hubieran, -sen saltado

IMPERATIVE

salta (tú); no saltes
(no) salte (Ud.)

(no) saltemos (nosotros)
saltad (vosotros); no saltéis
(no) salten (Uds.)

EXAMPLES

Cuando era niña, yo saltaba a la cuerda.

When I was a little girl, I used to jump rope.

Muy pocos han saltado del Salto Ángel.

Very few people have jumped off of Angel Falls.

Si saltáramos la cuerda más frecuentemente, estaríamos más sanos.

If we were to jump rope more often, we would be healthier.

Temo que la gimnasta no salte bien.

I am afraid that the gymnast will not jump well.

IDIOMATIC EXAMPLE

Saltaba a la vista quien iba a ser la ganadora del concurso.

It was obvious who the winner of the contest was going to be.

salvar

to save (someone; something), to rescue

Gerundio: salvando   **Participio pasado:** salvado

Mood	Simple Tenses		Compound Tenses	
	Singular	*Plural*	*Singular*	*Plural*
Indicative	**Present**		**Present Perfect**	
	salvo	salvamos	he salvado	hemos salvado
	salvas	salváis	has salvado	habéis salvado
	salva	salvan	ha salvado	han salvado
	Preterit		**Preterit Perfect**	
	salvé	salvamos	hube salvado	hubimos salvado
	salvaste	salvasteis	hubiste salvado	hubisteis salvado
	salvó	salvaron	hubo salvado	hubieron salvado
	Imperfect		**Pluperfect**	
	salvaba	salvábamos	había salvado	habíamos salvado
	salvabas	salvabais	habías salvado	habíais salvado
	salvaba	salvaban	había salvado	habían salvado
	Future		**Future Perfect**	
	salvaré	salvaremos	habré salvado	habremos salvado
	salvarás	salvaréis	habrás salvado	habréis salvado
	salvará	salvarán	habrá salvado	habrán salvado
	Conditional		**Conditional Perfect**	
	salvaría	salvaríamos	habría salvado	habríamos salvado
	salvarías	salvaríais	habrías salvado	habríais salvado
	salvaría	salvarían	habría salvado	habrían salvado
Subjunctive	**Present**		**Present Perfect**	
	salve	salvemos	haya salvado	hayamos salvado
	salves	salvéis	hayas salvado	hayáis salvado
	salve	salven	haya salvado	hayan salvado
	Imperfect		**Pluperfect**	
	salvara, -se	salváramos, -semos	hubiera, -se salvado	hubiéramos, -semos salvado
	salvaras, -ses	salvarais, -seis	hubieras, -ses salvado	hubierais, -seis salvado
	salvara, -se	salvaran, -sen	hubiera, -se salvado	hubieran, -sen salvado

IMPERATIVE

	(no) salvemos (nosotros)
salva (tú); no salves	salvad (vosotros); no salvéis
(no) salve (Ud.)	(no) salven (Uds.)

Note: As a reflexive verb, *salvarse* (to save oneself, to be saved) uses the reflexive pronouns *me, te, se, nos, os, se.* Examples 3 and 4 show the reflexive use.

EXAMPLES

Los salvavidas de las piscinas salvan a muchos niños.	The lifeguards of the swimming pools save many children.
Los bomberos salvaron a toda la familia del incendio.	The firefighters rescued the whole family from the fire.
Los jóvenes se habrían salvado si se hubieran puesto el cinturón de seguridad.	The young men would have been saved if they had worn seat belts.
Se hubiese salvado, si hubiera sabido nadar.	He would have been saved if he had known how to swim.

IDIOMATIC EXAMPLE

¡Sálvese el que pueda!	Every man for himself!

satisfacer

to satisfy

Gerundio: satisfaciendo   **Participio pasado:** satisfecho

Mood	Simple Tenses		Compound Tenses	
	Singular	*Plural*	*Singular*	*Plural*
Indicative	**Present**		**Present Perfect**	
	satisfago	satisfacemos	he satisfecho	hemos satisfecho
	satisfaces	satisfacéis	has satisfecho	habéis satisfecho
	satisface	satisfacen	ha satisfecho	han satisfecho
	Preterit		**Preterit Perfect**	
	satisfice	satisficimos	hube satisfecho	hubimos satisfecho
	satisficiste	satisficisteis	hubiste satisfecho	hubisteis satisfecho
	satisfizo	satisficieron	hubo satisfecho	hubieron satisfecho
	Imperfect		**Pluperfect**	
	satisfacía	satisfacíamos	había satisfecho	habíamos satisfecho
	satisfacías	satisfacíais	habías satisfecho	habíais satisfecho
	satisfacía	satisfacían	había satisfecho	habían satisfecho
	Future		**Future Perfect**	
	satisfaré	satisfaremos	habré satisfecho	habremos satisfecho
	satisfarás	satisfaréis	habrás satisfecho	habréis satisfecho
	satisfará	satisfarán	habrá satisfecho	habrán satisfecho
	Conditional		**Conditional Perfect**	
	satisfaría	satisfaríamos	habría satisfecho	habríamos satisfecho
	satisfarías	satisfaríais	habrías satisfecho	habríais satisfecho
	satisfaría	satisfarían	habría satisfecho	habrían satisfecho
Subjunctive	**Present**		**Present Perfect**	
	satisfaga	satisfagamos	haya satisfecho	hayamos satisfecho
	satisfagas	satisfagáis	hayas satisfecho	hayáis satisfecho
	satisfaga	satisfagan	haya satisfecho	hayan satisfecho
	Imperfect		**Pluperfect**	
	satisficiera, -se	satisficiéramos, -semos	hubiera, -se satisfecho	hubiéramos, -semos satisfecho
	satisficieras, -ses		hubieras, -ses satisfecho	
	satisficiera, -se	satisficierais, -seis	hubiera, -se satisfecho	hubierais, -seis satisfecho
		satisficieran, -sen		hubieran, -sen satisfecho

IMPERATIVE

	(no) satisfagamos (nosotros)
satisface o satisfaz (tú); no satisfagas	satisfaced (vosotros); no satisfagáis
(no) satisfaga (Ud.)	(no) satisfagan (Uds.)

Note: This verb has an irregular past participle, *satisfecho*.

EXAMPLES

La profesora está satisfecha con el trabajo que hicimos.	The teacher is satisfied with the work we did.
¿He satisfecho tu curiosidad al contarte todo?	Have I satisfied your curiosity by telling you everything?
Ella satisfizo todos los requisitos que le exigían.	She satisfied all the requirements they asked.
No había nadie que satisficiera sus exigencias.	There wasn't a single person that would satisfy his demands.
Temo que mis calificaciones no satisfagan los deseos de mis padres.	I am afraid that my grades won't satisfy the wishes of my parents.

seguir

to follow, to pursue, to continue, to keep on

Gerundio: siguiendo   **Participio pasado:** seguido

Mood	Simple Tenses		Compound Tenses	
	Singular	*Plural*	*Singular*	*Plural*
Indicative	**Present**		**Present Perfect**	
	sigo sigues sigue	seguimos seguís siguen	he seguido has seguido ha seguido	hemos seguido habéis seguido han seguido
	Preterit		**Preterit Perfect**	
	seguí seguiste siguió	seguimos seguisteis siguieron	hube seguido hubiste seguido hubo seguido	hubimos seguido hubisteis seguido hubieron seguido
	Imperfect		**Pluperfect**	
	seguía seguías seguía	seguíamos seguíais seguían	había seguido habías seguido había seguido	habíamos seguido habíais seguido habían seguido
	Future		**Future Perfect**	
	seguiré seguirás seguirá	seguiremos seguiréis seguirán	habré seguido habrás seguido habrá seguido	habremos seguido habréis seguido habrán seguido
	Conditional		**Conditional Perfect**	
	seguiría seguirías seguiría	seguiríamos seguiríais seguirían	habría seguido habrías seguido habría seguido	habríamos seguido habríais seguido habrían seguido
Subjunctive	**Present**		**Present Perfect**	
	siga sigas siga	sigamos sigáis sigan	haya seguido hayas seguido haya seguido	hayamos seguido hayáis seguido hayan seguido
	Imperfect		**Pluperfect**	
	siguiera, -se siguieras, -ses siguiera, -se	siguiéramos, -semos siguierais, -seis siguieran, -sen	hubiera, -se seguido hubieras, -ses seguido hubiera, -se seguido	hubiéramos, -semos seguido hubierais, -seis seguido hubieran, -sen seguido

IMPERATIVE

	(no) sigamos (nosotros)
sigue (tú); no sigas	seguid (vosotros); no sigáis
(no) siga (Ud.)	(no) sigan (Uds.)

EXAMPLES

Sigue las instrucciones.	Follow the instructions.
¿Sigues estudiando abogacía?	Are you still studying law?
Estaban siguiendo al ladrón, pero lo perdieron.	They were following the shoplifter, but they lost him.
Ella siguió hablando como si nada estuviera pasando.	She kept on talking like nothing was happening.
¿Vosotros habéis seguido las enseñanzas de Aristóteles?	Have you followed Aristotle's teachings?

sembrar

to plant, to sow

Gerundio: sembrando   **Participio pasado:** sembrado

Mood	Simple Tenses		Compound Tenses	
	Singular	Plural	Singular	Plural
Indicative	**Present**		**Present Perfect**	
	siembro	sembramos	he sembrado	hemos sembrado
	siembras	sembráis	has sembrado	habéis sembrado
	siembra	siembran	ha sembrado	han sembrado
	Preterit		**Preterit Perfect**	
	sembré	sembramos	hube sembrado	hubimos sembrado
	sembraste	sembrasteis	hubiste sembrado	hubisteis sembrado
	sembró	sembraron	hubo sembrado	hubieron sembrado
	Imperfect		**Pluperfect**	
	sembraba	sembrábamos	había sembrado	habíamos sembrado
	sembrabas	sembrabais	habías sembrado	habíais sembrado
	sembraba	sembraban	había sembrado	habían sembrado
	Future		**Future Perfect**	
	sembraré	sembraremos	habré sembrado	habremos sembrado
	sembrarás	sembraréis	habrás sembrado	habréis sembrado
	sembrará	sembrarán	habrá sembrado	habrán sembrado
	Conditional		**Conditional Perfect**	
	sembraría	sembraríamos	habría sembrado	habríamos sembrado
	sembrarías	sembraríais	habrías sembrado	habríais sembrado
	sembraría	sembrarían	habría sembrado	habrían sembrado
Subjunctive	**Present**		**Present Perfect**	
	siembre	sembremos	haya sembrado	hayamos sembrado
	siembres	sembréis	hayas sembrado	hayáis sembrado
	siembre	siembren	haya sembrado	hayan sembrado
	Imperfect		**Pluperfect**	
	sembrara, -se	sembráramos, -semos	hubiera, -se sembrado	hubiéramos, -semos sembrado
	sembraras, -ses	sembrarais, -seis	hubieras, -ses sembrado	hubierais, -seis sembrado
	sembrara, -se	sembraran, -sen	hubiera, -se sembrado	hubieran, -sen sembrado

IMPERATIVE

siembra (tú); no siembres

(no) siembre (Ud.)

(no) sembremos (nosotros)

sembrad (vosotros); no sembréis

(no) siembren (Uds.)

EXAMPLES

Francisco está sembrando las flores en el jardín.

Frank is planting the flowers in the garden.

Alberto siembra hortalizas en su huerto.

Albert plants vegetables in his vegetable garden.

Cuando siembres los tomates, siembra perejil también.

When you plant the tomatoes, plant the parsley too.

El dictador sembró las semillas del terror.

The dictator planted the seeds of fear.

sentarse
to sit down
Gerundio: sentándose   **Participio pasado:** sentado

Mood	Simple Tenses		Compound Tenses	
	Singular	*Plural*	*Singular*	*Plural*
Indicative	**Present**		**Present Perfect**	
	me siento te sientas se sienta	nos sentamos os sentáis se sientan	me he sentado te has sentado se ha sentado	nos hemos sentado os habéis sentado se han sentado
	Preterit		**Preterit Perfect**	
	me senté te sentaste se sentó	nos sentamos os sentasteis se sentaron	me hube sentado te hubiste sentado se hubo sentado	nos hubimos sentado os hubisteis sentado se hubieron sentado
	Imperfect		**Pluperfect**	
	me sentaba te sentabas se sentaba	nos sentábamos os sentabais se sentaban	me había sentado te habías sentado se había sentado	nos habíamos sentado os habíais sentado se habían sentado
	Future		**Future Perfect**	
	me sentaré te sentarás se sentará	nos sentaremos os sentaréis se sentarán	me habré sentado te habrás sentado se habrá sentado	nos habremos sentado os habréis sentado se habrán sentado
	Conditional		**Conditional Perfect**	
	me sentaría te sentarías se sentaría	nos sentaríamos os sentaríais se sentarían	me habría sentado te habrías sentado se habría sentado	nos habríamos sentado os habríais sentado se habrían sentado
Subjunctive	**Present**		**Present Perfect**	
	me siente te sientes se siente	nos sentemos os sentéis se sienten	me haya sentado te hayas sentado se haya sentado	nos hayamos sentado os hayáis sentado se hayan sentado
	Imperfect		**Pluperfect**	
	me sentara, -se te sentaras, -ses se sentara, -se	nos sentáramos, -semos os sentarais, -seis se sentaran, -sen	me hubiera, -se sentado te hubieras, -ses sentado se hubiera, -se sentado	nos hubiéramos, -semos sentado os hubierais, -seis sentado se hubieran, -sen sentado

IMPERATIVE

	sentémonos (nosotros); no nos sentemos
siéntate (tú); no te sientes	sentaos (vosotros); no os sentéis
siéntese (Ud.); no se siente	siéntense (Uds.); no se sienten

Note: As a nonreflexive verb, *sentar* (to seat someone) is shown in Example 4.

EXAMPLES

Me siento aquí porque me siento mal.	I sit down here because I don't feel good.
La familia está sentándose a la mesa para cenar.	The family is sitting down at the table to have dinner.
¡No se siente en esa silla porque está mojada!	Don't sit down on that chair because it is wet!
La mamá sentó a la niña en la silla porque lloraba.	The mother sat the girl in the chair because she was crying.

sentir

to feel, to be sorry, to regret

Gerundio: sintiendo **Participio pasado:** sentido

Mood	Simple Tenses		Compound Tenses	
	Singular	*Plural*	*Singular*	*Plural*
Indicative	**Present**		**Present Perfect**	
	siento	sentimos	he sentido	hemos sentido
	sientes	sentís	has sentido	habéis sentido
	siente	sienten	ha sentido	han sentido
	Preterit		**Preterit Perfect**	
	sentí	sentimos	hube sentido	hubimos sentido
	sentiste	sentisteis	hubiste sentido	hubisteis sentido
	sintió	sintieron	hubo sentido	hubieron sentido
	Imperfect		**Pluperfect**	
	sentía	sentíamos	había sentido	habíamos sentido
	sentías	sentíais	habías sentido	habíais sentido
	sentía	sentían	había sentido	habían sentido
	Future		**Future Perfect**	
	sentiré	sentiremos	habré sentido	habremos sentido
	sentirás	sentiréis	habrás sentido	habréis sentido
	sentirá	sentirán	habrá sentido	habrán sentido
	Conditional		**Conditional Perfect**	
	sentiría	sentiríamos	habría sentido	habríamos sentido
	sentirías	sentiríais	habrías sentido	habríais sentido
	sentiría	sentirían	habría sentido	habrían sentido
Subjunctive	**Present**		**Present Perfect**	
	sienta	sintamos	haya sentido	hayamos sentido
	sientas	sintáis	hayas sentido	hayáis sentido
	sienta	sientan	haya sentido	hayan sentido
	Imperfect		**Pluperfect**	
	sintiera, -se	sintiéramos, -semos	hubiera, -se sentido	hubiéramos, -semos sentido
	sintieras, -ses	sintierais, -seis	hubieras, -ses sentido	hubierais, -seis sentido
	sintiera, -se	sintieran, -sen	hubiera, -se sentido	hubieran, -sen sentido

IMPERATIVE

siente (tú); no sientas

(no) sienta (Ud.)

(no) sintamos (nosotros)

sentid (vosotros); no sintáis

(no) sientan (Uds.)

EXAMPLES

Lo siento mucho pero el doctor no se encuentra.

I am sorry, but the doctor is not here.

Sentiría mucho que no asistieras a mi boda.

I would regret very much if you would not attend my wedding.

Ellos sintieron el calor de la ciudad cuando llegaron al aeropuerto.

They felt the heat of the city when they arrived at the airport.

El equipo sintió la cálida bienvenida de los espectadores.

The team felt the warm welcome of the fans.

IDIOMATIC EXAMPLES

Siento en el alma lo que está pasándote.

I feel terribly sorry for what is happening to you.

Aunque sientas lo que sientas, no te des por vencido.

No matter how you feel, don't give up.

sentirse
to feel (well, happy, ill)
Gerundio: sintiéndose   **Participio pasado:** sentido

Mood	Simple Tenses		Compound Tenses	
	Singular	*Plural*	*Singular*	*Plural*
Indicative	**Present**		**Present Perfect**	
	me siento te sientes se siente	nos sentimos os sentís se sienten	me he sentido te has sentido se ha sentido	nos hemos sentido os habéis sentido se han sentido
	Preterit		**Preterit Perfect**	
	me sentí te sentiste se sintió	nos sentimos os sentisteis se sintieron	me hube sentido te hubiste sentido se hubo sentido	nos hubimos sentido os hubisteis sentido se hubieron sentido
	Imperfect		**Pluperfect**	
	me sentía te sentías se sentía	nos sentíamos os sentíais se sentían	me había sentido te habías sentido se había sentido	nos habíamos sentido os habíais sentido se habían sentido
	Future		**Future Perfect**	
	me sentiré te sentirás se sentirá	nos sentiremos os sentiréis se sentirán	me habré sentido te habrás sentido se habrá sentido	nos habremos sentido os habréis sentido se habrán sentido
	Conditional		**Conditional Perfect**	
	me sentiría te sentirías se sentiría	nos sentiríamos os sentiríais se sentirían	me habría sentido te habrías sentido se habría sentido	nos habríamos sentido os habríais sentido se habrían sentido
Subjunctive	**Present**		**Present Perfect**	
	me sienta te sientas se sienta	nos sintamos os sintáis se sientan	me haya sentido te hayas sentido se haya sentido	nos hayamos sentido os hayáis sentido se hayan sentido
	Imperfect		**Pluperfect**	
	me sintiera, -se te sintieras, -ses se sintiera, -se	nos sintiéramos, -semos os sintierais, -seis se sintieran, -sen	me hubiera, -se sentido te hubieras, -ses sentido se hubiera, -se sentido	nos hubiéramos, -semos sentido os hubierais, -seis sentido se hubieran, -sen sentido

IMPERATIVE

siéntete (tú); no te sientas
siéntase (Ud.); no se sienta

sintámonos (nosotros); no nos sintamos
sentíos (vosotros); no os sintáis
siéntanse (Uds.); no se sientan

EXAMPLES

-¿Cómo te sientes?
-No me siento bien.
¿Cómo se ha sentido últimamente la señora Esperanza?
Ella ha estado sintiéndose mejor.

How do you feel?
I don't feel good.
How has Mrs. Esperanza felt lately?

She has been feeling better.

IDIOMATIC EXAMPLE

¿Sentiste la tormenta anoche?

Did you hear the storm last night?

separar

to separate, to dismiss, to discharge

Gerundio: separando   **Participio pasado:** separado

Mood	Simple Tenses		Compound Tenses	
	Singular	*Plural*	*Singular*	*Plural*
Indicative	**Present**		**Present Perfect**	
	separo	separamos	he separado	hemos separado
	separas	separáis	has separado	habéis separado
	separa	separan	ha separado	han separado
	Preterit		**Preterit Perfect**	
	separé	separamos	hube separado	hubimos separado
	separaste	separasteis	hubiste separado	hubisteis separado
	separó	separaron	hubo separado	hubieron separado
	Imperfect		**Pluperfect**	
	separaba	separábamos	había separado	habíamos separado
	separabas	separabais	habías separado	habíais separado
	separaba	separaban	había separado	habían separado
	Future		**Future Perfect**	
	separaré	separaremos	habré separado	habremos separado
	separarás	separaréis	habrás separado	habréis separado
	separará	separarán	habrá separado	habrán separado
	Conditional		**Conditional Perfect**	
	separaría	separaríamos	habría separado	habríamos separado
	separarías	separaríais	habrías separado	habríais separado
	separaría	separarían	habría separado	habrían separado
Subjunctive	**Present**		**Present Perfect**	
	separe	separemos	haya separado	hayamos separado
	separes	separéis	hayas separado	hayáis separado
	separe	separen	haya separado	hayan separado
	Imperfect		**Pluperfect**	
	separara, -se	separáramos, -semos	hubiera, -se separado	hubiéramos, -semos separado
	separaras, -ses	separarais, -seis	hubieras, -ses separado	hubierais, -seis separado
	separara, -se	separaran, -sen	hubiera, -se separado	hubieran, -sen separado

IMPERATIVE

separa (tú); no separes
(no) separe (Ud.)

(no) separemos (nosotros)
separad (vosotros); no separéis
(no) separen (Uds.)

Note: As a reflexive verb, *separarse* (to be separated from, to come apart) uses the reflexive pronouns *me, te, se, nos, os, se.* Examples 4 and 5 show the reflexive use.

EXAMPLES

Los niños están separando sus juguetes.

The children are separating their toys.

Lo han separado de la compañía.

He has been dismissed from the company.

El cocinero quiere que separe y lave las hortalizas.

The cook wants me to separate and wash the vegetables.

¡No te separes de los niños!

Don't be separated from the children!

Aunque me separe de ella, siempre la amaré.

Even if I am separated from her, I will always love her.

ser

to be

Gerundio: siendo   **Participio pasado:** sido

Mood	Simple Tenses		Compound Tenses	
	Singular	*Plural*	*Singular*	*Plural*
Indicative	**Present**		**Present Perfect**	
	soy	somos	he sido	hemos sido
	eres	sois	has sido	habéis sido
	es	son	ha sido	han sido
	Preterit		**Preterit Perfect**	
	fui	fuimos	hube sido	hubimos sido
	fuiste	fuisteis	hubiste sido	hubisteis sido
	fue	fueron	hubo sido	hubieron sido
	Imperfect		**Pluperfect**	
	era	éramos	había sido	habíamos sido
	eras	erais	habías sido	habíais sido
	era	eran	había sido	habían sido
	Future		**Future Perfect**	
	seré	seremos	habré sido	habremos sido
	serás	seréis	habrás sido	habréis sido
	será	serán	habrá sido	habrán sido
	Conditional		**Conditional Perfect**	
	sería	seríamos	habría sido	habríamos sido
	serías	seríais	habrías sido	habríais sido
	sería	serían	habría sido	habrían sido
Subjunctive	**Present**		**Present Perfect**	
	sea	seamos	haya sido	hayamos sido
	seas	seáis	hayas sido	hayáis sido
	sea	sean	haya sido	hayan sido
	Imperfect		**Pluperfect**	
	fuera, -se	fuéramos, -semos	hubiera, -se sido	hubiéramos,-semos sido
	fueras, -ses	fuerais, -seis	hubieras, -ses sido	hubierais, -seis sido
	fuera, -se	fueran, -sen	hubiera, -se sido	hubieran, -sen sido

IMPERATIVE

sé (tú); no seas

(no) sea (Ud.)

(no) seamos (nosotros)

sed (vosotros); no seáis

(no) sean (Uds.)

Note: Ser and estar are equivalent to the English verb to be, but they are not interchangeable.

EXAMPLES

-¿De dónde son Uds.?

Where are you from?

-Yo soy de Guatemala y ella es de Panamá.

I am from Guatemala, and she is from Panama.

-¿Cómo es Carolina?

How is Caroline? (Physical description)

-Carolina es bajita, rubia y muy simpática.

Caroline is short, blonde, and very nice.

-¿Es casada o soltera?

Is she married or single?

La fiesta fue en casa del profesor de español.

The party was at the Spanish teacher's home.

-¿Qué hora era cuando llegaste?

What time was it when you came in?

-Eran las tres.

It was three o'clock.

Hoy es viernes. Es el primero de mayo.

Today is Friday. It is the first of May.

Si fuera maestra, no daría tantas tareas para la casa.

If I were a teacher, I wouldn't assign so much homework.

servir

to serve, to wait on, to be suitable (useful)

Gerundio: sirviendo   **Participio pasado:** servido

Mood	Simple Tenses		Compound Tenses	
	Singular	**Plural**	**Singular**	**Plural**
	Present		**Present Perfect**	
	sirvo	servimos	he servido	hemos servido
	sirves	servís	has servido	habéis servido
	sirve	sirven	ha servido	han servido
	Preterit		**Preterit Perfect**	
	serví	servimos	hube servido	hubimos servido
	serviste	servisteis	hubiste servido	hubisteis servido
	sirvió	sirvieron	hubo servido	hubieron servido
Indicative	**Imperfect**		**Pluperfect**	
	servía	servíamos	había servido	habíamos servido
	servías	servíais	habías servido	habíais servido
	servía	servían	había servido	habían servido
	Future		**Future Perfect**	
	serviré	serviremos	habré servido	habremos servido
	servirás	serviréis	habrás servido	habréis servido
	servirá	servirán	habrá servido	habrán servido
	Conditional		**Conditional Perfect**	
	serviría	serviríamos	habría servido	habríamos servido
	servirías	serviríais	habrías servido	habríais servido
	serviría	servirían	habría servido	habrían servido
Subjunctive	**Present**		**Present Perfect**	
	sirva	sirvamos	haya servido	hayamos servido
	sirvas	sirváis	hayas servido	hayáis servido
	sirva	sirvan	haya servido	hayan servido
	Imperfect		**Pluperfect**	
	sirviera, -se	sirviéramos, -semos	hubiera, -se servido	hubiéramos, -semos servido
	sirvieras, -ses	sirvierais, -seis	hubieras, -ses servido	hubierais, -seis servido
	sirviera, -se	sirvieran, -sen	hubiera, -se servido	hubieran, -sen servido

IMPERATIVE

	(no) sirvamos (nosotros)
sirve (tú); no sirvas	servid (vosotros); no sirváis
(no) sirva (Ud.)	(no) sirvan (Uds.)

EXAMPLES

¿En qué puedo servirles?	What can I do for you? May I help you?
¿Qué servirías tú en la fiesta?	What would you serve at the party?
Si sirvieras en el ejército, podrías estudiar en la universidad.	If you were to serve in the military, you could study at the university.
Tu hija sirve para este trabajo.	Your daughter is suitable for this job.
Las tijeras nuevas no sirvieron para nada.	The new scissors were useless.

significar

to mean, to signify, to be important

Gerundio: significando   **Participio pasado:** significado

Mood	Simple Tenses		Compound Tenses	
	Singular	*Plural*	*Singular*	*Plural*
Indicative	**Present**		**Present Perfect**	
	significo significas significa	significamos significáis significan	he significado has significado ha significado	hemos significado habéis significado han significado
	Preterit		**Preterit Perfect**	
	signifiqué significaste significó	significamos significasteis significaron	hube significado hubiste significado hubo significado	hubimos significado hubisteis significado hubieron significado
	Imperfect		**Pluperfect**	
	significaba significabas significaba	significábamos significabais significaban	había significado habías significado había significado	habíamos significado habíais significado habían significado
	Future		**Future Perfect**	
	significaré significarás significará	significaremos significaréis significarán	habré significado habrás significado habrá significado	habremos significado habréis significado habrán significado
	Conditional		**Conditional Perfect**	
	significaría significarías significaría	significaríamos significaríais significarían	habría significado habrías significado habría significado	habríamos significado habríais significado habrían significado
Subjunctive	**Present**		**Present Perfect**	
	signifique signifiques signifique	signifiquemos signifiquéis signifiquen	haya significado hayas significado haya significado	hayamos significado hayáis significado hayan significado
	Imperfect		**Pluperfect**	
	significara, -se significaras, -ses significara, -se	significáramos, -semos significarais, -seis significaran, -sen	hubiera, -se significado hubieras, -ses significado hubiera, -se significado	hubiéramos, -semos significado hubierais, -seis significado hubieran, -sen significado

IMPERATIVE

significa (tú); no signifiques
(no) signifique (Ud.)

(no) signifiquemos (nosotros)
significad (vosotros); no signifiquéis
(no) signifiquen (Uds.)

EXAMPLES

¿Qué significa "tener éxito" en inglés?	What does *tener éxito* mean in English?
La bandera verde significa el comienzo de la carrera.	The green flag signifies the beginning of the race.
Los maestros significan mucho en la vida de los estudiantes.	Teachers are of great importance in the life of the students.
La mayoría no cree que la firma del tratado signifique el fin de la guerra.	The majority doesn't think that the signing of the treaty means the end of the war.
La promoción del año pasado significó mucho para mí.	Last year's promotion meant a lot to me.

soler

to be accustomed to, to be in the habit of

Participio pasado: solido

Note: This is an auxiliary verb that is conjugated in the tenses shown below. It is mainly used in the present and imperfect of the indicative tense, and the present and present-perfect subjunctive tense. *Soler* is always followed by a verb in infinitive.

Mood	Simple Tenses		Compound Tenses	
	Singular	*Plural*	*Singular*	*Plural*
Indicative	**Present**		**Present Perfect**	
	suelo	solemos	he solido	hemos solido
	sueles	soléis	has solido	habéis solido
	suele	suelen	ha solido	han solido
	Preterit		**Preterit Perfect**	
	Imperfect		**Pluperfect**	
	solía	solíamos		
	solías	solíais		
	solía	solían		
	Future		**Future Perfect**	
	Conditional		**Conditional Perfect**	
Subjunctive	**Present**		**Present Perfect**	
	suela	solamos	haya solido	hayamos solido
	suelas	soláis	hayas solido	hayáis solido
	suela	suelan	haya solido	hayan solido
	Imperfect		**Pluperfect**	
	soliera, -se	soliéramos, -semos		
	solieras, -ses	solierais, -seis		
	soliera, -se	solieran, -sen		

EXAMPLES

Ella suele venir los sábados.
She usually comes on Saturdays.

Ellos solían pasear en bicicleta todas las semanas.
They were used to riding bicycles every week.

En la primavera suele llover mucho.
In spring, it tends to rain a lot.

Aunque suelas ir a ese sitio, no debieras ir más.
Even if you are in the habit of visiting that place, you shouldn't go anymore.

solicitar

to ask for, to request, to apply for

Gerundio: solicitando   **Participio pasado:** solicitado

Mood	Simple Tenses		Compound Tenses	
	Singular	*Plural*	*Singular*	*Plural*
Indicative	**Present**		**Present Perfect**	
	solicito	solicitamos	he solicitado	hemos solicitado
	solicitas	solicitáis	has solicitado	habéis solicitado
	solicita	solicitan	ha solicitado	han solicitado
	Preterit		**Preterit Perfect**	
	solicité	solicitamos	hube solicitado	hubimos solicitado
	solicitaste	solicitasteis	hubiste solicitado	hubisteis solicitado
	solicitó	solicitaron	hubo solicitado	hubieron solicitado
	Imperfect		**Pluperfect**	
	solicitaba	solicitábamos	había solicitado	habíamos solicitado
	solicitabas	solicitabais	habías solicitado	habíais solicitado
	solicitaba	solicitaban	había solicitado	habían solicitado
	Future		**Future Perfect**	
	solicitaré	solicitaremos	habré solicitado	habremos solicitado
	solicitarás	solicitaréis	habrás solicitado	habréis solicitado
	solicitará	solicitarán	habrá solicitado	habrán solicitado
	Conditional		**Conditional Perfect**	
	solicitaría	solicitaríamos	habría solicitado	habríamos solicitado
	solicitarías	solicitaríais	habrías solicitado	habríais solicitado
	solicitaría	solicitarían	habría solicitado	habrían solicitado
Subjunctive	**Present**		**Present Perfect**	
	solicite	solicitemos	haya solicitado	hayamos solicitado
	solicites	solicitéis	hayas solicitado	hayáis solicitado
	solicite	soliciten	haya solicitado	hayan solicitado
	Imperfect		**Pluperfect**	
	solicitara, -se	solicitáramos, -semos	hubiera, -se solicitado	hubiéramos,-semos solicitado
	solicitaras, -ses	solicitarais, -seis	hubieras, -ses solicitado	hubierais, -seis solicitado
	solicitara, -se	solicitaran, -sen	hubiera, -se solicitado	hubieran, -sen solicitado

IMPERATIVE

solicita (tú); no solicites
(no) solicite (Ud.)

(no) solicitemos (nosotros)
solicitad (vosotros); no solicitéis
(no) soliciten (Uds.)

EXAMPLES

Ellas están solicitando fondos para el asilo de ancianos.

They are asking for money for the senior citizens home.

Ramón ha solicitado una entrevista con el cónsul.

Raymond is requesting an interview with the consul.

Solicita pronto la visa para viajar al extranjero.

Request your visa to travel abroad soon.

Si solicitaras ese empleo, probablemente te lo darían.

If you were to apply for that job, they would probably give it to you.

sollozar

to sob, to cry

Gerundio: sollozando   **Participio pasado:** sollozado

Mood	Simple Tenses		Compound Tenses	
	Singular	*Plural*	*Singular*	*Plural*
Indicative	**Present**		**Present Perfect**	
	sollozo sollozas solloza	sollozamos sollozáis sollozan	he sollozado has sollozado ha sollozado	hemos sollozado habéis sollozado han sollozado
	Preterit		**Preterit Perfect**	
	sollocé sollozaste sollozó	sollozamos sollozasteis sollozaron	hube sollozado hubiste sollozado hubo sollozado	hubimos sollozado hubisteis sollozado hubieron sollozado
	Imperfect		**Pluperfect**	
	sollozaba sollozabas sollozaba	sollozábamos sollozabais sollozaban	había sollozado habías sollozado había sollozado	habíamos sollozado habíais sollozado habían sollozado
	Future		**Future Perfect**	
	sollozaré sollozarás sollozará	sollozaremos sollozaréis sollozarán	habré sollozado habrás sollozado habrá sollozado	habremos sollozado habréis sollozado habrán sollozado
	Conditional		**Conditional Perfect**	
	sollozaría sollozarías sollozaría	sollozaríamos sollozaríais sollozarían	habría sollozado habrías sollozado habría sollozado	habríamos sollozado habríais sollozado habrían sollozado
Subjunctive	**Present**		**Present Perfect**	
	solloce solloces solloce	sollocemos sollocéis sollocen	haya sollozado hayas sollozado haya sollozado	hayamos sollozado hayáis sollozado hayan sollozado
	Imperfect		**Pluperfect**	
	sollozara, -se sollozaras, -ses sollozara, -se	sollozáramos, -semos sollozarais, -seis sollozaran, -sen	hubiera, -se sollozado hubieras, -ses sollozado hubiera, -se sollozado	hubiéramos, -semos sollozado hubierais, -seis sollozado hubieran, -sen sollozado

IMPERATIVE

solloza (tú); no solloces
(no) solloce (Ud.)

(no) sollocemos (nosotros)
sollozad (vosotros); no sollocéis
(no) sollocen (Uds.)

EXAMPLES

Ellas estaban sollozando por la pérdida de su mascota.

They were sobbing because of the loss of their pet.

Ha sollozado toda la noche porque se fue su novia.

He has been crying all night because his girlfriend left.

Sollocé todo el día cuando supe la mala noticia.

I sobbed all day when I heard the bad news.

Ella habría sollozado más, pero se le acabaron las lágrimas.

She would have cried more, but she ran out of tears.

sonar

to sound, to ring

Gerundio: sonando   **Participio pasado:** sonado

Mood	Simple Tenses		Compound Tenses	
	Singular	*Plural*	*Singular*	*Plural*
Indicative	**Present**		**Present Perfect**	
	sueno	sonamos	he sonado	hemos sonado
	suenas	sonáis	has sonado	habéis sonado
	suena	suenan	ha sonado	han sonado
	Preterit		**Preterit Perfect**	
	soné	sonamos	hube sonado	hubimos sonado
	sonaste	sonasteis	hubiste sonado	hubisteis sonado
	sonó	sonaron	hubo sonado	hubieron sonado
	Imperfect		**Pluperfect**	
	sonaba	sonábamos	había sonado	habíamos sonado
	sonabas	sonabais	habías sonado	habíais sonado
	sonaba	sonaban	había sonado	habían sonado
	Future		**Future Perfect**	
	sonaré	sonaremos	habré sonado	habremos sonado
	sonarás	sonaréis	habrás sonado	habréis sonado
	sonará	sonarán	habrá sonado	habrán sonado
	Conditional		**Conditional Perfect**	
	sonaría	sonaríamos	habría sonado	habríamos sonado
	sonarías	sonaríais	habrías sonado	habríais sonado
	sonaría	sonarían	habría sonado	habrían sonado
Subjunctive	**Present**		**Present Perfect**	
	suene	sonemos	haya sonado	hayamos sonado
	suenes	sonéis	hayas sonado	hayáis sonado
	suene	suenen	haya sonado	hayan sonado
	Imperfect		**Pluperfect**	
	sonara, -se	sonáramos, -semos	hubiera, -se sonado	hubiéramos, -semos sonado
	sonaras, -ses	sonarais, -seis	hubieras, -ses sonado	
	sonara, -se	sonaran, -sen	hubiera, -se sonado	hubierais, -seis sonado
				hubieran, -sen sonado

IMPERATIVE

	(no) sonemos (nosotros)
suena (tú); no suenes	sonad (vosotros); no sonéis
(no) suene (Ud.)	(no) suenen (Uds.)

Note: As a reflexive verb, *sonarse* (to blow one's nose) uses the reflexive pronouns *me, te, se, nos, os, se.* Example 4 shows the reflexive use.

EXAMPLES

El timbre de la puerta está sonando.	The doorbell is ringing.
La alarma de la ciudad sonó a causa del tornado.	The city alarm sounded because of the tornado.
Las campanas de la iglesia están sonando.	The church's bells are ringing.
Ella <u>se</u> sonaba la nariz constantemente porque estaba resfriada.	She was blowing her nose constantly because she had a cold.

IDIOMATIC EXAMPLE

Ese nombre no me suena para nada.	That name doesn't ring a bell (It doesn't sound familiar to me.)

sonreír
to smile

Gerundio: sonriendo **Participio pasado:** sonreído

Mood	Simple Tenses		Compound Tenses	
	Singular	*Plural*	*Singular*	*Plural*
Indicative	**Present**		**Present Perfect**	
	sonrío	sonreímos	he sonreído	hemos sonreído
	sonríes	sonreís	has sonreído	habéis sonreído
	sonríe	sonríen	ha sonreído	han sonreído
	Preterit		**Preterit Perfect**	
	sonreí	sonreímos	hube sonreído	hubimos sonreído
	sonreíste	sonreísteis	hubiste sonreído	hubisteis sonreído
	sonrió	sonrieron	hubo sonreído	hubieron sonreído
	Imperfect		**Pluperfect**	
	sonreía	sonreíamos	había sonreído	habíamos sonreído
	sonreías	sonreíais	habías sonreído	habíais sonreído
	sonreía	sonreían	había sonreído	habían sonreído
	Future		**Future Perfect**	
	sonreiré	sonreiremos	habré sonreído	habremos sonreído
	sonreirás	sonreiréis	habrás sonreído	habréis sonreído
	sonreirá	sonreirán	habrá sonreído	habrán sonreído
	Conditional		**Conditional Perfect**	
	sonreiría	sonreiríamos	habría sonreído	habríamos sonreído
	sonreirías	sonreiríais	habrías sonreído	habríais sonreído
	sonreiría	sonreirían	habría sonreído	habrían sonreído
Subjunctive	**Present**		**Present Perfect**	
	sonría	sonriamos	haya sonreído	hayamos sonreído
	sonrías	sonriáis	hayas sonreído	hayáis sonreído
	sonría	sonrían	haya sonreído	hayan sonreído
	Imperfect		**Pluperfect**	
	sonriera, -se	sonriéramos, -semos	hubiera, -se sonreído	hubiéramos, -semos sonreído
	sonrieras, -ses	sonrierais, -seis	hubieras, -ses sonreído	hubierais, -seis sonreído
	sonriera, -se	sonrieran, -sen	hubiera, -se sonreído	hubieran, -sen sonreído

IMPERATIVE

sonríe (tú); no sonrías
(no) sonría (Ud.)

(no) sonriamos (nosotros)
sonreíd (vosotros); no sonriáis
(no) sonrían (Uds.)

EXAMPLES

Inés sonrió ante las ocurrencias de su hija.

Inez smiled when she heard her daughter's funny stories.

Adriana le había sonreído al joven.
Los niños sonreirían si vieran los regalos.

Adriana had smiled to the young man.
The children would smile if they were to see the gifts.

¡Sonrían, la cámara está lista!

Smile, the camera is ready!

soñar

to dream, to dream of
Gerundio: soñando   **Participio pasado:** soñado

Mood	Simple Tenses		Compound Tenses	
	Singular	*Plural*	*Singular*	*Plural*
	Present		**Present Perfect**	
Indicative	sueño	soñamos	he soñado	hemos soñado
	sueñas	soñáis	has soñado	habéis soñado
	sueña	sueñan	ha soñado	han soñado
	Preterit		**Preterit Perfect**	
	soñé	soñamos	hube soñado	hubimos soñado
	soñaste	soñasteis	hubiste soñado	hubisteis soñado
	soñó	soñaron	hubo soñado	hubieron soñado
	Imperfect		**Pluperfect**	
	soñaba	soñábamos	había soñado	habíamos soñado
	soñabas	soñabais	habías soñado	habíais soñado
	soñaba	soñaban	había soñado	habían soñado
	Future		**Future Perfect**	
	soñaré	soñaremos	habré soñado	habremos soñado
	soñarás	soñaréis	habrás soñado	habréis soñado
	soñará	soñarán	habrá soñado	habrán soñado
	Conditional		**Conditional Perfect**	
	soñaría	soñaríamos	habría soñado	habríamos soñado
	soñarías	soñaríais	habrías soñado	habríais soñado
	soñaría	soñarían	habría soñado	habrían soñado
Subjunctive	**Present**		**Present Perfect**	
	sueñe	soñemos	haya soñado	hayamos soñado
	sueñes	soñéis	hayas soñado	hayáis soñado
	sueñe	sueñen	haya soñado	hayan soñado
	Imperfect		**Pluperfect**	
	soñara, -se	soñáramos, -semos	hubiera, -se soñado	hubiéramos, -semos soñado
	soñaras, -ses	soñarais, -seis	hubieras, -ses soñado	
	soñara, -se	soñaran, -sen	hubiera, -se soñado	hubierais, -seis soñado
				hubieran, -sen soñado

IMPERATIVE

	(no) soñemos (nosotros)
sueña (tú); no sueñes	soñad (vosotros); no soñéis
(no) sueñe (Ud.)	(no) sueñen (Uds.)

EXAMPLES

Sueño con ir a España con mis estudiantes.	I dream of going to Spain with my students.
Cristina soñó con su abuelita anoche.	Last night, Christina dreamed of her dear grandmother.
Ella había soñado con tener hijos.	She had dreamed of having children.
¡Sueña en tu futuro!	Dream of your future!

IDIOMATIC EXAMPLES

Ella siempre está soñando en clase.	She is always daydreaming in class.
El soñar no cuesta nada.	It doesn't cost anything to dream.
¡Ni soñarlo! / ¡Ni lo sueñes!	Don't dream about it!

soportar

to put up with, to bear, to suffer

Gerundio: soportando   **Participio pasado:** soportado

Mood	Simple Tenses		Compound Tenses	
	Singular	*Plural*	*Singular*	*Plural*
Indicative	**Present**		**Present Perfect**	
	soporto	soportamos	he soportado	hemos soportado
	soportas	soportáis	has soportado	habéis soportado
	soporta	soportan	ha soportado	han soportado
	Preterit		**Preterit Perfect**	
	soporté	soportamos	hube soportado	hubimos soportado
	soportaste	soportasteis	hubiste soportado	hubisteis soportado
	soportó	soportaron	hubo soportado	hubieron soportado
	Imperfect		**Pluperfect**	
	soportaba	soportábamos	había soportado	habíamos soportado
	soportabas	soportabais	habías soportado	habíais soportado
	soportaba	soportaban	había soportado	habían soportado
	Future		**Future Perfect**	
	soportaré	soportaremos	habré soportado	habremos soportado
	soportarás	soportaréis	habrás soportado	habréis soportado
	soportará	soportarán	habrá soportado	habrán soportado
	Conditional		**Conditional Perfect**	
	soportaría	soportaríamos	habría soportado	habríamos soportado
	soportarías	soportaríais	habrías soportado	habríais soportado
	soportaría	soportarían	habría soportado	habrían soportado
Subjunctive	**Present**		**Present Perfect**	
	soporte	soportemos	haya soportado	hayamos soportado
	soportes	soportéis	hayas soportado	hayáis soportado
	soporte	soporten	haya soportado	hayan soportado
	Imperfect		**Pluperfect**	
	soportara, -se	soportáramos, -semos	hubiera, -se soportado	hubiéramos, -semos soportado
	soportaras, -ses	soportarais, -seis	hubieras, -ses soportado	hubierais, -seis soportado
	soportara, -se	soportaran, -sen	hubiera, -se soportado	hubieran, -sen soportado

IMPERATIVE

soporta (tú); no soportes
(no) soporte (Ud.)

(no) soportemos (nosotros)
soportad (vosotros); no soportéis
(no) soporten (Uds.)

EXAMPLES

Los padres soportan los arrebatos de los hijos.

The parents put up with the children's tantrums.

Lo soporté por unos meses nada más.

I put up with him for a few months only.

No soportábamos estar en ese hotel.

We couldn't bear to be in that hotel.

Si hubiera soportado el calor, habría visitado la pirámide.

If I could have put up with the heat, I would have visited the pyramid.

sorprender

to surprise

Gerundio: sorprendiendo   **Participio pasado:** sorprendido

Mood	Simple Tenses		Compound Tenses	
	Singular	*Plural*	*Singular*	*Plural*
Indicative	**Present**		**Present Perfect**	
	sorprendo	sorprendemos	he sorprendido	hemos sorprendido
	sorprendes	sorprendéis	has sorprendido	habéis sorprendido
	sorprende	sorprenden	ha sorprendido	han sorprendido
	Preterit		**Preterit Perfect**	
	sorprendí	sorprendimos	hube sorprendido	hubimos sorprendido
	sorprendiste	sorprendisteis	hubiste sorprendido	hubisteis sorprendido
	sorprendió	sorprendieron	hubo sorprendido	hubieron sorprendido
	Imperfect		**Pluperfect**	
	sorprendía	sorprendíamos	había sorprendido	habíamos sorprendido
	sorprendías	sorprendíais	habías sorprendido	habíais sorprendido
	sorprendía	sorprendían	había sorprendido	habían sorprendido
	Future		**Future Perfect**	
	sorprenderé	sorprenderemos	habré sorprendido	habremos sorprendido
	sorprenderás	sorprenderéis	habrás sorprendido	habréis sorprendido
	sorprenderá	sorprenderán	habrá sorprendido	habrán sorprendido
	Conditional		**Conditional Perfect**	
	sorprendería	sorprenderíamos	habría sorprendido	habríamos sorprendido
	sorprenderías	sorprenderíais	habrías sorprendido	habríais sorprendido
	sorprendería	sorprenderían	habría sorprendido	habrían sorprendido
Subjunctive	**Present**		**Present Perfect**	
	sorprenda	sorprendamos	haya sorprendido	hayamos sorprendido
	sorprendas	sorprendáis	hayas sorprendido	hayáis sorprendido
	sorprenda	sorprendan	haya sorprendido	hayan sorprendido
	Imperfect		**Pluperfect**	
	sorprendiera, -se	sorprendiéramos, -semos	hubiera, -se sorprendido	hubiéramos, -semos sorprendido
	sorprendieras, -ses		hubieras, -ses sorprendido	
	sorprendiera, -se	sorprendierais, -seis	hubiera, -se sorprendido	hubierais, -seis sorprendido
		sorprendieran, -sen		hubieran, -sen sorprendido

IMPERATIVE

	(no) sorprendamos (nosotros)
sorprende (tú); no sorprendas	sorprended (vosotros); no sorprendáis
(no) sorprenda (Ud.)	(no) sorprendan (Uds.)

Note: As a reflexive verb, *sorprenderse* (to be surprised) uses the reflexive pronouns *me, te, se, nos, os, se*. Example 5 shows the reflexive use.

EXAMPLES

Los sorprendí cuando llegué temprano a la casa.	I surprised them when I came home early.
¡No sorprendas a tus tíos con esa máscara!	Don't surprise your uncle and aunt with that mask!
La escultura nos ha sorprendido por su belleza.	The sculpture has surprised us with its beauty.
Estábamos sorprendidos con su reacción.	We were surprised with their reaction.
Me sorprendí cuando te vi saltar tan alto.	I was surprised when I saw you jumping so high.

sostener

to hold, to support, to stand

Gerundio: sosteniendo   **Participio pasado:** sostenido

Mood	Simple Tenses		Compound Tenses	
	Singular	*Plural*	*Singular*	*Plural*
	Present		**Present Perfect**	
	sostengo	sostenemos	he sostenido	hemos sostenido
	sostienes	sostenéis	has sostenido	habéis sostenido
	sostiene	sostienen	ha sostenido	han sostenido
	Preterit		**Preterit Perfect**	
	sostuve	sostuvimos	hube sostenido	hubimos sostenido
	sostuviste	sostuvisteis	hubiste sostenido	hubisteis sostenido
	sostuvo	sostuvieron	hubo sostenido	hubieron sostenido
	Imperfect		**Pluperfect**	
Indicative	sostenía	sosteníamos	había sostenido	habíamos sostenido
	sostenías	sosteníais	habías sostenido	habíais sostenido
	sostenía	sostenían	había sostenido	habían sostenido
	Future		**Future Perfect**	
	sostendré	sostendremos	habré sostenido	habremos sostenido
	sostendrás	sostendréis	habrás sostenido	habréis sostenido
	sostendrá	sostendrán	habrá sostenido	habrán sostenido
	Conditional		**Conditional Perfect**	
	sostendría	sostendríamos	habría sostenido	habríamos sostenido
	sostendrías	sostendríais	habrías sostenido	habríais sostenido
	sostendría	sostendrían	había sostenido	habrían sostenido
	Present		**Present Perfect**	
	sostenga	sostengamos	haya sostenido	hayamos sostenido
Subjunctive	sostengas	sostengáis	hayas sostenido	hayáis sostenido
	sostenga	sostengan	haya sostenido	hayan sostenido
	Imperfect		**Pluperfect**	
	sostuviera, -se	sostuviéramos, -semos	hubiera, -se sostenido	hubiéramos, -semos sostenido
	sostuvieras, -ses	sostuvierais, -seis	hubieras, -ses sostenido	hubierais, -seis sostenido
	sostuviera, -se	sostuvieran, -sen	hubiera, -se sostenido	hubieran, -sen sostenido

IMPERATIVE

	(no) sostengamos (nosotros)
sostén (tú); no sostengas	sostened (vosotros); no sostengáis
(no) sostenga (Ud.)	(no) sostengan (Uds.)

Note: As a reflexive verb, *sostenerse* (to support or maintain oneself) uses the reflexive pronouns *me, te, se, nos, os, se*. Example 5 shows the reflexive use.

EXAMPLES

Las columnas sostienen el techo.	The columns support the roof.
La madre sostuvo al bebe en sus brazos.	The mother held the baby in her arms.
El muro está sosteniendo el agua del río.	The dam is holding back the water of the river.
Él ha sostenido esas ideas por mucho tiempo.	He has held those ideas for a long time.
Laura <u>se</u> sostiene a sí misma trabajando como programadora.	Laura supports herself working as a programmer.

subir

to climb, to go up

Gerundio: subiendo   **Participio pasado:** subido

Mood	Simple Tenses		Compound Tenses	
	Singular	*Plural*	*Singular*	*Plural*
Indicative	**Present**		**Present Perfect**	
	subo	subimos	he subido	hemos subido
	subes	subís	has subido	habéis subido
	sube	suben	ha subido	han subido
	Preterit		**Preterit Perfect**	
	subí	subimos	hube subido	hubimos subido
	subiste	subisteis	hubiste subido	hubisteis subido
	subió	subieron	hubo subido	hubieron subido
	Imperfect		**Pluperfect**	
	subía	subíamos	había subido	habíamos subido
	subías	subíais	habías subido	habíais subido
	subía	subían	había subido	habían subido
	Future		**Future Perfect**	
	subiré	subiremos	habré subido	habremos subido
	subirás	subiréis	habrás subido	habréis subido
	subirá	subirán	habrá subido	habrán subido
	Conditional		**Conditional Perfect**	
	subiría	subiríamos	habría subido	habríamos subido
	subirías	subiríais	habrías subido	habríais subido
	subiría	subirían	habría subido	habrían subido
Subjunctive	**Present**		**Present Perfect**	
	suba	subamos	haya subido	hayamos subido
	subas	subáis	hayas subido	hayáis subido
	suba	suban	haya subido	hayan subido
	Imperfect		**Pluperfect**	
	subiera, -se	subiéramos, -semos	hubiera, -se subido	hubiéramos, -semos subido
	subieras, -ses	subierais, -seis	hubieras, -ses subido	hubierais, -seis subido
	subiera, -se	subieran, -sen	hubiera, -se subido	hubieran, -sen subido

IMPERATIVE

	(no) subamos (nosotros)
sube (tú); no subas	subid (vosotros); no subáis
(no) suba (Ud.)	(no) suban (Uds.)

EXAMPLES

Los exploradores subieron la montaña más alta.	The explorers climbed the highest mountain.
Ellos estaban subiendo las escaleras cuando los vi.	They were climbing the stairs when I saw them.
Han subido los precios de los alimentos.	The food prices have gone up.
¡No te subas al árbol!	Don't climb on the tree!

sufrir

to suffer, to tolerate

Gerundio: sufriendo   **Participio pasado:** sufrido

Mood	Simple Tenses		Compound Tenses	
	Singular	*Plural*	*Singular*	*Plural*
Indicative	**Present**		**Present Perfect**	
	sufro	sufrimos	he sufrido	hemos sufrido
	sufres	sufrís	has sufrido	habéis sufrido
	sufre	sufren	ha sufrido	han sufrido
	Preterit		**Preterit Perfect**	
	sufrí	sufrimos	hube sufrido	hubimos sufrido
	sufriste	sufristeis	hubiste sufrido	hubisteis sufrido
	sufrió	sufrieron	hubo sufrido	hubieron sufrido
	Imperfect		**Pluperfect**	
	sufría	sufríamos	había sufrido	habíamos sufrido
	sufrías	sufríais	habías sufrido	habíais sufrido
	sufría	sufrían	había sufrido	habían sufrido
	Future		**Future Perfect**	
	sufriré	sufriremos	habré sufrido	habremos sufrido
	sufrirás	sufriréis	habrás sufrido	habréis sufrido
	sufrirá	sufrirán	habrá sufrido	habrán sufrido
	Conditional		**Conditional Perfect**	
	sufriría	sufriríamos	habría sufrido	habríamos sufrido
	sufrirías	sufriríais	habrías sufrido	habríais sufrido
	sufriría	sufrirían	habría sufrido	habrían sufrido
Subjunctive	**Present**		**Present Perfect**	
	sufra	suframos	haya sufrido	hayamos sufrido
	sufras	sufráis	hayas sufrido	hayáis sufrido
	sufra	sufran	haya sufrido	hayan sufrido
	Imperfect		**Pluperfect**	
	sufriera, -se	sufriéramos, -semos	hubiera, -se sufrido	hubiéramos, -semos sufrido
	sufrieras, -ses	sufrierais, -seis	hubieras, -ses sufrido	hubierais, -seis sufrido
	sufriera, -se	sufrieran, -sen	hubiera, -se sufrido	hubieran, -sen sufrido

IMPERATIVE

sufre (tú); no sufras
(no) sufra (Ud.)

(no) suframos (nosotros)
sufrid (vosotros); no sufráis
(no) sufran (Uds.)

EXAMPLES

Ellos sufrieron un accidente de tránsito.
Ella sufría de dolores de estómago.
¡No sufras más por ese muchacho!
Hemos sufrido bastante con el ruido
del tren.

They suffered a car accident.
She used to suffer from stomach aches.
Don't cry any more for that boy!
We have suffered a lot with the noise of the
train.

sugerir

to suggest, to hint

Gerundio: sugiriendo   **Participio pasado:** sugerido

Mood	Simple Tenses		Compound Tenses	
	Singular	*Plural*	*Singular*	*Plural*
Indicative	**Present**		**Present Perfect**	
	sugiero	sugerimos	he sugerido	hemos sugerido
	sugieres	sugerís	has sugerido	habéis sugerido
	sugiere	sugieren	ha sugerido	han sugerido
	Preterit		**Preterit Perfect**	
	sugerí	sugerimos	hube sugerido	hubimos sugerido
	sugeriste	sugeristeis	hubiste sugerido	hubisteis sugerido
	sugirió	sugirieron	hubo sugerido	hubieron sugerido
	Imperfect		**Pluperfect**	
	sugería	sugeríamos	había sugerido	habíamos sugerido
	sugerías	sugeríais	habías sugerido	habíais sugerido
	sugería	sugerían	había sugerido	habían sugerido
	Future		**Future Perfect**	
	sugeriré	sugeriremos	habré sugerido	habremos sugerido
	sugerirás	sugeriréis	habrás sugerido	habréis sugerido
	sugerirá	sugerirán	habrá sugerido	habrán sugerido
	Conditional		**Conditional Perfect**	
	sugeriría	sugeriríamos	habría sugerido	habríamos sugerido
	sugerirías	sugeriríais	habrías sugerido	habríais sugerido
	sugeriría	sugerirían	habría sugerido	habrían sugerido
Subjunctive	**Present**		**Present Perfect**	
	sugiera	sugiramos	haya sugerido	hayamos sugerido
	sugieras	sugiráis	hayas sugerido	hayáis sugerido
	sugiera	sugieran	haya sugerido	hayan sugerido
	Imperfect		**Pluperfect**	
	sugiriera, -se	sugiriéramos, -semos	hubiera, -se sugerido	hubiéramos, -semos sugerido
	sugirieras, -ses	sugirierais, -seis	hubieras, -ses sugerido	hubierais, -seis sugerido
	sugiriera, -se	sugirieran, -sen	hubiera, -se sugerido	hubieran, -sen sugerido

IMPERATIVE

sugiere (tú); no sugieras

(no) sugiera (Ud.)

(no) sugiramos (nosotros)

sugerid (vosotros); no sugiráis

(no) sugieran (Uds.)

EXAMPLES

¿Qué nos sugiere para un regalo de aniversario?

What do you suggest as an anniversary present?

Ellos nos estaban sugiriendo que fuéramos a cenar temprano.

They were suggesting to us to go to dinner early.

Es natural que los padres les sugieran a sus hijos lo que deben estudiar.

It is natural that parents suggest to their children what they should study.

Le hubiéramos sugerido a Pablo que le comprara el diamante a su esposa.

We should have suggested to Paul to buy the diamond for his wife.

suponer

to suppose, to assume

Gerundio: suponiendo   **Participio pasado:** supuesto

Mood	Simple Tenses		Compound Tenses	
	Singular	*Plural*	*Singular*	*Plural*
Indicative	**Present**		**Present Perfect**	
	supongo	suponemos	he supuesto	hemos supuesto
	supones	suponéis	has supuesto	habéis supuesto
	supone	suponen	ha supuesto	han supuesto
	Preterit		**Preterit Perfect**	
	supuse	supusimos	hube supuesto	hubimos supuesto
	supusiste	supusisteis	hubiste supuesto	hubisteis supuesto
	supuso	supusieron	hubo supuesto	hubieron supuesto
	Imperfect		**Pluperfect**	
	suponía	suponíamos	había supuesto	habíamos supuesto
	suponías	suponíais	habías supuesto	habíais supuesto
	suponía	suponían	había supuesto	habían supuesto
	Future		**Future Perfect**	
	supondré	supondremos	habré supuesto	habremos supuesto
	supondrás	supondréis	habrás supuesto	habréis supuesto
	supondrá	supondrán	habrá supuesto	habrán supuesto
	Conditional		**Conditional Perfect**	
	supondría	supondríamos	habría supuesto	habríamos supuesto
	supondrías	supondríais	habrías supuesto	habríais supuesto
	supondría	supondrían	habría supuesto	habrían supuesto
Subjunctive	**Present**		**Present Perfect**	
	suponga	supongamos	haya supuesto	hayamos supuesto
	supongas	supongáis	hayas supuesto	hayáis supuesto
	suponga	supongan	haya supuesto	hayan supuesto
	Imperfect		**Pluperfect**	
	supusiera, -se	supusiéramos, -semos	hubiera, -se supuesto	hubiéramos, -semos supuesto
	supusieras, -ses	supusierais, -seis	hubieras, -ses supuesto	hubierais, -seis supuesto
	supusiera, -se	supusieran, -sen	hubiera, -se supuesto	hubieran, -sen supuesto

IMPERATIVE

	(no) supongamos (nosotros)
supón (tú); no supongas	suponed (vosotros); no supongáis
(no) suponga (Ud.)	(no) supongan (Uds.)

Note: This verb has an irregular past participle, *supuesto*.

EXAMPLES

Supongo que él viene mañana, ¿verdad?	I suppose that he is coming tomorrow, isn't he?
Ella suponía que iba a ganar más dinero este año.	She assumed she was going to earn more money this year.
Por supuesto, hemos supuesto que llegaremos a tiempo.	Of course, we have assumed that we will be there on time.
Supongamos que todo va a salir bien.	Let's assume that everything is going to be all right.

surgir

to appear, to arise, to rise in the world

Gerundio: surgiendo   **Participio pasado:** surgido

Mood	Simple Tenses		Compound Tenses	
	Singular	*Plural*	*Singular*	*Plural*
Indicative	**Present**		**Present Perfect**	
	surjo surges surge	surgimos surgís surgen	he surgido has surgido ha surgido	hemos surgido habéis surgido han surgido
	Preterit		**Preterit Perfect**	
	surgí surgiste surgió	surgimos surgisteis surgieron	hube surgido hubiste surgido hubo surgido	hubimos surgido hubisteis surgido hubieron surgido
	Imperfect		**Pluperfect**	
	surgía surgías surgía	surgíamos surgíais surgían	había surgido habías surgido había surgido	habíamos surgido habíais surgido habían surgido
	Future		**Future Perfect**	
	surgiré surgirás surgirá	surgiremos surgiréis surgirán	habré surgido habrás surgido habrá surgido	habremos surgido habréis surgido habrán surgido
	Conditional		**Conditional Perfect**	
	surgiría surgirías surgiría	surgiríamos surgiríais surgirían	habría surgido habrías surgido habría surgido	habríamos surgido habríais surgido habrían surgido
Subjunctive	**Present**		**Present Perfect**	
	surja surjas surja	surjamos surjáis surjan	haya surgido hayas surgido haya surgido	hayamos surgido hayáis surgido hayan surgido
	Imperfect		**Pluperfect**	
	surgiera, -se surgieras, -ses surgiera, -se	surgiéramos, -semos surgierais, -seis surgieran, -sen	hubiera, -se surgido hubieras, -ses surgido hubiera, -se surgido	hubiéramos, -semos surgido hubierais, -seis surgido hubieran, -sen surgido

IMPERATIVE

	(no) surjamos (nosotros)
surge (tú); no surjas	surgid (vosotros); no surjáis
(no) surja (Ud.)	(no) surjan (Uds.)

EXAMPLES

La cantante surgió rápidamente en su carrera artística.	The singer rose rapidly in her singing career.
Están surgiendo muchos productos hechos en China.	There are appearing many products that are made in China.
Él ha surgido en su trabajo como diseñador.	He has risen in his job as a designer.
Es imposible que el mago surja del aire.	It is impossible that the magician would appear out of thin air.

suspender

to cancel, to suspend, to flunk, to fail (a student or subject)
Gerundio: suspendiendo **Participio pasado:** suspendido

Mood	Simple Tenses		Compound Tenses	
	Singular	*Plural*	*Singular*	*Plural*
Indicative	**Present**		**Present Perfect**	
	suspendo	suspendemos	he suspendido	hemos suspendido
	suspendes	suspendéis	has suspendido	habéis suspendido
	suspende	suspenden	ha suspendido	han suspendido
	Preterit		**Preterit Perfect**	
	suspendí	suspendimos	hube suspendido	hubimos suspendido
	suspendiste	suspendisteis	hubiste suspendido	hubisteis suspendido
	suspendió	suspendieron	hubo suspendido	hubieron suspendido
	Imperfect		**Pluperfect**	
	suspendía	suspendíamos	había suspendido	habíamos suspendido
	suspendías	suspendíais	habías suspendido	habíais suspendido
	suspendía	suspendían	había suspendido	habían suspendido
	Future		**Future Perfect**	
	suspenderé	suspenderemos	habré suspendido	habremos suspendido
	suspenderás	suspenderéis	habrás suspendido	habréis suspendido
	suspenderá	suspenderán	habrá suspendido	habrán suspendido
	Conditional		**Conditional Perfect**	
	suspendería	suspenderíamos	habría suspendido	habríamos suspendido
	suspenderías	suspenderíais	habrías suspendido	habríais suspendido
	suspendería	suspenderían	habría suspendido	habrían suspendido
Subjunctive	**Present**		**Present Perfect**	
	suspenda	suspendamos	haya suspendido	hayamos suspendido
	suspendas	suspendáis	hayas suspendido	hayáis suspendido
	suspenda	suspendan	haya suspendido	hayan suspendido
	Imperfect		**Pluperfect**	
	suspendiera, -se	suspendiéramos, -semos	hubiera, -se suspendido	hubiéramos, -semos suspendido
	suspendieras, -ses		hubieras, -ses suspendido	
	suspendiera, -se	suspendierais, -seis suspendieran, -sen	hubiera, -se suspendido	hubierais, -seis suspendido hubieran, -sen suspendido

IMPERATIVE

suspende (tú); no suspendas
(no) suspenda (Ud.)

(no) suspendamos (nosotros)
suspended (vosotros); no suspendáis
(no) suspendan (Uds.)

EXAMPLES

Suspendieron la función sin notificación.

They cancelled the function without any notification.

El puente está suspendido entre dos torres.

The bridge is suspended between two towers.

El dictador ha suspendido los derechos de los ciudadanos.

The dictator has suspended the rights of the people.

Los estudiantes fueron suspendidos de la clase por su mala conducta.

The students were suspended from class because of their bad behavior.

Me suspendieron en dos matrias, historia y geografia.

I failed two subjects, history and geography. (Literally translated: They failed me in two subjects, history and geography.)

sustituír

to substitute, to replace

Gerundio: sustituyendo   **Participio pasado:** sustituido

Mood	Simple Tenses		Compound Tenses	
	Singular	*Plural*	*Singular*	*Plural*
	Present		**Present Perfect**	
	sustituyo	sustituimos	he sustituido	hemos sustituido
	sustituyes	sustituís	has sustituido	habéis sustituido
	sustituye	sustituyen	ha sustituido	han sustituido
	Preterit		**Preterit Perfect**	
	sustituí	sustituimos	hube sustituido	hubimos sustituido
	sustituiste	sustituisteis	hubiste sustituido	hubisteis sustituido
	sustituyó	sustituyeron	hubo sustituido	hubieron sustituido
Indicative	**Imperfect**		**Pluperfect**	
	sustituía	sustituíamos	había sustituido	habíamos sustituido
	sustituías	sustituíais	habías sustituido	habíais sustituido
	sustituía	sustituían	había sustituido	habían sustituido
	Future		**Future Perfect**	
	sustituiré	sustituiremos	habré sustituido	habremos sustituido
	sustituirás	sustituiréis	habrás sustituido	habréis sustituido
	sustituirá	sustituirán	habrá sustituido	habrán sustituido
	Conditional		**Conditional Perfect**	
	sustituiría	sustituiríamos	habría sustituido	habríamos sustituido
	sustituirías	sustituiríais	habrías sustituido	habríais sustituido
	sustituiría	sustituirían	habría sustituido	habrían sustituido
Subjunctive	**Present**		**Present Perfect**	
	sustituya	sustituyamos	haya sustituido	hayamos sustituido
	sustituyas	sustituyáis	hayas sustituido	hayáis sustituido
	sustituya	sustituyan	haya sustituido	hayan sustituido
	Imperfect		**Pluperfect**	
	sustituyera, -se	sustituyéramos, -semos	hubiera, -se sustituido	hubiéramos, -semos sustituido
	sustituyeras, -ses		hubieras, -ses sustituido	
	sustituyera, -se	sustituyerais, -seis	hubiera, -se sustituido	hubierais, -seis sustituido
		sustituyeran, -sen		hubieran, -sen sustituido

IMPERATIVE

sustituye (tú); no sustituyas

(no) sustituya (Ud.)

(no) sustituyamos (nosotros)

sustituid (vosotros); no sustituyáis

(no) sustituyan (Uds.)

EXAMPLES

Manuel sustituyó al profesor Martínez por muchos meses.

Manuel substituted for professor Martinez for several months.

Están sustituyendo la leche entera por la leche sin grasa en las escuelas.

They are replacing whole milk with skim milk in the schools.

El parlamento ha sustituido al director por otro con más experiencía

The parliament has replaced the director with one who has more experience.

Es necesario que ellos sustituyan ese carro por uno más nuevo.

It is necessary that they replace that car with a newer one.

tachar

to cross out, to cross off, to eliminate

Gerundio: tachando   **Participio pasado:** tachado

Mood	Simple Tenses		Compound Tenses	
	Singular	*Plural*	*Singular*	*Plural*
Indicative	**Present**		**Present Perfect**	
	tacho tachas tacha	tachamos tacháis tachan	he tachado has tachado ha tachado	hemos tachado habéis tachado han tachado
	Preterit		**Preterit Perfect**	
	taché tachaste tachó	tachamos tachasteis tacharon	hube tachado hubiste tachado hubo tachado	hubimos tachado hubisteis tachado hubieron tachado
	Imperfect		**Pluperfect**	
	tachaba tachabas tachaba	tachábamos tachabais tachaban	había tachado habías tachado había tachado	habíamos tachado habíais tachado habían tachado
	Future		**Future Perfect**	
	tacharé tacharás tachará	tacharemos tacharéis tacharán	habré tachado habrás tachado habrá tachado	habremos tachado habréis tachado habrán tachado
	Conditional		**Conditional Perfect**	
	tacharía tacharías tacharía	tacharíamos tacharíais tacharían	habría tachado habrías tachado habría tachado	habríamos tachado habríais tachado habrían tachado
Subjunctive	**Present**		**Present Perfect**	
	tache taches tache	tachemos tachéis tachen	haya tachado hayas tachado haya tachado	hayamos tachado hayáis tachado hayan tachado
	Imperfect		**Pluperfect**	
	tachara, -se tacharas, -ses tachara, -se	tacháramos, -semos tacharais, -seis tacharan, -sen	hubiera, -se tachado hubieras, -ses tachado hubiera, -se tachado	hubiéramos, -semos tachado hubierais, -seis tachado hubieran, -sen tachado

IMPERATIVE

tacha (tú); no taches
(no) tache (Ud.)

(no) tachemos (nosotros)
tachad (vosotros); no tachéis
(no) tachen (Uds.)

EXAMPLES

Taché los nombres de las personas que no quieren ir.

I crossed out the names of the people who don't want to go.

Tachen los problemas cuatro y cinco.

Eliminate problems four and five.

El jugador fue tachado de la lista de jugadores.

The player was crossed off the players' list.

Es hora de que tache varios nombres del directorio telefónico.

It is time that I eliminate some names from the address book.

tapar

to cover, to hide

Gerundio: tapando **Participio pasado:** tapado

Mood	Simple Tenses		Compound Tenses	
	Singular	*Plural*	*Singular*	*Plural*
	Present		**Present Perfect**	
	tapo	tapamos	he tapado	hemos tapado
	tapas	tapáis	has tapado	habéis tapado
	tapa	tapan	ha tapado	han tapado
	Preterit		**Preterit Perfect**	
	tapé	tapamos	hube tapado	hubimos tapado
	tapaste	tapasteis	hubiste tapado	hubisteis tapado
	tapó	taparon	hubo tapado	hubieron tapado
Indicative	**Imperfect**		**Pluperfect**	
	tapaba	tapábamos	había tapado	habíamos tapado
	tapabas	tapabais	habías tapado	habíais tapado
	tapaba	tapaban	había tapado	habían tapado
	Future		**Future Perfect**	
	taparé	taparemos	habré tapado	habremos tapado
	taparás	taparéis	habrás tapado	habréis tapado
	tapará	taparán	habrá tapado	habrán tapado
	Conditional		**Conditional Perfect**	
	taparía	taparíamos	habría tapado	habríamos tapado
	taparías	taparíais	habrías tapado	habríais tapado
	taparía	taparían	habría tapado	habrían tapado
Subjunctive	**Present**		**Present Perfect**	
	tape	tapemos	haya tapado	hayamos tapado
	tapes	tapéis	hayas tapado	hayáis tapado
	tape	tapen	haya tapado	hayan tapado
	Imperfect		**Pluperfect**	
	tapara, -se	tapáramos, -semos	hubiera, -se tapado	hubiéramos, -semos tapado
	taparas, -ses	taparais, -seis	hubieras, -ses tapado	
	tapara, -se	taparan, -sen	hubiera, -se tapado	hubierais, -seis tapado
				hubieran, -sen tapado

IMPERATIVE

	(no) tapemos (nosotros)
tapa (tú); no tapes	tapad (vosotros); no tapéis
(no) tape (Ud.)	(no) tapen (Uds.)

Note: As a reflexive verb, *taparse* (to cover oneself) uses the reflexive pronouns *me, te, se, nos, os, se.* Example 5 shows the reflexive use.

EXAMPLES

Tapa la olla para que hierva el agua.	Cover the pan so the water can boil.
El ladrón había tapado las huellas con barro.	The thief had covered his tracks with mud.
La enfermera ha tapado las heridas con gasa.	The nurse has covered the wounds with gauze.
Si la mamá hubiese tapado las galletitas, los niños no se las hubieran comido.	If the mother had hidden the cookies, the children would have not eaten them.
<u>Me</u> tapé con la cobija porque tenía frío.	I covered myself with the blanket because I was cold.

tardar

to be long, to be or take a long time

Gerundio: tardando   **Participio pasado:** tardado

Mood	Simple Tenses		Compound Tenses	
	Singular	*Plural*	*Singular*	*Plural*
Indicative	**Present**		**Present Perfect**	
	tardo	tardamos	he tardado	hemos tardado
	tardas	tardáis	has tardado	habéis tardado
	tarda	tardan	ha tardado	han tardado
	Preterit		**Preterit Perfect**	
	tardé	tardamos	hube tardado	hubimos tardado
	tardaste	tardasteis	hubiste tardado	hubisteis tardado
	tardó	tardaron	hubo tardado	hubieron tardado
	Imperfect		**Pluperfect**	
	tardaba	tardábamos	había tardado	habíamos tardado
	tardabas	tardabais	habías tardado	habíais tardado
	tardaba	tardaban	había tardado	habían tardado
	Future		**Future Perfect**	
	tardaré	tardaremos	habré tardado	habremos tardado
	tardarás	tardaréis	habrás tardado	habréis tardado
	tardará	tardarán	habrá tardado	habrán tardado
	Conditional		**Conditional Perfect**	
	tardaría	tardaríamos	habría tardado	habríamos tardado
	tardarías	tardaríais	habrías tardado	habríais tardado
	tardaría	tardarían	habría tardado	habrían tardado
Subjunctive	**Present**		**Present Perfect**	
	tarde	tardemos	haya tardado	hayamos tardado
	tardes	tardéis	hayas tardado	hayáis tardado
	tarde	tarden	haya tardado	hayan tardado
	Imperfect		**Pluperfect**	
	tardara, -se	tardáramos, -semos	hubiera, -se tardado	hubiéramos, -semos tardado
	tardaras, -ses	tardarais, -seis	hubieras, -ses tardado	hubierais, -seis tardado
	tardara, -se	tardaran, -sen	hubiera, -se tardado	hubieran, -sen tardado

IMPERATIVE

tarda (tú); no tardes
(no) tarde (Ud.)

(no) tardemos (nosotros)
tardad (vosotros); no tardéis
(no) tarden (Uds.)

EXAMPLES

Tardé en venir porque había un accidente en la autopista.

¡No tardes mucho!

Como ellos tardaban, me fui.

Si ella hubiese tardado más, la habrían despedido.

I took a long time coming because there was an accident on the highway.

Don't take too long!

Because they were late, I left.

If she had taken longer, they would have fired her.

temblar

to tremble, to shake, to shiver

Gerundio: temblando   **Participio pasado:** temblado

Mood	Simple Tenses		Compound Tenses	
	Singular	*Plural*	*Singular*	*Plural*
Indicative	**Present**		**Present Perfect**	
	tiemblo	temblamos	he temblado	hemos temblado
	tiemblas	tembláis	has temblado	habéis temblado
	tiembla	tiemblan	ha temblado	han temblado
	Preterit		**Preterit Perfect**	
	temblé	temblamos	hube temblado	hubimos temblado
	temblaste	temblasteis	hubiste temblado	hubisteis temblado
	tembló	temblaron	hubo temblado	hubieron temblado
	Imperfect		**Pluperfect**	
	temblaba	temblábamos	había temblado	habíamos temblado
	temblabas	temblabais	habías temblado	habíais temblado
	temblaba	temblaban	había temblado	habían temblado
	Future		**Future Perfect**	
	temblaré	temblaremos	habré temblado	habremos temblado
	temblarás	temblaréis	habrás temblado	habréis temblado
	temblará	temblarán	habrá temblado	habrán temblado
	Conditional		**Conditional Perfect**	
	temblaría	temblaríamos	habría temblado	habríamos temblado
	temblarías	temblaríais	habrías temblado	habríais temblado
	temblaría	temblarían	habría temblado	habrían temblado
Subjunctive	**Present**		**Present Perfect**	
	tiemble	temblemos	haya temblado	hayamos temblado
	tiembles	tembléis	hayas temblado	hayáis temblado
	tiemble	tiemblen	haya temblado	hayan temblado
	Imperfect		**Pluperfect**	
	temblara, -se	tembláramos, -semos	hubiera, -se temblado	hubiéramos, -semos temblado
	temblaras, -ses	temblarais, -seis	hubieras, -ses temblado	hubierais, -seis temblado
	temblara, -se	temblaran, -sen	hubiera, -se temblado	hubieran, -sen temblado

IMPERATIVE

tiembla (tú); no tiembles

(no) tiemble (Ud.)

(no) temblemos (nosotros)

temblad (vosotros); no tembléis

(no) tiemblen (Uds.)

EXAMPLES

Ella tiembla de miedo cada vez que piensa en ese examen.

She trembles with fear every time she thinks about that test.

El animalito temblaba de frío cuando lo encontré.

The little animal was shaking with cold when I found it.

¡No tiembles tanto!

Don't shake so much!

Los alpinistas estaban temblando de alegría en lo alto de la montaña.

The climbers were trembling with happiness at the top of the mountain.

temer

to fear, to dread, to be afraid of
Gerundio: temiendo   **Participio pasado:** temido

Mood	Simple Tenses		Compound Tenses	
	Singular	*Plural*	*Singular*	*Plural*
	Present		**Present Perfect**	
	temo	tememos	he temido	hemos temido
	temes	teméis	has temido	habéis temido
	teme	temen	ha temido	han temido
	Preterit		**Preterit Perfect**	
	temí	temimos	hube temido	hubimos temido
	temiste	temisteis	hubiste temido	hubisteis temido
Indicative	temió	temieron	hubo temido	hubieron temido
	Imperfect		**Pluperfect**	
	temía	temíamos	había temido	habíamos temido
	temías	temíais	habías temido	habíais temido
	temía	temían	había temido	habían temido
	Future		**Future Perfect**	
	temeré	temeremos	habré temido	habremos temido
	temerás	temeréis	habrás temido	habréis temido
	temerá	temerán	habrá temido	habrán temido
	Conditional		**Conditional Perfect**	
	temería	temeríamos	habría temido	habríamos temido
	temerías	temeríais	habrías temido	habríais temido
	temería	temerían	habría temido	habrían temido
	Present		**Present Perfect**	
	tema	temamos	haya temido	hayamos temido
	temas	temáis	hayas temido	hayáis temido
Subjunctive	tema	teman	haya temido	hayan temido
	Imperfect		**Pluperfect**	
	temiera, -se	temiéramos, -semos	hubiera, -se temido	hubiéramos, -semos temido
	temieras, -ses	temierais, -seis	hubieras, -ses temido	hubierais, -seis temido
	temiera, -se	temieran, -sen	hubiera, -se temido	hubieran, -sen temido

IMPERATIVE

	(no) temamos (nosotros)
teme (tú); no temas	temed (vosotros); no temáis
(no) tema (Ud.)	(no) teman (Uds.)

EXAMPLES

Temo que vendrán fuertes lluvias.	I fear that strong rains will come.
Ella le temía a la altura.	She was afraid of heights.
El pueblo no ha temido los decretos de los militares.	The people have not been afraid of the decrees of the military troops.
¡No le temas al futuro!	Don't be afraid of the future!

tener

to have, to possess

Gerundio: teniendo   **Participio pasado:** tenido

Mood	Simple Tenses		Compound Tenses	
	Singular	*Plural*	*Singular*	*Plural*
	Present		**Present Perfect**	
	tengo	tenemos	he tenido	hemos tenido
	tienes	tenéis	has tenido	habéis tenido
	tiene	tienen	ha tenido	han tenido
	Preterit		**Preterit Perfect**	
	tuve	tuvimos	hube tenido	hubimos tenido
	tuviste	tuvisteis	hubiste tenido	hubisteis tenido
	tuvo	tuvieron	hubo tenido	hubieron tenido
Indicative	**Imperfect**		**Pluperfect**	
	tenía	teníamos	había tenido	habíamos tenido
	tenías	teníais	habías tenido	habíais tenido
	tenía	tenían	había tenido	habían tenido
	Future		**Future Perfect**	
	tendré	tendremos	habré tenido	habremos tenido
	tendrás	tendréis	habrás tenido	habréis tenido
	tendrá	tendrán	habrá tenido	habrán tenido
	Conditional		**Conditional Perfect**	
	tendría	tendríamos	habría tenido	habríamos tenido
	tendrías	tendríais	habrías tenido	habríais tenido
	tendría	tendrían	habría tenido	habrían tenido
	Present		**Present Perfect**	
	tenga	tengamos	haya tenido	hayamos tenido
	tengas	tengáis	hayas tenido	hayáis tenido
	tenga	tengan	haya tenido	hayan tenido
Subjunctive	**Imperfect**		**Pluperfect**	
	tuviera, -se	tuviéramos, -semos	hubiera, -se tenido	hubiéramos, -semos tenido
	tuvieras, -ses	tuvierais, -seis	hubieras, -ses tenido	hubierais, -seis tenido
	tuviera, -se	tuvieran, -sen	hubiera, -se tenido	hubieran, -sen tenido

IMPERATIVE

ten (tú); no tengas   (no) tengamos (nosotros)

(no) tenga (Ud.)   tened (vosotros); no tengáis

(no) tengan (Uds.)

EXAMPLES

Tengo que estudiar.
I have to study.

Después de hacer la tarea tendremos tiempo para jugar.
After we do the homework, we will have time to play.

Si tuviéramos boletos, iríamos al concierto.
If we had tickets, we would go to the concert.

Tienen problemas con la computadora.
They are having problems with the computer.

IDIOMATIC EXAMPLE

Los alpinistas tenían frío en el tope de la montaña.
The climbers were cold at the top of the mountain.

Note: There are more idiomatic uses of *tener* in the Appendix of Additional Verbs.

tentar

to touch, to feel, to tempt, to incite

Gerundio: tentando   **Participio pasado:** tentado

Mood	Simple Tenses		Compound Tenses	
	Singular	*Plural*	*Singular*	*Plural*
Indicative	**Present**		**Present Perfect**	
	tiento	tentamos	he tentado	hemos tentado
	tientas	tentáis	has tentado	habéis tentado
	tienta	tientan	ha tentado	han tentado
	Preterit		**Preterit Perfect**	
	tenté	tentamos	hube tentado	hubimos tentado
	tentaste	tentasteis	hubiste tentado	hubisteis tentado
	tentó	tentaron	hubo tentado	hubieron tentado
	Imperfect		**Pluperfect**	
	tentaba	tentábamos	había tentado	habíamos tentado
	tentabas	tentabais	habías tentado	habíais tentado
	tentaba	tentaban	había tentado	habían tentado
	Future		**Future Perfect**	
	tentaré	tentaremos	habré tentado	habremos tentado
	tentarás	tentaréis	habrás tentado	habréis tentado
	tentará	tentarán	habrá tentado	habrán tentado
	Conditional		**Conditional Perfect**	
	tentaría	tentaríamos	habría tentado	habríamos tentado
	tentarías	tentaríais	habrías tentado	habríais tentado
	tentaría	tentarían	habría tentado	habrían tentado
Subjunctive	**Present**		**Present Perfect**	
	tiente	tentemos	haya tentado	hayamos tentado
	tientes	tentéis	hayas tentado	hayáis tentado
	tiente	tienten	haya tentado	hayan tentado
	Imperfect		**Pluperfect**	
	tentara, -se	tentáramos, -semos	hubiera, -se tentado	hubiéramos, -semos tentado
	tentaras, -ses	tentarais, -seis	hubieras, -ses tentado	
	tentara, -se	tentaran, -sen	hubiera, -se tentado	hubierais, -seis tentado
				hubieran, -sen tentado

IMPERATIVE

tienta (tú); no tientes
(no) tiente (Ud.)

(no) tentemos (nosotros)
tentad (vosotros); no tentéis
(no) tienten (Uds.)

EXAMPLES

No me tientes con ese helado porque estoy a dieta.
Don't tempt me with that ice cream because I am on a diet.

Cuando hayas tentado esa tela te darás cuenta de lo suave que es.
Once you have felt that fabric, you will realize how soft it is.

El doctor tentó al niño para ver si tenía fiebre.
The doctor touched the boy to see if he had a fever.

Estaban tentando al novato con un buen contrato.
They were enticing the rookie with a good contract.

terminar
to finish, to end, to terminate
Gerundio: terminando   **Participio pasado:** terminado

Mood	Simple Tenses		Compound Tenses	
	Singular	*Plural*	*Singular*	*Plural*
Indicative	**Present**		**Present Perfect**	
	termino	terminamos	he terminado	hemos terminado
	terminas	termináis	has terminado	habéis terminado
	termina	terminan	ha terminado	han terminado
	Preterit		**Preterit Perfect**	
	terminé	terminamos	hube terminado	hubimos terminado
	terminaste	terminasteis	hubiste terminado	hubisteis terminado
	terminó	terminaron	hubo terminado	hubieron terminado
	Imperfect		**Pluperfect**	
	terminaba	terminábamos	había terminado	habíamos terminado
	terminabas	terminabais	habías terminado	habíais terminado
	terminaba	terminaban	había terminado	habían terminado
	Future		**Future Perfect**	
	terminaré	terminaremos	habré terminado	habremos terminado
	terminarás	terminaréis	habrás terminado	habréis terminado
	terminará	terminarán	habrá terminado	habrán terminado
	Conditional		**Conditional Perfect**	
	terminaría	terminaríamos	habría terminado	habríamos terminado
	terminarías	terminaríais	habrías terminado	habríais terminado
	terminaría	terminarían	habría terminado	habrían terminado
Subjunctive	**Present**		**Present Perfect**	
	termine	terminemos	haya terminado	hayamos terminado
	termines	terminéis	hayas terminado	hayáis terminado
	termine	terminen	haya terminado	hayan terminado
	Imperfect		**Pluperfect**	
	terminara, -se	termináramos, -semos	hubiera, -se terminado	hubiéramos, -semos terminado
	terminaras, -ses	terminarais, -seis	hubieras, -ses terminado	hubierais, -seis terminado
	terminara, -se	terminaran, -sen	hubiera, -se terminado	hubieran, -sen terminado

IMPERATIVE

termina (tú); no termines
(no) termine (Ud.)

(no) terminemos (nosotros)
terminad (vosotros); no terminéis
(no) terminen (Uds.)

Note: As a reflexive verb, *terminarse* (to come to an end, be over) uses the reflexive pronouns *me, te, se, nos, os, se.* Example 5 shows the reflexive use.

EXAMPLES

-¿Cuándo van a terminar?
-Terminaremos en dos horas.
Están terminando de construir el metro.
Han terminado la obra antes de la fecha de entrega.
<u>Se</u> terminó la fiesta.

When are you going to finish?
We will finish in two hours.
They are finishing building the subway.
They have finished the project before the dateline.
The party is over.

tirar

to throw, to fling, to pitch, to slam (door)
Gerundio: tirando   **Participio pasado:** tirado

Mood	Simple Tenses		Compound Tenses	
	Singular	*Plural*	*Singular*	*Plural*
Indicative	**Present**		**Present Perfect**	
	tiro	tiramos	he tirado	hemos tirado
	tiras	tiráis	has tirado	habéis tirado
	tira	tiran	ha tirado	han tirado
	Preterit		**Preterit Perfect**	
	tiré	tiramos	hube tirado	hubimos tirado
	tiraste	tirasteis	hubiste tirado	hubisteis tirado
	tiró	tiraron	hubo tirado	hubieron tirado
	Imperfect		**Pluperfect**	
	tiraba	tirábamos	había tirado	habíamos tirado
	tirabas	tirabais	habías tirado	habíais tirado
	tiraba	tiraban	había tirado	habían tirado
	Future		**Future Perfect**	
	tiraré	tiraremos	habré tirado	habremos tirado
	tirarás	tiraréis	habrás tirado	habréis tirado
	tirará	tirarán	habrá tirado	habrán tirado
	Conditional		**Conditional Perfect**	
	tiraría	tiraríamos	habría tirado	habríamos tirado
	tirarías	tiraríais	habrías tirado	habríais tirado
	tiraría	tirarían	habría tirado	habrían tirado
Subjunctive	**Present**		**Present Perfect**	
	tire	tiremos	haya tirado	hayamos tirado
	tires	tiréis	hayas tirado	hayáis tirado
	tire	tiren	haya tirado	hayan tirado
	Imperfect		**Pluperfect**	
	tirara, -se	tiráramos, -semos	hubiera, -se tirado	hubiéramos, -semos tirado
	tiraras, -ses	tirarais, -seis	hubieras, -ses tirado	
	tirara, -se	tiraran, -sen	hubiera, -se tirado	hubierais, -seis tirado
				hubieran, -sen tirado

IMPERATIVE

	(no) tiremos (nosotros)
tira (tú); no tires	tirad (vosotros); no tiréis
(no) tire (Ud.)	(no) tiren (Uds.)

Note: As a reflexive verb, *tirarse* (to plunge) uses the reflexive pronouns *me, te, se, nos, os, se*. Example 4 shows the reflexive use.

EXAMPLES

El lanzador tiró la pelota a la tercera base.	The pitcher threw the ball to third base.
Cuando era niño tiraba piedras al río.	When I was a little boy, I used to throw pebbles to the river.
No tiréis la basura en la calle.	Don't throw the trash on the street.
Se tiró a la piscina sin pensarlo dos veces.	He threw himself in the pool without thinking twice.

IDIOMATIC EXAMPLE

Esperamos que no hayas tirado la casa por la ventana con esa fiesta tan grande.	We hope you didn't spend lavishly on that big party.

tocar

to touch, to play an instrument, to knock (on a door)
Gerundio: tocando   **Participio pasado:** tocado

Mood	Simple Tenses		Compound Tenses	
	Singular	*Plural*	*Singular*	*Plural*
Indicative	**Present**		**Present Perfect**	
	toco	tocamos	he tocado	hemos tocado
	tocas	tocáis	has tocado	habéis tocado
	toca	tocan	ha tocado	han tocado
	Preterit		**Preterit Perfect**	
	toqué	tocamos	hube tocado	hubimos tocado
	tocaste	tocasteis	hubiste tocado	hubisteis tocado
	tocó	tocaron	hubo tocado	hubieron tocado
	Imperfect		**Pluperfect**	
	tocaba	tocábamos	había tocado	habíamos tocado
	tocabas	tocabais	habías tocado	habíais tocado
	tocaba	tocaban	había tocado	habían tocado
	Future		**Future Perfect**	
	tocaré	tocaremos	habré tocado	habremos tocado
	tocarás	tocaréis	habrás tocado	habréis tocado
	tocará	tocarán	habrá tocado	habrán tocado
	Conditional		**Conditional Perfect**	
	tocaría	tocaríamos	habría tocado	habríamos tocado
	tocarías	tocaríais	habrías tocado	habríais tocado
	tocaría	tocarían	habría tocado	habrían tocado
Subjunctive	**Present**		**Present Perfect**	
	toque	toquemos	haya tocado	hayamos tocado
	toques	toquéis	hayas tocado	hayáis tocado
	toque	toquen	haya tocado	hayan tocado
	Imperfect		**Pluperfect**	
	tocara, -se	tocáramos, -semos	hubiera, -se tocado	hubiéramos, -semos tocado
	tocaras, -ses	tocarais, -seis	hubieras, -ses tocado	hubierais, -seis tocado
	tocara, -se	tocaran, -sen	hubiera, -se tocado	hubieran, -sen tocado

IMPERATIVE

toca (tú); no toques
(no) toque (Ud.)

(no) toquemos (nosotros)
tocad (vosotros); no toquéis
(no) toquen (Uds.)

EXAMPLES

¡No toquéis el auto nuevo!
La banda tocó toda la noche.
Alguien está tocando la puerta.
Es hora de que la banda toque.

Don't touch the new car!
The band played all night long.
Somebody is knocking on the door.
It is time for the band to play.

IDIOMATIC EXAMPLES

Te toca a ti.

It is your turn.

tolerar

to tolerate, to suffer, to put up with

Gerundio: tolerando   **Participio pasado:** tolerado

Mood	Simple Tenses		Compound Tenses	
	Singular	*Plural*	*Singular*	*Plural*
Indicative	**Present**		**Present Perfect**	
	tolero	toleramos	he tolerado	hemos tolerado
	toleras	toleráis	has tolerado	habéis tolerado
	tolera	toleran	ha tolerado	han tolerado
	Preterit		**Preterit Perfect**	
	toleré	toleramos	hube tolerado	hubimos tolerado
	toleraste	tolerasteis	hubiste tolerado	hubisteis tolerado
	toleró	toleraron	hubo tolerado	hubieron tolerado
	Imperfect		**Pluperfect**	
	toleraba	tolerábamos	había tolerado	habíamos tolerado
	tolerabas	tolerabais	habías tolerado	habíais tolerado
	toleraba	toleraban	había tolerado	habían tolerado
	Future		**Future Perfect**	
	toleraré	toleraremos	habré tolerado	habremos tolerado
	tolerarás	toleraréis	habrás tolerado	habréis tolerado
	tolerará	tolerarán	habrá tolerado	habrán tolerado
	Conditional		**Conditional Perfect**	
	toleraría	toleraríamos	habría tolerado	habríamos tolerado
	tolerarías	toleraríais	habrías tolerado	habríais tolerado
	toleraría	tolerarían	habría tolerado	habrían tolerado
Subjunctive	**Present**		**Present Perfect**	
	tolere	toleremos	haya tolerado	hayamos tolerado
	toleres	toleréis	hayas tolerado	hayáis tolerado
	tolere	toleren	haya tolerado	hayan tolerado
	Imperfect		**Pluperfect**	
	tolerara, -se	toleráramos, -semos	hubiera, -se tolerado	hubiéramos, -semos tolerado
	toleraras, -ses	tolerarais, -seis	hubieras, -ses tolerado	hubierais, -seis tolerado
	tolerara, -se	toleraran, -sen	hubiera, -se tolerado	hubieran, -sen tolerado

IMPERATIVE

tolera (tú); no toleres
(no) tolere (Ud.)

(no) toleremos (nosotros)
tolerad (vosotros); no toleréis
(no) toleren (Uds.)

EXAMPLES

¿Hasta cuándo tolerarás esta situación?

How long are you going to tolerate this situation?

¡No toleres más sus impertinencias!

Don't tolerate their disrespect any more!

El paciente tuvo que tolerar el dolor por varias horas.

The patient had to tolerate the pain for several hours.

Su estómago no tolera la leche.

Her stomach cannot tolerate milk.

tomar

to take, to drink, to get hold of, to take (a bus, train, cab, etc.)

Gerundio: tomando   **Participio pasado:** tomado

Mood	Simple Tenses		Compound Tenses	
	Singular	*Plural*	*Singular*	*Plural*
Indicative	**Present**		**Present Perfect**	
	tomo	tomamos	he tomado	hemos tomado
	tomas	tomáis	has tomado	habéis tomado
	toma	toman	ha tomado	han tomado
	Preterit		**Preterit Perfect**	
	tomé	tomamos	hube tomado	hubimos tomado
	tomaste	tomasteis	hubiste tomado	hubisteis tomado
	tomó	tomaron	hubo tomado	hubieron tomado
	Imperfect		**Pluperfect**	
	tomaba	tomábamos	había tomado	habíamos tomado
	tomabas	tomabais	habías tomado	habíais tomado
	tomaba	tomaban	había tomado	habían tomado
	Future		**Future Perfect**	
	tomaré	tomaremos	habré tomado	habremos tomado
	tomarás	tomaréis	habrás tomado	habréis tomado
	tomará	tomarán	habrá tomado	habrán tomado
	Conditional		**Conditional Perfect**	
	tomaría	tomaríamos	habría tomado	habríamos tomado
	tomarías	tomaríais	habrías tomado	habríais tomado
	tomaría	tomarían	habría tomado	habrían tomado
Subjunctive	**Present**		**Present Perfect**	
	tome	tomemos	haya tomado	hayamos tomado
	tomes	toméis	hayas tomado	hayáis tomado
	tome	tomen	haya tomado	hayan tomado
	Imperfect		**Pluperfect**	
	tomara, -se	tomáramos, -semos	hubiera, -se tomado	hubiéramos, -semos tomado
	tomaras, -ses	tomarais, -seis	hubieras, -ses tomado	hubierais, -seis tomado
	tomara, -se	tomaran, -sen	hubiera, -se tomado	hubieran, -sen tomado

IMPERATIVE

toma (tú); no tomes

(no) tome (Ud.)

(no) tomemos (nosotros)

tomad (vosotros); no toméis

(no) tomen (Uds.)

EXAMPLES

¿Tú tomas té con azúcar?	Do you drink tea with sugar?
La editora tomó los papeles y se fue.	The editor took the papers and left.
La niñera había tomado al niño de la mano.	The babysitter had gotten hold of the boy's hand.
Habríamos tomado el tren, pero se nos hizo tarde.	We would have taken the train, but we were running late.

IDIOMATIC EXAMPLE

Ella se tomó su tiempo decorando la casa.	She took her time decorating the house.

toser

to cough

Gerundio: tosiendo   **Participio pasado:** tosido

Mood	Simple Tenses		Compound Tenses	
	Singular	*Plural*	*Singular*	*Plural*
Indicative	**Present**		**Present Perfect**	
	toso toses tose	tosemos toséis tosen	he tosido has tosido ha tosido	hemos tosido habéis tosido han tosido
	Preterit		**Preterit Perfect**	
	tosí tosiste tosió	tosimos tosisteis tosieron	hube tosido hubiste tosido hubo tosido	hubimos tosido hubisteis tosido hubieron tosido
	Imperfect		**Pluperfect**	
	tosía tosías tosía	tosíamos tosíais tosían	había tosido habías tosido había tosido	habíamos tosido habíais tosido habían tosido
	Future		**Future Perfect**	
	toseré toserás toserá	toseremos toseréis toserán	habré tosido habrás tosido habrá tosido	habremos tosido habréis tosido habrán tosido
	Conditional		**Conditional Perfect**	
	tosería toserías tosería	toseríamos toseríais toserían	habría tosido habrías tosido habría tosido	habríamos tosido habríais tosido habrían tosido
Subjunctive	**Present**		**Present Perfect**	
	tosa tosas tosa	tosamos tosáis tosan	haya tosido hayas tosido haya tosido	hayamos tosido hayáis tosido hayan tosido
	Imperfect		**Pluperfect**	
	tosiera, -se tosieras, -ses tosiera, -se	tosiéramos, -semos tosierais, -seis tosieran, -sen	hubiera, -se tosido hubieras, -ses tosido hubiera, -se tosido	hubiéramos, -semos tosido hubierais, -seis tosido hubieran, -sen tosido

IMPERATIVE

tose (tú); no tosas
(no) tosa (Ud.)

(no) tosamos (nosotros)
tosed (vosotros); no tosáis
(no) tosan (Uds.)

EXAMPLES

Gregorio estuvo tosiendo toda la noche.
El espía tosió para dar la señal.
¡No tosas en la cara de las personas!
El bebé tiene gripe y ha tosido mucho.

Gregory was coughing all night.
The spy coughed to give the signal.
Don't cough in someone's face!
The baby has a cold and has coughed a lot.

tostar

to toast, to roast, to tan

Gerundio: tostando   **Participio pasado:** tostado

Mood	Simple Tenses		Compound Tenses	
	Singular	*Plural*	*Singular*	*Plural*
Indicative	**Present**		**Present Perfect**	
	tuesto	tostamos	he tostado	hemos tostado
	tuestas	tostáis	has tostado	habéis tostado
	tuesta	tuestan	ha tostado	han tostado
	Preterit		**Preterit Perfect**	
	tosté	tostamos	hube tostado	hubimos tostado
	tostaste	tostasteis	hubiste tostado	hubisteis tostado
	tostó	tostaron	hubo tostado	hubieron tostado
	Imperfect		**Pluperfect**	
	tostaba	tostábamos	había tostado	habíamos tostado
	tostabas	tostabais	habías tostado	habíais tostado
	tostaba	tostaban	había tostado	habían tostado
	Future		**Future Perfect**	
	tostaré	tostaremos	habré tostado	habremos tostado
	tostarás	tostaréis	habrás tostado	habréis tostado
	tostará	tostarán	habrá tostado	habrán tostado
	Conditional		**Conditional Perfect**	
	tostaría	tostaríamos	habría tostado	habríamos tostado
	tostarías	tostaríais	habrías tostado	habríais tostado
	tostaría	tostarían	habría tostado	habrían tostado
Subjunctive	**Present**		**Present Perfect**	
	tueste	tostemos	haya tostado	hayamos tostado
	tuestes	tostéis	hayas tostado	hayáis tostado
	tueste	tuesten	haya tostado	hayan tostado
	Imperfect		**Pluperfect**	
	tostara, -se	tostáramos, -semos	hubiera, -se tostado	hubiéramos, -semos tostado
	tostaras, -ses	tostarais, -seis	hubieras, -ses tostado	hubierais, -seis tostado
	tostara, -se	tostaran, -sen	hubiera, -se tostado	hubieran, -sen tostado

IMPERATIVE

	(no) tostemos (nosotros)
tuesta (tú); no tuestes	tostad (vosotros); no tostéis
(no) tueste (Ud.)	(no) tuesten (Uds.)

Note: As a reflexive verb, *tostarse* (to become tanned or scorched) uses the reflexive pronouns *me, te, se, nos, os, se.* Example 4 shows the reflexive use.

EXAMPLES

Ellos siempre tuestan el pan para el desayuno.	They always toast the bread for breakfast.
El manicero está tostando el maní.	The peanut vendor is roasting the peanuts.
Es bueno que Ud. tueste las nueces.	It is good that you roast the nuts.
Esa muchacha se ha tostado demasiado.	That young girl has tanned herself too much.

trabajar

to work

Gerundio: trabajando   **Participio pasado:** trabajado

Mood	Simple Tenses		Compound Tenses	
	Singular	*Plural*	*Singular*	*Plural*
Indicative	**Present**		**Present Perfect**	
	trabajo	trabajamos	he trabajado	hemos trabajado
	trabajas	trabajáis	has trabajado	habéis trabajado
	trabaja	trabajan	ha trabajado	han trabajado
	Preterit		**Preterit Perfect**	
	trabajé	trabajamos	hube trabajado	hubimos trabajado
	trabajaste	trabajasteis	hubiste trabajado	hubisteis trabajado
	trabajó	trabajaron	hubo trabajado	hubieron trabajado
	Imperfect		**Pluperfect**	
	trabajaba	trabajábamos	había trabajado	habíamos trabajado
	trabajabas	trabajabais	habías trabajado	habíais trabajado
	trabajaba	trabajaban	había trabajado	habían trabajado
	Future		**Future Perfect**	
	trabajaré	trabajaremos	habré trabajado	habremos trabajado
	trabajarás	trabajaréis	habrás trabajado	habréis trabajado
	trabajará	trabajarán	habrá trabajado	habrán trabajado
	Conditional		**Conditional Perfect**	
	trabajaría	trabajaríamos	habría trabajado	habríamos trabajado
	trabajarías	trabajaríais	habrías trabajado	habríais trabajado
	trabajaría	trabajarían	habría trabajado	habrían trabajado
Subjunctive	**Present**		**Present Perfect**	
	trabaje	trabajemos	haya trabajado	hayamos trabajado
	trabajes	trabajéis	hayas trabajado	hayáis trabajado
	trabaje	trabajen	haya trabajado	hayan trabajado
	Imperfect		**Pluperfect**	
	trabajara, -se	trabajáramos, -semos	hubiera, -se trabajado	hubiéramos, -semos trabajado
	trabajaras, -ses	trabajarais, -seis	hubieras, -ses trabajado	hubierais, -seis trabajado
	trabajara, -se	trabajaran, -sen	hubiera, -se trabajado	hubieran, -sen trabajado

IMPERATIVE

trabaja (tú); no trabajes
(no) trabaje (Ud.)

(no) trabajemos (nosotros)
trabajad (vosotros); no trabajéis
(no) trabajen (Uds.)

EXAMPLES

Todos trabajábamos en la misma oficina.

We all worked in the same office.

Es importante que ella trabaje en su tesis.

It is important that she work on her dissertation.

Trabajemos para tener un planeta sin contaminación.

Let's work for a clean planet.

Si tú trabajaras más horas, podrías ahorrar dinero.

If you worked more hours, you would be able to save money.

IDIOMATIC EXAMPLE

Hay que trabajar para lograr el éxito

One must work hard to reach success.

traducir

to translate

Gerundio: traduciendo **Participio pasado:** traducido

Mood	Simple Tenses		Compound Tenses	
	Singular	*Plural*	*Singular*	*Plural*
Indicative	**Present**		**Present Perfect**	
	traduzco	traducimos	he traducido	hemos traducido
	traduces	traducís	has traducido	habéis traducido
	traduce	traducen	ha traducido	han traducido
	Preterit		**Preterit Perfect**	
	traduje	tradujimos	hube traducido	hubimos traducido
	tradujiste	tradujisteis	hubiste traducido	hubisteis traducido
	tradujo	tradujeron	hubo traducido	hubieron traducido
	Imperfect		**Pluperfect**	
	traducía	traducíamos	había traducido	habíamos traducido
	traducías	traducíais	habías traducido	habíais traducido
	traducía	traducían	había traducido	habían traducido
	Future		**Future Perfect**	
	traduciré	traduciremos	habré traducido	habremos traducido
	traducirás	traduciréis	habrás traducido	habréis traducido
	traducirá	traducirán	habrá traducido	habrán traducido
	Conditional		**Conditional Perfect**	
	traduciría	traduciríamos	habría traducido	habríamos traducido
	traducirías	traduciríais	habrías traducido	habríais traducido
	traduciría	traducirían	habría traducido	habrían traducido
Subjunctive	**Present**		**Present Perfect**	
	traduzca	traduzcamos	haya traducido	hayamos traducido
	traduzcas	traduzcáis	hayas traducido	hayáis traducido
	traduzca	traduzcan	haya traducido	hayan traducido
	Imperfect		**Pluperfect**	
	tradujera, -se	tradujéramos, -semos	hubiera, -se traducido	hubiéramos, -semos traducido
	tradujeras, -ses	tradujerais, -seis	hubieras, -ses traducido	hubierais, -seis traducido
	tradujera, -se	tradujeran, -sen	hubiera, -se traducido	hubieran, -sen traducido

IMPERATIVE

traduce (tú); no traduzcas
(no) traduzca (Ud.)

(no) traduzcamos (nosotros)
traducid (vosotros); no traduzcáis
(no) traduzcan (Uds.)

EXAMPLES

María Elena tradujo el prólogo del libro.

No traduzcan literalmente.

Es importante que Ud. haya traducido ese memorando.

Si hubiésemos traducido la carta, no tendríamos problemas ahora.

Maria Elena translated the prologue of the book.

Don't translate literally.

It is important that you have translated that memorandum.

If we had translated the letter, we would not be in trouble.

traer

to bring, to wear

Gerundio: trayendo   **Participio pasado:** traído

Mood	Simple Tenses		Compound Tenses	
	Singular	*Plural*	*Singular*	*Plural*
Indicative	**Present**		**Present Perfect**	
	traigo	traemos	he traído	hemos traído
	traes	traéis	has traído	habéis traído
	trae	traen	ha traído	han traído
	Preterit		**Preterit Perfect**	
	traje	trajimos	hube traído	hubimos traído
	trajiste	trajisteis	hubiste traído	hubisteis traído
	trajo	trajeron	hubo traído	hubieron traído
	Imperfect		**Pluperfect**	
	traía	traíamos	había traído	habíamos traído
	traías	traíais	habías traído	habíais traído
	traía	traían	había traído	habían traído
	Future		**Future Perfect**	
	traeré	traeremos	habré traído	habremos traído
	traerás	traeréis	habrás traído	habréis traído
	traerá	traerán	habrá traído	habrán traído
	Conditional		**Conditional Perfect**	
	traería	traeríamos	habría traído	habríamos traído
	traerías	traeríais	habrías traído	habríais traído
	traería	traerían	habría traído	habrían traído
Subjunctive	**Present**		**Present Perfect**	
	traiga	traigamos	haya traído	hayamos traído
	traigas	traigáis	hayas traído	hayáis traído
	traiga	traigan	haya traído	hayan traído
	Imperfect		**Pluperfect**	
	trajera, -se	trajéramos, -semos	hubiera, -se traído	hubiéramos, -semos traído
	trajeras, -ses	trajerais, -seis	hubieras, -ses traído	hubierais, -seis traído
	trajera, -se	trajeran, -sen	hubiera, -se traído	hubieran, -sen traído

IMPERATIVE

trae (tú); no traigas

(no) traiga (Ud.)

(no) traigamos (nosotros)

traed (vosotros); no traigáis

(no) traigan (Uds.)

EXAMPLES

Traje el traje azul.

Ella trae un bonito vestido.

Los muchachos están trayendo los refrescos.

Traigo mis discos compactos.

Esperamos que hayas traído suficiente comida.

I brought the blue suit.

She is wearing a beautiful dress.

The boys are bringing the sodas.

I am bringing my CDs.

We hope that you have brought enough food.

IDIOMATIC EXAMPLE

Ese muchacho me trae de cabeza.

That boy causes me headaches.

tragar

to swallow, to gulp down

Gerundio: tragando **Participio pasado:** tragado

Mood	Simple Tenses		Compound Tenses	
	Singular	*Plural*	*Singular*	*Plural*
Indicative	**Present**		**Present Perfect**	
	trago tragas traga	tragamos tragáis tragan	he tragado has tragado ha tragado	hemos tragado habéis tragado han tragado
	Preterit		**Preterit Perfect**	
	tragué tragaste tragó	tragamos tragasteis tragaron	hube tragado hubiste tragado hubo tragado	hubimos tragado hubisteis tragado hubieron tragado
	Imperfect		**Pluperfect**	
	tragaba tragabas tragaba	tragábamos tragabais tragaban	había tragado habías tragado había tragado	habíamos tragado habíais tragado habían tragado
	Future		**Future Perfect**	
	tragaré tragarás tragará	tragaremos tragaréis tragarán	habré tragado habrás tragado habrá tragado	habremos tragado habréis tragado habrán tragado
	Conditional		**Conditional Perfect**	
	tragaría tragarías tragaría	tragaríamos tragaríais tragarían	habría tragado habrías tragado habría tragado	habríamos tragado habríais tragado habrían tragado
Subjunctive	**Present**		**Present Perfect**	
	trague tragues trague	traguemos traguéis traguen	haya tragado hayas tragado haya tragado	hayamos tragado hayáis tragado hayan tragado
	Imperfect		**Pluperfect**	
	tragara, -se tragaras, -ses tragara, -se	tragáramos, -semos tragarais, -seis tragaran, -sen	hubiera, -se tragado hubieras, -ses tragado hubiera, -se tragado	hubiéramos, -semos tragado hubierais, -seis tragado hubieran, -sen tragado

IMPERATIVE

traga (tú); no tragues

(no) trague (Ud.)

(no) traguemos (nosotros)

tragad (vosotros); no traguéis

(no) traguen (Uds.)

Note: As a reflexive verb, *tragarse* (to swallow) uses the reflexive pronouns *me, te, se, nos, os, se*. Examples 3 and 4 show the reflexive use.

EXAMPLES

Tragué mucha agua cuando estaba nadando en el mar.

I swallowed a lot of water when I was swimming in the sea.

Él tragaba sus bebidas rápidamente.

He used to gulp his drinks too quickly.

Los océanos se han tragado muchos barcos.

The oceans have swallowed many ships.

Me alegro que no te hayas tragado esas pastillas.

I am glad that you didn't swallow those pills.

IDIOMATIC EXAMPLE

Ella se traga todo lo que el novio dice.

She believes everything her boyfriend says.

transferir

to transfer, to differ

Gerundio: transfiriendo   **Participio pasado:** transferido

Mood	Simple Tenses		Compound Tenses	
	Singular	*Plural*	*Singular*	*Plural*
	Present		**Present Perfect**	
Indicative	transfiero	transferimos	he transferido	hemos transferido
	transfieres	transferís	has transferido	habéis transferido
	transfiere	transfieren	ha transferido	han transferido
	Preterit		**Preterit Perfect**	
	transferí	transferimos	hube transferido	hubimos transferido
	transferiste	transferisteis	hubiste transferido	hubisteis transferido
	transfirió	transfirieron	hubo transferido	hubieron transferido
	Imperfect		**Pluperfect**	
	transfería	transferíamos	había transferido	habíamos transferido
	transferías	transferíais	habías transferido	habíais transferido
	transfería	transferían	había transferido	habían transferido
	Future		**Future Perfect**	
	transferiré	transferiremos	habré transferido	habremos transferido
	transferirás	transferiréis	habrás transferido	habréis transferido
	transferirá	transferirán	habrá transferido	habrán transferido
	Conditional		**Conditional Perfect**	
	transferiría	transferiríamos	habría transferido	habríamos transferido
	transferirías	transferiríais	habrías transferido	habríais transferido
	transferiría	transferirían	habría transferido	habrían transferido
Subjunctive	**Present**		**Present Perfect**	
	transfiera	transfiramos	haya transferido	hayamos transferido
	transfieras	transfiráis	hayas transferido	hayáis transferido
	transfiera	transfieran	haya transferido	hayan transferido
	Imperfect		**Pluperfect**	
	transfiriera, -se	transfiriéramos, -semos	hubiera, -se transferido	hubiéramos, -semos transferido
	transfirieras, -ses		hubieras, -ses transferido	
	transfiriera, -se	transfirierais, -seis	hubiera, -se transferido	hubierais, -seis transferido
		transfirieran, -sen		hubieran, -sen transferido

IMPERATIVE

transfiere (tú); no transfieras

(no) transfiera (Ud.)

(no) transfiramos (nosotros)

transferid (vosotros); no transfiráis

(no) transfieran (Uds.)

EXAMPLES

Él está transfiriendo su dinero a un banco en Europa.

He is transferring his money to a bank in Europe.

El dinero fue transferido electrónicamente.

The money was transferred electronically.

Nancy ha transferido todos los disfraces a la nueva tienda.

Nancy has transferred all the costumes to the new store.

El banquero habría transferido el dinero, pero las computadoras no funcionaban.

The banker would have transferred the money, but the computers were down.

transmitir

to transmit, to broadcast

Gerundio: transmitiendo   **Participio pasado:** transmitido

Mood	Simple Tenses		Compound Tenses	
	Singular	*Plural*	*Singular*	*Plural*
Indicative	**Present**		**Present Perfect**	
	transmito	transmitimos	he transmitido	hemos transmitido
	transmites	transmitís	has transmitido	habéis transmitido
	transmite	transmiten	ha transmitido	han transmitido
	Preterit		**Preterit Perfect**	
	transmití	transmitimos	hube transmitido	hubimos transmitido
	transmitiste	transmitisteis	hubiste transmitido	hubisteis transmitido
	transmitió	transmitieron	hubo transmitido	hubieron transmitido
	Imperfect		**Pluperfect**	
	transmitía	transmitíamos	había transmitido	habíamos transmitido
	transmitías	transmitíais	habías transmitido	habíais transmitido
	transmitía	transmitían	había transmitido	habían transmitido
	Future		**Future Perfect**	
	transmitiré	transmitiremos	habré transmitido	habremos transmitido
	transmitirás	transmitiréis	habrás transmitido	habréis transmitido
	transmitirá	transmitirán	habrá transmitido	habrán transmitido
	Conditional		**Conditional Perfect**	
	transmitiría	transmitiríamos	habría transmitido	habríamos transmitido
	transmitirías	transmitiríais	habrías transmitido	habríais transmitido
	transmitiría	transmitirían	habría transmitido	habrían transmitido
Subjunctive	**Present**		**Present Perfect**	
	transmita	transmitamos	haya transmitido	hayamos transmitido
	transmitas	transmitáis	hayas transmitido	hayáis transmitido
	transmita	transmitan	haya transmitido	hayan transmitido
	Imperfect		**Pluperfect**	
	transmitiera, -se	transmitiéramos, -semos	hubiera, -se transmitido	hubiéramos, -semos transmitido
	transmitieras, -ses		hubieras, -ses transmitido	
	transmitiera, -se	transmitierais, -seis	hubiera, -se transmitido	hubierais, -seis transmitido
		transmitieran, -sen		hubieran, -sen transmitido

IMPERATIVE

transmite (tú); no transmitas
(no) transmita (Ud.)

(no) transmitamos (nosotros)
transmitid (vosotros); no transmitáis
(no) transmitan (Uds.)

EXAMPLES

El canal educativo transmite buenos programas.

The educational channel transmits good programs.

Algunas enfermedades se transmiten por el aire.

Some diseases are transmitted by air.

¿Transmitirá la radio ese programa?

Will the radio station transmit that program?

Le he transmitido tu mensaje al general.

I have transmitted your message to the general.

transportar

to transport, to carry

Gerundio: transportando   **Participio pasado:** transportado

Mood	Simple Tenses		Compound Tenses	
	Singular	*Plural*	*Singular*	*Plural*
Indicative	**Present**		**Present Perfect**	
	transporto	transportamos	he transportado	hemos transportado
	transportas	transportáis	has transportado	habéis transportado
	transporta	transportan	ha transportado	han transportado
	Preterit		**Preterit Perfect**	
	transporté	transportamos	hube transportado	hubimos transportado
	transportaste	transportasteis	hubiste transportado	hubisteis transportado
	transportó	transportaron	hubo transportado	hubieron transportado
	Imperfect		**Pluperfect**	
	transportaba	transportábamos	había transportado	habíamos transportado
	transportabas	transportabais	habías transportado	habíais transportado
	transportaba	transportaban	había transportado	habían transportado
	Future		**Future Perfect**	
	transportaré	transportaremos	habré transportado	habremos transportado
	transportarás	transportaréis	habrás transportado	habréis transportado
	transportará	transportarán	habrá transportado	habrán transportado
	Conditional		**Conditional Perfect**	
	transportaría	transportaríamos	habría transportado	habríamos transportado
	transportarías	transportaríais	habrías transportado	habríais transportado
	transportaría	transportarían	habría transportado	habrían transportado
Subjunctive	**Present**		**Present Perfect**	
	transporte	transportemos	haya transportado	hayamos transportado
	transportes	transportéis	hayas transportado	hayáis transportado
	transporte	transporten	haya transportado	hayan transportado
	Imperfect		**Pluperfect**	
	transportara, -se	transportáramos, -semos	hubiera, -se transportado	hubiéramos, -semos transportado
	transportaras, -ses		hubieras, -ses trans-portado	hubierais, -seis trans-portado
	transportara, -se	transportarais, -seis	hubiera, -se transportado	hubieran, -sen trans-portado
		transportaran, -sen		

IMPERATIVE

transporta (tú); no transportes

(no) transporte (Ud.)

(no) transportemos (nosotros)

transportad (vosotros); no transportéis

(no) transporten (Uds.)

EXAMPLES

Los jugadores serán transportados en autobús.

The players will be transported by bus.

Hemos transportado los órganos en avión.

We have transported the organs by airplane.

Las mujeres transportaban el agua en sus hombros.

Women used to carry water on their shoulders.

Cuando hayas transportado la mercancía al almacén, puedes irte a tu casa.

When you finished transporting the merchandise to the warehouse, you can go home.

tratar

to try, to attempt

Gerundio: tratando   **Participio pasado:** tratado

Mood	Simple Tenses		Compound Tenses	
	Singular	*Plural*	*Singular*	*Plural*
Indicative	**Present**		**Present Perfect**	
	trato	tratamos	he tratado	hemos tratado
	tratas	tratáis	has tratado	habéis tratado
	trata	tratan	ha tratado	han tratado
	Preterit		**Preterit Perfect**	
	traté	tratamos	hube tratado	hubimos tratado
	trataste	tratasteis	hubiste tratado	hubisteis tratado
	trató	trataron	hubo tratado	hubieron tratado
	Imperfect		**Pluperfect**	
	trataba	tratábamos	había tratado	habíamos tratado
	tratabas	tratabais	habías tratado	habíais tratado
	trataba	trataban	había tratado	habían tratado
	Future		**Future Perfect**	
	trataré	trataremos	habré tratado	habremos tratado
	tratarás	trataréis	habrás tratado	habréis tratado
	tratará	tratarán	habrá tratado	habrán tratado
	Conditional		**Conditional Perfect**	
	trataría	trataríamos	habría tratado	habríamos tratado
	tratarías	trataríais	habrías tratado	habríais tratado
	trataría	tratarían	habría tratado	habrían tratado
Subjunctive	**Present**		**Present Perfect**	
	trate	tratemos	haya tratado	hayamos tratado
	trates	tratéis	hayas tratado	hayáis tratado
	trate	traten	haya tratado	hayan tratado
	Imperfect		**Pluperfect**	
	tratara, -se	tratáramos, -semos	hubiera, -se tratado	hubiéramos, -semos tratado
	trataras, -ses	tratarais, -seis	hubieras, -ses tratado	
	tratara, -se	trataran, -sen	hubiera, -se tratado	hubierais, -seis tratado
				hubieran, -sen tratado

IMPERATIVE

	(no) tratemos (nosotros)
trata (tú); no trates	tratad (vosotros); no tratéis
(no) trate (Ud.)	(no) traten (Uds.)

EXAMPLES

Ellos siempre trataban de sacar buenas notas.	They always tried to get good grades.
El hombre siempre ha tratado de volar.	Mankind has always tried to fly.
El atleta trató de saltar una valla de dos metros de altura.	The athlete attempted to jump the hurdle of two meters high.
Los científicos están tratando de salvar los ríos contaminados.	The scientists are trying to save the contaminated rivers.
Trata bien a tus amigos.	Treat your friends well.

IDIOMATIC EXAMPLE

¿De qué se trata la reunión?	What is the meeting all about?

tronar

to thunder

Gerundio: tronando   **Participio pasado:** tronado

Mood	Simple Tenses		Compound Tenses	
	Singular	*Plural*	*Singular*	*Plural*
Indicative	**Present**		**Present Perfect**	
	truena		ha tronado	
	Preterit		**Preterit Perfect**	
	tronó			
	Imperfect		**Pluperfect**	
	tronaba		había tronado	
	Future		**Future Perfect**	
	tronará		habrá tronado	
	Conditional		**Conditional Perfect**	
	tronaría		habría tronado	
Subjunctive	**Present**		**Present Perfect**	
	truene		haya tronado	
	Imperfect		**Pluperfect**	
	tronara, -se		hubiera, se tronado	

Note: This verb is only conjugated in the third-person singular in all tenses.

EXAMPLES

Truena muy fuerte en el verano.
In summer it thunders very loudly.

Ha estado tronando por más de una hora.
It has been thundering for more than one hour.

Anoche tronaba tanto que los niños tenían miedo.
Last night it was thundering so much that the children were afraid.

tropezar

to stumble, to run into, to trip over

Gerundio: tropezando   **Participio pasado:** tropezado

Mood	Simple Tenses		Compound Tenses	
	Singular	*Plural*	*Singular*	*Plural*
Indicative	**Present**		**Present Perfect**	
	tropiezo	tropezamos	he tropezado	hemos tropezado
	tropiezas	tropezáis	has tropezado	habéis tropezado
	tropieza	tropiezan	ha tropezado	han tropezado
	Preterit		**Preterit Perfect**	
	tropecé	tropezamos	hube tropezado	hubimos tropezado
	tropezaste	tropezasteis	hubiste tropezado	hubisteis tropezado
	tropezó	tropezaron	hubo tropezado	hubieron tropezado
	Imperfect		**Pluperfect**	
	tropezaba	tropezábamos	había tropezado	habíamos tropezado
	tropezabas	tropezabais	habías tropezado	habíais tropezado
	tropezaba	tropezaban	había tropezado	habían tropezado
	Future		**Future Perfect**	
	tropezaré	tropezaremos	habré tropezado	habremos tropezado
	tropezarás	tropezaréis	habrás tropezado	habréis tropezado
	tropezará	tropezarán	habrá tropezado	habrán tropezado
	Conditional		**Conditional Perfect**	
	tropezaría	tropezaríamos	habría tropezado	habríamos tropezado
	tropezarías	tropezaríais	habrías tropezado	habríais tropezado
	tropezaría	tropezarían	habría tropezado	habrían tropezado
Subjunctive	**Present**		**Present Perfect**	
	tropiece	tropecemos	haya tropezado	hayamos tropezado
	tropieces	tropecéis	hayas tropezado	hayáis tropezado
	tropiece	tropiecen	haya tropezado	hayan tropezado
	Imperfect		**Pluperfect**	
	tropezara, -se	tropezáramos, -semos	hubiera, -se tropezado	hubiéramos, -semos tropezado
	tropezaras, -ses	tropezarais, -seis	hubieras, -ses tropezado	
	tropezara, -se	tropezaran, -sen	hubiera, -se tropezado	hubierais, -seis tropezado
				hubieran, -sen tropezado

IMPERATIVE

	(no) tropecemos (nosotros)
tropieza (tú); no tropieces	tropezad (vosotros); no tropecéis
(no) tropiece (Ud.)	(no) tropiecen (Uds.)

Note: As a reflexive verb, *tropezarse con* (to run into, to come across) uses the reflexive pronouns *me, te, se, nos, os, se*. Examples 3 and 4 show the reflexive use.

EXAMPLES

En la oscuridad, tropecé con una piedra.	In the dark, I stumbled on a rock.
Él ha tropezado con varios obstáculos en su corta vida.	He has run into several difficulties in his short life.
<u>Me</u> tropecé con Cody en el supermercado.	I ran into Cody at the grocery store.
Si <u>te</u> hubieses tropezado con ella, habrías visto lo bonita que está.	If you had run into her, you would have seen how pretty she is.

tumbar

to knock down, to knock over, to overthrow (the government)

Gerundio: tumbando   **Participio pasado:** tumbado

Mood	Simple Tenses		Compound Tenses	
	Singular	*Plural*	*Singular*	*Plural*
Indicative	**Present**		**Present Perfect**	
	tumbo	tumbamos	he tumbado	hemos tumbado
	tumbas	tumbáis	has tumbado	habéis tumbado
	tumba	tumban	ha tumbado	han tumbado
	Preterit		**Preterit Perfect**	
	tumbé	tumbamos	hube tumbado	hubimos tumbado
	tumbaste	tumbasteis	hubiste tumbado	hubisteis tumbado
	tumbó	tumbaron	hubo tumbado	hubieron tumbado
	Imperfect		**Pluperfect**	
	tumbaba	tumbábamos	había tumbado	habíamos tumbado
	tumbabas	tumbabais	habías tumbado	habíais tumbado
	tumbaba	tumbaban	había tumbado	habían tumbado
	Future		**Future Perfect**	
	tumbaré	tumbaremos	habré tumbado	habremos tumbado
	tumbarás	tumbaréis	habrás tumbado	habréis tumbado
	tumbará	tumbarán	habrá tumbado	habrán tumbado
	Conditional		**Conditional Perfect**	
	tumbaría	tumbaríamos	habría tumbado	habríamos tumbado
	tumbarías	tumbaríais	habrías tumbado	habríais tumbado
	tumbaría	tumbarían	habría tumbado	habrían tumbado
Subjunctive	**Present**		**Present Perfect**	
	tumbe	tumbemos	haya tumbado	hayamos tumbado
	tumbes	tumbéis	hayas tumbado	hayáis tumbado
	tumbe	tumben	haya tumbado	hayan tumbado
	Imperfect		**Pluperfect**	
	tumbara, -se	tumbáramos, -semos	hubiera, -se tumbado	hubiéramos, -semos tumbado
	tumbaras, -ses	tumbarais, -seis	hubieras, -ses tumbado	hubierais, -seis tumbado
	tumbara, -se	tumbaran, -sen	hubiera, -se tumbado	hubieran, -sen tumbado

IMPERATIVE

	(no) tumbemos (nosotros)
tumba (tú); no tumbes	tumbad (vosotros); no tumbéis
(no) tumbe (Ud.)	(no) tumben (Uds.)

Note: As a reflexive verb, *tumbarse* (to lie down, to go to bed) uses the reflexive pronouns *me, te, se, nos, os, se*. Example 5 shows the reflexive use.

EXAMPLES

Están tumbando el viejo edificio.	They are knocking down the old building.
Tumbaremos la cerca que rodea la casa.	We will knock down the fence that surrounds the house.
No creo que los niños hayan tumbado el espejo.	I don't think the children had knocked down the mirror.
El pueblo se levantó en armas y tumbó al dictador.	The people took up arms and overthrew the dictator.
¡<u>Me</u> tumbé en el césped y me quedé dormida!	I lay down on the grass, and I fell asleep!

ubicar

to locate, to situate, to place

Gerundio: ubicando   **Participio pasado:** ubicado

Mood	Simple Tenses		Compound Tenses	
	Singular	*Plural*	*Singular*	*Plural*
Indicative	**Present**		**Present Perfect**	
	ubico	ubicamos	he ubicado	hemos ubicado
	ubicas	ubicáis	has ubicado	habéis ubicado
	ubica	ubican	ha ubicado	han ubicado
	Preterit		**Preterit Perfect**	
	ubiqué	ubicamos	hube ubicado	hubimos ubicado
	ubicaste	ubicasteis	hubiste ubicado	hubisteis ubicado
	ubicó	ubicaron	hubo ubicado	hubieron ubicado
	Imperfect		**Pluperfect**	
	ubicaba	ubicábamos	había ubicado	habíamos ubicado
	ubicabas	ubicabais	habías ubicado	habíais ubicado
	ubicaba	ubicaban	había ubicado	habían ubicado
	Future		**Future Perfect**	
	ubicaré	ubicaremos	habré ubicado	habremos ubicado
	ubicarás	ubicareis	habrás ubicado	habréis ubicado
	ubicará	ubicarán	habrá ubicado	habrán ubicado
	Conditional		**Conditional Perfect**	
	ubicaría	ubicaríamos	habría ubicado	habríamos ubicado
	ubicarías	ubicaríais	habrías ubicado	habríais ubicado
	ubicaría	ubicarían	habría ubicado	habrían ubicado
Subjunctive	**Present**		**Present Perfect**	
	ubique	ubiquemos	haya ubicado	hayamos ubicado
	ubiques	ubiquéis	hayas ubicado	hayáis ubicado
	ubique	ubiquen	haya ubicado	hayan ubicado
	Imperfect		**Pluperfect**	
	ubicara, -se	ubicáramos, -semos	hubiera, -se ubicado	hubiéramos, -semos ubicado
	ubicaras, -ses	ubicarais, -seis	hubieras, -ses ubicado	hubierais, -seis ubicado
	ubicara, -se	ubicaran, -sen	hubiera, -se ubicado	hubieran, -sen ubicado

IMPERATIVE

ubica (tú); no ubiques
(no) ubique (Ud.)

(no) ubiquemos (nosotros)
ubicad (vosotros); no ubiquéis
(no) ubiquen (Uds.)

EXAMPLES

La iglesia está ubicada en la calle principal del pueblo.

The church is located on the town's main street.

En la biblioteca los libros están ubicados por tema.

In the library, the books are placed by subject.

¡Ubique su negocio en un buen centro comercial!

Locate your store in a good mall!

La farmacia está ubicada en la calle San Juan.

The pharmacy is located on San Juan Street.

unir

to join, to unite, to combine

Gerundio: uniendo   **Participio pasado:** unido

Mood	Simple Tenses		Compound Tenses	
	Singular	*Plural*	*Singular*	*Plural*
Indicative	**Present**		**Present Perfect**	
	uno	unimos	he unido	hemos unido
	unes	unís	has unido	habéis unido
	une	unen	ha unido	han unido
	Preterit		**Preterit Perfect**	
	uní	unimos	hube unido	hubimos unido
	uniste	unisteis	hubiste unido	hubisteis unido
	unió	unieron	hubo unido	hubieron unido
	Imperfect		**Pluperfect**	
	unía	uníamos	había unido	habíamos unido
	unías	uníais	habías unido	habíais unido
	unía	unían	había unido	habían unido
	Future		**Future Perfect**	
	uniré	uniremos	habré unido	habremos unido
	unirás	uniréis	habrás unido	habréis unido
	unirá	unirán	habrá unido	habrán unido
	Conditional		**Conditional Perfect**	
	uniría	uniríamos	habría unido	habríamos unido
	unirías	uniríais	habrías unido	habríais unido
	uniría	unirían	habría unido	habrían unido
Subjunctive	**Present**		**Present Perfect**	
	una	unamos	haya unido	hayamos unido
	unas	unáis	hayas unido	hayáis unido
	una	unan	haya unido	hayan unido
	Imperfect		**Pluperfect**	
	uniera, -se	uniéramos, -semos	hubiera, -se unido	hubiéramos,-semos unido
	unieras, -ses	unierais, -seis	hubieras, -ses unido	hubierais, -seis unido
	uniera, -se	unieran, -sen	hubiera, -se unido	hubieran, -sen unido

IMPERATIVE

une (tú); no unas

(no) una (Ud.)

(no) unamos (nosotros)

unid (vosotros); no unáis

(no) unan (Uds.)

Note: As a reflexive verb, *unirse* (to consolidate, to merge, to unite) uses the reflexive pronouns *me, te, se, nos, os, se.* Examples 3 and 4 show the reflexive use.

EXAMPLES

Los carpinteros estaban uniendo las vigas para formar el techo.

The carpenters were joining the beams to make the roof.

El nuevo decreto ha unido a las familias exiladas.

The new decree has united the exiled families.

Me uní a mis compañeros para protestar la nueva ley.

I joined my colleagues to protest the new law.

Se unieron en matrimonio.

They joined in matrimony.

untar

to smear, to spread, to apply

Gerundio: untando   **Participio pasado:** untado

Mood	Simple Tenses		Compound Tenses	
	Singular	*Plural*	*Singular*	*Plural*
Indicative	**Present**		**Present Perfect**	
	unto	untamos	he untado	hemos untado
	untas	untáis	has untado	habéis untado
	unta	untan	ha untado	han untado
	Preterit		**Preterit Perfect**	
	unté	untamos	hube untado	hubimos untado
	untaste	untasteis	hubiste untado	hubisteis untado
	untó	untaron	hubo untado	hubieron untado
	Imperfect		**Pluperfect**	
	untaba	untábamos	había untado	habíamos untado
	untabas	untabais	habías untado	habíais untado
	untaba	untaban	había untado	habían untado
	Future		**Future Perfect**	
	untaré	untaremos	habré untado	habremos untado
	untarás	untaréis	habrás untado	habréis untado
	untará	untarán	habrá untado	habrán untado
	Conditional		**Conditional Perfect**	
	untaría	untaríamos	habría untado	habríamos untado
	untarías	untaríais	habrías untado	habríais untado
	untaría	untarían	habría untado	habrían untado
Subjunctive	**Present**		**Present Perfect**	
	unte	untemos	haya untado	hayamos untado
	untes	untéis	hayas untado	hayáis untado
	unte	unten	haya untado	hayan untado
	Imperfect		**Pluperfect**	
	untara, -se	untáramos, -semos	hubiera, -se untado	hubiéramos, -semos untado
	untaras, -ses	untarais, -seis	hubieras, -ses untado	hubierais, -seis untado
	untara, -se	untaran, -sen	hubiera, -se untado	hubieran, -sen untado

IMPERATIVE

unta (tú); no untes

(no) unte (Ud.)

(no) untemos (nosotros)

untad (vosotros); no untéis

(no) unten (Uds.)

Note: As a reflexive verb, *untarse* (to get stained or smeared) uses the reflexive pronouns *me, te, se, nos, os, se.* Example 4 shows the reflexive use.

EXAMPLES

¡Úntale la mantequilla al pan, por favor!

¿Untaste los bocadillos con queso crema?

La mamá le untaba la loción al bebé.

Ricardo se untó la cera en la cara.

Spread the butter on the bread, please!

Did you spread the cream cheese on the appetizers?

The mother was applying the lotion on the baby.

Richard smeared his face with wax.

IDIOMATIC EXAMPLE

Ellos le untarían la mano al agente de aduana, pero es un delito.

They would bribe the customs agent, but it is a felony.

usar

to use, to wear

Gerundio: usando   **Participio pasado:** usado

Mood	Simple Tenses		Compound Tenses	
	Singular	*Plural*	*Singular*	*Plural*
Indicative	**Present**		**Present Perfect**	
	uso	usamos	he usado	hemos usado
	usas	usáis	has usado	habéis usado
	usa	usan	ha usado	han usado
	Preterit		**Preterit Perfect**	
	usé	usamos	hube usado	hubimos usado
	usaste	usasteis	hubiste usado	hubisteis usado
	usó	usaron	hubo usado	hubieron usado
	Imperfect		**Pluperfect**	
	usaba	usábamos	había usado	habíamos usado
	usabas	usabais	habías usado	habíais usado
	usaba	usaban	había usado	habían usado
	Future		**Future Perfect**	
	usaré	usaremos	habré usado	habremos usado
	usarás	usaréis	habrás usado	habréis usado
	usará	usarán	habrá usado	habrán usado
	Conditional		**Conditional Perfect**	
	usaría	usaríamos	habría usado	habríamos usado
	usarías	usaríais	habrías usado	habríais usado
	usaría	usarían	habría usado	habrían usado
Subjunctive	**Present**		**Present Perfect**	
	use	usemos	haya usado	hayamos usado
	uses	uséis	hayas usado	hayáis usado
	use	usen	haya usado	hayan usado
	Imperfect		**Pluperfect**	
	usara, -se	usáramos, -semos	hubiera, -se usado	hubiéramos,-semos usado
	usaras, -ses	usarais, -seis	hubieras, -ses usado	hubierais, -seis usado
	usara, -se	usaran, -sen	hubiera, -se usado	hubieran, -sen usado

IMPERATIVE

usa (tú); no uses

(no) use (Ud.)

(no) usemos (nosotros)

usad (vosotros); no uséis

(no) usen (Uds.)

EXAMPLES

Hemos usado todos nuestros recursos económicos.

We have used all our economic resources.

Yo usaría más la computadora, pero los chicos siempre la están usando.

I would use the computer more, but the kids are always using it.

Si él usara más color en sus pinturas, las vendería más rápido.

If he were to use more color in his paintings, he would sell them faster.

Ella siempre usaba pantalones largos.

She always wore long pants.

utilizar

to use, to utilize, to make use of
Gerundio: utilizando   **Participio pasado:** utilizado

Mood	Simple Tenses		Compound Tenses	
	Singular	*Plural*	*Singular*	*Plural*
Indicative	**Present**		**Present Perfect**	
	utilizo	utilizamos	he utilizado	hemos utilizado
	utilizas	utilizáis	has utilizado	habéis utilizado
	utiliza	utilizan	ha utilizado	han utilizado
	Preterit		**Preterit Perfect**	
	utilicé	utilizamos	hube utilizado	hubimos utilizado
	utilizaste	utilizasteis	hubiste utilizado	hubisteis utilizado
	utilizó	utilizaron	hubo utilizado	hubieron utilizado
	Imperfect		**Pluperfect**	
	utilizaba	utilizábamos	había utilizado	habíamos utilizado
	utilizabas	utilizabais	habías utilizado	habíais utilizado
	utilizaba	utilizaban	había utilizado	habían utilizado
	Future		**Future Perfect**	
	utilizaré	utilizaremos	habré utilizado	habremos utilizado
	utilizarás	utilizareis	habrás utilizado	habréis utilizado
	utilizará	utilizarán	habrá utilizado	habrán utilizado
	Conditional		**Conditional Perfect**	
	utilizaría	utilizaríamos	habría utilizado	habríamos utilizado
	utilizarías	utilizaríais	habrías utilizado	habríais utilizado
	utilizaría	utilizarían	habría utilizado	habrían utilizado
Subjunctive	**Present**		**Present Perfect**	
	utilice	utilicemos	haya utilizado	hayamos utilizado
	utilices	utilicéis	hayas utilizado	hayáis utilizado
	utilice	utilicen	haya utilizado	hayan utilizado
	Imperfect		**Pluperfect**	
	utilizara, -se	utilizáramos, -semos	hubiera, -se utilizado	hubiéramos, -semos utilizado
	utilizaras, -ses	utilizarais, -seis	hubieras, -ses utilizado	hubierais, -seis utilizado
	utilizara, -se	utilizaran, -sen	hubiera, -se utilizado	hubieran, -sen utilizado

IMPERATIVE

utiliza (tú); no utilices
(no) utilice (Ud.)

(no) utilicemos (nosotros)
utilizad (vosotros); no utilicéis
(no) utilicen (Uds.)

EXAMPLES

El ama de casa moderna utiliza muchos aparatos electrodomésticos.

The modern housewife uses many electrical appliances.

Ese supervisor ha utilizado muy bien los recursos del equipo.

That supervisor has utilized the resources of the team very well.

Es una lástima que Paola no haya utilizado la computadora para su investigación.

It is a pity that Paola had not utilized the computer for her research.

Debemos utilizar nuestros recursos naturales con cuidado.

We should use our natural resources with care.

vaciar

to empty, to drain

Gerundio: vaciando   **Participio pasado:** vaciado

Mood	Simple Tenses		Compound Tenses	
	Singular	*Plural*	*Singular*	*Plural*
Indicative	**Present**		**Present Perfect**	
	vacío	vaciamos	he vaciado	hemos vaciado
	vacías	vaciáis	has vaciado	habéis vaciado
	vacía	vacían	ha vaciado	han vaciado
	Preterit		**Preterit Perfect**	
	vacié	vaciamos	hube vaciado	hubimos vaciado
	vaciaste	vaciasteis	hubiste vaciado	hubisteis vaciado
	vació	vaciaron	hubo vaciado	hubieron vaciado
	Imperfect		**Pluperfect**	
	vaciaba	vaciábamos	había vaciado	habíamos vaciado
	vaciabas	vaciabais	habías vaciado	habíais vaciado
	vaciaba	vaciaban	había vaciado	habían vaciado
	Future		**Future Perfect**	
	vaciaré	vaciaremos	habré vaciado	habremos vaciado
	vaciarás	vaciaréis	habrás vaciado	habréis vaciado
	vaciará	vaciarán	habrá vaciado	habrán vaciado
	Conditional		**Conditional Perfect**	
	vaciaría	vaciaríamos	habría vaciado	habríamos vaciado
	vaciarías	vaciaríais	habrías vaciado	habríais vaciado
	vaciaría	vaciarían	habría vaciado	habrían vaciado
Subjunctive	**Present**		**Present Perfect**	
	vacíe	vaciemos	haya vaciado	hayamos vaciado
	vacíes	vaciéis	hayas vaciado	hayáis vaciado
	vacíe	vacíen	haya vaciado	hayan vaciado
	Imperfect		**Pluperfect**	
	vaciara, -se	vaciáramos, -semos	hubiera, -se vaciado	hubiéramos, -semos vaciado
	vaciaras, -ses	vaciarais, -seis	hubieras, -ses vaciado	hubierais, -seis vaciado
	vaciara, -se	vaciaran, -sen	hubiera, -se vaciado	hubieran, -sen vaciado

IMPERATIVE

vacía (tú); no vacíes
(no) vacíe (Ud.)

(no) vaciemos (nosotros)
vaciad (vosotros); no vaciéis
(no) vacíen (Uds.)

EXAMPLES

Siempre vacío primero la nevera para limpiarla.

I always empty the refrigerator first to clean it.

Vaciaba el aceite del motor cuando me llamaron.

I was draining the oil in the motor when they called me.

Vacía los refrescos en la jarra.

Empty the sodas into the pitcher.

Han vaciado ya tres botellas de vino.

They have emptied three bottles of wine already.

vacilar

to hesitate, to waver

Gerundio: vacilando   **Participio pasado:** vacilado

Mood	Simple Tenses		Compound Tenses	
	Singular	*Plural*	*Singular*	*Plural*
Indicative	**Present**		**Present Perfect**	
	vacilo	vacilamos	he vacilado	hemos vacilado
	vacilas	vaciláis	has vacilado	habéis vacilado
	vacila	vacilan	ha vacilado	han vacilado
	Preterit		**Preterit Perfect**	
	vacilé	vacilamos	hube vacilado	hubimos vacilado
	vacilaste	vacilasteis	hubiste vacilado	hubisteis vacilado
	vaciló	vacilaron	hubo vacilado	hubieron vacilado
	Imperfect		**Pluperfect**	
	vacilaba	vacilábamos	había vacilado	habíamos vacilado
	vacilabas	vacilabais	habías vacilado	habíais vacilado
	vacilaba	vacilaban	había vacilado	habían vacilado
	Future		**Future Perfect**	
	vacilaré	vacilaremos	habré vacilado	habremos vacilado
	vacilarás	vacilaréis	habrás vacilado	habréis vacilado
	vacilará	vacilarán	habrá vacilado	habrán vacilado
	Conditional		**Conditional Perfect**	
	vacilaría	vacilaríamos	habría vacilado	habríamos vacilado
	vacilarías	vacilaríais	habrías vacilado	habríais vacilado
	vacilaría	vacilarían	habría vacilado	habrían vacilado
Subjunctive	**Present**		**Present Perfect**	
	vacile	vacilemos	haya vacilado	hayamos vacilado
	vaciles	vaciléis	hayas vacilado	hayáis vacilado
	vacile	vacilen	haya vacilado	hayan vacilado
	Imperfect		**Pluperfect**	
	vacilara, -se	vaciláramos, -semos	hubiera, -se vacilado	hubiéramos, -semos vacilado
	vacilaras, -ses	vacilarais, -seis	hubieras, -ses vacilado	hubierais, -seis vacilado
	vacilara, -se	vacilaran, -sen	hubiera, -se vacilado	hubieran, -sen vacilado

IMPERATIVE

vacila (tú); no vaciles

(no) vacile (Ud.)

(no) vacilemos (nosotros)

vacilad (vosotros); no vaciléis

(no) vacilen (Uds.)

EXAMPLES

Vacilé antes de responder porque no entendí la pregunta.

I hesitated before answering because I didn't understand the question.

Ellos estaban vacilando entre irse de vacaciones o ahorrar dinero.

They were wavering between going on vacation and saving money.

El criminal vaciló cuando le hicieron preguntas.

The criminal hesitated when he was asked a question.

IDIOMATIC EXAMPLE

Bruce me estaba vacilando.

Bruce was kidding me.

valer

to value, to be worth

Gerundio: valiendo   **Participio pasado:** valido

Mood	Simple Tenses		Compound Tenses	
	Singular	*Plural*	*Singular*	*Plural*
	Present		**Present Perfect**	
	valgo	valemos	he valido	hemos valido
	vales	valéis	has valido	habéis valido
	vale	valen	ha valido	han valido
	Preterit		**Preterit Perfect**	
	valí	valimos	hube valido	hubimos valido
	valiste	valisteis	hubiste valido	hubisteis valido
	valió	valieron	hubo valido	hubieron valido
Indicative	**Imperfect**		**Pluperfect**	
	valía	valíamos	había valido	habíamos valido
	valías	valíais	habías valido	habíais valido
	valía	valían	había valido	habían valido
	Future		**Future Perfect**	
	valdré	valdremos	habré valido	habremos valido
	valdrás	valdréis	habrás valido	habréis valido
	valdrá	valdrán	habrá valido	habrán valido
	Conditional		**Conditional Perfect**	
	valdría	valdríamos	habría valido	habríamos valido
	valdrías	valdríais	habrías valido	habríais valido
	valdría	valdrían	habría valido	habrían valido
Subjunctive	**Present**		**Present Perfect**	
	valga	valgamos	haya valido	hayamos valido
	valgas	valgáis	hayas valido	hayáis valido
	valga	valgan	haya valido	hayan valido
	Imperfect		**Pluperfect**	
	valiera, -se	valiéramos, -semos	hubiera, -se valido	hubiéramos, -semos valido
	valieras, -ses	valierais, -seis	hubieras, -ses valido	hubierais, -seis valido
	valiera, -se	valieran, -sen	hubiera, -se valido	hubieran, -sen valido

IMPERATIVE

vale (tú); no valgas
(no) valga (Ud.)

(no) valgamos (nosotros)
valed (vosotros); no valgáis
(no) valgan (Uds.)

EXAMPLES

-¿Cuánto vale esta casa?
-Valía cien mil dólares, pero ahora vale ciento cincuenta mil dólares.

How much is this house worth?
It was worth one hundred thousand dollars, but now it is worth one hundred and fifty thousand dollars.

Ese testimonio hubiera sido válido si hubiesen tenido las pruebas.
Más vale que hagas la tarea ahora.

That confession would have been valid if they have had the proof.
It is better that you do the homework now.

IDIOMATIC EXAMPLE

¿Valdrá la pena comprar esas acciones?
Anna se vale pro sí misma.

Would it be worth it to buy those stocks?
Anna fends for herself.

valorar

to value, to appraise, to be valued

Gerundio: valorando   **Participio pasado:** valorado

Mood	Simple Tenses		Compound Tenses	
	Singular	*Plural*	*Singular*	*Plural*
Indicative	**Present**		**Present Perfect**	
	valoro	valoramos	he valorado	hemos valorado
	valoras	valoráis	has valorado	habéis valorado
	valora	valoran	ha valorado	han valorado
	Preterit		**Preterit Perfect**	
	valoré	valoramos	hube valorado	hubimos valorado
	valoraste	valorasteis	hubiste valorado	hubisteis valorado
	valoró	valoraron	hubo valorado	hubieron valorado
	Imperfect		**Pluperfect**	
	valoraba	valorábamos	había valorado	habíamos valorado
	valorabas	valorabais	habías valorado	habíais valorado
	valoraba	valoraban	había valorado	habían valorado
	Future		**Future Perfect**	
	valoraré	valoraremos	habré valorado	habremos valorado
	valorarás	valoraréis	habrás valorado	habréis valorado
	valorará	valorarán	habrá valorado	habrán valorado
	Conditional		**Conditional Perfect**	
	valoraría	valoraríamos	habría valorado	habríamos valorado
	valorarías	valoraríais	habrías valorado	habríais valorado
	valoraría	valorarían	habría valorado	habrían valorado
Subjunctive	**Present**		**Present Perfect**	
	valore	valoremos	haya valorado	hayamos valorado
	valores	valoréis	hayas valorado	hayáis valorado
	valore	valoren	haya valorado	hayan valorado
	Imperfect		**Pluperfect**	
	valorara, -se	valoráramos, -semos	hubiera, -se valorado	hubiéramos, -semos valorado
	valoraras, -ses	valorarais, -seis	hubieras, -ses valorado	hubierais, -seis valorado
	valorara, -se	valoraran, -sen	hubiera, -se valorado	hubieran, -sen valorado

IMPERATIVE

	(no) valoremos (nosotros)
valora (tú); no valores	valorad (vosotros); no valoréis
(no) valore (Ud.)	(no) valoren (Uds.)

EXAMPLES

Vanesa valora la amistad de sus compañeras de trabajo.
Vanessa values the friendship of her co-workers.

El jurado no valoró los argumentos del abogado defensor.
The jury didn't value the arguments of the defense lawyer.

Debemos valorar las consecuencias de nuestros actos.
We should appraise the consequences of our behavior.

Si valoráramos más sus esfuerzos, ella estaría más contenta.
If we were to value her efforts more, she would be happier.

variar

to vary, to change, to alter, to be different

Gerundio: variando **Participio pasado:** variado

Mood	Simple Tenses		Compound Tenses	
	Singular	*Plural*	*Singular*	*Plural*
Indicative	**Present**		**Present Perfect**	
	varío	variamos	he variado	hemos variado
	varías	variáis	has variado	habéis variado
	varía	varían	ha variado	han variado
	Preterit		**Preterit Perfect**	
	varié	variamos	hube variado	hubimos variado
	variaste	variasteis	hubiste variado	hubisteis variado
	varió	variaron	hubo variado	hubieron variado
	Imperfect		**Pluperfect**	
	variaba	variábamos	había variado	habíamos variado
	variabas	variabais	habías variado	habíais variado
	variaba	variaban	había variado	habían variado
	Future		**Future Perfect**	
	variaré	variaremos	habré variado	habremos variado
	variarás	variaréis	habrás variado	habréis variado
	variará	variarán	habrá variado	habrán variado
	Conditional		**Conditional Perfect**	
	variaría	variaríamos	habría variado	habríamos variado
	variarías	variaríais	habrías variado	habríais variado
	variaría	variarían	habría variado	habrían variado
Subjunctive	**Present**		**Present Perfect**	
	varíe	variemos	haya variado	hayamos variado
	varíes	variéis	hayas variado	hayáis variado
	varíe	varíen	haya variado	hayan variado
	Imperfect		**Pluperfect**	
	variara, -se	variáramos, -semos	hubiera, -se variado	hubiéramos, -semos variado
	variaras, -ses	variarais, -seis	hubieras, -ses variado	
	variara, -se	variaran, -sen	hubiera, -se variado	hubierais, -seis variado
				hubieran, -sen variado

IMPERATIVE

varia (tú); no varíes

(no) varíe (Ud.)

(no) variemos (nosotros)

variad (vosotros); no variéis

(no) varíen (Uds.)

EXAMPLES

Su opinión varía como el viento.

His opinion varies like the wind.

El periódico ha variado de opinión tanto como los candidatos.

The newspaper has changed its opinion as much as the candidates have.

Ella variaba la decoración de la casa todos los años.

She used to change the decoration of the house every year.

Si variaras el estilo de tu ropa, te verías más joven.

If you were to change your clothing style, you would look younger.

velar

to watch over, to guard, to keep vigil

Gerundio: velando   **Participio pasado:** velado

Mood	Simple Tenses		Compound Tenses	
	Singular	*Plural*	*Singular*	*Plural*
Indicative	**Present**		**Present Perfect**	
	velo	velamos	he velado	hemos velado
	velas	veláis	has velado	habéis velado
	vela	velan	ha velado	han velado
	Preterit		**Preterit Perfect**	
	velé	velamos	hube velado	hubimos velado
	velaste	velasteis	hubiste velado	hubisteis velado
	veló	velaron	hubo velado	hubieron velado
	Imperfect		**Pluperfect**	
	velaba	velábamos	había velado	habíamos velado
	velabas	velabais	habías velado	habíais velado
	velaba	velaban	había velado	habían velado
	Future		**Future Perfect**	
	velaré	velaremos	habré velado	habremos velado
	velarás	velaréis	habrás velado	habréis velado
	velará	velarán	habrá velado	habrán velado
	Conditional		**Conditional Perfect**	
	velaría	velaríamos	habría velado	habríamos velado
	velarías	velaríais	habrías velado	habríais velado
	velaría	velarían	habría velado	habrían velado
Subjunctive	**Present**		**Present Perfect**	
	vele	velemos	haya velado	hayamos velado
	veles	veléis	hayas velado	hayáis velado
	vele	velen	haya velado	hayan velado
	Imperfect		**Pluperfect**	
	velara, -se	veláramos, -semos	hubiera, -se velado	hubiéramos, -semos velado
	velaras, -ses	velarais, -seis	hubieras, -ses velado	
	velara, -se	velaran, -sen	hubiera, -se velado	hubierais, -seis velado
				hubieran, -sen velado

IMPERATIVE

vela (tú); no veles

(no) vele (Ud.)

(no) velemos (nosotros)

velad (vosotros); no veléis

(no) velen (Uds.)

EXAMPLES

El corredor de la bolsa vela por los intereses de sus clientes.

The stockbroker watches over the investments of his customers.

La enfermera velaba por la salud del enfermo.

The nurse was keeping vigil over the sick man.

La policía siempre ha velado por la seguridad de la ciudadanía.

The police force has always guarded the security of the people.

Si velaras más por tus valores, no tendrías tantas pérdidas.

If you were to watch over your stocks more, you wouldn't have so many losses.

vencer

to conquer, to overcome, to defeat, to expire

Gerundio: venciendo **Participio pasado:** vencido

Mood	Simple Tenses		Compound Tenses	
	Singular	*Plural*	*Singular*	*Plural*
Indicative	**Present**		**Present Perfect**	
	venzo	vencemos	he vencido	hemos vencido
	vences	vencéis	has vencido	habéis vencido
	vence	vencen	ha vencido	han vencido
	Preterit		**Preterit Perfect**	
	vencí	vencimos	hube vencido	hubimos vencido
	venciste	vencisteis	hubiste vencido	hubisteis vencido
	venció	vencieron	hubo vencido	hubieron vencido
	Imperfect		**Pluperfect**	
	vencía	vencíamos	había vencido	habíamos vencido
	vencías	vencíais	habías vencido	habíais vencido
	vencía	vencían	había vencido	habían vencido
	Future		**Future Perfect**	
	venceré	venceremos	habré vencido	habremos vencido
	vencerás	venceréis	habrás vencido	habréis vencido
	vencerá	vencerán	habrá vencido	habrán vencido
	Conditional		**Conditional Perfect**	
	vencería	venceríamos	habría vencido	habríamos vencido
	vencerías	venceríais	habrías vencido	habríais vencido
	vencería	vencerían	habría vencido	habrían vencido
Subjunctive	**Present**		**Present Perfect**	
	venza	venzamos	haya vencido	hayamos vencido
	venzas	venzáis	hayas vencido	hayáis vencido
	venza	venzan	haya vencido	hayan vencido
	Imperfect		**Pluperfect**	
	venciera, -se	venciéramos, -semos	hubiera, -se vencido	hubiéramos, -semos vencido
	vencieras, -ses	vencierais, -seis	hubieras, -ses vencido	hubierais, -seis vencido
	venciera, -se	vencieran, -sen	hubiera, -se vencido	hubieran, -sen vencido

IMPERATIVE

vence (tú); no venzas
(no) venza (Ud.)

(no) venzamos (nosotros)
venced (vosotros); no venzáis
(no) venzan (Uds.)

EXAMPLES

Venzo mis temores con oraciones.
La razón vence el pánico.
Aunque hayas vencido a mis amigos, no me vas a vencer a mí.
Este boleto ya se ha vencido.

I overcome my fears with prayer.
Reason overcomes panic.
Even if you had defeated my friends, you will not defeat me.
This ticket has already expired.

vender

to sell

Gerundio: vendiendo   **Participio pasado:** vendido

Mood	Simple Tenses		Compound Tenses	
	Singular	*Plural*	*Singular*	*Plural*
Indicative	**Present**		**Present Perfect**	
	vendo	vendemos	he vendido	hemos vendido
	vendes	vendéis	has vendido	habéis vendido
	vende	venden	ha vendido	han vendido
	Preterit		**Preterit Perfect**	
	vendí	vendimos	hube vendido	hubimos vendido
	vendiste	vendisteis	hubiste vendido	hubisteis vendido
	vendió	vendieron	hubo vendido	hubieron vendido
	Imperfect		**Pluperfect**	
	vendía	vendíamos	había vendido	habíamos vendido
	vendías	vendíais	habías vendido	habíais vendido
	vendía	vendían	había vendido	habían vendido
	Future		**Future Perfect**	
	venderé	venderemos	habré vendido	habremos vendido
	venderás	venderéis	habrás vendido	habréis vendido
	venderá	venderán	habrá vendido	habrán vendido
	Conditional		**Conditional Perfect**	
	vendería	venderíamos	habría vendido	habríamos vendido
	venderías	venderíais	habrías vendido	habríais vendido
	vendería	venderían	habría vendido	habrían vendido
Subjunctive	**Present**		**Present Perfect**	
	venda	vendamos	haya vendido	hayamos vendido
	vendas	vendáis	hayas vendido	hayáis vendido
	venda	vendan	haya vendido	hayan vendido
	Imperfect		**Pluperfect**	
	vendiera, -se	vendiéramos, -semos	hubiera, -se vendido	hubiéramos, -semos vendido
	vendieras, -ses	vendierais, -seis	hubieras, -ses vendido	hubierais, -seis vendido
	vendiera, -se	vendieran, -sen	hubiera, -se vendido	hubieran, -sen vendido

IMPERATIVE

vende (tú); no vendas	(no) vendamos (nosotros)
(no) venda (Ud.)	vended (vosotros); no vendáis
	(no) vendan (Uds.)

EXAMPLES

Rafael ha vendido su automóvil.	Raphael has sold his car.
Estamos vendiendo la casa.	We are selling the house.
Les vendería las joyas si me dieran más dinero por ellas.	I would sell them the jewelry if they were to give me more money for them.
Se vende ese edificio.	That building is for sale.

venir

to come, to arrive

Gerundio: viniendo   **Participio pasado:** venido

Mood	Simple Tenses		Compound Tenses	
	Singular	*Plural*	*Singular*	*Plural*
Indicative	**Present**		**Present Perfect**	
	vengo	venimos	he venido	hemos venido
	vienes	venís	has venido	habéis venido
	viene	vienen	ha venido	han venido
	Preterit		**Preterit Perfect**	
	vine	vinimos	hube venido	hubimos venido
	viniste	vinisteis	hubiste venido	hubisteis venido
	vino	vinieron	hubo venido	hubieron venido
	Imperfect		**Pluperfect**	
	venía	veníamos	había venido	habíamos venido
	venías	veníais	habías venido	habíais venido
	venía	venían	había venido	habían venido
	Future		**Future Perfect**	
	vendré	vendremos	habré venido	habremos venido
	vendrás	vendréis	habrás venido	habréis venido
	vendrá	vendrán	habrá venido	habrán venido
	Conditional		**Conditional Perfect**	
	vendría	vendríamos	habría venido	habríamos venido
	vendrías	vendríais	habrías venido	habríais venido
	vendría	vendrían	habría venido	habrían venido
Subjunctive	**Present**		**Present Perfect**	
	venga	vengamos	haya venido	hayamos venido
	vengas	vengáis	hayas venido	hayáis venido
	venga	vengan	haya venido	hayan venido
	Imperfect		**Pluperfect**	
	viniera, -se	viniéramos, -semos	hubiera, -se venido	hubiéramos, -semos venido
	vinieras, -ses	vinierais, -seis	hubieras, -ses venido	
	viniera, -se	vinieran, -sen	hubiera, -se venido	hubierais, -seis venido
				hubieran, -sen venido

IMPERATIVE

ven (tú); no vengas

(no) venga (Ud.)

(no) vengamos (nosotros)

venid (vosotros); no vengáis

(no) vengan (Uds.)

Note: As a reflexive verb, *venirse* (to come, return) uses the reflexive pronouns *me, te, se, nos, os, se*. Example 4 shows the reflexive use.

EXAMPLES

Vinieron por nosotros, pero no estábamos listos.

They came for us, but we were not ready.

Ellos venían en el vuelo 234.

They were arriving on flight 234.

Me alegro que hayan venido a mi casa.

I am glad you came to my home.

<u>Me</u> vine temprano porque estaba cansada.

I came back early because I was tired.

IDIOMATIC EXAMPLE

Me vino de perlas el vestido.

The dress is just perfect.

ver

to see, to watch, to look at
Gerundio: viendo **Participio pasado:** visto

Mood	Simple Tenses		Compound Tenses	
	Singular	*Plural*	*Singular*	*Plural*
Indicative	**Present**		**Present Perfect**	
	veo	vemos	he visto	hemos visto
	ves	veis	has visto	habéis visto
	ve	ven	ha visto	han visto
	Preterit		**Preterit Perfect**	
	vi	vimos	hube visto	hubimos visto
	viste	visteis	hubiste visto	hubisteis visto
	vio	vieron	hubo visto	hubieron visto
	Imperfect		**Pluperfect**	
	veía	veíamos	había visto	habíamos visto
	veías	veíais	habías visto	habíais visto
	veía	veían	había visto	habían visto
	Future		**Future Perfect**	
	veré	veremos	habré visto	habremos visto
	verás	veréis	habrás visto	habréis visto
	verá	verán	habrá visto	habrán visto
	Conditional		**Conditional Perfect**	
	vería	veríamos	habría visto	habríamos visto
	verías	veríais	habrías visto	habríais visto
	vería	verían	habría visto	habrían visto
Subjunctive	**Present**		**Present Perfect**	
	vea	veamos	haya visto	hayamos visto
	veas	veáis	hayas visto	hayáis visto
	vea	vean	haya visto	hayan visto
	Imperfect		**Pluperfect**	
	viera, -se	viéramos, -semos	hubiera, -se visto	hubiéramos, -semos visto
	vieras, -ses	vierais, -seis	hubieras, -ses visto	hubierais, -seis visto
	viera, -se	vieran, -sen	hubiera, -se visto	hubieran, -sen visto

IMPERATIVE

	(no) veamos (nosotros)
ve (tú); no veas	ved (vosotros); no veáis
(no) vea (Ud.)	(no) vean (Uds.)

Note: This verb has an irregular past participle, *visto*. As a reflexive verb, *verse* (to look, to see oneself, to be seen) uses the reflexive pronouns *me, te, se, nos, os, se*. Example 4 shows the reflexive use.

EXAMPLES

Desde mi casa veo las olas del mar.	From my home, I see the waves of the sea.
Ellos están viendo la televisión.	They are watching TV.
Hemos visto a nuestra nieta bailar.	We have seen our granddaughter dancing.
Se ve muy bonita en su vestido largo.	She looks great in her long dress.

IDIOMATIC EXAMPLE

No tengo nada que ver con ese asunto.	I don't have anything to do with that issue.

venir

to check, to confirm, to verify, to take place

Gerundio: verificando   **Participio pasado:** verificado

Mood	Simple Tenses		Compound Tenses	
	Singular	*Plural*	*Singular*	*Plural*
Indicative	**Present**		**Present Perfect**	
	verifico	verificamos	he verificado	hemos verificado
	verificas	verificáis	has verificado	habéis verificado
	verifica	verifican	ha verificado	han verificado
	Preterit		**Preterit Perfect**	
	verifiqué	verificamos	hube verificado	hubimos verificado
	verificaste	verificasteis	hubiste verificado	hubisteis verificado
	verificó	verificaron	hubo verificado	hubieron verificado
	Imperfect		**Pluperfect**	
	verificaba	verificábamos	había verificado	habíamos verificado
	verificabas	verificabais	habías verificado	habíais verificado
	verificaba	verificaban	había verificado	habían verificado
	Future		**Future Perfect**	
	verificaré	verificaremos	habré verificado	habremos verificado
	verificarás	verificaréis	habrás verificado	habréis verificado
	verificará	verificarán	habrá verificado	habrán verificado
	Conditional		**Conditional Perfect**	
	verificaría	verificaríamos	habría verificado	habríamos verificado
	verificarías	verificaríais	habrías verificado	habríais verificado
	verificaría	verificarían	habría verificado	habrían verificado
Subjunctive	**Present**		**Present Perfect**	
	verifique	verifiquemos	haya verificado	hayamos verificado
	verifiques	verifiquéis	hayas verificado	hayáis verificado
	verifique	verifiquen	haya verificado	hayan verificado
	Imperfect		**Pluperfect**	
	verificara, -se	verificáramos, -semos	hubiera, -se verificado	hubiéramos, -semos verificado
	verificaras, -ses	verificarais, -seis	hubieras, -ses verificado	hubierais, -seis verificado
	verificara, -se	verificaran, -sen	hubiera, -se verificado	hubieran, -sen verificado

IMPERATIVE

	(no) verifiquemos (nosotros)
verifica (tú); no verifiques	verificad (vosotros); no verifiquéis
(no) verifique (Ud.)	(no) verifiquen (Uds.)

EXAMPLES

El doctor está verificando los análisis del paciente.
The doctor is checking the lab results of the patient.

Hemos verificado la fecha del viaje.
We have confirmed the date of the trip.

Más vale que verifiquemos los cálculos.
It is better to verify the calculations.

Verifiquemos los resultados de los exámenes.
Let's check the result of the tests.

vestirse
to get dressed, to wear
Gerundio: vistiéndose   **Participio pasado:** vestido

Mood	Simple Tenses		Compound Tenses	
	Singular	*Plural*	*Singular*	*Plural*
Indicative	**Present**		**Present Perfect**	
	me visto te vistes se viste	nos vestimos os vestís se visten	me he vestido te has vestido se ha vestido	nos hemos vestido os habéis vestido se han vestido
	Preterit		**Preterit Perfect**	
	me vestí te vestiste se vistió	nos vestimos os vestisteis se vistieron	me hube vestido te hubiste vestido se hubo vestido	nos hubimos vestido os hubisteis vestido se hubieron vestido
	Imperfect		**Pluperfect**	
	me vestía te vestías se vestía	nos vestíamos os vestíais se vestían	me había vestido te habías vestido se había vestido	nos habíamos vestido os habíais vestido se habían vestido
	Future		**Future Perfect**	
	me vestiré te vestirás se vestirá	nos vestiremos os vestiréis se vestirán	me habré vestido te habrás vestido se habrá vestido	nos habremos vestido os habréis vestido se habrán vestido
	Conditional		**Conditional Perfect**	
	me vestiría te vestirías se vestiría	nos vestiríamos os vestiríais se vestirían	me habría vestido te habrías vestido se habría vestido	nos habríamos vestido os habríais vestido se habrían vestido
Subjunctive	**Present**		**Present Perfect**	
	me vista te vistas se vista	nos vistamos os vistáis se vistan	me haya vestido te hayas vestido se haya vestido	nos hayamos vestido os hayáis vestido se hayan vestido
	Imperfect		**Pluperfect**	
	me vistiera, -se te vistieras, -ses se vistiera, -se	nos vistiéramos, -semos os vistierais, -seis se vistieran, -sen	me hubiera, -se vestido te hubieras, -ses vestido se hubiera, -se vestido	nos hubiéramos, -semos vestido os hubierais, -seis vestido se hubieran, -sen vestido

IMPERATIVE

	vistámonos (nosotros); no nos vistamos
vístete (tú); no te vistas	vestíos (vosotros); no os vistáis
vístase (Ud.); no se vista	vístanse (Uds.); no se vistan

Note: As a nonreflexive verb, *vestir* (to dress, to clothe) is shown in Example 4.

EXAMPLES

Carolina siempre se viste a la moda.	Caroline is always dressed in the latest fashion.
Me habría vestido mejor, pero vamos a la playa nada más.	I would have gotten dressed better, but we are only going to the beach
Aunque te vistas de vaquero, siempre te ves bella.	Even if you get dressed with blue jeans, you always look pretty.
Natalie y sus amigas han vestido a sus muñecas.	Natalie and her friends have dressed their dolls.

viajar

to travel, to journey

Gerundio: viajando   **Participio pasado:** viajado

Mood	Simple Tenses		Compound Tenses	
	Singular	*Plural*	*Singular*	*Plural*
Indicative	**Present**		**Present Perfect**	
	viajo	viajamos	he viajado	hemos viajado
	viajas	viajáis	has viajado	habéis viajado
	viaja	viajan	ha viajado	han viajado
	Preterit		**Preterit Perfect**	
	viajé	viajamos	hube viajado	hubimos viajado
	viajaste	viajasteis	hubiste viajado	hubisteis viajado
	viajó	viajaron	hubo viajado	hubieron viajado
	Imperfect		**Pluperfect**	
	viajaba	viajábamos	había viajado	habíamos viajado
	viajabas	viajabais	habías viajado	habíais viajado
	viajaba	viajaban	había viajado	habían viajado
	Future		**Future Perfect**	
	viajaré	viajaremos	habré viajado	habremos viajado
	viajarás	viajaréis	habrás viajado	habréis viajado
	viajará	viajarán	habrá viajado	habrán viajado
	Conditional		**Conditional Perfect**	
	viajaría	viajaríamos	habría viajado	habríamos viajado
	viajarías	viajaríais	habrías viajado	habríais viajado
	viajaría	viajarían	habría viajado	habrían viajado
Subjunctive	**Present**		**Present Perfect**	
	viaje	viajemos	haya viajado	hayamos viajado
	viajes	viajéis	hayas viajado	hayáis viajado
	viaje	viajen	haya viajado	hayan viajado
	Imperfect		**Pluperfect**	
	viajara, -se	viajáramos, -semos	hubiera, -se viajado	hubiéramos, -semos viajado
	viajaras, -ses	viajarais, -seis	hubieras, -ses viajado	hubierais, -seis viajado
	viajara, -se	viajaran, -sen	hubiera, -se viajado	hubieran, -sen viajado

IMPERATIVE

viaja (tú); no viajes

(no) viaje (Ud.)

(no) viajemos (nosotros)

viajad (vosotros); no viajéis

(no) viajen (Uds.)

EXAMPLES

Los viajeros viajaron toda la noche.

The travelers traveled all night.

Ellos están viajando por toda España.

They are traveling throughout Spain.

Me gusta que viajes todos los veranos.

I like that you travel every summer.

Si tuviera más dinero, viajaría en primera clase.

If I had more money, I would travel first class.

Habría viajado con mis primos, pero no compré el boleto a tiempo.

I would have traveled with my cousins, but I didn't buy the ticket on time.

vigilar

to watch, to keep a look out on
Gerundio: vigilando   **Participio pasado:** vigilado

Mood	Simple Tenses		Compound Tenses	
	Singular	*Plural*	*Singular*	*Plural*
Indicative	**Present**		**Present Perfect**	
	vigilo	vigilamos	he vigilado	hemos vigilado
	vigilas	vigiláis	has vigilado	habéis vigilado
	vigila	vigilan	ha vigilado	han vigilado
	Preterit		**Preterit Perfect**	
	vigilé	vigilamos	hube vigilado	hubimos vigilado
	vigilaste	vigilasteis	hubiste vigilado	hubisteis vigilado
	vigiló	vigilaron	hubo vigilado	hubieron vigilado
	Imperfect		**Pluperfect**	
	vigilaba	vigilábamos	había vigilado	habíamos vigilado
	vigilabas	vigilabais	habías vigilado	habíais vigilado
	vigilaba	vigilaban	había vigilado	habían vigilado
	Future		**Future Perfect**	
	vigilaré	vigilaremos	habré vigilado	habremos vigilado
	vigilarás	vigilaréis	habrás vigilado	habréis vigilado
	vigilará	vigilarán	habrá vigilado	habrán vigilado
	Conditional		**Conditional Perfect**	
	vigilaría	vigilaríamos	habría vigilado	habríamos vigilado
	vigilarías	vigilaríais	habrías vigilado	habríais vigilado
	vigilaría	vigilarían	habría vigilado	habrían vigilado
Subjunctive	**Present**		**Present Perfect**	
	vigile	vigilemos	haya vigilado	hayamos vigilado
	vigiles	vigiléis	hayas vigilado	hayáis vigilado
	vigile	vigilen	haya vigilado	hayan vigilado
	Imperfect		**Pluperfect**	
	vigilara, -se	vigiláramos, -semos	hubiera, -se vigilado	hubiéramos, -semos vigilado
	vigilaras, -ses	vigilarais, -seis	hubieras, -ses vigilado	hubierais, -seis vigilado
	vigilara, -se	vigilaran, -sen	hubiera, -se vigilado	hubieran, -sen vigilado

IMPERATIVE

vigila (tú); no vigiles	(no) vigilemos (nosotros)
(no) vigile (Ud.)	vigilad (vosotros); no vigiléis
	(no) vigilen (Uds.)

EXAMPLES

La niñera vigilaba a los niños.	The babysitter was watching the children.
Los guardias han vigilado el palacio por siglos.	The guards have watched over the palace for centuries.
Los espías estaban vigilando la embajada.	The spies were watching the embassy.
Los niños no usarían las drogas si los adultos los vigilaran más.	The children wouldn't use drugs if the adults were to watch out for them more closely.

visitar

to visit

Gerundio: visitando   **Participio pasado:** visitado

Mood	Simple Tenses		Compound Tenses	
	Singular	*Plural*	*Singular*	*Plural*
	Present		**Present Perfect**	
	visito	visitamos	he visitado	hemos visitado
	visitas	visitáis	has visitado	habéis visitado
	visita	visitan	ha visitado	han visitado
	Preterit		**Preterit Perfect**	
	visité	visitamos	hube visitado	hubimos visitado
	visitaste	visitasteis	hubiste visitado	hubisteis visitado
	visitó	visitaron	hubo visitado	hubieron visitado
Indicative	**Imperfect**		**Pluperfect**	
	visitaba	visitábamos	había visitado	habíamos visitado
	visitabas	visitabais	habías visitado	habíais visitado
	visitaba	visitaban	había visitado	habían visitado
	Future		**Future Perfect**	
	visitaré	visitaremos	habré visitado	habremos visitado
	visitarás	visitaréis	habrás visitado	habréis visitado
	visitará	visitarán	habrá visitado	habrán visitado
	Conditional		**Conditional Perfect**	
	visitaría	visitaríamos	habría visitado	habríamos visitado
	visitarías	visitaríais	habrías visitado	habríais visitado
	visitaría	visitarían	habría visitado	habrían visitado
	Present		**Present Perfect**	
	visite	visitemos	haya visitado	hayamos visitado
	visites	visitéis	hayas visitado	hayáis visitado
Subjunctive	visite	visiten	haya visitado	hayan visitado
	Imperfect		**Pluperfect**	
	visitara, -se	visitáramos, -semos	hubiera, -se visitado	hubiéramos, -semos visitado
	visitaras, -ses	visitarais, -seis	hubieras, -ses visitado	hubierais, -seis visitado
	visitara, -se	visitaran, -sen	hubiera, -se visitado	hubieran, -sen visitado

IMPERATIVE

visita (tú); no visites

(no) visite (Ud.)

(no) visitemos (nosotros)

visitad (vosotros); no visitéis

(no) visiten (Uds.)

EXAMPLES

Visitamos a nuestros amigos anoche.

We visited our friends last night.

Visitaremos las ruinas de la cultura maya la próxima primavera.

We will visit the Mayan ruins next spring.

Es importante que visitemos a nuestros abuelos frecuentemente.

It is important that we visit our grandparents often.

Si hubiese visitado el museo, habría visto las nuevas pinturas.

If I had visited the museum, I would have seen the new paintings.

Visita a un amigo que esté enfermo.

Visit a sick friend.

vivir

to live

Gerundio: viviendo   **Participio pasado:** vivido

Mood	Simple Tenses		Compound Tenses	
	Singular	*Plural*	*Singular*	*Plural*
Indicative	**Present**		**Present Perfect**	
	vivo	vivimos	he vivido	hemos vivido
	vives	vivís	has vivido	habéis vivido
	vive	viven	ha vivido	han vivido
	Preterit		**Preterit Perfect**	
	viví	vivimos	hube vivido	hubimos vivido
	viviste	vivisteis	hubiste vivido	hubisteis vivido
	vivió	vivieron	hubo vivido	hubieron vivido
	Imperfect		**Pluperfect**	
	vivía	vivíamos	había vivido	habíamos vivido
	vivías	vivíais	habías vivido	habíais vivido
	vivía	vivían	había vivido	habían vivido
	Future		**Future Perfect**	
	viviré	viviremos	habré vivido	habremos vivido
	vivirás	viviréis	habrás vivido	habréis vivido
	vivirá	vivirán	habrá vivido	habrán vivido
	Conditional		**Conditional Perfect**	
	viviría	viviríamos	habría vivido	habríamos vivido
	vivirías	viviríais	habrías vivido	habríais vivido
	viviría	vivirían	habría vivido	habrían vivido
Subjunctive	**Present**		**Present Perfect**	
	viva	vivamos	haya vivido	hayamos vivido
	vivas	viváis	hayas vivido	hayáis vivido
	viva	vivan	haya vivido	hayan vivido
	Imperfect		**Pluperfect**	
	viviera, -se	viviéramos, -semos	hubiera, -se vivido	hubiéramos, -semos vivido
	vivieras, -ses	vivierais, -seis	hubieras, -ses vivido	hubierais, -seis vivido
	viviera, -se	vivieran, -sen	hubiera, -se vivido	hubieran, -sen vivido

IMPERATIVE

	(no) vivamos (nosotros)
vive (tú); no vivas	vivid (vosotros); no viváis
(no) viva (Ud.)	(no) vivan (Uds.)

EXAMPLES

Viví en Nueva York dos años.	I lived in New York for two years.
Hemos vivido muchos años en esta ciudad.	We have lived many years in this city.
Me gusta que vivas cerca de nosotros.	I am glad that you are living close to us.
Viviríamos en Japón si pudiéramos.	We would live in Japan if we could.
Estábamos viviendo en Puerto Rico cuando lanzaron el cohete a la luna.	We were living in Puerto Rico when they launched the rocket to the moon.

volar
to fly

Gerundio: volando   **Participio pasado:** volado

Mood	Simple Tenses		Compound Tenses	
	Singular	*Plural*	*Singular*	*Plural*
Indicative	**Present**		**Present Perfect**	
	vuelo	volamos	he volado	hemos volado
	vuelas	voláis	has volado	habéis volado
	vuela	vuelan	ha volado	han volado
	Preterit		**Preterit Perfect**	
	volé	volamos	hube volado	hubimos volado
	volaste	volasteis	hubiste volado	hubisteis volado
	voló	volaron	hubo volado	hubieron volado
	Imperfect		**Pluperfect**	
	volaba	volábamos	había volado	habíamos volado
	volabas	volabais	habías volado	habíais volado
	volaba	volaban	había volado	habían volado
	Future		**Future Perfect**	
	volaré	volaremos	habré volado	habremos volado
	volarás	volaréis	habrás volado	habréis volado
	volará	volarán	habrá volado	habrán volado
	Conditional		**Conditional Perfect**	
	volaría	volaríamos	habría volado	habríamos volado
	volarías	volaríais	habrías volado	habríais volado
	volaría	volarían	habría volado	habrían volado
Subjunctive	**Present**		**Present Perfect**	
	vuele	volemos	haya volado	hayamos volado
	vueles	voléis	hayas volado	hayáis volado
	vuele	vuelen	haya volado	hayan volado
	Imperfect		**Pluperfect**	
	volara, -se	voláramos, -semos	hubiera, -se volado	hubiéramos, -semos volado
	volaras, -ses	volarais, -seis	hubieras, -ses volado	hubierais, -seis volado
	volara, -se	volaran, -sen	hubiera, -se volado	hubieran, -sen volado

IMPERATIVE

vuela (tú); no vueles
(no) vuele (Ud.)

(no) volemos (nosotros)
volad (vosotros); no voléis
(no) vuelen (Uds.)

EXAMPLES

José vuela frecuentemente a la capital.
Las golondrinas han volado al sur.
Si volara en un helicóptero, tendría una mejor vista.
Deja que tu imaginación vuele.

Jose flies frequently to the capital.
The hummingbirds have flown south.
If I were to fly on a helicopter, I would have a better view.
Let your imagination run free.

IDIOMATIC EXAMPLE

El tiempo pasa volando.

Time flies.

volver

to return, to come back, to go back

Gerundio: volviendo   **Participio pasado:** vuelto

Mood	Simple Tenses		Compound Tenses	
	Singular	*Plural*	*Singular*	*Plural*
Indicative	**Present**		**Present Perfect**	
	vuelvo	volvemos	he vuelto	hemos vuelto
	vuelves	volvéis	has vuelto	habéis vuelto
	vuelve	vuelven	ha vuelto	han vuelto
	Preterit		**Preterit Perfect**	
	volví	volvimos	hube vuelto	hubimos vuelto
	volviste	volvisteis	hubiste vuelto	hubisteis vuelto
	volvió	volvieron	hubo vuelto	hubieron vuelto
	Imperfect		**Pluperfect**	
	volvía	volvíamos	había vuelto	habíamos vuelto
	volvías	volvíais	habías vuelto	habíais vuelto
	volvía	volvían	había vuelto	habían vuelto
	Future		**Future Perfect**	
	volveré	volveremos	habré vuelto	habremos vuelto
	volverás	volveréis	habrás vuelto	habréis vuelto
	volverá	volverán	habrá vuelto	habrán vuelto
	Conditional		**Conditional Perfect**	
	volvería	volveríamos	habría vuelto	habríamos vuelto
	volverías	volveríais	habrías vuelto	habríais vuelto
	volvería	volverían	habría vuelto	habrían vuelto
Subjunctive	**Present**		**Present Perfect**	
	vuelva	volvamos	haya vuelto	hayamos vuelto
	vuelvas	volváis	hayas vuelto	hayáis vuelto
	vuelva	vuelvan	haya vuelto	hayan vuelto
	Imperfect		**Pluperfect**	
	volviera, -se	volviéramos, -semos	hubiera, -se vuelto	hubiéramos,-semos vuelto
	volvieras, -ses	volvierais, -seis	hubieras, -ses vuelto	hubierais, -seis vuelto
	volviera, -se	volvieran, -sen	hubiera, -se vuelto	hubieran, -sen vuelto

IMPERATIVE

vuelve (tú); no vuelvas

(no) vuelva (Ud.)

(no) volvamos (nosotros)

volved (vosotros); no volváis

(no) vuelvan (Uds.)

Note: This verb has an irregular past participle, *vuelto*. As a reflexive verb, *volverse* (to become) is shown in Example 4. The construction *volver a + infinitive* means to do something again or redo. Example 5 shows this construction.

EXAMPLES

Ellos vuelven muy cansados de sus prácticas de básquetbol.

They return very tired from their basketball practice.

¡Vuelvan pronto!

Come back soon!

He vuelto a la universidad para estudiar medicina.

I have returned to the university to study medicine.

Él se ha vuelto más serio desde que lo promovieron a supervisor.

He has become more serious since he was promoted to supervisor.

Ella volvió a salir porque se le olvidó el pan.

She went out again because she forgot the bread.

IDIOMATIC EXAMPLES

Volvió en sí después de cinco minutos.

He regained consciousness after five minutes.

Se volvió loco.

He became mad.

votar

to vote

Gerundio: votando   **Participio pasado:** votado

Mood	Simple Tenses		Compound Tenses	
	Singular	*Plural*	*Singular*	*Plural*
Indicative	**Present**		**Present Perfect**	
	voto	votamos	he votado	hemos votado
	votas	votáis	has votado	habéis votado
	vota	votan	ha votado	han votado
	Preterit		**Preterit Perfect**	
	voté	votamos	hube votado	hubimos votado
	votaste	votasteis	hubiste votado	hubisteis votado
	votó	votaron	hubo votado	hubieron votado
	Imperfect		**Pluperfect**	
	votaba	votábamos	había votado	habíamos votado
	votabas	votabais	habías votado	habíais votado
	votaba	votaban	había votado	habían votado
	Future		**Future Perfect**	
	votaré	votaremos	habré votado	habremos votado
	votarás	votaréis	habrás votado	habréis votado
	votará	votarán	habrá votado	habrán votado
	Conditional		**Conditional Perfect**	
	votaría	votaríamos	habría votado	habríamos votado
	votarías	votaríais	habrías votado	habríais votado
	votaría	votarían	habría votado	habrían votado
Subjunctive	**Present**		**Present Perfect**	
	vote	votemos	haya votado	hayamos votado
	votes	votéis	hayas votado	hayáis votado
	vote	voten	haya votado	hayan votado
	Imperfect		**Pluperfect**	
	votara, -se	votáramos, -semos	hubiera, -se votado	hubiéramos, -semos votado
	votaras, -ses	votarais, -seis	hubieras, -ses votado	hubierais, -seis votado
	votara, -se	votaran, -sen	hubiera, -se votado	hubieran, -sen votado

IMPERATIVE

vota (tú); no votes
(no) vote (Ud.)

(no) votemos (nosotros)
votad (vosotros); no votéis
(no) voten (Uds.)

EXAMPLES

Yo voto porque mi voto cuenta.
Votemos en todas las elecciones.
Si votamos, escogemos a los candidatos que defienden nuestros principios.
Es mejor votar que no votar.

I vote because my vote counts.
Let's vote in all elections.
If we vote, we get to choose the candidates that defend our principles.
It is better to vote than not to vote.

yacer
to lie, to lie buried, to rest
Gerundio: yaciendo   **Participio pasado:** yacido

Mood	Simple Tenses		Compound Tenses	
	Singular	*Plural*	*Singular*	*Plural*
Indicative	**Present**		**Present Perfect**	
	yazco (or yazgo, or yago) yaces yace	yacemos yacéis yacen	he yacido has yacido ha yacido	hemos yacido habéis yacido han yacido
	Preterit		**Preterit Perfect**	
	yací yaciste yació	yacimos yacisteis yacieron	hube yacido hubiste yacido hubo yacido	hubimos yacido hubisteis yacido hubieron yacido
	Imperfect		**Pluperfect**	
	yacía yacías yacía	yacíamos yacíais yacían	había yacido habías yacido había yacido	habíamos yacido habíais yacido habían yacido
	Future		**Future Perfect**	
	yaceré yacerás yacerá	yaceremos yaceréis yacerán	habré yacido habrás yacido habrá yacido	habremos yacido habréis yacido habrán yacido
	Conditional		**Conditional Perfect**	
	yacería yacerías yacería	yaceríamos yaceríais yacerían	habría yacido habrías yacido habría yacido	habríamos yacido habríais yacido habrían yacido
Subjunctive	**Present**		**Present Perfect**	
	yazca (o yazga, o yaga) yazcas yazca	yazcamos yazcáis yazcan	haya yacido hayas yacido haya yacido	hayamos yacido hayáis yacido hayan yacido
	Imperfect		**Pluperfect**	
	yaciera, -se yacieras, -ses yaciera, -se	yaciéramos, -semos yacierais, -seis yacieran, -sen	hubiera, -se yacido hubieras, -ses yacido hubiera, -se yacido	hubiéramos, -semos yacido hubierais, -seis yacido hubieran, -sen yacido

IMPERATIVE

yace (tú); no yazcas
(no) yazca (Ud.)

(no) yazcamos (nosotros)
yaced (vosotros); no yazcáis
(no) yazcan (Uds.)

Note: This verb takes other imperative forms. The following forms are also used: *Ud.* command form *yazga* or *yaga,* the *nosotros* command form *yazgamos or yagamos,* and the *Uds.* form *yazgan* or *yagan.*

EXAMPLES

La actriz yacía perezosamente sobre el diván rojo.
¡No yazcas en la paja, Carlos!
Aquí yace sepultado don Marín.
Las ciudades ricas yacen a orillas de ríos.

The actress was lying down lazily on the red sofa.
Don't lie on the hay, Charles!
Here lies buried Mr. Marin.
Rich cities lie on the banks of rivers.

zafar

to loosen, to escape, to untie, to get away

Gerundio: zafando   **Participio pasado:** zafado

Mood	Simple Tenses		Compound Tenses	
	Singular	*Plural*	*Singular*	*Plural*
Indicative	**Present**		**Present Perfect**	
	zafo zafas zafa	zafamos zafáis zafan	he zafado has zafado ha zafado	hemos zafado habéis zafado han zafado
	Preterit		**Preterit Perfect**	
	zafé zafaste zafó	zafamos zafasteis zafaron	hube zafado hubiste zafado hubo zafado	hubimos zafado hubisteis zafado hubieron zafado
	Imperfect		**Pluperfect**	
	zafaba zafabas zafaba	zafábamos zafabais zafaban	había zafado habías zafado había zafado	habíamos zafado habíais zafado habían zafado
	Future		**Future Perfect**	
	zafaré zafarás zafará	zafaremos zafaréis zafarán	habré zafado habrás zafado habrá zafado	habremos zafado habréis zafado habrán zafado
	Conditional		**Conditional Perfect**	
	zafaría zafarías zafaría	zafaríamos zafaríais zafarían	habría zafado habrías zafado habría zafado	habríamos zafado habríais zafado habrían zafado
Subjunctive	**Present**		**Present Perfect**	
	zafe zafes zafe	zafemos zaféis zafen	haya zafado hayas zafado haya zafado	hayamos zafado hayáis zafado hayan zafado
	Imperfect		**Pluperfect**	
	zafara, -se zafaras, -ses zafara, -se	zafáramos, -semos zafarais, -seis zafaran, -sen	hubiera, -se zafado hubieras, -ses zafado hubiera, -se zafado	hubiéramos, -semos zafado hubierais, -seis zafado hubieran, -sen zafado

IMPERATIVE

zafa (tú); no zafes

(no) zafe (Ud.)

(no) zafemos (nosotros)

zafad (vosotros); no zaféis

(no) zafen (Uds.)

Note: As a reflexive verb, *zafarse de* (to escape from, to get out of, to avoid) uses the reflexive pronouns *me, te, se, nos, os, se.* Examples 4 and 5 show the reflexive use.

EXAMPLES

Finalmente zafamos el collar del perro.

Finally, we loosened the dog's collar.

El pescador había zafado las sogas de la barca.

The fisherman had loosened the ropes of the boat.

Juanito se zafó de su mamá, pero ella lo atajó.

Johnny got away from his mother, but she stopped him.

¡Záfate el pelo que lo tienes muy bonito!

Let your hair be loose because it is very pretty.

zambullirse

to dive, to plunge into water, to hide

Gerundio: zambulléndose **Participio pasado:** zambullido

Mood	Simple Tenses		Compound Tenses	
	Singular	*Plural*	*Singular*	*Plural*
Indicative	**Present**		**Present Perfect**	
	me zambullo te zambulles se zambulle	nos zambullimos os zambullís se zambullen	me he zambullido te has zambullido se ha zambullido	nos hemos zambullido os habéis zambullido se han zambullido
	Preterit		**Preterit Perfect**	
	me zambullí te zambulliste se zambulló	nos zambullimos os zambullisteis se zambulleron	me hube zambullido te hubiste zambullido se hubo zambullido	nos hubimos zambullido os hubisteis zambullido se hubieron zambullido
	Imperfect		**Pluperfect**	
	me zambullía te zambullías se zambullía	nos zambullíamos os zambullíais se zambullían	me había zambullido te habías zambullido se había zambullido	nos habíamos zambullido os habíais zambullido se habían zambullido
	Future		**Future Perfect**	
	me zambulliré te zambullirás se zambullirá	nos zambulliremos os zambulliréis se zambullirán	me habré zambullido te habrás zambullido se habrá zambullido	nos habremos zambullido os habréis zambullido se habrán zambullido
	Conditional		**Conditional Perfect**	
	me zambulliría te zambullirías se zambulliría	nos zambulliríamos os zambulliríais se zambullirían	me habría zambullido te habrías zambullido se habría zambullido	nos habríamos zambullido os habríais zambullido se habrían zambullido
Subjunctive	**Present**		**Present Perfect**	
	me zambulla te zambullas se zambulla	nos zambullamos os zambulláis se zambullan	me haya zambullido te hayas zambullido se haya zambullido	nos hayamos zambullido os hayáis zambullido se hayan zambullido
	Imperfect		**Pluperfect**	
	me zambullera, -se te zambulleras, -ses se zambullera, -se	nos zambulléramos, -semos os zambullerais, -seis se zambulleran, -sen	me hubiera, -se zambu- llido te hubieras, -ses zambu- llido se hubiera, -se zambullido	nos hubiéramos, -semos zambullido os hubierais, -seis zam- bullido se hubieran, -sen zam- bullido

IMPERATIVE

zambullámonos (nosotros); no nos zambu-
llamos

zambúllete (tú); no te zambullas
zambullíos (vosotros) ; no os zambulláis

zambúllase (Ud.); no se zambulla
zambúllanse (Uds.); no se zambullan

Note: As a nonreflexive verb, *zambullir* (to dive, to plunge) is shown in Example 4.

EXAMPLES

Los buzos <u>se</u> zambullen en los océanos buscando tesoros.

The divers plunge into the ocean looking for
treasures.

Los muchachos estaban zabulléndo<u>se</u> en la
piscina.

The children were diving in the swimming
pool.

Yo también <u>me</u> habría zambullido, pero
acababa de almorzar.

I would have gone diving too, but I had just
finished eating lunch.

Ella estaba zambullida en la lectura de
Romeo y Julieta.

She dived into the reading of *Romeo and
Juliet.*

zapatear

to hit with the shoes, to thump, to tap

Gerundio: zapateando   **Participio pasado:** zapateado

Mood	Simple Tenses		Compound Tenses	
	Singular	*Plural*	*Singular*	*Plural*
Indicative	**Present**		**Present Perfect**	
	zapateo	zapateamos	he zapateado	hemos zapateado
	zapateas	zapateáis	has zapateado	habéis zapateado
	zapatea	zapatean	ha zapateado	han zapateado
	Preterit		**Preterit Perfect**	
	zapateé	zapateamos	hube zapateado	hubimos zapateado
	zapateaste	zapateasteis	hubiste zapateado	hubisteis zapateado
	zapateó	zapatearon	hubo zapateado	hubieron zapateado
	Imperfect		**Pluperfect**	
	zapateaba	zapateábamos	había zapateado	habíamos zapateado
	zapateabas	zapateabais	habías zapateado	habíais zapateado
	zapateaba	zapateaban	había zapateado	habían zapateado
	Future		**Future Perfect**	
	zapatearé	zapatearemos	habré zapateado	habremos zapateado
	zapatearás	zapateareis	habrás zapateado	habréis zapateado
	zapateará	zapatearán	habrá zapateado	habrán zapateado
	Conditional		**Conditional Perfect**	
	zapatearía	zapatearíamos	habría zapateado	habríamos zapateado
	zapatearías	zapatearíais	habrías zapateado	habríais zapateado
	zapatearía	zapatearían	habría zapateado	habrían zapateado
Subjunctive	**Present**		**Present Perfect**	
	zapatee	zapateemos	haya zapateado	hayamos zapateado
	zapatees	zapateéis	hayas zapateado	hayáis zapateado
	zapatee	zapateen	haya zapateado	hayan zapateado
	Imperfect		**Pluperfect**	
	zapateara, -se	zapateáramos, -semos	hubiera, -se zapateado	hubiéramos, -semos zapateado
	zapatearas, -ses	zapatearais, -seis	hubieras, -ses zapateado	hubierais, -seis zapateado
	zapateara, -se	zapatearan,-sen	hubiera, -se zapateado	hubieran, -sen zapateado

IMPERATIVE

	(no) zapateemos (nosotros)
zapatea (tú); no zapatees	zapatead (vosotros); no zapateéis
(no) zapatee (Ud.)	(no) zapateen (Uds.)

EXAMPLES

La bailarina zapateó para comenzar el baile.	The ballerina tapped her heels to start the dance.
Virginia y Daniela han zapateado toda la mañana en la clase de flamenco.	Virginia and Daniela have danced all morning in the flamenco dance class.
¡Cuidado! ¡No zapateen en el piso mojado!	Be careful! Don't tap on the wet floor!
Esperanza zapatea muy bien en su clase de baile.	Esperanza taps very well in her dance class.

zurcir

to mend, to darn, to join, to make up lies

Gerundio: zurciendo   **Participio pasado:** zurcido

Mood	Simple Tenses		Compound Tenses	
	Singular	*Plural*	*Singular*	*Plural*
Indicative	**Present**		**Present Perfect**	
	zurzo	zurcimos	he zurcido	hemos zurcido
	zurces	zurcís	has zurcido	habéis zurcido
	zurce	zurcen	ha zurcido	han zurcido
	Preterit		**Preterit Perfect**	
	zurcí	zurcimos	hube zurcido	hubimos zurcido
	zurciste	zurcisteis	hubiste zurcido	hubisteis zurcido
	zurció	zurcieron	hubo zurcido	hubieron zurcido
	Imperfect		**Pluperfect**	
	zurcía	zurcíamos	había zurcido	habíamos zurcido
	zurcías	zurcíais	habías zurcido	habíais zurcido
	zurcía	zurcían	había zurcido	habían zurcido
	Future		**Future Perfect**	
	zurciré	zurciremos	habré zurcido	habremos zurcido
	zurcirás	zurciréis	habrás zurcido	habréis zurcido
	zurcirá	zurcirán	habrá zurcido	habrán zurcido
	Conditional		**Conditional Perfect**	
	zurciría	zurciríamos	habría zurcido	habríamos zurcido
	zurcirías	zurciríais	habrías zurcido	habríais zurcido
	zurciría	zurcirían	habría zurcido	habrían zurcido
Subjunctive	**Present**		**Present Perfect**	
	zurza	zurzamos	haya zurcido	hayamos zurcido
	zurzas	zurzáis	hayas zurcido	hayáis zurcido
	zurza	zurzan	haya zurcido	hayan zurcido
	Imperfect		**Pluperfect**	
	zurciera, -se	zurciéramos, -semos	hubiera, -se zurcido	hubiéramos,-semos zurcido
	zurcieras, -ses	zurcierais, -seis	hubieras, -ses zurcido	hubierais, -seis zurcido
	zurciera, -se	zurcieran, -sen	hubiera, -se zurcido	hubieran, -sen zurcido

IMPERATIVE

zurce (tú); no zurzas

(no) zurza (Ud.)

(no) zurzamos (nosotros)

zurcid (vosotros); no zurzáis

(no) zurzan (Uds.)

EXAMPLES

Beatriz zurció el pantalón de su esposo.

Beatriz mended her husband's pants.

Las costureras han zurcido los uniformes rotos.

The tailors have mended the torn uniforms.

Mamá no quiere que yo zurza el ruedo del vestido.

Mom doesn't want me to sew the hem of the dress.

Mi vecina zurcía unas mentiras de tele-novela.

My neighbor used to make up lies worthy of a soap opera.

Appendix of Additional Verbs

This appendix consists of 1,500 additional verbs. Each verb in this appendix has a reference to a fully conjugated verb with a matching conjugation. For example, *acoger* (to welcome) will point you to *coger* (to catch, seize, take), page 198, because both verbs are identically conjugated. This appendix also contains idiomatic uses of common verbs. The idiomatic use of a verb is made up of a verb and a preposition, or phrase, that when used together have a different meaning from the original verb.

SPANISH VERB	ENGLISH VERB	PAGE
abalanzarse	to fling, hurl oneself	562
abanicar	to fan	66
abaratar	to make cheaper, lower or reduce prices	76
abdicar	to abdicate	66
ablandar	to soften	117
abofetear	to slap	651
abonarse	to subscribe	90
abordar	to board, approach	370
aborrecer	to hate, detest	477
abotonarse	to button up	261
abrasar	to burn, set fire	161
abreviar	to reduce, shorten	375
abrigar	to shelter, protect, wrap up	187
abrochar	to button up, fasten, buckle	322
abrumar	to overwhelm	358
absolver (ue)	to absolve, acquit	550
absorber	to absorb	158
abstraer	to abstract	611
abusar	to abuse, misuse, mistreat	624
acabar de	to just do (something)	74
acachetear	to slap in the face	651
acallar	to silence, quiet, hush, pacify, calm down	166
acalorar	to heat or warm up, excite	415
acampar	to camp	596
acaparar	to monopolize	451
acarrear	to transport, carry	651
acatar	to obey, respect the law, notice, realize	548
acatarrarse	to catch a cold	479

acceder	to accede, agree, consent	209
accidentar	to have an accident, be hurt or injured	76
acechar	to watch, spy on	293
acelerar	to accelerate, speed up, hurry	324
acentuar	to accent, accentuate	87
achicar	to reduce, lessen, shorten	171
acicalarse	to dress up, spruce up	170
aclamar	to acclaim, hail, applaud	115
aclimatar	to acclimatize	429
acobardarse	to become frightened, turn cowardly	307
acoger	to welcome, receive, shelter	198
acometer	to attack, attempt, overtake	435
acomplejarse	to suffer from a complex	519
acongojarse	to be anguished or afflicted	438
acoplar	to connect, join, couple	375
acortar	to shorten, reduce	233
acosar	to harass, pursue, pest	556
activar	to activate, expedite	462
actualizar	to update, modernize	625
acumular	to accumulate	112
acurrucarse	to curl up, get cozy	248
adaptar	to adapt, accustom oneself	95
aderezar	to season, flavor, embellish	164
adherir	to adhere, stick on	379
adiestrar	to teach, train, guide	311
adjudicar	to award, adjudge	177
administrar	to manage, deal, administer	537
adobar	to season, flavor, marinate	559
adornar	to adorn, embellish	359
adueñarse	to take possession of	154
adular	to flatter	112
afanarse	to work hard, strive	261
afectar	to affect, influence	184
aferrarse	to take hold of, stick to	109
aficionarse a	to become fond of	485
afiliarse	to join, become affiliated	109
afinar	to tune (instrument), perfect, refine	197
afirmar	to affirm, assert, secure	353
afligirse	to grieve, be upset	280
aflojar	to loosen, slacken, let go	135

afrontar	to confront, face	76
agacharse	to stoop, crouch	129
agasajar	to treat attentively	609
agilitar	to make agile, empower, facilitate	331
aglomerarse	to crowd, gather around	123
agobiar	to overwhelm, oppress, depress	329
agradar	to please, be pleasing	117
agraviar	to wrong, injure	375
agrupar	to group, gather into a group	596
aguantar	to put up with, tolerate, stand	401
ahogar	to drown, sink, choke	478
ahondar	to deepen, make deeper	104
ahuyentar	to drive or chase away	184
aislar	to isolate	193
ajustar	to adjust, fit	223
alabar	to praise	74
alargar	to lengthen, extend, stretch	478
alarmar	to alarm, disquiet	527
albergar	to shelter	412
alborotar	to stir up, arouse, incite	102
alegar	to contend, state, declare	412
alejarse de	to get away from	519
alentar (ie)	to encourage, cheer up, comfort	176
alertar	to alert, warn	585
alimentar	to feed, nourish, nurture	184
alisar	to smooth, polish	494
alistarse	to enroll, enlist, get ready	522
aliviar	to relieve, unburden, feel relief	375
alojar	to lodge, take lodgings	135
alterar	to alter, change	324
alumbrar	to illuminate, light	189
amargar	to make bitter, embitter, annoy	185
amarrar	to tie, bind	451
amasar	to knead, mix, amass (a fortune)	481
amoldarse	to adapt oneself, conform	518
amontonar	to pile up, gather, accumulate	602
amortiguar	to muffle, deaden, dim	147
amortizar	to write off, pay off	157
ampliar	to widen, extend	315
amplificar	to amplify, enlarge	383
amueblar	to furnish	375

analizar	to analyze	625
anhelar	to long for, yearn	182
animar	to animate, comfort, encourage	328
aniquilar	to annihilate, wipe out	112
anotar	to write notes, annotate	102
anteponer	to place in front, place before	498
anticipar	to anticipate, bring forward, advance	596
antojarse	to want, fancy, feel like	438
anudar	to tie knots, tie together, join	524
anular	to annul, void	115
apaciguar	to pacify, calm, soothe	147
aparcar	to park	171
aparentar	to feign, pretend, assume	184
apartarse	to keep away from, withdraw from	493
apedrear	to stone, attack	201
apegarse	to become fond, become attached to	259
apenar	to sadden	190
apestar	to stink, smell, annoy	440
apetecer	to long for, crave for, yearn for	67
aplacar	to appease, calm, soothe	66
aplanar	to flatten, smooth, level	69
aplastar	to crash, overwhelm	362
aplaudir	to applaud	88
aplazar	to postpone, flunk a test	70
aplicar	to apply, dedicate oneself	66
aplicarse	to apply oneself	248
aportar	to bring, contribute, furnish	76
apostar (ue)	to bet, wager	83
aprehender	to seize, apprehend	209
apretar	to tighten, squeeze, press down	551
aproximar	to approach, bring close or move near	328
apuntar	to aim, point	184
arañar	to scratch	81
arar	to plow, till	115
archivar	to file	407
arder	to burn, sting	634
armar	to arm, assemble	115
arrasar	to level, flatten, demolish, raze	89
arrastrar	to pull, drag, drag down	311
arrebatar	to snatch, carry off	165
arrestar	to arrest	508
arribar	to arrive, reach	257

arriesgar	to risk, venture	121
arrimarse	to bring close or move near	305
arrinconar	to corner, put away, ignore	359
arrodillarse	to bend on your knees	178
arropar	to clothe, wrap up	596
arrugar	to wrinkle, crease	419
arruinar	to ruin, destroy	92
arrullar	to lull or sing to sleep	342
asaltar	to assault, storm	343
asar	to roast, feel very hot	476
ascender (ie)	to ascend, climb	142
asechar	to trap, snare	293
asediar	to pester, harass	329
asemejarse a	to resemble, look like	519
asentar (ie)	to register, write down, record	192
asentir (ie, i)	to concur, assent, agree	573
asesinar	to assassinate, murder	181
asesorar	to advise, counsel	96
aseverar	to assert	324
asfixiar	to asphyxiate, suffocate	455
asilar	to give or grant asylum, take refuge	375
asociarse	to associate, become a member	170
asomarse a	to peep, look out at	305
asombrarse de	to be astonished, surprised at	123
aspirar	to inhale, breathe in	93
aspirar a	to aspire to be	93
asumir	to assume, take on	553
atajar	to intercept, halt, interrupt	608
atar	to tie, fasten, bind	165
atenerse a	to rely on, depend on	600
atentar	to attempt	184
aterrizar	to land (airplane)	432
aterrorizar	to terrify, frighten	432
atestiguar	to attest, testify	147
atinar	to find, discover, hit upon	92
atolondrar	to confuse, bewilder, stupefy	96
atorar	to obstruct, clog, stop up	96
atormentar	to torment, cause pain, torture	453
atracar	to hold up, assault	141
atragantarse	to choke, get confused	90
atrapar	to catch	596

atrasar	to retard, delay, slow down	354
atribuir	to attribute, impute	226
atropellar	to trample down, run over, knock down	342
aturdir	to daze, stun, bewilder, confuse	88
augurar	to predict, foretell, augur	137
aumentar	to augment, increase, enlarge	507
ausentarse	to be absent, absent oneself	493
autorizar	to authorize, permit	157
avalar	to guarantee	87
avanzar	to advance, move or push forward	405
aventurarse	to venture, dare	99
ayunar	to fast	190
azotar	to beat, flog, whip	102
azuzar	to stir up, arouse, incite	188
balbucear	to stammer, stutter, babble	153
barajar	to shuffle, mix together, quarrel	152
barnizar	to varnish, lacquer	475
basar	to base, support, be based, rely on	481
bastar	to suffice, be enough	362
batir	to mix, beat, hit	94
beneficiar	to benefit, profit, help	75
blanquear	to whiten, bleach	162
blasfemar	to blaspheme	179
bocinar	to blow a horn	197
bombardear	to bombard, bomb	136
bordar	to embroider, embellish	370
bordear	to border on, go round the edge	136
bosquejar	to sketch, outline, draft	422
bromear	to joke, jest	266
brotar	to sprout, bud, rise (water)	102
bucear	to dive, swim under water	153
bullir	to boil, bubble	650
burbujear	to bubble	153
cachetear	to slap	651
caducar	to become void, expire (a right, passport)	294
caer en cuenta	to realize	175
caerle bien/mal	to be well/bad received	175
caerse muerto	to drop dead	175
calar	to soak, drench, permeate	375
calcar	to trace (drawing), imitate, mimic	564
calcular	to calculate, think	375

calibrar	to calibrate, gage, measure	189
calumniar	to slander, defame	410
cambiar	to change, convert, replace	455
capacitar	to train, equip, train oneself, be competent	195
capitular	to capitulate, surrender, give up	375
captar	to grasp, catch (the real meaning of something)	374
capturar	to capture, apprehend	291
caracterizarse	to be characterized or distinguished	562
carecer	to lack, be in need of	122
carraspear	to clear one's throat	299
catalogar	to catalog, list	105
causar	to cause	624
cautivar	to attract, win over, take possession	462
cavar	to dig, delve into	462
cavilar	to ponder	151
ceder	to cede, yield, give in to, hand over	273
cegar (ie)	to blind	454
celar	to supervise, keep watch	182
censurar	to censor, criticize	291
centralizar	to centralize	523
centrar	to center, focus	311
ceñir (i, i)	to gird, enclose, tighten	543
cercar	to fence in, enclose	159
cerciorarse	to ascertain, make sure	90
cerner (ie)	to sift	309
certificar	to certify, attest	383
cesar	to cease, stop, come to an end	161
chamuscar	to scorch	171
chequear	to check, verify	162
chiflar	to whistle, blow a whistle, go crazy	375
chillar	to scream, shriek, squeak, screech	342
chismear	to gossip	266
chispear	to spark, sparkle	299
chupar	to suck, absorb	596
cicatrizar	to heal	432
cifrar	to encode	437
cimentar	to lay a foundation, establish	184
cincelar	to chisel, carve	632
circular	to distribute, circulate, move	375

civilizar	to civilize	523
clamar	to clamor, cry out	115
clarificar	to clarify	383
clasificar	to classify, sort	383
claudicar	to give up, back down	177
clausurar	to close, bring to a close	402
clavar	to nail, fasten	407
coaccionar	to coerce	359
coagular	to coagulate	384
cobijar	to cover, shelter	152
codiciar	to covet	253
coexistir	to coexist	392
cohibir	to inhibit, restrain	512
coincidir	to coincide, agree	246
cojear	to limp, wobble	153
colaborar	to collaborate, contribute	384
colar	to strain, sift, slip in (sneak)	375
coleccionar	to collect, form a collection	359
colectar	to collect (money)	374
colegir	to gather together, deduce, infer	297
columpiar	to swing	410
combatir	to fight, battle	105
combinar	to combine, unite	181
comentar	to comment	184
comerciar	to trade, deal	542
cometer	to commit, entrust	435
cometer un error	to make a mistake	435
compaginar	to arrange in order, collate	181
comparar	to compare	544
compenetrarse	to understand each other	505
compensar	to compensate, indemnify	262
compilar	to compile	151
complacer	to please, accommodate, be pleased	67
completar	to complete, finish	295
complicar	to complicate, involve	173
comportarse	to behave	99
comprimir	to compress	553
comprobar (ue)	to check, prove	510
computar	to compute, calculate	295
comulgar	to take or give communion	173
comunicar	to communicate, inform	167

concebir (i, i)	to conceive, become pregnant, imagine, formulate	577
conceder	to grant, admit, agree upon	273
concentrarse	to concentrate, be focused	424
concertar (ie)	to arrange, agree upon	78
concretar	to summarize, specify	551
concurrir	to agree, attend, concur	466
condecorar	to bestow honor, decorate	324
condenar	to condemn, sentence	190
condimentar	to season	184
conectar	to connect, plug in	441
confirmar	to confirm	353
confiscar	to confiscate	177
conformarse con	to be satisfied with	305
confortar	to comfort, console, cheer	441
confrontar	to confront, face	441
congelar	to freeze, congeal	182
congestionar	to congest, make congested	474
congojar	to cause anguish, distress	135
congratular	to congratulate, rejoice	375
conmemorar	to commemorate, celebrate	431
conmover (ue)	to move, touch, affect	445
connotar	to connote, imply	102
conquistar	to conquer, win over	223
consagrar	to consecrate, devote	417
conservar	to preserve, maintain, stay young	568
considerar	to consider, think of, be considered as	605
consistir	to consist of, be composed of	139
consolar (ue)	to console	643
consolidar	to consolidate,	604
conspirar	to conspire, plot	93
constar	to be clear, obvious, consist of	223
constatar	to verify, confirm	223
constiparse	to catch a cold	281
constituir	to constitute, form, make up	594
constreñir (i, i)	to constrain, force, compel	543
consultar	to consult, look up, discuss, advise	464
consumir	to consume, use, up, eat up	553
contagiar	to give or spread (a disease, enthusiasm, hate)	253
contaminar	to pollute, contaminate, corrupt	181
contar con (ue)	to rely on, trust, count on	221

contemplar	to contemplate	375
contentarse	to be contented	90
contradecir	to contradict, oppose, contradict oneself	247
contraer	to contract, reduce, shrink	611
contraer matrimonio	to get married	611
contrariar	to oppose, go against, contradict	631
contrarrestar	to counteract, block, stop	508
contrastar	to contrast	223
contratar	to hire, contract	616
controlar	to control, inspect, govern	375
convalecer	to recover, convalesce	6
conversar	to converse, chat, talk	375
convidar	to invite, treat	117
convivir	to live together	642
cooperar	to cooperate	532
coordinar	to coordinate	92
copiar	to copy, make copies, imitate	125
coquetear	to flirt	651
coronar	to crown	326
corresponder	to correspond, match, belong to	552
corromper	to corrupt, seduce	561
cortejar	to court, woo	82
coser	to sew, mend	232
costear	to finance, pay for	651
cotejar	to compare, check, reconcile	82
cotizar	to quote, price	432
crear	to create, form	651
criticar	to criticize, blame, find fault	177
cuestionar	to debate, discuss, dispute	474
culpar	to blame	596
cultivar	to grow	407
cumplir . . . años	to be . . . years old	241
cumplir con su palabra	to keep one's word	241
curar	to cure, heal	137
curiosear	to pry, investigate, snoop	266
cursar	to study, attend	375
custodiar	to guard, take care of	329
danzar	to dance	405
dar a	to face, look out upon, overlook	244

dar a conocer	to make known	244
dar a luz	to give birth	244
dar con	to stumble upon, find, run into	244
dar de alta	to discharge	244
dar gritos	to shout, scream	244
dar la hora	to strike (the hour)	244
dar las gracias	to thank	244
dar pena	to feel sorry	244
dar por	to consider as	244
dar recuerdos	to give regards (to)	244
dar un paseo	to take a walk	244
dar una vuelta	to take a walk, a stroll	244
darse a entender	to make oneself understood	244
darse cuenta de (que)	to realize	244
darse el gusto	to please oneself	244
darse la mano	to shake hands	244
darse prisa	to hurry	244
datar	to date, date from	548
debatir	to debate	68
debutar	to make one's debut, open (a play)	295
declarar	to declare, make known	79
declinar	to decline, fade out	92
decomisar	to confiscate	375
decorar	to decorate	630
decretar	to decree, resolve	551
deducir	to deduce, infer, deduct	610
deferir (ie, i)	to defer, delegate, yield	503
definir	to define, determine	622
deformar	to deform	179
defraudar	to deceive, deprive, defraud	524
degradar	to demote, degrade, reduce in rank	104
dejar caer	to drop	250
dejar de + inf.	to stop, leave off	250
dejarse de bromas	to stop kidding	250
delatar	to denounce, inform	616
delegar	to delegate	478
deleitarse	to delight	99
deletrear	to spell, interpret	201
deliberar	to deliberate, ponder, confer	324

delinear	to draw, delineate, design	136
delirar	to be delirious, talk nonsense	437
demarcar	to mark, delimit	425
demoler (ue)	to demolish, destroy	439
demorar	to delay, retard	375
denegar (ie)	to deny, refuse, reject	454
denigrar	to denigrate, slander	417
denominar	to denominate, name	181
denotar	to denote, indicate	102
deparar	to supply, provide	544
depilar	to depilate, remove hair	151
deplorar	to deplore, lament	630
deponer	to lay aside, put aside	498
deportar	to exile, deport	585
deprimir	to depress	553
derivar	to derive, drift	407
derramar	to spill, scatter	115
derrocar	to overthrow, demolish	194
derrochar	to waste, squander	267
derrotar	to defeat	165
derrumbar	to knock down, demolish	257
desabotonar	to unbutton	69
desabrigar	to uncover, undress	187
desabrochar	to unfasten, undo	267
desacomodar	to inconvenience, bother	80
desacostumbrarse	to lose the habit of, disaccustom	123
desacreditar	to discredit, disgrace	255
desactivar	to deactivate	407
desafinar	to get out of tune	602
desajustar	to put out of order, disarrange	440
desalentar (ie)	to make breathless, discourage	176
desaliñar	to make dirty, untidy, disarrange	306
desalinear	to misalign, get out of line	136
desalmar	to become weaken, upset	179
desalojar	to remove, dislodge	135
desamparar	to abandon, leave	544
desangrar	to bleed profusely	417
desanimar	to discourage, depress	328
desarmar	to disarm, take apart	390
desarreglar	to make untidy, disarrange	132
desarrollar	to develop	342

desarropar	to undress, disrobe	596
desatar	to untie, undo	429
desatender (ie)	to ignore, disregard, neglect	142
desatinar	to confuse, befuddle	181
desbaratar	to ruin, mess up, break	374
desbordar	to overflow	251
descalificar	to disqualify	383
descalzar	to take off shoes	113
descargar	to unload, discharge	185
descartar	to discard, put aside	374
descender (ie)	to descend, go down, get off	301
descifrar	to decipher, decode	189
descolgar (ue)	to take down, let down	199
desconcertar	to confuse, upset	192
desconectar	to disconnect, unplug	374
desconfiar	to distrust, doubt, suspect	315
descongelar	to thaw, defrost	182
desconocer	to be ignorant of, not recognize	217
descontar (ue)	to discount, deduct	221
descontinuar	to discontinue, cease, suspend	224
descorazonar	to discourage, dishearten	375
descuidar	to neglect, forget	149
desdeñar	to disdain, scorn	308
desdoblar	to unfold, spread out	375
desembalar	to unpack	375
desembarcar	to disembark, unload, leave	564
desempeñar	to fulfill (an obligation), act, hold a position	308
desencadenar	to unchain, break loose, liberate	474
desenchufar	to unplug, disconnect	649
desengañar	to undeceive, disillusion	81
desenganchar	to unlock, unfasten	267
desenlazar	to undo, unravel, develop	405
desenmascarar	to unmask, reveal, expose	375
desenredar	to disentangle, unravel	117
desenrollar	to unroll, unwind	166
desenterrar (ie)	to exhume, unearth	310
desentonar	to be out of tune, humiliate	326
desenvolver	to unroll, unwrap, develop	316
desequilibrar	to throw off balance, unbalance	189
desertar	to desert, abandon	374

desesperarse	to become or get desperate, lose hope	123
desfallecer	to faint, weaken	477
desfavorecer	to disfavor, not to flatter or suit	468
desfigurar	to disfigure	348
desfilar	to parade	640
desgajar	to rip or tear off, come apart or loose	152
desganarse	to lose (one's appetite/ interest in something)	90
desgarrar	to rip, tear	100
desgastar	to wear away or out, weaken	362
desgreñar	to dishevel, make untidy (hair)	308
deshabitar	to leave, vacate, abandon	374
desheredar	to disinherit	378
deshidratar	to dehydrate	429
deshilar	to unravel	640
deshinchar	to reduce swelling	267
deshonrar	to dishonor, disgrace	107
designar	to designate, assign	138
desilusionar	to disillusion	65
desinfectar	to disinfect	255
desinflamar	to reduce swelling or inflammation	115
desinflar	to deflate, collapse	375
desintegrar	to disintegrate, decompose	417
desinteresarse	to lose one's interest	393
desintoxicar	to detoxify	335
desistir	to desist, stop, give up	392
deslizarse	to slide, let slip	562
deslucir	to tarnish, spoil	323
deslumbrar	to dazzle, blind, baffle	189
desmantelar	to demolish, dismantle	632
desmayarse	to faint, swoon	261
desmejorar	to deteriorate, get worse	431
desmentir (ie, i)	to prove false, disprove, deny	433
desmenuzar	to crumble, scrutinize	523
desmontar	to dismount, dismantle	441
desmoronar	to wear away, decay, disintegrate	488
desnivelar	to make uneven, tilt	632
desnudar	to undress, strip	524
desobedecer	to disobey	459
desocupar	to clear, empty, vacate	374
desorbitar	to exaggerate, give too much importance	580

desordenar	to disarrange, make untidy	474
desorganizar	to disorganize	475
desorientar	to confuse, mislead	409
despabilarse	to wake up, liven up, become alert	90
despachar	to dispatch, send off	293
desparramar	to scatter, spread, disseminate	115
despechar	to disgust, make resentful	293
despedazar	to break, tear, ruin, shred	525
despeinarse	to become uncombed or disarranged	485
despejar	to clear away, vacate, clarify	422
desperdiciar	to waste, squander, misspend	75
despilfarrar	to squander, waste	163
despistar	to lead astray, mislead	223
desplazar	to move, shift, travel	525
desplegar (ie)	to unfold, spread out	454
despojar	to strip, rob, deprive	135
desposarse	to get married, become engaged, wed	186
despreciar	to despise, scorn, disregard	125
despreocuparse	to forget one's cares or worries, neglect	505
desprestigiar	to discredit, cause to lose prestige	315
desquiciar	to unhinge, upset	253
desquitarse	to win back, get even with	522
destacar	to emphasize, stand out, be noted	141
destapar	to uncover, uncork, open	596
destellar	to twinkle, sparkle, flash	156
desterrar (ie)	to exile, banish	302
destilar	to distil, filter	151
destinar	to designate, assign to	92
destituir	to dismiss, discharge	594
destornillar	to unscrew	156
destrozar	to destroy, shatter, break into pieces	581
desunir	to separate, disunite	622
desvalijar	to rob, swindle	349
desvalorar	to devalue, depreciate, discredit	630
desvalorizar	to devalue, depreciate	432
desvanecer	to disappear, diffuse, become dizzy	67
desvelar	to keep awake, stay awake	632
desviar	to deflect, deviate	315
desvincularse	to lose contact with	90
desvivirse por	to be eager to, be dying for, be anxious to	642
detallar	to detail, specify in detail	166
deteriorar	to deteriorate, be damaged, worn out	384

determinar	to determine, decide, resolve to	602
detestar	to hate, detest, loathe	453
detonar	to detonate, explode	223
devaluar	to devaluate (currency)	330
devengar	to earn (salary), produce (interest)	478
devorar	to devour, consume	96
diagnosticar	to diagnose	564
dialogar	to converse, chat	478
dictar	to dictate, command, give a lecture	255
difamar	to defame, slander	115
diferenciar	to differentiate, distinguish, differ	542
diferir (ie, i)	to defer, postpone	613
dificultar	to impede, hamper, obstruct	374
difundir	to diffuse, spread, publish, divulge	382
dirigirse a	to go to, go toward	280
discar	to dial a telephone number	492
disciplinar	to discipline, train	602
discriminar	to distinguish, discriminate	181
discurrir	to roam, reflect or ponder, think up	466
discutir	to discuss, argue	205
diseminar	to disseminate, spread, scatter	181
diseñar	to design, create, draw	308
disentir (ie, i)	to disagree, dissent	573
disfrazar	to disguise, dress for a masquerade	525
disfrutar	to enjoy, have a good time	374
disgustarse	to be displeased or annoyed	140
disimular	to pretend, feign, disguise	375
disipar	to dissipate, disperse	544
disminuir	to diminish, reduce, decrease	594
disolver (ue)	to dissolve, destroy, break up	550
disparar	to fire, discharge	575
dispensar	to dispense, grant, excuse	262
dispersar	to disperse, scatter	262
distinguir	to distinguish, honor, excel	337
distribuir	to distribute, apportion	226
disuadir	to dissuade	88
divagar	to wander, digress	478
divergir	to diverge, disagree	280
diversificar	to diversify	564
divisar	to see, perceive	375
divorciarse	to get divorced, separate	191

divulgar	to divulge, reveal, disclose	478
doblar	to fold, bend	375
doblegar	to bend, flex, yield	478
documentar	to inform, document	507
dominar	to dominate, master, control	181
donar	to donate, give	69
dorar	to gild, fry (golden brown)	375
dotar	to endow, bequeath, furnish, provide	165
duplicar	to duplicate, copy	388
echar (una carta, etc.) al correo	to mail (a letter, etc.)	293
echar abajo	to overthrow, destroy	293
echar de menos	to long for, miss	293
echar la culpa	to blame	293
echarse a perder	to spoil, ruin	293
echarse a reír	to burst out laughing	293
economizar	to economize, save	432
edificar	to build, construct, erect	383
editar	to publish	374
efectuar	to carry out, perform, effect	87
egresar	to leave, go away	538
ejercitar	to exercise, practice, train	374
elaborar	to make, elaborate, manufacture	384
elevar	to raise, lift, elevate	414
eliminar	to eliminate	181
elogiar	to praise	329
eludir	to elude, avoid, evade	88
emancipar	to emancipate, liberate	535
embadurnar	to smear, daub	197
embalar	to pack, put on speed (race)	535
embarazarse	to become pregnant	562
embarcar	to embark, go on board, take a long trip	564
embargar	to embargo, obstruct	185
embarrar	to splash with mud, stain	451
embaucar	to deceive, cheat	294
embeber	to absorb, take in	158
embellecer	to beautify, embellish	67
emboscar	to ambush	230
embromar	to tease, banter at	179
emerger	to emerge	514
emigrar	to emigrate, live abroad	417

emitir	to emit, send forth	642
emocionarse	to be moved, be touched inside	305
empacar	to pack, crate, bale	268
empapar	to soak, drench	596
empapelar	to paper, line	375
emparejar	to match, pair off	609
empatar	to tie, be equal	195
empeñarse	to insist on, set one's mind on	154
empeorar	to make worse, become worse	451
emprender	to undertake, engage in	273
empujar	to push, shove	278
emular	to emulate, rival	342
enajenar	to alienate, drive crazy	110
enamorarse	to fall in love with	289
encabezar	to head, lead	70
encadenar	to chain, put in chains, link	474
encajar	to fit in, insert	152
encaminar	to direct, guide	181
encapricharse	to become infatuated with, to take into one's head to	129
encarar	to face, confront	375
encarcelar	to imprison, incarcerate	632
encarecer	to raise prices	122
encargar	to put in charge, entrust	185
encariñarse	to become fond of	154
encauzar	to channel, guide, direct	625
enchufar	to plug in	649
encoger	to shrink, shrivel, shrug	319
encomendar (ie)	to trust	133
enderezar	to straighten	558
endeudarse	to get into debt	240
endosar	to endorse	375
endulzar	to sweeten, soften	523
endurecer	to harden, toughen	122
enemistarse	to become enemies	140
enfilar	to line up, put in a line	112
enflaquecer	to lose weight, slim down	122
enfocar	to focus, consider, look at	200
enfrentar	to confront, face	507
enfriar	to catch a cold, become cold	315
enfurecer	to infuriate, make furious	122
enganchar	to hook, latch	267

engordar	to fatten, put on weight	370
engrandecer	to increase, enlarge	217
engrasar	to grease, oil	481
engreír	to make conceited or vain, spoil	540
enjabonar	to soap, wash, lather	69
enjuagar	to rinse	478
enjuiciar	to judge, indict	125
enlatar	to can, put into a can	453
enlazar	to tie together, connect	113
enlodar	to muddy, spatter with mud	149
enloquecerse	to go crazy or mad, become enchanted with	204
enmarañar	to tangle up, entangle	243
enmascarar	to mask, hide, put on a mask	311
enmendar (ie)	to correct, amend	133
enmudecer	to silence, hush	459
enorgullecerse	to be proud of	204
enredar	to tangle, confuse	290
enriquecerse	to become rich, prosper	204
enrojecerse	to blush, turn red	204
enrolar	to sign on, enlist	375
enrollar	to wind, coil, roll up	166
enroscar	to curl, twine, twist	171
ensalzar	to exalt, glorify, praise	523
ensanchar	to widen, extend	267
ensartar	to string, thread	453
ensayar	to test, try, rehearse	124
ensillar	to saddle	156
ensimismarse	to become lost or absorbed in thought	77
ensuciar	to stain, make dirty	542
entablar	to start, begin	375
enterarse	to find out about, become aware of	127
enternecer	to make tender, soften	491
entonar	to intone, sing in tune	69
entrampar	to trap	544
entreabrir	to open slightly, set ajar	71
entrecerrar (ie)	to half-close	90
entrelazar	to interweave, intertwine, interlace	113
entremezclar	to intermix, intermingle	436
entrenar	to train	357
entreoír	to half-hear, hear vaguely	469

entrever	to catch a glimpse, see vaguely	636
entristecer	to sadden, make unhappy	67
entrometerse	to meddle, interfere	210
entusiasmar	to make enthusiastic, encourage	520
enumerar	to enumerate	532
enunciar	to enunciate	542
envasar	to bottle	481
envejecer	to age, make old	114
envenenar	to poison	413
enviciarse	to become addicted to	191
envidiar	to envy	413
envilecer	to debase, degrade	114
enviudar	to become a widower or a widow	290
enyesar	to set broken bone in plaster, plaster	538
equilibrar	to balance	189
equipar	to equip, outfit, furnish	596
equiparar	to compare, match	208
equivaler	to be equivalent to	629
erigir	to erect, build, construct	280
erizarse	to get goose bumps	562
esbozar	to sketch, outline	523
escabullirse	to slip away	650
escalar	to climb, ascend, rise	375
escampar	to clear up, stop raining	596
escandalizar	to scandalize, shock, offend	625
escapar	to escape, flee	596
escarbar	to scratch, scrape	74
escarmentar (ie)	to correct severely, learn one's lesson	176
esclarecer	to lighten, light up, clarify	103
escoltar	to escort	374
escudar	to shield, protect	290
escudriñar	to scrutinize, examine	243
esculpir	to sculpt, carve, engrave	642
escupir	to spit up	642
escurrir	to drain, drip	466
esforzarse (ue)	to try hard, make an effort, do one's best	146
esfumarse	to vanish, disappear	406
esgrimir	to wield a weapon, fence	553
esmerarse	to do one's best	123
espantar	to frighten	375
especializar	to specialize	625

especificar	to specify, itemize	383
especular	to speculate, ponder	375
espesar	to thicken, condense	375
espiar	to spy on	315
espirar	to breathe out, exhale	437
esquivar	to avoid, evade	568
establecer	to establish, set up	217
estafar	to swindle, cheat, defraud	375
estallar	to burst, explode	166
estampar	to stamp, print, engrave	596
estancarse	to become dammed up, come to a standstill	77
estar de acuerdo	to agree on	327
estar harto de	to be fed up with	327
estar mal	to be sick, not to work properly	327
estar para	to be about (ready) to	327
estar por	to be in favor of	327
estar por las nubes	to be sky high	327
estar resuelto a	to be determined	327
estar seguro de	to be sure of	327
estereotipar	to stereotype	596
estigmatizar	to stigmatize, brand	157
estimular	to stimulate, encourage	375
estirar	to stretch, extend	603
estorbar	to obstruct, hinder, annoy	559
estornudar	to sneeze	106
estrangular	to strangle	375
estrechar	to tighten, narrow, reduce	267
estregar	to rub, scrub, scour	484
estrellarse	to smash, crash	178
estrenar	to do or use for the first time, premier	357
estropear	to spoil, ruin	299
estrujar	to squeeze, press, crush	278
evadir	to evade, dodge, elude	88
evaluar	to evaluate, assess	87
evaporar	to evaporate, vanish	375
evocar	to evoke, recall	230
evolucionar	to evolve, develop	326
exagerar	to exaggerate, overdo	324
exaltar	to glorify, extol, praise	343
examinar	to examine, scan	181

exhibir	to exhibit, show, display	642
eximir	to exempt, free	642
existir	to exist, be	392
experimentar	to experience	507
explorar	to explore, research	415
exponer	to expose, jeopardize, show, exhibit	498
exponerse a	to run the risk of	498
exportar	to export	374
exprimir	to squeeze, wring out	553
expulsar	to expel, drive out	375
extender (ie)	to extend, expand, enlarge	309
extirpar	to eradicate, eliminate	596
extrañar	to miss, surprise	81
facilitar	to facilitate, expedite	374
facturar	to invoice, bill	375
fallecer	to die, expire	217
falsificar	to falsify, forge, counterfeit	383
familiarizarse	to get familiar with	562
fantasear	to daydream, imagine, dream of	136
fastidiar	to annoy, irritate, pester	375
fatigarse	to wear out	259
favorecer	to favor, improve the appearance of	468
fecundizar	to fertilize	475
fermentar	to ferment	507
fertilizar	to fertilize	523
fiar	to sell on credit	315
fiarse de	to trust, rely on	214
filmar	to film	520
filtrar	to filter	375
finalizar	to finish, conclude	523
fletar	to charter a ship, load merchandise	453
florecer	to bloom, flourish, prosper	122
flotar	to float	102
fluctuar	to fluctuate, rise and fall	87
fluir	to flow	389
fomentar	to foment, promote, stir up	507
forjar	to forge, form, make	347
formalizar	to formalize, make legal	625
formar	to form, shape	520
forrar	to line, cover	163
fortalecer	to fortify, strengthen	67

forzar (ue)	to force, break through, violate	111
fotocopiar	to photocopy	375
fotografiar	to photograph	315
fracturar	to fracture, break, rupture	375
fragmentar	to fragment	507
frecuentar	to attend regularly, go regularly to	453
frotar	to rub, touch lightly	102
fruncir	to wrinkle, pucker	652
frustrar	to frustrate, thwart	375
fugarse	to escape, flee	259
fumigar	to fumigate	187
fundir	to smelt, fuse	382
fusilar	to shoot	399
fustigar	to whip, censure	187
galopar	to gallop	596
ganarse la vida	to earn a living	178
garantizar	to guarantee	157
gatear	to crawl, creep	651
generar	to generate, produce	532
gesticular	to gesture, grimace	375
gestionar	to negotiate, arrange for	474
glorificar	to glorify	383
gotear	to drip, trickle	651
grabar	to engrave, record	619
gratificar	to recompense, reward	383
gravar	to tax, impose	407
gravitar	to gravitate	331
gritar	to shout, yell, scream	152
gruñir	to grunt, growl	642
guardar cama	to stay in bed	370
guardar silencio	to be silent, keep still	370
guiñar	to wink	243
guindar	to hang up, be suspended, to win	117
guisar	to cook, stew	375
habilitar	to qualify, furnish, equip	374
habituarse	to become accustomed to	87
hablar mal de	to gossip, speak against	375
hacer daño	to harm, hurt (oneself)	376
hacer buen (mal) tiempo*	to be good (bad) weather	376
hacer caso	to pay attention to, listen, obey	376

hacer escala	to stop over	376
hacer falta	to lack something	376
hacer fresco*	to be cool	376
hacer frío (calor)*	to be cold (hot)	376
hacer hincapié	to emphasize	376
hacer preguntas	to ask questions	376
hacer viento*	to be windy	376
hacerse cargo de	to take charge of	376

*Conugated only in third-person singuar in all tenses.

hartar	to annoy, tire, bore	441
hechizar	to charm, enchant, bewitch	157
helar	to freeze	632
hidratar	to hydrate	441
hincarse	to knell down	77
hincharse	to become swollen	129
hipnotizar	to hypnotize	157
hojear	to skim through a book, a magazine	266
homenajear	to pay homage to	266
honrar	to honor	107
hornear	to bake	266
hospedar	to lodge (at), stay (at)	301
humear	to smoke, steam	266
hurgar	to poke, rummage	478
hurtar	to steal, rob	567
idealizar	to idealize	523
idear	to think up, invent	266
idolatrar	to idolize	311
igualar	to equalize, make equal	375
iluminar	to light, illuminate	181
ilusionarse	to have hope	123
ilustrar	to illustrate, draw	311
imaginar	to imagine	197
imitar	to imitate	453
impacientarse	to lose patience, become impatient	493
impartir	to grant, give, convey	588
implorar	to implore, beg	384
imponer	to impose	498
importunar	to bother	375
impresionar	to impress, move	69
imprimir	to print	553
improvisar	to improvise	148

impugnar	to refute, impugn, contest	357
impulsar	to drive, impale, to propel	375
imputar	to charge with, impute	374
inaugurar	to inaugurate, grand opening	375
incendiar	to set on fire	119
incitar	to incite	195
inclinar	to incline, be inclined to	181
incomodar	to bother, inconvenience	290
incomunicar	to isolate, confine	501
incorporar	to join, incorporate, sit up	415
incrementar	to increase	507
incrustar	to inlay, encrust	362
inculcar	to inculcate, implant (ideas, knowledge)	564
incumplir	to fail, break a promise	241
incurrir	to incur, commit	466
indagar	to investigate, examine	478
indemnizar	to indemnify, compensate	523
independizar	to liberate, emancipate	523
indignar	to infuriate, irritate	138
indisponer	to upset, indispose	282
individualizar	to individualize, make personal	523
inducir	to lead, induce	394
industrializar	to industrialize	523
infamar	to defame, discredit	115
infectar	to infect	374
inferir (ie, i)	to infer, deduce	503
infestar	to infest	440
infiltrar	to infiltrate	375
inflamar	to set on fire, inflame	115
inflar	to inflate, blow up	375
infligir	to inflect, condemn	280
infringir	to infringe, transgress	280
infundir	to instill, infuse, inspire	382
ingeniar	to invent, think up	375
ingerir (ie, i)	to ingest, take in, consume	279
ingresar	to enroll, register	375
inhabilitar	to disable, incapacitate	374
inhalar	to inhale, breathe in	375
inhibir	to inhibit, restrain	526
iniciar	to initiate, begin, start	455
injuriar	to abuse, insult, offend	375
inmigrar	to immigrate	417

inmiscuir	to interfere, meddle	220
inmovilizar	to immobilize, paralyze	523
inmunizar	to immunize	523
inmutarse	to change, alter	90
innovar	to innovate	407
inocular	to inoculate	375
inquietar	to disturb, trouble	374
insertar	to insert, include	374
insinuar	to insinuate, suggest, hint	224
inspeccionar	to inspect, examine	326
inspirar a	to inspire to	93
instalar	to install	375
instar	to urge, press	223
instaurar	to establish, set up	375
instigar	to provoke, incite	187
instituir	to institute, establish, found	381
instruir	to instruct, teach	381
instrumentar	to orchestrate	507
insultar	to insult	441
integrar	to integrate, form	417
intelectualizar	to intellectualize	157
intensificar	to intensify	383
intentar	to try, attempt	507
intercalar	to insert, intercalate	375
intercambiar	to exchange, interchange	455
interceder	to intercede, mediate	467
interceptar	to intercept	76
interferir (ie, i)	to interfere	613
internar	to intern, commit	375
interpelar	to appeal, implore	182
interpretar	to interpret, perform	374
interrogar	to question, interrogate	478
interrumpir	to interrupt	642
intersectar	to intersect, meet, cross	374
intervenir	to intervene, interfere	635
intimidar	to intimidate, threaten	290
intoxicar	to poison, intoxicate	200
intranquilizarse	to get restless or uneasy	562
intrigar	to intrigue, plot, scheme	187
intrincar	to tangle, involve	167
intuir	to intuit	274

inundar	to flood, inundate	117
invadir	to invade, trespass	88
invalidar	to invalidate	117
inventar	to invent	507
investigar	to investigate, check	187
invocar	to invoke, beg for	604
involucrar	to involve, bring in	375
inyectar	to inject, irradiate	374
ir de caza	to go hunting	397
ir de compras	to go shopping	397
irrigar	to irrigate	187
irritar	to irritate, anger	374
irse a las manos	to fight, struggle	398
izar	to hoist	432
jabonar	to soap, wash, lather	69
jactarse	to boast, brag	191
jadear	to pant, heave	266
jalar	to pull	375
jerarquizar	to arrange hierarchically	432
jorobar	to annoy, bother, irritate, exasperate	559
juramentar	to swear in	507
justificar	to justify	383
laborar	to work, toil, labor	375
labrar	to work, carve, bring about	189
lacerar	to lacerate, wound	325
lactar	to nurse, breast-feed	374
ladear	to lean, tilt, incline	375
ladrar	to bark	375
lagrimear	to weep, cry	375
lamentar	to be sorry, regret	401
lamer	to lick, lap	203
laminar	to laminate, roll into sheets	181
laquear	to lacquer	162
largar	to release, let go	484
legar	to delegate, bequeath	484
legislar	to legislate	375
legitimar	to legitimize	328
lesionar	to damage, wound	69
liar	to tie, bind, roll	315
liberar	to liberate, free	324
libertar	to liberate, rescue	374

librar	to save, rescue, release	189
licenciarse	to graduate with degree	178
licitar	to bid for, auction	195
licuar	to liquefy, blend	87
lidiar	to fight, battle	329
ligar	to tie, bind	187
limar	to file	328
limitar	to limit	374
lindar	to border on, be next to	117
liquidar	to liquefy, liquidate	117
listar	to enter into a list	508
litigar	to litigate, dispute	187
llamar la atención	to attract someone's attention	411
llegar a ser	to become something, get to be	412
llegar tarde	to be late	412
llenarse de valor	to get up courage	413
llevar a cabo	to carry out, accomplish, finish	414
llevarse bien (mal)	to be on good (bad)	127
localizar	to localize	432
lubricar	to lubricate	341
lucir	to shine	652
lustrar	to polish	311
macerar	to soak, steep, marinate	324
machacar	to pound, crush	564
machucar	to crush, bruise, maul	294
magnetizar	to magnetize	432
magnificar	to magnify	177
magullar	to bruise, batter	156
majar	to crush, pound, mash	152
malbaratar	to undersell, squander, misspend	374
malcriar	to spoil or ruin a person	315
maldecir	to curse	160
maleficiar	to harm, bewitch	75
malentender (ie)	to misunderstand	309
malgastar	to squander, waste	362
malograr	to waste time, miss opportunity	417
maltratar	to mistreat	616
mamar	to suck, nurse	115
manar	to flow, run, spring	375
manchar	to soil, become soiled, stained	267
mancillar	to stain, soil, spot, blemish	156

manifestar	to manifest, show, demonstrate	223
maniobrar	to work, operate	189
manipular	to manipulate, handle	375
manosear	to handle, touch	266
manufacturar	to manufacture	375
maquinar	to scheme, plot	602
maravillarse	to marvel, wonder at	191
marchitar	to wither, wilt, fade	374
martillar	to hammer, torment	156
martirizar	to martyr, torture	432
mascar	to chew	171
materializar	to materialize	157
matricular	to register, get registered	375
mecer	to rock, swing	434
mediar	to mediate, intercede	375
meditar	to meditate	374
mencionar	to mention, name	326
menear	to move, shake, wiggle	136
menoscabar	to lessen, reduce, diminish	74
menospreciar	to despise, look down, underestimate	125
mercadear	to trade, deal, do business	266
merendar (ie)	to eat a light refreshment in the afternoon	133
meterse en	to meddle with	210
metodizar	to organize, systematize, methodize	432
militar	to serve in the army	374
minar	to mine, sap, undermine	181
minimizar	to reduce, lessen, diminish	432
mitigar	to mitigate, alleviate, quench	187
modelar	to model, pattern, shape	182
moderar	to moderate, control	532
modernizar	to modernize	432
modificar	to modify, change	177
mofarse	to make fun of, mock	375
moldear	to mold, cast, mould	375
morar	to reside, dwell	375
morirse de risa (ue, u)	to die of laughter	288
mortificar	to mortify, annoy, vex	177
motivar	to motivate	568
movilizar	to mobilize	432
multar	to fine	374

murmurar	to murmur, whisper	374
musitar	to mumble, whisper, mutter	374
mutilar	to mutilate, cripple	151
nacionalizar	to nationalize, naturalize	432
naturalizar	to naturalize, nationalize	432
naufragar	to sink, be shipwrecked	412
negarse a (ie)	to refuse, decline	454
nivelar	to level, make even	182
nombrar	to appoint, name, mention	189
nominar	to name, call	181
normalizar	to normalize, get back to normal	432
notar	to notice, note	645
nublar*	to cloud, become cloudy	375
numerar	to count, number	324
nutrir	to nourish, feed	642
objetar	to object to, feel or state disapproval	453
obrar	to work, build, act	189
obsesionar	to obsess	69
obstaculizar	to hinder, obstruct, block	432
obstinarse	to insist on, persist in	424
obstruir	to block, obstruct, stop	381
obviar	to remove, clear away	375
ocasionar	to cause	488
odiar	to hate	375
ofertar	to offer	374
oficiar	to officiate, celebrate	375
ofrendar	to offer, make an offering	117
ofuscar	to dazzle, blind, confuse	171

*Conjugated only in third-person singular in all tenses.

ojear	to stare at, eye	375
olfatear	to smell, sniff	651
ondear	to wave, ripple	153
ondular	to undulate, wave (hair)	375
opacar	to cloud, darken, eclipse	141
operar	to operate, operate on	532
opinar	to think, express an opinion	181
oprimir	to oppress, press, squeeze	553
optar	to choose, select, opt	374
orar	to pray, make a speech	375
orear	to air dry, aerate	201
orientar	to orient, guide	507

originar	to originate, create, invent	92
orquestar	to orchestrate	453
osar	to dare, venture	375
oscilar	to swing, oscillate, fluctuate	628
oscurecer	to get dark, become night	118
ostentar	to show off, flaunt	507
otear	to survey, scan, watch	651
oxidar	to oxidize, rust	117
pacificar	to pacify, calm down	177
pactar	to agree to, come to an agreement	374
paladear	to taste, relish	266
palear	to shovel	142
palidecer	to turn pale, become pale	103
palmear	to clap, applaud	201
palpar	to touch, feel around with the hand	596
palpitar	to palpitate, throb	255
paralizar	to paralyze; become paralyzed	432
parapetar	to fortify with parapets, protect oneself	616
parear	to pair, match	201
parecerse a	to resemble (someone)	204
parir	to give birth	335
parpadear	to blink, wink	266
parquear	to park	162
participar	to participate, communicate, inform	375
particularizar	to particularize, specify	432
partir	to divide, leave, set out	588
pasar adelante	to come in, enter	481
pasar la lista	to call roll	481
pasar una película	to show a movie	481
pasmar	to stun, astonish, amaze	115
patear	to kick, treat rudely	361
patentar	to patent	504
patinar	to skate	361
patrocinar	to sponsor, support	197
patrullar	to patrol	166
pausar	to pause, rest	624
pecar	to sin, do wrong	492
pedir prestado	to borrow	483
pelar	to peel, pare (fruit), shave (someone's head)	182

pelear	to fight	413
peligrar	to be in danger, peril	417
pellizcar	to pinch, nip	167
penalizar	to penalize, punish	432
penetrar	to penetrate, enter	375
pensionar	to pension	413
percatarse	to realize, notice, perceive	77
percibir	to perceive, sense, notice	526
perder (ie)		
el tiempo	to waste (one's) time	487
perdurar	to last, last a long time	291
perecer	to perish, end	459
peregrinar	to go on a pilgrimage	361
perfeccionar	to perfect, improve	413
perfilar	to outline, profile	640
perforar	to puncture, perforate	375
perfumar	to perfume, scent	358
perjudicar	to damage, harm	177
perjurar	to commit perjury, forswear	375
permanecer	to stay, remain	217
perpetuar	to perpetuate	87
perseverar	to persevere, continue	532
persistir	to persist	392
persuadir	to persuade	120
perturbar	to disturb, upset, become upset	257
pesar	to weigh	375
picar	to prick, peck, sting, be too spice (food)	335
pilotar	to pilot, steer, navigate	102
planchar	to iron	267
planear	to plan	375
plantar	to plant	184
plantear	to state, outline, set forth	375
plasmar	to shape, mould, make	606
poner pretextos	to make up excuses	498
ponerse a + inf.	to begin to, start to	499
ponerse de		
acuerdo	to agree, come to an agreement	499
ponerse de pie	to stand up	499
portarse	to behave	109
posar	to pose	336
posponer	to postpone	498
predecir	to predict, forecast	160

predisponer	to predispose	498
premiar	to reward	375
prender	to grasp, seize, set fire to	126
prescindir de	to do without, get along without	382
presentarse al examen	to take an exam	90
presionar	to pressure, push	413
prestar atención	to pay attention	508
prever	to anticipate, foresee, forecast	636
proceder	to proceed	203
procurar	to strive, try	375
programar	to program, plan	115
progresar	to progress, advance	375
prolongar	to prolong, lengthen, endure	478
prometer	to promise to	435
pronosticar	to forecast, foretell	335
pronunciar	to pronounce, deliver or make speech	375
proponer	to propose to	498
proporcionar	to give	413
prorrogar	to extend, defer, prolong	412
prosperar	to prosper, thrive	532
protestar	to protest, complain	508
proveer	to provide, supply	408
provocar	to provoke, incite, annoy	501
pulir	to polish	642
quedar bien	to acquit oneself, keep a promise or appointment	149
quedar de acuerdo	to agree, come to an agreement	149
quedar en	to agree on	149
quedar mal	to fail someone, not keeping a promise	149
quedar sabroso	to be tasty, delicious	149
quedarse asombrado	to be astonished	518
quedarse dormido	to fall asleep	518
querer decir	to mean	521
rasgar	to tear, rip	484
rasguñar	to scratch	308
raspar	to scrape	596
rayar	to underline, cross out	124
razonar	to reason	375

reaccionar	to react	413
reafirmar	to reaffirm, reassert	353
realzar	to enhance, highlight, elevate	523
rebajar	to reduce, discount, loose weight	152
recalcar	to emphasize, stress	141
recalentar	to reheat	176
recaudar	to collect	290
recetar	to prescribe	374
recircular	to recycle, distribute	112
recitar	to recite (a poem), read (speech)	195
recobrar	to recuperate, recover	196
recompensar	to reward, recompense	262
reconciliarse	to reconcile	123
recopilar	to compile, abridge	628
recorrer	to travel, cross or go over	232
recortar	to cut, clip, trim	233
recurrir	to resort	466
redactar	to write	374
reemplazar	to replace, substitute	523
refinar	to refine, polish, perfect	92
reflejar	to reflect	82
reforzar (ue)	to reinforce	111
refunfuñar	to grumble, growl	308
regañar	to scold	306
regir (i, i)	to rule, rule oneself	231
regocijarse	to delight	438
rehacer	to redo	376
reinar	to reign, prevail	474
reintegrar	to restore, return, reintegrate	520
relajarse	to relax oneself	438
relatar	to relate, tell	374
rellenar	to fill, refill, fill out	413
remar	to row, paddle	520
rematar	to finish off	429
remediar	to remedy, cure	375
remitir	to remit, send, transmit, refer to	489
rendir (i, i)	to conquer, subdue	577
renegar (ie)	to deny, detest, abhor	454
renovar (ue)	to renew	252
repicar	to ring, sound, peal	335
replicar	to answer	335

reponer	to restore, replace	498
reposar	to rest, lie, be buried	375
reprimir	to repress	553
reprobar (ue)	to fail (a test)	510
reprocharse	to reproach	129
requerir (ie, i)	to require	590
resaltar	to rebound, stand out	567
resbalar	to slip, slide; slide oneself	375
resentir (ie, i)	to resent, be offended or hurt	537
reservar	to reserve	462
residir	to live, reside	285
resignarse a	to resign oneself to	140
respaldar	to endorse, support	149
respirar	to breathe	324
restar	to subtract	508
restaurar	to restore	375
retar	to challenge	453
retener (ie)	to retain	600
retrasar	to delay; be late or delayed	375
retratar	to portray, paint, take a photograph, depict	616
retroceder	to retreat	467
reventar (ie)	to burst, explode	176
revivir	to revive	642
revocar	to revoke	200
rizar	to curl	432
rodear	to surround, encircle	266
roncar	to snore	194
rozar	to rub, touch lightly	581
rugir	to roar, bellow	280
saber + infi.	to know how to do something	563
saborear	to taste, savor, flavor	153
sacar a relucir	to bring up	564
sacar buena (mala) nota	to get a good (bad) grade	564
sacar de quicio	to irritate, get on someone's nerves	564
sacar en limpio	to deduce	564
sacar una foto	to take a picture	564
sacrificar	to sacrifice; sacrifice oneself	177
salar	to salt, season	151
salir bien (mal)	to do well (bad)	566

salir con	to have a date with	566
salir de viaje	to go on a trip	566
saludar	to greet, say hello, salute	290
secar	to dry; dry oneself	564
seleccionar	to select, choose	69
sellar	to seal, stamp	156
sentenciar	to sentence someone	253
señalar	to signal, point out, indicate	375
separarse de	to separate or remove oneself from	127
silbar	to whistle	559
simpatizar	to get along well together, to sympathize with	91
sintonizar	to tune in (a radio station)	432
sobornar	to bribe	351
sobresaltar	to startle, frighten	567
socorrer	to help, aid, rescue	232
sofreír	to sauté, fry lightly	540
soltar (ue)	to untie, loosen, let out	221
solucionar	to solve	359
someter a	to submit to, subdue to	435
sonarse la nariz	to blow your nose	582
soñar despierto (ue)	to be daydreaming, be lazy	584
soplar	to blow	375
sosegar	to calm, quiet, rest	536
sospechar	to suspect	293
suavizar	to smooth	432
subrayar	to underline, emphasize	124
subyugar	to subdue, subjugate	412
sudar	to sweat	290
suicidarse	to commit suicide	304
suplicar	to beg	564
suprimir	to suppress, eliminate, cut out	553
suspirar	to sight	554
tallar	to carve, engrave, cut	166
tambalear	to stagger, stumble	299
tartamudear	to stutter, stammer	375
tejer	to knit, weave	232
telefonear	to telephone	375
tener... años	to be... years old	600
tener calma	to be calm	600

tener calor (frío)	to be hot (cold)	600
tener celos	to be jealous	600
tener cuidado	to be careful	600
tener dolor de (cabeza, estómago, etc.)	to have a pain (headache, stomachache, etc.)	600
tener éxito	to be successful	600
tener ganas de	to feel like	600
tener hambre	to be hungry	600
tener la culpa de	to be blamed for	600
tener lugar	to take place	600
tener miedo de	to be afraid of	600
tener prisa	to be in a hurry	600
tener que + infi.	to have to	600
tener que ver con	to have to do with	600
tener razón	to be right	600
tener sed	to be thirsty	600
tener sueño	to be sleepy	600
tener suerte	to be lucky	600
tener vergüenza	to be ashamed, be embarrassed	600
teñir (i, i)	to dye	543
tiritar	to shiver	453
tocarle a uno	to be one's turn	372
tomar asiento	to sit down	606
tomar parte de	to participate	606
tramar	to plot	115
tranquilizar	to quiet, calm down	432
transcurrir	to pass, go by, elapse	466
trasladar	to transfer, move from one place to another	117
traspasar	to pierce, run through, transfer	481
trastornar	to upset, disrupt, perturb	65
tratarse de	to be about, be a matter of	99
trazar	to trace, outline	525
triturar	to grind	375
triunfar	to triumph, succeed	375
trotar	to jog, trot	102
turbar	to disturb, trouble, be confused	375
turnarse	to take turns	90
tutear	to address someone familiarly	375
ufanarse	to boast, be proud	127

ultimar	to finish, conclude, complete	328
ultrajar	to insult, offend	609
ungir	to anoint	280
unificar	to unify	177
urbanizar	to urbanize, develop	432
urdir	to plot, scheme	246
urgir	to be urgent	592
usurpar	to usurp, encroach upon	596
vendar	to bandage, blind fold	360
venerar	to venerate, honor	324
vengarse	to get revenge	259
venir a parar	to turn out	635
venirse al suelo	to come crashing to the floor	635
verse forzado a	to be forced or compelled to	636
visualizar	to visualize	432
voltear	to turn over, upset	651
volver en sí	to regain consciousness	644
vomitar	to vomit	374
yuxtaponer	to juxtapose	498
zaherir	to wound (with words), reprimand, reproach	379
zarandear	to shake, sift	651
zarpar	to set sail, weigh anchor	596
zozobrar	to sink, capsize, be shipwrecked	189
zumbar	to buzz	619

Appendix of Irregular Verb Forms

This appendix presents irregular verb forms that are different or differ from the infinitive form of a verb. This appendix also contains verbs with orthographical changes, which are changes such as accent marks. The page number next to the infinitive of the verb will direct you to the verb chart that has the irregular form(s) or change(s) in its conjugation. If two verb charts are referenced, consult both charts and then choose the verb that corresponds to the appropriate meaning.

caigo **caer 75**

calcé, calce **calzar 180**

caliente **calentar 176**

caliento, etc. **calentar 176**

califiqué, califique **calificar 177**

castigué, castigue **castigar 187**

cayendo, cayeron, cayó **caer 175**

cierre, etc. **cerrar 192**

cierro, etc. **cerrar 192**

coja, etc. **coger 198**

cojo **coger 198**

coloqué, coloque **colocar 200**

comencé **comenzar 202**

comience, etc. **comenzar 202**

comienzo, etc. **comenzar 202**

compitiendo **competir 206**

compitiera, compitiese
  competir 206

compito, etc. **competir 206**

concluya, etc. **concluir 211**

concluyo, etc. **concluir 211**

condujera, condujese
  conducir 212

conduzca, etc. **conducir 212**

conduzco **conducir 212**

confíate **confiarse 214**

confié, confíe **confiar 214**

confíese **confiarse 214**

confiese, etc. **confesar 213**

confieso, etc. **confesar 213**

confío, etc. **confiar 214**

conjugué, conjugue **conjugar 216**

conozca, etc. **conocer 217**

conozco **conocer 217**

consienta, etc. **consentir 219**

consiga, etc. **conseguir 218**

consigues **conseguir 218**

consiguiendo **conseguir 218**

consiguió **conseguir 218**

consintiendo **consentir 219**

consintió **consentir 219**

construya, etc. **construir 220**

construyendo **construir 220**

construyo, etc. **construir 220**

continúo, etc. **continuar 224**

contradicho **contradecir 225**

contradiga, etc. **contradecir 225**

contradigo **contradecir 225**

contradije, etc. **contradecir 225**

contradiré **contradecir 225**

contribuyendo **contribuir 226**

contribuyera, contribuyese
  contribuir 226

contribuyó **contribuir 226**

contribuyo, etc. **contribuir 226**

convendré, etc. **convenir 228**

convendría, etc. **convenir 228**

convengo **convenir 228**

convenzo **convencer 227**

conviene **convenir 228**

convierto, etc. **convertir 229**

convine, etc. **convenir 228**

convirtiera, convirtiese
  convertir 229

convirtió, convirtieron
  convertir 229

convoqué, convoque
  convocar 230

corrige **corregir 231**

corrigiera, corrigiese **corregir 231**

corrigió **corregir 231**

corrija, etc. **corregir 231**

corrijo **corregir 231**

creo **creer 236**

creyendo **creer 236**

creyera, creyese **creer 236**

creyó, creyeron **creer 236**

crezca, etc. **crecer 235**

crezco **crecer 235**

crucé **cruzar 238**

M

madrugué, madrugue **madrugar** **419**

mantendré, etc. **mantener 423**

mantendría, etc. **mantener 423**

mantengo **mantener 423**

mantiene **mantener 423**

mantuve, etc. **mantener 423**

mantuviera, mantuviese **mantener** **423**

marqué, marque **marcar 425**

mastiqué, mastique **masticar 428**

merezca, etc. **merecer 434**

merezco **merecer 434**

midiendo **medir 434**

midiera, midiese **medir 430**

midió, midieron **medir 430**

mido, etc. **medir 430**

mienta, etc. **mentir 433**

miento, etc. **mentir 433**

mintiendo **mentir 433**

mintiera, mintiese **mentir 433**

mintió, mintieron **mentir 433**

muela, etc. **moler 439**

muele **moler 439**

muelo **moler 439**

muerda, etc. **morder 442**

muerdo, etc. **morder 442**

muero, etc. **morir 443**

muerto **morir 443**

muestro, muestre **mostrar 444**

mueva, etc. **mover 445**

muevo, etc. **mover 445**

multipliqué, multiplique **multiplicar 447**

muriendo **morir 443**

muriera, muriese **morir 443**

murió, murieron **morir 443**

N

navegué, navegue **navegar 452**

nazca, etc. **nacer 449**

nazco **nacer 449**

negué **negar 454**

niego, etc. **negar 454**

niegue, etc. **negar 454**

nieva, nieve **nevar 456**

notifiqué, notifique **notificar 457**

O

obedezca, etc. **obedecer 459**

obedezco **obedecer 459**

obligué, obligue **obligar 460**

obtendré **obtener 463**

obtendría, etc. **obtener 463**

obtengo **obtener 463**

obtiene **obtener 463**

obtuve **obtener 463**

obtuviera, obtuviese **obtener 463**

ofrezca, etc. **ofrecer 468**

ofrezco **ofrecer 468**

oí **oír 469**

oído **oír 469**

oigo **oír 469**

oímos **oír 469**

opondré, etc. **oponerse 473**

opondría, etc. **oponerse 473**

opongo **oponerse 473**

opuesto **oponerse 473**

opuse, etc. **oponerse 473**

opusiera, opusiese **oponerse 473**

organicé, organice **organizar 475**

oye **oír 469**

oyen **oír 469**

oyendo **oír 469**

oyera, oyese **oír 469**

oyes **oír 469**

oyó **oír 469**

P

pagué, pague **pagar 478**

parezca, etc. **parecer 480**

parezco **parecer 480**

pegué, pegue **pegar 478**

persigo **perseguir 490**

persigues **perseguir 490**

persiguiera, persiguiese **perseguir 490**

persiguió **perseguir 490**

pertenezca, etc. **pertenecer 491**

pertenezco **pertenecer 491**

pesqué, pesque **pescar 492**

pida, etc. **pedir 483**

pidiendo **pedir 483**

pidiera, pidiese **pedir 483**

pidió, pidieron **pedir 483**

pido, etc. **pedir 483**

piense, etc. **pensar 486**

pienso, etc. **pensar 486**

pierda, etc. **perder 487**

pierdo, etc. **perder 487**

planifiqué, planifique **planificar 495**

platiqué, platique **platicar 496**

podré, etc. **poder 497**

podría, etc. **poder 497**

pon **poner 498**

pondré, etc. **poner 498**

pondría, etc. **poner 498**

ponga, etc. **poner 498**

pongámonos **ponerse 499**

póngase **ponerse 499**

pongo **poner 498, ponerse 499**

ponte **ponerse 499**

poseyendo **poseer 500**

poseyera, poseyese **poseer 500**

poseyó, poseyeron **poseer 500**

practiqué, practique **practicar 501**

prediqué, predique **predicar 502**

prefiera, etc. **preferir 503**

prefiero, etc. **preferir 503**

prefiriendo **preferir 503**

prefiriera, prefiriese **preferir 503**

prefirió, prefirieron **preferir 503**

prevén **prevenir 509**

prevendré, etc. **prevenir 509**

prevendría, etc. **prevenir 509**

prevenga, etc. **prevenir 509**

prevengo **prevenir 509**

previenes **prevenir 509**

previne, etc. **prevenir 509**

previniendo **prevenir 509**

previniera, previniese **prevenir 509**

produje, etc. **producir 511**

produjera, produjese **producir 511**

produzco **producir 511**

promueva, etc. **promover 513**

promuevo, etc. **promover 513**

proteja, etc. **proteger 514**

protejo **proteger 514**

pruebe, etc. **probar 510**

pruebo, etc. **probar 510**

publiqué, publique **publicar 515**

pude, etc. **poder 497**

pudiendo **poder 497**

pudiera, pudiese **poder 497**

pueda, etc. **poder 497**

puedo, etc. **poder 497**

puesto **poner 498**

puse, etc. **poner 498**

pusiera, pusiese **poner 498**

Q

quepa, etc. **caber 174**

quepo **caber 174**

querré, etc. **querer 521**

quiebre, etc. **quebrar 517**

quiebro, etc. **quebrar 517**

quiera, etc. **querer 521**

quiero, etc. **querer 521**

quise, etc. **querer 521**

quisiera, quisiese **querer 521**

R

realicé, realice **realizar 523**

rechacé, rechace **rechazar 525**

recoja, etc. **recoger 528**

recojo **recoger 528**

recomiendo, etc. **recomendar 529**

reconozca, etc. **reconocer 530**

reconozco **reconocer 530**

recuerde, etc. **recordar 531**

recuerdo, etc. **recordar 531**

reduje, etc. **reducir 533**

redujera, redujese **reducir 533**

reduzca, etc. **reducir 533**

reduzco **reducir 533**

regué **regar 536**

remiende, etc. **remendar 541**

remiendo, etc. **remendar 541**

repitiendo **repetir 547**

repitiera, repitiese **repetir 547**

repitió, repitieron **repetir 547**

repito, etc. **repetir 547**

resfriándose **resfriarse 548**

resfrió **resfriarse 548**

resfrío, etc. **resfriarse 548**

resuelto **resolver 550**

resuelvo, etc. **resolver 540**

ría, etc. **reír 540**

riego, etc. **regar 536**

riegue, etc. **regar 536**

riendo **reír 540**

riera, riese **reír 540**

riñendo **reñir 543**

riñera, riñese **reñir 543**

riño, etc. **reñir 543**

riñó, riñeron **reñir 543**

rió **reír 540**

río, etc. **reír 540**

rogué **rogar 560**

roto **romper 561**

ruboricé, ruborice **ruborizar 562**

ruego, etc. **rogar 560**

ruegue, etc. **rogar 560**

S

sabré, etc. **saber 563**

sabría, etc. **saber 563**

sal **salir 566**

saldré, etc. **salir 566**

saldría, etc. **salir 566**

salga, etc. **salir 566**

salgo **salir 566**

saqué, saque **sacar 564**

satisfaga, etc. **satisfacer 569**

satisfago **satisfacer 569**

satisfaré, etc. **satisfacer 569**

satisfaría, etc. **satisfacer 569**

satisfaz **satisfacer 569**

satisfecho **satisfacer 569**

satisfice **satisfacer 569**

satisficiera, satisficiese
 satisfacer 569

satisfizo **satisfacer 569**

sé **saber 563, ser 576**

sea, etc. **ser 576**

sed **ser 576**

sepa, etc. **saber 563**

sido **ser 576**

siendo **ser 576**

sienta, etc. **sentarse 572, sentir 573**

siente **sentarse 572, sentir 573**

siento **sentarse 572, sentir 573**

siga, etc. **seguir 570**

signifiqué, signifique
 significar 578

sigo, etc. **seguir 570**

sigues **seguir 570**

siguiendo **seguir 570**

English-Spanish Verb Index

This index will allow you to find the translated Spanish verb(s) for the listed English verb. This index is in alphabetical order by the English verbs. The number following the Spanish verb is the page where you can find the full conjugation of that verb or a verb that has an equivalent conjugation.

ask for **pedir 483**

assess **evaluar 330**

assign **asignar 138**

assist **ayudar 149**

assume **asumir 553**

attain **alcanzar 108**

attempt **intentar 507, tratar 616**

attend **asistir 139, cursar 375**

attract **atraer 143**

attribute **atribuir 226**

avenge **vengar 478**

avoid **evitar 331**

awaken **despertarse 272**

award **adjudicar 177, otorgar 476**

bake **hornear 266**

balance **balancear 153**

baptize **bautizar 157**

base **basar 481**

bathe **bañarse 154**

be **estar 327, ser 576, quedar 518, ubicar 621**

be (get) bored **aburrirse 73**

be . . . years old **cumplir . . . años 241, tener . . . años 600**

be able (can) **poder 497**

be absent **ausentarse 493, faltar a 343**

be accomplished **realizar 523**

be accustomed to **soler 579**

be acquainted with, be familiar with **conocer 217**

be afraid of **tener miedo de, 600**

be anxious **desvivirse por 642**

be ashamed **avergonzarse 146, tener vergüenza 600**

be blamed for **tener la culpa de 600**

be bored **aburrirse 73**

be born **nacer 449**

be calm **tener calma 600**

be careful **tener cuidado 600**

be cold (hot) **hacer frío (calor) 376**

be concerned **preocuparse 505**

be confused **confundirse 215**

be cool **hacer fresco 376**

be eager to **desvivirse por 642**

be embarrassed **avergonzarse 146**

be fascinated **fascinar 345**

be frightened **asustarse 140**

be good (bad) weather **hacer buen (mal) tiempo 376**

be hot (cold) **tener calor (frío) 600**

be hungry **tener hambre 600**

be in a hurry **tener prisa 600**

be in the habit of **soler 579**

be lacking **faltar 344**

be late **llegar tarde 412**

be left **quedarse 518**

be lucky **tener suerte 600**

be mistaken **equivocarse 249**

be one's turn **tocarle a uno 372**

be opposed to **oponerse 473**

be or feel glad (happy) **alegrarse 109**

be pleasing to **gustar 372**

be right **tener razón 600**

be sick **estar mal, estar enfermo 327**

be sleepy **tener sueño 600**

be sorry **sentir 573**

be successful **tener éxito 600**

be tasty or delicious **ser sabroso 576, quedar sabroso 149**

be thankful for **agradecer 103**

be thirsty **tener sed 600**

be tired **estar cansado 327, cansarse 183**

choose **escoger 319, elegir 297**

claim **reclamar 527**

cite **citar 195**

clarify **aclarar 79**

classify **clasificar 383**

clean **limpiar 410, asear 136**

clear **aclarar 179**

climb **subir 588, escalar 375**

close **cerrar 192**

clothe **vestir 638, arropar 596**

collaborate **colaborar 384**

collect **recaudar 290, recoger 528**

collide **chocar 194**

color **colorear o colorar 201**

color one's hair **pintarse 493**

comb one's hair **peinarse 485**

combine **combinar 181**

come **venir 635**

come back **regresar 538**

come in **entrar 311, pasar 481**

come to an agreement **quedar de acuerdo 14**

comfort **animar 328, confortar 441**

commit oneself **comprometerse 210**

communicate **comunicar 167**

compare **comparar 544**

compete **competir 206**

complain **quejarse 519**

complete **completar 374**

complicate **complicar 177**

comprehend **comprender 209**

compute **calcular 151, computar 295**

conceal **ocultar 464**

conclude **concluir 211, finalizar 523**

confess **confesar 213**

confide **confiarse 214, desahogarse 259**

confirm **confirmar 353, verificar 637**

confront **enfrentar 507**

confuse **enredar 290**

congratulate **felicitar 346, congratular 375**

connect **conectar 441, enlazar 113**

conquer **conquistar 223, vencer 633**

consider **considerar 605**

construct **construir 220**

consult **consultar 464**

consume **consumir 553**

contain **contener 222**

continue **continuar 224, seguir 570**

contribute **contribuir 226, aportar 76**

control **controlar 375**

converse **conversar 375, charlar 193**

convenient, be **convenir 228**

convert **convertir 229**

convince **convencer 227**

convoke **convocar 230**

cook **cocinar 197**

cooperate **cooperar 532**

copy **copiar 375**

correct **corregir 231**

cost **costar 234**

cough **toser 607**

count **contar 221**

cover **cubrir 239, tapar 596**

crash **chocar 194**

create **crear 651**

criticize **criticar 177**

cross **atravesar 144, cruzar 238**

fine **multar 374**

finish **acabar 74, terminar 602**

fire **despedir 270, disparar 575**

fish **pescar 492**

fit in **caber 174**

fix **arreglar 132, componer 207**

flatter **adular 112**

flavor **aderezar 164**

flee **huir 381, escapar 596**

float **flotar 102**

fly **volar 643**

focus **enfocar 200**

fold **doblar 375**

follow **seguir 570**

force **obligar 460**

forecast **pronosticar 335**

foresee **prever 636**

forget **olvidar 471**

forgive **perdonar 488**

form **formar 520**

found **basar 481, fundar 360**

free **liberar 324**

frighten **asustarse 140, espantar 375**

fry **freír 356**

fulfill **cumplir 241, realizar 523**

gain **ganar 361**

gather **recoger 528, reunir 555**

get **conseguir 218, lograr 417, obtener 463**

get a good (bad) grade **sacar buena (mala) nota, 564**

get ahead **adelantarse 90**

get away **zafar 649**

get angry **enojarse 307, enfadarse 99**

get bored **aburrirse 73**

get divorced **divorciarse 191**

get dizzy or seasick **marearse 427**

get down **bajar 152**

get dressed **vestirse 638**

get familiar with **familiarizarse 562**

get involved **involucrarse 99**

get mad **enfadarse 304, enojarse 307**

get married **casarse 186**

get off **bajarse 152**

get ready **prepararse 506**

get sick **enfermarse 305**

get up early **levantarse 406**

get undressed **desvestirse 275**

get up early **madrugar 419**

get used to **acostumbrarse 90**

get wet **mojarse 438**

get worse **desmejorar 431**

give **dar 244, otorgar 476**

give a present **regalar 555**

give back **regresar 538, devolver 277**

give birth **dar a luz, 244**

give in **ceder 273**

give or grant asylum **asilar 375**

give regards (to) **dar recuerdos, 244**

give up **abandonar 65, renunciar 543**

glue **pegar 484**

go **ir 397, andar 117, recorrer 232**

go ahead **adelantarse 90**

go away **irse 398**

go back **regresar 538, volver 644**

go crazy or mad **enloquecerse 204**

go down **bajar 152, descender 301**

go for a walk or stroll **pasearse 482**

go on **marchar 426**

go on a trip **salir de viaje, 566**

go out (from a place) **salir de 566**

go out with someone **salir con 566**

go over **repasar 546**

go shopping **ir de compras, 397**

go to bed **acostarse 85**

go up **subir 588**

gossip **chismear 266**

govern **gobernar 365**

grab **agarrar 100**

graduate as **graduarse 368**

grant **admitir 94, otorgar 476**

grasp **agarrar 100, captar 374**

greet **saludar 290**

grind **moler 439**

groan **gemir 363**

grow **crecer 235, cultivar 407**

growl **gruñir 642**

grumble **refunfuñar 308**

grunt **gruñir 642**

guess **adivinar 92**

guide **guiar 371**

habit, be in the **soler 579**

hail **granizar 369**

halt **atajar 609**

hand in (over) **entregar 312**

hang **colgar 199**

happen **ocurrir 466, suceder 273**

happy, be **alegrarse 109**

hate **odiar 375, detestar 453**

have **tener 600, poseer 500**

have (aux.) **haber 373**

have a date with **salir con, 566**

have a good time **divertirse 284**

have a pain (headache, stomach-ache, etc.) **tener dolor de (cabeza, estómago, etc.), 600**

have breakfast **desayunarse 261**

have lunch **almorzar 111**

have supper **cenar 190**

have to **tener que + infi. 600, deber 245**

head **encabezar 70**

heal **sanar 361, curar 79**

hear **oír 469**

hear vaguely **entreoír 469**

heat up **calentar 176**

help **ayudar 149**

hesitate **vacilar 628, dudar 290**

hide **esconderse 320**

hint **sugerir 590, insinuar 224**

hire **contratar 616**

hit **golpear 366**

hold **sostener 587**

honor **honrar 107**

hope **esperar 324**

hug **abrazar 70**

hurry **apresurarse 127, apurarse 130**

hurt **doler 286**

hurt oneself **lastimarse 406**

identify **identificar 383**

illustrate **ilustrar 311**

imagine **imaginar 197, concebir 577**

imitate **imitar 374**

impede **impedir 385**

impose **imponer 498**

impress **impresionar 69**

improve **mejorar 431**

include **incluir 387**

increase **aumentar 507**

indicate **indicar 388**

love **amar 115, querer 521, adorar 96**

lower **bajar 152**

maintain **mantener 423**

make **fabricar 341, hacer 376**

make a mistake **equivocarse 317**

make an effort **esforzarse 146**

make better **mejorar 431**

make fun of **burlarse 170**

make sure **cerciorarse 90**

make up one's face **pintarse 493**

manage **administrar 537**

manufacture **fabricar 341**

marinate **macerar 324**

mark **marcar 425**

marry **casarse 186**

mean **significar 578**

measure **medir 430**

meddle **entrometerse 210**

meet **encontrarse 303**

merit **merecer 434**

miss **extrañar 81**

mistake **confundirse 215**

mistreat **maltratar 616**

mix **mezclar 436**

mix up **confundirse 215**

moan **gemir 363**

mock **mofarse 375**

model **modelar 182**

modify **modificar 177**

motivate **motivar 568**

move **mover 445, conmover 445, mudarse 446**

move forward **avanzar 405**

multiply **multiplicar 447**

must **deber 245**

name **llamar 411**

narrate **narrar 451**

navigate **navegar 452**

need **necesitar 453**

neglect **descuidar 149**

note **notar 645**

notice **observar 462, fijarse 350**

notify **notificar 457**

obey **obedecer 459**

object **oponerse 473**

oblige **obligar 460**

observe **observar 462**

obtain **obtener 463, conseguir 218, lograr 417**

occupy **ocuparse 465**

occur **ocurrir 466**

offend **ofender 467**

offer **ofrecer 468**

oppose **oponerse 473**

order **ordenar 474, pedir 483**

organize **organizar 475**

overcome **vencer 633**

overdo **exagerar 324**

overthrow **derrocar 194**

overwhelm **abrumar 358, agobiar 329**

owe **deber 245**

own **poseer 500**

pack **empacar 268**

paint **pintar 493**

pardon **perdonar 416**

park **estacionar 326, aparcar 171**

pass **pasar 481**

pay **pagar 478**

pay attention **atender 142, escuchar 322**

perform **actuar 87, interpretar 374**

permit **permitir 489**

suffer **sufrir 589, padecer 477**

suffocate **asfixiar 455**

suggest **sugerir 590**

summarize **resumir 553**

supervise **supervisar 148**

supply **abastecer 67, provee 408**

support **apoyar 124, mantener 423**

suppose **suponer 591**

suppress **suprimir 553**

surprise **sorprender 586**

suspect **sospechar 293**

swallow **tragar 612**

swear **jurar 402**

sweat **sudar 290**

sweep **barrer 155**

swim **nadar 450**

sympathize **simpatizar 405**

take **tomar 606, coger 198, llevar 414**

take a bath **bañarse 154**

take a picture **sacar una foto, 564**

take a ride **pasearse 482**

take a shower **ducharse 289**

take a walk **dar un paseo, 244**

take a walk or a stroll **dar una vuelta, 244**

take advantage of **aprovechar 129**

take care **cuidarse 240**

take off (airplane) **despegar 271**

take out **sacar 564**

take turns **turnarse 90**

talk **hablar 375, conversar 375**

taste (food) **probar 510**

teach **enseñar 308**

telephone **telefonear 375**

tell **contar 221, decir 247**

thank **agradecer 103**

there is, there are **hay 373**

think **pensar 486, creer 236**

threaten **amenazar 116**

throw **arrojar 135, lanzar 405**

thunder **tronar 617**

tie **atar 165**

toast **brindar 168, tostar 608**

touch **tocar 604, conmover 445**

translate **traducir 610**

transport **transportar 615**

travel **viajar 639**

treat **tratar 616**

trick **engañar 306**

trip over **tropezar 618**

trust **fiarse 214, confiar 214**

try **probar 510**

try **tratar 616, intentar 507, probar 510**

try hard **esforzarse 146**

turn down **rechazar 525**

turn off (radio, TV, light) **apagar 121**

turn on **encender 301**

turn out **resultar 374**

turn up **aparecer 122**

turn **doblar 375**

uncover **destapar 596**

underline **subrayar 124**

understand **comprender 209, entender 309**

undertake **emprender 273**

unify **unificar 177**

unite **unir 622**

unload **descargar 185**

unplug **desenchufar 649**

unwrap **desenvolver 316**

update **actualizar 625**

use **usar 624, utilizar 625**